산업정책: 총정리와 재고찰 및 전망

The Chinese edition is originally published by Peking University Press.
This translation is published by arrangement with Peking University Press, Beijing, China.
All rights reserved. No reproduction and distribution without permission.

이 책의 한국어판 저작권은
중국 저작권자와 독점 계약한 '동국대학교출판부'에 있습니다.
저작권법에 의해 한국 내에서 보호를 받는 저작물이므로
무단 전재나 복제, 광전자 매체 수록 등을 금합니다.

中華社會科學基金(Chinese Fund for the Humanities and Social Sciences)資助

산업정책

총정리와 재고찰 및 전망

린이푸(林毅夫)·장쥔(張軍)·왕융(王勇)·커우쭝라이(寇宗來) 엮음
채리(蔡莉) 옮김

동국대학교출판부

머리말

2016년 8월 21일부터 22일까지 베이징대학교 신구조경제학연구센터와 푸단대학교(復旦大) 경제대학이 '산업정책: 총정리와 재고찰 및 전망'을 주제로 공동 주최한 학술 심포지엄이 중국 푸단대학교에서 개최되었다. 이번 회의는 '상공업365경제사(貨殖365經濟社)'라는 위챗 채팅방에서 시작되었으며, '산업고도화와 경제 발전'이란 단체 채팅방을 통해 귀빈을 초청하고 조직하기에 이르렀다. 사전 준비와 회의가 순조롭게 막을 내리기까지 총 한 달이 걸리지 않았지만 중국 전역에서 약 300여 명이 회의에 참여할 정도로 이 주제가 매우 중요하고, 또 많은 사람이 관심을 갖는다는 사실이 증명되었다.

현대 사회에서 거시경제 성장을 지탱하는 미시적 기반은 기술의 발전, 요소의 축적과 산업고도화이다. 특히 개발도상국 입장에서 경제 성장의 가속화는 통상적으로 그 나라의 경제구조의 전환과 산업구조의 고도화 역시 가속화되고 있다는 것을 의미한다. 그렇다면 이 과정에서 정부는 어떤 역할을 해야 할까? 실제로 그동안 어떤 역할을 감당해 왔을까? 이 두 질문에 답하기 위해서 산업정책은 당연히 지나칠 수 없는 중요한 문제이다.

특히 중국은 개혁개방 이후 근 40년간 빠른 성장세를 보이며 세계가 주목하는 '중국의 기적'을 이룩했다. 그 과정에서 중앙정부에서 지방정부까지 모두 경제 발전을 위한 여러 종류의 산업정책을 광범위하게 채택했다. 따라서 중국의 경제 발전에 산업정책이 광범위하고 중요한 영향을 끼쳤다는 주장에 대해 큰 이견은 없지만, 산업정책을 어떻게 인식하고 평가해야 하는지에 대해서는 학자마다 전혀 다른 견해를 가지고 있다.

사실 '저소득 함정'과 '중진국의 함정'이라는 현실적인 문제를 놓고 세계 각국의 경제 정책과 기존의 주요 이론을 비교하면서 글로벌 발전경제학계는 보편적으로 총정리와 재고찰을 했다. 한편 중국은 이미 개혁개방 초기의 저소득 국가에서 경제 총규모 세계 2위의 중진국으로 성장했고, 경제의 구조와 직면하고 있는 발전의 위기 또한 과거에 비해 많이 달라졌다. 또 중국은 과거의 계획경제에서 시장경제로 전향했으나 개혁은 여전히 진행 중이며 '중진국의 함정'이라는 문제에 직면해 있어, 지난 40년의 산업정책에 대해서 전반적인 정리와 재고찰, 그리고 전망을 논할 필요가 있으며, 다른 경제체의 관련 경험을 참고할 필요도 있다.

이러한 점들을 고려하여, 이번 산업정책 회의는 산업정책에 대한 인식 차이에 주안점을 두고, 공개적인 토론과 변론을 통해 관련 이견과 오해를 정리하여 최대한 각 측의 관점에 내재적인 논리와 외재적인 증거를 명확히 표출함으로써 산업정책에 대한 사회 전반의 인식 수준을 높여 향후의 연구와 실제 이행에 탄탄한 기반을 만들고자 하는 취지에서 시작되었다. 아울러 학계 내부적으로는 이번 회의와 회의 관련 기고를 통해 상반된 주장을 하는 각 측이 적어도 '화이부동和而不同(자신의 입장을 고수하면서 타인의 입장을 받아들이는 것, agree to disagree)'의 상태에 도달하기를 바랐다. 다시 말해 설령 상대의 견해에 동의하지 않을지라도 상대가 어떤 주장을 하는지, 왜 그런 주장을 하는지, 어떤 현실적인 증거를 갖고 있는지 전반적으로 명확히 파악할 수 있기를 바란 것이다. 이를 통해 각기 다른 견해에 대해 학계 종사자들이 내재적인 논리의 일관성 및 내재적 논리 추론과 외재적 현실 간의 일치성이라는 이 두 측면에서 과학성과 타당성에 대해 검토할 수 있게 되었다. 따라서 이번 심포지엄의 주최자이자 본 기고문의 주 편집자로서 이번 산업정책 회의와 본 기고문이 '미흡한 의견으로 많은 고견을 끌어내는' 역할을 했다고 생각한다. 그를 위해 산업정책 문제에 대해 많은 학자들의 깊이 있는 과학적 분석을 유도했으며, 이론적 모델을 만들어 산업정책의 역할 메커니즘에 추상적인 논술을 진행할 뿐만 아니라, 현실 상황에 대입하여 각 지역 정부가 추진하는 여러 산업정책에 대해 견고한 경험적 분석도 진행했다.

이번 심포지엄에서 린이푸(林毅夫) 교수는 신구조경제학의 관점에서 산업정책 문제에 대해 체계적인 논술을 진행했고, 신구조경제학의 틀 안에서 '유능한 정부'와 '유효한 시장'이 어떻게 상호 촉진작용을 해야 하는지에 대한 구체적인 운용을 설명했다. 학술적인 관점에서 보면 '유효한 시장'과 '유능한 정부' 이 두 가지는 최대한 달성해야 할 목표일 뿐, 현실에서 정부는 언제나 유능해야 하고 시장은 언제나 효율적이어야 한다는 의미는 아니다. 마찬가지로 신구조경제학에서 '유효한 시장'은 '정부의 유능한 행위'를 전제로 두고 있으며, '정부의 유능한 행위'는 '유효한 시장'을 근거로 하고 있다고 주장한다.

현재 중국의 상황을 구체적으로 살펴볼 때, '유효한 시장'의 중요성을 강조한다면, 즉 어떻게 시장을 개선할지, 자원 배분에서 어떻게 시장이 주도적인 역할을 발휘하도록 할 수 있는지, 시장화 개혁을 어떻게 추진할 것인지에 대해 학계에서는 기본적으로 이견을 넘어서 공감대가 형성되어 있다. 하지만 산업정책의 중요성을 포함하여 '유능한 정부'의 필요성을 강조할 경우 여러 논쟁이 많이 존재할 것이다.

사실 이번 회의에서 린이푸 교수가 산업정책의 중요성과 필요성에 대해 발언한 지 얼마 되지 않아 그의 베이징대 동료인 장웨이잉(張維迎) 교수가 다른 기업가 포럼에서 모든 형식의 산업정책에 명백히 반대 의사를 표시한 후, 중국 전역에서 지속적인 큰 논쟁을 일으켰고, 영국 『이코노미스트(The Economist)』 등 세계 유수의 미디어에서도 이번 논쟁에 대해 주목하기 시작했다.

 회의 토론과 후속 변론을 통해 산업정책에 대한 인식상의 차이가 우선 산업정책의 정의와 범위에 대한 확정에서 존재한다는 것을 알 수 있었다. 문헌을 참고하여 일부 학자는, 우수한 것만 남기든지 낙후된 것은 도태시키든지를 막론하고 정부 개입의 '선택성'을 강조하는 협의의 산업정책을 선호한다. 또 다른 일부 학자는, 넓은 의미의 산업정책을 선호하면서 산업 발전을 위해 정부가 추진하는 모든 정책은 산업정책의 범주에 포함해야 한다고 주장했다.

 이처럼 토론 대상에 대한 정의가 달라서 이견이 존재하는 경우도 있다. 하지만 특정된, 구체적인 산업정책에 대해서도 학자들은 종종 다른 견해를 표출했다. 어떤 정의를 채택하는가와 상관없이 성과 평가는 산업정책의 좋고 나쁨을 가늠하는 기본적인 전제이다. 하지만 대부분의 자연과학과 달리, 사회과학은 기본적으로 통제 가능한 실험을 진행하기란 어렵다. 따라서 어떻게 과학적으로 산업정책의 성과를 평가하는가가 가장 큰 도전이 되었다.

 만약 산업정책의 효과에 대해 과학적으로 '판별'할 수 없다면, 산업정책의 좋고 나쁨에 대한 토론은 철학적 이념에 대한 논쟁 수준에 머물게 되고, 그저 학자들의 선험적인 신념이나 개인 선호의 차이만 드러낼 뿐이다. 이런 상황에서는 어느 쪽도 다른 한쪽을 설득하기 힘들다. 그렇기 때문에 어떻게 과학적인 방법으로 기존의 산업정책을 논증하고 평가하느냐면, 산업정책의 제정부터 이행까지 각 단계에서 철저한 연구가 진행되어야 한다. 정책 자체의 논리성이나 취지, 현실적 발전의 동태적 불확실성, 정책 이행에서의 구체적 실현 과정을 포함한 모든 단계에서 발생하는 어떤 실수는 산업정책의 최종 효과를 감소시킬 수 있다. 따라서 먼저 관련 사실에 대해 깊이 있게 이해하고 정확히 파악해야 한다. 그러므로 실체의 상황을 더 잘 이해하도록 정책 연구기관의 학자와 산업계의 실전 경험자들을 이번 심포지엄에 초청했다.

중국 경제가 거둔 큰 성과에 전 세계가 주목하고 있지만 이는 결코 서양의 교과서에서 나온 처방을 그대로 중국에 적용시켜 얻은 성과가 아니며, 대부분 돌다리를 두들기며 건너는 식으로 시행착오를 겪으며 진행되었다는 사실을 우리는 잘 알고 있다. 이것은 매우 흥미로운 현상을 가져왔다. 서양 선진국가의 성숙한 시장 체제와 비교하면 중국이 취한 많은 조치는 정도에서 벗어난 것처럼 보였고, 자연스레 많은 비판을 받았다. 심지어 중국 경제 붕괴설이 끊임없이 제기되는 지경에 이르렀다. 장우창(張五常) 교수가 비유한 것처럼 중국 경제는 매우 이상한 자세로 신기록을 계속 경신하는 이상한 높이뛰기 선수와 같다. 따라서 '올바른' 높이뛰기 자세를 취하도록 제안하는 것과는 별개로, 이상한 자세로 어떻게 신기록을 세울 수 있었는지 연구하는 것은 또 다른 과제이다.

중국의 경제 발전 과정에서 산업정책은 아마도 매우 특이한 높이뛰기 자세일 것이다. 실제로 주류인 서양 경제학 교과서에서는 '산업정책'이란 개념을 찾아보기 힘들다. 국제무역 교과서 같은 곳에서 누군가 산업정책을 언급한다 하더라도 대부분 비판적 태도를 가지고 있다.

흥미로운 점은 2008년 글로벌 금융위기가 발발하고 난 후 서양 국가들의 많은 기관과 학자들이 '워싱턴 컨센서스'(미국과 국제금융 자본이 미국식 시장경제 체제를 개발도상국의 발전 모델로 삼게 한 협의-옮긴이)에 대해 비판적인 입장을 내놓았고, 동시에 신자유주의 정책 주장에 대한 새로운 반성이 시작되었다는 것이다. '산업정책'에 긍정적인 태도를 가진 회귀주의 사조가 다시 나타났고, 노벨경제학상 수상자인 조지프 스티글리츠Joseph Stiglitz 및 하버드대학 교수 대니 로드릭Dani Rodrik이 산업정책에 대한 연구를 시작하자고 주장하면서 세계 유수의 간행물에서 산업정책에 관한 경제학 학술 논문의 발표가 최근 눈에 띄게 늘었다.

물론 산업정책의 유효성은 제도적 환경에 의해 좌우된다. '워싱턴 컨센서스' 정책이 개발도상국에서는 '적용 불가'하다는 사실에서 증명되었듯, '상황에 맞는 제도'만이 경제 발전에 가장 도움이 될 수 있다. 변화가 빠른 중국의 제도적인 환경은 산업정책과 제도 환경 간의 상호관계를 연구하는 데 매우 훌륭한 기반을 제공해 준다고 생각한다. 많은 개발도상국이 제도 환경과 정책적 조치와의 상호 작용 관계를 간과한 채, 타국(중국을 포함한)의 '성공 노하우'를 그대로 베낀다면 결국 그 효력과는 달라진 결과를 맞이할 수밖에 없을 것이다.

많은 사람들은 산업정책이 정부 선택으로 시장 선택을 대체하는 것이며, 이는 정보의 비대칭과 장려 기제의 문제로 인해 근본적으로 효과를 볼 수 없다고 비판한다. 하지만 우리는 산업정책의 경우, 정부와 시장의 역할은 항상 '흑백논리의 이분법적인' 상호 대체 관계가 성립되는 것이 아니며, '상부상조' 식의 상호 보완 관계가 될 수 있다고 주장한다. 다시 말해, '유효한 시장'과 '유능한 정부'는 함께 병행할 수 있을 뿐 아니라 서로 보완하고 촉진할 수 있다는 것이다. 시장 메커니즘이 없으면 정부의 정책은 계획경제 시대로 돌아가 효율의 기반을 상실할 것이다. 반면 정부의 개입이 없다면 시장의 많은 외적 요인이 스스로 조정되기 어려울 것이다.

재미있는 것은 산업정책을 주제로 개최된 이번 회의에 '시장에 순응하고 상황에 따라 유리한 방향으로 이끄는' 색채가 짙게 나타났다는 점이다. 만약 베이징대학교 신구조경제학연구센터와 푸단대학교 경제대학을 정부로 비유한다면, 이번 심포지엄은 정부에서 주최한 것이 아니다. 처음에는 '상공업365경제사(貨殖365經濟社)'란 위챗 단체 채팅방에서 젊은이들이 산업정책에 대해 자신의 의견을 피력하며 매우 열띤 토론을 벌였다. 하지만 더 깊이 탐구해 볼 만한 여지가 남아 있었고, 그런 연유로 푸단대학교 산업발전연구센터(FIND)에서 소규모의 세미나를 개최하기로 하고, 이 주제에 관심을 가진 일부 젊은이들을 초청하여 대면 토론을 진행했다. 나중에 이 문제의 중요성 때문에 베이징대학교 신구조경제학연구센터와 푸단대학교 경제대학 역시 회의에 합류하면서 자금과 인력 등 여러 측면에서 지원해 주었고, 회의 규모와 성격이 점점 거대해져 산업정책에 대한, 중국 명사들을 운집시킨 대형 학술회의로 발전하게 되었다.

민간에서 시작하여 정부로, 소규모의 세미나에서 시작하여 학술회의로 발전한 이번 학술 활동은 시작부터 맺음까지의 전체 과정에서 사회 각계각층, 특히 학계 동료들의 자발적인 지원과 호응이 필요했으며, 학술 기구와 인원들에 대한 소집과 배정이 필수적이었다. 다시 말해 이 과정 자체도 산업정책 및 기타 정책이 현실에서 제정되고 시행되는 과정을 생생하게 반영했다고 말할 수 있다.

회의 기간 동안 많은 전문가들이 참석하여 멋진 견해를 발표하면서 열정적으로 의견을 주고받았으며, 회의가 끝난 후, 여러 미디어에서 심층 보도를 하고, 사회 각계각층에서도 산업정책에 대한 열띤 토론이 이루어졌다. 특히 베이징대학교 국가개발연구원은 린이푸 교수와 장웨이잉 교수 간의 산업정책에 관한 세기의 변론을 생방송으로 중계했고, 사회 각계각층의 거대한 관심을 불러일으켰다. 산업정책의 '확고한' 비판자인 장웨이잉 교수 역시 우리의 작업을 진심으로 응원했고, 그의 강연

원고를 이 책에 수록할 수 있도록 허락해 주었다. 이것이 바로 진정한 '화이부동'을 이룩한 군자君子의 변론의 모습이 아닐까 싶다.

하지만 여기서 지적하고 싶은 것은, 우리의 이해에 따르면 산업정책에 대해 진지하게 연구한 적이 있는 학자라면, 산업정책에 대한 인식의 차이가 실제로 언론 매체에서 말하는 정도로 매우 뚜렷하거나 극단적이지는 않다는 것이다. 예를 들면 신구조경제학에서는 경제 발전에서 정부가 마땅히 적극적인 역할을 해야 한다고 강조하지만, 여기에서 그들이 강조하는 것은 '유능한 정부'이지 무한대로 거대한 '무적의 정부'가 아니며, 또 모든 산업정책을 지지한다는 말도 아니다. 마찬가지로 산업정책에 반대하는 많은 학자 역시 무정부주의를 주장하는 것이 아니다.

푸단대학교에서 개최된 이번 학술회의의 공동 주최 측은 베이징대학교 신구조경제학연구센터와 푸단대학교 경제대학과 푸단대학교 산업발전연구센터이며, 상공업365경제사(貨殖365經濟社), 상하이시 인민정부 정책연구실, *World Economy*와 *World Economic Papers*의 협찬을 받았다. 구체적으로 이번 회의는 장쥔(張軍) 교수가 이끄는 국가 자연과학 중점 프로젝트 '경제발전지역의 산업고도화 추진의 메커니즘과 정책 연구'(승인번호: 7133002)와 '중국의 산업 전환과 취업 변화: 이론과 경험 연구' 및 커우쭝라이(寇宗來) 교수가 이끄는 자연과학기금 프로젝트인 '중국 특허 갱신 데이터를 바탕으로 한 특허권 시장가격 평가'(승인번호: 71373050) 등 여러 기금의 지원을 받았다.

이번 회의를 마친 후, 각 지역의 대학과 기타 연구기관에서도 산업정책 세미나를 진행했다. 일례로 2016년 10월 30일 베이징교통대학 경영대학에서는 여러 기관이 공동 조직한 산업정책 학술 세미나를 진행했다. 이 책에도 그 세미나에 참석한 여러 전문가의 발언을 함께 담았다. 보다 보편적이고 포괄적일 수 있도록 우리는 이 분야에 조예가 깊은 학계 동료들에게 이 책을 위해 기고문을 작성해 달라 요청했다. 기본적으로 모든 관점을 아울렀기에 이 책이 산업정책을 총정리하고 재고찰하며 미래를 전망하는 데 있어 긍정적인 역할을 해 줄 것으로 기대한다.

이 책의 순조로운 출간을 위해 베이징대학교 출판사 린쥔슈(林軍秀) 주임과 하오샤오난(郝小楠) 편집자가 물심양면으로 도움을 주었다. 베이징대학교 신구조경제학연구센터의 박사후과정인 탕슈에민(湯學敏) 역시 많은 도움을 주었다. 이 자리를 빌려 깊은 감사의 인사를 올린다.

편집자
2017년 12월

| 차례 |

머리말 _ 5

제1장 산업정책에 대한 린·장 논쟁 ——————— 17

- 산업정책과 국가발전 – 신新구조경제학의 관점에서/ 린이푸(林毅夫) …… 19
- 나는 왜 산업정책에 반대하는가? – 린이푸와의 변론/ 장웨이잉(張維迎) …… 39
- 장웨이잉 교수의 의견에 대한 일부 회답/ 린이푸 …… 71

제2장 현행 산업정책에 대한 총정리와 재고찰 ——————— 83

- 산업정책 시행에서의 제도의 역할/ 쉬청강(許成鋼) …… 85
- 좋은 산업정책이란 무엇인가?/ 황이핑(黃益平) …… 91
- 공통된 인식에서 출발해야 – '특혜' 시각에서 보는 산업정책의 핵심 문제/ 커우쭝라이(寇宗來) …… 103
- 글로벌 산업정책의 역사적 실천/ 화슈핑(華秀萍)·왕야리(王雅麗) …… 123
- 산업정책의 이론과 실천에 대한 연구 논평/ 런지치우(任繼球) …… 153
- 직접적 시장 개입과 경쟁 제한 – 중국 산업정책의 지향과 근본적 결함/ 쟝페이타오(江飛濤)·리샤오핑(李曉萍) …… 191
- 미국 산업정책의 정치경제학 – 산업기술 정책에서 산업조직 정책까지/ 저우젠쥔(周建軍) …… 222
- 관점 토론/ 루이밍지에(芮明杰)·스진촨(史晉川) …… 251

제3장 산업정책에서 정부와 시장의 관계 ─────── 261

- 산업정책과 정부 그리고 시장의 경계/ 자오창원(趙昌文) …… 263
- 유효한 시장과 유능한 정부에 대한 논의 – 신구조경제학 관점으로 본 산업정책/ 왕용(王勇) …… 268
- 산업정책의 경쟁 전환/ 치위둥(戚聿東) …… 279
- 경제구조 전환과 고도화 과정에서 정부의 역할 – 신구조경제학 관점을 기반으로 산업정책의 경계와 역할 방식에 대한 범주 확립/ 푸차이후이(付才輝) …… 289
- '발전형 국가'의 흥망 및 중국의 전환에 주는 시사점/ 겅슈(耿曙)·천웨이(陳瑋) …… 309
- '유능한' 정부보다 '월권 금지'가 더 중요하다/ 궈창(郭强) …… 330

제4장 생산과잉, 산업고도화와 기술 혁신 ─────── 339

- 산업정책과 공급 측 개혁/ 지아캉(賈康) …… 341
- 제품 복잡성 향상과 중국 산업고도화의 길/ 류슈잉(劉守英)·샤오칭원(肖慶文)·티엔허(田禾) …… 364
- 생산과잉과 산업정책의 전환/ 류쉐쥔(劉學軍) …… 378
- **관점 토론/** 천빈카이(陳斌開), 쥐젠둥(鞠建東)·판스위안(潘士遠)·추엔헝(權衡)·푸웨이강(傅蔚岡)·후웨이쥔(胡偉俊) …… 396

제5장 산업정책의 실천 ─────────── 415

- 재판매가격 유지 행위에 관한 중국의 입법과 법 집행 상황/ 장촨하이(蔣傳海) …… 417
- 최저임금 기준의 상향 조정이 정규직에 미치는 영향/ 장쥔(張軍)·자오다(趙達)·저우룽페이(周龍飛) …… 421
- 신구조경제학 관점에서 개발금융 연구에 대한 회고 및 전망/ 쉬쟈쥔(徐佳君) …… 450
- 규율과 제도형 산업정책 사례 – 가공 '무역' 정책/ 마샤오예(馬曉野) …… 475
- 에너지 환경 문제를 결합하여 산업정책을 논의하기/ 장중샹(張中祥) …… 502
- 중국 사물인터넷 산업정책의 연구 총론/ 샤오룽(肖龍)·허우징신(侯景新)·샤오예톈(肖葉甜) …… 518
- 산업정책과 장강삼각주 지역의 조화로운 발전 연구 – 장강삼각주 도시 연담화의 형성과 부흥의 관점에서/ 슝스웨이(熊世偉), 양정(楊政) …… 546
- 관점 토론/ 쑨밍춘(孫明春)·장춘(張春)·쥐쉐진(左學金) …… 564

제6장 향후 산업정책의 발전 ─────────── 573

- 산업정책에 관한 이론적 문제/ 핑신차오(平新喬) …… 575
- 발전주의의 갈림길 – 산업정책 관리의 정치경제학/ 구신(顧昕) …… 588
- 관점 토론/ 화민(華民)·스레이(石磊)·장지에(張杰)·주톈(朱天)·왕용(王勇) …… 608

제1장

산업정책에 대한 린·장 논쟁

산업정책과 국가 발전
― 신新구조경제학의 관점에서

린이푸(林毅夫)
베이징대학교 신구조경제학연구원 교수

토론을 시작하기에 앞서 산업정책에 대한 명확한 정의를 내릴 필요가 있다. 그렇지 않으면 대화의 공통분모를 찾지 못한 채 각자의 주장만 내세우다가 끝날 수 있기 때문이다. 학계에서 보편적으로 받아들여지고 있는 정의에 따르면, 신구조경제학에서는 중앙 또는 지방정부가 해당 국가 또는 지역에서 특정 산업을 발전시키기 위해 의도적으로 채택한 모든 정책적 조치를 산업정책이라고 여긴다. 여기에는 관세와 무역보호 정책, 세수 혜택, 토지·신용대출 등에 대한 보조금, 공업단지·수출가공단지, 연구개발(R&D)에 대한 연구 보조, 경영특허권, 정부 조달, 강제 규정(예를 들어 어떤 특정 기한까지 휘발유 중 반드시 일정 비율의 바이오 연료가 포함되어야 한다는 미국 정부의 규정) 등이 포함된다. 하지만 모든 산업정책이 이러한 조치를 전부 포괄하는 것은 아니며, 그중 한 가지만을 포함하는 경우도 있고, 두 가지 또는 그 이상을 포함하는 경우도 있다. 즉, 산업정책이란 특정 산업을 대상으로 해당 산업의 발전에 영향을 끼치는 모든 정책을 말한다.

세계적으로 권위 있는 영국 케임브리지대학교 장하준張夏准 교수는 많은 부문에서 수상을 차지한 그의 저서 『사다리 걷어차기(Kicking away the Ladder: Development Strategy in Historical Perspective)』에서 산업정책에 대한 견해를 피력했다. 16~17세기에 영국은 네덜란드를 좇았고, 19세기 중엽 이후에는 미국·독일·프랑스가 영국을 뒤쫓았으며, 2차 세계대전 이후에는 일본과 아시아의 네 마리 용(대한민국·홍콩·싱가포르·대만—옮긴이)이 저소득과 중등소득 단계를 성공적으로 뛰어넘어 고소득 경제체의 반열에 올랐다. 이러한 따라잡기 과정에서 이들 국가의 정부는 모두 관세 보호, 보조금 등의 산업정책을 펼쳐서 자국의 미숙한 산업의 발전을 지원했다는 것이다. 장 교수는 신산업을 발전시키기 위한 개발도상국의 산업정책을 일부 선진국들이 반대하고 있는 행위에 대해 그야말로 "강을 건넌 뒤 다리를 불태우는" 행동이라고 지적했다.

마찬가지로 노벨상 수상자인 허버트 스펜서Herbert Spencer와 로버트 솔로Robert Solow 두 학자가 이끄는 경제성장위원회는 2008년 발표한『성장보고서(The Growth Report)』에서 제2차 세계대전 이후 최소 25년 연속, 또는 더 긴 기간 동안 연평균 7% 이상 발전을 이룩한 13개 경제체에 대한 연구 결과를 다음과 같이 발표했다. 13개 경제체가 공통적으로 가지고 있는 특징은 개방성, 거시성, 안정성, 높은 저축률, 높은 투자율, 효율적인 시장, 적극적이고 유능한 정부였다. 다시 말해 이들 경제체는 모두 산업정책을 통해 경제의 발전을 촉진시켰다는 것이다.

사실 단순히 따라잡기에 성공한 경제체들만 산업정책을 채택했던 것이 아니고 많은 선진국도 산업정책을 지속적으로 펼쳐 왔다. 고소득 국가인 미국을 예로 살펴보자. 미국의 산업과 기술은 이미 세계 최고 수준에 이르렀다. 그렇기 때문에 새로운 기술과 산업을 발전시키기 위해서는 자체적인 연구개발(R&D)에 의존할 수밖에 없었다. 이에 대해 마리아나 마추카토Marinna Mazzucato는 그의 저서『기업가형 정부(The Entrepreneurial State)』에서 상세한 경험적 연구를 통해, 현재 세계를 선도하는 미국의 항공·정보·바이오·나노·의약 산업 및 초기의 신산업과 신기술 개발에 필요했던 기초과학 연구가 모두 정부의 지원에 의해 이루어졌다는 사실을 밝혀냈다.

또 다른 예로 많은 사람들이 열광하는 스티브 잡스를 들자면, 1976년

출시한 애플 I-type 컴퓨터는 1960~1970년대 미국 정부의 공공자금 지원으로 이루어진 컴퓨터 기술 연구 성과를 기반으로 만들어진 것이다. 2001년 출시된 아이팟iPod과 그 후에 출시된 아이폰iPhone 또한 정부의 자금 지원을 통해 개발된 GPS, 음성 인식과 대용량 스토리지 등의 신기술을 기반으로 만들어진 것이다. 잡스의 천재성은 이러한 신기술을 조합하여 소비자들이 좋아할 만한 새로운 제품을 탄생시켰다는 데 있다. 여기에서 짚고 넘어가야 할 부분은 애플이 상장 이전부터 벤처 캐피탈 투자 외에도 미국의 중소기업청에서 50만 달러의 벤처 지분 투자를 받았다는 점이다. 마찬가지로 구글의 핵심 컴퓨터 기술 또한 정부가 지원하는 연구 프로젝트에서 탄생했다.

미국은 지금까지도 여전히 R&D 지원을 지속하고 있다. 2013년 미국의 R&D에 투입된 자금 중 정부의 출연은 약 40%에 육박하며, 기업의 출연은 60%를 차지했다. 다른 경제협력개발기구(OECD) 선진국 역시 마찬가지로 적게는 25%, 많게는 80%의 R&D 자금이 정부의 지원으로 이루어진다. 기업의 R&D 투자는 주로 특허를 신청할 수 있는 신제품과 신기술 개발에 투입된다. 하지만 신제품과 신기술을 개발하는 데 있어 근간이 되는 기초과학 연구는 필요한 자금 투입이 방대하고, 주기가 길며, 리스크가 크다는 이유로 기업가들이 투자를 꺼린다. 정부에서 투자하지 않았다면 기업의 신제품과 신기술 개발도 뿌리 없는 나무나 다름없어, 빌 게이츠나 스티브 잡스처럼 차고에서 혁신을 이룬 기업가들이 탄생하지 못했을 것이다.

정부가 R&D를 지원하는 데 쓸 수 있는 돈은 제한적이며, 모든 기초과학 연구 분야를 다 지원할 수는 없다. 정부의 기초과학 연구 분야에 대한 자금 배치는 앞으로 국가적으로 어떤 새로운 산업과 기술을 발전시킬지를 결정하고, 이러한 선택적인 분배 역시 산업정책의 일환이라 할 수 있다. 그렇기 때문에 신제품과 신기술을 발명한 기업가의 공로에만 초점을 맞추고, 기업이 신제품과 신기술을 개발하기 이전부터 해당 기초과학 연구 분야에 투입된 정부 자금의 역할을 보지 못하는 경향이 있다. 이것은 물 밖으로 노출된 빙산의 일각만 보고 물밑에 잠겨 있는 두터운 빙산을 보지 못하는 오류에 빠지는 것이나 다름없다. 현대 시장경제에서 기술 혁신과 산업고도화가 기업가의 역할에만 달려 있을 뿐 정부가 필요치 않다는 관점은 현대 신기술과 신산업의 혁신적인 특징에 대한 무지를 증명하는 꼴이다.

다만 2차 세계대전 이후에 많은 개발도상국들이 산업정책을 펼쳤음에도 불구하고 경제 발전에서 눈에 띄는 성과를 거두지 못했다. 미국과 일본 그리고 아시아의 네 마리 용 등을 포함한 성공적인 경제체 또한 많은 산업정책에서 실패를 맛보았다. 이에 따라 많은 경제학자들이 산업정책에 대해 반대 입장을 밝혔다. 하지만 앞서 언급한 연구에 나타나 있듯이 산업정책 없이 성공적으로 선진국을 따라잡은 개발도상국은 본 적이 없으며, 산업정책을 펼치지 않고 지속적으로 선두의 자리를 지키는 선진국도 만나본 적이 없다. 그렇기 때문에 대다수의 산업정책이 실패했다고 해서 모든 산업정책을 반대해서는 안 되며, 그와 같은 논리를 펼치는 것은 자라나는 아이를 목욕물과 함께 버리는 것과 같다.

산업정책 없는 국가의 경제 발전은 결국 성공하지 못하지만, 많은 산업정책이 실패로 끝나 버린 것 또한 사실이다. 그렇기에 경제학자의 임무는 산업정책이 실패할까 두려워 모든 산업정책을 무분별하게 반대하거나, 산업정책이 경제 발전의 필수 조건이라는 이유로 모든 산업정책을 무조건 지지하는 것이 아니라, 산업정책의 성공과 실패의 원인을 제대로 파악하여 정부가 산업정책을 실시할 때 실패를 줄이고 성공률을 높일 수 있도록 돕는 것이다.

왜 산업정책이 필요한가?

한 국가의 경제가 발전하고 있다는 본질적인 함의는 1인당 평균소득과 생활 수준의 지속적인 향상이며, 그 전제 조건은 노동생산성의 지속적 향상이다. 노동생산성을 향상시키는 데에는 두 가지 방법이 있다. 첫째는 기술 혁신을 통해 기존 산업의 제품 품질과 생산성을 향상시키는 것이다. 둘째는 산업고도화를 통해 기존의 노동력·토지·자본 등의 생산요소를 부가가치가 더 높은 산업에 배분하는 것이다. 신구조경제학의 분석에 따르면 이 두 가지를 실현하기 위해서는 '효과적인 시장'과 '유능한 정부'의 협업이 필요하다.

'유효한 시장'의 중요성은 기업가가 요소부존要素賦存의 비교우위에 근거하여 기술과 산업을 선택하도록 유도하는 데 있고, 이렇게 생산된 제품은 국·내외 시장에 존재하는 동일 유형의 제품 중 가장 낮은 요소생산비용과 가장 높은 경쟁력을 겸비하여 기업이 최대 이윤을 얻을 수 있게 한다. 이에 따라 경제 전반에 최대의 잉여가 남아 자본을 축적할 수 있는 기회가 생기게 되고, 비교우위가 비로소 노동 또는 자연자원집약형에서 점차 자본집약형으로 발전할 수 있게 해 준다. 아울러 기존 산업과 기술이 더욱 자본집약적이고 높은 부가가치를 가진 신산업과 신기술로 업그레이드하는 데 물질적인 기반을 마련할 수 있도록 해 준다. 기업가가 요소부존으로 결정된 비교우위에 따라 산업과 기술을 선택할 수 있게 되는 전제 조건은 여러 요소의 상대적인 희소성을 잘 반영할 수 있는 가격 시스템이다. 만약 이러한 가격 시스템이 존재한다면, 기업은 자신의 이윤과 경쟁력을 위해 요소부존으로 결정된 비교우위에 따라 적합한 기술과 산업을 선택할 수 있다. 물론 이러한 가격 시스템은 경쟁이 충분히 자유로운 시장에서만 존재할 수 있다. 그렇기 때문에 신구조경제학은 한 경제체가 발전하기 위해서는 반드시 '유효한 시장'이 존재해야 한다고 주장한다. 따라서 효율적인 시장을 만드는 데 재산권의 구분을 명확히 해야 하고, 여러 요소 시장을 잘 육성하는 등의 제도적인 마련이 필요하다.

또한, 경제 발전의 과정에서는 반드시 '유능한 정부'도 있어야 한다. 첫째, 경제 발전은 요소 누적과 비교우위의 변화에 따라 자원이 기존의 기술과 산업에서 더 효율적인 신기술과 고부가가치 산업으로 끊임없이 배분되는 구조 변화의 과정이기 때문이다. 기술 혁신과 산업고도화의 과정에서는 개척자, 즉 '게를 맨 처음 먹은 기업가'가 반드시 필요하다. 만약 이들에 대한 별도의 조치가 없다면, 맨 처음으로 게를 먹은 기업가가 실패했을 때 모든 비용을 감당하게 될 테고, 후발 주자들은 '게는 절대로 먹어서는 안 된다'고 생각하여 같은 실수를 저지르지 않도록 할 것이다. 반대로 성공한다면, 그 물결에 합류한 후발 주자들로 인해 맨 처음 게를 먹은 기업가는 독점적 이윤을 얻지 못하게 될 것이다. 다시 말해, 만약 별도의 조치가 없다면, 맨 처음 게를 먹은 기업가에게는 실패 비용과 성공 수익이 비대칭적이다. 사회적인 관점에서 생각해 보면, 실패하든 성공하든 그 경험은 후발 주자에게는 유용한 정보를 제공한 셈이다. 이걸 고려하여 정부는 맨 처음 게를 먹은 기업가에게 일정한 보상을 해 줘야 기업가들이 적극적으로 이런 리스크를 감당할 수 있을 것이다. 선진국의 특허 제도가 바로 이런 역할을 한다. 18세기 영국에 새로운 발명에 대해 두둑한 독점적 이윤을 얻을 수 있게 해 주는 특허 제도가 존재하지 않았다면, 로벅Roebuck이나 볼튼Boulton 등은 증기 기관을 발명한 와트Watt에게 투자하지 않았을 것이다. 개발도상국의 기술 혁신과 산업고도화는 일반적으로 국제 기술과 산업 사슬 내부에서 진행되기 때문에 대부분의 경우에 특허를 부여할 수 없다. 그럼에도 불구하고 맨 처음 게를 먹는 기업가에 대한 장려는 여전히 필요하다. 물론 이런 장려는 기타 합리적인 대안을 통해서라도 이루어져야 한다.

둘째, 맨 처음 게를 먹은 기업가의 성공 여부는 기업가 개인의 용기나 지혜, 재능에 의해서만 판가름 나는 것이 아니다. 예를 들어 한 기업가가 신산업에 뛰어들고자 할 때 해당 산업에 필요한 종사자들의 기술은 과거의 산업과는 다르다. 개척자가 만약 스스로의 힘에만 의존하여 인재를 육성해 냈다면, 후발 주자들은 더 높은 임금을 미끼로 새로운 기술을 보유한 직원을 스카우트해 갈 수 있고, 이렇게 되면 맨 처음 게를 먹은 기업가는 큰 타격을 입게 될 것이다. 또한 신산업에 필요한 자본의 규모와 리스크 역시 기존의 산업보다 크기 때문에, 더 많은 자본을 동원할 수 있고 효과적으로 리스크를 분산시킬 수 있는 새로운 금융 제도와 제반 시스템이 구축되어야 한다. 이것 역시 맨 처음 게를 먹은 기업가 혼자서 해결할 수 있는 문제가 아니다. 아울러 기술 혁신, 산업고도화, 자본 집약 정도와 규모의 경제가 커질수록 시장의 범위와 거래의 가치가 점점 더 확대될 것이고, 이에 따라 교통·전기·항구 등 하드웨어적인 인프라와 법률·법규 등 소프트웨어적인 제도 환경도 끊임없이 개선되어야 한다. 이러한 개선과 정비 작업은 맨 처음 게를 먹은 기업가의 능력을 벗어난 일이다. 한 국가가 발전함에 따라 기술과 산업은 세계적인 수준에 점점 근접해 가는데, 새로운 기술 혁신과 산업고도화를 실현하기 위해서는 이와 관련된 기초과학의 비약적 발전이 필요하다. 기초과학의 연구개발 성과는 공공재의 범주에 속하기에 특허를 신청할 수 없어 기업가들이 적극적으로 이런 영역의 연구에 종사하지 않는다. 이와 같은 많은 장벽은 모두 시장 기능 상실의 범주에 속하므로, 이를 뛰어넘기 위해서는 '유능한' 정부가 각 기업과 협조하거나 직접 나서서 상응하는 서비스를 제공해야 한다. 그래야만 요소 누적과 비교우위의 변화에 따라 잠재적 비교우위를 가진 산업들이 경쟁우위를 가진 신산업으로 탈바꿈될 수 있다.

경제 발전 과정에서 개발도상국의 정부가 동원하고 분배할 수 있는 자원은 한정적이기 때문에, 기술 혁신과 산업고도화에 필요한 여러 종류의 외부성에 대한 보상을 충족시킬 수 없으며, 관련된 하드웨어 및 소프트웨어 측면의 인프라 요구를 모두 개선할 수 없다. 따라서 개발도상국 정부는 기업가처럼 유망한 기술 혁신과 산업고도화에 따른 경제적·사회적 가치 창출에 대해 판별해야 하며, '뛰어난 병력을 집중시켜 적을 전멸시켜라'라는 정신에 입각하여 산업정책을 통해 유한한 자원을 집중시켜야 한다. 수익성이 가장 높은 기술의 혁신과 산업고도화에 기업가들이 종사할 수 있도록 협조해야만 경제를 빠르고 건강하게 발전시킬 수 있고, 저소득 함정 또는 중진국 함정에 빠지지 않을 수 있다. 마찬가지로 선진국 정부 역시 기업가들이 종사하고자 하는 새로운 기술의 혁신과 산업 발전에 필요한 기초과학 연구를 지원해야만 경제의 지속적인 발전을 도모할 수 있다. 선진국이라고 해서 기초과학 연구를 지원하는 데 사용할 수 있는 예산이 무제한적인 것은 아니기 때문에, 개발도상국처럼 수익성 있는 분야를 선정하여 유한한 자원을 과학기술 연구에 배분해야 한다. 이에 마추카토는 미국의 경제 산업 기술의 혁신에 대한 연구를 토대로 미국과 다른 선진국의 정부를 '기업가형 국가'로 명명했다.

유효한 시장과 유능한 정부는 경제 발전에 있어 어느 하나라도 빠져서는 안 된다는 것이 필자의 일관된 주장이다. 현재 중국의 경제학자 중 정부의 역할에 대해 이야기하는 사람은 드물다. 그러다 보니 언론 보도에서는 이를 희화화하여 필자가 정부의 역할을 중시한다는 관점을 부각시켰고, 결국 이것이 꼬리에 꼬리를 물어 장웨이잉 교수를 '시장파'로, 필자를 '정부파'로 나누었다. 장 교수는 경제 발전을 시장의 힘에 맡겨야 한다고 주장하고, 필자는 경제 발전을 정부의 힘에 맡겨야 한다고 주장한다고 여긴다. 이런 견해는 사실 부정확하며 불완전한 것이다.

앞서 언급했듯이, 성장위원회에서 급성장한 13개 경제체의 다섯 가지 특징에 대해 정리를 했다. 스펜서 교수는 『성장보고서』를 발표한 이후 이 다섯 가지 특징은 단지 경제 발전의 성공에 도움을 주는 약재일 뿐 처방은 아니라고 여러 차례 밝힌 바 있다. 사실 처방전은 따로 있다. 바로 신구조경제학에서 제창하는 바와 같이 요소부존 구조로 결정된 비교우위에 따라 경제를 발전시키는 것이다. 비교우위에 따라 발전을 이룩하려면 두 가지 제도적 전제 조건이 있어야 한다. 효율적인 시장과 유능한 정부이다. 이 두 가지는 『성장보고서』에서 정리한 성공적인 경제체의 네 번째와 다섯 번째 특징에 해당한다. 비교우위에 따라 발전을 도모한다면 결과는 어떻게 될까? 당연히 경제를 개방하여 비교우위에 부합한 제품은 더 많이 생산하여 수출할 것이고, 그렇지 못한 제품은 덜 생산하고 수입을 할 것이다. 더욱이 산업고도화 및 기술 혁신 과정에서 후발 국가들은 후발 주자의 우위를 이용하여 모방, 도입, 체화를 통해 신기술을 취득하고 신산업을 발전시킬 수 있다. 이것이 바로 『성장보고서』에서 말한 성공한 경제체의 첫 번째 특징인 개방이다. 비교우위에 따라 발전한다면 거시경제도 상대적으로 안정적이다. 왜 그럴까? 상품이 경쟁력을 갖추고 있어 정부의 보조가 필요치 않기 때문이다. 이런 상황에서는 경제가 경쟁력을 갖추게 되면서 자연히 내생적인 위기가 줄어든다. 국제 경제위기의 영향을 받아도 정부의 재정 기반이 튼튼하고 외환보유고가 넉넉하기 때문에, 역주기 정책을 실행할 수 있는 능력도 상대적으로 강해진다. 따라서 거시적 경제가 비교적 안정된다. 이는 『성장보고서』 중 성공한 경제체의 두 번째 특징인 거시적 안정성이다. 세 번째 특징인 높은 저축률과 높은 투자율은 이미 앞서 언급되었다. 비교우위에 따라 발전한다면 잉여를 최대한 창출해 낼 수 있고, 투자 수익률도 극대화된다. 이로써 자본을 가장 빠르게 축적하고 저축을 가장 많이 하면서 투자는 더 많이 할 수 있게 된다. 실제적으로 경제 발전의 성공에 대한 처방은 분명 존재하며 그것은 바로 요소부존으로 결정된 비교우위에 따라 경제를 발전시키는 것이다.

신구조경제학의 이론에 따르면, 효율적인 시장에서 정부는 반드시 유능한 역할을 수행해야 하며, 이를 통해 경제 전환과 고도화의 과정에서 발생하는 외부 효과와 조율 문제를 극복할 수 있다. 정부의 자원과 집행 능력에는 한계가 있다. '워싱턴 컨센서스Washington Consensus'의 신자유주의 관점에 따르면, 정부는 전 지역의 인프라와 각종 법적 제도, 경영 환경을 개선하고 정비해야 하며, 특정 지역 또는 산업에 편향적인 태도를 보여서는 안 된다. 정부가 이런 역할을 제대로 수행하면 자연스럽게 신산업과 신기술은 발전하게 된다. 이러한 관점이 지향하는 바는 좋으나 한 가지 문제점을 가지고 있다. 개발도상국의 인프라는 보편적으로 열악하고 전 지역의 인프라를 제대로 정비하려면 얼마나 많은 자원이 필요하겠는가? 만약 자원이 충분히 않다면, 마오쩌둥 전 중국 국가주석이 "뛰어난 병력에 집중하여 적을 전멸시켜라."라고 말한 것처럼 산업 발전의 수요에 따라 특정 지역을 정비하고 거래 비용을 낮춰 그 지역 경제가 빠르게 발전할 수 있도록 해야 한다. 그런 다음 "작은 불꽃이 온 들판을 태우는 것처럼" 한 곳에서 시작하여 전국적으로 번져 나가도록 해야 한다. 이는 그야말로 실사구시實事求是적인 철학 사상이라 할 수 있다.

전략적으로 자원을 활용하려면 반드시 어떤 산업을 발전시킬 것인지, 이들 산업 발전에 필요한 하드웨어 및 소프트웨어 인프라가 무엇인지, 산업단지를 어디에 건설하는 것이 적합한지 등에 대해 파악하고 있어야 한다. 이렇게 상황에 따라 특정 지역의 특정 산업에 유리하게 제공되는 조치가 이른바 산업정책이다. 역사적인 경험에서 볼 때 산업정책 없이 성공한 국가는 본 적이 없다. 물론 산업정책을 펼쳤음에도 실패한 국가의 사례가 더 많이 보이는 것은 사실이다. 왜 그럴까? 대부분의 산업정책이 실패한 원인은 비교우위의 법칙을 위반했기 때문이라는 것을 발견했다. 여기에는 두 가지 경우가 있다. 개발도상국이 비교우위의 법칙을 위반하는 경우는 일반적으로 자본이 부족한 상황에서 선진국을 너무 급속하게 추월하면서 직접적인 경쟁을 통해 자본기술집약형 산업을 발전시키려고 했기 때문이다. 또 선진국의 산업정책이 실패한 원인은 이와는 정반대로 고용을 유지하기 위해 농업 또는 일부 가공업처럼 이미 비교우위를 잃어버린 산업을 정부가 계속 과도하게 지원했기 때문이다. 일례로 유럽연합(EU)에서 모든 젖소에게 매일 2유로의 보조금을 지급한 것을 들 수 있다. 이 두 가지는 모두 비교우위의 법칙을 위반한 것이다. 그 결과 기업은 개방적이고 경쟁적인 시장에서 자생할 능력을 상실하게 되고, 정부는 보호와 지원금을 제공할 수밖에 없는 상황에 처하게 된다. 결국 자원의 잘못된 배분과 지대추구(rent seeking) 행위에 따른 부패만이 남는다. 이런 상황에서 산업정책은 당연히 실패하게 된다.

신구조경제학의 관점에서 산업정책이 성공하려면 기업이 요소 생산비용이 비교적 낮은 산업에 진입할 수 있도록 도와주어야 한다. 다시 말해 요소부존의 구조에서 보았을 때 비교우위를 갖춘 산업에 진입할 수 있도록 도와줘야 한다는 것이다. 하지만 국제적인 경쟁은 총원가의 경쟁이며, 여기에는 거래 비용까지 포함된다. 거래 비용은 교통 인프라, 법률 환경, 금융 서비스 등이 적절한지 여부에 따라 결정된다. 적절하지 않다면 거래 비용은 매우 높아질 것이다. 비교우위에 적합하고 요소 생산비용이 낮은 산업일지라도, 거래 비용이 너무 높으면 총원가가 너무 높아져 경쟁력을 잃게 된다. 이런 산업은 신구조경제학에서는 잠재적인 비교우위를 가진 산업이라고 부른다. 산업정책의 목적은 바로 이러한 잠재적 비교우위를 가졌지만 거래 비용이 너무 높아 국·내외 시장에서 경쟁우위를 가지지 못한 산업에 대해, 정부의 지원으로 인프라와 금융 및 법적 환경을 개선하여 거래 비용을 낮춰 주는 데 있다. 거래 비용이 낮아지면 이 산업은 잠재적인 비교우위 산업에서 경쟁우위를 갖춘 산업으로 전환하게 된다.

중진국의 산업정책

산업정책이 성공하기 위해 가장 핵심적인 것은 잠재적인 비교우위를 가진 산업을 포착하고, 해당 산업의 발전을 저해하는 하드웨어 및 소프트웨어 인프라 문제를 선별해 내는 것이다. 이래야 정부가 비로소 문제를 제대로 짚어 내고 처방을 내려 정황에 따른 판단으로 해당 산업의 발전을 도모할 수 있게 된다. 중국과 같은 중진국은 잠재적인 비교우위를 어떻게 판별해야 할까? 신구조경제학에서는 중진국의 산업을 다섯 가지로 분류한다.

첫째, 추격형 산업. 추격형 산업의 기술 수준은 선진국 산업과 격차가 존재한다. 중국을 예로 들어 보자. 중국은 UN 기준으로 분류한 모든 종류의 산업을 갖춘 유일한 나라이다. 하지만 2015년 중국의 1인당 평균 국내총생산(GDP)은 8,154달러였다. 1인당 평균 노동생산성이 8,154달러 수준이라는 것이다. 이에 비해 미국은 56,421달러, 독일은 41,955달러였으며, 일본은 33,223달러, 한국은 28,338달러였다. 이들 국가가 소유하고 있는 모든 산업을 중국도 마찬가지로 보유하고 있지만, 중국은 동종 산업의 노동생산성, 대표적 기술과 부가가치 수준이 상대적으로 낮다. 중국의 산업은 아직 다른 국가를 뒤쫓는 추격 단계에 있으며, 이러한 유형의 산업을 추격형 산업이라고 한다.

둘째, 선도형 산업. 선진국은 이미 비교우위를 잃어 철수했지만, 중국은 전 세계적으로 선도적인 위치에 있거나 선도 수준에 근접하고 있는 산업이 있다. 이를테면 가전, 오토바이 등의 산업이다.

셋째, 우회전진형 산업. 과거에는 비교우위에 부합했으나 현재는 자본의 누적과 임금 상승으로 비교우위를 잃은 산업을 말한다. 노동집약형의 수출 가공 산업이 여기에 해당된다. 이러한 산업은 스마일 곡선의 양쪽 끝부분인 고부가가치 산업으로 생산을 이전하거나, 임금이 낮은 국가 또는 지역으로 위치를 이동시켜야 한다.

넷째, 커브 구간에서의 추월형 산업. 현대 과학기술의 특성 덕분에 일부 산업의 경우 신제품과 신기술의 R&D 주기가 짧아졌고, 인력 자본에 대한 투입을 주로 했다. 예를 들어, 인터넷이나 모바일 통신 설비의 R&D가 인력 자본을 중심으로 이루어져 주기가 특히 짧다. 레이쥔(雷軍)이 만든 샤오미 핸드폰의 경우 백여 명으로 이루어진 팀이 6개월에서 1년 사이에 연구개발하여 만들어 낸 것이 그 일례이다. 중국은 혁신적인 인적 자원의 측면에서는 선진국과 큰 차이를 보이고 있지 않다. 선진국과의 격차는 주로 물적 자원에서 발생한 것이다. 중국은 13억 인구와 더불어 모든 종류의 산업 유형과 거대한 국내 시장을 보유하고 있으며, R&D 주기가 짧은 산업에서 중국이 커브 구간에서 속도를 높이는 추월 전략을 채택하여 선진국과의 직접 경쟁을 도모해 볼 수 있다.

다섯째, 전략형 신흥 산업과 국방안보 산업을 포함한 전략형 산업. 이러한 유형의 산업은 커브 구간에서의 추월형 산업과는 정반대로 막대한 자본이 투입되고 R&D 주기가 매우 길기 때문에 중국의 비교우위에는 적합하지 않다. 이 유형의 산업들은 국가의 장기적인 발전과 국방안보의 수요를 충족하기 위해 존재한다.

이 다섯 가지 유형의 산업에 필요한 산업정책은 모두 다르다. 첫 번째 추격형 산업에서 역사적으로 성공을 거둔 모든 국가는 추격 기간 동안 산업정책을 펼쳤고, 그 정책에는 공통된 특징이 있었다. 바로 추격 대상이 자국과 비교했을 때 요소부존 구조가 유사하고, 1인당 소득 수준의 차이가 1~2배 정도였으며, 빠르게 발전하는 국가의 성숙한 산업이었다. 산업정책은 기본적으로 자국 기업이 추격 대상 국가의 성숙한 산업에 진입하도록 도와주는 것이다. 반대로 말하면 개발도상국의 산업정책이 실패한 이유는 1인당 평균소득 수준의 격차가 너무 큰 국가의 산업을 추격 대상으로 삼았기 때문이다. 어째서 요소부존 구조가 비슷하고,

소득 수준의 격차가 적으며, 빠르게 발전하는 국가의 산업을 참고 대상으로 삼아야 하는가? 요소부존 구조가 유사하고 발전 수준의 격차가 크지 않으면, 비교우위도 비슷하다. 여기에는 몇 가지 주의해야 할 점이 있다. 첫째, 자원 토지 집약형 산업을 발전시키려면 반드시 이에 대응하는 자연 자원(natural resources)을 보유하고 있어야 한다. 만약 일반적인 제조업이라면 자연 자원은 중요하지 않고, 자본과 노동의 비율만 살펴봐도 된다. 둘째, 한 국가가 20~30년 동안 꾸준히 빠른 발전을 유지할 수 있다면, 이 국가의 산업은 기본적으로 비교우위에 부합한 것이다. 비교우위 없이는 이렇게 긴 기간 동안 빠른 발전을 지속할 수 없기 때문이다. 만약 이 국가의 산업이 처음에는 비교우위에 적합했지만 20~30년의 발전을 지속하여 자본이 빠르게 축적되면서 기존에 가지고 있던 비교우위를 점차 잃게 된다면, 이 산업은 바로 요소부존 구조가 유사한 추격 국가의 잠재적인 비교우위 산업이 된다.

신구조경제학은 위에서 설명한 논리에 따라 '성장 판별과 상황에 따른 판단(GIFF: Growth Identification and Facilitation Framework)'이라는 투 트랙의 여섯 가지 스텝을 제시한다. 첫 번째 트랙은 잠재적인 비교우위를 가진 산업이란 무엇인지 판별해 내는 것이다. 두 번째 트랙은 해당 산업에서 거래 비용을 낮춰야 하는 기업의 수요에 따라 전략적인 지도를 하고 하드웨어 및 소프트웨어 인프라를 정비하여, 산업이 경쟁우위를 갖출 수 있도록 만드는 것이다.

첫 번째 스텝은 고도성장을 하고 있고, 요소부존 구조가 유사하며, 1인당 평균 국내총생산(GDP)이 본국에 비해 1~2배 높거나, 20년 전에 1인당 평균 국내총생산이 본국과 비슷했던 경제체를 찾아 이들 경제체가 가지고 있는 교역 가능한 숙련된 제품이 무엇인지를 살펴보는 것이다. 이런 교역 가능한 숙련된 제품은 아마도 본국이 잠재적인 비교우위를 가진 산업일 것이다. 첫 번째 스텝은 매우 중요하여 두 가지의 실수를 피할 수 있다. 하나는 정부가 섣불리 모험에 뛰어드는 오류이고, 다른 하나는 정부가 국내 기업에 끌려다니는 실수이다. 일부 기업은 지대추구(rent seeking)를 위해 정부한테, 비교우위를 위반한 산업을 두고, 해당 산업이 매우 중요하고 현대화 발전을 위해 필수적이라고 주장할 수 있다. 비교우위를 위반한 산업이라서 정부는 대규모의 보호와 보조금을 제공해야만 하고, 설령 보조금으로 해당 산업이 어느 정도로 성장한다 하더라도 개방되고 경쟁적인 시장에서 기업에 여전히 자생능력이 없기 때문에 끊임없이 지원을 필요로 하게 될 것이다. 따라서 이 두 가지 종류의 실수는 피해야 한다.

두 번째 스텝은 이미 잠재적인 비교우위를 지닌 산업의 리스트를 가지고 있다면, 국내 기업들 중 이 기회를 포착하여 자발적으로 산업에 진출한 기업이 있는지 살펴봐야 한다. 만약 이미 진출한 기업이 있다면, 이론적으로 요소 생산비용이 대상 국가보다 낮아야 한다. 그렇다면 왜 참고 대상 국가와는 세계적으로 경쟁하면 안 될까? 국내 기업의 기술 수준이 낮으면, 높은 기술력을 가진 해외 기업을 인수하거나, 해외에 R&D센터를 설립하고 높은 기술력을 가진 인재를 고용하여 신기술과 신제품을 개발하게 하면 된다. 만약 거래 비용이 너무 높다면, 정부는 그 이유를 분석한 후에 높은 거래 비용을 초래한 일부 하드웨어 및 소프트웨어 인프라의 문제 요인을 제거하여 기업이 거래 비용 문제를 극복하도록 도와주어야 한다.

세 번째 스텝은 해당 산업에 진출한 국내 기업이 없거나 수출하는 기업이 너무 적다면, 정부는 투자 유치를 통해 참고 대상 국가의 기업을 유치할 수 있다. 이론적으로 국내로 이전하면 요소 생산비용이 더 낮아지는데, 대상 국가의 기업은 왜 이전에 적극적으로 나서지 않는 것일까? 그 이유는 아마도 이전 국가에 대한 이해도가 낮거나, 해당 지역의 교통 인프라와 경영 환경이 열악하여 거래 비용이 높아서일 것이다. 이런 상황에서 정부가 해야 할 일은 기업과 자본을 유치하는 동시에 교통 운수, 경영 환경 등을 개선하여 거래 비용을 낮춰 주는 것이다. 그 밖에도 국내에 산업 인큐베이터를 설치하여 해당 산업을 육성할 수도 있다.

 네 번째 스텝은 모든 국가는 각기 특유의 장점을 가지고 있으며, 이 장점을 살려 대상 국가에는 없고 시장 수요가 있는 특산품을 생산해 내는 것이다. 예를 들면 중국의 한약과 일부 농산물이 여기에 속한다. 오늘날의 기술 변화는 매우 빠르게 진행되고 있으며, 많은 기술과 산업이 20년 전에는 전혀 존재하지 않았다. 국내 기업이 신기술과 신산업이 가져다주는 기회를 포착하여 수익을 얻을 수 있는 능력을 보여 준다면, 정부는 해당 산업의 거래 비용을 낮추어 기업이 더욱 더 발전할 수 있게끔 도와주어야 한다. 대표적인 예로 1980년대 인도의 정보 서비스 산업을 들 수 있다. 1980년대 이전 인도에는 정보 아웃소싱 서비스 산업이 존재하지 않았다. 하지만 1980년대부터 일부 인도 기업가들은 미국 기업의 정보 아웃소싱을 맡을 수 있다는 점을 발견했다. 초기에는 위성 통신을 이용했기 때문에 거래 비용이 매우 높았지만, 나중에 인도 정부가 광통신을 발전시켜 거래 비용을 대폭 절감시켰다. 이를 통해 정보 서비스업은 인도에서 가장 크고 경쟁력 있는 산업으로 변모했다.

 다섯 번째 스텝은 개발도상국은 보편적으로 교통 인프라와 경영 환경이 열악하다. 만약 정부에게 전국을 정비할 수 있는 능력이 있다면 금상첨화겠지만, 실제로 정부의 자원은 제한되어 있기 때문에 그렇게 하기는 어렵다. 유한한 자원의 한계 속에서 정부는 '더 큰 일에 역량을 집중해야 한다'는 취사 전략을 펼 수밖에 없다. 공업단지를 설립하거나 경제특구를 지정한 후, 이를 활성화시켜 잠재적인 비교우위를 가진 산업이 이곳에서 빠른 발전을 이루어 경쟁우위를 갖춘 산업으로 성장하게 하고, 신속히 산업 클러스터를 형성하여 거래 비용을 더욱 절감해야 한다.

여섯 번째 스텝은 선행 기업의 외부 효과에 대해 보상을 해 주는 것이다. 외부 효과에 대한 보상으로 세수 혜택을 들 수 있다. 자본을 통제하는 국가에서는 선행 기업이 우선적으로 외환을 받아 기계설비를 수입하도록 할 수 있다. 금융통제 정책을 펼치는 국가에서는 선행 기업이 우선적으로 대출을 받을 수 있게 한다. 이런 우대 정책은 1950~1960년대 여러 개발도상국들이 구조주의 수입대체 산업정책에서 취했던 보호와 보조금과 어떤 차이가 있는가? 구조주의 산업정책이 발전시키고자 했던 산업은 비교우위의 원칙을 위반한 것이었다. 이러한 기업은 자생능력이 없었기 때문에 거액의 보조금을 필요로 했고, 어느 정도 성장했다 하더라도 장기간 동안 보조금을 제공해야 했다. 신구조경제학에서 말하는, 정황에 따라 펼치는 산업정책의 대상은 자생능력을 갖춘 기업이며, 정책적 혜택 역시 외부 효과 문제를 해결하기 위한 것일 뿐이다. 이러한 혜택은 일반적으로 액수가 적고 일회적 또는 단기적으로 진행된다. 여기까지 설명한 것은 추격형 산업에 대한 산업정책이다.

세계적인 선도형 산업에 대해 정부는 어떤 산업정책을 펼쳐야 할까? 세계적인 선도형 산업의 신제품과 신기술은 필연적으로 자체 연구개발에 의존할 수밖에 없다. 선진국은 모든 산업과 기술이 세계 최고의 수준이기 때문에, 자체적인 연구개발을 진행해야 기술 혁신과 산업고도화를 이룰 수 있다. 그렇다면 선진국의 연구개발은 어떻게 진행될까? 연구성과는 기본적으로 공공재이므로, 선진국의 연구개발은 국가의 지원을 받는다. 예를 들면 미국은 국가과학기금과 국가건강연구원에서 기초연구에 지원금을 제공하며, 연구의 결과물은 공공의 지식으로서 모든 기업이 다시 이를 기반으로 신제품과 신기술을 개발한다. 선진국도 마찬가지로 연구를 지원하는 데 사용할 수 있는 자금이 제한적이기 때문에 지원하고자 하는 기초연구를 선별해야 한다. 다시 말하자면 기초연구에 대한 자금 분배는 연구 성과가 신기술과 신제품의 개발에 얼마나 도움이 될지, 해당 신기술과 신제품이 경제 발전에 얼마나 기여할지에 따라 이루어진다. 선진국이라 해서 산업정책이 없는 것이 아니라, 정부의 역할이 추격형 산업정책과 다를 뿐이다. 중국은 개발도상국가로서 일부 산업이 이미 세계 선두의 위치에 올라섰다. 하지만 이러한 산업에도 여전히 산업정책의 지원이 필요하며, 정부는 해당 산업과 신제품·신기술의 개발과 관련된 기초연구에 투자하여, 기업이 더 효율적으로 신제품과 신기술을 개발할 수 있도록 도와주어야 한다. 그 외에도 선진국처럼 특허·정부 조달 등의 방식을 통해 지적재산권을 보호하고, 기업이 신제품 생산 규모를 신속하게 확대하도록 지원할 수 있다. 세계적으로 선도적인 지위를 가진 산업은 전 세계를 시장으로 하므로, 중국 정부도 선진국처럼 기업이 국제 시장을 개척하는 데 필요한 지원을 제공해야 한다. 예를 들어, 고위급 지도자의 방문을 활용하여 제품의 판로를 개척하여 제품에 대한 인지도를 높이고, 기업이 해외에 공장을 설립하고 판매 루트를 개척하는 데 필요한 인재 교육, 자금 지원, 영사 보호 등의 조치를 제공하는 것 등이 있다.

우회진전형 산업의 경우는 기존의 생산방식이 이미 비교우위 원칙에 부합하지 않기 때문에 우회 전략을 채택해야 한다. 그렇다면 어떻게 우회해야 하는가? 한편으로, 인재 양성을 위한 직업 교육을 제공하여 일부 요건을 갖춘 기업이 고부가가치의 브랜드 관리, 제품 디자인, 판로 관리 등 스마일 곡선의 양끝 부분으로 진입하도록 도움을 줄 수 있다. 다른 한편으로는 대부분 가공형 기업의 경우, 생산 원가가 더 낮은 해외로 이전하도록 도와줄 수 있다. 즉, 요즘 자주 언급되는 '연합형 해외 진출'(抱團出海: 해외 진출 과정에서 중국 기업 간의 악성 경쟁을 피하고 해외 현지의 문화적 차이와 각종 리스크를 극복하기 위해 중국의 대기업과 중소기업이 연합하여 해외 진출할 것을 주문하였음. 그리고 이와 관련하여 중국 정부는 상응하는 정책적 혜택을 줄 것임을 밝혔음—옮긴이)이다. 아울러 이전 대상국을 도와 양호한 환경을 조성하여 인재를 끌어들이고 자금을 유치할 수 있도록 해서, 이전한 가공업체가 하루빨리 제2의 봄날을 맞이하고 국내총생산(GDP)을 국민총생산(GNP)으로 바꾸게 할 수 있다. 이 밖에도 퇴출된 노동자들에게 재교육을 실시하여 다른 업계로 진출할 수 있는 능력을 갖추도록 할 수 있다.

커브 구간에서의 추월형 산업의 경우 정부는 '드림 타운', '인큐베이터 기지' 등을 설립하여 인재와 벤처 캐피탈을 유치하고 지식재산권 보호를 강화함으로써 '모두가 창업하고 혁신에 임하자'라는 정책을 뒷받침할 수 있다.

전략형 신흥 산업과 국방안보 산업은 통상적으로 자본이 매우 집약되어 있고 연구개발 주기가 길며 투자 규모가 크기에 중국은 아직 비교우위를 갖추지 못하고 있다. 전략형 신흥 산업은 발전 방향이 명확하고, 미래의 경제 발전에 매우 중요한 산업이다. 현재 중국이 신재생에너지·신소재·인공지능(AI)·바이오 제약 등의 산업에 대한 연구개발을 진행하지 않는다면 그 특허는 모두 선진국에 의해서 독점될 것이고, 향후 중국이 해당 유형의 산업에 진입하려 한다면 선진국의 제약을 받거나 더 큰 대가를 치러야만 필요한 기술을 얻을 수 있을 것이다. 그렇기 때문에 중국은 지금 자체적으로 연구개발에 투자해야 한다. 비록 많은 비용이 들고 막대한 리스크를 감당해야 하지만, 장기적 발전의 관점에서 보면 총비용은 오히려 아주 적을 것이다. 국방안보 산업의 발전은 중국의 국가 안보와 직결되어 있다. 예를 들면 대형 비행기·항공우주·슈퍼컴퓨터 산업이 이에 속한다. 전략형 산업은 시장에만 의존할 수 없고 정부의 보조금이 있어야만 발전할 수 있다는 특징이 있다. 계획경제 시대에는 추월하는 데 대규모의 역량을 투입했기 때문에, 재정적으로 직접적인 보조금을 지원할 수 없어서 각종 가격 신호를 왜곡하는 방식으로 보조금을 간접 지급할 수밖에 없었다. 지금은 전략형 산업이 전체 국민 경제에서 차지하는 비중이 매우 작은 만큼 재정을 통해 직접적인 보조금을 제공해 주어야 한다. 보조 방식에는 직접적인 재정 보조금을 통해 투자와 생산을 지원하거나 정부의 제품 조달을 통해 지원하는 방법 등이 있다.

정리하자면 신구조경제학은 특정 국가나 지역의 기존 산업과 글로벌 선두 산업 사이에 격차를 근거로, 정부에게 산업정책을 수립할 때 분석의 틀을 제공함으로써 정부가 잠재적인 비교우위를 갖춘 산업을 판별해 내고, 정세에 따라 해당 산업을 유리하게 지도하여 경제의 빠른 발전을 이룰 수 있도록 도와준다. 전략형 신흥 산업과 국방안보 산업을 제외하고 신구조경제학의 산업정책은 정부 주도가 아니라 정세에 따른 판단으로 기업을 지도할 뿐이다. 즉, 어떤 기업이 자체적으로 기회를 포착하여 해당 산업에 진출하길 원하는 상황에서, 정부는 이런 기업이 외부 효과를 극복하고 하드웨어 및 소프트웨어 인프라의 문제를 개선할 수 있도록 도와주는 역할을 담당할 뿐이다. 이로써 잠재적인 비교우위의 산업이 경쟁우위를 갖춘 산업으로 빠르게 탈바꿈되도록 하는 것이다. 신구조경제학의 산업정책에서 정부는 특정 산업을 위한 하드웨어 및 소프트웨어 인프라의 개선 작업을 전 지역으로 확대시켜 나가야 하지만, 한정적인 자원과 집행 능력을 고려하여, 마오쩌둥 전 국가주석이 "뛰어난 병력에 집중하여 적을 섬멸하자."라고 말했던 것처럼 선택과 집중 전략을 채택할 수밖에 없다. 그 목적은 바로 덩샤오핑이 말했던 것처럼 "먼저 일부 지역 일부 사람부터 풍족하게 만들고 난 후, 전 중국을 풍요롭게 하자."라는 데 있다.

나는 왜 산업정책에 반대하는가?
— 린이푸와의 변론[1]

장웨이잉(張維迎)
베이징대학교 국가발전연구원 교수

시작하기에 앞서 먼저 두 가지 기본적인 개념에 대해서 확실히 짚고 넘어가고자 한다.

첫째, 산업정책이란 단어가 가진 함의에 대해서 살펴보자. 필자가 이해하는 산업정책이란 정부가 경제 발전, 또는 다른 목적을 위해 사유재의 생산 영역에 선택적인 개입, 또는 차등적인 대우를 행하는 것을 뜻한다. 그 수단으로는 시장 진입 제한, 투자 규모 통제, 신용대출 자금 배분, 세수 혜택과 재정 지원, 수출입 관세와 비관세 장벽, 토지 가격 우대 등이 있다.

여기에서 핵심 단어는 '사유재'와 '선택적 개입'이다. 공공재에 대한 정부의 투자는 산업정책에 포함되지 않는다. 물론 '무엇이 공공재인가'에 대해 경제학자들 사이에서 이견이 존재한다. 획일화된 기업 소득세와 같은 보편적인 정책도 산업정책에 포함되지 않지만, 보조적 소득세 감면은 산업정책에 속한다. 특허권 보호는 지적재산권의 문제이지 산업정책에 포함되지 않는다. 지역정책 역시 산업정책과 함께 진행되지만 산업정책에 속하지 않는다.[2]

---

[1] 이 글은 필자가 2016년 11월 9일 베이징대학교 국가발전연구원 '산업정책 포럼'의 주제 발언을 정리한 것이며, 필자가 필요한 참고문헌을 보충했다. 『비교』 2016년 제6기에 이 글의 원본이 실려 있다.
[2] 산업정책에 대한 경제학자들의 정의는 각기 다르다. 하지만 선택적 개입은 산업정

린이푸 교수가 산업정책에 대해 내린 정의는 너무 광범위하다. 린 교수의 정의에 따르면 정부가 행하는 모든 일이 대부분 산업정책에 속한다. 린 교수는 자신의 글과 책에서 공공 재화·인프라·교육과 과학 연구 방면의 정부 투자, 심지어 특허 보호, 법규 구축에 이르는 모든 것이 산업정책에 포함된다고 주장한다. 그의 정의에 따르면 산업정책을 비판하는 것은 정부의 역할을 부정하는 것이나 다름없으며 무정부주의자로 간주된다. 이것은 본 주제를 둘러싼 토론에 도움이 되지 않는다.

둘째, 목표 모델과 개혁 과정에 대한 구분이다. 린 교수는 정부와 시장의 관계 정립을 계획경제에서 시장경제로의 궤도 전환과 자주 혼용하여 사용한다. 린 교수는 시장 주도를 주장하며 신자유주의에 찬성하는 것이 바로 '충격 요법'을 주장하는 것이라고 말하면서, 점진적인 개혁이 정부 주도와 결을 같이한다고 주장한다. 따라서 린 교수는 신자유주의에게 '충격 요법'이라는 오명을 덧씌웠는데 이는 큰 착오이다.

린 교수가 보기에 필자는 '신자유주의자'이다. 이 점을 부인하지는 않겠지만, 개인적으로는 '고전적 자유주의자'로 불리길 희망한다. 하지만 필자도 동시에 점진적 개혁주의자이다. 1984년 봄 필자가 제기했던 투 트랙 가격 개혁 구상은 점진주의적인 것이다.(린이푸 교수도 투 트랙의 점진적 성격을 자주 강조해 왔다.) 1994년 필자는 이강易綱 교수와 「중국의 점진적 개혁에 대한 역사적 시각」이라는 글을 공동 집필하여 중국에서 점진적인 개혁이 왜 필연적인 요소인지에 대해서 분석했다.[3] 2008년에도 점진적 개혁에 관한 글을 하나 더 집필했다. 점진주의에 대한 필자의 관점은 줄곧 일관된 태도를 유지했으며, 이는 자유시장 이론과 모순되지 않

책의 기본적 특징이다. Howard Pack and Kamal Saggi, "Is There a Case for Industrial Policy? A Critical Survey," *World Bank Research Observer*, 21(21), 2006, pp.267~297.

3 Weiying Zhang and Gang Yi, "China's Gradual Reform; A Historical Perspective", *in The Logic of the Market*, Washington DC: The Cato Institute Press, 2015.

는, 자유시장 이론의 연장선이라고 할 수 있다.

사실 대다수의 고전적 자유주의자와 신자유주의자는 '충격 요법'에 반대한다. 하이에크Hayek의 관점에 따르면, 제도는 자발적인 진화에 따른 결과물이지 인위적으로 설계된 것이 아니기 때문이다. 진화란 점진적인 하나의 과정임에 틀림없다.

필자는 비록 충격 요법에 찬성하지는 않지만, 구소련의 개혁 노선에 대한 린 교수의 부정否定은 너무 독단적이라고 생각한다. 린 교수는 1990년 이전 소련의 역사적 사실을 완전히 간과했다. 70년의 계획경제를 실시한 구소련과 겨우 20여 년의 계획경제를 실시하고 있는 중국을 비교하면서, 초기 개혁의 여건이 매우 상이했다는 사실을 전혀 고려하지 않았다. 소련이 해체되기 전, 고르바초프 대통령은 충격 요법을 선택하지 않았으며, 옐친 대통령 시대에 행한 개혁은 응급 처치나 다름없었다. 옐친 대통령이 집권하기 이전 소련은 이미 '쇼크 상태'에 있었기 때문에 점진적인 개혁 노선을 채택할 가능성이 없었다.

역사는 하얀 도화지가 아니다. 모든 국가에 통용될 수 있는 모델이 존재한다고 생각하지 않는다.

다음에서 필자는 다섯 가지 관점에 대해 이야기를 하려고 한다. 첫째, 시장 이론 패러다임에 대한 필자와 린 교수의 이견, 둘째, 나는 왜 산업정책에 반대하는가, 셋째, 외부 효과와 조율 실패가 산업정책의 추진 사유가 될 수는 없다는 것, 넷째, 린 교수의 '비교우위 전략 이론'에 존재하는 논리적 자기모순, 다섯째, 린 교수의 '성장 판별법'에 존재하는 오류이다.

시장 이론 패러다임에 대한 필자와 린 교수의 이견

산업정책에 관한 필자와 린 교수의 견해차는 사실 시장 이론과 연관된 다른 두 패러다임에 대한 견해차에서 비롯되었다. 린 교수가 신봉하는 것은 '신고전경제학 패러다임'이며, 필자는 '미제스-하이에크 패러다임'을 지지한다. 신고전 패러다임은 '계획 패러다임'이고, 미제스-하이에크 패러다임은 '진화 패러다임'이다.

신고전경제학은 시장을 자원 배분의 도구로 받아들인다. 시장의 유효성을 입증하기 위해 신고전경제학은 매우 강력하지만 비현실적인 가설을 설정해야 한다. 반대로 이런 가설이 성립되지 않을 경우에는 소위 '시장 기능 상실'이 나타나는데, 여기에는 외부 효과에 의한 시장 기능 상실, 불완전한 경쟁으로 야기된 시장 기능 상실과 정보의 비대칭으로 야기된 시장 기능 상실이 포함된다.

린 교수의 모든 이론은 신고전경제학의 시장 기능 상실을 바탕으로 한다. 이 점에 대해서는 린 교수 본인도 부인하지 않는다. "신고전경제학에 지나치게 충실해 있다.", "신고전경제학의 질곡에서 끄집어 내지 못하고 있다."라고 자신을 비판한 케임브리지대학교 장하준 교수에 대해 린 교수는 다음과 같이 반론했다. "신고전경제학은 이 모든 것에 있어서 제약적인 요소가 아닌 하나의 유용한 도구이다. 유연성이 있기 때문에 모형을 통해 정부가 중요한 역할을 하도록 할 수 있는 외부 효과, 동태성 및 조율 실패라는 요소를 분석해 낼 수 있다. 이와 동시에 정부가 비교우위 산업에서 과도하게 벗어나지는 않았는지를 판단할 수 있는 하나의 기준을 제공한다. 전자가 없었다면 개발도상국은 기회를 포착하여 우위 산업을 발전시키고, 비전 있는 산업의 고도화와 발전에 기반을 마련하는 지혜를 얻지 못했을 것이다. 하지만 만약에 후자가 없었다면 역사에서 강조했던 바처럼, 정부는 아마 막대한 대가를 치러야 하는 과

오를 저질렀을 것이다."⁴

린 교수가 보기에 분명히 신고전경제학은 정부가 무엇을 해야 하는지, 무엇을 하면 안 되는지를 딱 꼬집어 알려 주는 만능의 만병통치약이다!

필자가 이해할 수 없는 것은 린 교수가 서양 주류 경제학의 시장 기능 상실 이론을 기반으로 자신의 이론을 구축했으면서, 동시에 "단순히 서양 주류 경제학을 모방하는 방법으로는 통하지 않는다."⁵라고 공개적으로 타인을 신랄하게 비판했다는 점이다. 왜 다른 사람이 신봉하는 신고전 이론은 '모방'이고, 자신이 신봉하는 신고전 이론은 '혁신'이라고 생각하는가? 왜 신고전 이론이 린 교수에게 적용되면 백전불패의 '비장의 무기'가 되었다가, 다른 사람에게 적용되면 맥도 추지 못하는 '신화'가 되어 버리는가? 필자는 린 교수가 말하는 '모방'이 무슨 의미인지 이해할 수 없다. 하지만 필자가 보기에 만약 누군가가 모방을 했다면, 린 교수가 바로 그 중 한 사람일 것이다.

신고전 주류 경제학에 대한 필자의 평가는 린 교수처럼 그렇게 높지 않다. 신고전경제학이 훌륭한 시장 이론은 아니며, 최소한 린 교수가 말하는 것만큼 그렇게 훌륭하지는 않다고 생각한다. 신고전경제학자가 말하는 시장 기능 상실은 사실 시장 이론의 실패이지 시장 자체의 실패가 아니다.⁶ 필자는 '미제스-하이에크'가 발전시킨 시장 이론이 보다 나은 분석 패러다임이라고 생각한다.

---

4 린이푸, 『신구조경제학: 경제 발전과 정책의 이론 틀을 반성한다』, 베이징대학출판사, 2012, p.130. 본문에서 인용한 린이푸 교수의 관점은 주로 이 책을 참고했다.
5 린이푸, 「서양 주류 경제이론을 모방하는 방법으로는 통하지 않는다」, 『구실求實』, 2016. 10. 16.
6 장웨이잉, 「경제학에 대한 반성: 시장의 실패는 시장 이론의 실패인가?」, 『시장과 정부』 발췌, 시베이대학교 출판사, 2014; 영문판으로 Weiying Zhang, "Reflections on Economics: Market Failure or Market Theory Failure?", *China Economic Journal*, 8(2), 2015, pp.109~121.

'미제스-하이에크' 시장 이론에 따르면, 시장은 인류가 자발적으로 협력하는 제도이며 하나의 인지적인 도구이다. 시장 경쟁은 인류가 새로운 거래 기회와 새로운 협력 기회를 발견하고 창조해 내는 과정이다. 시장의 가장 중요한 특징은 균형이 아닌 변화이다. 시장의 유효성은 신고전경제학의 가설을 필요로 하지 않는다. 오히려 정반대로 이런 가설과 시장 경쟁은 서로 상충된다. 예를 들어 신고전경제학에서 가장 이상적인 시장은 '완전경쟁 시장'이지만, '완전경쟁'과 혁신은 근본적으로 서로 용납되지 않는다. 혁신은 경쟁의 불완전한 상태를 초래하고, 심지어는 소위 말하는 '독점적 상태'를 초래하기 때문이다. 신고전경제학은 정보의 비대칭이 시장의 실패를 가져온다고 말한다. 하지만 '미제스-하이에크' 패러다임에 따르면 시장의 우월성은 바로 불완전한 정보에서 나온다. 시장은 분업과 전문화를 바탕으로 하며, 분업과 전문화의 가치는 바로 정보의 비대칭성에서 나오기 때문이다. 바로 이 정보의 비대칭성·분산성·주관성 때문에 우리는 시장을 필요로 한다.

신고전 패러다임과 '미제스-하이에크' 패러다임의 차이는 기업가의 역할에 대한 인식에서 가장 잘 드러난다. 신고전경제학의 시장에는 기업가가 필요 없다. 그 안의 가설이 기업가의 존재 가치를 지우기 때문이다. 만약 시장 선호도, 필요한 자원, 기술이 기본 값으로 주어지고, 정보가 완벽하고 불확실성이 없으며, 모든 사람이 동등한 수준으로 똑똑하다면 당연히 기업가가 발을 디딜 틈이 없을 것이다.

'미제스-하이에크' 패러다임에서 기업가는 시장의 주인공으로서 기본적으로 거래 기회를 포착하고 창조하는 역할을 맡는다. 기업가들이 불균형과 매매차익을 발견함으로써 비로소 시장은 균형을 잡아가게 된다. 기업가의 혁신으로 시장은 계속 새로운 제품과 기술을 만들어 낼 수 있고, 이로써 소비구조와 산업구조 역시 끊임없이 고도화가 추진된다.

신고전 패러다임을 신봉하는 경제학자들이 종종 '기업가'라는 단어를 사용하지만, 그들이 말하는 '기업가'란 계산기에 더 가깝다. 이 '기업가'는 정해진 목표와 수단을 가지고 있고, '한계수익이 한계비용과 같다'는 법칙에 따라 최적의 투입과 생산량을 계산해 낸다. 이런 정책을 제정하는 데에는 상상력이나 민첩함은 필요하지 않다. 심지어 판단력도 불필요하다. 그러나 진정한 기업가에게 상상력과 민첩함 및 판단력만큼 중요한 것은 없다.

산업정책에 대한 필자와 린 교수의 논쟁은 기업가 정신에 대한 서로 다른 이해와 연관되어 있다.

필자는 신고전경제학에 대해 쓴소리를 하고자 한다. 다만 신고전경제학은 훌륭한 시장 이론이 아니며 오히려 실제 시장을 잘못 이해하게 만들 수 있는 오해의 소지가 다분하다. 하지만, 신고전경제학이 유용한 분석 도구라는 사실은 부정할 수 없다. 특히 1970년대 공공선택 학파가 신고전경제학 패러다임을 이용하여 발전시킨 정부 기능 상실 이론은 어느 정도 시장 기능 상실 이론의 오류를 바로잡았고, 이로써 시장 기능 상실은 더 이상 정부의 경제 개입을 위한 충분조건이 되지 못하게 되었다.

린 교수는 시장 기능 상실을 강조하면서 정부 기능 상실에 대해서는 어물쩍 넘어가고 있다. 린 교수의 이론에서 정부 공직자는 모르는 것이 없고 못하는 것이 없으며 사사로운 욕심 없이 타인을 위하는 사람으로 인식된다. 린 교수는 왜 기업가보다 정부 공직자가 미래를 판단하는 능력과 동기부여가 더 많은지에 대해서는 설명을 하지 않고 있다.

왜 산업정책은 반드시 실패할 수밖에 없는가?

필자는 오래전부터 산업정책에 대해 고민해 왔다. 1980년대 중엽 일본의 산업정책은 일부 중국 경제학자와 정부 관료로부터 추앙을 받았다. 1987년 여름, 필자는 중국 경제체제개혁연구소 대표단과 함께 보름 정도의 일정으로 일본을 방문한 적이 있었다. 그때 필자는 중국 내에서 지지받고 있는 관점에는 현실에 부합하지 않는 최소 두 가지의 문제점이 존재한다는 기본적인 결론을 내렸다. 첫 번째는 일본이 취한 산업정책의 효과에 대한 과대평가이며, 두 번째는 그 정책이 역할을 발휘하는 방식에 대한 잘못된 평가였다. 일본의 초기 산업정책이 재앙적인 결과를 낳지 않을 수 있었던 이유는 잘못된 산업정책이 기업가의 저항을 받게 마련이기 때문이었다.[7] 자동차 산업이 그 전형적인 일례로, 만약 혼다 소이치로 등의 저항이 없었다면 오늘날의 일본 자동차 산업도 존재하지 않았을 것이다.

비록 많은 초기 연구에서는 일본의 산업정책을 성공적인 본보기로 꼽았었지만, 1990년대 이후 일본 산업정책에 대해 대거 진행된 세부적인 연구 결과는 전반적으로 일본의 산업정책은 실패했다고 결론지었다.[8] 마이클 포터Michael Porter 등 학자들은 일본에서 가장 성공한 20개 산업은 기본적으로 산업정책의 효과를 보지 못했고, 효과가 있었다 하더라도 미미한 수준이라고 지적했다. 반대로 가장 실패한 일곱 개의 산업은 산업정책의 영향을 심각하게 받았다는 점을 상세한 자료를 통해 증명했다.[9] 1980년대 이후 일본이 펼친 산업정책의 문제점은 곳곳에서 드러났다. 5세대 컴퓨터 연구개발, 시뮬레이션 기술, 모바일 통신 등을 포함하

---

7 장웨이잉, 「시장경제에서의 정부의 행위: 일본의 경험」, 『가격·시장과 기업가』에서 발췌, 베이징대학 출판사, 2006, pp.133~154; 장웨이잉, 『시장과 정부』, 시베이대학 출판사, 2014.
8 일본 산업정책에 대한 평가 총론, 런원, 「일본 산업정책 재평가와 이것이 중국에 주는 시사점」참고. 『현대일본경제』 4호, 2006, pp.11~16 발췌.
9 마이클 포터·히로타카 다카우치·마리코 사카키바라, 『일본은 아직 경쟁력이 있는가?』, 중신출판사, 2002; 영문판으로 Michael Porter, Hirotaka Takeuchi and Mariko Sakakibara, *Can Japan Compete?*, Basic Books, 2002.

여 이들 모두 산업정책으로 인해 잘못된 길에 들어섰다. 이렇게 일본 통산성의 신화는 저물어 갔다.

개혁 이전에 중국은 계획경제를 시행했다. 개혁 이후 산업정책이 계획 지표를 대체했고, 이는 '갑옷을 입은 계획경제'라 불렸다. 류허(劉鶴)와 양웨이민(楊偉民)이 집필한 『중국 산업정책: 이론과 실천』의 서언에서 "계획은 산업정책이며, 산업정책이 바로 계획이다. 이 두 가지는 모두 경제생활 자원 배분에 대한 정부의 개입을 보여 준다."라고 말한 것과 같다.[10]

1980년대 이후 중국의 산업정책이 실패한 예는 무수히 많은 반면, 성공한 예는 찾아보기 힘들다. 이 점에 대해서는 린 교수도 부인하지 않는다. 중국 경제에 지속적으로 존재해 온 구조적 불균형과 생산과잉 중 어느 하나라도 정부의 산업정책이 초래한 결과가 아니란 말인가?

필자는 줄곧 이론적으로 산업정책 실패의 원인을 찾으려 노력해 왔으며, 산업정책 실패의 원인과 계획경제 실패의 원인이 완전히 동일하다는 사실을 발견했다. 요약하자면 산업정책이 실패한 첫 번째 원인은 인류 인지 능력의 한계 때문이고, 두 번째는 장려 시스템의 왜곡 때문이다.[11] 시쳇말로 말하자면 인간의 무지가 첫 번째 이유이고, 인간의 몰염치가 두 번째 이유이다. 인지 능력의 한계는 장려 시스템보다 더 근본적인 문제이다.

먼저 인지 능력의 한계에 대해 짚고 넘어가자.[12] 산업정책을 옹호하

---

10 류허·양웨이민, 『중국 산업정책: 이론과 실천』, 중국경제출판사, 1999, p.31.
11 필자는 2016년 8월 24일 야부리에서 개최된 중국 기업가 포럼 서안 서밋의 주제 강연에서 '왜 산업정책은 실패하는가'를 통해 체계적으로 이 관점을 설파했다. http://www.yicai.com/news/5153303.html.
12 정부가 제정한 산업정책 능력의 한계에 대한 무지는 하이에크 지식 이론의 한 응용이다. 참고문헌은 Friedrich A. Hayek, *Individualism and Economic Order*, London and Henley: Routledge and Kegan Paul, 1976, Chapter Ⅱ·Ⅳ and Ⅶ-Ⅸ. 정부가 산

는 사람들의 기본적인 가설은 기술 진보와 신산업은 예측할 수 있기에 계획할 수도 있다는 것이다. 이 가설은 완전히 틀렸다. 신산업은 언제나 혁신에서 잉태된다. 역사를 통해 혁신과 신산업은 예측 가능한 것이 아닌 점이 증명되었다. 혁신의 과정에는 일련의 불확실성이 만연하기에, 혁신은 통계의 법칙을 따르지 않는다. 혁신의 불확실성은 우리가 얻고자 하는 결과를 예측할 수 없게 만들며, 사전에 특정한 목표로 데려다 줄 루트를 정할 수 없게 한다. 우리는 목표가 어디에 있는지도, 그 목표에 닿는 길이 어디인지도 모른다. 그저 계속된 시행착오 속에서 앞으로 나아갈 뿐이다. 혁신과 산업의 발전에 대한 인류의 분석은 사실상 모두 '사후 약방문'이나 다름없다. 만약 혁신이 미리 예측 가능하다면, 그것이 어찌 혁신일 수 있을까! 30년 전 그 누구도 오늘날의 주력 산업(인터넷, 신재생에너지, 바이오 제약 등)을 예상하지 못했다. 오늘을 살고 있는 우리도 30년 후의 일을 예측할 수 없다.

혁신을 예측할 수 없다는 것은 혁신을 성공시키는 유일한 채널이 경제 실험의 자유라는 것을 의미한다. 즉 혁신은 하이에크가 말했던 각기 다른 지식과 다른 견해를 가진 '대중의 노력'에 따른 것이지, 예측된 노선에 자신을 가둬 두는 방법을 통해 이룰 수 있는 것이 아니라는 말이다.[13]

업정책을 펼치는 데 필요한 정보를 얻을 수 없다는 의심에 관하여는 Sanjaya Lall, "Reinventing Industrial Strategy; the Role of Government Policy in Building Industrial Competitiveness", *Annals of Economics & Finance*, 14(2), 2004, pp.661~692; Howard Pack and Kamal Saggi, "Is There a Case for Industrial Policy? A Critical Survey," *World Bank Research Observer*, 21(21), 2006, pp.267~297 참고.

13 네이선 로젠버그, 『블랙박스 탐험: 기술·경제학과 역사』, 5장, 상무인서관, 2004. 영문판 Nathan Rosenberg, *Exploring the Black Box: Technology, Economics and History*, Cambridge University Press, 1994; 윌리엄 이스털리, 『전문가의 독재: 경제학자, 독재자 그리고 빈자들의 잊힌 권리』, 중신출판사, 2016, p.322. 영문판 William Easterly, *The Tyranny of Experts: Economists, Dictators, and the Forgotten Rights of the Poor*, Basic Books, 2013, Chapter 11.

이것이 바로 분산화된 정책 결정의 장점이다. 모든 기업가는 자신의 경각심·상상력·판단에 따라 무엇을 하고 무엇을 하지 말아야 할지를 결정할 수 있다. 시장 경쟁은 승패를 결정한다. 즉 성공한 혁신은 이윤을 창출하고 계속 카피되고 확산되면서 새로운 성장 포인트가 된다. 반대로 실패한 실험은 중지된다.

산업정책은 집중화된 정책 결정이다. 이는 사회의 자원을 정부가 선정한 목표에 집중적으로 투입하는 것을 의미한다. 얼마나 무모한 올인인가! 성공의 가능성은 매우 적고, 실패의 대가는 막대하다. 만약 모든 사람이 오류를 범할 가능성이 90%이고, 열 명이 각각 정책을 결정한다고 하면 동시에 오류를 범할 확률은 34.9%밖에 되지 않는다. 최소 한 사람이 성공할 확률은 65.1%이며, 한 사람이 성공한다면 사회는 이 제품을 갖게 되는 것이다. 반대로 한 곳에 집중하여 정책을 결정할 경우 성공 확률은 10%밖에 되지 않는다.

한 가지 명백한 사실은 정부 관료들은 기업가와 같은 경각심이나 판단력을 가지고 있지 않다는 점이다. 설사 가지고 있다 하더라도 기업가처럼 적극적이지 않다. 전문가에게도 산업정책을 제정할 능력은 없다. 전문가는 기업가가 아니며 그들은 혁신에 필요한 경직된 지식을 가지고 있을지는 몰라도 혁신에 필요한 유연한 지식은 가지고 있지 않다. 그렇다고 기업가에 의존하여 산업정책을 제정하는 것도 성공을 거두지는 못할 것이다. 과거의 성공이 미래의 이정표가 아니기 때문이다. 경제 발전에 중요한 영향을 끼치는 혁신은 일반적으로 이미 이름을 다 알 만한 재계 거물의 손에서가 아닌, 이름조차 생소한 창업자를 통해 이루어지기 때문이다. 한때 잘나갔던 많은 기업들이 파산하는 것은 더욱 혁신 능력을 갖춘 새로운 기업가들의 파격적인 혁신 때문이다.

이제 쟝샤오주엔(江小涓)이 1990년대에 발표한 연구를 인용하여 전문가들의 정책 결정 문제에 대해서 설명하고자 한다. 1980년대 초 당시

선풍기 생산이 '활황'인 것을 감안하여, 기전부機電部는 국내에서 몇몇 유명한 생산기술·시장 분석·경제 매니지먼트 분야의 전문가들을 모아 놓고 대책을 논의했다. 대량의 연구와 분석을 토대로, 전문가들은 중국 선풍기 업계의 연간 생산 능력을 향후 수년간 1천만 대 정도로 유지하는 것이 좋다는 의견을 도출했고, 실력이 탄탄한 몇몇 기업을 선택하여 '지정' 생산해야 한다고 주장했다. 주무 부처는 이에 따라 상응하는 정책을 제정했다. 하지만 전문가들의 예측과 실제 상황에는 큰 차이가 있었다. 선풍기의 시장 용량과 생산 규모는 지속적으로 빠르게 확장되어, 1980년대 초중반에는 실제 생산 판매량과 예측치가 배 이상의 차이가 나게 되었다. 1980년대 후반 선풍기의 연간 생산량과 소비량은 모두 5천만 대 정도에 육박했고, 수출만 1천만 대에 달했다. 수년간의 치열한 경쟁으로 약육강식의 과정을 거치면서, 선풍기 업계의 조직 구조 역시 합리적으로 변화했고, 몇몇 이름 있는 기업과 그룹에 생산이 집중되었다. 하지만 이 역시 원래 설계했던 구도는 아니었다. 이에 대해 쟝샤오주엔은 '과학적'이라는 절차와 방법을 사용했지만 '과학적 결론'을 도출하지 못하는 이러한 현상이 많은 산업정책의 제정 과정에서 발생하고 있다고 지적했다.[14]

선풍기를 언급하니 필자는 린 교수가 해줬던 본인의 이야기를 떠올리지 않을 수 없다. 그 당시 해외에서 귀국했던 린 교수는 할당된 금액으로 가족 한 명당 선풍기 하나씩, 총 네 대를 샀다고 했다. 그 당시는 앞으로 에어컨을 사용할지 예상치 못했기 때문이다.

경영학의 대가 클레이튼 크리스텐슨Clayton Christensen 교수는 "신흥 시장의 미래 발전 규모에 대한 전문가의 예측을 볼 때, 우리가 유일하게

---

14 쟝샤오주엔, 「중국이 추진한 산업정책에서의 공공선택 문제」, 『경제연구』, 1993, 6기, pp.3~18.

단정할 수 있는 것은 그들의 예측이 모두 틀릴 것이라는 것이다."[15]라고 말했다.

이어서 산업정책이 실패한 두 번째 원인인 장려 메커니즘의 왜곡에 대해 이야기를 하겠다. 산업정책은 각기 다른 산업과 각기 다른 기업에게 시장 진입·세수와 보조금·융자와 대출·토지 우대·수출입 허가 등의 분야에서 차별적인 대우를 함으로써 권력형 지대추구를 만들고, 이것은 결국 기업가와 정부 관료들의 지대추구 행위를 야기한다. 실제로 산업정책의 제정 과정이든 산업정책의 시행 과정이든 일련의 지대추구 행위가 만연해 있다.[16] 특정 산업정책의 제정은 과학적이고 인지적인 결과물이라기보다는 이익 게임의 결과물이라고 말할 수 있다. 그 결과 정책적 지원을 받은 기업가들은 일반적으로 진정한 혁신 기업가가 아닌, 이익을 노리는 자들이거나 지대추구를 바라는 자들이다. 신재생에너지 자동차 분야에서 일어났던 보조금 불법 수령이 가장 전형적인 예이다.[17] 정부에게서 많은 돈을 가져간 기업들이 그럴 듯한 혁신을 보여 주지 못한 것은 말할 필요도 없다.

혁신의 예측 불가능성은 산업정책에 반드시 실수가 있기 마련이라는 것을 의미한다. 하지만 일반적으로 실수는 자신의 무지를 드러내는 것이기 때문에, 정부 관료와 전문가들은 자신의 실수를 인정하지 않으려

---

15 클레이튼 크리스텐슨, 『혁신기업들의 딜레마』, XXII, 중신출판사, 2014. 영문판 Clayton Christensen, *The Innovator's Dilemma: When New Technologies Cause Great Firms to Fail*, Boston: Harvard Business School Press, 1997.
16 산업정책에서 지대추구 행위의 예에 대해서는 다음을 참고했다. Anne Krueger, "Political Economy of Rent-seeking Society", *American Economic Review* 64, 1974, pp.291~303; K. S. Jomo, *Growth and Structural Change in the Malaysian Economy*, London: Macmillam, 1990; 양동진, 「정부 지원에서 정부의 그늘까지: 과정, 원인 및 그 폐해-중국 자동차 산업에 기반한 탐구」, 『산업경제연구』, 5호, 2013, pp.1~9.
17 신재생에너지 자동차 보조금 불법수령에 관한 조사 결과는 다음을 참고했다. http://news.sohu.com/ 20160516/n449605709. shtml.

한다. 실수를 덮는 한 가지 방법은 실패한 프로젝트에 더 많은 지원을 하는 것이다. 그 결과 실수는 꼬리에 꼬리를 문다! 자유 시장에서 기업가들은 자신의 실수를 덮을 수 없고, 다른 사람이 자신이 틀렸다는 것을 증명하지 못하게 막을 힘도 없다.

정보통신업의 예를 들어 이 부분을 설명하고자 한다. 3G 통신 분야에서는 CDMA 2000, WCDMA, TD-CDMA 이렇게 세 가지 국제표준이 사용된다. TD-CDMA가 3G 표준으로 채택되기 전에, 3대 통신사의 사장들과 정보통신산업부 장관인 우지촨(吳基傳)과 왕쉬둥(王旭東)은 모두 반대를 표했다. TD가 기술적으로 숙련되지 않았다는 이유를 들었다. 그들의 판단은 정확했다. 하지만 2006년 십여 명의 과학원 구성원들이 최고 권력자에게 글을 올렸고, 최고 권력자가 결정을 내리면서 차이나 모바일은 TD 표준을 채택하도록 강요당했다. TD는 '혁신형 국가'의 분신처럼 여겨졌으며, 이에 대한 모든 반대 의견은 묵살되었다. 2014년이 되어서야 『차이신(財新)』에서 발표한 「TD식 혁신」이란 글에서 그 진상이 드러났다. 잘못된 의사 결정으로 TD를 선택한 오류를 숨기기 위한 방법은 조속히 4G를 상용화시키는 것이었다. 사실 차이나 텔레콤의 CDMA 2000과 차이나 유니콤의 WCDMA는 막 사용되었기에 아직 포화 상태에 도달하지 않았고, 바로 4G로 대체할 필요도 없었다. TD를 잘못 채택한 것과 너무 일찍 3G 시장을 도태시킨 것 때문에 수천억에 달하는 자금이 낭비되었지만, 아무도 이에 대한 책임을 지지 않았다.[18]

요컨대 인류 인지의 한계와 장려 메커니즘의 왜곡으로 인해 산업정책은 실패하기 마련이다. 사실 산업정책은 혁신에 방해만 될 뿐이다. 산업

---

18 칸카이리(闞凱力), 「중국은 TD 정책 결정의 착오를 일으킨 제도적 뿌리를 반성해야 한다」, FT 중문판, 2014. 12. 18.

정책이 기업가를 잘못 인도하여, 자원을 투입하지 말아야 할 영역이나 프로젝트에 투입하게 만들 수 있기 때문이다. 중국의 태양광 산업의 발전이 바로 대표적인 예이다. 시뮬레이션 기술에 투자한 일본 기업의 예도 이에 포함된다. 기업가가 만약 정부의 산업정책에 따라 방향을 잡는다면, 진정한 혁신을 이룰 수 없다. 혁신을 위해 중국 기업가에게 필요한 것은 자유롭고 공정한 경쟁이 가능한 법치적인 환경이지 산업정책의 지원이 아니다.

그래서 필자는 형식과 상관없이 모든 산업정책을 폐지해야 한다고 주장한다. 정부는 어떤 산업이나 어떤 기업에게도 차별 대우를 해서는 안 된다!

린 교수 등은 많은 산업정책이 실패했지만 이 때문에 정부가 올바른 산업정책을 제정할 수 없다고 간주해서는 안 되며, 핵심은 산업정책이 필요한가가 아니라, 어떤 산업정책을 제정해야 하는가에 있다고 주장한다. 이러한 관점은 1980년대 계획경제를 옹호하는 관점과 비슷하다. 계획경제 자체가 나쁜 것이 아니라, 우리가 계획경제를 제대로 추진하지 못했던 것이라는 주장이다. 이들은 가치 규율과 과학을 존중하면 계획경제가 잘 이루어질 수 있다고 말한다. 린 교수 등이 바라는 '올바른 산업정책'은 과거에도 없었고 현재에도 없으며 미래에도 없을 것이라는 점이, 필자가 말한 산업정책이 실패한 두 가지 원인을 통해 이미 증명되었기를 바란다.

그럼에도 불구하고 정부 관료들의 장려 메커니즘에 대해 다시 몇 마디를 덧붙이고자 한다.

린 교수는 정부 관료의 지대추구 행위를 장려 메커니즘의 설계를 통해서 해결할 수 있다고 여기는 듯하다. 이런 인식은 지나치게 순진함 때문이 아니라면, 장려 이론에 대한 오해에서 비롯된 것이다.

정부 관료는 다양한 업무와 목표의 대리인이다. 만약 우리가 모든 행동의 결과와 연관된 정보를 미리 얻을 수 있다면, 당연히 장려 메커니즘을 설계하여 관료들이 지대추구를 할 환경이 조성되지 않게 만들 수 있을 것이다. 하지만 이론적으로나 현실적으로나 이런 정보를 얻는 것은 불가능하다. 정부 공직자의 투입 및 산출을 효과적으로 평가할 방법이 없기에 이들에 대한 효과적인 장려 방법도 없다. 정부 관료에 대해 절차적인 감독 및 관리를 수행하고 최대한 그들의 관할 업무를 축소시켜서 무엇을 할 수 있는지와 무엇을 할 수 없는지를 명확히 제시할 수밖에 없다. 이것이 바로 '제한된 정부'의 속뜻이다.

산업정책에서 장려 메커니즘의 설계에는 특별한 어려움이 존재한다. 한 정책의 후폭풍은 긴 시간이 지난 후에야 나타나며, 단기간에는 얼핏 좋아 보이지만 장기적으로 봤을 때 나쁜 정책일 수도 있기 때문이다. 정책 결과의 좋고 나쁨은 정책의 제정에 달려 있고, 또한 정책의 시행과도 연관이 있다. 하지만 정부 관료가 툭하면 교체되는 상황에서 모든 관료들에게 개인적인 책임을 지우는 것은 불가능하다. 모든 관료는 자신의 정책 결정을 변호할 충분한 이유를 가지고 있기에, 이것이 도대체 '경전經典' 자체의 문제인지, 아니면 '스님'이 경전을 잘못 해석함으로써 야기된 문제인지를 구분해 내기가 어렵다. 3G의 오류는 누가 책임을 져야 하는가? 태양광 산업 정책은 또 누가 책임진단 말인가?

필자가 생각해 낼 수 있는 유일한 효과적인 장려 메커니즘이란, 만약 정부가 어떤 산업정책을 펼치려면, 해당 정책을 찬성한 정부 관료와 전문가들이 자신의 자산 일부를 내놓아 투자하거나 저당을 잡히도록 하는 것이다. 이 투자가 성공할 것이라 생각하고 있으니, 큰돈을 벌 수 있는 기회를 주자는 것이다. 국민의 세금으로 투자를 하게 되면 심각한 역선택이나 도덕적 해이가 존재하게 된다.

가장 이상적인 장려 메커니즘이라 하더라도 인간의 몰염치를 줄일 뿐, 인간의 무지를 해결할 수는 없다.

외부 효과와 조율 실패가 산업정책의 추진 사유가 될 수 없다

린 교수가 산업정책을 비호하는 주된 이유는 '외부 효과'와 시장의 '조율 실패'이다. 하지만 이 두 가지 이유는 성립되지 않는다.

린 교수는 기술의 외부 효과가 있기 때문에 만약 정부의 지원이 없으면 기업가가 적극적으로 혁신에 임할 수 없다고 말한다. 이런 논리는 이론적으로도 성립하지 않으며, 경험적인 부분을 고려해도 부합하지 않는다. 린 교수는 기업가들이 어떻게 정책 결정을 하는지를 이론적으로 잘못 이해하고 있다. 이것은 그가 신봉하는 신고전 패러다임과 관련이 있다. 신고전 패러다임에서 모든 정책 결정은 한계 분석을 바탕으로 한다. 한계 분석은 일상적인 경영정책 결정에서는 중요하지만, 실제 시장에서 혁신은 한계와 관련된 문제가 아니고 생과 사에 직결된 문제이거나, 양샤오카이(楊小凱)가 말한 '한계를 초월하는 문제'이다. 기업가들이 혁신에 관해 내리는 정책 결정은 한계효용과 한계비용의 비교에 따른 것이 아니고, 시장 전망과 기술 전망에 기초한 판단이며, 경쟁의 압박과 이윤을 독점하려는 유혹에서 비롯된 것이다. 빌 게이츠Bill Gates가 "집집마다, 모든 책상에 컴퓨터가 한 대씩 놓일 것이다."라고 얘기할 당시, 한계효용과 한계비용에 따라 이 이야기를 한 것일까?

대단한 기술 혁신일수록 한계적인 정책 결정을 할 수 없다. 기업가에게 10이라는 보답을 안겨 주고, 사회에는 100이라는 보답을 안겨 줄 혁신이 있다고 치자. 이는 기업가가 이런 혁신에 뛰어들지 않을 것임을 의미하진 않는다. 예상되는 원가가 10을 넘지 않으면 기업가는 이 혁신에 뛰어들 것이다. 증기 기관차를 발명한 와트에게 볼튼이 투자했을 때, 그는 증기 기관차를 어떻게 전 세계에 팔까라는 생각을 했지, 증기 기관차가 가져올 모든 긍정적인 외부 효과를 다 얻을 수 있을까를 고민하진 않았을 것이다. 빌 게이츠가 마이크로 소프트에 뛰어들었을 때 모든 사람의 책상에 놓인 컴퓨터에 자신의 소프트웨어를 깔겠다는 생각을 했지, 소프트웨어로 모든 이익을 얻을 수 있을까에 대해 고민하지는 않았을 것이다.

외부 효과에 대한 옹호 또한 사실과 맞지 않는다. 외부 효과로 인한 시장의 실패 이론에 따르면, 만약 완전히 불가능한 것이 아니라면 기술의 진보는 자유 시장에서 분명 가장 천천히 일어난다. 하지만 과거 200여 년의 경험에 따르면 자유 시장에서의 기술 진보가 가장 빠르다는 사실이 증명되었다.

정부 지원이 없었어도 와트와 볼턴은 증기 기관차를 개발하고 생산했다. 정부 지원이 없어도 스티븐슨 부자는 기차를 발명하고 생산했다. 정부 지원이 없어도 칼 벤츠Karl Benz와 다임러Daimler는 자동차를 발명했고, 라이트 형제는 비행기를 발명했다. 그리고 에디슨은 전등을 발명했고, 알렉산더 벨은 전화를 발명했다. 정부 지원이 없어도 IBM은 컴퓨터를 발명했고, 빌 게이츠는 윈도우 프로그램을 만들었다. 정부 지원이 없어도 마화텅(馬化騰, 텐센트 대표-옮긴이)은 위챗WeChat이라는 시스템을 무료로 제공했고, 마윈(馬云)은 우리에게 타오바오(淘寶)라는 거래 플랫폼을 제공했다. 이런 예들은 무수히 많다.

린 교수는 아마도 이 모든 혁신이 가장 사회적인 외부 효과를 갖춘다는 점을 부인하지는 못할 것이다. 이렇게 중대한 외부 효과를 갖춘 혁신에 대해서 기업가들은 모두 자체적으로 만들어 내기를 원한다. 정부의 보조금이 없어 이루어지지 못했던 혁신이 어떤 것이 있는지 필자는 알지 못한다. 린 교수는 혁신가를 '맨 처음 게를 맛본 사람'이라고 적절한 비유를 했고, 정부가 그 개척자에게 마땅히 지원을 해 줘야 한다고 주장한다. 필자는 인류가 게를 먹기 시작한 역사에 대해서 조사하지 못했지만, 맨 처음 게를 먹은 사람은 분명 먹음직스러운 요리를 스스로 맛보고 싶은 도전 정신 때문에 먹은 것이지, 정부나 기타 타인이 보조해 줬기 때문에 게를 먹은 것은 아니라고 확신한다. 린 교수는 기업가의 도전 정신을 너무 낮게 평가했다.

기업가가 리스크를 감당하는 것은 신념과 비전에 따른 것이지, 계산에 따른 행동이 아니다. 무릇 정부의 보조로 혁신을 하려고 하는 사람들은 기껏 해봐야 지대추구를 하는 사람들이며 애초부터 기업가라고 부를 수 없다. 이런 사람들에게 보조를 해 주는 것은 재능 없는 사람들이 머릿수나 채우는 그런 양상을 초래한다. 이 점은 필자가『기업의 기업가: 계약 이론』이란 책에서 이미 증명한 바가 있다.[19] 혁신을 장려하기 위해 우리가 반드시 해야 할 것은 특히 제도와 지적재산권에 대한 효과적인 보호이지 정부의 보조 정책이 아니라는 것이다.

더 나아가 혁신의 예측 불가능성은 그 '게'라는 것이 어떻게 생겼는지조차 모르는 상황에서 누가 첫 번째로 '게'를 먹을 것인지 정부는 절대 알 수 없다는 것을 의미한다. 누군가가 게를 먹는 것을 정부가 막아서도 안 되지만, 게를 먹은 비용을 지불할 필요도 없다. 그렇게 되면 많은 사람들이 게를 먹는 척하거나, 또는 게를 먹는 척하며 실제로는 입 속에 만두를 집어넣을 수 있기 때문이다. 만두를 먹으면서 얻게 된 경험은 게를 먹는 데에는 아무런 의미가 없다.

린 교수가 산업정책을 옹호하는 다른 한 가지 이유는 만약 정부의 협조가 없다면 시장에는 조율 실패가 나타날 것이라고 생각하기 때문이다. 이 부분에서 시장 메커니즘과 기업가 정신에 대한 린 교수의 오해를 읽을 수 있다.

---

[19] 장웨이잉,『기업의 기업가: 계약 이론』, 상하이인민출판사, 1995.

소위 조율 실패란 그저 시장의 불균형을 보여 주는 양상일 뿐이다. 하지만 불균형은 동시에 매매차익을 얻을 기회가 존재한다는 것을 의미한다. 조율 실패가 심각할수록 그것을 바로잡는 데에 따르는 이윤이 더 커진다. 기업가의 중요한 기능 중 하나는 시장에서 불균형을 발견하고, 매매차익을 봄으로써 시장의 균형을 바로잡아 가는 것이다. 다시 말하자면, 조율은 기업가의 직무이다. 현실에서 수많은 기업가들이 하고 있는 역할은 공급과 수요를 조절하는 것이고, 이런 조절 능력은 기업가들이 돈을 버는 능력을 결정한다. 이와 관련하여 필자는 다음의 예를 들어 설명하겠다.

마윈이 이끄는 알리바바는 수억 명의 바이어와 셀러를 조율함으로써 큰돈을 벌었다. 필자는 노점에서 수박을 살 때도 위챗페이WeChat pay로 지불할 수 있다. 이것은 마화텅 덕분이다. 페레드릭 스미스가 Fedex를 세운 것도, 당시 택배를 정부 산하의 우체국에서 주도하고 있어 조율 실패가 존재했기 때문이다. 미국 정부 우체국의 방해를 받긴 했어도 그들은 결국 성공을 거뒀으며 새로운 물류 모델을 창조했다. 순펑(順豐) 익스프레스도 기업가가 조율의 문제를 해결한 예시이다.

계획경제의 역사는 정부가 가장 못난 조율자임을 증명한다. 계획경제에서 국가계획위원회와 국가경제위원회가 눈코 뜰 새 없이 바쁘게 돌아갔으나, 생산 기업들은 여전히 빈번하게 긴급 상황을 알리며 구원을 요청했고 소비재는 어디서나 부족했다. 시장경제에서 우리는 원하는 것을 가질 수 있다. 그런데 린 교수는 왜 정부가 시장보다 경제활동을 더 잘 조율할 능력을 갖추었다고 생각하는지 필자는 이해할 수 없다. 필자가 관찰한 바에 따르면 조율이 심각하게 실패한 시장은 기업가 정신이 체제나 정책에 의해 억압받았기 때문이었다.

린 교수가 산업정책을 논증하는 논리에는 허점이 존재한다. 린 교수는 "지금까지 추격에 성공한 개발도상국이나 지속적으로 발전을 거둔 선진국 중 산업정책을 펼치지 않은 곳을 하나도 본 적이 없다."[20]라고 말한다. 이 명제는 아마도 참일 것이다. 이것 자체는 이상하지 않다. 어느 국가를 막론하고 야심찬 정부 관료와 전문가들은 경제 발전을 이끌거나 주도하려 들기 마련이고, 정부 관료는 자신에게 지대추구의 기회가 부여되길 원하며, 기득권자는 산업정책의 보호를 받길 원하기 때문이다. 하지만 이 때문에 "산업정책이 없으면 경제는 성공을 거둘 수 없다."라고 호도하는 것은 거짓된 명제이다. "장수하는 사람 중에 병에 안 걸려본 사람이 없다."라는 문장을 보고 병에 걸린 것이 장수의 이유라고 결론을 내릴 수 있단 말인가? 병에 걸려 목숨을 잃은 수많은 사람은 왜 보지 못하는가? 설마 산업정책으로 실패한 나라가 아직 많지 않다는 말인가? 지금의 모든 선진국은 한때 독재정권을 경험했고, 현재까지도 여전히 적지 않은 국가들이 독재정권을 유지하고 있다. 그렇다고 해서 독재정권이 발전의 선결 조건이니 정당하다고 할 수 있는가?

린 교수는 "경제학자의 책임은 산업정책이 실패할까 두려워 산업정책을 일률적으로 반대하는 것이 아니라 산업정책의 성공과 실패의 법칙을 제대로 연구하는 것"이라고 말한다.[21] 린 교수의 건의에 따라 필자는 산업정책을 연구했고, 산업정책이 필연적으로 실패할 수밖에 없는 결론에 도달했다. 그러나 린 교수는 왜 산업정책이 실패하지 않는지에 대해서는 알려 주지 않고 있다.

---

20 이스라엘 커즈너, 『시장 과정의 함의』, 1장, 중국사회과학출판사, 2012. 영문판 Israel M. Kirzner, *The Meaning of Market Process: Essays in the Development of Modern Austrian Economics*, London: Routledge, 2002(1992).

21 린이푸, 「산업정책과 중국의 경제 발전 – 신구조경제학의 시각으로」, http://money.163.com/16/0914/CoTO53P1002580S6.html.

린 교수의 '비교우위 전략 이론'의 자기모순

'비교우위 전략'은 린 교수가 주장하는 신구조경제학의 핵심 내용이자 산업정책의 이론적 기초이다. 하지만 논리적으로 이것은 일관성이 없으며, 경험적으로도 사실과 다르다.

하버드대학교 대니 로드릭Dani Rodrik 교수는 평론을 통해 "린 교수는 비교우위를 지지하면서도 반대하길 바라는 듯하다."[22]라고 말했다. 필자 생각에 린 교수는 데이비드 리카도David Ricardo의 자유무역 이론을 통해 프리드리히 리스트Friedrich List의 국가주의를 증명하고자 하는 것처럼 보인다.

애덤 스미스Adam Smith와 리카도의 시대에는 영국 정부가 중상주의인 보호무역 정책을 시행했다. 스미스의 절대우위 이론이든, 리카도의 비교우위 이론이든, 그 목적은 모두 정부의 관리를 받지 않는 자유무역은 각자의 장점을 발휘하고 거래 쌍방에 모두 이로운 반면, 보호무역 정책은 양쪽 모두에게 손해를 끼친다는 것을 증명하는 것이었다. 이로써 비교우위 이론은 자유무역 이론의 주춧돌이 되었다.

하지만 리카도가 국가를 분석 단위로 삼음으로써 초래한 좋지 않은 결과는 비교우위가 마치 국가의 일인 것처럼 간주된 점이다. 사실 비교우위는 개인의 일, 또는 기업의 일이지 국가의 일은 아니다. 국제 무역은 본질적으로 개인 간의 거래, 기업 간의 거래이다. 계획경제 국가를 제외하고 국가는 거래할 수 없기 때문이다. 그래서 비교우위 분석의 장점은 국가를 고려할 필요가 전혀 없다는 데 있다.[23]

---

22 대니 로드릭의 평론, 린이푸의『신구조경제학: 경제 발전과 정책의 이론 틀에 대한 반성』, p.51, 베이징대학 출판사, 2012 참고.
23 루드비히 폰 미제스,『인간행동』, 8장, 상해사회과학원출판사, 2015. 영문판 Ludwig von Mises, *Human Action*, Indianapolis: Liberty Fund, Chapter 8, 2007.

비교우위는 실제로 경영학자가 말하는 '핵심 경쟁력'이고, 비교우위를 따르는 것은 시장 거래자의 기본적인 행위 법칙이다. 따라서 국가의 전략은 전혀 필요하지 않다. 애덤 스미스의 말대로 시장경쟁은 모든 사람이 전문적으로 자신이 가장 잘하는 직업에 종사하여 수익을 극대화하고, 동시에 타인이 스스로 가장 잘할 수 있는 업무를 완성하게 하는 것을 의미한다. 어느 기업가든지 비교우위에 따라 생산과 거래를 하지 않는다면 반드시 실패할 것이다. 심지어 보통 사람까지 자신의 비교우위를 이용해야 한다는 것을 알고 있으며, 멍청한 사람만 비교우위에서 벗어나는 행동을 한다. 장님의 구연이나 맹인의 마사지가 바로 비교우위를 적절히 이용하는 본보기다.

린 교수는 비교우위가 요소부존에 의해 결정된다고 말한다. 하지만 각국의 수출입 구조를 살펴보면 대부분의 비교우위를 가진 산업은 요소부존과 연관성이 없다. 요소부존 결정론은 자본과 노동력(인력 포함)이 국가 간에 이동하지 않는다는 가정하에 구축된 것이다. 자본과 인력이 이동하는 상황에서 요소부존의 중요성은 사라지지는 않더라도 대폭 축소된다.

요소부존이 비교우위를 결정한다는 이론을 따른다면 18세기 영국은 절대 면방직 산업을 육성해서는 안 됐다. 왜냐하면 영국의 토지는 목화를 생산하기에 적합하지 않았고, 영국이 심은 목화솜의 품질은 매우 낮았기 때문이다. 마찬가지로 1950년대 일본은 철강 산업, 자동차와 전자 산업을 육성해서는 안 됐으며, 1960년대 한국은 자동차 산업을 육성해서는 안 됐다. 하이테크 기술과 농업은 이스라엘의 주력 산업이 될 수 없었을 테고, 저장성 이우(浙江義烏)도 세계 잡화품의 전초기지가 될 수 없었을 것이다.

요소부존이 중요하지 않은 이유는 현실 세계에서의 비교우위란 것은 동태적이고 학습과 실천의 과정이기 때문이다. 린 교수와 필자가 오늘날 경제학자라고 불리고 있는 것은 우리가 선천적으로 타고난 것에 의해 결정된 것이 아니라, 우리 자신의 학습을 통한 결과물이다. 최소한 나의 상황은 그렇다는 것으로 비유할 수 있다. 동태적 비교우위는 주로 기업가에 의해서 만들어진다. 또는 기업가야말로 가장 중요하고 가장 희소한 자원이라고 할 수 있다. 하지만 린 교수는 비교우위를 결정하는 데 있어 기업가의 중요성을 완전히 간과했다. 두 가지 예를 들어 이 점에 대해 좀 더 설명하고자 한다.

첫 번째 예는 영국의 면방직 산업이다. 영국은 면방직 산업을 할 천혜의 자연자원을 갖고 있지 않았다. 하지만 면방직 산업은 영국 산업혁명의 주력 산업이 되었으며, 이것은 영국 기업가들이 무에서 유를 창조해 냄으로써 얻은 것이다. 자동 북(Flying Shuttle)을 발명해 낸 존 케이John Kay와 방적 기계를 발명한 존 와이엇John Wyatt, 다축 방적기인 제니방적기를 발명한 하그리브스Hargreaves, 뮬방적기를 발명한 크럼프턴Crompton, 기계 방적기와 현대적 공장을 설계한 리차드 아크라이트Richard Arkwright 등등의 기업가들이 바로 그들이다. 당연히 여기에서는 영국 정부의 '공'을 인정해 줘야 한다. 영국 정부는 1700년 금지령을 반포하여 인도, 중국과 페르시아에서 면방직품을 수입하는 것을 금지했고, 1719년 다시 금지령을 반포하여 영국에 사는 사람이 면방직품을 매매하거나 착용하거나 소유하는 모든 행위를 추가로 금지했다. 만약 위반한다면 개인에게는 5파운드의 벌금을, 상인에게는 20파운드의 벌금을 물게 했다. 그런데 금지령의 목적은 모방직 산업을 보호하고자 함에 있었지, 면방직 산업의 보호를 위함은 아니었다! 하지만 우연의 일치로 막강한 면방직 산업을 보호해 낸 것이다.[24]

---

[24] 폴 망투, 『18세기 산업혁명』, 제2편 제1~2장, 상무인서관, 1983. 영문판 Paul Mantoux, *The industrial Revolution in the Eighteenth Century: An outline of the beginnings of the modern Factory system in England*, London: Routledge, 2006, Chapters 1~2, Part Ⅱ.

두 번째 예는 미국과 한국의 자동차 산업이다. 자동차를 미국인이 발명한 것은 아니다. 1920년 이전 자동차 시장의 선구자는 독일과 프랑스였다. 하지만 1933년 세계 자동차 생산량의 73%를 미국이 차지했으며, 독일과 프랑스는 각각 4%와 8%밖에 차지하지 못했다.[25] 미국이 독일과 프랑스를 뛰어넘을 수 있었던 이유는 헨리 포드Henry Ford가 발명한 자동화 생산 설비가 큰 기여를 한 것이었다. 이는 미국의 요소부존과는 관계가 없다.

한국 자동차의 비교우위는 현대자동차의 창업자인 정주영鄭周永이라는 기업가가 창조해 낸 것이다. 정주영은 원래 자동차 수리공이었다.[26] 린 교수는 한국의 자동차 산업 육성에 대해, 당시 한국의 요소부존 구조가 자동차 산업을 육성하기에는 적합하지 않았다는 이유를 들어 비교우위를 위반했다고 여긴다. 그래서 린 교수의 결론은 한국이 이 때문에 실패했다는 것이다.[27] 린 교수의 글은 2001년에 쓰였다. 당시는 동아시아 금융위기가 발발한 후 한국의 자동차 업계가 큰 어려움을 겪고 있던 시기였다. 하지만 현재 한국은 전 세계에서 네 번째로 큰 자동차 수출국이며, 자동차 수출이 총수출 수입의 8%를 차지한다. 이것에 대해 린 교수는 어떻게 설명할 것인가? 린 교수는 성공했다면 비교우위를 이용한 것이고, 실패했다면 비교우위를 위반한 것이라는 기본 논증 방식을 취하고 있다. 하지만 린 교수가 고려하지 못한 것은 글을 쓸 당시에는 실패라고 생각했던 예시가 나중에는 성공으로 탈바꿈되었다는 점이다.

---

25 윌리엄 이스털리, 『전문가의 독재: 경제학자, 독재자 그리고 빈자들의 잊힌 권리』, 중신출판사, 2016, p.324. 영문판 William Easterly, *The Tyranny of Experts: Economists, Dictators, and the Forgotten Rights of the Poor*, Basic Books, 2013, Chapter 11.
26 윌리엄 이스털리, 위의 책, p.10. 영문판 William Easterly, *The Tyranny of Experts: Economists, Dictators, and the Forgotten Rights of the Poor*, Basic Books, 2013, Chapter 10.
27 2001년 5월 14일 시카고대학교에서 했던 연설에서 린 교수는 이런 관점을 내비쳤고, 연설 논문을 수정한 후 본인의 『신구조경제학』 6장에 내용을 엮었다. p.275 참고.

린 교수는 과거 30년간 중국 경제의 성공은 중국이 추월 전략을 '비교우위 전략'으로 바꾼 결과라고 여긴다. 하지만 이는 사실과 다르다.

과거 30년 동안의 중국의 발전은 확실히 비교우위를 이용한 것과 관련이 있다. 하지만 이것은 경제 자유화·시장화·민영화와 세계화의 과정에서 기업가들이 자발적으로 행동한 결과이지, 정부의 발전 전략과는 무관하다. 하지만 린 교수는 자유화·시장화와 사유화에 동의하지 않는 듯하다. 린 교수는 최근 글을 발표하여 "중국 도로의 성공 비결은 신자유주의의 소위 자유화·사유화·시장화라는 신화를 깨뜨린 데 있다."라는 말을 남긴 바 있다.[28]

1980년대 이후 중국 정부가 많은 산업정책을 제정하긴 했지만, 어떤 '비교우위 전략'을 제정한 적은 없었다. 향진鄕鎭기업(중국의 농촌 지역에 세운 각종 기업의 총칭—옮긴이)들은 비교우위를 이용한 전형적인 사례이다. 1990년대 초반 지방의 향진기업들이 생산한 노동집약형 제품은 중요한 수출 상품이 되었다. 하지만 1992년 중앙정부 부처는 '고소모·고오염·저효율'이라며 향진기업을 압박했다. 국가계획위원회는 중요한 생산 자원을 지방 기업에 매각하는 것을 금지하고, 지방 기업에 대출을 해주는 것을 금지하도록 명령했다. 1989년부터 시작된 경제구조 조정도 향진기업을 주로 정리 대상으로 삼았다.

외자 수출이 중국 수출의 절반을 차지했고, 외자가 중국으로 유입된 것은 비교우위를 이용한 것이다. 여기에서 필요한 것은 개방일 뿐이지, 산업정책이 필요한 것은 아니다.

이상에서 언급된 내용과 많은 사례는 비교우위는 시장에서 기업가가 창조해 낸다는 것을 증명하고 있다. 지리적인 요소를 제외하고 모든 것이 수시로 바뀌고 있기 때문에 천부적인 비교우위는 논외로 할 수 있다.

---

28 린이푸, 「서양 주류 경제이론을 답습해서는 통하지 않는다」, 『구실』, 2016. 10. 16.

만약 비교우위를 이용하고 싶다면, 자유 시장과 기업가만 있으면 충분하다. 모든 구성원이 팔푼이가 아닌 이상 비교우위를 이용하는 데 국가 전략까지 필요하지는 않다. 그런데 만약 모든 사람이 다 멍청하다면, 국가 전략을 제정하는 관료는 어찌 똑똑할 수 있겠는가? 무릇 정부가 제대로 파악할 수 있는 부분은 자유 시장에서의 기업가도 일찍이 알아채고 있으며, 자유 시장에서 기업가가 알아채지 못하는 부분은 정부도 알아챌 수 없다는 사실이 밝혀졌다. 산업정책은 첫째, 기업가의 눈을 모호하게 만들고, 둘째, 기업가들이 지대추구를 하게 유인하여, 득보다는 실이 더 크다.

만약 비교우위를 위배하고 싶다면, 그때는 국가 전략이 필요하다. 역사를 살펴보면 정부가 제정한 정책 대부분은 비교우위를 위반한 것이었다. 일본의 산업정책은 추종을 받고 있지만 일본 정부는 상대적으로 우위를 가지고 있는 방직 산업이 아닌 기계, 전자 및 자동차와 같은 꽤 높은 소득 탄력성을 가진 산업을 목표로 삼았다. 1970년대 일본 정부는 기술 발전에 있어 일본을 선두 자리에 위치하게 해줄 하이테크 산업을 목표로 삼았는데, 이는 일본의 요소부존과는 무관하다.[29]

'비교우위 전략 이론'의 논리적 모순을 해결하는 유일한 방법은, 린 교수가 말한 비교우위가, 시장에서 나타나는 비교우위가 아니고 린 교수 스스로가 판단한 비교우위라는 점이다. 린 교수 이론 중의 비교우위는 요소부존에 의해 결정된다. 하지만 린 교수 또한 요소부존과 비교우위는 시장가격에 의해 표출된다고 말한다. 만약 린 교수 스스로가 판단한 비교우위가 아니고 시장에서 나타난 비교우위라면, 그의 전략은 시장과 함께 갈 것이다. 린 교수는 정부가 시장을 이끌면서도 시장에 따라야 한다고 했다. 린 교수의 말을 그대로 인용하자면 다음과 같다.

---

[29] 마이클 포터 등, 『일본은 아직 경쟁력을 가지고 있는가?』, p.33.

"기업이 자발적으로 요소부존 구조에 부합하는 산업과 기술에 뛰어들고 선택하게 하려면, 이 경제의 가격 시스템이 요소의 상대적인 희소성을 반영해야 한다. 경쟁적인 시장에서만 이것을 실현할 수 있다."[30]

정부가 권력으로 가격을 왜곡하는 것 외에, 누가 가격을 왜곡할 능력이 있단 말인가? 경쟁적인 시장에서 결정된 가격 시스템이 비교우위를 반영할 수 있다면, 왜 정부가 기업가에게 비교우위가 무엇인지 알려 줘야 하는가? 린 교수는 시장의 기업가는 시장의 가격 신호를 판단하지 못하고, 정부의 관료나 전문가만이 가격 신호를 판단할 수 있다고 생각하는 것은 아닐까?

린 교수의 '성장 판별법'에 존재하는 오류

산업정책을 제정하기 위해 린 교수는 여섯 가지 스텝의 '성장 판별법'을 제시했다.[31] 그중 첫 번째 스텝이 가장 핵심적인 단계인데, 바로 개발도상국 정부가 무역 상품과 서비스의 리스트를 확정해야 한다는 것이다. 이런 상품과 서비스는 반드시 자국과 유사한 요소부존 구조를 갖추고, 1인당 평균 수입이 자국보다 약 100% 높으며, 고속 성장을 하는 국가 중 해당 상품과 서비스를 생산한 지 20년 이상이어야 한다는 조건을 충족해야 한다.

필자는 린 교수의 기준에 따라 연도별로 중국이 벤치마킹할 만한 후보국들을 찾았다. 이제부터 어떤 상황이 펼쳐지는지 살펴보자.

세계은행이 제공한 데이터에 따라 그 당시 환율로 계산하여 1인당 평

---

30 린이푸, 『신구조경제학』, p.23.
31 린이푸, 『신구조경제학』, pp.154~156.

균 GDP가 중국보다 80%~120% 높은 국가로는, 1980년대에는 모로코(400.3달러), 베냉(378.0달러), 니제르(420.7달러), 시에라리온(356.6달러), 중앙아프리카공화국(350.5달러), 수단(398.4달러), 감비아(398.9달러), 토고(417.7달러), 가나(411.5달러)가 있다. 1990년에는 인도네시아(630.7달러), 아르메니아(636.7달러), 알바니아(636.7달러), 우즈베키스탄(651.4달러), 모로코(602.3달러), 키르기스스탄(608.9달러)이 있다. 2000년에는 통가(1926.7달러), 페루(1967.2달러), 적도기니(1979.3달러), 알제리(1757.0달러), 요르단(1774.1달러), 수리남(1855.8달러), 마케도니아(1875.1달러), 태국(2016.0달러), 나미비아(2059.4달러)가 있다. 2010년에는 카자흐스탄(9070.7달러), 말레이시아(9069.0달러), 수리남(8430.9달러), 팔라우(8979.0달러), 멕시코(8861.5달러), 가봉(9312.0달러), 루마니아(9060.0달러), 레바논(8763.8달러)이 있다.

구매력 평가에 따라 중국의 1인당 GDP보다 80~120% 높은 국가를 살펴보면, 1990년에는 파키스탄(3057.0달러), 니카라과(3019.9달러), 카메룬(2768.3달러), 온두라스(3205.3달러), 마케도니아(2763.0달러), 코스타리카(3220.5달러), 마셜제도(3020.6달러), 우즈베키스탄(3031.5달러), 지부티(3112.4달러), 나이지리아(3030.5달러), 모리타니아(2815.7달러)가 있다. 2000년에는 에콰도르(7387.6달러), 스와질란드(6853.4달러), 도미니카(8048.6달러), 요르단(7742.5달러), 벨라루스(7299.6달러), 이집트(7556.7달러), 페루(6506.6달러), 피지(7070.1달러), 튀니지(7727.9달러), 벨리즈(6953.8달러), 엘살바도르(6424.9달러)가 있다. 2010년에는 칠레(19357.5달러), 앤티가바부다(20567.4달러), 우루과이(17082달러), 세인트키츠네비스 연방(20478.7달러), 라트비아(17983.1달러), 루마니아(17354.8달러), 이란(17354.8달러), 크로아티아(19988.8달러), 세이셸(20365.1달러), 쿠바(18433.9달러)가 있다.

1980년·1990년·2000년·2010년에 중국을 위한 산업정책을 각각 제정한다고 한다면 린 교수는 이 후보 명단에서 어떤 국가를 벤치마킹할 만하다고 말할 수 있을까?

린 교수는 이 국가들의 요소부존 구조가 중국과는 다르다고 변명할 것이다. 요소부존 구조의 기준에 따르면 중국의 인구 규모는 인도와 비슷하지만 인도의 1인당 평균 GDP는 중국보다 훨씬 낮다. 당연히 벤치마킹할 가치가 없다. 중국의 토지 면적은 미국, 캐나다, 러시아와 비슷하지만 미국과 캐나다의 1인당 평균 GDP는 중국보다 한참 높아 벤치마킹할 수가 없다. 또한 러시아는 린 교수의 관점으로는 이미 실패한 본보기이다. 문화 부존의 유사성에 따르면 중국은 일본과 한국에게서 배워야 하지만, 이 두 국가의 1인당 평균 GDP는 중국보다 또 한참 높다.

린 교수는 중국 경제가 "신구조경제학이 제시한 노선을 따라 성장해야 한다."라고 주장하지만 필자는 신구조경제학이 우리에게 어떤 노선을 제시하는지 잘 모르겠다.

사실 중국처럼 큰 국가는 각 지역 간의 차이가 매우 크다. 한 지역의 비교우위를 이야기하는 것은 아마도 의미가 있는 일이지만, 전체 국가의 비교우위를 거론하는 것은 아무런 의미가 없다. 중국의 지역 간 차이는 일부 지역과 외국 간의 차이보다 더 크다. 동일한 성 소재지 안에서도 각 지역의 차이는 매우 크다. 예를 들면 샨시성의 샨난(陝南), 꽌중(關中)과 샨베이(陝北)는 완전히 다르다. 중국의 토지가 희소한가? 서부 쪽으로 시선을 돌려보면 해답을 찾을 수 있다. 그 쪽은 땅이 광활하지만 황무지이다. 중국의 노동력은 과잉인가? 인구가 가장 밀집해 있는 동남 연해 지역은 노동력이 부족해 내륙에서 사람을 구한다. 이것은 기업가의 중요성을 보여 준다. 기업가를 빼고 비교우위를 거론하는 것은 의미가 없다.

나아가 한 국가의 요소부존에 의해 결정된 비교우위는 이 국가가 어떤 산업을 발전해야 하는지 전혀 알려 주지 않는다. 한 국가가 노동집약형 산업에서 비교우위가 있다는 것이 우리에게 무엇을 알려줄 수 있단 말인가? 아무것도 없다! 노동집약형 산업이 너무 많기에 무엇을 해야 하고 무엇을 하지 말아야 하는지는 기업가들 스스로 판단해야 한다. 아마도 노동집약 정도가 가장 높은 산업은 정부일 것이다. 요소부존으로 결정되는 비교우위 이론에 따라, 인구가 많은 국가는 정부 부처를 크게 만들어야 하는가? 사실 같은 나라, 같은 지역 안에서 노동집약형 산업도 자본집약형 산업도 존재하며, 모두 성공할 수 있다. 방직 산업은 노동집약형 산업이지만, 1980년대 샨시 시엔양(陝西咸陽) 6대 국영 방직기업은 연안 지역의 향진 방직기업에 의해 도산했다. 이것이 요소부존과 무슨 관계가 있는가? 아무런 관계가 없다. 단지, 기업가 정신과 관계 있을 뿐이다!

린 교수의 여섯 스텝 '성장 판별법'의 오류는 경제 성장과 산업구조의 변화를 하나의 완전 선형적 변화로 보았으며, 모든 국가의 발전이 같은 궤도를 따라서 움직일 수밖에 없고, 이를 초월할 수 없다고 여겼다는 점에서 기인한다. 마치 한 사람이 초등학교를 졸업하고 중학교에 가고, 다시 고등학교에 가고, 대학에 가는 것과 똑같이 여긴 것이다. 이런 인식을 바탕으로 하니 린 교수가 후발 국가의 정부에게 산업정책을 제정할 능력이 있다고 여기는 것도 전혀 이상하지 않다.

하지만 글로벌화와 기술의 진보는 산업 발전을 선형적이지 않게 만들었다. 어느 시점이든, 한 국가가 도대체 어떤 산업을 육성해야 하는지는 기업가의 판단에 달려 있다. 심지어 낙후된 지역의 일부 산업에서도 선진 지역이 배울 만한 점이 존재한다. 예를 들어 콜럼버스Columbus가 아메리카 대륙을 발견했을 때 아메리카 대륙 전체는 유럽 대륙보다 많이 낙후되어 있었지만, 유럽 대륙은 아메리카 대륙으로부터 옥수수와 감자의 재배를 도입했다.

다행스럽게도 기업가는 린 교수가 제시한 '성장 판별법'에 따라 무엇을 해야 할지 결정하지 않는다. 물론 정부가 반드시 산업정책으로 발전 과정을 주도하고자 한다면, 린 교수가 제시한 6스텝 판별법은 유용한 참고가 될 수도 있다. 다만 그 후폭풍은 재앙처럼 몰려올 수도 있다.

장웨이잉 교수의 의견에 대한 일부 회답

린이푸
베이징대학교 신구조경제학연구원 교수

(1) 전환기 경험. 중국의 경제 개혁과 전환이 성공할 수 있었던 이유는 이를 확실히 시장주도형으로 진행했기 때문이다. 덕분에 중국의 재산권은 갈수록 분명해졌고, 경제도 보다 자유로워졌으며, 국제 경제와의 관계 역시 더욱 긴밀해졌다. 하지만 중국의 경제 전환으로 얻은 안정적이고 빠른 발전이 장 교수의 논리대로 단순히 시장화·사유화·자유화·글로벌화를 추진했기 때문이라고 귀납해서는 안 된다. 1990년대, 많은 옛 사회주의 국가들은 중국과 마찬가지로 전환 단계에 있었고, 그 국가들은 앞서 말한 시장화·사유화·자유화·글로벌화를 중국보다 더 철저히 이행했다. 하지만 그들은 경제 붕괴와 침체, 그리고 끊임없는 위기에 직면했다. 중국의 성공은 실질적이고 점진적인 투 트랙의 개혁을 진행했기 때문이다.

1980년대, 서양의 주류 학계에서는 사회주의 국가들이 계획경제에서 시장경제로 전환하는 과정에서 반드시 '충격 요법'을 채택해서 시장화·사유화·자유화·국제화를 추진해야 한다고 주장했다. 그들은 '충격 요법'이 전환기에 있는 국가에게 경기가 초반에는 약간 하락했다가 곧바로 반등하여 고속 성장을 보여 주는 'J' 자 모양의 성장을 가져다줄 것이라고 생각했다. 동시에, 그들은 점진적인 투 트랙의 전환 정책이 최악의 전환 방식이라고 여겼다. 이런 전환 정책의 성과 차이에 대해 필자는 『중국의 기적』, 『경제 발전과 전화』, 『중국 경제 해설』 등의 책과 최근에 발표했던 「워싱턴 컨센서스에 대해 다시 생각하기」, 「단순하게 서양 이론을 따르면 안 된다」 등의 글을 통해 분석한 바 있다.

그 밖에도, 신자유주의에 대한 필자의 비판은 크게 두 가지로 귀결할 수 있다. 첫째, 신자유주의는 종종 목표를 수단으로 삼고, 문제가 발생하는 원인을 간과한다. 전환기의 국가 정부가 시장에 대한 여러 종류의 개입과 왜곡을 하는 것만 보고, 이런 왜곡을 없애야 경제가 발전할 수 있다고 여기는 것이다. 사실 정부의 많은 개입과 왜곡은 계획경제 시대가 남기고 비교우위를 위반하여 자생능력을 갖추지 못한 대형 국유기업이 생존할 수 있도록 보조하고 보호하기 위한 것이다. 자생능력 문제가 해결되지 않는 상황에서 보조와 보호를 없애면, 대규모의 파산과 실업, 사회 불안정 등의 문제가 일어나게 될 것이다. 더욱이 이런 대형 기업들은 국방 산업과 밀접하게 연계되어 있어, 이런 기업의 도산은 국방안보에까지 영향을 미칠 수 있다. 따라서 기존의 보조금과 보호를 없애고 나면, 사회의 안전과 국방안보를 위해 더 은폐되고 더 효율이 낮은 보조와 보호를 제공하게 되는데, 이것은 사실상 러시아와 동유럽 국가의 전환기에 나타났던 문제들이다. 둘째, 신자유주의는 시장의 역할만을 중요시하고, 정부의 역할을 간과하고 있다. 실제 경제 전환이 성공을 거두고 발전을 이루려면, 시장과 정부 양자의 역할이 모두 필요하다. 이것이 바로 필자가 '유효한 시장'과 '유능한 정부'를 제시한 이유이다.

마지막으로, 필자는 장 교수가 말한, "역사는 하얀 도화지가 아니다."라는 말에 동의한다. 하나의 모델이 모든 국가에 적용될 수는 없다. 하지만 소련의 계획경제는 70년간 시행되었고, 중국의 계획경제는 20여 년 시행되었기에 소련이 '충격 요법'을 사용할 수밖에 없었다는 장 교수의 견해는 설득력이 없다. 계획경제를 추진한 역사가 길수록 왜곡은 더욱 심해지고, 그럴수록 '충격 요법'에 의한 개혁이 아닌 점진적인 개혁이 필요한 법이다. 환자의 병세가 더 깊어지고, 몸이 더 허약해질수록 부드럽고 점진적인 방법으로 치료해야 하는 것이지, '충격 요법'을 선택해서는 안 되는 것과 같다.

(2) **신新고전**. 장 교수는 신구조경제학을 신고전 이론의 운용이라고 여긴다. 이것은 장 교수가 신고전 이론과 신고전의 분석 방법을 헷갈렸기 때문이다. 신고전 분석 방법은 사회 경제 현상을 분석하는 방법으로, 정부와 기업가 등을 포함한 모든 정책 결정권자가 선택에 직면할 경우, 이루고자 하는 목표, 주어진 자원에 따른 가능한 옵션을 고려하여, 가장 이상적으로 여겨진 방안을 채택할 것이라고 가정하는 접근 방식이다. 신구조경제학 이론을 포함한 신고전 이론은 경제학자가 신고전 분석 방법을 통해 사회 경제 현상의 배후에 숨겨진 인과 관계를 고찰하여 도출한 결과이다. 하지만 어느 이론이든 유연성이 결여되면 문제를 제대로 파악하기 어려우며, 그저 주어진 조건에서만 성립될 뿐이다. 현재의 신고전경제학 이론, 특히 교과서에서의 이론은 대부분 선진국의 경험을 정리한 것으로 선진국의 발전 단계와 조건을 전제로 한 것이다. 그러나 개발도상국이나 전환기 국가들의 발전 환경은 이와는 다르다. 아울러 지금의 신고전경제학 이론에는 '구조'에 관한 개념이 부족하다. 더 정확히 말하면 선진국의 구조를 유일한 구조로 여기고 있다. 그렇기에 개발도상국에 신고전경제학 이론을 적용하면 항상 "강남에서의 귤이 강북으로 가면 탱자가 되듯, 환경이 변하면 문제의 성질도 변하는" 한계에 부딪히게 된다. 따라서 필자는 기존의 신고전경제학 이론을 그대로 모방하는 것을 반대하며, 개발도상국과 전환기 국가의 조건에 따라 스스로 현상을 관찰하고 그 배후의 인과 관계와 논리를 파악한 후, 새로운 이론을 제시하여 현상을 설명해야 한다고 주장한다. 신구조경제학은 이런 노력의 일차적인 산물이라 할 수 있다.

(3) **비교우위 전략 이론**. 장 교수는 정부가 비교우위에 따라 산업의 고도화를 이끌어야 된다는 신구조경제학의 주장에 논리적인 일관성이 없다고 생각한다. 장 교수는 "사실 비교우위는 개인의 일, 또는 기업의 일

이지, 국가의 일은 아니다. 국제 무역은 본질적으로 개인 간의 거래, 기업 간의 거래이다. 계획경제 국가를 제외하고 국가는 거래할 수 없기 때문이다. 그래서 비교우위 분석의 장점은 국가를 고려할 필요가 전혀 없다는 데 있다."라고 말한다. 이것은 장 교수가 이론을 편협하게 이해한 것이다. 기업이 비교우위에 따라 선택한 산업은 국내외 시장에서 해당 요소의 생산비용이 우위를 가질 수 있게 해줄 뿐이다. 그러나 시장의 경쟁은 요소 생산비용의 경쟁이 아니라 거래 비용을 포함한 총원가의 경쟁이다. 거래 비용은 기업이 생산을 하는 데 필요한 하드웨어 및 소프트웨어적인 인프라가 적절한지에 따라 결정되고, 후자의 개선은 기업 자신의 능력 범위를 벗어나기에, 정부가 해결을 해줘야 한다. 그렇지 않을 경우, 비교우위는 잠재적인 비교우위에 머무를 뿐, 해당 산업이 국내외 시장에서 경쟁력이 있는 산업이 될 수는 없다. 예를 들어, 노동집약형의 가공업에서 가장 중요한 요소 생산비용은 노동자의 임금이다. 아프리카 국가의 임금 수준은 낮게는 중국의 1/10 수준이며, 높게 책정해도 중국의 1/5 수준밖에 되지 않는다. 하지만 아프리카 국가들은 노동집약형 가공 산업에서 중국과 경쟁할 수 없다. 그 이유는 하드웨어 및 소프트웨어적인 인프라가 정비되어 있지 않고 거래 비용이 너무 높기 때문이다. 따라서 비교우위를 제창한 리카도가 해당 이론 모형에서 거래 비용을 언급하지 않았다고 해서, 현실 경제에서도 거래 비용이 존재하지 않고, 비교우위가 있는 산업을 경쟁우위가 있는 산업으로 만들기 위해 정부가 하드웨어 및 소프트웨어적인 인프라 문제를 해결해 거래 비용을 낮춰 줄 필요가 없다고 생각해서는 안 된다. 신구조경제학에서 제창하는 비교우위에 따라 산업을 육성하는 전략은 "논리적으로 일관성이 없고, 경험적 사실과도 다르다."라는 장 교수의 주장은 융통성 없이 이론만을 그대로 가져온 결과이다.

또한 장 교수는 신구조경제학의 성장 감별과 정세에 근거한 여섯 스템의 오류가 "경제 성장과 산업구조의 변화를 하나의 선형적인 변화로 보고, 모든 국가의 발전이 같은 궤도에 따라서 움직이며, 이를 초월할 수 없다."라고 여긴 점에서 기인한다고 분석했다. 이것 역시 장 교수가 여섯 스텝을 완전히 이해하지 못한 데서 나온 결론이다. 위에서 소개한 여섯 스텝 중 네 번째 스텝은 기업이 신기술·신산업이 가져오는 기회를 발견하는 것이다. 이런 산업은 참고 대상 국가에는 존재하지 않기 때문에, 참고 대상 국가의 산업 발전 궤도를 따라가고 초월할 수 없는 것이 아니다.

(4) 인간의 무지. 장 교수는 미래는 예측 불가능하다고 강조한다. 선진국이 기술과 산업에서는 이미 세계의 선두를 달리고 있지만 차세대 신산업과 기술이 무엇이 될지에 대해서는 사전에 미리 예측하지 못한다는 점에는 동의한다. 하지만, 개발도상국의 경우 기술 혁신과 산업고도화 과정 중 예컨대 앞서 언급한 다섯 가지 산업 가운데 추격형 산업은 참고할 만한 정보가 많다. 최근 런정페이(任正非) 화웨이(華爲)의 회장은 과거 화웨이가 상대적으로 쉽게 발전할 수 있었던 이유가 추격자의 입장에서 참고할 만한 대상이 있었기 때문이라고 말한 바 있다. 최근 화웨이는 핸드폰과 통신 설비에서 이미 세계 일류 수준에 도달했지만 당장 다음 스텝이 어디로 향해야 할지는 알지 못한다. 그러나 정부는 세계 선두에 있는 산업과 기술이 앞으로 어떻게 발전할지에 대해 불확실성이 많다고 R&D 중 '연구(R)'에 대한 지원에서 손을 떼서는 안 된다. 만약 '연구(R)'를 지원하지 않는다면, 기업의 '개발(D)'도 없을 것이다. 이러한 경제에서는 지속적인 기술 혁신과 산업고도화가 이루어질 수 없다. 따라서 기초과학 연구에 대한 투자 중 95% 이상이 아무런 성과가 없을지라도, 정부는 기초과학 연구에 대한 지원을 중단해서는 안 된다.

(5) 기업가 정신. 장 교수는 기업가만이 기업가 정신을 가질 수 있다고 여긴다. 사실 슘페터가 거론한 기업가 정신의 속뜻은 여러 새로운 기회

를 포착하는 능력과 혁신적인 방법으로 이런 새로운 기회를 거머쥐는 정신을 뜻한다. 이는 기업가에게도 있을 수 있지만, 학자나 정부 관료에게도 있을 수 있다. 만약 기업가 정신이 없다면, 베이징대학교에 중국경제연구센터를 설립하지 않았을 것이다. 만약 기업가 정신이 없었다면, 중국경제연구센터가 국가발전연구원으로 승격하기 위해 노력하지 않았을 것이다. 정부 관료도 기업가 정신을 발휘하여 산업의 전환과 고도화 과정에서 현실에 부합하는 지원을 제공할 수 있다.

(6) 정부의 산업과 보조금 선택. 장 교수는 항상 필자가 산업은 기업가가 아닌 정부가 직접 선택해야 한다는 주장을 했다고 말한다. 필자가 제시한 '투 트랙 6스텝'과 다섯 가지 산업 유형 중 정부가 선택해야 할 산업은 국방안보와 연관된 전략형 산업 단 한 가지뿐이고, 그 외 나머지 산업은 모두 기업가가 자발적으로 선택한 것이며, 정부는 단지 기업가가 자체적으로 해결하지 못하는 하드웨어 및 소프트웨어적인 인프라 개선 등의 문제만을 해결해 준다는 점을 다시 한번 강조하고 싶다. 장 교수가 비판하는 보조금을 통해 산업을 발전시키는 산업정책은 신구조경제학에서도 반대하는 것이다. 신구조경제학에서 반대하는 산업정책을 신구조경제학에 덧입혀, 이를 근거로 신구조경제학을 비판하는 행위는 신구조경제학을 제대로 이해하지 못한 것이 아니라면, 일부러 '함정을 설치한' 것이다. 장 교수는 산업정책에 대한 필자의 정의가 너무 광범위하다고 주장하지만, 필자가 생각하기에 그 정의는 극히 협소하다. 국방안보 산업을 제외하고, 신구조경제학에서 주장하는 정부의 정세에 따른 판단 조치는 선구자에게 장려와 보상을 제공하고, 하드웨어 및 소프트웨어 인프라 정비 문제를 해결하기 위한 것으로, 재정적 지원이 필요하지 않으며, 높은 관세를 취하는 보호나 시장 진입 제한도 필요치 않다.

(7) 정부의 실패. 왜 산업정책이 있어야 하는지에 대해서 이야기할 때, 필자는 분명 시장의 실패에 대해서 거론했다. 하지만 필자는 정부의 실

패도 있을 수 있다는 점에는 동의하며, 그렇기에 어떤 원칙을 따라야 정부의 실패를 줄일 수 있는지에 대해서 연구해 왔다. 시장의 기능 상실이 분명 존재하지만, 그렇다고 해서 시장 자체가 필요 없다고 말해서는 안 된다. 마찬가지로, 정부가 실패할 수도 있다고 해서 정부가 필요치 않다고 말해서도 안 된다. 장 교수는 신구조경제학이 정부를 전지전능한 존재로 가정한다고 말하지만, 실제로 신구조경제학은 이와 같이 가정을 한 적이 없다.

(8) 공직자 장려. 유능한 정부를 만드는 것은 이상적인 목표다. 그러나 정부가 반드시 유능한가는 보장할 수 없다. 때때로 정부가 취한 조치가 오히려 혼란을 초래한 경우도 배제할 수 없기 때문이다. 신구조경제학이 채택한 신고전 분석 방법은 모든 사람이 이성적이라고 가정한다. 여기서 이성이란 자신의 목표를 추구하는 것을 말하며, 사심이 없는 자비로운 형태(benevolent state)의 정부를 말하는 것이 아니다. 신구조경제학은 정부 공직자들이 기본적으로 두 가지 목표를 추구한다고 생각한다. 첫 번째 목표는 계속해서 집권하거나 승진할 수 있기를 바라는 것이다. 두 번째 목표는 역사에 이름을 남겨 사람들의 기억 속에 좋은 관료로 남는 것이다. 신구조경제학에서는 어떤 방식을 채택해야 정부 공직자들의 이 두 가지 목표를 동시에 실현할 수 있는지에 대해서 연구했고, 관할 지역이 경제 번영, 사회 안정, 행복하고 안정적인 국민의 삶을 이룩할 수 있으면 가능하다는 것을 발견했다. 이렇게 될 수 있다면 주민들은 자연스럽게 공직자를 지지하게 될 것이고, 연임이나 승급은 당연히 이루어질 것이며, 역사에도 이름이 남게 될 것이다. 이 경우 정부 공직자 개인의 이익은 국가의 이익, 사회의 이익과 일치하게 된다. 하지만 유감스럽게도 애덤 스미스가 『국부론』을 낸 지 200여 년이 흐르고, 많은 경제학자들이 연구를 했음에도 불구하고 아직까지 서양 경제학 이론에서는 개발도상국의 정부 공직자가 따르기만 하면 관할 지역 또는 국가에 경제

적 번영을 가져다줄 수 있는 법칙을 제시하지 못했다. 신구조경제학은 분석의 틀을 제공함으로써 공직자들이 자신의 목표를 추구함과 동시에, 국가와 사회에 번영과 발전을 가져다줄 수 있기를 바라고 있다. 현재로서는 그저 일차적인 틀이지만, 필자는 함께 노력하여 이 분석의 틀을 더 풍부하고 깊이 있는 실용적인 도구로 만들어 가길 바란다.

(9) 특허 보호. 장 교수는 기업가의 혁신이 이윤을 독점하기 위함이라고 생각한다. 하지만 독점적 이윤이 존재할 수 있는 이유는 특허 보호 때문이다. 만약 특허 보호가 없다면, 이윤 독점 현상은 일어날 수 없고, 기업가는 보편적으로 혁신에 대한 열정을 상실하게 될 것이다. 기업가의 역할을 강조하는 것은 매우 중요하다. 하지만 기업가 정신이 역할을 발휘할 수 있도록 하는 제도적 환경에 대해서도 잘 알아야 한다. 장 교수는 필자가 특허 보호를 산업정책으로 정의한다고 생각했지만 특허 제도는 특정 산업을 대상으로 하는 것이 아니기 때문에 필자는 이렇게 정의한 적이 없다. 하지만 기업가가 신제품·신기술을 개발하여 특허를 받기 전에 의존하는 기초과학 연구는 정부의 지원을 받아야 하고, 이러한 정부 지원은 특정 산업을 위한 것이므로 산업정책이라고 생각한다.

(10) 세수 혜택. 필자는 개발도상국이 기술 혁신, 산업고도화 및 투자 유치에 대해 세수 혜택 정책을 펼쳐야 한다고 주장한다. 개발도상국 입장에서는 대부분 추격 단계에 있는 기술 혁신과 산업고도화가 새로운 것이지만 전 세계에서 보면 이는 모두 성숙한 기술과 산업이기 때문에 특허를 줄 수 없다. 세수 혜택은 개발도상국에서만 사용할 수 있는 정책이 아니다. 중국 기업이 만약 미국이나 다른 국가에 가서 투자를 한다면 현지 정부는 마찬가지로 각종 세수 혜택 정책을 제공하고, 우대의 정도도 중국보다 결코 약하지 않을 것이다.

(11) 인프라. 1980년대 신자유주의가 성행한 이후, 기업가와 시장은 모든 문제를 해결할 수 있고, 심지어 인프라 문제도 기업이 완전히 해결할

수 있으며 정부가 나설 필요가 없다는 사조가 세계적으로 확산되었다. 1947년 세계은행 설립 이후 가장 큰 부서가 인프라 부서였다. 2008년 필자가 세계은행에서 부총재와 수석경제학자를 역임할 당시 이 부서는 사라졌다. 인프라는 초기 투입이 막대하고, 회수 주기가 매우 길기 때문에 기업가들이 관리하기에 벅찬 요인이 많다. 위에서 언급한 사조의 영향으로 급기야 기업가들이 이동 통신이라는 한 가지 인프라에만 관심을 보이는 결과가 나타났다. 이동 통신은 비용 징수가 매우 용이하고, 자연 독점에 의한 이윤도 발생하기 때문이다. 반면 다른 도로·전기·항만과 같은 인프라에 대해서는 기업가들은 보편적으로 투자를 꺼렸고, 이로 인해 1980년대 이후 개발도상국의 인프라 투자는 심각하게 부족해지는 상황을 맞이하게 되었다. 아직까지 대부분의 개도국은 여전히 여러 분야에서 인프라 병목현상을 겪고 있으며, 선진국의 인프라 역시 보편적으로 노후되었다. 장 교수는 시장 기능 상실 이론을 신고전 패러다임의 실패라고 여겼지만, 기업가의 역할을 중시하는 장 교수가 신봉하는 '미제스-하이에크' 패러다임에는 시장의 기능 상실은 없다. 장 교수는 현실에서 발생하는 현상을 토대로 이론을 구축하는 것이 아니라, 이론을 통해 세상을 바라보고 있다.

(12) 산업 클러스터. 장 교수는 산업정책이 반드시 실패한다고 생각하며, 중국 정부가 어떤 형태의 산업정책도 채택해서는 안 된다고 말한다. 하지만 중국 정부는 그간 많은 산업정책을 펼쳐 왔고, 장 교수의 추론에 따르면 중국의 경제 발전은 결국 실패할 것이다. 하지만 중국이 이처럼 오랜 기간 동안 안정적으로 고속 성장을 할 수 있는 부분에 대해서는 어떻게 설명하겠는가? 책을 잠시 제쳐놓고 여러 지역을 돌아다녀 보면 각지에 산업 클러스터가 형성되어 있음을 발견할 수 있다. 산업 클러스터의 형성 과정에서 기업가의 역할은 당연히 중요하다. 하지만 상황에 따라 개입한 정부의 역할도 절대로 간과해서는 안 된다. 필자가 몸담고 있

는 연구소의 장샤오보(张晓波) 교수는 중국의 각 지방에 있는 산업 클러스터의 형성에 대해 연구했는데, 산업 클러스터의 형성 과정에서 많은 기업가들이 해결하지 못한 조율 문제를 현지 정부가 해결했고, 이로써 산업 클러스터가 발전하고 규모가 확대되었다는 사실을 발견했다. 즉, 많은 실패한 산업정책이 존재한다고 해서 산업정책이 반드시 실패하는 것은 아니다.

(13) 자동차 산업. 장 교수는 일본의 자동차 산업을 예로 들어 산업정책이 효과가 없다는 것을 입증하려고 했다. 필자는 장 교수가 일본 경제의 역사를 제대로 이해하지 못했다고 생각한다. 2차 세계대전 이후 일본은 높은 관세를 통해 자동차 산업에 보호정책을 취해 왔다. 그리고 일본의 특수한 국가적 상황에 따라, 매우 엄격한 기술 표준을 제정했다. 소비자가 높은 관세를 지불해서 차를 수입해 오고 싶어도 운전면허증을 받기가 어려웠다. 이것도 산업정책에 해당한다. 한국 역시 마찬가지이다. 1980~1990년대, 한국에서는 외제차를 보기 매우 어려웠다. 관세 보호와 진입 장벽이 존재했기 때문이다.

장 교수는 2001년에 필자가 쓴 글에서 일본의 자동차 산업이 성공했고, 한국의 자동차 산업정책이 실패했다고 말했다고 언급하면서, 지금은 한국 현대자동차가 전 세계를 휩쓸고 있다고 말한다. 사실 장 교수는 필자의 분석 내용을 자세히 이해하지 못한 듯하다. 일본이 자동차 산업에 진출했을 당시, 1인당 평균 GDP는 이미 미국의 절반에 가까웠고, 한국이 자동차 산업에 진출했을 당시 1인당 평균 GDP는 미국의 20%밖에 되지 않았고, 일본의 30%에 불과했다. 이런 상황에서 한국은 일본보다 훨씬 더 많은 보호와 지원 조치가 필요했다. 이것은 자동차 산업에서 일본의 십여 기업이 성공을 거뒀고, 이에 반해 한국은 세 곳의 자동차 회사가 존재했다가, 나중에 두 곳이 문을 닫고, 현대자동차 한 곳만 남게 된 이유이다. 이 글에서도 필자는 중국과 인도가 1950년대 자동차 산업 정책을 시작했으나 결국 실패한 이유가 바로 당시 중국과 인도의 1인당 GDP가 미국의 5%밖에 되지 않았기 때문이라고 지적한 바 있다.

장 교수의 주장처럼 미국 자동차 산업의 성공은 헨리 포드의 기여가 막대하다. 하지만 미국 자동차 산업도 많은 관세 보호를 받았다. 1960년대까지 미국의 수입 자동차 관세 세율은 50%로 높았다. 이런 산업정책의 지원하에 기업가들은 초기의 어려움을 극복하고 발전을 이루었다. 미국의 자동차 산업이 성공한 또 다른 이유는 19세기 말 미국의 1인당 GDP가 이미 영국의 85%에 육박하여 사실상 영국과 같은 발전 단계에 놓였기 때문이었다. 미국이 영국을 따라 자동차 산업을 발전시킨 것은 경제 발전과 산업구조 고도화의 필요에 따른 것이다.

위에서 살펴본 각국 자동차 산업의 성공과 실패 배후에 있는 원인은 모두 신구조경제학의 이론과 맞아떨어진다.

(14) 요소의 이동. 장 교수는 요소 이동이 가능해진 이후, 요소부존의 중요성이 예전 같지 않다고 말했다. 중국은 대규모의 외자를 유치했지만 전체 투자에서 외국 자본이 차지한 비중은 그리 높지 않았으며, 가장 많았을 때조차 비중이 10%~15%에 불과했다. 중국의 대부분 투자 자본은 국내에서 나온다. 선진 국가는 자본이 상대적으로 풍부하지만, 선진국의 자본을 개발도상국으로 유입시키는 것은 개발도상국의 비교우위를 이용하여 더 많은 이윤을 얻기 위한 것이다. 선진국은 결코 개발도상국의 1인당 자본을 자국과 같은 수준으로 올려주려고 하지 않는다. 그렇기 때문에 자본의 이동은 노동력이 상대적으로 풍부한 개발도상국의 비교우위를 변화시키지 않는다.

(15) 지역 격차. 장 교수는 중국의 일부 지역이 실제로 고소득의 경제체로 성장했으며, 일부 지역은 여전히 중·저 소득의 경제체라고 말한다. 이런 관점에 대해서는 필자도 동의한다. 이런 상황에서 전 지역에 획일화된 산업정책을 펼칠 수는 없으며, 지역별 상황에 따라 다른 산업

정책을 수립해야 한다. 필자가 말한 다섯 종류의 산업 유형을 참고하면 이러한 수요를 충족시킬 수 있다.

(16) 벤치마킹 국가. 장 교수는 1인당 평균소득 수준이 중국보다 1배 또는 2배 높은 국가의 명단을 열거했지만, 정세에 맞는 상황 판단이라는 틀에서 참고 대상 국가를 선택하는 또 다른 조건인 '20~30년간 빠른 성장을 유지한 국가'라는 요인을 간과했다. 장 교수가 열거한 국가들은 대부분 실패한 국가들이다. 왜 20~30년 고속 성장을 유지한 국가를 참고 대상으로 삼아야 하는가? 두 가지 이유가 있다. 첫째는 20~30년 동안 고속 성장을 했다는 것은 해당 국가의 대부분 산업이 비교우위에 부합한다는 것이다. 둘째는 장기간의 고속 성장을 유지할 수 있었다는 것은 자본의 축적이 빠르게 이루어지면서, 기존에는 비교우위를 가진 거래 가능한 산업이 이제는 비교우위를 잃었을 가능성이 높다는 것이다. 이 산업은 후발 주자들에게 잠재적인 비교우위를 갖춘 산업이 될 수 있다.

(17) 변론의 방식. 필자는 장하준 교수와 네 차례 변론을 진행한 바 있다. 모든 변론은 하고 싶은 말을 정리해서 잡지에 게재하는 방식으로 진행됐다. 장 교수와의 변론 역시 구두가 아닌 방식으로 진행했으면 좋겠다. 구두 변론은 논리와 경험적인 사실을 집중적으로 담아내기 어렵기 때문이다. 반대로 글을 통해서는 누구나 논리와 사실에 입각하여 판단을 내릴 수 있어 진리가 더 잘 드러나도록 해준다.

제2장

현행 산업정책에 대한 총정리와 재고찰

산업정책 시행에서의 제도의 역할

쉬청강(許成鋼)
장강상학원長江商學院(CKGSB) 교수

산업정책의 유효성

사실 가장 기본적인 문제는 정책이 아닌 제도에 있다. 산업정책은 재정정책과 마찬가지로 경제와 관련된 정책 중 하나에 불과하다. 세계적으로 많은 국가들이 산업정책을 시행하고 좋은 결과를 얻지 못하는 이유는 무엇일까? 그 배경을 살펴보면, 핵심적인 문제는 해당 국가의 제도에서 찾아볼 수 있다. 정책이란 사실 관련 분야를 담당하는 일부 공무원이 자신의 바람과 견해를 근거로 만들어 낸 것에 불과하다. 다만 여기에서 고려해야 할 두 가지 기본적인 문제가 있다. 첫째로, 추진하려는 정책과 정책 계획자 사이에 이해관계가 존재하는가의 문제이다. 둘째로, 정책 계획자가 모두 국익만을 고려하는 천사 같은 마음의 소유자라 하더라도, 제정된 정책을 누가 어떻게 추진할 것인가의 문제가 여전히 남아 있다. 결국 문서상으로 어떻게 기록되어 있든지 간에 정책은 사회·경제적 효과를 불러일으키게 될 것이고, 실제 집행은 기존의 제도를 통하기 마련이다. 정책과 제도가 해당 대상에게 제공하는 힘이 일치한다면 정책에 효과가 보일 수 있겠지만 반대의 경우에는 전혀 효과가 없게 된다. 제도는 사람에게 다양한 동력을 창출해 낼 수 있고, 이 동력을 통해 경제를 발전시킬 수도 파괴할 수도 있다. 이 모든 것은 제도에 의해 결정되기 때문에 제도를 떠나 산업정책을 논하는 것은 결국 뜬구름 잡는 이야기가 될 수밖에 없다.

중국 산업정책의 특징과 문제점

개혁개방 이래, 중국 정부는 변함없이 산업정책을 중요시해 왔다. 하지만 적합한 제도가 결여된 상태로 산업정책만 강조하다 보니 효과를 보기 힘들었다. 30년이 넘는 중국의 개혁 역사 속에서 제도적인 개혁은 매우 드물었고, 초기에는 제도적 개혁이 얼마간 존재하긴 했으나 그마저도 후기로 가면서 사라지고 심지어 퇴보하는 모습을 보였다. 제도 개혁이 없고 심지어 퇴보하는 상황에서 정책만을 강조할 경우에는 아무리 좋은 정책이라 하더라도 실행되기 어렵다. 구체적인 사례를 살펴보자.

약 십 년 전에 중국의 경제구조를 개편하기 위해 제시된 등롱환조騰籠換鳥(새장을 비워 새를 바꾼다. 세대교체의 의미를 담고 있음-옮긴이)라는 경제 성장 정책이 있었다. '새장을 비우고 새를 바꾼다'는 의미를 가진 이 정책은 제도와 현실 상황을 함께 고려하지 않은 채 낙후된 산업을 퇴출시켜 '새장을 비우고', 여기에 하이테크 과학기술 산업을 유입하면 산업구조를 바꿀 수 있을 것이라고 생각했다. 창의적이고 이상적인 발상이었지만 이 정책은 대부분의 지역에서 성공을 거두지 못했다. 하지만 그럼에도 일부 지역에서는 하이테크 기술이 크게 성장하는 모습을 볼 수 있었다. 예를 들어 가장 먼저 '등롱환조' 정책을 펼쳤던 곳은 광둥성 둥관(東莞) 지역이다. 하지만 인접한 곳에 위치한 선전(深圳)과 비교해 보면, 똑같은 '등롱환조' 정책이 둥관에서는 아무런 효과가 없었던 데 반해 선전에서는 비워야 할 새장 자체가 별로 없었더라도 새들이 금세 모여들었다. 이는 둥관에 비해 잘 제정되어 있던 선전의 제도 덕분이었다. 사실, 베이징과 상하이, 특히 베이징에는 이미 많은 하이테크 기술과 연구개발형 기업이 집중 분포되어 있다. 하지만 왜 선전에서 더 빠른 성장세를 보인 것일까? 베이징, 상하이, 선전은 모두 산업정책을 추진하고 있으며, 이를 통해 산업고도화와 산업 전환을 강력하게 추구하고자 했다. 그중 선전 지방정부는 다른 지역에 비해 더 적극적으로 민영기업 지원에 나섰고, 그 결과 민영기업이 번창하기에 더 나은 경영 환경을 만들어 줄 수 있었다. 이를 바탕으로 산업정책을 실행하다 보니 더 큰 효과를 볼 수 있었던 것이다. 기본적인 제도적 문제의 해결 없이 추진되는 산업정책은 효과를 보기 어렵다.

산업정책에 대한 평가

산업정책은 정책 계획자가 누구인가와 시행 가능한가라는 두 가지 조건의 제약을 받는다. 그렇기 때문에 좋은 산업정책의 평가 기준은 매우 간단하다. 이 두 가지 조건을 잘 충족하는 산업정책이 바로 좋은 산업정책인 것이다. 첫째, 계획자는 반드시 사회 전반의 이익을 고려한다는 관점에서 산업정책을 계획해야 한다. 이 문제는 제도와 직접적으로 연관되어 있다. 두 번째로, 시행 가능한 산업정책이어야 좋은 산업정책이라 할 수 있다. 왜 싱가포르의 산업정책이 큰 효과를 거둘 수 있었을까? 왜 한국의 산업정책이 적어도 일정 기간 동안은 큰 힘을 발휘할 수 있었는가? 두 국가는 모두 시장경제 체제이고 민영기업을 주축으로 하고 있으며 산업정책은 수많은 민영기업이 존재하는 환경에서 어느 정도 도움을 제공해 주었기 때문이다. 산업정책을 시행하여 누가 가장 성공을 거두었는가를 묻는다면 아마도 미국 캘리포니아주의 실리콘밸리라고 답할 것이다. 실리콘밸리의 발전은 확실히 캘리포니아주의 지방정부와 연관성이 있지만 그렇다고 모든 것이 지방정부 덕택이라고 단순화할 수는 없다. 산업정책의 성공은 일련의 사건의 영향으로 탄생한 결과이며, 지방정부의 역할은 그 안에 한 부분일 뿐이다. 캘리포니아주 지방정부는 산업정책을 계획하는 단계에서 온전히 민영기업에 포커스를 맞추었다.

지방정부의 목표는 보스턴에 위치한 많은 기업들을 캘리포니아로 끌어들이는 데 있었다. 그렇기 때문에 이때 추진된 산업정책은 온전히 시장제도하에 구축된 것이었다. 지방정부는 선거를 통해 탄생하기 때문에 구속성이 있어 지역의 전체 주민에게 유익한 정책을 계획하게 된다.

생산과잉 해결을 위해 산업정책은 어떤 역할을 해야 하는가

생산과잉을 해결하려면 제도적인 문제부터 해소해야 한다. 이는 새로운 형태의 케케묵은 문제이다. 이 케케묵은 문제는 '연성예산제약'(軟預算約束, 기업이 재정상의 어려움을 겪을 때 외부 조직의 도움을 받아 계속 생존해 나가는 현상-옮긴이)이라고 불리며, 국유제國有制에서 정부는 국유기업을 보호하지 않을 수 없고, 보호를 받은 국유기업은 더욱 서슴없이 거액을 투자하는 모험에 뛰어드는 것을 말한다. 이렇게 하면 투자를 통해 얻은 이익을 직접 나눠 가질 수 있기 때문이다. 심각한 손해를 본다 해도 정부가 구제해 주기 때문에 파산할 걱정도 없다. 그래서 국영기업과 지방정부의 고위급 지도자는 모두 뒤틀린 동력에 의해 움직이게 되며, 이는 국유기업이 시장경제 체제에서 직접 운영된 것이 아니라 보호해 주는 누군가가 있기 때문이다. 이런 상황에서 기업들은 사업을 과도하게 확장하는 행태를 보인다.

중국이 현재 직면하고 있는 심각한 생산과잉의 문제는 일반적 시장경제 체제에서 발생할 수 있는 문제가 아닌 다른 성격의 문제이며, 제도를 손보지 않고는 해결할 수 없다. 생산과잉 문제는 산업고도화와 산업 교체가 요구될 때 산업정책을 실행할 수 있을지 여부를 결정한다. 막대한 과잉생산이 발생할 때에는 정부가 생산과잉 산업에 온 신경을 쏟아야 하기 때문에 정책을 제정한다 해도 제대로 효과를 보지 못하게 될 것이다. 이렇게 많은 인원과 기업의 생존이 달린 생산능력을 어떻게 포기하란 말인가? 생산과잉 산업을 돌보는 것도 벅찬데, 하물며 산업구조 전환까지 어떻게 추진한단 말인가? 따라서 이 모든 문제는 결국 기술이 아닌 시장의 수요를 근거로 판단해야 한다. 생산과잉이 심각한 상황에서 새로운 물건을 구매하는 소비자가 몇 명이나 있을 수 있을까? 그러므로 심각한 생산과잉 문제를 해결하지 않는 이상, 산업의 고도화와 구조 전환을 거론하는 것은 말이 안 되는 일이다. 물론 국가마다 돋보이는 우수 기업과 훌륭한 제품이 있을 수 있다. 하지만 우리의 논의 대상은 개별 기업이나 제품이 아닌 경제 전반이다. 경제 전반에 심각한 생산과잉 문제가 존재할 때 산업의 고도화와 구조 전환은 실현 가능성이 없다. 전반적인 현상은 전체적인 제도에 따라 결정된다. 중국의 우량기업인 화웨이(華爲)와 알리바바(阿里巴巴) 모두 민영기업이라는 점이 이를 반증한다.

이론적인 측면에서 심도 있는 산업정책 연구를 위한 제안

산업정책에 관한 학술적인 토론이 진행되고는 있지만 깊이가 부족한 실정이다. 예를 들어 프린스턴대학의 대니 로드릭Dani Rodrik은 산업정책을 주로 연구하는 학자이며, 정책과 제도의 관계에 대하여 학계에서 의견을 피력한 적도 있다. 가장 중요한 것은 어떻게 해야 효과적으로 정책을 시행할 수 있는지를 파악해야 한다.

앞서 거론했던 두 가지, 즉 누구에 의해 어떤 의도로 정책이 계획되었는지, 그리고 정책이 어떻게 효과를 보이는지를 명확히 알아야 한다는 것이다. 이 두 문제는 모두 제도와 긴밀하게 연결되어 있으며, 이를 해결하지 않은 채 정책을 거론한다는 것은 사실상 빈껍데기에 불과하다. 필자는 산업정책을 연구하는 데 많은 시간을 할애하지 못했기 때문에 참고 자료를 이야기할 때 거론한 지식은 다소 오래된 것일 수 있다. 참고할 만한 몇 년 전의 자료로는 대니 로드릭의 글이 있다. 그의 참고문헌을 보면 인용된 다른 학자를 찾을 수 있을 것이다. 로드릭과 대런 애스모글루Daron Acemoglu는 산업정책에 대해 토론을 한 적이 있다. 애스모글루는 제도를 강조하는 편이었고, 로드릭은 제도와 정책을 모두 강조했다.

중국 산업정책의 전망

중국의 산업정책에 대해 꼭 하고 싶은 말은 제도가 가장 중요하다는 것이다. 산업정책이 중요하지 않은 것은 아니다. 정부의 정책은 분명 중요하지만 제도와 분리된 상황에서 정책을 논하는 것은 뜬구름 잡는 것과 다름이 없다. 필자는 산업정책과 연관된 로드릭의 관점에 많은 부분 동의한다. 위에서 서술한 우수한 산업정책의 두 가지 평가 기준은 비교적 추상적이다. 이것을 구체적으로 말하자면 다음과 같다.

좋은 정책이란 중국이 제도를 변화시킬 수 있게 도와주는 정책이다. 제도는 분명 산업정책이 한 걸음씩 나아가게 도와줄 것이고, 우수한 정책은 분명 의식적으로 중국의 제도 개혁을 촉진시킬 것이다. 조금 더 구체적으로 말하자면, 중국 내에서 우수한 산업정책은 선전에서 많이 계획되었기 때문에 우수한 정책을 배우고 싶다면 선전의 상황을 참고해야 한다.

좋은 산업정책이란 무엇인가?

황이핑(黃益平)
베이징대학교 국가발전연구원 교수

정부는 산업정책을 만들어야 할까? 더 나아가 어떤 산업정책을 세워야 할까? 이 문제는 경제 발전을 연구하는 학자들이 자주 고민하는 중요한 문제다. 산업정책 문제가 제기된 것은 최초에 아마도 '시장의 기능 상실'과 관련이 있을 것이다. 일례로, 혁신 과정에서는 높은 비용과 큰 리스크를 감당해야 하는 반면, 그로 인해 얻은 수익을 완전히 내부화할 수 없기 때문에 신흥 산업을 발전시키기가 어렵다. 정부가 어떤 정책적 조치를 취하면 시장의 기능 상실을 극복하는 데 도움이 될 수 있을 것이다. 하지만 정부의 개입이 정말 효과가 있는지에 대하여 학계는 명확한 결론을 내리지 못하고 있다. 성공 사례도 분명 존재하지만 대다수의 산업정책은 실패로 끝났다. 2차 세계대전 이후 일부 개발도상국이 유치산업에 투자했지만 몇십 년이 지나도 성장시키지 못했다. 이런 연유로 학자들은 산업정책의 가치에 대해 의문을 품기 시작했다. 정부는 과연 시장보다 똑똑할까?

산업정책이란 정부가 특정 산업의 육성과 발전을 위해 취하는 정책적인 개입을 말하며, 이런 개입은 다양한 형태의 보조금이 될 수도 있고, 특정한 행정과 관리감독 수단이 될 수도 있다. 한마디로 말하면 신흥 산업이 발전하는 데 있어 장애물을 제거하도록 도와주는 것이다. 필자는 산업정책 문제를 연구하는 전문가는 아니지만, 최근 들어 중국이 산업 고도화를 이룩한 방법론, 중진국의 함정을 뛰어넘은 방법론의 문제에 대해 줄곧 연구해 왔다. 필자는 시장의 기능 상실을 극복하는 관점에서 산업정책의 논리를 이해하고 있지만, 시장이 할 수 있는 부분은 최대한 시장에 기회를 남겨 줘야 한다고 생각한다. 그렇다면 효과적인 산업정책은 도대체 어떤 형태일까? 이에 대해서는 아마 각기 다른 의견이 존재할 것이다. 필자는 시장 순응, 경쟁의 비非제한, 개입 삼가, 퇴출 메커니즘과 사후 평가라는 다섯 가지에 주목하고 있다. 이를 제대로 이행하지 않는다면, 산업정책을 시행한다 해도 노력에 비해 효과가 미미하거나 심지어는 득보다 실이 더 클 것이다.

산업정책의 필요성

산업정책의 역할에 대한 논쟁이 끊이지 않는 이유는 여러 가지로 꼽을 수 있다. 이념적인 차이도 있고, 시행 도중의 문제도 있다. 동일한 산업정책과 결과에 대해서도 때때로 전혀 다른 평가가 나오기도 한다. 예를 들면 '동아시아의 기적'에 산업정책이 기여한 부분에 대한 평가에는 이견이 존재한다. 찰머스 존슨Chalmers Johnson은 산업정책이 일본 경제의 노동생산성과 경제성장률을 제고했다고 하는 반면, 히더 스미스 Heather Smith는 한국과 대만에 대한 연구를 통해 산업정책이 아닌 시장 개방이 경제 성장에 기여했다고 밝혔다. 그 외에도 중국·홍콩은 시장의 자유를 지향하는 반면 싱가포르는 정부의 개입을 강조했다. 도대체 어느 것이 더 좋은 방법인가? 이에 대한 합의점은 아직 찾지 못했으며 시기에 따라 그 결론도 달라졌다.

일부 중국 학자들이 산업정책에 의문을 품는 것은 이해가 간다. 중국은 해마다 산업정책을 제정하고 있다. 2016년의 경우, 정부는 에너지 절약 및 친환경·소프트웨어·클라우드 컴퓨팅·장비 제조와 태양열 등 산업에 지속적인 지원을 하기로 결정했다. 하지만 역사를 돌이켜 보면,

성공한 산업정책은 손에 꼽을 만큼 적었다. 최초의 산업정책은 계획경제 시대에 철강 산업을 주축으로 한 중공업화 전략이었다. 린이푸(林毅夫)·차이팡(蔡昉)·리저우(李周) 교수는 당시 정책의 문제점이 비교우위 원칙을 위배한 것이라고 꼬집었다. 당시 중국은 어마어마한 인구 수에 비해 자본이 적었기 때문에 중공업을 발전시키기에는 역부족이었다는 것이다. 중국은 혼신의 힘을 다해 중공업을 발전시키려 했지만 원가와 품질 모두에서 지속가능한 경쟁우위를 차지하지 못했다.

개혁개방 이후, 중국 경제는 괄목할 만한 성과를 거두었으나 여전히 자랑할 만한 수준의 산업정책은 없었다. 많은 자원만 낭비한 채 흐지부지되거나 너나 할 것 없이 몰려들어 단기간에 업종 전반에 과잉 현상이 일어나는 부작용까지 있었다. 자원 낭비의 사례로는 최근 중앙정부가 내놓은 '대중 혁신, 만인 창업'(2014년 9월 하계 다보스 포럼에서 리커창 중국 총리의 담화에서 나온 말로, 일반인의 독창적인 창업을 장려하는 용어로 쓰임—옮긴이) 정책에 발맞추기 위해 각 지방정부가 연이어 만든 혁신 인큐베이터, 하이테크 산업단지와 산업 가이드 펀드를 일례로 들 수 있다. 각 지역이 저마다의 요소부존要素賦存과 비교우위가 완전히 다른 상황에서, 하나의 외길에 몰려들어 이벤트성 혁신을 부르짖는다면 자원 낭비를 피하기 어려울 것이다. 과잉 현상의 예는 생산과잉 문제가 매우 심각한 상태에 이른 태양광 산업을 들 수 있다. 현재 중국은 이미 전 세계적으로 최대 태양광 패널 생산국이자 사용국이다. 정부의 보조금이 없었다면 대다수의 태양광 기업들은 적자에서 벗어나지 못했을 것이다. 현재의 신재생에너지 자동차가 태양광 산업의 전철을 밟지는 않을까 심히 우려되는 상황이다.

산업정책이 극단적으로 상반된 결과를 가져온 원인은 중국의 경제 체제와 관련이 있을 것이다. 중앙정부에서 정책 하나를 내놓으면 모두들 그 정책에 따라 움직인다. 산업정책의 경계가 불분명하며 현실에서는 맹목적인 애국운동의 산물로 변했다. 지방정부만 공을 들일 뿐 아니라 은행도 매우 적극적이다. 많은 은행이 제대로 된 조사 없이, 국가의 산업 목록만 보고 대출을 해 준다. 더 큰 문제는 공직자들이 가시적이고 즉각 체감할 수 있는 조치를 취하는 데 급급하여 효과는 뒷전이 되었다. 산업정책에 대해 사후 평가를 진행하는 경우가 아주 적어 결과의 성공 여부에 상관없이 정책 결정을 한 공직자들은 아무 책임을 질 필요가 없기 때문이다.

필자는 주로 현재 중국 경제가 산업고도화를 이룩하는 과정에서 직면하는 도전에 관련하여 산업정책 문제에 관심을 기울이고 있다. 최근 들어 중국 경제 지표는 계속 하락세를 보이고 있다. 그 내면을 살펴보면 주기적인 요인과 추세적인 요인의 영향을 받은 것도 있지만 가장 큰 변화는 과거에 장기적으로 경제 성장을 지탱했던 노동집약형 제조업과 자원형 중공업이 활력을 잃었다는 점이다. 중국에게는 현재 경쟁력을 갖춘 새로운 제조업과 서비스업을 육성하고 발전시켜 다음 단계의 경제 성장을 지탱하도록 하는 것이 가장 시급한 과제이다. 지금 당장 해야 할 일은 경쟁력을 상실한 구舊산업을 전환시키거나 업그레이드하거나 퇴출시키고, 신흥 산업이 더 빠르게 형성되고 발전하도록 돕는 것이다. 하지만 세계적으로 대다수의 중진국이 고소득 경제체와 어깨를 나란히 하지 못하는 현실을 감안할 때, 산업 전환이 만만치 않다는 사실을 알 수 있다.

그렇다면 산업정책이 긍정적인 효과를 가져올 수 있을 것인가? 필자는 산업정책의 지향점이 '시장의 기능 상실'을 극복하여 신흥 산업 발전을 저해하는 장애물을 없애는 데 있다고 이해한다. 현재 중국에는 신흥 산업 발전의 장애 요인이 매우 많다. 첫째는 기술 진입 장벽이다. 신에너지, 빅데이터Big Data 할 것 없이 새로운 기술에는 거액의 연구개발 비용이 들어가 개별 기업이 이를 감당하기에는 어려움이 매우 많다. 둘째는 업계 진입 장벽이다. 중국 정부는 많은 산업에 대하여 엄격한 진입 기준을 적용하고 있고, 특히 의료·문화·교육 등의 분야에 존재하는 장벽은 더욱 견고하다. 따라서 일반 기업은 진입 자체가 어렵다. 셋째는 퇴출 장벽이다. 많은 기업이 경쟁력을 잃고 껍데기만 남은 '좀비기업'이 되어 버렸지만 여러 가지 이유로 발을 뺄 수조차 없는 것이 현실이다. 좀비기업이 사라지지 않고 계속 대량의 자원을 점유하는 것은 신흥 산업 발전을 저해하는 주요한 요인이 된다. 산업정책은 이러한 진입 장벽을 낮추는 것부터 시작해야 하며, 각 신흥 산업이 필요로 하는 산업정책도 모두 다를 것이기에 각기 파악해야 한다.

최근 중국 네 개 도시가 이룬 혁신과 창업이 눈에 띄는 성과를 거두고 있다. 베이징(北京), 항저우(杭州), 구이양(貴陽)과 선전(深圳)이 바로 그 주인공이다. 해당 지역의 혁신산업 발전 과정을 살펴보면, 정부가 각기 다른 역할을 수행했음을 알 수 있다. 베이징 중관춘(中關村)의 경우, 고등교육 기관과 연구 기관이 운집해 있어 하이테크 산업을 발전시키기에 천혜의 장점을 지니고 있다. 베이징시 정부는 주로 과학기술 성과의 전환을 장려하고 있다. 항저우의 혁신 창업 열풍은 주로 알리바바의 성공에서 기인한 것으로, 선순환적인 혁신 생태계가 잘 구축되어 있다. 구이양은 전기세가 싸다는 것 이외에는 자체적으로는 우수한 이점을 가지고 있지 않았다. 그런 구이양시가 빅데이터 산업을 발전시킬 수 있었던 주요인은 구이양시 정부의 지원 덕분이었다. 작은 어촌 마을에서 중국의 혁신 요충지로 변모한 선전(深圳)은 현재까지 가장 큰 성과를 이룬 지역이다. 효과적인 시장 메커니즘을 기반으로 텐센트·화웨이·BGI 등과 같은 세계적인 선두 기업을 탄생시킨 것이다.

인터넷 금융이 걸어온 길

최근 몇 년 동안 바이오 의료나 스마트 기기 같은 중국의 일부 신흥 산업이 빠르게 발전하고 있다. 몇몇 기업은 이미 세계 선두 수준이 되었다. 하지만 세계적인 수준으로 성장한 신흥 산업을 거론하자면 인터넷 금융밖에 없을 것이다. 레이몽 버논Raymond Vernon은 제품 생명주기 이론을 제시했으며, 일반적으로 한 제품이 연구개발, 생산, 숙련, 퇴출의 네 가지 단계를 거친다고 정의했다. 중국 기업이 생산하는 대다수의 제품은 처음에 선진국에서 유입해 온 것들이었다. 그러나 인터넷 금융만은 예외라 할 수 있다. 2004년 중국의 알리바바 그룹이 선보인 온라인 금융결제 서비스 알리페이Ali Pay(支付寶)가 출시되었고, 2005년 온라인 금융자산 컨설팅 업체 이신(宜信)이 설립되었다. 중국의 인터넷 금융 업체는 지금까지 십여 년의 발전을 거듭해 오면서 기업 수, 업무 유형, 거래 규모, 고객층 차원에서 이미 절대적인 글로벌 선두의 위치를 굳건히 하고 있다. 중국은 인터넷 금융을 통해 처음으로 세계적 산업을 이끌 기회를 얻은 것이다.

현재 앤트 파이낸셜 서비스 그룹Ant Financial Service Group(螞蟻金服)(알리바바 그룹 관계사—옮긴이)은 이미 전 세계 최대 인터넷 금융회사로 성장했으며, 알리페이는 세계 120개 국가에서 3억 명의 이용자를 위해 서비스를 제공하고 있다. 각기 다른 인터넷 금융의 분야마다 영향력을 갖춘 기업들이 등장하고 있다. 예를 들자면, 제3자 결제 분야에서 알리페이를 제외하고도 위챗페이WeChat Pay가 있고, 인터넷 대출 분야에서는 개인간(P2P) 인터넷 대출 형식의 PPdai(拍拍貸), 이런대출(宜人貸), 런런대출(人人貸)이 있다. 또한, 영세기업 대출을 지원하는 Ant micro 대출(螞蟻微貸)과 웨이대출(微粒貸)이 있으며, 인터넷 투자 분야에는 재테크 투자 플랫폼인 루진소(陸金所, LU.com), 자오차이바오(招財寶, zcbprod.alipay.com)와

퉁반제(tongbanjie.com)가 있다. 크라우드 펀딩 플랫폼인 'Demo hour(点名時間)'와 'Angel Crunch(天使滙)'도 있다. 유일하게 인터넷 화폐 영역에서는 아직 영향력을 가진 회사가 등장하지 않았지만, 중앙은행에서 기업까지 모두 새로운 형태의 디지털 화폐 개발을 포함하여 블록체인의 실질적 응용 방안을 적극적으로 탐구하고 있다.

베이징대학교 인터넷 금융 발전 지수에 따르면, 2013년 1월부터 중국의 인터넷 금융 업무는 전기 대비 줄곧 6% 대의 성장 속도를 유지하고 있으며, 거의 매년 배로 증가하고 있다. 최근에는 내륙 지역에 비해 연안 지역이 더 많이 발전하는 등 지역별 차이가 극명하게 드러나고 있다. 중국의 2급 지방행정 단위인 지급시地級市의 데이터에 따르면, 항저우는 중국의 인터넷 금융 중심 도시로, 항저우에서 멀면 멀수록 인터넷 금융 발전 수준이 더 낮은 것으로 나타났다. 하지만 최근 2년 사이에 발전 수준이 뒤떨어졌던 지역이 빠르게 성장하면서 지역별 차이가 감소하는 동질화 현상이 매우 명확하게 나타나고 있다. 그 밖에도 연령대를 기준으로 살펴보면, 인터넷 금융 발전을 주도한 연령대는 주로 젊은 층으로, 특히 1980~1990년대에 태어난 세대가 중추적인 역할을 한 것으로 나타났다.

인터넷 금융은 정부의 적극적인 지원 속에서 형성, 발전된 것이 아닌, 시장의 자발적인 행위로 인해 나타난 결과물이다. 과연 인터넷 금융이 진정한 혁신의 산물인지 아니면 거품으로 가득 찬 가상의 존재인지에 대한 논쟁은 아직 끝나지 않았지만, 인터넷 금융의 빠른 발전은 논리적인 두 가지 이유로 지지를 받고 있다. 첫째, 인터넷 금융은 시장이 갖고 있던 맹점을 해결해 주었다. 타오바오Taobao(중국의 대표 인터넷 쇼핑몰-옮긴이)가 번거롭고 어렵고 오류도 빈번했던 은행의 결제 시스템을 사용하고 있을 때 알리페이가 전방위적으로 사용되기 시작했다. P2P 플랫폼이 각광받기 시작한 이유는 일반 국민들이 좋은 투자 기회를 얻기 어렵고, 심지어 일부의 경우 은행에서 대출도 받을 수 없었기 때문이다. 60~70%에 달하는 중국의 중소기업과 개인이 만족할 만한 금융 서비스를 누리지 못하고 있었던 것이다. 인터넷 금융은 이런 틈새시장을 파고들었다.

둘째, 인터넷은 금융에 존재하던 난제를 해결할 수 있는 가능성을 열어 주었다. 금융의 본질은 자금 융통인데, 여기서 가장 큰 어려움은 리스크를 수치화하는 것이다. 인터넷 기술의 핵심 도구는 모바일 단말기와 빅데이터 분석이다. 모바일 단말기는 고객을 유치할 수 있고, 빅데이터는 업무 관련 조사에 도움이 된다. 게다가 인터넷 기술은 긴 꼬리 효과라는 특징을 가지고 있다. 일단 시스템이 구축되면 새로운 고객에게 서비스하는 데 드는 한계비용이 거의 제로에 가깝다는 것이다. 그렇기 때문에, 전통적인 금융 형태에 비해 인터넷은 디지털 서민 금융의 보급에 있어서 두드러진 장점을 갖는다.

인터넷 금융 산업은 산업정책을 연구하는 데 유용한 사례이다. 정부가 인터넷 금융 산업 발전에 보조금을 제공하지는 않았지만, 관리·감독 부처가 취한 관용적인 태도 덕분에 산업에 자유로운 발전 환경이 조성되었다. 그렇지 않았다면 인터넷 금융은 오늘날의 발전은 꿈도 꾸지 못했을 것이다. 하지만 역으로, 최근 들어 인터넷 금융, 특히 P2P 기업의 위험도가 높아지는 것 또한 관리 당국의 역할 부재와 깊은 관련이 있다. P2P 분야는 10년 가까이 발전을 이뤄 왔지만 지금껏 관리·감독 규범이 없는 상태였다 보니, 많은 플랫폼이 음지에서 돈을 벌어들이거나 무질서한 상태를 이용하여 사익을 챙기기 시작했다. 심지어 악화가 양화를 구축하는(bad money drives out good) 상황까지 나타나, 우수한 기업이 살아남기 힘든 사태가 펼쳐지고 있다. 관리·감독이 제 기능을 했다면 e주바오(e租寶, 온라인 금융 서비스 업체로, 2016년 업무가 폰지 사기로 밝혀지며 많은 피해자가 생김-옮긴이)와 같은 고위험 플랫폼은 업계에서 쫓겨났을 것이다. 하지만 이제 관리·감독 부처는 급작스레 빠른 시일 내에 모든 P2P 플랫폼을 신용 중개에서 정보 중개로 전환하라고 요구하기 시작했고, 업계는 혼란에 빠졌다. 따라서 신흥 산업의 업계 규범을 강화하고 건전한 발전을 도모하는 것, 그중에서도 특히 혁신과 리스크 사이에서 균형을 잘 잡는 것은 산업정책의 중요한 내용이 되어야 한다.

효과적인 산업정책의 조건

중국은 개혁개방 시기에 매우 성공적인 산업정책, 즉 노동집약형 제조업에 대한 발전 지원 정책을 시행한 바 있다. 1980년대 초, 성공적인 농업 개혁은 농민의 소득을 증가시킨 긍정적인 효과와 함께 농촌 여기저기에서 노동력 과잉이라는 부정적인 결과도 가져왔다. 노동집약형 제조업을 발전시키기 위해, 정부는 먼저 남쪽 지역에 경제특구를 지정했고, 외국 투자 기업에게 세수와 자금·에너지·토지에 대한 우대 정책을 제공했다. 추후에 해당 정책을 국내 투자 기업과 전국 각지로 확대 실시했다. 이 정책이 성공을 거두면서 중국은 1990년대 중반 전 세계 노동집약형 수출 시장의 1/4을 차지하게 되었다. WTO 가입 후에는, 중국은 즉시 전 세계 제조업의 중심지로 떠올랐다. 그래서 '중국의 기적'을 산업정책의 덕택이라 해도 과언이 아니다.

하지만 대다수의 산업정책이 성공을 거두지 못했으니 과거의 방식을 바꾸지 않는다면 새로운 산업정책도 좋은 결과를 기대하기는 어렵다. 심지어 없느니만 못한 산업정책도 존재한다. 그렇기 때문에 학자나 공무원이나 할 것 없이 새로운 산업정책을 제정하기에 앞서 과거의 실패를 철저히 반성하고 객관적으로 정리하여, 시행 가능하고 효과적인 개선책을 내놓아 성공 확률을 높여야 한다. 그렇다면 어떻게 해야 산업정책이 효과를 발휘할 수 있을까? 필자는 아래 다섯 가지 성공 요소를 제시하고자 한다.

첫째, 시장 순응. 산업정책은 상황을 거스르지 말고 상황에 순응하여 진행해야 한다. 신흥 산업이 비교우위에 부합하지 않거나 시장의 맹점을 타개하지 못한다면, 산업을 구축한다 하더라도 발전을 이룰 수는 없다. 개혁개방 이전에 중국에서 수립된 중공업은 당시의 비교우위에 부합하지 않았다. 사실 이것은 아마 많은 개발도상국의 산업정책에서 보편적으로 나타나는 문제점일 것이다. 신흥 산업을 발전시켰으니 짧은 시간 안에 세계 일류 수준으로 성장시키고 싶기 때문이다. 린이푸·쥐젠둥(鞠建東)·왕용(王勇) 교수가 최근에 진행한 연구에서 신흥 산업의 발전 역시 비교우위에 순응하여 움직여야 할 필요가 있고, 이것은 매우 중요한 정책적 구상이라고 지적했다. 그렇다면, 노동집약형 제조업을 지원하는 정책이 성공할 수 있었던 이유는 무엇이었을까? 이 역시 당시의 비교우위에 부합했기 때문이다. 물론 비교우위를 가진 산업을 어떻게 선제적으로 잘 선별하여 지원하는가의 문제는 말하기는 쉬워도 실천하기는 훨씬 어려운 문제이다.

둘째, 경쟁을 제약하지 마라. 국가는 특정 산업을 지원할 뿐, 특정 기업을 지원하는 것이 아니다. 정부가 하나의 혁신 분야를 지원한다면, 해당 분야의 모든 '우수한' 기업들이 이 지원을 받을 수 있게 해야 한다. 더욱 중요한 것은 이러한 기업들이 시장에서는 공평하게 경쟁하고 적자생존의 법칙에 따를 수 있게 해야 한다는 점이다. 과거 국가는 산업정책을 통해 가전과 자동차 등 업계의 발전을 지원하면서, 중점 지원 기업을 선정했을 뿐만 아니라 다른 기업의 진입까지 막았다. 이는 매우 안 좋은 사례이다. 정부가 직접 '강자'를 선택한다면 자연스럽게 공정성에 대한 논란이 일어나게 된다. 실제로 많은 기업이 정부 정책의 지원을 받기 위해, 업무의 핵심을 연구개발이나 혁신이 아닌 정부와 관계 맺기에 두었다. 장샤오보(張曉波) 교수와 공동연구자가 진행한 연구에 따르면, 중국 정부의 혁신 관련 보조금 대부분은 혁신이 거의 이루어지지 않는 국유기업으로 흘러들어 갔다. 혁신보다는 관계가(연줄에 해당하는 중국의 꽌시 문화—옮긴이) 더 중요했다는 사실이 드러난 것이다.

셋째, 개입할 때는 신중하라. 개입의 목적은 단 하나, 바로 산업의 형성과 발전에 존재하는 걸림돌을 제거하는 것이다. 정부가 어떤 산업에 개입하는 방법은 많다. 보조금 정책을 펼치거나 진입 장벽을 관리할 수도 있고, 단계별로 차별화된 보조금을 지급할 수도 있다. 예를 들어, 현재 정부는 신재생에너지 자동차 분야의 마지막 단계인 소비자에게 분산적으로 보조금을 제공하는 지원 정책을 펼치고 있다. 제조사의 입장에서는 이는 당연히 이윤을 창출할 여지가 있기에 계속 인력을 투자하여 연구개발에 매진했다. 하지만 이러한 정책은 가장 이상적인 정책적 선택이 아니다. 신재생에너지 자동차 기술의 병목은 배터리이고, 여기에는 비용·수명·안정성이란 문제가 존재한다. 중국 신재생에너지 자동차가 세계적으로 경쟁력을 확보할 수 있을지의 여부는 배터리 기술에서 획기적인 발전을 거둘 수 있는지 여부에 달려 있다. 따라서 국가는 가장 기초적인 배터리 연구개발에 자금과 연구 역량을 집중 지원해야 한다. 이 방법은 전체 자동차 기업에 분산적으로 지원하여 각개전투 연구개발을 펼치게 하는 것보다 더욱 효과적일 것이다.

넷째, 퇴출 메커니즘을 만들어라. 중국의 노동집약형 제조업에 대한 지원 정책이 성공을 거둘 수 있었던 데에는 비교우위에 부합하고 경쟁을 제약하지 않았다는 두 가지 요인 이외에 즉시 퇴출할 수 있었던 메커니즘 역시 큰 역할을 했다. 산업정책은 신흥 산업의 형성에 도움을 주는 일시적 처방일 뿐, 해당 산업의 발전을 지원하는 장기적인 방법은 아니다. 여러 국가가 줄곧 자국의 유치산업을 육성하지 못한 이유는 정부가 이러한 중점 기업을 지나치게 감쌌기 때문이다. 보호 정책을 계속 유지하다 보면, '혁신기업'도 특수한 이익 집단으로 변질될 수 있다. 국가 정책에 기대어 먹고 살 수 있는데, 혁신의 동력과 힘이 어디에서 나오겠는가? 그러므로, 산업정책을 만들 때는 반드시 퇴출 메커니즘도 함께 만들어야 한다. 일정한 기간이 지났음에도 신흥 산업이 여전히 지지부진한 상태라면, 과감하게 포기해야 한다. 신흥 산업이 국가에게 장기적인 부담을 안겨 주게 해서는 안 된다.

다섯째, 사후 평가를 해라. 지방정부에서 산업정책을 시행하는 방법론은 두 가지로 분류할 수 있다. 첫 번째는 현지의 실제 상황은 고려하지 않은 채 중앙정부가 신기술 산업을 발전시키겠다고 하면 너도 나도 맹목적으로 따라 해서 결국에는 전국이 다 같은 정책을 추진하게 되는 '중앙정부 무조건 따라 하기'라는 상황이 발생한다. 두 번째는 지방정부의 공직자가 바뀔 때마다 그대로 남는 것 하나 없이 모든 것이 순식간에 바뀌어 버리는 '공무원 물갈이'다. 결국 간부에 대한 평가 체계에서 문제가 발생하게 된다. 실적이 최우선이지만 겉치장만 추구할 뿐이고 정책 결정자는 결과에 대해 책임을 지지 않는다. 중국 공신부(산업정보화 부서-옮긴이)가 내놓은 영·유아 분유 지원 정책을 예로 들면, 최종적으로 국가 예산으로 예상했던 목표를 달성했는지 그냥 낭비됐는지, 아니면 특정 개인 또는 단체의 호주머니로 들어갔는지를 전혀 알 수가 없었다. 산업정책을 시행하려면 먼저 평가 제도를 만들어야 한다. 특히 제3기구를 위탁하여 산업정책의 각 항목에 대한 효과를 독립적으로 평가하도록 해야 한다. 정책 결정권자가 반드시 책임을 지도록 만들어야 한다.

공통된 인식에서 출발해야
— '특혜' 시각에서 보는 산업정책의 핵심 문제[*]

커우쭝라이(寇宗來)
푸단대학교 중국사회주의시장경제연구센터 교수

　최근 중국 학계에서는 산업정책을 둘러싼 뜨거운 논의가 일었다. 특히 세간의 주목을 한 몸에 받았던 것은 소위 '린·장 논쟁'이었다. 린이푸 교수는 대다수의 산업정책이 실천 과정에서 실패를 맛본 것은 사실이지만 전 세계적으로 산업정책 없이 산업 발전을 이룬 사례는 없다고 설파했다. 이에 대해 장웨이잉 교수는 산업정책을 '조끼를 입은 계획경제'라며 신랄하게 비판했다. 장 교수는 산업정책이 개입하지 않았다면 중국 경제는 더 뛰어난 발전을 이루었을 것이라며 모든 형태의 산업정책을 없애야 한다고 갈파했다.

　양측의 기본적인 철학과 사상이 다르다는 점은 차치하고, 이렇게 상반된 견해가 존재하는 한 가지 중요한 이유는 여태껏 산업정책의 개념과 범위에 대해 학계가 공통된 입장을 도출하지 못했기 때문이다. 산업정책을 논할 때 각자가 가리키는 대상이 다르다면, 관련 논쟁은 공통분모가 없는 '아무말 대잔치'로 전락해 버리고, 완전히 대립된 두 가지 입장이 생기게 된다. 산업정책의 찬성 측은 반대론자들이 산업정책의 폐해가 아닌 것을 두고 산업정책을 비난한다고 생각하고, 산업정책을 반대하는 측은 찬성론자들이 산업정책의 효과라 볼 수 없는 것을 가지고 산업정책의 공으로 돌린다고 생각한다.

---

[*] 본문의 원문은 『탐색과 논쟁』, 2017, 2기에 실림.

본문은 산업정책에 대하여 상대적으로 '현실주의적'인 태도를 취하고자 한다. 산업정책이 없는 곳을 찾아보기 힘든 중국에서 산업정책의 역할과 존폐 문제와 관련하여 격렬한 논쟁이 일어나고 있기 때문에, 산업정책에 대한 대략적인 긍정 또는 부정은 아무런 의미가 없다. 현 단계에서 가장 시급하고 가치 있는 작업은 바로 과학적이고 구체적인 방법으로 산업정책을 분류하여, 각 산업정책이 산업 발전에 어떻게 영향을 미쳤는지에 대해 고찰하고, 나아가 어떻게 해야 산업정책의 성공률을 높일 수 있는지, 혹은 어떤 상황에서 어떤 형식의 산업정책을 펼쳐야 산업 발전을 저해하지 않고 촉진하는 역할을 할 수 있는지에 대해 토론하는 것이다.

산업정책은 정부가 산업 발전에 개입할 수 있는 유일한 수단이 아니며, 실제로는 다른 정책과 함께 진행된다. 산업 발전에는 공간적인 매개체가 존재하기 때문에 산업정책과 지역정책 두 부류로 나뉘며, 이는 산업 발전에 매우 중요한 영향을 끼친다. 개념을 명확히 하고 정책을 비교하기 위해, 필자는 '특혜'라는 시각에 기반한 분석틀을 사용했고, 산업정책을 특정 산업·제품·기업에 대한 우대 정책으로, 지역정책을 특정 지역에 대한 우대 정책으로 정의하고자 한다. 또한 정책 결정의 난이도와 평가 가능성 등의 관점에서 두 가지 정책의 제정과 시행에 대해 심도 깊게 분석을 하고자 한다.

특혜의 관점에서 관찰한 산업정책과 지역정책

'특혜'는 비非균형적인 발전 전략으로 정부가 어떤 기준에 따라 산업 주체를 구분하여 차별적으로 대우하는 것을 핵심 내용으로 한다. 즉, 조건에 맞는 우선 발전한 산업의 주체에게 우대 정책을 제공한다. 그 목적은 '대의를 위한 집중과 선택 전략'을 통해 유한한 자원의 제약에도 불구하고 산업 추월을 빠르게 이룩하는 것이다.

산업에는 항상 공간적 매개체가 존재하기 때문에, 산업 발전에는 매우 지대한 영향을 끼치는 두 가지 정책, 즉 산업정책과 지역정책이 있다. 이 분석틀에 따르면, 산업정책은 정부가 어떤 기준에 따라 선도적으로 발전한 일부 산업을 선발하여 특혜를 제공하는 것을 지칭하고, 지역정책은 정부가 어떤 기준에 따라 우선 발전된 일부 지역을 선발하여 특혜를 제공하는 것을 말한다.

산업정책에 있어 이견이 존재하기 쉬운 한 가지 중요한 원인은 산업 자체에 대한 명확하고 통일된 경계가 없기 때문이다. 이는 주로 제품·산업·기업 간의 복잡한 대응 관계로 인한 것이다. 현행 통계 방식은 제품 코드에 따라 산업을 분류한다. 문제는 기업마다 산업 코드가 다른 여러 제품을 생산하거나 여러 기업이 동일한 산업 코드를 가진 제품을 생산할 수 있다는 점이다. 시간과 환경이 변하면서 일부 기업은 생산 제품의 품목을 바꾸거나 끊임없이 신제품을 연구개발해 낸다. 이런 연유로 각각의 산업에 많은 기업이 포함되어 있기도 하고, 동시에 여러 기업이 여러 산업에 속해 있기도 한다. 더욱이 이런 교차적인 대응 관계는 동태적으로 변화하고 있다. 발전개혁위원회가 과거 수차례 공표하고 시행한 『산업 가이드 목록』에서는 산업정책을 장려형·제한형·퇴출형의 세 가지로 분류했고, 일부 정책은 명확히 특정 네 자릿수 코드의 제품을 대상으로 지정했지만, 기타 정책은 적용의 경계가 불분명한 생산기술과 대응시켰다.

산업 자체의 경계가 모호하다면 산업정책의 경계도 모호해지게 될 것이다. 이를 감안하여 본문에서는 특정 제품·산업·기업에 대한 우대 정책이라면 형태를 막론하고 모두 산업정책이라고 지칭하고자 한다. 이 정의는 선별성을 강조한 것으로, 명확히 지향하는 바가 없는 공공정책을 배제했으며, 산업정책을 정부의 역할과 완전히 동일시하지도 않았다. 그렇지 않으면 산업정책에 대한 반대가 혹여 무정부주의를 인정하는 꼴이 되어 버리는 오류에 빠질지 모른다.

상대적으로 지역 범위의 경계는 꽤 명확하며, 지역정책에 대한 정의에는 어떠한 논쟁의 여지가 없다. 예를 들어, 개혁개방 초기 중국 정부는 '경제특구' 정책을 실시했고, 이로 인해 선전, 주하이(珠海), 산토우(汕頭)와 샤먼(廈門)은 다른 지역에는 없던 여러 우대 정책을 누릴 수 있었다. 그 후 중국은 다롄(大連), 친황다오(秦皇島), 톈진(天津), 옌타이(烟台), 칭다오(靑島), 롄윈강(連云港), 난퉁(南通), 상하이(上海), 닝보(寧波), 원저우(溫州), 푸저우(福州), 광저우(廣州), 잔쟝(湛江)과 베이하이(北海) 14개 도시를 연안 개방 도시로 선정하여, 대외무역 등의 분야에서 다른 도시에 비해 더 많은 자주권을 누릴 수 있게 했다. 또 그 후에 만들어진 서부대개발, 동북 구舊공업단지 진흥 계획, 상하이 푸둥(浦東) 신구, 톈진 빈하이(濱海) 신구 등도 모두 지역정책의 전형적인 예라고 볼 수 있다.

산업정책과 지역정책은 상호 충돌되지 않으며, 동일한 산업 주체를 가질 수 있다. 그 대표적인 예가 바로 자유무역 시범 지구이다. 이 정책은 상하이, 톈진, 푸젠, 광둥과 같은 도시 내의 특정 지역만을 개방하는 것이기 때문에 지역정책으로 간주해야 한다. 동시에 시범 지역 내부의 특정 산업에 대해서 한정을 지었기 때문에 이런 각도에서 보면 산업정책이라고 할 수도 있다.

산업정책과 지역정책에 대해 정의를 내리는 것은 일부 인식 오류를 해소하는 데 도움이 된다. 여기서 특별히 살펴봐야 하는 것이 바로 '산업개발구역'이다. 많은 사람이 산업개발구역을 산업정책의 성공 사례로 생각하지만, 이를 산업정책으로 볼 수 있는지는 상황에 따라 판단해야 한다. 정부의 산업개발구역이 특정 기업 또는 산업에만 개방됐다면 이는 분명 산업정책이다. 하지만 정부가 산업개발 지역을 정할 때 구역 내입주 가능한 기업에 대해 규정을 짓지 않고, 구역 내 모든 기업을 위한 우대 정책을 시행하겠다고 했다면, 본질적으로 이것은 지역정책으로 봐야 한다. 마찬가지로, 인프라 구축이 산업 발전에 중대한 영향을 끼친다 해도 구분 없이 이걸 산업정책이라 할 수 없다. 정부가 어떤 특정 기업을 유치하기 위해 부대시설 개선의 일환으로 인프라를 구축했다면, 그것은 산업정책으로 간주해도 무리가 없다. 일례로, 정저우(鄭州)시 정부는 폭스콘의 지역 투자를 유치하기 위해 15억 달러의 자금을 제공하여 공장과 직원 숙소를 건축하는 데 도움을 줬고, 해당 기업을 위해 특별히 도로와 발전소를 지어 주었다. 도로와 발전소를 지은 것은 표면적으로는 공공 재화에 대한 투자로 보이지만 실제로는 특정 기업을 위한 조치였기 때문에, 이는 산업정책으로 간주되어야 한다는 말이다. 하지만 일반적인 상황에서 시내 교통 상황 개선을 위해 만들어지는 지하철, 고가도로에 대한 투자는 공공정책으로 보는 것이 옳다.

산업 발전의 난제와 특혜 정책의 합리성

신고전경제 성장 이론에 따르면, 개발도상국은 후발 주자로서 이점을 누릴 수 있기 때문에 더 빠른 경제성장률을 이룩하게 되고, 나아가 선진국과 경제적으로 유사해지게 된다. 그러나 역사적 경험과 현실적 상황으로 비추어 보면, 경제적으로 추월에 성공한 일부 소수의 동아시아 국가를 제외하고, 대부분의 개발도상국의 경우 경제적 부흥을 이루지 못했거나 결국 선진국과의 소득 격차를 줄이기는커녕 더 벌어지며 중진국의 함정에 빠지고 말았다. 이는 개발도상국이 산업 발전에 어려움을 겪고 있다는 것을 보여 준다. 동아시아 경제체의 성공은 산업정책과 지역정책을 비롯한 특혜 정책을 산업 발전과 지속적 경제 성장을 이루는 중요한 수단으로 사용해 왔기 때문이다.

초기 산업 능력의 육성

기존의 문헌은 주로 시장의 기능 상실이란 관점에서 정부의 개입이 합리적인지 판단했다. 이런 판단에는 '보이지 않는 손'이 존재하기는 하지만, 최적의 효과를 발휘하지 못한다는 가정이 숨어 있다. 일반적으로 이 가설은 합리적으로 보이지만 문제는 산업화 초기 단계에 있는 개발도상국에서는 '보이지 않는 손'이 효과를 발휘하지 못하는 것이 아니라 '보이지 않는 손'이 영향력을 행사할 수 있게 하는 산업 주체가 아예 존재하지 않는다는 점이다. 낙후된 농업 국가를 예로 들면, 산업화 초기 단계에는 '모든 것이 다 결핍된 상황'에 놓여 있기 마련이다. 물질적 자본·인력 자본·인프라를 포함하여 경쟁력을 갖춘 기업도 없고, 산업의 발전을 지원할 정부의 관리 능력도 없다. 이런 상황에서 '자발적인 시장'에 전적으로 의존하여 산업화를 이룩하는 것은 불가능하거나 진행 속도가 매우 더딜 수밖에 없다. '모든 게 다 결핍된 상황'이라는 문제에 직면하여 많은 개발도상국은 유한한 자원을 특정 산업 또는 지역에 집중시켜 빠른 산업화를 이루는 '비非균형 발전 전략'을 취하게 된다. 산업정책 또는 특구 정책이 빠른 산업화를 이루는 강력한 촉진제 역할을 한다는 점은 일본·한국·중국 등 동아시아 경제체의 성공을 통해 증명이 가능하다.

산업화 초기에 '정부 주도'는 '자발적인 시장'에 비해 많은 이점을 가지고 있다. 먼저, 정부는 징세라는 강력한 수단을 가지고 있으며, 다른 국가 또는 세계은행 등 국제기구에서 융자를 받을 수 있는 더 튼튼한 신용을 가지고 있다. 이를 통해 국가는 산업화에 필요한 희소 자본을 조달하기가 용이하며, 관련된 각종 리스크를 막을 능력도 더 갖추고 있다.

둘째, 정부는 더욱 강력한 산업 배치 능력을 가지고 있다. 산업화 주체인 기업의 실적은 자체적인 노력에 의해 결정되기도 하지만 인프라 등 많은 외부 환경에 영향을 받기도 한다. 정부는 관세 등의 수단을 통해 적어도 일정 기간 동안 선진국 기업으로부터 경쟁 위협을 받지 않으면서 산업 능력을 착실히 쌓을 수 있도록 '유치산업' 일부에 대한 무역 보호 조치를 취할 수도 있다.

공직자 뇌물수수를 불식시킨 '반反공유지의 비극'

산업정책의 반대론자들은 산업 발전을 촉진하기 위해 정부가 사유재산권을 보호해야 하며, 관료들이 청렴해야 시장이 자유롭게 발전할 수 있다고 주장한다. 이런 의견은 옳은 말처럼 보이지만 사실 타당성이 부족하다. 경제 제도와 경제 발전의 수준은 서로 인과 관계에 있으며, 경제 발전 수준과 동떨어진 '훌륭한' 제도는 존재하지 않는다. 선진국의 '우수한' 제도를 본떠서 이를 토대로 경제 발전을 이루고자 한다면 본질적으로 순환 논증의 늪에 빠지게 된다. 즉, 경제 발전을 이루지 못해 우수한 경제 제도를 시행하지 못하게 되는 악순환 말이다. 산업 발전의 첫발은 바로 이런 낮은 수준의 악순환에서 벗어나는 것이다.

관료 부패와 정부 통치 능력의 부재로 인해 많은 개발도상국에서 산업화는 '반공유지의 비극(The tragedy of the anticommons)'에 빠져 실현되기 힘든 목표가 되었다. '반공유지의 비극'은 미국 마이클 헬러Michael Heller 교수가 구소련 경제를 연구하면서 제시한 개념으로, 너무 많은 사람이 거부권을 행사할 권리를 보유하고 있기 때문에 사회 자원의 이용 효율성이 저하되는 현상을 가리킨다. 창업의 경우를 예로 들어 보자. 새로운 기업을 설립하기 위해 사람들은 여러 주무 부처에 각종 허가를 신청해야 한다. 이때 공직자가 거부권을 발동하여, 어느 하나의 허가라도 발급해 주지 않는다면 기업은 영업을 할 수 없게 된다. 일반적으로 공직자들이 '비협조적'인 태도로 뇌물의 액수를 결정하고, '다중 가격 인상(Multi-marginalization)'으로 인해 뇌물 총액이 너무 커져서 기업의 생산성 저하를 불러일으키거나, 심지어 사업체를 운영해도 마이너스적인 상황에 처하게 한다. 비협조적인 뇌물 요구와 비교하면 모든 공직자들이 카르텔을 형성하여, 기업에 뇌물을 한꺼번에 요구하는 것이 차라리 파레토 개선이 될 수 있다. 이 방법은 다중 가격 인상의 외부 효과를 내재화하기 때문에 공무원 집단의 전체 뇌물수수 금액을 높여 줄 뿐만 아니라 기업의 생산량과 이윤도 향상시킬 수 있다.

위에서 언급한 분석을 바탕으로 산업정책의 합리성 중 하나로 꼽는 것은 '이독공독以毒攻毒(독으로 독을 물리치는 것-옮긴이)의 법칙을 따른다는 것이다. 예를 들어 어떤 신생 기업이 정부나 어느 힘 있는 지도자의 전폭적인 지원을 받으면, 뇌물을 상납해야 하더라도 여러 관료에게 동시에 뇌물을 제공해야 하는 큰 어려움을 모면할 수 있다는 말이다. 이로부터 산업정책의 좋고 나쁨에 대한 평가는 대부분 무엇을 '비교 대상'으로 삼느냐에 달려 있다. 방금 예시로 들었던 내용에서 뇌물 상납이 전혀 없는 이상적인 상황을 비교 대상으로 삼았다면 산업정책의 결과는 더욱 참담했을 것이다. 왜냐하면 당시에는 여전히 뇌물수수가 공공연하게 존재했기 때문이다. 하지만 많은 관료들이 비협조적인 태도를 내세워 뇌물을 요구하는 것과 비교한다면 위와 같은 산업정책은 확실한 개선책이라 할 수 있다.

'조율 실패' 방지

산업 사슬의 관점에서 보면, 산업 발전에는 업스트림(생산 영역-옮긴이)과 다운스트림(운송·판매 영역-옮긴이) 기업 간의 유기적인 연결이 필요하다. 업스트림 기업의 생산 효율이 높고 경쟁이 치열할수록, 다운스트림 기업은 합리적인 가격으로 양질의 중간재를 얻을 수 있는 확률이 높아진다. 반대로 다운스트림 기업이 경쟁력을 갖출수록 시장의 수요가 더욱 커지면서 업스트림 기업의 중간재에 대한 수요와 견인 역할 또한 커지게 된다. 이런 상호 의존적인 관계 때문에 산업의 발전은 일반적으로 산업과 공간이 응집되는 클러스터의 특성을 보인다. 하지만 한 기업의 성패가 다른 기업의 정책에 의해 결정된다면 조율 실패의 문제가 발생할 수도 있다. 예를 들어, 업(또는 다운)스트림 회사의 투자 진행 여부는 다운(또는 업)스트림 회사의 투자 여부에 달려 있다. 업·다운 스트림 회사가 동시에 서로에게 투자하면 효율이 더 높겠지만 상대가 투자하지 않아 '실패할까' 두려워 어느 한 쪽도 투자를 하지 않을 수도 있다.

조율 실패 문제에 대해 산업정책과 지역정책은 종종 큰 역할을 감당한다. 빅푸시big-push 전략에서 정부는 업·다운 스트림 기업에게 동시에 보조금 같은 각종 우대 정책을 제공할 수 있다. '실패'에 따른 기업의 리스크를 보상해 줌으로써 투자 행위를 조율할 수 있다. 사실 산업 발전이 단순히 조율의 문제에만 직면한 것이라면 조율 실패 시 정부가 기업에게 지원금을 제공하겠다는 '신뢰할 만한 약속'을 해 주기만 하면 된다. 최종적으로 지원금을 지불할 필요가 없을 수도 있다. 일단 업·다운스트림 회사가 동시에 서로에게 투자하기만 하면, 모두 시장경쟁에서 스스로 살아남을 수 있기 때문이다. 조율 실패의 원인이 업·다운 스트림 회사의 부지 선정과 연관되어 있다면, 정부는 일부 지역에 우대 정책을 제공하여 관련 기업을 해당 지역으로 유치할 수 있고, 이로써 교통 비용을 대폭으로 절감하고 생산사슬 전반의 경쟁력을 제고提高할 수도 있다.

'정보의 외부 효과'에 대한 보상

혁신은 산업이 장기적인 발전을 이루는 기반이다. 하지만 기업은 항상 혁신과 모방 사이에서 딜레마를 겪게 된다. 혁신은 선점 우위를 가질 수는 있지만 실패할 위험도 크다. 반면 모방자는 선점의 기회는 잃지만, 혁신자의 성공 노하우와 실패 경험을 발판으로 자신의 실패 리스크를 낮춘다. 이로써, 성공 여부와 관계없이 혁신자는 모두 모방자에 긍정적인 정보의 외부 효과를 가져다준다. 따라서 시장에서 자체적으로 생성되는 혁신 장려의 작용은 대체로 부족하다. 특혜 정책이 필요한 또 하나의 합리적인 이유는 바로 이럴 때 정부가 '첫 번째로 게를 맛보는' 산업 주체에게 마땅한 보상을 제공해야 하기 때문이다.

개혁개방 초기, 중국에는 많은 잉여 노동력이 있었다. 비교우위 이론에 따르면 중국은 노동집약형 제품을 생산해야 했다. 추상적인 이론의 측면에서 이 결론에 별다른 문제가 없음은 분명하다. 그러나 현실적으로 기업가가 가장 직접적으로 직면한 문제는 '도대체 어떤 산업에 진출하여 구체적으로 어떤 제품을 생산해야 하는가'에 있었다. 어떤 산업에 종사하거나 어떤 제품을 생산하기 전에 기업가는 이에 대한 이해가 부족하기 마련이다. 그들은 모험을 무릅쓰고 선택을 내려야 하고, 이는 계속된 시행착오의 과정일 것이다. 일단 실패를 맛보면 다른 기업은 전철을 밟지 않으니, 시행착오 비용을 절감할 수 있다는 것을 의미한다. 반대로 일단 성공을 거두게 되면 다른 기업들이 벌떼처럼 몰려들게 되어 개척자는 결국 치열한 시장경쟁 속에서 얻은 이윤으로는 시행착오로 인한 비용을 감당할 수 없게 되는 악순환에 치닫는다. 이런 정보의 외부 효과 문제를 해결하지 않으면 선행 기업가가 계속된 시행착오를 시도할 적극성, 나아가 산업을 발전시키고자 하는 원동력까지 상실하게 될 것이다. 특허 보호 정책처럼 시장에 진입한 순서에 따라 우선 진입한 자에게 선택적 지원을 하여 적어도 일정 기간 동안 혁신가들이 모방자에 비해 어느 정도의 경쟁우위를 가질 수 있게 하는 것이 산업의 발전에도 도움이 된다. 일부 지역에 대해 세수 우대와 같은 수단을 적용하여 현지 기업가들의 혁신을 도모하는 정부 정책은 지역정책에 속한다. 하지만 정부가 특정 기업의 혁신 장려를 위해 우대 정책을 제공한다면, 그것은 산업정책으로 분류해야 한다.

기업가 정신, 중앙과 지방의 분권 그리고 특혜 정책의 효과

슘페터 이후부터 인류는 점점 경제 발전 분야에서 '기업가 정신(entrepreneurship)'의 핵심적 역할에 대해 인식하기 시작했다. 일반적으로 사람들은 기업가 정신을 칭찬 일색의 말로 늘어 놓지만, 보몰 교수는 기업가 정신이 사회에 좋은 영향만 가져오는 것은 아니며, 생산적일 때도 있지만 비생산적이거나 심지어는 파괴적일 수도 있다고 분석했다. '기업가 정신' 역시 통상적으로 말하는 기업가만이 있는 것이 아니다. 그 본질을 파고 들면 사회에서 리스크를 무릅쓰고 더 큰 보상을 얻고자 하는 모든 개체는 기업가 정신을 갖고 있다고 간주할 수 있다. 이 논리에 따라 필자는 일반적으로 말하는 기업가를 '경제기업가'라고 지칭하고, 기업가 정신을 구비한 정부 공무원을 '정치기업가'라고 지칭하겠다. 양자의 큰 차이점이란 경제기업가는 주로 사적인 자원을, 정치기업가는 사회의 공공 자원을 관리하고 있다는 것이다.

특혜 정책이 산업 발전에 끼치는 영향은 주로 정치기업가와 경제기업가 간의 분업과 상호 작용에 따라 결정된다. 정치기업가와 경제기업가가 조화롭게 분업하고 서로를 보완한다면, 특히 정치기업가가 제정하고 시행하는 정책적 조치를 통해 경제기업가들이 더욱 효과적으로 생산 활동에 종사할 수 있다면, 이런 정책은 산업 발전에 도움이 될 것이다. 반대로 정치기업가가 제정하고 시행한 정책적 조치가 만약 단순히 경제기업가의 시장 정책 결정을 대신하거나 왜곡시키고, 또는 어떤 사회적인 가치도 창출할 수 없는 지대추구 행위만을 장려한다면, 이런 정책은 산업의 발전을 저해할 것이다.

N지역($D_1, D_2, \cdots, D_N$) M산업($C_1, C_2, \cdots, C_M$)의 일반적인 모습을 살펴보자. 만약 정부가 개입하지 않으면, 경제기업가는 각자 자신이 가지고 있는 정보에 따라 어느 산업에 종사할지, 어느 지역에 투자하고 생산하여 이윤을 창출할지를 결정할 것이다. 일이 발생하기 전의(사전) 관점에서 살펴보면, 경제기업가가 각 지역과 산업을 자유롭게 선택할 수 있기 때문에 자유경쟁의 결과 모든 유동적인 요소의 예상 한계수익이 지역별·산업별로 같아야 할 것이다. 물론 사전에 예상한 바와 사후에 발생한 현실(realization) 간에는 항상 차이가 존재하기 때문에 자유 시장 경쟁에서 일부 투자는 실패로 증명되기 마련이다. 정책 결정과 나중에 이루어진 성과가 대부분 일치하게 한 경제기업가는 경쟁 속에서 살아남고 승리하고, 규모도 커지게 된다. 반면 정책 결정이 실제 상황과 맞지 않게 한 경제기업가는 손해를 보고 심지어는 퇴출당한다.

특혜 정책을 도입한 이후에 정책 결정의 전 과정은 두 단계의 게임으로 이해할 수 있다. 먼저 정치기업가는 특혜 정책을 선정한다. 그다음에 이런 특혜 정책을 바탕으로 경제기업가는 경영 방식을 선택한다. 산업정책 또는 지역정책의 함의는 정치기업가가 어떤 산업(C_i라고 하자) 또는 어떤 지역(D_j라고 하자)을 선택하여 우대 정책(세수 우대 또는 연구개발 보조금 지원 등)을 제공하는 것이다. 정부의 개입이 없는 기본적인 상황과 비교하면, 우대 정책의 도입은 요소를 산업 C_i 또는 지역 D_j에 투자한 경제기업가들의 한계수익률을 높여, 더 많은 자원이 해당 산업 또는 지역에 유입되게 한다.

특혜 정책이 산업 발전에 끼치는 영향에 대해서 평가하려면, 사전 예측을 토대로 한 최선의 정책 결정과 사후 달성 결과를 토대로 한 최선의 정책 결정 간의 격차가 좁혀져 있는지를 살펴봐야 한다. 예를 들어, 사전 예측의 관점에서 보면 C_1과 C_2에 투자한 예상 수익률은 같았지만, 사후의 실제 상황에 따르면 C_1에 투자한 수익률이 C_2보다 훨씬 높다고 가정해 보자. 이런 상황에서 정치기업가들이 사전에 C_1에 우대 정책을 시행하여 더욱 많은 자원을 C_1에 투자하게끔 유도했다면 효율이 더 올랐을 것이다. 반대로, 정치기업가들이 사전에 C_2에 대한 우대 정책을 시행했다면, 최종적으로 자원의 분배 효율이 하락하는 결과를 맞이했을 것이다.

많은 정책 분석은 '인자한 정부(benevolent government)'의 가설을 바탕으로 진행된다. 즉, 정부가 제정한 정책 목표가 사회복지를 최대한으로 추구한다는 것이다. 하지만 실제로 정책 제정자인 정치기업가들은 개인의 이익을 추구한다. 다만 그들의 목표 함수가 경제기업가들보다는 더욱 복잡하고, 그 중에는 경제적인 이익뿐만 아니라 정치적인 이익(예를 들자면, 정치적인 진급)도 포함되어 있다. 정치기업가들이 올바른 정책을 결정할 수 있느냐는 두 가지 요소에 의해 결정된다. 첫째, 반드시 충분한 능력을 갖춰야 한다. 둘째, 그들에 대한 올바른 장려 제도를 반드시 갖추어야 한다.

먼저, 장려 제도를 살펴보자. 정치기업가들이 장악하고 있는 것은 개인의 자원이 아닌 공공의 자원이다. 그렇기 때문에 첫 번째 도전은 공직자의 도덕적 해이를 막는 것이다. 특혜 정책에 힘입어 사리사욕만 채우는 행위를 근절시켜야 한다. 기업에서 많이 채택하는 스톡옵션 정책과 유사하게, 정치기업가들의 도덕적 해이를 해결하는 방법은 그들의 개인적 이익과 공공의 이익을 서로 일치하게 만드는 것이다. 특혜 정책의 결과가 좋으면 인센티브를 받고, 나쁘면 책임을 지도록 하는 식이다. 상벌의 강도가 강할수록, 그들이 사사로운 이윤을 추구할 가능성과 동기도 점점 낮아지게 된다.

이런 상벌의 법칙은 단순하고 합리적인 것처럼 보이지만, 실제로는 심각한 실행 가능성의 문제에 직면하게 된다. 본질적인 난제는, 일단 특혜 정책을 도입하면, 특혜 정책이 없는 '반反사실적(counter factual)' 대조군을 얻기가 어렵다. 이에 따라 특혜 정책의 득과 실에 대해 확실하게 판단할 방법이 없게 된다. 그러므로 반사실적 상황을 대체할 수 있는 그나마 합리적인 대조군을 찾아야 한다. 다시 말해 어떤 특혜 정책에 대해 시행 전에 아주 흡사한 두 개의 산업 주체를 찾고, 특혜 정책이 시행되지 않은 산업 주체를 특혜 정책을 시행한 산업 주체의 성과 평가에 대한 반사실적 근거로 삼는 미봉책을 취할 수밖에 없다. 이 방법의 장점은 추세적인 요인을 배제하여 그나마 '깔끔한' 정책 효과를 도출할 수 있다는 점이다.

일단 특혜 정책의 실적을 그렇게라도 정확히 평가해 낼 수 있다면, 능력이 더 뛰어난 정치기업가를 그나마 정확하게 골라낼 수 있을 것이다. 그리고 이런 진급 기제에 따라 정치기업가에게 '적자생존'의 법칙을 적용한다면, 능동적으로 정책 제정 과정에서 발생하는 능력 제약 문제를 점차 해결할 수 있을 것이다.

위에서 언급한 이론 분석을 토대로, 산업정책과 지역정책을 정확히 분석하려면 중앙정부와 지방정부를 제대로 구분해야 한다. 각종 정책의 제정, 시행 및 평가가 모두 중앙정부 및 지방정부와 긴밀한 상관관계를 가지고 있기 때문이다. 지역정책은 중앙정부에서만 제정하지만 산업정책은 중앙정부 차원에서, 지방정부 차원에서 모두 가능하다. 이어 3가지 기본 정책에 대해 설명하고 분석하고자 한다.

지역정책

중앙정부가 어떤 지역을 선정하여 우대 정책을 제공하면 해당 지역 내부에는 더 이상 아무 특혜 정책도 존재하지 않게 된다. 이런 정책을 취할 경우 두 가지 효과를 불러일으킨다. 한편으로는 다른 지역에서 요소의 한계수익이 왜곡되어 지역 간 '사이펀 현상'(대기압을 이용해 높은 곳의 액체를 낮은 곳으로 이동시키는 관, 또는 그러한 작용, 현상 – 옮긴이)이 야기된다. 다시 말해, 경제기업가들이 더욱 많은 요소를 우대 정책을 받을 수 있는 지역에 배치하도록 장려된다는 것이다. 다른 한편으로 어떤 지역 내에서도 산업 간에 요소의 상대적인 수익이 왜곡되지 않는다. 즉, 산업에 대한 경제기업가의 배치 결정이 변하지 않는다는 것이다.

정치기업가의 정책 결정 난이도의 관점에서 살펴보면, 지역정책 결정에 있어 정보에 대한 요구도가 상대적으로 낮은 편이다. 모든 국가 내부에 지역의 수뿐만 아니라, 지역별 부존자원도 상대적으로 안정적이기 때문에, 산업 발전 수요에 따라 어떤 지역에 우대 정책을 제공해야 하는지 결정하는 것이 그나마 쉬운 편이다.

정책 평가의 관점에서 보면, 지역정책의 주목적이 외국 투자 유치라면 특혜 정책을 시행하지 않는 지역은 지역정책 효과를 평가할 수 있는 훌륭한 '반反사실적' 대조군이 될 것이다. 하지만 지역 간 사이펀 현상이 매우 심한 상황에서 평가를 진행하면 특구 정책의 시행 효과를 과대평가하게 될 것이다. 나아가 지역정책은 다른 산업에서의 요소 배치 비율을 왜곡시키지 않으므로, 일단 어떤 산업이 특구 내에서 비교우위를 갖추었거나 발전 잠재력을 가진 것으로 판명되면 이런 노하우는 금세 다른 지역으로 전파될 것이다.

이런 의미에서 지역 간 사이펀 현상은 정보의 외부 효과에 대한 일종의 보상으로 볼 수 있다. 이것은 중국의 점진적 개혁 정신과 일치한다.

경제특구를 설립할 때 중국 정부가 고려한 요인 중 하나는 시장의 메커니즘을 충분히 발휘하여 특구 내 경제기업가들이 먼저 시범사업을 통해 중국의 비교우위에 가장 적합한 산업 또는 제품을 찾아내고, 그 성공 노하우를 중국 내 다른 지역으로 확산하고자 한 점이다.

중앙 차원의 산업정책

중앙정부는 어떤 산업을 선정하여 우대 정책(예를 들어 태양광 패널 등)을 제공하지만 지역적으로는 다 같은 태도를 취한다. 이러한 정책은 각 산업 간에 요소의 한계수익률을 왜곡시키며, 경제기업가는 우대 정책을 받을 수 있는 산업에 더 많은 자원을 배치하게 된다. 중앙정부가 이런 정책을 취하는 이유는 정치기업가가 일부 산업을 단기간의 보호를 통해 자립의 생존 능력(viable)을 얻을 수 있는 '유치산업'이나 국가와 국민의 삶에 지대한 영향을 미칠 수 있는 '전략적 신흥 산업'으로 여기기 때문이다. 이러한 업종은 일반적으로 매우 강력한 규모의 경제를 갖춘 것으로 인식된다. 방향 설정이 옳다면, 국가는 막대한 경쟁력을 갖게 될 것이다. 방향 설정이 잘못되었다면 국가는 크나큰 손실을 입게 될 것이다.

정치기업가의 정책 결정 난이도 측면에서 보면, 이런 우대 정책을 제정하는 데 있어 정보에 대한 요구도가 아주 높다. 첫째, 앞에서 언급했듯이 산업 자체의 경계가 불분명하고, 또한 경제적 상황과 기술 발전 수준에 따라 계속 달라지고 있다. 정치기업가는 우대 산업을 선택할 때 반드시 미래의 경제적 상황과 각 산업이 가진 기술적 잠재력에 대해 충분하고 정확하게 예측을 해야 한다. 이는 결코 쉽지 않은 작업이다. 둘째, 중국 같은 대국의 경우, 지역 간에는 부존자원의 차이가 매우 크다. 이로 인해 각 지역의 비교우위를 동시에 만족시키는 산업이 존재할지에 대해 많은 사람의 의문을 살 수 있다.

정책 평가의 관점에서 보면, 이런 정책은 대체할 수 있는 '반사실적' 대조군을 거의 찾지 못하기 때문에 진정한 효과에 대한 과학적인 평가를 내릴 수 없다. 이것은 중앙정부 차원에서 만든 정책이기 때문에 어느 한 지역을 대조군으로 삼을 수는 없으며, 결국은 해당 산업정책을 시행하지 않는, 기타 조건이 매우 유사한 다른 나라를 '반사실적' 대조군으로 찾을 수밖에 없다. 하지만 중국 같은 대국의 경우, '반사실적' 대조군으로 삼을 만한 국가가 세상에 존재하지 않는다.

지방 차원의 산업정책

중앙정부는 아무 지역에도 특혜 정책을 취하지 않지만 각 지방정부는 자체적으로 어떤 산업을 선정하여 특혜 정책을 제공한다. 중앙정부 차원의 산업정책과 비교하면 이러한 정책은 그저 지역 내부의 산업별 요소 수익률을 왜곡하고, 나아가 지역 내에서 경제기업가의 산업 선택에 영향을 미칠 뿐이다.

정치기업가의 정책 결정 난이도의 측면에서 보면 지방정부의 산업정책 결정은 중앙정부 차원의 산업정책 결정에 비해 매우 쉬운 편이다. 지역의 범위가 훨씬 작은 데다가 내부에 존재하는 차이도 상대적으로 작기 때문이다.

더 나아가 각 지역은 상황에 따라 각기 다른 산업정책을 제정하고 시행할 수 있다. 그렇기 때문에 정책 평가의 차원에서 보면 각 지역이 서로 대체 가능한 '반사실적' 대조군의 역할을 해 줄 수 있고, 나아가 정책 시행의 진정한 효과를 평가하는 것도 상대적으로 용이하다.

하지만 현실에서는 위의 세 가지 기본적인 정책이 혼재되어 있다. 그중 지역정책은 상대적으로 안정적인 반면 산업정책은 자주 조정을 받는다. 정책 조합에서 각종 기본 정책은 앞서 말한 것처럼 산업 발전에 영향을 미치게 된다. 하지만 중앙정부와 지방정부 산업정책의 상호 작용에 대해서는 특별히 짚고 넘어가고자 한다. 대부분의 경우 지방 차원의 산업정책은 중앙정부와 일치되게 유지해야 하는데, 결국 정책 효과가 중첩되어 작용한다. 하지만 때때로 중앙정부의 정책이 지역의 이익에 부합하지 않는다고 판단할 경우, 지방정부는 '겉으로는 따르는 척하지만 실행하지 않는' 수법을 통해 중앙정부의 정책 효과를 약화시킨다. 예를 들면 지방정부가 공개적으로 중앙정부의 정책을 반대할 수는 없지만 중앙정부와는 다른 부류의 산업을 대폭 지원해 주는 방식으로 중앙정부의 우대 산업에 투자한 상대적 수익률을 어느 정도 감소시킬 수 있다.

공통된 인식에 기반한 산업정책과 경제 발전의 기본 결론

최근의 '린·장 논쟁'은 산업정책의 역할과 존폐에 대한 공감대가 여전히 형성되지 못했다는 사실을 보여 준다. 산업 발전이 항상 지역 발전과 연결된다는 점을 감안하여, 필자는 특혜의 관점에서 포용력을 충분히 가진 분석의 틀을 제시했고, 산업정책과 지역정책을 각각 정부가 산업과 지역 차원에서 시행한 우대 정책이라고 정의했다. 또한 기업가 정신과 정책 결정의 난이도 및 평가 가능 여부를 바탕으로 각 정책의 시행 효과를 고찰했다.

이론적 분석과 관찰 경험만으로 산업정책에 대해 대략적인 긍정 또는 부정의 태도를 취하는 것은 모두 옳지 않다. 산업정책의 효과는 이를 제정하고 시행하는 정부와 밀접한 관계가 있기 때문이다. 장우창 교수가 『중국의 경제 제도』라는 책에서 언급한 것과 같이, 지역 경쟁은 개혁개방 이래 중국 경제가 엄청난 성과를 거둘 수 있었던 핵심적인 요소였다. 하지만 외자 유치로 대표되는 산업정책은 지방정부 간에 상호 경쟁의 수단으로 전락되었다. 중국 특유의 GDP 경쟁에 따라 지방 공무원(정치기업가)이 제정하고 시행한 산업정책의 효과는 엄중한 평가를 받게 된다. 즉, GDP 성적이 상대적으로 우수한 지역의 공무원들은 정치적으로 진급할 확률이 높아진다. 하지만 중앙정부 차원의 산업정책이 성공한 사례는 찾아보기가 힘들다. 한편으로 지역 간·산업 간에 차이가 매우 크기 때문에 정확한 정책 결정을 내리기 위해 요구되는 정보가 많아 올바른 결정을 내리기가 매우 어렵다. 다른 한편으로 중앙정부 차원의 정책은 본질적으로 대체 가능한 '반사실적' 대조군을 적절히 찾아낼 수 없어 정책 제정자에 대해 과학적이고 객관적인 평가를 할 수 없기 때문이다.

산업정책이 산업 발전에 끼치는 영향은 경제 발전 단계와 밀접한 연관성이 있다. 개혁개방 초기 중국은 경제 발전 수준이 매우 낮았고, 사회 전반에 '갈수록 증가하는 물질과 문화에 대한 수요에 비해 낙후된 사회적 생산능력'이라는 주된 모순이 형성되었다. 생산이 수요를 따라가지 못하는 결핍된 상황에서 '양은 곧 질'이 되었다. 어떤 물건이든 만들어 내기만 하면 팔렸기 때문에 GDP는 사회복지가 적절한지 판단하는 잣대로 부족함이 없었다. 아울러 각급 관료들이 산업정책을 제정할 때 직면해야 할 경제의 복잡성과 기술의 불확실성도 매우 적어 GDP 경쟁으로 시작된 외자 유치 등을 비롯한 산업정책은 대부분 훌륭한 효과를 가져오곤 했다. 하지만 40여 년 동안 경제가 빠른 속도로 성장하면서 국민의 소득 수준이 대폭으로 향상되었고, 수요도 점차 고급화·분산화되기 시작했다. 이러한 상황에서 적합한 산업정책을 제정할 수 있는 충분한 정보를 획득하기란 쉽지 않다. 공직자들은 시장의 진정한 수요가 무엇인지 파악하기 어려워졌고, 갈수록 복잡해지는 기술의 전망을 정확히 판단하기도 힘들어졌다.

산업정책에 비해 지역정책은 개념적인 경계에 있어서는 별다른 큰 논쟁이 없고, 실제 효과에 있어서도 뛰어난 성과를 거두었다. 그 원인은 지역정책(특구 정책)이 사이펀 효과를 만들어서 산업 혁신에 거대한 원동력을 제공했으며, 동시에 각 산업에서 요소의 상대적인 수익도 바꾸지 않고, 이로써 시장 기업가의 산업 선택 기능을 충분히 발휘하도록 할 수 있는 것이다. 가장 대표적인 성공 사례는 바로 선전이다. 이름조차 낯설었던 작은 어촌 마을이었던 선전은 특구 정책을 통해 메트로폴리탄으로 변모했다. 선전은 화웨이, 텐센트, ZTE, DJI, BGI 등을 포함한 초대형 스타 기업을 성공적으로 육성시켰고, '세계의 창'이 되어 중국의 다른 지역에 귀감이 될 만한 귀중한 노하우를 제공했다.

정리하자면, 산업정책은 산업 간 요소의 배치를 왜곡시킬 수 있으며, 각 산업의 발전 전망에 대한 정책 결정자들의 정확한 이해와 판단을 요구한다. 또한 정책 결정자들의 직급이 높을수록, 그 난이도 또한 높아진다. 지역정책은 지역 간 불균형 발전을 가져올 수 있지만, 산업 간에 요소의 배치를 왜곡시키지 않기 때문에 정책 결정 시 정보 파악에 대한 요구도 낮은 편이다. 지역정책과 지방 차원의 산업정책은 우수한 대체 가능한 '반사실적' 대조군이 존재하기 때문에 성과 평가가 비교적 용이하다. 그에 반해, 중앙정부 차원의 산업정책은 평가에 어려움이 존재한다. 지역정책과 지방 차원의 산업정책은 정부의 정책 지도와 시장 메커니즘 사이에서 균형을 잘 잡고 있어 경제 발전을 추진하는 데 큰 역할을 했고, 지금까지도 그 역할을 계속 수행하고 있다. 하지만 중앙정부 차원의 산업정책은 정책 결정 시 필요한 정보가 많고, 정책 결과에 대한 평가가 어렵기 때문에 성공 사례를 찾아보기 힘들다. 따라서 반드시 심도 깊은 연구를 진행해야 한다.

글로벌 산업정책의 역사적 실천

화슈핑(華秀萍)
노팅엄대학교 경영대학 부교수

왕야리(王雅麗)
노팅엄대학교 경영대학 박사 연구생

 2016년 8월 21~22일, 푸단대학교 경제대학 다진(大金)컨퍼런스 홀에서 '산업정책: 총정리와 재고찰 및 전망'을 주제로 포럼이 열렸다. 그 이후 린이푸·장웨이잉·황이핑(黃益平)·루펑(路風)·왕용(王勇) 등 베이징대학 교수들은 산업정책을 둘러싼 열띤 토론을 펼쳤고, 이미 학계와 정책 수립자들 사이의 논쟁거리였던 산업정책이 다시금 미디어와 언론의 주목을 받게 되었다. 하지만 많은 토론장에서 펼쳐졌던 산업정책에 관한 토론은 그저 말싸움에 그쳤고, 산업정책의 정의·이론·실천에 대해 진지하게 연구한 사람은 없었다. 장웨이잉 교수는 심지어 이것을 '조끼를 입은 계획경제'와 동일시했다. 이는 세계 경제 지식 체계에서 이 문제에 대해 수십 년 동안 행해 왔던 이론적 연구와 과거 백여 년 동안 세계적으로 쌓여 온 산업정책 시행 상황을 감안하지 않은 발언이다.

 본문은 일부 세계적인 산업정책의 역사적 시행 상황 등에 대한 중·영 문헌을 리뷰하고자 한다. 이를 통해 산업정책이라는 이데올로기의 베일에 가려진 부분을 드러내고, 산업정책에 대한 이론적 논쟁 포인트를 정리하며, 역사적 시행 사례와 최신 발전 상황을 총괄하고자 한다. 먼저 산업정책의 정의를 설명하고 세계 각지의 역사적 시행 경험을 소개하며, 그다음으로는 산업정책과 관련된 논쟁과 문제점을 정리하고, 마지막으로는 중국 정부의 산업정책에 대한 연구를 소개하고자 한다.

산업정책의 정의와 논리

어떤 논쟁을 하기 앞서, 먼저 정의를 명확히 해야 한다. 초기 미국에서 산업정책을 옹호했던 라이크Reich(1982)가 내놓은 산업정책의 정의는 다음과 같다. "산업정책이란 유망 산업의 발전을 도모하고, 기술자를 육성하며, 관련 산업의 인프라 구축을 지원하는 지역적인 지원 정책이다." 초기 영국의 산업정책 지지자였던 핀더Pinder(1982)는 같은 해 인력자원, 재원과 금융 분야에서의 지원 정책을 포함하는 일체의 산업 발전 지원 정책이라는 개념으로 라이크의 정의를 더 넓은 범위로 확장했다. 예를 들면, 공공투자, 정부 조달, 연구개발 지원, 무역 보호, 노동집약형 기업의 제품 업그레이드, 특수 산업을 지원하기 위한 합병 정책 및 쇠퇴 산업 구제를 위한 조직 관리의 노력까지도 포함된다. 하지만 산업정책에 대해 반대 입장을 표명한 동게스Donges(1980)가 내놓은 정의에서 산업정책은 산업 발전을 지원하기 위해 정부가 행하는 모든 행위라고 하였다.

이후 학자들이 내놓은 정의는 범위가 더욱 좁혀졌고 집중되었다. 란데스만Landesmann(1992)은 산업정책을 아주 구체적으로 특정 산업·기업·지역과 노동력 단체를 위해 특별히 설계된 정책이라고 정의했다. 영국 케임브리지대학의 창Chang(1994) 교수 역시 좁은 의미의 산업정책을 강조하면서, 산업정책을 정부가 특정 산업에 영향을 끼치고, 경제 전반의 목표를 보다 효율적으로 달성하기 위해 제정한 관련 정책으로 정의했다. 여기에는 산업 진입에 대한 선별적 통제, 시장 메커니즘을 추월한 조율 기구의 설립, 정부의 관리감독 강화, 이윤 동기의 구속 또는 보완이 포함되었다.

미국 시카고대학의 제임스 로빈슨James Robinson(2009) 교수는 공업 발전을 의식적으로 촉진하기 위한 정부의 관련 정책으로 산업정책을 정의하면서 구체적인 방법으로는 관세와 무역 정책(보호주의), 세수 우대, 보조금, 수출 가공 단지, 국유 제도 등이 포함된다고 말했다. 몇몇 학자 (Liu et al., 2011; Du et al., 2014)들은 국제 학술지인 『연구정책(Research Policy)』 과 『세계 발전(World Development)』에 기고한 글을 통해 우선적 대출과 외화 준비, 특수경제개발구역 및 첨단과학기술단지 등 지역적 정책 및 특수 업종에 대한 연구개발 지원과 기술 훈련, 인력 계획 등을 모두 산업정책의 범주에 편입시켰다.

창Chang(1994)은 산업정책 이면에 숨겨진 논리를 한층 더 정리했다. 완전경쟁 가설을 기반으로 하는 주류 산업경제학에서는 각 부문이 생산량과 가격을 결정할 때 사전 조율이 필요 없다[Pagano(1985)]고 주장했다. 하지만 마르크스Marx(1976)는 자유 시장을 조율의 도구로 삼기에는 결함이 있다고 생각했다. 조율 메커니즘의 기능 상실은 많은 자원의 낭비로 이어지기 때문에 그는 중앙정부의 계획 또는 다른 형태의 중앙 조율 메커니즘을 통해 기업에 존재하고 있었던 사전 조율 메커니즘을 국가 경제 차원으로 확대해야 한다고 말했다. 시장이 조율이 필요한 문제를 해결하지 못하거나 실패하여 낭비가 발생한다면 비非시장의 사전 조율을 하나의 해결책으로 봐도 무방하다는 것이다[Pagano(1985)]. 신제도 경제학에서도 기업은 비非시장 조율 메커니즘의 중요한 구성 요소이지만 다른 비非시장 조율 메커니즘도 존재한다고 말했다. 중앙정부의 계획과 산업정책은 조율이 필요한 문제를 해결하는 제도적 도구인 것이다 [Richardson(1971)].

역사 속의 산업정책 사례

산업정책의 역사적 시행 사례는 19세기 미국에서 찾아볼 수 있다. 당시 미국 해군은 미국 철강업계와 긴밀히 협력했으며, 여러 방법을 통해 유럽의 고급 철강 제조기술을 습득하여 미국의 철강 제조업체가 고급 철강을 제조하고 가공할 수 있도록 적극 협조했다. 1차 세계대전 동안 이러한 협업은 더 많은 산업으로 확대되었다. 예를 들어 미군은 다양한 지원 방식을 통해 자국의 항공우주 산업을 육성했다. 아직 미국에 항공 산업이 없는 상태에서 미군이 거의 하루 만에 이 산업을 창조해 낸 것이다. 게다가 당시의 레이더 기술 역시 미국 해군의 중점 지원 대상이었다. 2차 세계대전 당시에는 더 많은 산업이 정부와 군대의 지원을 받으며 발전했다. 전자 컴퓨터 산업, 레이더, 핵 기술, 의약 산업 등이 여기에 속한다[Nagaoka et al.(2009)].

2차 세계대전이 끝난 후 유럽은 산업정책을 매우 광범위하게 시행했다. 1945년 이후 유럽의 각국 정부가 해결해야 할 급선무는 2차 세계대전에서 큰 타격을 입은 자국의 경제를 재건하는 것이었다. 이를 위해 각국 정부는 장기적이고 전면적이며 직접적인 개입 정책을 펼쳐 기업의 발전과 산업의 고도화, 그리고 빠른 경제 회복을 이루려 했다.

유럽 산업정책의 발전은 대체로 3단계를 거쳤다. 첫 번째 단계는 1960년대부터 시작되었고, 영국과 프랑스가 산업정책을 적극적으로 시행한 단계였다. 영국과 프랑스는 일련의 조치를 취하여 국가 경제의 건전한 발전과 산업 발전 행보를 이끌 대규모의 선두 기업을 만들고자 했다. 이 기간에 첨단기술 산업 중 항공우주·컴퓨터·핵 에너지 등의 업계가 중점 지원 산업으로 지정되었다. 정부는 연구개발에 직접적인 정부 보조금을 제공하고, 선별적인 정부 조달을 추진했으며, 기업의 인수합병을 촉진하는 등 세수 장려 형식 등을 포함한 다양한 정책 수단을 채택했다[Owen(2012)].

두 번째 단계는 1980년대부터 시작했고, 영국을 대표로 하는 유럽 정부는 수직적인 '중점 지원' 정책에서 수평적인 '균등 지원' 정책으로 산업정책의 방향을 바꾸었다. 개별 국가나 유럽 전반적으로 모두 어떤 특정 분야나 산업에 대해 지원하는 것에 국한하지 않고, 모든 기업의 경영 환경을 개선하는 데 힘썼으며, 시장경쟁을 강조하며 기업 혁신을 장려함으로써 산업 발전을 이루고자 했다. 산업에 대한 정부의 지원은 현저히 감소했고, 통신과 전력 등 국가가 대대적으로 지원했던 산업도 일부가 민영화되었다[Owen(2012)].

세 번째 단계는 2008~2009년의 경제위기를 거친 후에 시작되었다. 글로벌 경제위기로 사람들은 자유무역주의에 대해 회의를 품게 되었고, 학자와 정부는 다시 정부의 개입을 중요시하게 되었다. 유럽의 각국 정부는 심각한 피해를 보았던 은행에 구제 정책을 실시했을 뿐 아니라, 자동차 제조업 등 경제 위기의 타격을 입은 주요 업계에도 재정적 지원을 제공했다. 동시에 정부는 지식집약형 산업에 적극적으로 뛰어들어 인건비가 낮은 국가로부터 오는 충격에 대응하고자 했다.

영국

영국은 유럽 국가 가운데 산업정책을 적극적으로 시행했던 국가이다 [Owen(2012); Chick(2014)]. 1945~1951년, 정권을 잡은 노동당 정부는 산업의 실적을 향상하고 산업구조의 고도화를 촉진하여 과거의 시장 기능 상실로 인한 손실을 보완하기 위해 단기간에 생산율 향상의 방법을 적극적으로 고안하기 시작했다. 항공, 핵 에너지와 컴퓨터 3대 첨단기술 업종에 깊은 관심을 보인 것 외에도, 노동당 정부는 전력, 석탄, 천연가스, 철도, 철강 등 주요 업종에 속한 기업들을 국유화시켜 경제에 대한 정부의 통제력을 대폭 확장했다. 따라서 1951~1975년 노동당이 내놓은 산업정책은 주로 국유화되지 않은 제조업을 대상으로 했다.

저임금 노동력을 가진 신흥 시장 국가의 영향으로 인해, 영국의 방직과 조선업 등 전통 우위 산업이 큰 타격을 입었다. 이에 정부는 국가 지원이라는 단순한 계획을 통해 이러한 사양 산업의 쇠퇴 속도를 최대한 늦추기 위해 노력했다. 1973~1974년, 세계 원유가격이 큰 폭으로 뛰면서, 영국의 철강과 화학공업 업계의 일부 관련 산업에서 심각한 생산과잉 문제가 나타났고, 영국 정부는 재정 지원을 통해 해당 업계의 생산과잉 현상을 완화시켰다.

영국 정부는 산업 재건을 위한 여러 전문 부처와 기구를 설립했다. 일례로, 1945년 공상금융회사(ICFC)와 산업금융회사(FFI)를 설립하여 각각 중소기업과 대기업에 장기 발전기금을 제공해 주었다. 1962년, 국가경제발전오피스를 설립하고 산하에 업종별 경제발전위원회를 세워 기업가, 학자, 외부 전문가와 정부 관료들을 초빙하여 중요한 산업의 발전 방향에 대해 함께 논의했다. 이 부처의 설립은 영국 경제가 공급 측 개혁을 향해 중요한 한 발을 내디뎠다는 것을 상징했다. 1966년에 설립된 공업재편회사(IRC)는 주로 업계 내부 일부 기업의 재편을 도왔다. 1974년에는 국가기업위원회(NEB)가 설립되었는데, 그 목적은 중소기업에 투자하고, 과학기술 연구개발에 자금 지원을 해 주며, 전략적 신흥 산업에 대한 위기관리를 하는 데 있었다[Chick(2014)].

1970년대 후반에 세계 경제는 매우 어려운 상황이었다. 영국의 노동당이 추진한 산업정책은 공업 진흥에 별다른 효과를 가져오지 못했다. 당시의 노동당은 국가 선두 기업을 건설했고, 이런 기업의 능력에 대한 비현실적인 환상을 가졌으며, 경쟁우위를 획득하는 데 있어 규모 경제의 중요성을 너무 과대평가했다. 그 결과로 기술이 낙후된 업계가 활력을 가지지 못하게 했다. 공업 전반에 걸친 국유화는 정책 결정에 있어 정치 요소의 비중을 높였고, 시장 변화에 대해 기업이 적절히 대처할 시기를 늦추었다. 그리고 공공 재정의 무한한 지원으로 기업의 임·직원은 모두 시장의 현실에서 멀어졌다[Owen(2012)]. 결과적으로 영국의 산업정책은 영국 경제의 비약적인 발전을 이뤄 주지 못했다. 1979년 대선에서 노동당이 보수당에 패배한 이후 '탈脫공업화' 바람이 불면서 자유무역주의가 국가 개입 정책을 급속히 대체했고, 산업정책의 중요성은 점점 더 힘을 잃었다.

보수당은 1979년 집권 이후 탈脫국유화 산업정책을 주축으로 영국 경제에 어느 정도의 활력을 불어넣었다. 하지만 최근 몇 년 동안 영국의 공업과 제조업은 구조적인 문제가 점점 더 심각해지면서 전반적으로 미국과 독일에 뒤처지게 되었다. 학술적으로 기초연구에 탁월한 능력을 보유한 영국은 다양한 연구 성과를 거두는 데에는 성공했지만, 이를 상업화, 또는 산업화하는 능력은 미국에 비해 현저히 부족했던 것이다. 구체적으로 이러한 사태의 발생 원인을 살펴보자.

먼저 거시적인 측면에서 영국 정부는 자금 지원, 정책 지원, 혁신 생태 시스템 설계와 혁신 환경 구성에 있어 미국 정부보다 뒤떨어지며 비효율적이었다. 사실 오늘날 미국의 기술 혁신 체계는 국가 차원의 통일된 전략의 조율이 결여되고 지방정부의 지원 조치도 매우 부족한 편이다. 미시적인 측면에서 영국은 대외 직접투자 대국이자 투자 수여 대국이었지만, 자국 경제에서 투자를 받은 산업은 주로 부동산·상업 서비스 등 전통적인 업종이었고, 하이테크 기술 업계에 대한 투자는 오히려 부족한 상황이었다. 게다가 미국처럼 많은 벤처 투자(VC)·사모펀드(PE)·엔젤 투자 기금이 없었으며, 이와 관련된 중개 서비스 업체 역시 수적으로나 규모 면으로나 부족한 상태였다. 대부분 연구 실적은 학술 기관과 같은 상아탑이나 개인 발명가 손에 머물러 있어 기업가나 산업계까지 이어지지 못했다.

글로벌 금융위기 발발 이후 영국 경제는 급격한 쇠락의 길을 걸었다. 2009년 영국의 GDP는 4.9%까지 떨어져 1968년 이래 최대의 낙폭을 기록했다. 큰 타격을 입은 경제 환경을 신속히 회복하기 위해 영국 정부는 다른 유럽 국가들을 따라 산업정책을 통해 기술 혁신을 추진하려 했다. 2011~2014년 기간에 영국 정부는 2억여 파운드를 투자하여 국가 차원의 산학연 기술 혁신 플랫폼을 만들었고, 이를 캐터펄트Catapult 계획이라고 명명했다. 잠정적으로 일곱 개의 캐터펄트 센터를 수립했으며, 이에는 세포 요법, 디지털화, 미래 도시, 고부가가치 제조, 해상 신재생에너지, 위성 응용과 운송 시스템 등 분야가 포함되어 있다. 2015년 영국 정부는 에너지 시스템과 정밀 의료 분야에 센터 두 곳을 증설했다. 캐터펄트 센터는 혁신 정신을 일깨웠고, 영국 경제 발전에 활력을 불어넣었으며, 영국의 혁신 시스템에서 필요했던 보조 역할을 했다. 아울러 센터는 학계·산업계와의 연관성을 보다 긴밀히 했고, 기타 연구와 기술 조직, 독립 실험실, 혁신 센터 및 일부 대학교의 기술 이전 부서와 함께 더욱 광범위한 중개 부처를 구성했다.

프랑스

국력을 활용하여 특정 산업과 기업을 지원하는 부분에 있어 프랑스는 연속성이 가장 뛰어난 산업정책을 갖고 있으며, 인프라·국방 등 관련 산업과 기업의 발전에 지속적으로 관심을 기울였다[Owen(2012); Adam(2014)]. 2차 세계대전 이후, 프랑스의 공업은 20년 동안이나 투자가 미비했고 현대화가 시급한 과제였지만, 사적 부문은 공업에 투자할 의향이 없었다. 2차 세계대전 이후의 프랑스 정부는 이 문제를 해결하기 위해 국유화와 계획경제라는 두 가지 전략을 채택했다. 국유화는 석탄, 전력과 천연가스 등 기초산업을 국가 소유로 바꾸는 것을 의미했고, 계획경제는 국유은행의 자금으로 새로운 투자 프로젝트를 지원하여 주요 업종에 자금이 풍부하게 돌게 하겠다는 목적이 있었다. 동시에 프랑스 정부는 과학 연구에 더 많은 자금을 투입하여 국가급의 과학 연구기관과 실험실을 세우고 고등 교육기관의 연구 인력을 확충했다.

1950년대 초기, 어지러운 정세와 장기간 지속된 인플레이션으로 인해 프랑은 여러 차례 평가 절하되었지만, 프랑스 경제는 양호한 증가세를 보였다. 프랑스의 공업구조는 거의 변함이 없었고, 대부분이 여전히 소규모의 가족기업 형태로 이루어져 있었다. 그리고 이런 소형 회사들이 무사히 발전할 수 있었던 이유는 높은 관세 보호 덕분이었다. 1958년 드골은 재임에 성공한 후에 국가 선두 기업(National Champions)과 그랜드 프로젝트Grands Project를 추진하여 프랑스를 공업 강국의 반열에 올리고, 이를 통해 군사적·경제적 독립과 기술적 혁신을 이루겠다고 결심했다. 이 기간에 프랑스 정부는 막대한 자금을 비행기와 미사일 연구개발에 사용했고, 원자폭탄 연구개발의 속도를 높여 프랑스의 군사 독립을 꾀했다. 정부는 공공 조달, 과학 연구 경비, 수출 보조금, 공업 외교 등 여러 방식으로 군수산업의 발전을 지원했다.

영국과 달리 1950년대 프랑스는 컴퓨터 기술에 있어 선도적인 위치를 차지하지 못한 상태였고, 컴퓨터 업종의 중요성에 대해서도 인지하지 못했다[Owen(2012)]. 하지만, 미국 GE가 프랑스의 최대 컴퓨터 회사를 인수하려고 하자, 프랑스는 컴퓨터 업계를 주목하기 시작했다. 프랑스 정부는 즉시 미국 회사와의 경쟁에 대항할 자국의 컴퓨터 회사를 세웠다. 정부기관 또한 보조금과 편향적인 조달 방식으로 컴퓨터 업계의 발전을 지원했다.

1974년, 지스카르 데스탱이 대통령에 취임한 이후 시장에 대한 정부의 개입을 줄이고, 국가 재정에 대한 프랑스 공업의 의존도를 낮추기로 결정했다. 아울러 산업정책의 목표를 줄이고 그 대신 잠재력 있는 시장으로 시선을 돌리기 시작했다. 즉, 글로벌 시장에서 상당한 점유율을 차지할 수 있는 분야를 찾아 나선 것이다. 하지만 철강업과 조선업에 생산과잉의 문제가 발생하자 프랑스 정부는 여전히 효과적인 개입 정책을 통해 파산의 끝자락에서 기업을 구출해 냈다.

독일 연방

전체적으로 보면 2차 세계대전이 끝난 이후 30년 동안, 독일 정부는 영국·프랑스에 비해 산업에 거의 신경을 쓰지 못했다. 나치 시대의 국가 관리 정책과 달리 1949년 1차 연방선거 후 집권한 기독교 민주당은 질서자유주의(Ordo-Liveralism)의 원칙에 따라 자유무역주의를 신봉하고 활발한 경쟁 정책을 지지했으며 정부의 개입도 제한했다. 독일연방은 영국이나 프랑스와 달리 국유화로 경제에 대한 통제력을 강화하지 않았고, 반대로 나치로부터 인계 받은 폭스바겐 같은 국유기업을 즉각 전부 또는 일부 민영화했다[Owen(2012)]. 독일연방철도, 도이치연방우체국의 일부 업무와 전력회사 및 석유회사의 운영 역시 대부분 민영기업에 넘겼다[Grüner(2014)].

1948년 경제 개혁과 화폐 개혁을 단행했지만, 독일 연방정부가 자유무역주의를 지키지 않을 때도 있었다. 가장 전형적인 예로 1952년 독일 정부는 100억 마르크를 모아 기초 업종과 핵심 업계에 자금을 제공했다. 혜택을 받은 업종은 석탄, 철강, 에너지와 철도였다. 이 조치는 가격을 안정시키고, 생산과잉을 막았으며, 자국의 기업이 국제적 경쟁의 압박을 받지 않게 보호하는 역할을 했다[Grüner(2014)].

독일 정부는 꽤 오랫동안 과학기술 연구를 지원해 왔다. 1949년 설립된 프라운호퍼 협회(FhG)는 독일의 기초연구와 산업 응용연구 사이에 교량을 세웠고, 과학기술 전문 인력을 대량으로 육성했으며, 중소기업이 신기술을 사용하는 비용을 절감시켰다. 20세기 중엽 이후 연방정부가 출자한 영역은 모두 향후 독일 경제에서 주력 산업이나 혁신 시스템에서의 주축 산업으로 발전했다[Owen(2012)].

2차 세계대전 패전국인 독일의 각 지역은 경제와 사회 발전에 있어 각기 다른 정도의 타격을 입었다. 그렇기 때문에 독일 정부는 일찌감치 원자재와 노동력 배치에 개입하여 구조적으로 취약한 지역에 직접적이고 효과적으로 도움을 제공해야 한다고 제기했다. 그 외에도 전후에 국제 사회가 독일에게 취한 제한 조치로 인해 독일연방은 항공우주와 컴퓨터 등 국방과 관련된 산업을 발전시킬 수 없었다. 하지만 제한 조치가 해제된 이후 독일 연방정부는 비행기 제조업과 항공우주 제조업에 대규모 인력과 재정을 투입하여 전대미문의 발전을 이룩했다. 그렇기 때문에 비행기 제조업 역시 정부 보조금이 가장 많이 투입된 독일 산업이 되었다[Grüner(2014)].

스웨덴

스웨덴의 사회민주당이 집권했던 시기(1930~1976)에, 정부는 자유무역주의 재정 정책을 적극 추진하면서, 국유화를 반대하고 민영 부문의 발전을 지지했다[Bohlin(2014)]. 1970년 이전에는 통신, 철도와 전력 3대 공공사업의 생산 부문과 철광석 채굴업을 제외하고 다른 업계에서는 대형화된 국영기업은 찾아보기 힘들 정도였다.

2차 세계대전이 끝난 이후 경제가 급속도로 제자리를 찾아가면서 스웨덴 정부는 경제에 적절히 개입하기로 결정했다. 먼저 정부는 전후 계획경제위원회를 설립하여 경제 동향을 예측하고 산업발전 정책을 고안했다. 둘째, 스웨덴 정부는 인프라 시설에 대대적으로 투자하여 산업 발전을 촉진했다. 전쟁 이후에 많은 자동차와 전기 교통수단이 광범위하게 활용될 수 있었던 것은 도로·철도에 대한 정부의 투자 덕분이었다. 셋째, 스웨덴 정부는 경제 발전에서 과학 연구가 중요한 역할을 한다는 사실을 잘 알고 있었다. 1950~1960년대에 스웨덴의 고등교육 진학률은 확연히 증가했고, 대학생 수는 1950년 2만 명에서 12만 명으로 대폭 증가했다.

1960년대, 스웨덴은 '수평적' 산업정책의 원칙을 준수하며 각 업종에 있는 모든 기업을 지원했고, 중소기업의 발전을 도모했으며, 혁신 활동에 대한 투자를 촉진하여 지역산업의 발전을 꾀했다. 유럽의 다른 강국과 달리 스웨덴의 경제는 2차 세계대전 이후 수출주도형 경제로 탈바꿈했고, 수출액은 GDP 전체의 20%를 차지했다. 본토 시장의 경쟁력 강화를 위해 정부는 일련의 관세무역협정을 제정하고 관세를 낮춤으로써 무역 자유화를 추진했다. 이런 정책은 20세기 말까지 계속되었다 [Bohlin(2014)].

이탈리아

장기적으로 더디게 진행된 산업화와 자체적으로 가지고 있는 약점으로 인해, 이탈리아는 유럽 국가 중에서 공업화를 이룩하기 가장 힘든 국가로 인식되어 왔다. 그러나 1950~1960년대, 이탈리아는 비약적인 경제 발전을 이룩하여 유럽 최고의 공업 국가 반열에 오르게 되었다. 그리고 이탈리아 정부는 이러한 변화의 과정에서 매우 중요한 역할을 수행했다[Grabas(2014)].

산업구조 조정 이전에 이탈리아 정부는 중요한 3가지 결정을 발표한 바 있다. 첫째, 자유롭고 개방된 시장경제를 건설하는 동시에 정부의 적절한 개입을 허락한다(1947). 둘째, 유럽진흥계획 가입의 신청을 통해 무역 자유화를 점진적으로 추진한다(1948). 셋째, 이탈리아의 산업고도화를 빠른 시일 내에 이루고, 실행 가능한 산업 계획을 제정하여 북유럽 선진국을 따라잡는다. 이 세 가지 결정은 향후 이탈리아 산업정책 제정에 있어 거시경제와 정책 법규의 토대가 되었다.

1951~1963년은 이탈리아 경제가 비약적인 발전을 거뒀던 '황금의 10년'이었다. 당시 GDP는 연평균 5.8%의 성장세를 유지했다. 이 기간 동안 이탈리아 정부는 주요 업종에서 국영기업 설립과 정부 직접 투자, 그리고 중점 산업의 민영기업에 대한 보조금과 연성차관 제공을 통해 경제 발전 과정에 직접 참여했다. 하지만 1964년부터 한동안의 구조적 혼란을 겪으면서 이탈리아의 경제 발전 속도가 확연히 느려졌다. 이런 상황을 타개하기 위해 이탈리아 정부는 경제에 대한 계획과 개입을 강화했다. 거시적인 측면에서 이탈리아 정부는 5년 계획을 제정하여 630억 달러를 투입했다. 그중 사회투자 비용이 245억 달러, 산업기금이 385억 달러였다. 미시적인 측면에서 이탈리아 정부가 주로 채택한 조치는 정책에 따른 대출·연성차관 등 투자 성질을 띠는 보조금을 지원하거나, 파산 위기에 몰린 민영기업을 구제하거나, 그런 기업을 국영기업에 편입시켜 노동자의 권익을 보장하는 것이 있었다.

하지만, 이탈리아의 산업정책은 갈수록 위기를 타파하기 위한 단기적인 목표에만 치중했고, 대량의 자금이 정책 보조금 또는 도산 기업에 대한 구제에 쓰였다. 장기적으로 보았을 때, 이러한 산업정책은 이탈리아 경제의 자원 분배 효율성을 낮추었고, 지속적인 재정 적자는 향후 경제의 쾌속한 발전에 걸림돌이 되었다[Grabas(2014)].

스페인

스페인의 경제는 이탈리아와 유사하게 지난 50년 동안 파란만장한 역사를 거쳐 왔다. 그 속을 들여다보면 주요 원인은 다름 아닌 정부의 개입과 산업정책이었다. 정부의 적절한 개입과 공업화는 1950~1975년에 스페인의 '경제 기적'을 이룩할 수 있게 했지만 정부 개입과 효과 없는 산업정책은 2011년 이후 스페인의 채무 위기를 불러오기도 했다.

전체적으로 말하자면 1950년대 스페인의 산업정책과 정부 계획은 대부분 유럽의 다른 국가의 성공 노하우를 바탕으로 한 것이었다. 인프라 구축 강화, 공공 서비스 수준 향상, 지역적 공업화, 기술교육 시스템 개선, 자연자원의 충분한 활용, 사모펀드로의 공공 자금 유입 지도가 여기에 포함된다. 유럽경제협력기구 및 세계은행의 기술 지원과 자금 원조를 얻기 위해 프랑코 당국은 프랑스 정부를 모방하여 예상 가능한 계획 경제를 추진했다. 즉, 필요한 국제무역 자유화를 이루는 동시에 국내 사안에 대해서는 국가 개입을 확대한 것이다. 하지만 스페인은 프랑스와 유사한 경제 발전 단계에 도달하지 못했고, 인적 자원과 재정 경비 그리고 강력한 은행 시스템을 충분히 갖추지 못했기에 계획의 효과는 미미했다.

1962~1973년, 스페인 정부는 새로운 산업정책을 내놓았다. 먼저 자금이 산업 지원에 충분히 사용될 수 있도록 은행 시스템을 개혁했다. 그 다음 총리청에서 모든 세수 감면과 보조금을 직접 관할했고, 특정 산업에 대한 장려 조치를 제정하여 수출 드라이브 제조업에 보조금을 제공하고 대기업 간의 인수합병을 장려했다. 최대 수혜 산업은 당시 이탈리아에서 막 시작된 자동차 제조업이었다[De la Torre and Garcia-Ziga(2014)].

동아시아

동아시아 경제의 비약적인 발전은 20세기 세계 경제 역사에 있어 한 획을 그었다. 1960년부터 선진국인 일본의 GDP는 매년 7%의 성장을 이룩했고, 아시아의 네 마리 용인 대만, 홍콩, 한국과 싱가포르의 성장률은 8%를 넘어섰다. 반면 당시 라틴 아메리카와 유럽의 성장률은 3%밖에 되지 않았다. 산업정책은 2차 세계대전 이후 일본, 한국 및 대만이 빠르고 지속적인 경제 발전을 이룰 수 있었던 핵심 요인으로 인식되었고, 정부는 시장의 리더 역할을 담당했다[Johnson(1982); Amsden(1989); Wade(1990); World Bank(1993); Robinson(2009)]. 로버트 웨이드Robert Wade는 자신의 저서인『시장 조종: 경제 이론과 동아시아 공업화 과정에서 정부의 역할』과, 세계은행이 편저한『동아시아 기적』이란 글을 통해 동아시아의 후발 국가들이 경제 발전을 성공적으로 이룩한 열 가지 비결을 정리했다. 첫째, 경제 발전에서 중요한 역할을 하는 업계에 재정적 보조금을 지급했다. 둘째, 잠재력이 있지만 아직 발전하지 못한 산업에 대해 보호 조치를 취하여 미래 국제경쟁력을 갖춘 산업으로 성장시켰다. 셋째, 수출 드라이브형 경제 발전 모델을 강조했다. 넷째, 다국적기업을 유치하는 동시에 외자가 수출주도형 산업에 투자될 수 있도록 했다. 다섯째, 은행을 기반으로 하는 금융 시스템에 정부가 개입하여 개혁을 진행했다. 여섯째, 무역 자유화 및 금융에 대한 탈통제를 단계적으로 추진했다. 일곱째, 국가적인 차원에서 조직과 기구를 설립하여 공업화 발전 계획을 연구 제정했다. 여덟째, 민주화 이전에 효율적인 정치 권리 기구가 출범했다. 아홉째, 민주화와 동시에, 또는 그 이후에 중간 협력 기구(Corporatist institution)를 만들었다. 열째, 점진적인 개혁으로 적합한 제도적 틀을 마련하여 적절한 산업정책을 효율적으로 지원할 수 있게 했다.

대만

쩌우더파(鄒德發, 1998)는 대만 산업정책의 발전 과정을 돌아보며 이를 네 가지 단계로 분류했다. 첫 번째 단계는 1953~1959년의 '1차 수입 대체 시기'이다. 대만은 자연자원이 부족하고, 기술·자본·외환 보유고가 부족한 반면 일반 노동력이 풍부하다. 이에 따라 대만 정부는 수입 대체 정책을 취하고, 동시에 외화 통제와 높은 관세 및 수입 통제의 보호 조치를 시행하여 상품 수입을 제한하고, 현지 기업이 비영구적 소비 물품을 자체 생산하길 장려했다. 이와 함께 은행은 저금리 대출을 유지했고, 정부는 원자재 제공 등의 우대 조치를 통해 대체 공업의 발전을 촉진했다. 이들 정책의 목적은 외화를 절약하는 동시에, 막 걸음마를 시작하여 아직 세계적 경쟁력을 갖추지 못한 유치기업을 보호하는 데 있었다. 두 번째 단계는 1960~1972년의 '수출 확대 시기'이다. 대만의 노동집약형 산업의 지속적 발전으로 생산 원가가 상대적으로 낮아졌고, 국제 시장에서 경쟁할 수 있는 잠재력이 갖춰졌다. 1960년대부터, 대만의 경제는 국제 시장을 대상으로 한 수출 확대기에 접어들었다. 대만 당국은 노동집약형 제품을 발전시켜 수출을 확대했다. 동시에 수출관세 환급 제도를 반포하여 수출 자금을 융통했으며, 가오슝(高雄) 가공 수출 단지를 만들어 수출 제품에 대해 5년 관세 면제 및 해외 투자 소득세에 낮은 세율을 적용하는 조치를 단행하여, 기업이 수출주도형 비즈니스 모델을 세우게 했다. 세 번째 단계는 1971~1990년의 '제2차 수입 대체 시기'로, 이 시기는 대만의 경제 산업 전환의 중요한 단계라 할 수 있다. 대만 당국은 자본집약형 산업 발전을 장려하기로 하고, 중화학공업의 수입 대체를 강조했다. 1973년과 1980년에 걸친 두 차례의 에너지 파동 이후, 대만의 GDP 성장률은 확연히 하락했고, 노동집약형 산업은 우위를 잃었다. 이런 연유로 대만 당국은 전략적 산업을 중점적으로 발전시키기 시작했고, 산업구조 조정을 통해 지식과 기술집약형 산업으로 경제 성장을 견인하려 했다. 이에 따라, 테크노밸리 공업단지를 건설하고 정보·전자·바이오 기술 등 과학기술형 산업을 적극 육성했다. 네 번째 단계는 1991년부터 현재까지인 '혁신 지식산업 시기'이다. 1990년부터 대만의 내부 투자 환경에 변화가 일어났고, 노동집약형 산업의 수익률이 하락했다. 글로벌화와 지식 경제가 도래하면서 이에 대응하기 위해 대만 당국은 먼저 시장을 개방하고 자유화 정책을 전면적으로 시행했다. 그리고는 세수 장려, 개발 펀드 제공 등을 통해 하이 테크놀로지·

고부가가치·고자본집약형 산업의 구조 전환과 고도화를 촉진했고, 그 이후 3차 산업을 대대적으로 육성했다.

산업정책에 대한 논쟁과 문제

산업정책에 대한 논쟁은 OECD 국가에서 시작되었다. 1970년대 영국에서는 많은 논쟁이 일어났다[Chang(1994)]. 당시 영국 경제는 전환기에 놓여 있었고, 경제 총량에서 제조업이 차지하는 상대 비율이 지속적으로 감소하고 있었다. 이런 탈공업화의 과정에서, 산업정책의 찬성 측은 정부의 개입을 통해 제조업의 경쟁력을 강화해야 한다고 주장했고, 반대 측은 탈공업화의 과정은 거스를 수 없는 흐름이며 제조업이 차지하는 비율이 줄었다는 것 자체가 경쟁력 상실을 의미하는 건 아니라며 시장이 경제구조 전환의 과정을 주도하길 바랐다.

가장 격렬했던 논쟁은 1980년대 미국에서 일어났다. 당시 산업정책은 많은 학자와 정치인들의 비판을 받았다. 일부 미국 정치경제학의 신봉자도 미국에는 산업정책이 없다고 굳건히 믿었다. 적어도 일본, 프랑스, 한국 등의 국가와 비교했을 때 미국은 관리·감독·보호 또는 거시적인 개입 등의 측면에서 산업정책이 거의 없다고 여긴 것이다[Norton(1986)].

하지만 이는 사실이 아니었다. 미국의 『하버드 비즈니스 리뷰』를 주 토론장으로 삼은 대변론에서 산업정책에 찬성하는 민주당이 1984년 대선에서 낙마했기 때문에 국가적 측면에서는 산업정책을 일괄적이고 공개적으로 시행할 가능성이 전혀 없었다. 하지만 많은 주정부는 조용히 부분적으로 산업정책을 혁신하고 시행했다. 미국 주정부는 국방 과학기술·제약·정보산업 등 일부 하이테크 신기술 제조 산업에 대해 거액의 보조금과 세수 우대, 정부 공공 투자, 고용 우대, 산업단지 및 다른 여러 형태의 산업 지원 정책을 시행했다[Lerner(1999)]. 산업정책의 지원 강도는 세계 최고 수준이라 해도 과언이 아니었다.

일본의 산업정책은 이데올로기적인 논쟁으로 가득했다. 영·미 자유 자본주의 모델과 다른 점은 일본은 19세기부터 발전주의(develop mentalism) 경제정책 사조를 채택했다는 것이다. 우리는 시장이 사실상 여러 사회 관계와 관리 구조 중 한 가지 유형일 뿐이라는 걸 알고 있다. 산업 발전과 경제 성장을 위해서 정부는 시장과 함께 중요한 역할을 수행해야 하기 때문에 산업정책과 관련된 정치적인 활동 또한 매우 중요하다고 일본의 발전주의는 강조했다. 2차 세계대전 이후의 비상 시기에는 국익이 최우선시되었고, 경제 발전은 뒷전이 되었다. 군수산업의 발전을 지원하기 위해, 일본 정부는 시장 메커니즘을 억제할 일련의 정책을 내놓았고, 카타르를 구축하고 협회와 주主 은행 시스템을 통제하여 이윤주도형 시장 원칙에 반대하며 정부의 통제력을 강조했다. 이런 상황은 2차 세계대전이 끝난 후에도 크게 달라지지 않았다. 1950년대, 중화학공업은 무기 제조업을 대체하며 일본 산업정책의 최우선 발전 목표가 되었다. 이 산업은 일본 산업구조의 전략적인 구성 요소로서 국제 무역에서 일본이 수익을 극대화할 수 있게 해 준다고 인식되었다. 일본은 이를 위해서 '수출 아니면 죽음'이라는 구호를 외치기도 했다. 1960년대 일본의 산업 계획은 경제의 고속 성장을 더욱 강조했다. 정부는 전반적으로 국제무역을 지향하고 제품 기술을 편중 발전시키는 '신산업 시스템' 안에 포함시키려 노력했다.[자세한 내용은 Gao(2001) 참고.]

일본의 발전주의 사조가 일본의 자체적인 산물이라 말하기는 어렵다. 마르크스, 슘페터, 케인스 같은 여러 서양 학자의 영향을 받았기 때문이다. 해당 사조는 이데올로기적으로 공업화의 경제학을 대표하며, 공업화에 뒤늦게 뛰어든 국가가 동태적인 환경에서 어떻게 사회적 부를 창출해 낼 수 있는지에 방점을 두었다. 이 사조는 사유제와 시장경제 시스템을 지지했지만 여기서 말하는 시장 시스템은 국가의 공업화 목적에 부합해야만 했다. 이 목표를 달성하기 위해 일본 정부는 오랜 기간 동안 시장에 개입했고, 산업 협회와 상업 그룹을 포함한 비시장 관리 구조가 일본 경제에서 발전할 수 있도록 장려함으로써 시장의 힘을 제한하려고 했다. 그렇기 때문에 일본의 산업정책은 '경제 국가주의'로 불리기도 했다. 일본의 산업정책에서 국가주의적 특성은 1980년대부터 주목을 받았지만, 광범위하게 논의되고 연구된 것은 1990년대부터였다. 사무엘스Samuels(1987, 1994)는 일본의 국방 공업을 연구하면서 '기술 국가주의'라는 말로 일본의 산업정책을 설명했고, 배커 등 연구진Bakker et al.(1994)과 윌리엄스Williams(1994)는 일본의 산업정책을 '신중상주의'[자세한 내용은 Bai(1997) 참조]라고 정의했다.

산업정책은 과연 가치를 창출할 수 있을까? 로빈슨Robinson(2009)에 따르면 경제학 이론의 관점에서 봤을 때 산업정책은 사회적 필요에 의해 생겨난 것이며, 경제 성장을 촉진하고 경제 번영을 이루는 데 중요한 역할을 한다. 하지만 산업정책의 효과는 천차만별이다. 성패의 원인은 산업정책을 펼치는 국가가 각기 다른 정치적 환경을 가지고 있다는 점이다. 산업정책이 성공을 거둔 이유는 정책의 집권자가 공업화를 순조롭게 이룩하고 싶어 하거나, 정치 체제에서 파생된 장려 기제로 인해 정책을 추진하게 할 수밖에 없었기 때문이다.

사회에 유익한 여느 정책과 마찬가지로 산업정책도 반드시 정치적 균형의 결과라고 할 수는 없다. 아울러 산업정책이 추진된다 하더라도 반드시 이상적인 방법으로 진행될 수 있는 것은 아니다. 1960년대에 많은 아프리카 국가의 산업정책이 실패한 원인은 산업정책이 집권자 자신의 정치적인 권력을 굳히기 위한 수단으로 이용되었고, 이것이 경제성장을 촉진시키려는 정책 목표와 자주 충돌을 일으켰기 때문이다. 이러한 의미에서 산업정책으로 공업화를 촉진하는 것은 사실상 한 국가의 정치적 선택에 따른 내생적인 결과라 할 수 있다. 단순히 좋은 산업정책으로만 경제 발전을 촉진하기에는 부족하며, 더 중요한 부분은 집권자의 장려 기제와 함께 어우러진 방식으로 산업 발전 정책을 시행하는 것이다.

창Chang(1994)이 언급했듯이 대다수의 산업정책은 시장 전략의 불확실성을 해소하는 데 도움이 된다. 그리고 정부 주도의 투자 조율은 전략적인 불확실성으로 야기된 과도한 투자와 투자 부족이란 문제를 해결할 수 있다. 정부는 업계에 대한 개입을 통해 잠재적인 업계 진입자 수가 가장 이상적인 진입자 수를 넘어서지 않도록 관리할 수 있다. 이 목표는 잠재 진입자 간의 개인적 협상을 중재하거나 개인 거래를 대체하는 방식으로 거래 원가를 낮출 수 있다.

진출 허가와 산업 규모 통제는 정부가 취할 수 있는 가장 흔한 투자 조율 조치이다. 만약 수요 파동을 예측하지 못했다면, 최적의 생산 능력을 가진 산업이라 할지라도 가격 전쟁의 리스크를 피할 수 없을 것이다. 장기적으로 수요가 줄어든다면, 민영기업이 단체로 쇠퇴하면서 형성된 누적 원가는 그것이 가져다주는 수익을 넘어설 것이다. 영구적으로 수요가 줄어들면 일부 회사가 퇴출당하고 기업 간에는 갈등이 생기게 될 것이다. 각 기업은 모두 다른 기업의 퇴출로 인해 발생한 수익 창출을 호시탐탐 노리기 때문이다. 이런 갈등은 더욱 지속적인 가격 전쟁을 야기할 것이고, 시장에 남은 모든 기업이 적절한 시기에 시장에서 퇴출하는 것보다 더한 대가를 치르게 할 것이다.

예를 들어, 생산과잉 상황에서 정부 주도의 퇴출연맹은(사양 산업에 대한 도태 기제-옮긴이) 민영기업 퇴출연맹에 존재하는 신뢰 문제를 효과적으로 해결해 줄 수 있다. 아울러 정부 관리감독의 방식 역시 생산능력 삭감 계획의 신뢰도를 높일 수 있다.

정부는 세 가지 방식을 통해 기업이 단계적으로 시장에서 퇴출하거나 생산능력을 감축하게 할 수 있다. 첫째, 일부 기업은 시장에서 함께 퇴출하면 인센티브를 받을 수 있게 한다. 둘째, 모든 기업은 자체의 생산성이 업계에서 차지하는 비중 혹은 시장 점유율에 따라 생산능력을 감축한다. 셋째, 기업은 정부 중재, 법령에 따라 시장을 세분화하여 기타 다행히 살아남은 기업이 제공하는 보상을 받도록 세분화된 시장에서 나가는 것이다.

창Chang(1994)은 연구에서 산업정책이 시장의 기능 상실에 따른 조율 문제를 해결할 수 있지만 자체적으로 많은 어려움에 직면해 있다고 지적했다. 산업정책에 존재하는 첫 번째 어려움은 모든 시장 참여자들에게 공평한 방안을 만들기 힘들다는 점이다. 예를 들어 업계에서 어떤 기업을 퇴출시키고 어떤 기업을 남게 할 것인지, 남은 기업들이 어느 정도의 생산능력을 삭감해야 할지 등의 결정을 하는 데 있어서 어려움이 존재한다. 각 기업의 생산능력 또는 시장점유율이 공평을 추구하는 기준점이 될 수는 있지만, 기업이 각기 다른 업종에 속한 경우에는 이런 방법은 실행할 수 없다. 필자는 국가의 이익을 시작점으로 두어 형평성 문제를 해소할 수 있다고 제시한 바 있다.

산업정책에 존재하는 두 번째 어려움은 유연성 부족이다. 인간의 인지 능력에는 한계가 있기 때문에 투자전략을 위한 수요 예측을 도와줄 때 오류가 있을 수 있다. 예를 들어, 수요가 지속적으로 하락한다 해도 하락 기간이 얼마나 길지의 여부는 판단하기 힘들고, 이로 인해 퇴출 또는 생산력 감축에 관한 결정을 내리기가 어려워진다. 필자는 확장하고 있는 산업에서는 조건부 진입 허용이 유연성을 확보하는 방법이고, 수요가 상승하기 힘든 사양 업종에서는 진입을 봉쇄하는 것이 유연성을 유지하는 방법이라고 주장한다.

최근 30년간의 중국 산업정책에 대한 평가

　중국어 문헌에서 최근 30년간 중국의 산업정책 실행 효과에 대한 평가를 검색하면, 많은 글을 찾을 수 있다. 긍정적인 효과와 부정적인 효과가 모두 존재하며, 산업정책별 실행 효과는 천차만별이었다. 먼저 상대적으로 부정적인 연구를 살펴보자. 한간(韓乾)·홍영썬(洪永森)(2014)은 넓은 의미의 산업정책 개념을 고수하며, 산업정책을 한 국가의 정부가 경제적·사회적 목표를 이루기 위해 산업 형성과 육성에 개입하는 여러 정책의 총칭이라고 정의했다. 리핑(李平, 2010) 등은 연구를 통해 직접 시장에 개입한 산업정책이 시장의 경쟁을 약화시켰고, 철강·자동차·석유화학·선박 등 주요한 업종의 생산효율을 심각하게 저해했다고 밝혔다. 쟝페이타오(江飛濤)·리샤오핑(李曉萍)(2015)은 연구를 통해 오랜 기간 동안 중국 정부는 시장에 대한 직접 개입·시장 대체·경쟁 제한을 특징으로 하는 선별적인 산업정책을 실시했고, 이러한 정책의 단점 및 이로 인해 발생한 부정적인 정책 효과는 점점 심각해졌으며, 심지어는 산업구조의 조정과 전환 및 고도화를 진행하는 데 있어 큰 장애물이 되었다고 밝혔다. 하지만 그들의 연구는 증빙 자료가 부족했기 때문에 실증 연구를 뒷받침해 줄 수 있는 상세한 데이터가 필요했다.

　송링윈(宋凌雲)·왕시엔빈(王賢彬)(2013)은 산업정책이 산업생산성을 효율적으로 향상시켰는지는 산업경제 시행 분야의 핵심적인 실증 문제라고 언급했다. 그들은 중국의 각 성省별로 5개년계획의 중점적인 산업정책 정보를 정리했고, 중국 공업 기업 데이터베이스를 근거로 각 성에 있는 두 자릿수 산업 코드를 가진 제조업의 전요소생산성을 계산하여 중점 산업정책의 생산성에 대한 영향을 조사했다. 그들은 실증적 연구를 통해 지방정부의 중점 산업정책은 지방 산업의 생산성을 전반적으로 확연히 향상시켰지만 산업생산성에 미친 영향력은 산업 유형별로 현저한 차이가 나타났음을 밝혔다. 또한 자원을 생산성과 성장률이 더 높은 기업으로 유도하는 정도의 차이에 따라 중점 산업정책의 자원 재배치 효과는 산업 유형별로 다른 양상을 보였다.

최근 30년 동안 중국이 실시한 산업 보조금 정책의 전체적인 효과로 보면, 긍정적인 효과를 가지고 있다는 영문 학술 연구가 적지 않다[화슈핑(華秀萍, 2016)]. 미국 MIT의 에카우스Eckaus 교수는 연구를 통해 국유기업에 대한 중국 정부의 보조금과 기타 지원 정책은 WTO 가입 전후 국유기업의 수출 증가를 촉진했다고 밝혔다[Eckaus(2006)]. 하버드대학 아기온Aghion 교수와 몇몇 학자들은 최근 연구에서 중국의 대·중형 기업의 1998~2007년간의 데이터를 분석하여, 경쟁에 우호적인 업종에 투자한 정부의 보조금, 또는 어떤 업계의 경쟁을 촉진한 보조금이 생산성 향상과 소형 기업의 성장에 매우 긍정적인 역할을 했다고 밝혔다[Aghion et al.(2015)]. 영국 맨체스터대학의 리Lee와 공동연구자는 중국 상장회사 데이터를 통해 정부의 보조금이 상장된 제조업 회사의 가치 창출에 매우 긍정적인 역할을 했음을 밝혔다[Lee et al.(2014)]. 아울러 필자는 2006~2014년 동안 중국 자동차와 전자업계의 상장회사 데이터로 일차적 연구를 진행했는데, 이를 통해 보조금이 하이테크 기술 회사의 재무적 제약을 완화하고, 연구개발에 투자할 수 있게 추진하는 긍정적인 역할을 했음을 증명했다[Hua et al.(2016)].

일부 학술논문은 어떤 산업과 기업의 연구개발에 대한 정부 보조금이 상업 R&D 투자에 구축 효과(Crowding-out Effect)를 가져올 수 있다는 것을 발견했다. 독일 유럽경제연구센터 보잉 교수의 최신 연구에 따르면, 정부 지분 비율이 적은 국영기업은 정부 지분 비율이 많은 국영기업과 민영기업에 비해 정부 보조금을 받기 더 용이하며, 시장 주도적인 성省 정부는 보조금 지급 횟수가 더 적어지고, 동시에 우수기업을 선별하여 지원해 주는 국가 혁신 정책은 또한 상대적으로 발달한 성에 위치한 회사가 보조금을 받는 데 더 용이하게 한다는 것을 밝혔다. 보잉 교수는 실증 연구를 통해 정부의 연구개발 보조금이 단기적으로는 상업 R&D 투자에 어느 정도의 구축 효과를 가져올 수 있지만 장기적으로는 그렇지 않다고 분석했다. 아울러 연구개발 보조금을 빈번히 받는 하이테크 기술 회사, 정부 지분 비율이 적은 국유기업에 대해 연구개발 보조금은 그들의 연구개발 투자에 별다른 영향을 미치지 않는 것을 밝혔다[Boeing(2016)].

황셴하이(黃先海, 2015) 등은 다른 방식으로 실시된 보조금이 각기 다른 정책적 효과를 낳을 수 있다는 이론 메커니즘을 연구하면서, 경쟁과 공존을 모두 장려하는 보조 방식이 경쟁을 확대시킬 수 있고, 혁신에 대한 보조금의 부정적인 영향을 절충하여 혁신 장려 효과를 얻을 수 있었다고 연구를 통해 밝혔다. 아울러 보조금을 주요 내용으로 하는 중국 산업정책에 대해 세 가지 최적화 설계 방향을 제시했다. 첫째, 보조금 정책의 핵심은 최적인 실행 공간에 근접하거나 그 안에 있는 업종과 기업에 방점을 둬야 한다. 둘째, 업종 자본 집약도와 사회 전반의 요소부존 변화가 상대적으로 더딘 것을 감안하여, 업종의 경쟁 정도의 변화를 중점적으로 주목해야 한다. 셋째, 경쟁이 부족한 업종에 대해서는 적절한 강도의 경쟁 보조금을 실시하고, 업종 경쟁이 과도할 때에는 장려 기제를 적시에 철회하도록 조정해야 한다.

산업 클러스터 형성을 촉진하기 위한 경제개발구역 등의 산업정책은, 중국에서 꽤 긍정적인 효과를 거뒀다. Long and Zhang(2011)은 연구를 통해 중국은 비록 효과적으로 운영되는 금융 시스템이 결여되었지만 산업단지 등 산업정책을 통해 형성된 산업 클러스터가 중소기업의 재무적 제약을 완화했고, 노동 분업을 가속하여 중국의 산업화를 촉진시켰다고 밝혔다. 하지만 우이윈(吳意云)·주시웨이(朱希偉)(2015)는 중국의 성省 간에 공업 업종별 패널 데이터를 분석하여 지방정부의 비슷한 산업정책으로 인해 중국 공업이 일부 지역에 집중되고, 업종 전문화가 2005년 전후로 상승에서 하락으로 추세가 바뀌어 성省 간에 산업구조 동질화 현상이 심화되었다고 밝혔다. 여러 연구는 많은 산업에 시행된 국유 제도에 대해, 특히 국유제의 확대가 산업의 효율적인 경쟁력을 확보해 주는가에 대해 의문을 제기했다. 필자 또한 논문을 통해 자동차 산업에 대한 과도한 국가 지분 소유가 시장의 분할과 지방 보호주의를 야기했고, 시장경쟁을 약화시켰으며, 기업의 혁신에 도움이 되지 못했음을 밝혔다 [Hua et al.(2016)].

이데올로기적인 부분을 벗어버리면 산업정책은 무수히 많은 정책적 도구 중 하나일 뿐이다. 아기온[Aghion et al.(2015)] 교수가 말한 것처럼, 이제는 산업정책을 시행해야 하는가를 두고 토론할 것이 아니라, 산업정책을 어떻게 설계하고 관리하여 경제를 성장시키고 복지를 향상할 것인지에 초점을 맞춰야 한다. 특히 대다수 선진국과 개발도상국에서 광범위하게 운용되었던 산업정책은 중국 학자들이 진지하고 객관적으로 연구해 볼 만하다. 과학기술이 비약적으로 발전하고 인적 자원이 더 폭넓게, 그리고 깊이 있게 발전하면서, 미래에는 각기 다른 산업에서 어떻게 자원을 분배하는가는 시장 메커니즘만으로 독립적으로 실현하지 못하게 될 것이다. 시장 만능이란 미신도, 정부 만능이란 신화도 모두 지양되어야 한다. 산업정책에 대한 더 엄격한 학술 연구와 과학적인 정책 토론 및 보다 투명한 시행 과정을 기대한다.

참고문헌

Adams, W. J., "What's in a Name? French Industrial Policy, 1950~1975", in C. Grabas and A. Nützenadal, eds., *Industrial Policy in Europe after 1945*, Palgraver Macmillam Uk, 2014, pp.67~85.

Aghion, P., J. Cai, M. Dewatripont, L. Du, A. Harrison and P. Legros, "Industrial Policy and Competition", *American Economic Journal: Macroeconomics*, 7(4), 2015, pp.1~32.

Amsden, A., *Asia's Next Giant: South Korea and Late Industrialization*, New York: Oxford University Press, 1989.

Amsden, A. H., *Asia's Next Giant: South Korea and Late Industrialization*, Oxford University Press on Demand, 1992.

Bakker, I., S. B. Mukhopadhyay, H. B. Afshar, A. B. Barrón, G. Cohen, I. M. Bakker, M. B. MacDonald, M. W. Williams, C. B. Grown, J. B. Brodie and D. B. Elson, The Strategic Silence: Gender and Economics Policy, No. E50 904, 1994.

Boeing, P., "The Allocation and Effectiveness of China's R&D Subsidies-Evidence from Listed Firms", *Research Policy*, 45(9), 2016, pp.1774~1789.

Bohlin, J., "Swedish Industrial Policy: from General Policies to Crisis Management, 1950~1980", in C. Grabas and A. Nützenadel, eds., *Industrial Policy in Europe after 1945*, Palgrave Macmillan UK, 2014, pp.113~133.

Chang, H. J., *The Political Economy of Industry Policy*, Macmillan Press, 1994.

Chick, M., "The State and Industrial Policy in Britain, 1950~1974", in C. Grabas and A. Nützenadel, eds., *Industrial Policy in Europe after 1945*, Palgrave Macmillan UK, 2014, pp.48~66.

De la Torre, J. and M. García-Zúñiga, "Was It a Spanish Miracle? Development Plans and Regional Industrialization, 1950~1975", in C. Garbas and A.

Nützenadel, eds., *Industrial Policy in Europe after 1945*, Palgrave Macmillan UK, 2014, pp.162~183.

Donges, J. B., "Industrial Policies in West Germany's not so Market-oriented Economy", *The World Economy*, 3(2), 1980, pp.185~204.

Du, L., A. Harrison G. Jefferson, "FDI Spillovers and Industrial Policy: The Role of Tariffs and Tax Holidays", *World Development*, 64, 2014, pp.366~383.

Eckaus, R. S., "China's Exports, Subsidies to State-owned Enterprises and the WTO", *China Economic Review*, 17, 2006, pp.1~13.

Gao, B., *Japan's Economic Dilemma: The Institutional Origins of Prosperity and Stagnation*, Cambridge University Press, 2001.

Grabas, C., "Planning the Economic Miracle? Industrial Policy in Italy between Boom and Crisis, 1950~1975", in C. Grabas and A. Nützenadel, eds., *Industrial Policy in Europe after 1945*, Palgrave Macmillan UK, 2014, pp.134~161.

Grüner, S., "Ensuring Economic Growth and Socioeconomic Stabilization: Industrial Policy in West Germany, 1950~1975", in C. Grabas and A. Nützenadel, eds., *Industrial Policy in Europe after 1945*, Palgrave Macmillan UK, 2014, pp.86~112.

Hua, X., X. Liu and M. Wang, Industrial Policies and Innovation: Evidence from the Chinese Automotive and Electronics Industries, working paper, University of Nottingham Ningbo China, 2016.

Johnson, C., *MITI and the Japanese Miracle: the Growth of Industrial Policy: 1925~1975*, Stanford University Press, 1982.

Landesmann, M., Industrial Policies and Social Corporatism, Social Corporatism: A Superior Economic System, 1992.

Lee, E., M. Walker and C. Zeng, "Do Chinese Government Subsides Affect Firm Value?", *Accounting, Organizations and Society*, 39(3), 2014, pp.149~169.

Lerner, J., "The Government as Venture Capitalist: the Long-run Impact of the SBIR program", *The Journal of Private Equity*, 3(2), 2000, pp.55~78.

Lerner, J., "The Government as Venture Capitalist: the Long-run Impact of the SBIR program", *The Journal of Private Equity*, 3(2), 1999, pp.55~78.

Liu, F., D. F. Simon, Y. Sun and C. Cao, "China's innovation Policies: Evolution, Institutional Structure, and Trajectory", *Research Policy* 40, 2011, pp.917~931.

Long, C. and X. Zhang, "Cluster-based industrialization in China: Financing and Performance", *Journal of International Economics*, 84(1), 2011, pp.112~123.

Mark, C., *Capital*, Vol. 1, Harmon worth: Penguin Books, 1976.

Nagaoka, S., M. Kondo, K. Flamm and C. Wessner, eds., *21st Century Innovation Systems for Japan and the United States: Lessons from a Decade of Change: Report of a symposium*, National Academies Press, 2009.

Norton, R. D., "Industrial Policy and American Renewal", *Journal of Economic Literature*, 24(1), 1986, pp.1~40.

Owen, G., Industrial Policy in Europe Since the Second World War: What Has Been Learnt?, ECIPE Occasional paper 1, The European Centre for International Political Economy, Brussels, Belgium, 2012, pp.1~60.

Pagano, U., *Work and Welfare in economic Theory*, New York, NY: B. Black-well, 1985.

Pinder, J., "Causes and Kinds of Industrial Policy", *National Industrial Strategies and the World Economy*, Croom Helm, London, 1982.

Reich, R. B., "Making Industrial Policy", *Foreign Affairs* 60, 1982, pp.852~881.

Richardson, G. B., "Planning Versus Competition 1", *Europe-Asia Studies*, 22(3), 1971, pp.433~446.

Robinson, J. A., *Industrial Policy and Development: a Political Economy Perspective*,

Washington, D.C.: The World Bank, 2009.

Samuels, R. J., *The Business of the Japanese State: Energy Markets in Comparative and Historical Perspective*, Cornell University Press, 1987.

Samuels, R., Rich Nation, Strong Army, National Security and the Technological Transformation of Japan, 1994, pp.351~377.

Sawa, Y., K. Kadoba, K. Suzuke, H. Z. Bai and Y. Kaneda, R. Shirakura and H. Matsuda, "Efficient Gene Transfer Method into the Whole Heart Through the Coronary Artery with Hemagglutinating Virus of Japan Liposome," *The Journal of Thoracic and Cardiovascular Surgery*, 113(3), 1997, pp.512~519.

Wade, R., *Governing the Market: Economic Theory and the Role of Government in East Asian Industrialization*, Princeton University Press, 1990.

Williams, T. J., "The Purdue Enterprise Reference Architecture", *Computers in Industry*, 24(2), 1994, pp.141~158.

World Bank, *The East Asian Miracle: Economic Growth and Public Policy*, Oxford University Press, 1993.

한간(韓乾)·홍영썬(洪永森), 「국가 산업정책, 자산가격과 투자자 행위」, 『경제연구』, 2014, 12기, pp.143~158.

화슈핑(華秀萍), 「산업정책에 대한 세기의 논쟁」, 린이푸·푸차이휘·왕용 편집 수록 『신구조경제학의 새로운 점은 어디에 있는가』, 베이징대학 출판사, 2016.

황셴하이(黃先海)·송슈에인(宋學印)·주주쥔(諸竹君), 「중국 산업정책의 최우수 시행 공간에 대한 정의-보조금 효과, 경쟁 겸용과 과잉에 대한 설명」, 『중국 산업 경제』, 2015, 3기, pp.17~24.

쟝페이타오(江飛濤)·리샤오핑(李曉萍), 「당대 중국 산업정책 전환의 기본적인 논리」, 『난징대학 학보(철학·인문과학·사회과학)』, 2015, 3기, pp.17~24.

리핑(李平)·쟝페이타오(江飛濤)·왕홍웨이(王宏偉), 「중점 산업 조정 진흥계획 평가와 정책동향 연구」, 『거시경제 연구』, 2010, 10기, pp.3~12.

송링윈(宋凌雲)·왕시엔빈(王賢彬), 「중점 산업정책, 자원 재배치와 산업생산성」, 『매니지먼트 월드』, 2013, 12기, pp.63~77.

우이윈(吳意云)·주시웨이(朱希偉), 「중국은 왜 초기 진입 후 다시 분산되었는가: 산업정책과 경제지리」, 『세계경제』, 2015, 2기, pp.140~166.

쩌우더파(鄒德發), 「타이완 산업정책에 대한 회고 및 전망」, 『중국경제문제』, 2008, 1기, pp.50~55.

산업정책의 이론과 실천에 대한 연구 논평

런지치우(任繼球)
국가발전과개혁위원회 산업경제 및 기술경제연구소 보조연구원

산업정책의 기원과 함의

산업정책의 기원

1950년대부터 일본 경제가 고속 성장을 이루면서 산업과 연관된 정책이 세상의 주목을 받기 시작했다[양즈(楊治, 1985)]. 1970년까지 일본 통산성 대표는 경제협력개발기구(OECD) 회의에서 '일본의 산업정책'을 주제로 한 연설에서 산업정책이라는 단어를 처음으로 사용했다. 이로써 산업정책이 세간의 주목을 받으며 미국 등 선진국을 포함한 세계 각국의 관심을 사로잡았다[쑤둥쉐이(蘇東水, 2010)]. 그 후 일부 주요 개발도상국이 산업정책을 경제 도약을 실현할 중요한 전략으로 이용했고, 경제 발전과 다른 목적을 이루기 위해 재정정책과 화폐정책의 중요한 보완 정책으로 사용했다[Johnson(1982)]. 자연스럽게 산업정책은 이런 국가들의 주요 관심사로 떠올랐다. 그렇기 때문에 산업정책은 개념적으로 봤을 때 2차 세계대전 이후 일본에서 기원된 것이라고 볼 수 있다.

하지만 서양의 주류 경제학자들은 경제 정책을 총정리할 때 여전히 산업정책을 직시하거나 인정하지 않는다. 볼딩Boulding(1958)의 『경제 정책 원리』와 아그네스 베나시-퀴에레Agnes Benassy-Quere의 『경제 정책: 이론과 실천』은 재정정책, 화폐정책, 국제금융 일체화와 환율정책, 성장정책과 세수정책 등 경제 정책에 대해 설명했지만, 산업정책만은 언급

하지 않았다. 그러나 서양 선진국은 일찌감치 산업정책을 펼쳐 왔다. 서양 선진국이나 주류 경제학자들이 산업정책을 인정하는지의 여부와 상관없이, 서양의 주요 선진국은 각기 다른 역사적 시기, 특히 경제 추월 시기에 산업정책을 사용했다는 사실을 감출 수 없다. 실천 상황으로 보면 산업정책의 기원은 해밀턴Hamilton과 프리드리히 리스트가 자국의 유치산업을 보호해야 한다는 주장으로 거슬러 올라갈 수 있다[류 후이민(劉慧敏, 1994); 장하준(2009a, 2009b); Primi and Perez(2009); Altenburg and Lütkenhorst(2015); Stiglitz(2015)].

산업정책의 함의

사이먼 에버넷Simon Evenett(2003)이 언급한 것처럼, 산업정책의 내용에 대한 사람들의 이해는 저마다 다르다. 일본에서 정식으로 산업정책이라는 개념이 생겨난 이후, 학계에서는 산업정책의 함의에 대해 의견이 분분했고 아직까지도 통일된 정의를 내리지 못했다.

표 1에서는 미·중·일 각국의 학자들이 다른 시기에 산업정책에 대해 내린 정의를 정리한 것이며, 여기서 볼 수 있듯이 단계별로 산업정책에 대한 정의도 각각 달랐다. 산업정책의 함의에 대해 학자들 사이에 존재하는 쟁점은 주로 두 가지다. 하나는 산업정책의 내용에 특정 산업 지향성이 있는지,[1] 또 하나는 산업정책과 시장의 관계, 즉 산업정책이 시장의 기능 상실을 보완하고 시장경쟁을 촉진시키는지, 아니면 시장을 왜곡시키고 시장의 기능을 대체하는지의 문제이다.

---

1 특정 산업 지향형이란 세 가지 부분으로 나타난다. 첫째, 어떤 (유형의) 산업에 실시하는 정책이다. 둘째, 각기 산업에 실시하는 정책적 강도에 차이가 있다. 셋째, 산업구조 변화를 강조한다. 하지만 해당 정책은 반드시 적극적으로 산업 발전에 개입한 정책이어야 하는 것이 전제이다.

표 1 산업정책의 개념에 대한 각국 학자들의 정의

국가	학자(연도)	정의
중국	저우수리엔 (周叔蓮, 1987)	산업정책은 일정한 기간 동안의 산업구조의 변화 추세와 목표를 구상하고, 동시에 각 산업 부문이 사회 경제 발전에서 갖는 위치와 역할을 규정하여 이 구상을 실현하도록 취하는 정책적인 조치이다.
	저우전화 (周振華, 1991)	산업정책은 산업 발전에 중요한 영향을 끼치는 일련의 제도와 수단의 총칭이다.
	류허 (劉鶴; 劉慧敏, 1994)에서 인용.	산업정책의 가장 중요한 본질적 특징은 정부가 산업경제 활동에 대해 제정하고 시행하는 여러 정책이며, 정책의 주체는 중앙정부이고, 정책적 객체 또는 대상은 산업경제 활동(특히 제조업)이며, 정책 제정 목표는 어떤 산업의 경제 활동을 변화시키고 영향을 주는 것이다.
	쟝샤오주엔 (江小涓, 1996)	산업정책은 정부가 어떤 경제적·사회적 목표를 이룩하기 위해 제정한 특정 산업을 중심으로 하는 정책의 총칭이다.
	쟝다양 (姜達洋, 2016)	산업정책은 한 나라의 정부가 특정 경제·사회적 목적을 이루기 위해 사회경제 활동을 관리하고 규범을 제정하는 정책적 조치의 총칭이다. 실질적인 의미는 산업 활동에 대한 정부의 개입으로, 정부는 특정 산업 또는 특정 기업을 대상으로 추진하는 일련의 정책과 조치를 통해 산업 간 및 산업 안에서의 사회 자원 배치에 영향을 주게 만들고, 자원이 각 시장 기제 작용에 의한 배치 방향으로 배분되게 한다.
	펑페이 (馮飛, 2016)	산업정책은 국가가 경제 발전을 촉진하기 위해, 정부가 적절한 시기에 과학적이고 필요한 만큼 산업 내 자원 배치를 지도하고 조절하여, 산업구조 조정과 경제 발전 방향의 전환을 추진하는 경제 정책이다.
일본	시모코베 아츠시, 카니예 시게루(1982)	산업정책은 국가 또는 정부가 어떤 경제 또는 사회적 목적을 이루기 위해 전 산업을 직접적인 대상으로 설정하고, 전 산업에 대한 보호, 지원, 조정과 개선을 통해 적극 또는 소극적으로 어떤 산업 또는 기업의 생산·경영·거래에 참여하는 행위 및 직·간접적으로 제품, 서비스, 금융 등 시장의 형성과 시장 기제에 개입하는 정책의 총칭이다.
	이토 모토시게 (1988)	산업정책은 경쟁적 시장에 존재하는 허점에 의해(즉, 시장의 기능 상실) 경계를 나눌 수 있다. 자유경쟁이 자원의 분배와 소득 분배에 문제를 일으킬 때, 자국 경제의 복지 수준을 향상시키기 위해 시행하는 정책이다.
	코미야 류타로 (1988)	산업정책은 정부가 산업 간의 자원 분배를 변화시키고 여러 산업에서 민영기업의 모종의 경영활동을 바꾸기 위해 채택하는 정책이다.
	Hatta (2016)	산업정책은 무역 보호주의 세수 우대와 정부 대출 장려를 통해 목표 산업의 발전을 추진하는 정책적 조치이다.

국가	학자(연도)	정의
미국	Johnson (1982)	산업정책은 정부가 글로벌 경쟁 능력을 갖기 위해, 국내 발전과 각종 산업의 관련 활동을 제한하는 전체적인 개괄을 말한다.
	Pack and Saggi (2006)	산업정책은 경제 성장을 이룩하기 위해, 산업 부문의 생산구조를 바꾸기 위한 정부의 선택적 개입 조치를 시도하는 것을 지칭한다.
	Lee et al. (2012)	산업정책은 세 가지로 나눌 수 있다. 하나는 산업 발전을 위해 제도적인 틀을 제공하는 것이다. 회사법과 특허법 제정이 여기에 포함된다. 둘째는 연구개발, 훈련과 교육 정책과 경쟁 장려 또는 경쟁 제한 정책을 통해 산업기술의 발전을 이룩하는 것이다. 셋째는 자원이 특정 산업 또는 특정 지역에 배치되도록 장려하는 것이다.

당연히 양자는 중복되기도 한다. 보통 특정 산업 지향성을 가진 산업정책은 산업 간의 불공평한 경쟁을 야기하여 시장을 왜곡하므로 시장경쟁에 이롭지 못하다. 각 나라의 학자들은 산업정책의 특정 산업 지향성 문제에 대해 각기 다른 견해를 갖고 있다. 일부 학자들은 산업정책이 특정 산업 지향성을 띠어야 하고 산업별로 산업정책 강도가 달라야 한다고 주장한다. 시모코베 아츠시와 카니예 시게루(1982), 코미야 류타로(1988), 하타Hatta(2016), 저우수리엔(1987), 쟝샤오쥬엔(1996) 등이 이에 속한다. 다른 학자들은 산업정책이 산업 발전을 위해 산업에 개입한 정책이라고 강조하며, 해당 정책에 특정 산업 지향성이 있는지에 대해서는 고려하지 않는다. 이토 모토시게(1988), 저우젼화(1991), 쟝다양(2016), 존슨Johnson(1982), 팩과 새기Pack and Saggi(2006) 등이 이에 속한다.

산업정책과 시장의 관계에 대해서도 학자마다 다른 견해를 가지고 있다. 일부는 정부가 사회의 재생산 과정에 깊이 개입하여 시장 메커니즘을 기반으로 하는 산업구조에 길잡이적 개입을 해야 한다고 여긴다. 시모코베 아츠시와 카니예 시게루(1982), 쟝다양(2016) 등이 이에 속한다. 이토 모토시게(1988) 등의 학자를 포함한 다른 부류는 산업정책의 시행 원인이 시장의 기능 상실임을 강조하며, 산업정책은 시장의 기능 상실을 보완하고, 시장경쟁을 촉진하기 위한 것이라고 여겼다.

저우전화(1991)와 리 외 연구진Lee et al.(2012) 등의 많은 학자들은 이 두 논쟁을 해결하기 위해 산업정책의 범위를 확대하여 산업 발전에 개입하는 여러 정책을 모두 산업정책으로 귀납했다. 또한 일부 학자들은 산업정책을 분류하여 이 두 견해차를 해결하려고 했다. 특정 산업 지향성이 있는가에 따라 천진메이(陳瑾玫, 2011)는 산업과 연관된 정책을 수평형 산업정책과 수직형 산업정책으로 분류했다. 수평형 산업정책은 어느 한 산업 또는 몇몇 산업에 대해서가 아닌 모든 산업을 대상으로 하여, 연구개발, 혁신 장려 정책, 정부의 조달 정책 등이 포함된다. 수직형 산업정책은 개별 또는 일부 산업을 대상으로 하는 산업정책으로서 전략적 무역 정책 등이 포함되며, 이 정책의 시행 목적은 산업 부처 간의 자원 배치를 변화시키고자 하는 데 있다.

많은 학자들은 시장과의 관계에 따라 산업정책을 '기능성 산업정책'과 '선별적 산업정책'으로 구분한다[Lall(1994, 2004); 펑샤오치(馮曉琦)·완쥔(萬軍)(2005); Alternburg and Lutkenhorst(2015); 허우리양(侯利陽, 2016)]. 기능성 산업정책은 시장의 기능 상실을 보완하여 시장의 기능을 강화함으로써 자국 산업의 국제적 경쟁력 향상을 도모하는 것으로 정부 조직의 직업훈련과 연구개발 인센티브 등이 있다. 이 유형의 산업정책은 특정 산업 지향성을 갖지 않으며, 모든 산업(기업)에 더 공평하고 효과적인 경쟁 플랫폼을 제공하는 것을 특히 강조하고, 정책적 원칙에서 시장 자체가 가진 선택과 도태 메커니즘을 인정하고 존중하기 때문에 일부 학자들은 이를 '보혜성普惠性 산업정책'이라고 표현한다[장위(張昱)(2012); 쟝쟝(姜江, 2015)]. 선별적 산업정책은 경제적 추월의 목적을 이루기 위해 주로 적극적이고 능동적으로 전략산업과 신흥 산업을 지원하여 산업구조의 발전 과정을 간소화했다. 기능성 산업정책이 자원 배분에서 시장 메커니즘의 기초적인 역할에 중점을 두는 것과는 달리, 선별적 산업정책은 자원 배분에서 정부의 역할을 더욱 강조한다. 이로써 이 두 가지 산업정책의 차이는 매우 크고 서로 상충됨을 알 수 있다.

이렇게 산업정책의 외연을 확대하면서 동시에 여러 함의를 포함한 산업정책 체계는 연구에 두 가지 피할 수 없는 문제를 가져다주었다. 첫째, 기능성 산업정책 또는 보혜성 산업정책과 경쟁 정책 그리고 혁신 정책은 내용적으로 중복되는 부분이 있다. 경쟁 정책과 혁신 정책을 산업정책 시스템으로 포함시키자 산업정책에 대한 단독 연구에 집중할 수 없게 된 것이다. 두 번째는 선별적 산업정책과 기능성 산업정책이 완전히 다른 역할을 하게 되면서 어떤 경우에는 심지어 상호 충돌하거나 서로의 효과를 약화시키게 되었다. 따라서 산업정책의 효과를 평가할 때도 완전히 다른 결론을 얻게 되어 버린 것이다. 산업정책에 대한 연구와 토론에서 먼저 찬성 또는 반대하는 산업정책의 구체적인 내용을 자세히 설명해야 하고, 연구자도 자신이 지지 또는 반대하는 것이 어떤 유형의 산업정책인지 명확히 해야 한다. 구분 없이 입장을 표명할 경우, 적절하지 않은 정책적 연구나 토론을 야기할 수 있기 때문이다[쟝페이타오(江飛濤)·리샤오핑(李曉萍)(2012)].

물론 산업정책의 함의에 대한 논쟁은 위의 두 가지를 제외하고도 기타 논쟁도 존재한다. 예를 들면 산업정책의 목적에 관한 논쟁에서 일부 학자들은 산업정책의 목적이 특정 산업의 발전을 촉진[Hatta(2016)]하기 위해서라고 여기는 반면, 다른 학자들은 산업정책의 목적을 더 확장하여 산업 발전과 산업 경쟁력을 향상시킬 뿐만 아니라 어떤 경제적 또는 사회적 목적을 실현하기 위한 정책적 조치라고 해석하기도 한다[쟝샤오주엔(江小涓, 1996); 쟝다양(姜達洋, 2016)].

산업정책의 이론 분석

산업정책의 이론적 근거: 시장의 기능 상실

학계에서는 시장의 기능 상실이 경제에 대한 산업정책의 개입을 야기한 최초의 이론적 근거라는 점에 대부분 찬성한다[쟝샤오주엔(江小涓, 1996); 린이푸(林毅夫, 2012); Andreoni and Scazzieri(2014); Stiglitz(2015)]. 시장의 기능 상실에 관해 산업정책에 대한 학계의 토론이 가장 활발했던 부분은 외부 효과를 해결하는 데 산업정책이 기여한 부분이었다. 최신 문헌은 주로 혁신 활동에서의 외부 효과에 주목하고 있다. 연구자들은 혁신 활동의 외부 효과 때문에 정부가 산업정책을 시행하여 기업의 연구개발과 전략적 신흥 산업의 발전을 지원해야 한다고 여겼다. 먼저, 산업정책은 기업의 연구개발 활동의 외부 효과를 시정할 수 있었다[쟝샤오주엔(1996); 따이천(戴晨)·류이(劉怡)(2008); 조지프 스티글리츠(2009); Greenwald and Stiglitz(2013)]. 다음으로 산업정책이 기업 혁신에 따른 정보 유출로 인해 발생한 긍정적 외부 효과를 시정할 수 있다. 혁신 활동은 성패와 상관없이 모두 유용한 정보이고, 이 정보가 흘러 나가면 외부 효과가 발생할 수 있기 때문에, 해당 분야에서 혁신을 시도해 보려는 기업과 개인에게 향후 혁신 활동에 길잡이가 되어 줄 충분한 정보를 제공할 수 있다. 이 정보는 그들이 이 분야에 진입하여 연구개발을 진행해야 할지, 또는 어떻게 방법을 개선하여 '전철을 밟는' 실수를 피하고 리스크를 줄일 수 있는지 판단을 내리는 데 도움이 된다[Hausman and Rodrik(2003); Rodrik(2009); Krugman and Obstfeld(2009); 린이푸(2012); 구신(顧昕)·장젠쥔(張建君)(2014)].

다른 관점에서는 외부 효과로 인해 시장이 산업 발전에 도움이 되도록 자발적으로 조율하지 못하게 되었기 때문에 정부가 개입하여 해결할 필요가 있으며, 이는 세 가지 측면으로 표현된다고 여겼다. 첫째, 산업정책은 여러 상관된 혁신 행위 사이를 조율하여 혁신 행위의 '집단적인 무無성과' 문제를 해결함으로써 특정 범위 내에 산업의 집단 성장을 이룰 수 있다는 주장이다[Pack and Westphal(1986); Okuno-Fujiwara(1988); Rodrik(2008); 저우수리엔(周叔蓮) 등(2008)]. 둘째, 한 산업이 과거 기준에서 새로운 기준으로 전환할 때, 개별 기업은 '악화惡貨가 양화良貨를 구축'하는 상황이 두려워 새로운 기준으로 적극 전환하지 못한다. 그렇기 때문에 산업정책은 단독 기업의 전환 시 발생하는 긍정적 외부 효과를 극복할 수 있도록 해당 산업의 모든 기업이 새로운 기준으로 전환하도록 조율해야 한다[Swann(2010)]. 마지막으로 개발도상국의 경제 발전과 산업 구조 고도화 과정에서 기업은 이미 숙련되고 시장에서 검증된 기술, 산업 발전 규율, 비즈니스 모델과 마주하게 된다. 이런 기업들은 발전 잠재력이 있는 산업 투자에 공감대를 형성하고 투자에 뛰어들어 투자 '밀물' 현상을 일으킬 수 있다. 즉, 단기간에 많은 기업이 어떤 특정 업종과 분야에 과도하게 투자하여 심각한 생산과잉 현상을 야기하는 것이다. 이는 경제 발전의 희소 자원을 낭비할 뿐 아니라 경제적 파동을 일으킬 수 있으므로 산업정책을 채택하여 이런 집중 투자로 인한 밀물 현상을 해결해야 한다[린이푸(2007); 진거(金戈, 2008); 린이푸·우허마오(巫和懋)·싱이칭(邢亦靑)(2010)].

시장의 기능 상실에는 규모의 경제와 불완전경쟁도 포함되어 있고, 전략적 무역정책 이론을 바탕으로 하는 산업정책은 바로 이런 측면의 시장 기능 상실을 해결하기 위한 것이다. 어떤 산업에 규모의 경제가 존재한다면, 이 산업에서 생산 기업의 수는 자동차·비행기 등 산업처럼 상당히 제한적일 것이고, 일반적으로 전 세계에 있는 제조업체 수 역시 매우 제한적이며, 이는 불완전경쟁을 야기할 수 있다. 불완전경쟁의 결과로 해당 산업에서 살아남은 기업은 독점적 이윤을 벌어들이게 된다. 한 국가의 기업이 규모의 경제 산업에서 살아남게 되면, 해당 국가의 수입 수준은 향상되고 경제 역시 효과적인 발전을 거둘 수 있다. 그래서 정부는 경제에 적극적으로 개입하여 수출 보조금, 연구개발 보조금과 무역보호 등을 포함한 산업정책을 실시하여 타국의 경쟁 기업을 제한하고, 자국 기업이 해당 규모 경제의 산업 분야를 선점하게 만드는 역할을 할 수 있다[Brander and Spencer(1983, 1985); Krugman(1984); Foray et al.(1999); 장펑페이(張鵬飛)·쉬차오양(徐朝陽)(2007); 진거(2010); 구신·장젠쥔(2014)].

그리고 일부 학자들[양훼이신(楊蕙馨)·우웨이펑(吳煒峰)(2010); 자오쟈후이(趙嘉輝, 2013); 판원샹(范文祥)·치지에(齊杰)(2013)]은 산업 안전의 측면에서 산업정책의 중요성을 강조했다. 그들은 외국 자본의 대거 유입, 특히 핵심 산업에 대거 유입된 것은 중국의 산업 안전에 큰 위협이 되었다고 여겼다. 산업정책은 비교우위에 따라 산업의 분업 구도를 확정하는 역할만 하는 것이 아니라 자국의 민족 산업 발전에 대해 독립적이고 올바른 판단을 내리고, 무역 보호 등의 조치로 국가와 민족의 이익을 수호해야 한다. 다른 한편으로 국가는 필요한 산업정책을 제정하여 대대적으로 해외 자본을 유치하고 경제적·기술적 효과가 발생하게 하는 동시에 관련 투자 목록 가이드에 따라 자본의 유입 방향을 적절히 유도하여 산업 안전을 보장해야 한다고 했다.

마지막으로 일부 문헌은 자본시장의 불완전성을 해결하기 위해 산업정책이 필요하다고 주장했다. 워릭Warwick(2013)은 신흥 국가의 자본 시장이 아직 탄탄하지 않기 때문에 지분 융자는 편리한 반면 채무 융자는 어렵다고 언급했다. 이로 인해 중소기업과 특히 막 설립한 기업은 융자 금액이 턱없이 부족하기 때문에 정부가 중소기업을 위한 적절한 지원 채널을 구축하고 자본 시장의 부족함을 보완해야 한다. 더 중요한 것은 스티글리츠Stiglitz(2015)가 말했듯이 경제 발전은 학습의 과정이고, 이는 오늘날 생산의 확장은 미래에 원가절감을 가져올 수 있다는 말이다. 즉, 현재 생산에서 얻은 수익으로 원가를 감당할 수 없고 외부 자금으로 오늘의 생산을 지원해야 한다. 이 밖에도 학습은 리스크로 가득한 과정이다. 기업은 리스크 분산을 통해 리스크를 피해야 하지만 불완전한 자본 시장으로는 이것이 불가능하기 때문에 결국 일부 생산 활동이 항상 가장 우수한 생산량보다 낮은 상태에 머물게 된다. 그 밖에도 은행의 경우 자신이 지원하는 신흥 기업에서 전체 투자 수익률을 얻기가 힘들다. 해당 기업이 성공한다면 대부분 수익이 사회의 기타 조직에 의해 점유되고, 실패한다면 그 뒷감당을 전부 은행이 스스로 책임져야 한다. 그렇기 때문에 자연스레 개인의 투자는 항상 사회의 가장 이상적인 투자 수준을 밑돌게 되고, 여기에 산업정책의 개입이 필요하게 된다[Emran and Stiglitz(2009)].

정리하자면, 산업정책의 이론적 기반은 두 가지로 나눌 수 있다. 첫째는 시장의 기능 상실이다. 외부 효과, 규모의 경제와 불완전경쟁은 시장 기능 상실의 중요한 양상이며, 산업 안전은 국방처럼 공공의 재화로 여겨질 수 있기 때문에 정부가 산업정책을 통해 제공해야 한다. 둘째는 시장의 부족이다. 어느 정도의 발전 단계에 놓인 시장은 불완전하며, 많은 결함과 갈등이 존재한다[Pack and Saggi(2006)]. 예를 들어 현 단계의 자본시장이 불완전하거나 어떤 산업의 시장질서가 잡히지 않은 상태에서, 발전이 아직 성숙하지 못한 시장에만 의존하면, 경제 발전에 영향을 주게 된다. 따라서 시장에 대한 정부의 보완, 심지어는 시장을 대신할 정부의 역할이 필요한 것이다.

산업정책에 대한 반대의 목소리: 정부의 기능 상실

산업정책 반대 측은 주로 정부의 기능 상실이라는 측면에서 산업정책을 시행하는 데 필요한 막대한 비용과 이로 인해 왜곡된 비용을 고려한다. 정부의 기능 상실에 대한 반대 측의 주장은 세 가지로 나눌 수 있다. 먼저, 산업정책 제정자와 시행자의 목적과 산업정책의 목적이 완전히 일치하지 않기 때문에 산업정책 주무 부처가 본연의 목적에서 벗어나 부적절한 산업정책을 제정하게 된다는 것이다. 더불어 지방의 시행 부서에서 선택적으로 산업정책을 시행하거나, 심지어 이와 상반된 정책 조치를 취하기도 한다. 쟝샤오주엔(江小涓, 1996)과 자오쟈후이(趙嘉輝, 2013)는 산업정책 제정자가 산업정책을 제정하는 과정에서 다른 이익을 추구하기도 한다고 주장했다. 다른 이익이란 정부의 권력 또는 연관된 물질적 이익, 지역적 이익, 부처 측면의 이익과 기타 집단적 이익, 개인의 승진 기회 등이 있을 수 있다. 그 밖에도 산업정책 실행에서 책임 회피 행위가 발생할 수 있다[리징후이(李敬輝, 2004)]. 정부 책임자가 산업정책의 제정과 시행 과정에서 자신의 정책 결정에 대한 책임을 져야 한다고 규정해 놓은 어떤 법률이나 문서도 없다. 아울러 산업정책이 지원하는 프로젝트가 실패할 경우, 정책 결정 부서의 담당자가 책임을 추궁 받는 경우도 거의 없다. 반면 프로젝트가 성공할 경우에는 정책 추진 실적으로 기록된다. 이는 산업정책 주무 부처에게 정책 개입을 강화하고 싶어 하는 충동이 일어나게 하고, 이렇게 제정된 산업정책은 시장의 불완전성을 효과적으로 보완하지 못할 뿐 아니라 시장 메커니즘에 거대한 왜곡을 불러올 수 있다. 더욱 중요한 것은 한 가지의 산업정책을 통해 여러 목표를 달성하고자 할 경우, 예상 목표를 효과적으로 달성하지 못하게 만들 수 있다[쟝샤오주엔(1996)]. 예를 들어 중앙정부는 산업구조의 고도화를 추진하는 과정에서 국내 취업 문제 등과 같은 다른 정책적 목표를 함께 설정한다. 이러한 제한적인 산업정책 도구 및 다원화된 목표로 산업정책의 시행 성공을 보장하기 어렵다.

 두 번째, 산업정책 주무 부처는 자체적인 능력의 한계 때문에 이론적으로 시장의 불완전함을 완전히 보완할 수 있는 합리적인 산업정책을 만들어 내기 어렵다. 첫째, 산업정책은 후발 주자의 이점을 발휘하여 선진국의 산업구조·기술·제도적 배치 등을 배우고 이를 따라 하는 것이다. 하지만 한 나라가 '추월' 단계를 넘어 '선두' 단계가 될 경우, 정부에 의해 산업의 미래 발전 방향을 선정한다면 더 큰 불확실성에 직면하게 된다. 미약한 후발 주자의 이점으로 장악된 정보는 제한적이기 때문에 그 한계가 매우 뚜렷하게 나타난다[Klimenko(2004); Lall(2001); Rodrik(2008); Naudé(2010); 장위(2012); Warwick(2013)]. 둘째, 낙후된 국가가 후발 주자의 이점을 발휘하여 비교우위를 위배하고 적극적으로 산업정책을 실시하여 경제에 개입하는 것은 선진국의 산업구조 변화의 법칙 경험을 후발 국가가 고스란히 모방할 수 있다는 전제하에 진행된다. 하지만 소위 산업구조 변화의 법칙은 선진국의 역사적 경험을 정리한 것으로, 후발 국가가 직면한 발전 환경 및 조건과는 큰 차이가 있어 그대로 베끼기 힘들다. 아울러 이런 변화 법칙에 대한 연구는 큰 틀에서만 진행되어 산업에 대한 구분이 아주 모호하여 구체적으로 어느 시점에 어떤 산업을 지원해야 할지 판단하기 어려워 산업정책 시행에 큰 어려움을 안겨 주거나 시행조차 하지 못할 수도 있다[쟝페이타오·리샤오핑(2015)]. 셋째, 정보의 불완전성, 정책적 타성, 이익 집단의 개입 등의 원인으로 정부는 산업정책의 퇴출을 적절히 시행하기가 어렵다. 합리적인 산업정책에는 반드시 유연한 퇴출 기제가 구비되어야 한다. 산업 지원에 퇴출 기제가 없어 장기적인 보조금 형태로 퇴화되어 기업이 정부 지원에 장기적으로 의존하는 상황이 형성되면 산업정책은 결국 산업의 정상적인 신진대사와 기업의 혁신 동력을 저해하고 실패할 수밖에 없다[Krugman and Obstfeld(2009); Warwick(2013)].

마지막으로, 합리적인 산업정책이라도 시행 부서에 의해 제대로 시행될 수 있는 것이 아니고, 시행 과정에서 발생한 편차는 산업정책의 효과에 심각한 영향을 끼칠 수 있다. 첫째, 산업정책이 다른 정책과 상호 충돌하여 실행에 걸림돌이 될 수 있다. 산업정책에는 전문적인 집행 체계가 없고 단순히 정부의 행정업무 중 하나일 뿐이다. 게다가 산업정책이 최우선 어젠다에 올라가지 않는 경우도 허다하다[쟝샤오주엔(1996)]. 둘째, 산업정책 평가의 부재로 인해 정부 내부의 장려 및 구속 메커니즘의 기능이 제대로 작동하지 못하게 된다. 정책 평가가 없는 것은 주로 두 가지 측면에서 기인한다. 한편으로 산업정책은 일반적으로 매우 긴 시간이 지난 뒤에야 효과를 볼 수 있기 때문에 이 긴 시간 동안 시행 담당부서의 주요 인력은 다른 곳으로 인사이동이 될 수 있다. 심지어 부처 변동까지 일어나는 경우도 생긴다. 이에 신임 정책 제정자는 그 전에 정책의 이행 상황에 대해 관심을 기울이지 않고 새로운 정책 시행 담당부서 또한 과거 이행 상황에 책임질 필요가 없게 된다[쟝샤오주엔(1996)]. 다른 한편으로 산업정책 효과의 평가는 매우 복잡한 과제로, 산업의 성공이 꼭 산업정책의 효과를 의미하지는 않는다. 산업의 성공이 많은 것과 연관되어 있고, 반드시 산업정책으로만 이루어진 것은 아니다[Wu(2004)]. 셋째, 정보의 불완전성과 기타 갈등으로 전략적 무역 이론에 바탕을 둔 산업정책은 실제 실행하는 데 어려움이 있다[Eaton and Grossman(1986); 쟝페이타오·리샤오핑(2015)]. 넷째, 경제 정책으로서 산업정책, 특히 산업 발전 정책은 주도산업, 신흥 산업, 성숙 산업 등 산업의 자원 분배 문제와 연관되어 있다. 해당 산업 부서가 속해 있는 이익 집단과 정부 주무 부처의 이익 추구점이 같지 않다. 게다가 같은 산업 안에서도 지역별·기업별 역시 다른 이익 추구점을 가지기에 산업정책 주무 부처가 제정한 산업정책이 이행 과정에서 관련 이익 집단의 방해를 받아 이행이 어려운 경우도 있다[자오쟈후이(趙嘉輝, 2013); Stiglitz(2015)].

산업정책 효과 평가

산업정책 효과에 대한 해외의 평가

산업정책 옹호론자들이 산업정책의 효과에 대해 내리는 평가는 두 가지로 나누어 볼 수 있다. 첫째, 산업정책은 일본, 한국, 대만을 대표로 하는 동아시아 국가와 지역의 경제 발전을 촉진했다[Pack and Westphal(1986); Rodrik(1996); Stiglitz et al.(1993); Stiglitz(2001)]. 존슨Johnson(1982)과 웨이드Wade(2004)는 동아시아 경제의 성공은 주로 강력한 정부가 추진한 산업정책에 힘입은 것이며, 이런 산업정책이 시장의 기능 상실을 보완하는 데 중요한 역할을 했다고 여겼다. 난량진(南亮進, 1992)과 보겔Vogel(1985)은 전후 일본 경제의 고속 성장에 대해 심도 깊은 연구를 진행했고, 일본의 성공은 일본 정부가 산업정책으로 후발 주자의 이점을 십분 발휘하여 산업구조의 업그레이드, 특히 산업구조의 고도화를 이루었기 때문이라고 분석했다. 암스덴Amsden(1989)은 한국 경제를 연구하여 비슷한 관점을 제시하며, 한국 경제가 성공적으로 중진국의 함정에서 벗어날 수 있었던 중요한 원인으로 산업정책을 꼽았다. 둘째, 산업정책을 통해 각국은 국제적으로 영향력 있는 업종과 선두 기업을 많이 성공적으로 육성해 냈다. 한국의 포항제철(Sohal and Ferme, 1996), 브라질 항공산업회사(Goldstein, 2002)와 칠레의 연어 양식업(UNCTAD, 2006)이 그 예이다.

하지만, 산업정책의 반대론자들은 일본을 포함한 동아시아 국가 및 지역이 거둔 경제 성과를 단순히 산업정책 덕택으로 귀결할 수 없으며, 시행 과정에서 오히려 반대의 결과를 가져왔다고 지적했다. 비슨과 와인스타인Beason and Weinstein(1996)은 원래의 의도와 달리 일본 산업정책의 혜택을 받은 부문은 대부분 저효율 부문 또는 일본의 희귀 자원 담당 부문이었지 고속 성장을 이룬 업종이나 부문은 오히려 산업정책에서 많은 혜택을 보지 못했다고 주장했다. 리Lee(1996)는 한국이 자국의 유치산업을 위해 취한 무역 보호 조치는 해당 업종의 노동생산성과 전요소생산성을 낮추었고, 전요소생산성이 높은 부문은 세수 우대나 대출 보조금 같은 혜택을 받지 못했기 때문에, 산업정책이 한국 경제의 성공을 가져왔다고 귀결 짓기는 어렵다고 주장했다. 로렌스와 와인스타인 Lawrence and Weinstein(1999)은 연구를 통해 일본과 한국이 경제 성장을 이룰 수 있었던 이유는 산업정책이나 보호무역주의가 아니라 치열한 경쟁이 있었기 때문이라고 분석했다. 이와는 반대로, 산업정책이 심각한 지대추구 행위를 야기하여 기업의 생산 활력을 하락시켰다고 분석했다 [Rodrik(2004); Aiginger(2007)]. 심지어 산업정책 분야에 이용된 자원에는 거대한 기회비용이 포함되어 있고, 이 자원이 다른 부문에 투입되었더라면 보다 나은 경제적 결과를 얻을 수도 있었다는 주장까지 있었다[Lin and Monga(2013); Stiglitz, Lin and Monga(2013)].

산업정책 효과에 대한 중국의 평가

중국에서의 산업정책 효과에 대한 평가는 대부분 국부적으로 이루어졌고, 특정 산업에서 산업정책의 옳고 그름에 대해서만 평가했을 뿐, 전반적인 평가를 한 문헌은 거의 없었다. 일부는 산업정책이 산업 생산량, 안전한 생산과 수출을 보장하며[류빙(劉冰)·마위(馬宇)(2008)], 업종의 경쟁력을 제고시켰고[쉬위엔화(徐遠華)·쑨자오(孫早)(2015)], 산업 성장에 도움이 되었으며[슈루이(舒銳, 2013)], 업계 혁신에 도움이 되었고[자오란(趙蘭)·저우야리(周亞利)(2013)], 산업 생산성을 향상시켰다고 평가했다[송링윈(宋凌雲)·왕시엔빈(王賢彬)(2013); 치우쟈오린(邱兆林, 2015)]. 또한 산업의 지역적 분업을 촉진했고[우이윈(吳意云)·주시웨이(朱希僞)(2015)], 업종 내에 기업의 단기 투자가 증가했다고 평가했다[리원징(黎文靖)·리야오타오(李耀淘)(2014); 한간(韓乾)·홍영썬(洪永森)(2014)]. 다른 관점은 중국 산업정책의 효과가 미약하고, 주력 산업에 대한 지원은 성공을 거두지 못했으며[위징(俞靜, 2006); 취완원(瞿宛文, 2009)], 기업이 더 많은 연구개발과 효과적인 혁신을 하도록 장려하지 못했다고 평가했다[저우야리(周亞利) 등(2015); 리원징(黎文靖)·정만니(鄭曼妮)(2016)]. 또 일부에서는 산업정책의 효과에는 차이가 존재하며, 효과가 현저한지의 여부는 비교우위에 부합하는가[천자오(陳釗)·슝루이샹(熊瑞祥)(2015)], 경제 발전 수준과 시장화 과정에 부합하는가[쑨자오(孫早)·시젠청(席建成)(2015)] 등을 포함한 기타 조건에 의해 결정된다고 주장했다.

이런 문헌들은 모두 산업정책의 효과에 따라 산업정책의 좋고 나쁨을 판단한 것이다. 하지만 산업정책의 성공은 단순히 효과만 보아서는 안 되고 시행 비용과 왜곡 비용을 포함한 산업정책 전반의 비용까지 고려해야 한다. 많은 학자들은 중국의 산업정책이 가져온 왜곡 비용 및 이로 인한 후폭풍에 대해 논의했다. 주로 다음 몇 가지 측면으로 나눠 볼 수 있다.

첫째, 산업정책은 심각한 지대추구와 부패 행위 그리고 소득 분배의 불평등을 야기할 수 있으며, 기술 혁신 측면에서 기업의 적극성을 약화하여 경제 시스템 전반의 활력을 저하시킬 수도 있다[샤청샹(夏騁翔)(2007); 쟝페이타오(江飛淘)·리샤오핑(李曉萍)(2010, 2015); 장지에(張杰)(2015)]. 둘째, 산업정책은 환경오염 등 경제 발전 과정에서 수반되는 부정적 외부 효과를 야기했고, 지방정부는 재정 수입, 생산 총액 등 단기적인 이익을 추구하기 위해 진정한 사회복지를 구현하는 부분에는 소홀했다[샤청샹(夏騁翔), 2007)]. 셋째, 특정 산업에 대한 산업정책의 보조금과 혜택은 다른 산업 부문에 좋지 않은 영향을 끼친다[장펑페이(張鵬飛)·쉬차오양(徐朝陽)(2007)]. 넷째, 항목 지도형의 산업정책은 의도치 않게 잠재적인 시장 수요를 지닌 '저가' 제품에 타격을 입힐 수 있다[장지에(張杰)(2015); 쟝페이타오(江飛淘)·리샤오핑(李曉萍)(2015)]. 다섯째, 산업정책은 지역 간의 산업 구조 획일화를 일으켜 일부 장려 산업의 생산과잉을 야기할 수 있다[장르쉬(張日旭, 2012); 장지에(2015); 쟝페이타오·리샤오핑(2015); 청쥔지에(程俊杰, 2015)]. 여섯째, 강제적으로 어떤 생산방식을 도태시키는 산업정책은 단기간에는 생산과잉을 해결하는 것처럼 보여도 향후 생산능력 부족의 사태를 야기할 수 있다[장지에(2015)]. 일곱째, 산업정책은 시장에 어떤 특정 산업이 과도하게 집중되게 만들어 산업의 경쟁 활력을 저해할 수 있다[쟝페이타오·리샤오핑(2015)].

이상의 문헌은 어떤 업계 또는 하나의 국부적인 목표에 따라 산업정책의 효과를 평가한 것으로 신뢰할 만한 내용이지만, 전반적으로 산업정책을 찬성 또는 반대의 근거로 삼기에 부족하다. 산업정책에 대한 전반적인 평가라는 측면에서 보자면, 이 문헌에는 모두 간과할 수 없는 문제가 존재한다. 그렇기 때문에 연구자들이 내린 결론으로는 산업정책의 유효성이나 무효성에 대해 충분히 입증할 수 없고, 이런 문제는 주로 다음와 같은 형태로 나타난다.

첫째, 산업정책 시행 이후에 나타난 산업의 성공 또는 국가 경제의 발전으로 산업정책의 좋고 나쁨을 따로 떼어놓고 결론지을 수 없다. 산업정책 외에도 국가의 산업 또는 경제 전반에 작용하는 수많은 기타 요소가 있기 때문이다. 산업과 경제에 대한 이러한 요인이 미치는 영향을 배제하지 않고는 산업정책의 유효성을 증명하기 어렵다. 둘째, 산업정책의 효과가 눈에 띄지 않는다고 주장한 문헌에는 최소한 두 가지 오류가 존재한다. 하나는 산업의 발전은 연속적인 변수이고, 한 산업의 발전이 더디다고 해서 해당 산업이 실패했고, 나아가 실행된 산업정책도 실패했다고 섣불리 결론을 내릴 수 없다. 핵심적인 문제는 산업정책이 가져온 산업발전의 효과가 정책의 시행 비용과 왜곡 비용을 보완할 수 있는지를 살펴봐야 한다는 것이다. 다른 하나의 오류는 산업정책은 다양한 목적을 지니고 있고, 산업의 발전은 국가가 추진하는 산업정책의 주된 목적이지만 유일한 목적은 아니다. 따라서 한 산업의 발전 여부로만 국가의 산업정책이 성공했다 또는 실패했다고 말할 수는 없다. 예를 들어, 비슨과 와인스타인Beason and Weinstein(1996)은 일본 산업정책의 지원을 받은 특정 산업의 성장률은 다른 산업에 비해 현저히 낮았지만, 이를 일본 산업정책이 실패했다고 정의하지 않았다. 산업정책의 목표는 해당 산업의 규모화와 내실화를 촉진하는 데 있을 뿐 아니라 정체기를 겪고 있는 기타 산업과 연관이 큰 산업을 지원하여 다른 산업의 발전을 촉진하고, 나아가 국가의 경제 발전까지 도모하는 데 있기 때문이다.

새로운 시기 산업정책의 도전과 조정 방법

개혁개방 이래, 중국의 경제 발전과 시장경제 구축은 매우 큰 진전을 이루었으며, 중국이 처한 외부 경제 환경에도 근본적인 변화가 일어났다. 많은 학자들은 새로운 시기에 산업정책이 여러 도전에 직면할 것이며, 산업정책을 새로운 방향으로 조정할 필요가 있다고 지적했다. 관련 문헌은 대략 다음의 몇 가지 측면으로 나눌 수 있다.

달라진 경제 발전 단계

새로운 시기에 중국의 경제 발전 단계 또한 달라졌다. 첫째, 중국 경제가 발전하면서 선진국과의 격차가 지속적으로 좁혀지고 있고, 후발주자로서 가졌던 장점도 점차 사라지고 있다[리쥐안(李娟, 2006); 양즈룽(楊子榮) 등(2015)]. 이런 상황은 산업정책에 새로운 도전을 가져올 것이다[쟝페이타오·리샤오핑(2015)]. 새로운 시기에 정부는 앞으로 한동안 '발전시켜야 하는' 산업과 제품, 기술과 공정을 정확하게 선별하기 힘들어질 것이다. 정부는 선별적 산업정책을 포기하고, 시장의 기능 상실을 해결하는 데 중점을 두어야 한다[샹안보(項安波)·장원쿠이(張文魁)(2013); 쟝페이타오·리샤오핑(2015); 치우쟈오린(邱兆林, 2015)]. 그래서 산업정책은 시장 기제가 결정적 역할을 충분히 발휘할 수 있도록 완벽한 제도적 기반을 마련하는 데 중점을 두어야 한다. 또한 시장이 건전하게 돌아갈 수 있도록 여러 제도를 강화하고, 개방적이고 공평한 경쟁적 시장 시스템을 구축하며, 인적 자원을 육성하여 산업의 구조 전환과 경제 발전에서 높은 기술 인력에 대한 수요에 대응해야 한다. 그리고 이를 통해 혁신을 장려하는 우수한 제도적 환경을 조성해야 하는 것이다[류즈뱌오(劉志彪, 2015); 쟝쟝(姜江, 2015); 왕샤오루(王小魯, 2015)].

둘째, 경제 발전과 주민 소득이 향상됨에 따라 소비 수요에도 근본적인 변화가 발생했다. 모방형 집단 소비의 단계는 저물고, 개성 있고 다원화된 소비 추세가 점차 주류가 되고 있다[쟝페이타오·리샤오핑(2015)]. 이런 배경에서, 시장의 수요를 빠르게 포착한 혁신과 창업이 더욱 중요해질 것이다. 산업정책은 혁신 창업에 대한 지원과 장려를 보다 중요시해야 하며[Naudé(2010)], 네거티브 리스트를 제정하여 정부의 개입 과정에서 정보 부족으로 야기되는 관련 문제를 줄여야 한다[쟝쟝(姜江, 2015)]. 또한 개입 방식에 있어 상황에 따라 유연하게 조정하여 착오가 발생해도 즉시 바로잡을 수 있어야 한다[Aghion(2009)].

계속되는 경제 글로벌화

글로벌화는 산업정책에 새로운 도전을 안겨 주었다. 첫째, 글로벌화는 정부의 국제 무역과 투자 관리 시스템을 변화시켰다. 예를 들면 WTO에 가입하거나 관련된 다자 또는 양자 간의 협의가 이루어짐으로써, 개발도상국의 무역과 투자 정책의 정책적인 공간이 줄어들었다[Chang(2009); Cimoli et al.(2006); Dosi(2009); Altenburg(2009); U1-Haque(2007); Primi and Perez(2009); Rodrik(2004)]. 이런 도전에 대해 노우드Naudé(2010)는 개발도상국의 경우 다자간 협의에 따른 제약을 최소화하고, 지나치게 많은 양자 간 협의 체결을 피해야 한다고 건의했다. 창Chang(2009)과 로드릭Rodrik(2004)은 개발도상국이 면책 특권을 얻거나 WTO의 여러 보완조치를 활용할 수 있도록 노력해야 한다고 제시했다. 그 밖에도 WTO가 지향하는 바와 다른 성격의 정책을 만드는 것처럼 위장할 수도 있다[Lall(2004)]. 가치사슬과 생산 네트워크의 글로벌화는 대형 다국적 생산 기업과 바이어에 의해 독점된 소매 기업이 전 세계 공급 사슬을 장악하게 만들었다[Pack and Saggi(2006)]. 이런 수직 일체화된 상황에서 중간재는 전 세계 무역에서 매우 중요한 부분이 되었다[Ricotta(2009); Yi(2003)]. 그러나 개발도상국은 글로벌 가치사슬에서 발언권이 없기에 중간재가 글로벌 무역에서 착취당하거나 평가 절하될 수 있고, 개발도상국의 비교우위는 전 세계 공급 사슬에 인정받지 못하여 개발도상국의 성장도 억제 받게 된다. 이 또한 개발도상국의 산업정책에 새로운 도전과 함께 새로운 과제를 안겨 주었다[Naudé(2010)]. 미래의 산업정책은 국제적으로 조율 가능한 산업정책으로 전환되어야 하며, 산업 환경 기준 마련 및 국제적인 관련 조율도 강조해야 한다[왕빈(汪斌, 2003)].

공업 보호 강화에 나선 선진국

2007~2008년의 금융위기를 겪은 후, 미국 등 선진국은 경제 회복을 위해 매우 명확한 산업정책을 도입하기 시작했고, 이런 조치에는 직접적인 기업 보조금, 무역 보호 조치, 부흥 법안에 있는 국산품 구매 조항이 포함된다[Naudé(2010)]. 이 외에도 선진국은 점차 제조업 회귀 전략을

시행하기 시작했다. 이러한 조치는 모두 개발도상국의 수출과 공업 산업의 발전에 심각한 도전을 안겨 주었고, 동시에 개발도상국의 산업정책의 제정과 시행에도 새로운 도전을 가져다주었다[Naudé(2010)].

기후 변화의 압박

기후 변화는 21세기 각국이 경제 발전에서 직면해야 하는 도전이자, 산업정책이 직면한 중대한 도전이 되었다[Altenburg(2009)]. 첫째, 화석 에너지가 기후 변화를 일으키는 주범임을 감안하여 무턱대고 석유 사용량을 감축하는 것은 개발도상국의 공업에 중대한 영향을 끼칠 것이다[Matutinovic(2009)]. 따라서 특정한 산업정책을 통해 산업구조의 전환을 추진해야 한다. 둘째, 기후 변화의 위협으로 인해 각국은 에너지 사용의 효율을 높여야 하고, 이것 또한 산업정책이 노력해야 할 방향이 될 것이다[Naudé(2010); Stiglitz(2015)]. 이를 바탕으로, 앨튼버그Altenburg(2009)와 그의 연구진(Altenburg et al., 2015)은 화석 에너지에 대한 보조금을 철폐하고, 환경오염과 탄소 배출에 대한 증세, 사회 자본의 친환경 제조 분야 진입 장려 등 생태 산업정책을 펼쳐야 한다고 주장했다. 하지만 이런 조치는 선진국에서도 막 첫발을 떼기 시작한 터라 개발도상국에서의 적용은 더 많은 연구와 토론이 필요하다.

지방정부의 개입

산업정책 전환에 대한 또 다른 관점은 중앙정부와 지방정부의 입장에서 접근한 것이다. 이 관점에 따르면 산업정책은 '탈脫지방정부화'되어야 하며, 지방정부에 의해 주도될 것이 아니라 중앙정부에 의해 종합적으로 행사됨으로써 시장 조절에 대한 산업정책의 통일성과 조율성을 확보해야 한다고 주장한다[류즈뱌오(劉志彪, 2015)]. 지방정부는 경쟁의 주체로서 지방의 일부 이익만 추구한다는 논리에 따라 행정 권력을 통해 자신의 시장 이익에 유리한 기업 활동을 장려하며, 도움이 되지 않는 기업 행동을 제한할 수 있기 때문이다. 지방정부는 위에서 하달한 산업정책의 요구사항 또는 산업 전환 및 고도화의 최적 효과를 위해 반드시 산업정책을 선택하리란 보장이 없다[캉링샹(康凌翔, 2014)]. 이렇다 보니 생산 과잉[장페이타오·리샤오핑(2015); 천자오(陳釗)·숭루이샹(熊瑞祥)(2015)]과 같은 심각한 후폭풍을 몰고 올 수도 있으며, 근본적으로 공평하고 공정하고 공개된 시장 활동을 추구하지도 못한다. 따라서 산업정책의 주체를 중앙정부에게 맡기고, 지방정부를 산업정책의 시행 대상 범위에 포함시켜, 지방정부가 중앙정부에 협조하도록 과학적이고 합리적인 산업정책을 제정해야 한다.

기업의 지대추구 행위와 산업정책 보조금의 효율

어떻게 지대추구 행위를 막고 기업의 혁신과 경쟁을 촉진하는가는 미래 산업정책이 해결해야 할 중대한 도전이다. 많은 학자들은 지원 산업의 범위, 지원 강도, 지원 시기의 적절성을 통해 기업의 지대추구 행위를 줄이고 산업정책의 효과를 증진할 수 있다고 주장한다. 지원 산업의 범위에 대해 린이푸(2012) 교수는 정부가 반反요소부존 우위가 있는 산업을 발전시켜서는 안 되며, 이런 산업에 속하는 기업에 큰 금액의 보조금을 지급해서는 더더욱 안 된다고 주장했다. 황셴하이(黃先海)·송슈에인(宋學印)·주주쥔(諸竹君)(2015)은 경쟁과 공존을 장려하는 보조는 경쟁을 확대시킴으로써 혁신에 대한 지원의 부정적인 영향을 삭감하고, 혁신 격려의 효과를 거둘 수 있다고 했다. 하지만 업계에 효과적인 경쟁의 한계치가 있으며, 경쟁 과열될 경우 지원을 지속하면 업계 경쟁 압박에 대한 기업의 민감성을 둔하게 만들어, 결과적으로 기업이 지원을 받기 위해 생산 활동을 진행하거나 생산과잉 사태가 발생할 수 있다고 주장했다. 지원 정도로 보면 호프Hoff(1997)와 멜리즈Meliz(2005) 등 학자는 '하면서 배운다'라는 관점에서 산업정책의 지원 정도를 '어떻게 시행해야 하는지'의 문제를 연구했고, '최적화 지원'의 설계에 매진했다. 그들은 유치산업의 '하면서 배운다'라는 효과의 변화에 따라, 최적화 지원의 정도도 점차 줄어들고 궁극적으로 0에 이르도록 해야 한다고 밝혔다. 샤오민(邵敏)·바오췬(包郡)(2012) 역시 정부 지원의 효과와 지원의 '많고 적음'에 밀접한 연관 관계가 있다고 분석했다. 마오치린(毛其淋)·쉬쟈윈(徐家云)(2015)은 연구를 통해 적절한 지원만이 기업의 신제품 혁신을 장려할 수 있고, 너무 큰 금액의 지원은 오히려 혁신을 저해하며, 지원 강도에 '적정 구간'이 존재한다고 분석했다. 지원 시기에 있어 하우스만과 로드릭Hausmann and Rodrik(2003)은 신흥 산업의 발전 초기에 민영기업의 시행착오식 진입, 즉 '자기 발견' 단계에 지원해야 하고, 탐색이 끝난 후 모방형 기업이 대폭 증가하는 시기부터는 지원을 규제하고 정리하여 산업이 '적절한' 발전을 이룩하도록 해야 한다고 여겼다. 황셴하이(黃先海)·시에루(謝璐)(2005)는 사후 지원이 사전 지원보다 우선되어야 하며, 이는 정책 시기 설계의 중요성을 다시 한번 보여 주는 것이라 분석했다.

　상술한 문헌은 국내·외의 새로운 상황과 변화를 종합하여 다양한 측면에서 산업정책이 겪을 수 있는 새로운 도전을 분석했다. 하지만 이러한 도전은 대부분 국가 산업 발전의 외부 환경에서 나타난 새로운 변화에 따른 것이다. 3차 산업혁명, 산업 융합, 공유경제가 등장하면서 산업 자체에서 나타난 새로운 상황이나 특징에 입각하여 산업정책의 새로운 도전에 대해서는 연구하고 분석하지 않았다. 더욱 중요한 것은 이들 문헌에서 산업정책에 제기한 의견은 너무나 개괄적이며 이론 단계에만 머물러 있어 실천 측면에서 산업정책 주무 부처가 참고하기엔 역부족이라는 점이다. 따라서 향후의 연구는 실질적인 실천에서 출발하여 정책 결정자들이 참고할 수 있도록, 심도 깊게 세분화해야 할 것이다.

총정리 및 미래 연구 전망

'해야 하나'가 아닌 '어떻게 해야 하나'에 방점을 둬야

학계에서는 여전히 일부 국가에서 시행하는 산업정책의 옳고 그름에 대한 토의가 이어지고 있다. 예를 들어 많은 중국 학자들은 선별적 산업정책을 중단해야 하지만, 산업정책이 시장의 기능 상실을 해결하는 데에는 효과적이라는 부분을 모두 인정한다. 한 국가가 시장의 기능 상실을 보완하기 위해 어느 정도의 산업정책을 실시해야 하는데, 핵심 문제는 산업정책의 시행 범위이다. 즉, 시장 기능 상실에 대한 보완 수준을 넘어 국가의 경제 추월 전략 등 다른 목표를 촉진하는가, 아니면 시장의 기능 상실을 보완하는 수준에 그쳐야 할 것인가의 문제이다. 따라서 산업정책 연구는 더 이상 산업정책을 펼쳐야 하는가를 고민할 것이 아니라 어떻게 설계해야 효과적으로 시행할 수 있을지를 탐구해야 한다 [Rodrik(2009); Naudé(2010); Altenbürg(2011); Stiglitz(2015)].

산업정책 함의에 대한 명확한 구분

산업정책의 함의에 대해 나라별 발전 시기에 따라 학자마다 다른 정의를 내리고 있다. 실제 추진 과정에서 산업정책은 각 국가의 정부 부처와 이익 집단이 타협한 결과물이기 때문에[Heilmann and Shih(2013)] 산업정책의 함의는 광범위해지고, 본래의 목표와는 달라지게 된다. '산업정책'이라는 용어는 이미 성질이 다른 다양한 행위를 담을 수 있는 유연성을 가진 단어가 되었기 때문에, 정책 지도와 평가에 어려움과 혼란을 안겨 주었다. 산업정책의 구체적 함의에 대한 이해와 설명이 다르기 때문에 실행을 찬성 또는 반대할 때 정확히 어떤 산업정책을 말하는 것인지 알 수 없게 되었다[쟝샤오주엔(1996)]. 같은 이유로 동일한 산업정책의 시행 효과를 평가할 때에도 사람마다 완전히 다른 결론이 나올 수 있다. 산업정책 연구에서 각 연구자 또는 특정 이론은 찬성 또는 반대하는 정책이 어떤 유형인지 상세히 설명해야 하며, 연구자 자신도 찬성 또는 반대하는 것이 어떤 유형의 산업정책인지 명확히 해야 한다. 무분별하게 의견만 피력할 경우 적절치 않은 정책적 토론으로 전락할 수 있기 때문이다[쟝페이타오·리샤오핑(2012)]. 따라서 산업정책의 구체적인 함의를 명확히 해야 할 필요가 있다.

제도적 배치 개선을 통한 정부의 기능 상실 감축

시장의 기능 상실을 보완하는 중요한 조치인 산업정책은 한 국가의 경제 발전에서 매우 중요한 역할을 하므로 시행에 어려움이 있다고 중단해서는 안 되며, 제도 배치의 개선을 통해 산업정책의 시행 비용과 왜곡 비용을 지속적으로 줄여 정부의 기능 상실을 최소화해야 한다. 하지만 지금까지 중국에서는 제도 배치를 개선하여 산업정책의 효과적인 시행을 추진한 것에 대한 연구가 효율적으로 이루어지지 않고 있어, 앞으로 이 분야에 대한 학자들의 심층적인 연구가 필요한 실정이다. 향후 연구 방향은 산업정책의 필요성이 아닌 어떤 종류의 제도를 구축해야 정부가 산업 발전을 위해 상대적으로 효과적인 서비스를 제공할 수 있는지에 초점이 맞춰져야 한다.

현재 시급한 과제는 단순히 신구조경제학과 유사한 이론을 제기하는 것이 아니라, 제도와 거버넌스에 관한 경제학·정치학·사회학의 연구 성과를 활용하여 '신제도-구조주의 발전경제학'으로 발전시켜, 효율적으로 산업정책의 제도적 기반과 지향 대상을 모색해야 한다는 것이다. 해당 분야의 연구는 다음 몇 가지 차원에서 진행될 수 있다.

첫째, 2차 세계대전 이후 중진국 함정을 극복한 국가의 산업정책 주무 부처가 제도 시행 과정에서 쌓은 유의미한 노하우 및 중국 산업정책 주무 부처의 역사적 변천 과정을 결합해야 한다. 이를 토대로 중국 산업정책 주무 부처가 어떻게 제도 배치를 개선해야 정책 제정자와 합리적인 산업정책 목표 사이에 격차를 줄일 수 있는지 탐구해야 한다. 둘째, 실천 상황과 구체적인 세부 항목에 중점을 두어, 이론적 기초를 기반으로 산업정책 시행 범위를 고민하고, 실행 가능한 포지티브 리스트와 네거티브 리스트를 만들어야 한다. 셋째, 중국의 기본적 상황과 기존의 제도 배치를 기반으로, 실행 가능하고 산업정책 시행자가 효과적으로 산업정책을 시행할 수 있도록 독려하는 체제 메커니즘을 탐구해야 한다. 넷째, 정부와 시장은 상호 대립된 관계가 아니며 정부의 개입이 시장을 부정하거나 시장을 파괴하는 행위가 아니라는 점을 강조해야 하고, 산업정책 연구자는 시장과 공존하고 시장 기능을 강화할 수 있는 산업정책 시스템을 창조적으로 만들어 내야 한다.

개선된 산업정책 평가 및 감독 시스템

산업정책 평가와 감독은 정책의 제정·시행·평가·재수정 등을 포함한 순환 주기에서 빠질 수 없는 구성 요소이다. 산업정책 평가 및 감독 시스템을 구축하는 것은 적어도 세 가지 측면에서 중요한 의의를 가지고 있다.

첫째, 산업정책은 제대로 실행되는 데 많은 어려움이 따른다. 정책 평가와 감독 시스템을 구축하면, 산업정책의 추진 상황을 단계적으로 평가할 수 있다. 이를 근거로 관련 정부 부처에 책임을 물을 수 있으므로 산업정책 시행 부처가 적시에 치우침 없이 중앙정부가 공표한 산업정책을 시행하는지 감독하고 관리할 수 있다. 둘째, 산업정책 이행에 대한 감독과 평가는 혁신, 기술, 금융과 인프라 등 여러 산업정책의 부조화를 발견하고 보완할 수 있는 가장 좋은 시기를 저울질할 수 있다. 감독과 평가 시스템이 없으면 정책 설계와 정책 시행 간에 피드백을 주고받는 능력이 떨어지고, 반복적인 시도를 통해 정책을 개선시킬 수 있는 효율성이 저하된다. 마지막으로 평가 시스템 부재로 인해 정기적인 정책 수정은 제한되기 때문에 정책의 주무 부처는 지방정부와 기업에게 사로잡힐 리스크가 커질 것이다. 아울러 평가 및 감독 시스템을 통해 정책 시행 과정에서 나타날 수 있는 역방향 선택의 가능성을 줄일 수도 있다. 따라서 산업정책 평가 및 감독 시스템의 구축은 산업정책이 효과적으로 이행될 수 있느냐의 가장 핵심적인 부분이라 할 수 있다.

앞으로 산업정책에 대한 연구는 과학적이고 합리적이며 실행 가능한 산업정책 평가 및 감독 시스템을 구축하고, 이를 완벽하게 하는 데 더 힘을 쏟아야 한다.

참고문헌

Aghion, P., "Some Thoughts an Industrial Policy and Growth", OFCE Working Paper Paris: Observatoire Francais des Conjunctures Economies, 2009-09.

Aiginger, K., "Industrial Policy: A Dying Breed or A Re-emerging Phoenix?", *Journal of Industry Competition and Trade*, 7, 2007, pp.297~323.

Altenburg, T., and W. Lütkenhorst, *Industrial Policy in Developing Countries*, Books, 2015.

Altenburg, T., "Industrial Policy for Low and Lower-Middle Income Countries", Paper presented at the UNU-WIDER, UNU-MERIT and UNIDO Workshop on Pathways to Industrialization in the 21st Century: New Challenges and Emerging Paradigms, 22~23 October, 2009, Maastricht.

Amsden, A., *Asia's Next Giant*, Oxford Usa Pod, 1989.

Andreoni, A. and R. Scazzieri, "Triggers of Change: Structural Trajectories and Production Dynamics", *Cambridge Journal Economics*, 38(6), 2014, pp.1391~1408.

Beason, R. and D. E. Weinstein, "Growth, Economies of Scale, and Targeting in Japan (1955~1990)", *Review of Ecomonics & Statistics* 78(2), 1996, pp.286~295.

Boulding, K. E., *Principles of Economic Policy*, Prentice Hall, 1958.

Brander, J. A. and B. J. Spencer, "Export Subsidies and International Market Share Rivalry", *Journal of International Economics*, 18(1~2), 1985, pp.83~100.

Brander, J. A. and B. J. Spencer, "Strategic Commitment with R&D: The Symmetric Case", *The Bell Journal of Economics*, 14(1), 1983, pp.225~235.

Chang, H. -J., "Industrial Policy: Can We Go Beyond and Unproductive Confrontation?", Paper presented at the 2009 World Bank ABCDE Conference, 22~24 June, 2009, Seoul.

Cimoli, M., G. Dosi, R. Nelson and J. Stiglitz, "Institutions and Policies

Shaping Industrial Development: An Introductory Note", Paper prepared for the task force on Industrial Policies and Development, New York: Columbia University, 2006.

Dosi, G., "The Political Economy of Capabilities Accumulation; The Pase and Future of Policies for Industrial Development", Paper presented at the DIE Workshop on Industrial Policy in Developing Countries, 18~19 November, 2009, Bonn.

Eaton, J. and G. M. Grossman, "Optimal Trade and Industrial Policy under Oligopoly. Eaton J., Grossman G. M. Optimal Trade and Industrial Policy under Oligopoly", *Quarterly Journal of Economics*, 101(2), 1986, pp.383~406.

Emran, S. M. and J. E. Stiglitz, "Financial Liberalization, Financial Restraint and Entrepreneurial Development", *Ssrn Electronic Journal J. E.*, 11(1), 2009, pp.179~192.

Evenett, S., "Study on Issues Related to a Possible Multilateral Framework on Competition Policy", WTO paper WT/WGTCP W 228, 2003.

Foray, L., C. Bertrand, F. Pinguet, M. Soulier, C. Astre, C. Marion, Y. Pelissier, J. M. Bessière, "In vitro cytotoxic activity of three essential oils from Salvia Species," *J Essent Oil Res.*, 1, 1999, pp.522~526.

Goldstein, A. x., "EMBRAER: from National Champion to Global Player", *CEPAL Review*, August, 1999, p.77.

Greenwald, B. & J. E. Stiglitz, "Industrial Policies, the Creation of a Learning Society, and Economic Development", in J. E. Stiglitz and J. Y. Lin, eds., *The Industrial Policy Revolution: the Role of Government Beyond Ideology*, Basingstoke and New York, Palgrave Macmillan, 2013, pp.43~71.

Hatta, T., "Competition Policy vs. Industrial Policy as a Growth Strategy," working paper, 2016.

Hatta, T., "Competition Policy vs. Industrial Policy as a Growth Strategy", working paper, 2016.

Hausmann, R. and D. Rodrik, "Economic Development as Self-discovery", *Journal of Development Economics*, 72(2), 2003, pp.603~633.

Heilmann, S. and L. Shih, the Rise of Industrial Policy in China, 1978~2012, Harvard Yenching Institute, 2013.

Hoff, K., "Bayesian Learning in an Infant Industry Model", *Journal of International Economics*, 43, 1997, pp.409~436.

Johnson, C., *MITI and the Japanese Miracle: the Growth of Industrial Policy*: 1925~1975, Stanford University Press, 1982.

Jongseok L., I. Clacher and K. Keasey, "Industrial Policy as an Engine of Economic Growth: a Framework of Analysis and Evidence from South Korea(1960~1996)," *Business History*, 54(5), 2012, pp.713~740.

Klimenko, M., "Industrial Targeting, Experimentation and Long-run Specialization," *Journal of Development Economics*, 73(1), 2004, pp.75~105.

Krugman, P. and M. Obstfeld, *International Economics: Theory and Policy*, Seventh Edition, New York: Pearson-Addison Wesley, 2009.

Krugman, P. R., "Import Protection as Export Promotion; International Competition in the Presence of Oligopoly and Economics of Scale," in Henryk Keirzkowski, ed., *Monopolistic Competition and International Trade*, Oxford, Clarendon Press, 1984.

Lall, S., "Comparing National Competitive Performance," Queen Elizabeth House Working Paper Series No. S61, 2001.

Lall, S., "Industry Policy: the Role of Government in Promoting Industrial and Technological Development", *UNCTAD Review*, 1994.

Lall, S., "Selective Industrial and Trade Policies in Developing Countries: Theoretical and Empirical Issues", in C. Soludo, O. Ogbu and H. -J. Chang, eds., *The Politics of Trade and Industrial Policy in Africa: Forced Consensus?*

Africa World Press & IDRC, 4-14, 2004.

Lawrence, R. Z. and D. E. Weinstein, "Trade and Growth: Import-led or Export-led? Evidence from Japan and Korea(No. w 7264)," National Bureau of Economic Research, 1999.

Lee, J., I. Clacher and K. Keasey, "Industrial Policy as an Engine of Economic Growth: a Framework of Analysis and Evidence from South Korea(1960~1996)", *Business History*, 54(5), 2012, pp.713~740.

Lee, J. W., "Government Interventions and Productivity Growth", *Journal of Economic Growth*, 1(3), 1996, pp.391~414.

Lin, J. Y. and C. Monga, "The Evolving Paradigms of Structural Chang", in D. M. Malone, R. Medhora, B. Currie-Alder and R. Kanbur, eds., *Development: Ideas and Experiences*, New York, Oxford University Press, 2013.

Matutinovic, I., "Oil and the Political Economy of Energy", *Energy Policy*, 37(11), 2009, pp.4251~4258.

Melitz, M. J., "When and How Should Infant Industries Be Protected?", *Journal of International Economics*, 66, 2005, pp.177~196.

Naudé, W., "Industrial Policy: Old and New Issues", Working Paper No. 2010/106, United Nations University, World Institute for Development Economics Research, September 2010.

Okuno-Fujiwara, "Interdependence of Industries, Coordination Failure and Strategic Promotion of an Industry", *Journal of International Economics*, 25(1-2), 1988, pp.25~43.

Pack, H. and K. Saggi, "Is there a Case for Industrial Policy? A Critical Survey", World Bank Research Observer, 21(2), 2006, pp.267~297.

Pack, H. and L. Westphal, "Industrial Strategy and Technological Change: Theory versus Reality", *Journal of Development Economics*, 22, 1986, pp.87~128.

Primi, A. and W. Peres Núñnez, *Theory and Practice of Industrial Policy: Evidence from the Latin American Experience*, ECLAC, 2009.

Ricotta, F., "Trade in Intermediate Goods in Italian Manufacturing Industries", Render : Universitadella Calabria. Mimeo, 2009.

Rodrick, D., "Industrial Policy: Don't Ask Why, Ask How", *Middle East Development Journal*, 1(1), 2009, pp.1~29.

Rodrik, D., "Coodination Failures and Government Policy: A Model with Applications to East Asia and Eastern Europe", *Journal of International Economics*, 40, 1996, pp.1~22.

Rodrik, D., "Industrial Policy for the Twenty-First Century", CEPR Discussion Paper 4767, London: Centre for Economic Policy Research, 2004.

Rodrik, D., "Normalizing Industrial Policy", Commission on Growth and Development Working Paper No. 3, Washington DC, 2008.

Sohal, A. S. and B. Ferme, "An Analysis of the South Korean Automotive, Ship-building and Steel Industries", *Benchmarking for Quality Management & Technology*, 3(2), 1996, pp.15~30.

Stiglitz, J. E., "From Miracle to Crisis to Recovery: Lessons from Four Decades of East Asian Experience", in J. Stiglituz and S. Yusuf, eds., *Rethinking the East Asian Miracle*, Oxford: Oxford University Press, 2001, pp.520~537.

Stiglitz, J. E., "Industrial Policy, Learning, and Development", working paper, 2015.

Stiglitz, J. E., J. Jaramillo-Vallejo and Y. C. Park, "The Role of the State in Financial Markets", World Bank Research Observer, Annual Conference on Development Economics Supplement, 1993, pp.19~61.

Stiglitz, J. E., J. Y. Lin and C. Monga, "The Rejuvenation of Industrial Policy", Policy Research Working Paper 6628, The World Bank, Washington, 2013.

Swann, G. M. P., "The Economic Rationale for a National Design Policy",

Department for Business, Innovation and Skills, Occasional Paper No. 2, August 2010.

UI-Haque, I., "Rethinking Industrial Policy", UNCTAD Discussion Paper 183, Geneva: UNCTAD, 2007.

UNCTAD, *A Case Study of the Salmon Industry in Chile*, New York and Geneva, 2006.

Wade, R., *Governing the Market: Economic Theory and the Role of Government in East Asian Industrialization*, Princeton: Princeton University Press, 2004.

Warwick, K., "Beyond industrial Policy: Emerging Issues and New Trends", OECD Science, Technology and Industry Policy Papers, No. 2, OECD Publishing, 2013.

Wu, Y., "Rethinking the Taiwanese Developmental State", *The China Quarterly*, 177, 2004, pp.91~114.

Yi, K. M., "Can Vertical Specialization Explain the Growth of World Trade?", *Journal of Political Economy*, 11(1), 2003, pp.52~102.

아그네스 베나시-퀴에레·Benolt Cceure·피에르 자크·장 피사니 페리, 『경제정책: 이론과 실천』, 쉬젠웨이(徐建煒) 등 역, 중국인민대학출판사, 2015.

에즈라 보겔, 『일본의 성공, 미국의 부흥』, 상하이산롄서점, 1985.

천진메이(陳瑾玫), 『중국산업정책 효과 연구』, 베이징사범대학출판사, 2011.

천자오(陳釗)·슝루이샹(熊瑞祥), 「비교우위와 산업정책 효과-수출 가공 단지 준 시험의 증거」, 『매니지먼트 월드』, 2015, 8기.

청쥔지에(程俊杰), 「중국산업정책과 생산과잉」, 『당정시야』, 2015, 11기.

따이천(戴晨)·류이(劉怡), 「세수 우대와 재정 보조금이 기업의 R&D에 끼치는 영향 비교 분석」, 『경제과학』, 2008, 3기.

판원샹(范文祥)·치지에(齊杰), 「중국 대외 무역정책과 산업정책의 조율 분석」, 『석가장 경제아카데미학보』, 2013, 5기.

펑페이(馮飛), 「정밀한 산업정책으로 공급라인 구조 개혁 추진」, 『구시求是』,

2016, 10기.

펑샤오치(馮曉琦)·완쥔(萬軍), 「산업정책에서 경쟁 정책까지: 동아시아 지역 정부 개입 방식의 전환 및 중국이 고려할 점」, 『남개경제연구』, 2005, 5기.

구신(顧昕)·장젠쥔(張建君), 「승자를 선별할 것인가 아니면 서비스를 제공할 것인가? - 산업정책의 제도적 기초와 시정 선택」, 『경제사회체제비교』, 2014, 1기.

한간(韓乾)·홍영썬(洪永森), 「국가 산업정책, 자산가격과 투자자 행위」, 『경제연구』, 2014, 12기.

허우리양(侯利陽), 「산업정책은 왜 경쟁 정책으로 전환되었는가: 유럽의 경험과 상하이의 현실」, 『상하이 교통대학학보(철학사회과학판)』, 2016, 1기.

황셴하이(黃先海)·송슈에인(宋學印)·주주쥔(諸竹君), 「중국 산업정책의 최적 시행 공간 한계-보조금 효과, 경쟁 병행과 생산과잉 해결」, 『중국산업경제』, 2015, 4기.

황셴하이(黃先海)·시에루(謝璐), 「중국 자동차 산업 전략적 무역 정책 효과에 대한 실증적 연구 - R&D보조금 정책과 수출 보조금 정책 비교」, 『세계 경제 연구』, 2005, 12기.

쟝페이타오(江飛濤)·리샤오핑(李曉萍), 「직접적 시장 개입과 경쟁 제한: 중국산업정책의 동향과 근본적 결함」, 『중국산업경제』, 2010, 9기.

쟝페이타오(江飛濤)·리샤오핑(李曉萍), 「중국 산업정책의 방향에 큰 조정을 해야 한다」, 『동방조보, 상하이 경제평론』, 2012. 11. 13.

쟝페이타오(江飛濤)·리샤오핑(李曉萍), 「현재 중국 산업정책 전환의 기본 논리」, 『난징 대학학보(철학, 인문과학, 사회과학)』, 2015, 5기.

쟝샤오주엔(江小涓), 『경제 전환 시기의 산업정책』, 상하이산롄서점, 1996.

쟝다양(姜達洋), 『현대 산업정책 이론의 신진전 및 개발도상국 산업정책 재평가』, 경제일보출판사, 2016.

쟝쟝(姜江), 「일반 특혜·경쟁적 산업정책 시행 가속화」, 『거시경제관리』, 2015, 3기.

진거(金戈), 「산업구조 변화에서 중국의 역할과 밀물 현상: 홍콩을 사례로」, 『아태경제』, 2008, 2기.

진거(金戈), 「산업구조 변화와 산업정책 선택」, 『경제지리』, 2010, 9기.

캉링샹(康凌翔), 『중국 지방정부 산업정책과 지방 산업 전환 연구』, 수도경제무역대학교 박사논문, 2014년.

리원징(黎文靖)·리야오타오(李耀淘), 「산업정책은 회사의 투자를 이끄는가?」, 『중국산업경제』, 2014, 5기.

리원징(黎文靖)·정만니(鄭曼妮), 「실질적 혁신인가 정책적 혁신인가 - 거시 산업정책이 미시 기업 혁신에 미치는 영향」, 『경제연구』, 2016, 4기.

리징후이(李敬輝), 『신시기 중국 산업정책 연구』, 하얼빈공정대학교 박사논문, 2004년.

리쥐안(李娟), 「중화학 산업 단계 중국 산업화가 직면한 어려움과 대책」, 『후베이 사회과학』, 2006, 9기.

린이푸(林毅夫)·우허마오(巫和懋)·싱이칭(邢亦靑), 「생산과잉과 '밀물 현상' 형성 기제」, 『경제연구』, 2007, 1기.

린이푸(林毅夫), 『신구조경제학: 경제 발전과 정책의 이론 프레임 재고찰』, 베이징대학교출판사, 2012.

류빙(劉冰)·마위(馬宇), 「산업정책 변화, 정책 효력과 산업발전」, 『산업경제 연구』, 2008, 5기.

류후이민(劉慧敏), 「신시기 중국 산업정책의 유형과 표출 형식-국가 계획 위원회 장기 계획과 산업정책사 부사장 류허(劉鶴) 인터뷰」, 『중국 투자와 건설』, 1994, 7기.

류즈뱌오(劉志彪), 「경제 발전의 새로운 상황에서의 산업정책 기능의 전환」, 『난징사회과학』, 2015, 3기.

마오치린(毛其淋)·쉬쟈윈(徐家云), 「기업의 신제품 혁신에서 정부 보조금의 영향-보조금 지급 강도의 '적정 구역'을 기반으로 한 관점」, 『중국 산업 경제』, 2015, 6기.

난량진(南亮進), 『일본의 경제 발전』, 경제관리출판사, 1992.

치우자오린(邱兆林), 「중국 산업정책의 유효성에 대한 실증 분석 - 산업 업종을 기반으로 한 패널 데이터」, 『소프트 과학』, 2015, 2기.

취완원(瞿宛文), 「추월 공감대 작용하의 중국 산업정책 모델 - 자동차 산업을 사례로」, 『경제학(시즌호)』, 2009, 2기.

샤오민(邵敏)·바오췬(包群), 「정부 보조금과 기업생산율 - 중국 산업 기업을 기반으로 한 경험 분석」, 『중국공업경제』, 2012, 7기.

슈루이(舒銳), 「산업정책은 반드시 효과를 내는가? 산업 데이터를 기반으로 한 실증 분석」, 『산업경제연구』, 2013, 5기.

송링윈(宋凌雲)·왕시엔빈(王賢彬), 「중점 산업정책, 자원 재배치와 산업생산율」, 『매니지먼트 월드』, 2013, 12기.

쑤동쉐이(蘇東水), 『산업경제학』, 고등교육출판사, 2010.

쑨자오(孫早)·시젠청(席建成), 「중국식 산업정책의 시행 효과: 산업 전환인가 아니면 단기적 경제 성장인가」, 『중국공업경제』, 2015, 7기.

왕빈(汪斌), 「경제 글로벌화와 현대 산업정책의 전환 - 중국 산업정책의 전환 동향과 함께」, 『학술월간』, 2003, 3기.

왕샤오루(王小魯), 「제13차 5개년 계획 기간 동안 산업정책 전환에 대한 생각」, 중국개혁포럼망, 2015. 6. 25.

우이윈(吳意云)·주시웨이(朱希偽), 「중국은 왜 너무 일찍 진입하고 다시 분산되었나: 산업정책과 경제 지리」, 『세계 경제』, 2015, 2기.

시모코우베 아츠지·카니예 시게루, 『현대 일본 경제 사전』(중역본), 중국사회과학출판사, 1982.

샤청샹(夏騁翔), 「산업정책의 경제학 분석」, 『경제문제탐색』, 2007, 3기.

샹안보(項安波)·장원쿠이(張文魁), 「중국 산업정책의 특징, 평가와 정책 조정 건의」, 『중국 발전 관찰』, 2013, 12기.

코미야 류타로, 『일본의 산업정책』, 국제문화출판회사, 1988.

쉬위엔화(徐遠華)·쑨자오(孫早), 「산업정책 장려와 하이테크 기술 산업의 경쟁력」, 『산시재경대학학보』, 2015, 9기.

양훼이신(楊惠馨)·우웨이펑(吳煒峰), 「경제 글로벌화에서의 산업구조 전환 및 대책」, 『경제학 동태』, 2010, 6기.

양즈(楊治), 『산업경제학 소개』, 중국인민대학출판사, 1985.

양즈룽(楊子榮)·따이쥔쉰(代軍勛)·거웨이(葛僞)·타오주(陶鑄), 「뉴 노멀에서 중국 경제 성장 동력 전환 연구-지역 차이 관점을 바탕으로 분석」, 『당대경제과학』, 2015, 6기.

이토 모토시게, 『산업정책의 경제 연구』, 도쿄대학출판회, 1988.

위징(俞靜), 「지방성 국가 종합주의, 지대추구와 중국 자동차 산업 정책의 실효」, 『공공관리평론』, 2009, 2기.

조지프 E. 스티글리츠, 『발전과 발전 정책』, 지모(紀沫)·통빙(仝冰)·하이룽(海榮) 역, 중국금융출판사, 2009년.

장지에(張杰), 「산업정책을 근거로 한 중국 생산성 과잉 형성과 해결 연구」, 『경제 문제 탐색』, 2015, 2기.

장펑페이(張鵬飛)·쉬차오양(徐朝陽), 「개입 아니면 비개입? - 정부 산업정책 유효성을 둘러싼 논쟁」, 『경제사회 체제 비교』, 2007, 8기.

장르쉬(張日旭), 「지방정부 경쟁으로 야기된 생산성 과잉 문제 연구」, 『경제와 관리』, 2012, 11기.

장하준, 『나쁜 사마리아인들: 자유무역의 신화와 자본주의의 숨은 역사』, 옌룽(嚴榮) 등 역, 사회과학문헌출판사, 2009a.

장하준, 『사다리 걷어차기』, 샤오리엔(肖煉) 등 역, 사회과학문헌출판사, 2009b.

장위(張昱), 「현 단계 산업정책의 실제 상황 및 유형」, 『개혁』, 2012, 7기.

자오쟈후이(趙嘉輝), 『산업정책의 이론 분석과 효과 평가』, 중국경제출판사, 2013년.

자오란(趙蘭)·저우야리(周亞利), 「산업정책과 기업혁신 실적 - 전략적 신흥 산업을 사례로」, 『국제상무재회』, 2014, 2기.

저우수리엔(周叔蓮)·뤼티에(呂鐵)·허쥔(賀俊), 「신시기 중국 고성장 업종의 산업정책 분석」, 『중국공업경제』, 2008, 9기.

저우수리엔(周叔蓮), 『산업정책 문제 탐색』, 경제관리출판사, 1987.

저우야훙(周亞虹)·푸위루(浦余路)·천스이(陳詩一)·팡팡(方芳), 「정부 보조금과 신흥산업발전」, 『경제연구』, 2015, 6기.

저우전화(周振華), 『산업정책의 경제이론 시스템 분석』, 중국인민대학출판사, 1991.

직접적 시장 개입과 경쟁 제한
— 중국 산업정책의 지향과 근본적 결함

쟝페이타오(江飛濤)
중국사회과학원 산업경제연구소 보조연구원

리샤오핑(李曉萍)
중산대학교 경영대학 박사 연구생

21세기에 접어들면서, 중국의 산업정책은 산업구조 조정과 고도화를 촉진하고, 일부 산업의 생산과잉을 억제하는 것을 목표로 삼았다. 정책 시행 수단을 살펴보면, 리스트 가이드, 시장 진입 허가, 프로젝트 심의·비준, 임대 토지 심사, 대출의 행정적 허가, 강제성 정리(낙후된 생산성에 대한 도태) 등의 행정적 직접 개입 조치를 한층 더 강화했다. 중국의 산업정책은 전형적인 선별적 산업정책으로 미시경제에 대한 개입이 더 확대되었고 세분화되었으며 직접적이었다. 시장에 직접 개입하고 정부의 선택으로 시장 메커니즘을 대체하며, 경쟁을 제한하겠다는 강화된 규제적 특성과 짙은 계획경제의 성향이 나타났다.

이런 중국 특유의 산업정책은 이론적 근거를 찾기 힘들었고, 억지로 이론적 근거를 찾는다고 해도 불충분하거나 근거 자체에 심각한 문제가 존재하기 마련이었으며, 아예 이론 자체를 오해하거나 왜곡한 경우도 있었다. 중국 특색의 산업정책에 근본적 결함이 존재하는 주된 원인은 시장 메커니즘을 정적이고 지나치게 단순하게 이해했기 때문이다. 이렇게 잘못된 이해는 정책 부처가 산업정책을 제정·시행하는 데 있어 행동의 한계와 행동 방식에서 착오가 나타나게 했다. 따라서 시장 메커니즘에 대한 재인식은 중국 산업정책을 재고찰하는 데 있어 중요한 이론적 가치와 현실적인 의미를 갖는다.

들어가기

1980년대 말부터 중국은 산업정책을 시행하기 시작하면서 점차 산업정책을 비교적 많이 시행한 국가가 되었고, 산업정책은 여러 이유로 광범위하게 다양한 분야에서 존재하게 되었다. 21세기에 접어들면서, 중국의 산업정책은 더욱 세분화되고 전면적이며 체계적으로 바뀌었고, 『현現 국가중점발전장려 산업·제품 및 기술 리스트(2000년 개정)』, 『현現 우선발전 대상인 하이테크 산업화의 중점 영역 가이드』, 『국가 산업기술 정책』, 『산업구조 조정 촉진을 위한 임시 규정』, 『산업구조 조정 지도 가이드』 등 산업정책 강령 문서가 잇달아 발표되었다. 이밖에 철강·칼슘카바이드·시멘트·석탄·알루미늄·전력·방직 업계에 대한 구조 조정 정책도 제정되었다. 『자동차 산업 발전 정책』, 『철강 산업 발전 정책』, 『시멘트 공업 산업 발전 정책』과 『선박 산업 중·장기 발전 계획』의 잇따른 발표는 개별 산업 발전에 대한 전반적이고 체계화된 정책적 개입이 점차 자리를 잡았다는 것을 의미한다. 2009년, 10대 중점 산업의 조정 진흥 계획이 공표 및 실시되면서 이와 함께 시행된 세칙이 160여 항에 달했고, 산업 활동의 곳곳에 연관되었다. 중점 산업에 대한 조정 및 진흥 계획은 최근 중국 산업정책의 기본적인 사상과 정책 조치의 편향 및 발전 추세를 집중적으로 보여 주고 있다. 이 계획은 최근 몇 년간의 산업정책에 대한 총정리와 발전을 보여 주었고, 비교적 포괄적이고 체계적인 산업정책 시스템이 구축되었다는 것을 의미한다. 해당 계획의 공표와 시행은 또한 정부 부처가 산업정책을 더 강력히 추진하겠다는 것을 의미한다.

21세기 들어서부터 중국은 비록 시장 메커니즘의 활용을 강조하고, 시장 친화적인 '기능성 산업정책'의 운용을 중요시하기 시작하며, 산업 발전에서 정부의 서비스 역할을 강화하길 시도했지만, 산업정책에 과거부터 계획경제의 색깔이 짙게 깔린 특징을 완전히 벗어버리지는 못했다. 시장 진입 허가, 프로젝트 심의, 임대 토지 심사, 대출의 행정적 허가, 리스트 가이드, 낙후된 생산성 퇴출 등 행정적인 직접 개입 조치가 더욱 강화되었고, '선별적 산업정책'은 여전히 산업정책의 핵심이었다. 선별적 산업정책은 협의의 산업정책으로 일본 정부는 이 정책의 초기 제창자이자 실행자였다. 중국 정부는 오랜 기간 계획경제를 시행했던 전통 때문에 경제에 직접 개입하려는 경향이 강했고, 정부 주도의 '선별적 산업정책' 시행을 선호하게 되었다. 중국의 선별적 산업정책은 거의 모든 산업을 포함했고, 주로 산업 내부의 특정 기업·제품·기술에 대한 선별적인 지원과 산업 조직 형태에 대한 조정으로 표출되었으며, 직접적이고 강력한 시장 개입의 의지를 보여 준다.

선별적 산업정책은 이론적 기초나 실제 시행 효과에 대한 견해나 할 것 없이 뜨거운 논쟁을 불러일으켰다. 중국의 선별적 산업정책에 매우 분명한 시장 개입이라는 특징을 지니기 때문에, 이런 유형의 정책에 대한 연구에 현실적 의미가 있다. 산업정책은 범위가 매우 넓은 개념으로, 각 나라의 산업정책 착안점, 정책적 조치, 이론적 근거에 매우 큰 차이가 존재한다. 한 국가의 산업정책을 연구할 때, 산업정책에 대한 구체적이고 상세한 분석 없이, 해당 국가의 산업정책이 가진 기본적인 특징을 파악하지 못한 채, 그 필요성과 적절성을 논의하는 것은 아무런 가치가 없다. 이러한 무의미한 토론은 오히려 부적절한 산업정책에 부적절한 이론적 근거를 제공하는 결과를 낳기도 한다.

본문에서는 중국의 산업정책에 대한 체계적인 정리와 해석을 통해, 중국 산업정책의 기본적인 특징을 정확하게 파악하고, 이론적 근거 및 여기에 존재하는 근본적인 결함을 심층적으로 분석하고자 한다. 나아가 시장 메커니즘을 다시 이해하고, 이를 토대로 중국 산업정책을 깊이 있게 돌아보며 상응하는 정책적 제안을 제시하고자 한다.

중국 산업정책의 임무·조치와 규제적 특징

2000년 이래 중국 정부는 산업정책의 시행을 강화하며 일련의 산업정책을 공포했다. 정책 조정 대상은 국민경제의 거의 모든 대분류 업종을 포함했고, 정책 내용도 더 세분화되어 개별 업종을 대상으로 제정한 산업정책이 수적으로 현저히 증가했다. 정책 조치는 한층 더 구체적이었고 시장에 대한 직접적인 개입 역시 더욱 강화되었다.

산업정책의 주요 임무

2000년 이래 중국의 산업정책 과제는 주로 산업구조 조정 촉진, 일부 업종의 지나친 투자와 생산과잉 억제라는 두 부분에 집중되었다. 산업구조 조정의 촉진은 줄곧 중국 산업정책의 중요 과제였으며, 21세기에 진입한 이후 정부 부처는 산업구조 조정을 더욱 중요시하게 되면서 많은 정책 또한 산업의 구조 조정 촉진을 위주로 제정되었다. 일례로『현現 국가중점발전장려 산업·제품 및 기술 리스트』(2000년 개정),『산업구조 조정 촉진을 위한 임시 규정』,『자동차 산업 발전 정책』,『철강 산업 발전 정책』,『시멘트 공업 산업 발전 정책』, 10대 중점 산업구조 조정 진흥 계획 등 모두 산업구조 조정을 가장 핵심적인 위치에 두었다.

국민경제에서 중점발전 산업 또는 주력 산업을 선발했던 1980~1990년대의 산업정책 방식과는 달리, 2000년 이후의 산업정책은 산업구조 조정을 추진하는 데 있어 산업 내부의 구조 조정에 더욱 주목했다. 『현 現 국가중점발전장려 산업·제품 및 기술 리스트』(2000년 개정)는 28개 분야에 상관되고 국민경제에 속한 거의 모든 대분류 업종을 포함했는데, 대분류 업종에 526가지의 발전 장려 제품·기술 및 일부 인프라, 서비스 항목을 상세히 열거했다. 『산업구조 조정 지도 목록』(2005년판)에서는 장려 산업 가운데 모두 26개 분야가 언급되었고, 마찬가지로 국민경제에 속한 거의 모든 대분류 업종이 포함되었으며, 유형별로 539가지의 발전 장려 제품과 항목으로 분류되었다. 이 두 리스트는 주로 각 업종 내부의 제품 업그레이드와 기술 발전에 대한 가이드라인을 제시하고, 각 산업 내부의 구조 조정을 촉진하는 데 중점을 두고 있다. 그 후, 국가발전개혁위원회는 일부 산업의 구조 조정에 대한 지도 의견을 발표하여 문제가 있는 업종의 산업구조 조정에 대한 지도를 더욱 강화했다. 연이어 공표된 산업정책 문서들은 산업구조 조정의 포커스를 주로 업종 내 제품의 구조 조정, 산업조직 구조 조정, 산업 배치의 조정 및 산업기술의 고도화 네 분야에 맞추고 있다. 이 중 산업조직 구조의 조정은 경쟁력 있는 기업 규모를 확대시켜 집중도를 향상하는 것을 핵심으로 했다. 최근 몇 년 사이에 산업정책 중 '산업구조 조정'에 폭넓은 함의가 부여되었으며, 산업정책에 관한 여러 가지 측면을 포함하게 되었다는 사실을 알 수 있다.

2003년 이래 일부 업종에서 발생한 맹목적인 투자와 생산과잉 문제는 정책 부처의 높은 관심을 사게 되었고, 정부는 잇따라 일련의 산업정책을 발표하여 해당 문제를 억제하려 했다. 2003년 11월 국가발전개혁위원회 등의 부처들은 연합하여 「철강 산업의 맹목적 투자 제재를 위한 약간의 의견」, 「전해 알루미늄 업종의 불법 건설 맹목적 투자 제지를 위한 약간의 의견」, 「시멘트 산업 맹목적 투자 방지 및 구조조정 속도 진척을 위한 약간의 의견」을 제정했고, 2006년 국무원은 「생산과잉 산업 구조조정의 빠른 추진에 관한 통지」를 발표했다. 그 후 국가발전개혁위원회가 내놓은 「자동차 산업 구조조정 의견에 관한 통지」, 「철강 산업 규제 총량과 낙후 도태와 구조조정 가속화에 관한 통지」를 내놓았다. 2009년 9월, 국가발전개혁위원회는 다시 「일부 산업의 생산과잉과 중복 건설에 대한 억제 및 산업의 건강한 발전을 위한 약간의 의견」을 내놓아 철강·시멘트·판유리 등 업종의 생산성 과잉 문제를 해결하려 했다.

산업정책의 주요 조치

2000년 이래 산업정책은 자원 배치에서 시장이 기본적인 역할을 해야 한다고 강조하면서도 국가 산업정책의 지도적 역할도 강화해야 한다고 강조했다. 가이드 리스트, 시장 진입 허가, 프로젝트 심의와 비준, 임대 토지 심의, 대출의 행정적 허가, 강제적 정리(낙후된 생산성에 대한 토대) 등 행정적인 직접 개입 조치는 더욱 강화되었다. 반면, 시장 시스템 개혁을 심화하고, 시장 메커니즘이 더 효율적으로 자원 배치 기능을 발휘하도록 하는 구체적인 정책적 조치는 상대적으로 줄어들었다.

21세기 이후의 산업정책에서 가이드 리스트는 중요한 정책적 조치가 되었다. 2000년 『현現 국가중점발전장려 산업·제품 및 기술 리스트』(2000년 개정)를 발표했고, 1999~2007년에는 잇따라 네 개 버전의 『현現 우선발전의 첨단기술 산업화 중점 분야 가이드』를 발표했다. 이것들은 장려 대상의 가이드 리스트였다. 1999~2002년에 잇따라 발표한 세 건의 『낙후된 생산성·공정과 제품에 대한 토대 목록』은 도태 대상 리스트였다. 2005년 발표한 『산업구조 조정 가이드 리스트』(2005년판)에서는 장려·제한·도태 대상의 리스트를 더욱 자세히 나열했고, 『산업구조 조정 촉진을 위한 임시 규정』에 따라, 장려 제품과 프로젝트에 대해 관련 부처는 프로젝트 심의와 비준, 신용대출 허가, 세수에서 어느 정도의 지원을 해 주었다. 반면 규제 대상인 새로운 프로젝트에 대해서는 투자를 금지했고, 투자 관리 부처는 심의를 해주지 않고, 금융기관에서는 대출해 주지 않으며, 토지 부처에서는 토지를 제공해 주지 않는 등의 조치가 취해졌다. 도태 대상의 프로젝트에 대해서는 투자를 금지할 뿐만 아니라, 각 부처·지역 및 관련 기업은 더욱 강력한 조치를 취해 규정대로 기한 내에 퇴출시켜야 했다. 2009년 이후 추진한 중점 산업 조정과 진흥계획에서는 『산업구조 조정 가이드 리스트』와 『외상 산업 투자 산업 지도 목록』의 조정을 두 가지 중요한 내용으로 삼았다. 중국에서 지도 목록은 단순한 '가이드'가 아니라 직접적으로 프로젝트의 심의와 비준, 신용대출, 세수 및 토지 우대 정책의 지원과 긴밀한 연관성이 있으며, 동시에 규제와 도태 대상 리스트의 경우에는 강제집행이란 특징을 가지고 있다. 중국의 산업정책에서 가이드 리스트는 강력한 직접 시장 개입의 성질을 띤 정책적 조치였다.

 투자 심의와 비준 및 시장 진입의 허가는 중국이 산업정책을 추진할 때 강력한 구속력을 갖는 중요한 수단이었다. 2004년 『투자 체제 개혁에 관한 결정』과 『정부 비준 투자 프로젝트 목록』은 정부 부처가 각 산업 내부의 기업투자를 심의·관리하는 근거가 되었고, 이런 투자 비준은 산업정책을 추진하는 중요한 조치가 되었다. 『철강 산업 발전 정책』과 『자동차 산업 발전 정책』에서 투자 허가와 업종 진입 허가도 중요한 역할을 갖고 있다. 산업 발전 정책에서 투자 허가를 받을 수 있는지 여부는 토지와 대출 관리 시스템이 유일하게 보는 기준이었다. 2006년 『생산과잉 산업의 구조조정 가속화에 관한 국무원의 통지』와 2009년 발표한 『일부 업종의 생산과잉과 중복 건설 지양과 산업의 건전한 발전 유도에 관한 약간의 의견』에서는 업계 진입 허가, 프로젝트 허가, 고정자산의 투자를 엄격히 통제하는 것이 가장 중요한 정책적 조치가 되었다. 2009년 이래 중점 산업 조정과 진흥 계획 시행세칙의 중요한 조치로서, 정부 부처에서는 일련의 업계 진입 정책(일부 업종의 진입 정책은 이미 나온 상태)의 출범을 계획했다. 이런 정책에서 정부는 산업 진입에 대한 행정 관리를 강화했으며 더 엄격한 관리 프로세스를 제정했다. 아울러 산업 진입에 있어 환경이나 안전에 관한 규정 외에도 설비 규모와 공정, 기업 규모, 기술의 경제지표에 대해서 일련의 구체적인 진입 조건을 설정했다. 더 한 가지 지적하고 싶은 부분은 허가 조건과 진입 조건에 부합하더라도, 반드시 정부 부처의 허가나 비준을 받을 수 있는 것은 아니라는 것이다. 정부 부처가 이 두 가지 조치를 실행할 때 비교적 큰 자율 재량권을 가지고 있기 때문에 기준에 따른 허가보다는 심사에 더 가깝다고 할 수 있다.

최근 들어 강제적으로 낙후된 생산성을 도태시키는 것 또한 산업정책 시행에 매우 중요한 정책적 조치가 되고 있다. 비록 낙후된 생산성을 도태시키는 것은 과거 산업발전 정책과 일부 업종의 생산과잉 억제 정책에도 포함되어 있었지만, 이런 조치는 행정 시스템에서 강력하게 추진하지 않는 이상 효력이 발생하기 힘들었다. 2009년 이래 정책 부처는 낙후된 생산성을 퇴출시키는 도구의 활용을 중요시하기 시작했고, 행정 문책 제도를 통해 낙후된 생산성을 도태시키는 업무가 제대로 시행되도록 보장해야 한다고 강조했다.[1] 2010년 2월 발표한 『낙후된 생산성 도태 업무 강화에 관한 국무원의 통지』에서 낙후된 산업 도태 업무에 매우 중요한 의미를 부여했고, '더욱 강력한 조치를 취하고 법률, 경제, 기술 및 필요한 행정적 수단을 종합적으로 운용'할 것을 강조했으며, 나아가 문책 제도의 시행과 행정적인 조직 지도를 더욱 강화했다.

---

[1] 『철강 산업 조정과 진흥 계획』, 『비철금속 산업 조정과 진흥 계획』 등 중점 산업 조정과 진흥 계획 서류 및 『일부 업종 생산과잉 억제와 산업 건전 발전 지도 구축에 관한 약간의 의견』 참고.

중국 산업정책의 강력한 규제적 특징

21세기 중국의 산업정책은 많은 부분에서 과거의 산업정책에 녹아 있던 짙은 계획경제의 색을 계승했고, 산업정책을 제정하고 실행하는 과정에서 시장에 대한 직접적인 개입과 시장 메커니즘을 대체하는 정부의 선택과 경쟁 제한의 규제적 특성이 강하게 나타난다. 중국의 산업정책은 일본의 산업정책을 참고로 삼는 것이다. 1950~1960년대 일본의 산업정책은 주로 간접적인 개입 방식을 취했고, 직접적인 시장 개입은 실행하기가 힘들었다[2][고미야 류타로(1988)]. 통산성이 시도했던 기업 집중 정책은 기본적으로 실패했다[고미야 류타로(1988, 1989)]. 1970년대 일본에서는 점차 '시장 메커니즘이 적용된 자원 분배는 경제를 충분히 발전시킬 수 있다'라는 공감대가 형성되었고, 지나친 정책적 개입과 산업에 대한 과도한 보호를 엄격하게 지양해야 한다는 인식의 전환이 산업정책의 지도 방침에서도 나타나기 시작했다. 일본의 산업정책과는 아주 다르게 중국의 정치경제 체제 속에서 정책 부처는 직접적 개입의 정책 수단에 치중했고, 미시경제에 대한 개입의 강도, 개입의 범위와 세분화 정도는 1950년대 이후 일본의 산업정책을 훨씬 뛰어넘었다.

중국의 산업정책은 줄곧 강력하게 시장에 직접 개입하는 특징을 갖고 있으며, 미시적인 시장에 대한 직접적인 개입 조치는 산업정책의 가장 중요한 수단이었다. 2003년 이래 기업의 미시경제 활동에 대한 정부의 행정적 개입은 '거시적 조정'이라는 명목하에 더욱 강화되면서, '거시적 조정은 행정적 관리를 위주로 진행한다'라는 것이 공식적인 지도방침이

---

2 이 시기의 주요 정책적 수단은 특정 산업에 대한 우대, 선택적인 재정·세수 및 금융 정책으로, 동시에 해당 산업이 외국 기업의 경쟁적 위협을 받지 않게 할 목적으로, 관세와 비관세 장벽을 만들었으며, 수출 제한과 외자 직접 투자가 있다(『일본의 산업정책』 p.99 참조).

되었다[우징리엔(吳敬璉, 2009)]. 일부 업종의 맹목적인 투자와 생산과잉을 억제하는 것은 산업정책의 중요한 내용이자 또한 '거시적 조정' 정책에도 중요한 구성 요소였다. 생산과잉 억제를 위한 산업정책에서 시장에 대한 직접적 행정 개입 조치가 강화되었고, 동시에 이런(시장에 대한 행정적 직접 개입이 강화된 상황) 추세는 이후 제정된 산업발전 정책, 산업구조 조정 정책과 중점 산업 조정 진흥 계획에서도 나타났다. 2003년, 정부가 발표한 일부 업종의 맹목적 투자에 대한 억제 정책에서는 프로젝트의 심의와 업계 진입 제도가 더욱 강화되었고, 국토 부처와 은행이 산업정책, 업계 진입 허가, 프로젝트 심의 규율에 따라 토지 공급과 대출 관리를 엄격히 하길 요구했다. 아울러 심의를 위반한 프로젝트는 강제 정리하고 일부 업계에서는 새로운 생산을 허가하지 않는 원천봉쇄 조치를 취하기도 했다. 그 후 발표된 『철강 산업 발전 정책』, 『자동차 산업 발전 정책』 및 일부 업종의 생산과잉을 억제하고, 생산과잉 산업의 구조조정을 촉진하는 일련의 정책에서 업계 진입 및 투자의 허가와 심의는 한층 강화되었다. 2009년, 『일부 업종의 생산과잉과 중복 건설 지양과 산업의 건전한 발전 유도에 관한 약간의 의견』에서는 필요한 행정 수단을 취해야 한다고 언급하면서, 사실 이 정책의 시행은 전적으로 행정적 수단에 의해 이루어졌다. 중점 산업 조정 진흥 계획은 강력하게 시장에 개입하는 특성을 계승했다. 21세기, 중국의 산업정책은 시장에 대한 강력한 정부 개입이라는 특성을 가지고 있으며, 행정적 수단을 통한 시장에 대한 직접적 개입 성향을 가지고 있다.

  중국 산업정책의 두 번째 특성은 정부의 판단과 선택으로 시장 메커니즘을 대체하려고 한다는 점이다. 이런 선택적인 부분은 구체적인 산업에 대한 선택이나 지원으로 분명하게 표출되기보다는 각 산업 내부의 특정 기술·제품·공정에 대한 선택과 지원으로 나타났다. 『현現 국가중점발전장려 산업·제품과 기술 리스트』(2000년 개정), 『산업구조 조정 지도 목록』(2005년판)의 장려 대상 리스트는 거의 모든 대분류 산업을 포함했고, 각각 526가지와 539가지의 발전장려 제품·기술·공정을 자세히 열거했다. 1999년, 2001년, 2004년과 2007년의 네 개 버전으로 나온 『現 우선발전 하이테크 산업화 중점 분야 가이드』에서는 적용 범위를 넓혀 국민경제의 모든 두 자릿수 코드 산업을 포함하게 되었고, 제품과 기술에 대한 선택적 지원도 매우 구체적으로 거론했다. 『산업구조 조정 가이드 리스트』(2005년판)의 제한과 도태 대상 리스트는 구체적 제품과 기술에 대한 규정이 매우 자세하며, 구체적인 공정·기술·제품·규모에 대해 직접적으로 언급했다.

이상의 가이드 리스트와 지침은 가이드라인을 제시하는 의미만 있는 것이 아니다. 『산업 조정 촉진 임시 규정』에서 "『산업구조 조정 지도 목록』은 투자 방향을 제시하고 있으며, 정부가 투자 프로젝트를 관리하고 세수·대출·토지·수출입 등 정책을 제정하고 실행하는 중요한 근거이다."라고 규정했다. 이러한 가이드 리스트, 지침과 계획은 정부가 투자 심의와 관리, 재무와 세수, 대출, 토지 등 정책을 제정하는 근거가 된 이후에는, 투자 방향을 '제시'하기보다는 많은 부분에서 '지정'해 주는 것이다. 이는 실제로 제품·기술·공정에 대한 정부의 선택으로 시장의 선택을 대체하는 것이다.

이렇게 제품·기술·공정에 대한 정부의 선택으로 시장의 선택을 대체하는 특징은 업종 진입 정책에서도 나타난다. 국가발전개혁위원회는 이미 10여 개 업종의 진입 조건 문서를 발표했고, 여기에서는 에너지 소모, 자원의 종합 이용 및 배출에 관련된 진입 기준을 규정했을 뿐 아니라, 공정과 설비 및 규모 등에 대해서도 엄격한 규정을 하고 있다. 맹목적인 투자와 생산과잉을 억제하는 산업정책에서 정부는 현재 시장의 수급 상황에 대한 판단과 미래 수급 상황의 변화에 대한 예측을 근거로 어떤 산업에 맹목적인 투자나 생산과잉이 존재하는지를 판단한다. 이와 같은 정부의 판단과 예측을 근거로 해당 업종의 생산성 및 생산성 투자를 관리하는 조치와 목표를 제정한다. 이는 실질적으로 정부의 판단과 통제로 시장의 조율 기제를 대체한 것으로서, 강력한 계획경제의 색채를 지니고 있다. 중국의 산업정책에서 정부의 선택으로 시장 메커니즘을 대체하는 특징은 산업조직 구조, 생산 기업 및 기업 규모의 선택에서도 나타난다. 철강 산업 발전 정책, 자동차 산업 발전 정책, 철강 산업 조정 진흥 계획, 자동차 산업 조정 진흥 계획 등 정책 역시 마찬가지로 비슷한 양상이 나타났다. 산업조직 구조, 생산 기업 및 기업 규모를 선택하는 데 있어 중국의 산업정책은 '대기업 지원, 중소기업 억제'라는 성향이 뚜렷이 나타났다. 즉, 선두 대기업의 확장을 지원하고 중소 규모 기업의 발전을 제한함으로써 시장의 집중과 대기업 그룹의 형성을 이루려고 한 것이다. 이는 실질적으로 시장경쟁에 의한 특정 분야에 집중되는 과정과 시장의 적자생존 메커니즘을 대체하려고 시도한 것이다.

중국 산업정책의 또 다른 특징은 선두 대기업(특히 중앙 기업)을 보호하고 지원하는 반면, 대기업의 시장 입지를 위협하는 중소기업의 도전과 경쟁은 제한한다는 것이다. 이러한 정책은 주로 '규모 경제를 충분히 이용하여 국제적 경쟁력을 갖춘 대형 기업 그룹을 육성하고, 시장 집중도를 높여 지나친 경쟁을 피한다'라는 명분을 내세운다. 해당 정책에는 선두 대기업에 유리한 업종 발전 계획을 제정하고, 대기업 발전에는 유리하지만 중소기업 발전은 제한하는 프로젝트의 심의 또는 허가 조건을 만드는 것을 포함한다. 대기업에 유리한 진입 조건을 제정하거나 새로운 기업의 진입을 엄격하게 제한하고, 프로젝트 심의와 결정 과정에서 우선적으로 대기업의 투자 프로젝트를 비준하고 중소기업의 프로젝트를 제한하는 경우도 있다. 철강 산업과 자동차 산업의 산업정책에서 경쟁을 제한하는 특징이 두드러지게 나타났다.

자동차 산업을 예로 설명하자면 자동차 산업 정책은 대기업을 철저히 보호했고 경쟁은 많은 부분에서 제한되었다. 중국 자동차 산업에서 실행된 리스트 관리 제도는 자동차 업계 진입에 대한 최종 결정권을 국가발전개혁위원회에 부여했고, 이는 진입 규정에 부합한 기업과 제품이라고 해서 리스트에 들어갈 수 있는 것이 아니라, 반드시 국가발전개혁위원회의 비준과 인정을 받아야 한다는 것을 의미한다. '자동차 산업 발전 정책'은 대형 자동차 기업 그룹이 프로젝트 심의를 받을 때 강력한 특권을 행사할 수 있게 했고, 잠재적 진입자가 자동차 업종에 진입하려 할 경우 높은 진입 장벽을 마주하게 만들었다. 아울러 비非자가용 유형의 자동차 기업이 자가용 업계에 진입할 때에도 진입 장벽을 높게 설정했다. 이로 인해 신흥 기업의 진입은 거의 불가능했고, 또한 다른 제품 유형의 자동차 생산 기업은 다른 제품 영역으로 진입하여 경쟁하는 행위가 거의 금지되다시피 했다. 자동차 산업 정책 시스템에서 합자 기업 설립에 대한 심의 역시 매우 중요한 내용이고, 특히 승용차 분야에서 더욱 그러했다. 기술과 자동차 차종 개발에 있어 선진국과 중국의 격차가 상당히 컸기 때문에 해외 선진기업과 합자를 진행할 경우에 합자 권력 및 합자 자동차 차종의 많고 적음, 합작의 깊이와 넓이가 많은 부분에서 중국 자동차 기업의 시장점유율과 발전 공간을 결정했다. 합자 심의 과정에서 중국은 대기업 중점 지원 일변도一邊倒의 모습을 보였고, 규모가 작은 자동차 기업은 합자 심의를 받을 수 있는 기회와 합자의 범위 등에서 모두 큰 제한을 받았다.

중국 산업정책의 근거와 결함

중국의 산업정책과 정책 특성에 대해 충분히 이해했다는 전제하에, 이어서 최근 몇 년간 중국 산업정책의 근거 및 여기에 존재하는 결함에 대해 살펴보고자 한다. 본문의 두 번째 파트에서 언급한 것처럼 최근 몇 년간 중국의 산업정책은 구조조정과 일부 업종의 생산과잉 억제라는 두 가지 주요 목표로 분류할 수 있다. 중국의 생산과잉 관리 정책의 이론적 근거와 그 근본적 결함에 대해서는 쟝페이타오(江飛濤)·차오젠하이(曹建海)(2009)가 이미 상세히 분석했기 때문에 본문에서는 더 이상 언급하지 않고, 구조 조정 정책을 분석하는 데 초점을 맞추고자 한다. 중국의 산업구조 조정 정책의 주요 이론적 근거는 산업정책의 이론을 바탕으로 하고 있으나, 중국 산업정책 자체의 특징을 충분히 고려하면 이런 중국 특색의 산업정책과 대응되는 이론적 근거를 찾기가 매우 어렵다는 것을 발견할 수 있다. 설령 억지로 이론적 근거를 찾는다 해도 충분하지 않거나 이론적 근거 자체에 심각한 문제점이 존재하거나 이론을 잘못 이해하거나 왜곡시킨 경우가 대부분이다.

중국식 산업구조 정책의 근거로 삼기 어려운 과학기술 연구개발의 외부 효과

과학기술 연구개발에는 긍정적인 외부 효과와 고위험성, 그리고 이 두 가지로 인해 발생하는 '시장 기능 상실'이 존재하기 때문에 중국식 산업구조 정책 또는 중국식 산업기술 정책의 근거로 삼기는 어렵다. 이 이론의 논리는 다음과 같다.

정부는 관련 정책을 통해 자국 기업이 연구개발(R&D) 초기에 필요한 막대한 투자를 지원하고자 한다. 만약 정부가 보조금을 제공하지 않으면 기업은 연구개발 전망의 불투명성, 연구 결과의 불확실성, 기술의 외부 유출 가능성으로 인해 연구개발의 동력을 잃을 것이다. 반대로 상응하는 산업정책의 지원 등 보상 메커니즘과 보호 우산이 있을 경우 기업은 연구개발에 투자를 할 충분한 동기부여가 되어 연구 성과 및 시장 전망의 불확실성을 극복할 수 있게 된다. 최근 들어 현대 경제 발전에서 과학기술의 역할이 점차 중요해지면서, 선진국은 기능적 산업정책을 통해 과학기술의 연구개발을 촉진하는 데 중점을 두고 있다. 하지만 중국의 산업구조 정책에서는 정부 부처가 여러 업종에서 중점 발전시킬 필요가 있는 선진 기술·공정·제품을 선별적으로 지원하고, 동시에 낙후된 기술·공정·제품을 선정하여 규제 및 도태 정책을 취하려 하고 있다. 정부 부처는 100개가 넘는 세분화된 업종 내에 수많은 기술·공정 및 제품의 전망과 경제성 그리고 시장성을 정확하고 올바르게 판단과 예측을 해야 하는 것이다. 하지만 이는 정부 부처가 해낼 수 있는 업무가 아니다. 따라서 과학기술 연구의 외부 효과를 근거로 관련 정책의 합리성을 지지하기는 힘들다.

충분한 근거가 없는 중국식 선별적 산업정책

산업구조의 변화 패턴과 동태적 비교우위 이론을 선별적 산업정책의 근거로 삼기에는 충분하지 않다. 게다가 이 이론에는 근본적인 결함이 존재하기 때문에 중국식 선별적 산업정책의 근거로는 더더욱 불충분하다. 21세기 중국의 산업구조 정책은 특정 산업(주력 산업 또는 신흥 전략산업)에 대한 선택적 지원으로 나타나지 않았고, 오히려 국민경제의 각 산업 내부의 특정 기술·제품·공정을 지원하는 형태를 보였다. 이는 분명히 특정 산업에 대한 선택과 지원을 강조한 산업구조의 변화 패턴, 동태적 비교우위 이론 같은 산업정책 이론과는 연결고리가 약하다. 그렇다고 이러한 이론에 따라 중국의 산업정책을 특정 산업을 선정하여 지원·육성하는 것으로 바꿔야 함을 의미하는 것은 결코 아니다.

일반적으로 이야기하는 산업구조의 변화 패턴이란 선진국의 역사적 경험을 정리한 것으로, 후발 주자인 국가들이 마주하는 발전 환경이나 조건과는 막대한 차이가 있다. 따라서 선진국의 경험을 고스란히 옮겨와 적용할 수는 없다. 마찬가지로, 이런 변화 패턴에 대한 연구는 너무 포괄적이고, 산업에 대한 구분이 모호하기 때문에 이를 바탕으로는 어느 구체적인 시점에 어떤 구체적인 산업을 지원해야 할지 결정하기 힘들다.

동태적 비교우위 이론의 기초는 규모의 경제와 불완전경쟁에 있다. 하지만 많은 실증적 연구 결과는 이론적 근거가 성립되지 않는다는 사실을 밝혔다[장평페이(張鵬飛)·쉬차오양(徐朝陽)(2007)]. 리Lee(1997)의 연구 결과에 따르면 개발도상국에는 불완전경쟁이 분명히 존재하지만 대부분 정부 개입에 따른 결과라고 분석했다. 규모의 경제에 대해 비슨과 와인스타인Beason and Weinstein(1996)은 1955~1990년대 주요 공업 부문의 데이터로 13개 업종의 규모 효율성을 계산했고, 그 중 6개 업종은 규모 효율성이 지속적으로 줄어들었고, 나머지 네 개의 업종에는 규모 경제성이 현저하지 않았다고 분석했다.

가장 흥미로운 사실은 일본의 주요 공업 산업정책의 지원 강도와 업종의 규모 경제성이 반비례했고, 규모 효율성이 감소된 업종이 오히려 더 많은 정책적 지원을 받았다는 점이다. 그뿐만 아니라 공업 부문의 성장률과 네 가지 산업정책 수단의 상관계수가 모두 마이너스인 것으로 드러났으며, 산업정책이 관련 산업 부문의 빠른 발전을 이끄는 역할을 하지 못했을 뿐 아니라, 부정적인 영향까지 가져왔다고 밝혔다. 일본의 각 공업 부문의 생산율 증가 가운데 산업정책의 효과가 기여한 부분은 7%에 불과했다. 전기, 범용 기계 및 교통 운수 기계 등 업종에서는 산업정책과 생산율 사이에 심지어 마이너스 상관관계가 보이기도 했다. 일본의 산업정책은 일본 각 주요 공업 부문 생산율에 큰 영향을 주지 못했다. 동태적 비교우위 이론과 선별적 산업정책의 지지자들은 일본 산업정책과 산업 발전을 가장 중요한 사실적 근거로 삼곤 한다. 그들에게 비슨Beason과 와인스타인Weinstein의 엄격하고 전면적인 계량적 연구는 너무 치명적인 결과였다. 마이클 포터Michael E. Porter는 일본의 주요 업종의 산업정책과 국제경쟁력에 대해 전면적이고 체계적인 연구를 진행했고, 그 결과로는 국제적 경쟁력이 비교적 강한 산업은 산업정책의 영향을 적게 받고, 산업정책의 개입이 많은 업종일수록 오히려 국제적 경쟁력을 갖추지 못했다고 밝혔다. 히로타카 다케우치(2002)는 국제적으로 성공한 일본의 20가지 산업과 실패한 일곱 가지 산업을 자세하게 비교한 후 일본에서 성공한 산업은 대부분 산업정책의 지원을 받지 않았고, 실패한 산업은 공교롭게도 산업정책의 구속을 많이 받았으며, 특히 제한 경쟁이 많았던 부문일수록 더욱 그렇다고 밝혀 냈다.

산업조직 정책 근거로서의 규모의 경제와 유효경쟁 이론은 토론해 볼 만하다

규모의 경제와 유효경쟁 이론을 산업조직 정책의 근거로 삼는 것은 충분하지 못하다. 진입 제한, 경쟁 제한, 대기업 지원의 방식을 통해 시장의 집중도를 향상시켜 효율성을 높이도록 시도하는 정책은 많은 부분에서 유효경쟁 이론과는 상충하고, 유효경쟁 이론에 대한 잘못된 해석이다. 철강·자동차 등 업종 가운데 산업조직 구조 고도화는 중국의 산업구조 조정 정책의 중요한 부분이다. 이들 업종에서 산업조직 구조 고도화란 주로 대규모 기업을 육성하고 시장의 집중도를 높이는 것이라고 말했고, 이러한 정책은 규모의 경제와 유효경쟁을 근거로 많이 삼았다. 해당 정책은 중국 기업이 해외 대기업에 비해 지나치게 규모가 작기 때문에 규모의 경제를 충분히 활용하지 못하는 점을 강조한다. 아울러 중국 기업이 해외 대기업과 경쟁력 격차가 나는 이유를 중국의 기업 규모가 너무 작기 때문이라고 귀결한다.

일본 학자인 쓰루다 토시마사(鶴田俊正)는 『일본의 산업정책』이란 책에서 다른 나라와 기업 규모의 크기를 비교하는 것은 아무런 경제학적 의미도 없으며, 기업의 규모는 사회적 분업이 광범위하게 발전하는 과정에서 시장의 특성에 적응하며 확정되는 것이라고 밝힌 바 있다. 또한 쓰루다 토시마사는 시장의 특수성을 무시하고 일률적으로 기업의 규모 확대만 추구하면 대규모 기업에 경제 효율성이 결여되는 상황이 발생할 수 있다고 경고했다. 발전 단계, 생산 시스템, 자원 부존의 차이가 상이하므로 동일한 산업에서 중국 기업과 구미 기업의 생산 그래프는 다를 수밖에 없고, 상이한 기업의 제도, 관리 수준의 차이, X-비효율을 극복하는 정도도 모두 다르므로 국가마다 최적의 생산 규모에 막대한 차이를 보이게 된다. 따라서 중국 기업의 규모가 상대적으로 작다고 해서 반드시 열세한 것은 아니다.

최근 몇 년 사이에 철강과 자동차 산업에 관한 일련의 정책적 문서를 보면, 정부 부처는 항상 국내 기업과 주요 글로벌 기업 간 효율성 격차의 원인으로 많은 부분에서 기업 규모를 지목한 점을 알 수 있다. 실제적으로 주요 글로벌 기업은 모두 소규모 기업에서 시작하여 오랜 기간의 생산 효율, 제품 품질 및 경쟁력을 제고함으로써 끊임없이 경쟁우위를 갖게 되었고, 이를 유지하는 과정에서 대규모 기업으로 성장하게 된 것이다. 중국 정책 부처와 일부 학계 인사들은 이런 정책의 합리성을 토론할 때 일본이 철강과 자동차 산업 분야에서 시행했던 같은 유형의 정책의 성공을 근거로 삼긴 하지만 해당 근거는 근본적으로 탄탄하지 않다. 1970년 야하타 제철과 후지 제철이 합병하여 신니혼 제철이 되기 전부터 일본 철강 기업은 생산 규모는 작은 반면 글로벌 경쟁력은 이미 강력했다. (야하타 제철과 후지 제철) 합병 이후에 비록 수출 가격은 떨어졌지만 국내 시장가격은 올랐고, 시장 메커니즘이 왜곡되면서 나타난 부작용이 비교적 컸다[코미야 류타로 등(1988)]. 1961년, 일본 통산성에서 내놓은 자동차 산업 '그룹화 구상'은 혼다와 닛산을 제외한 모든 자동차 제조업의 강렬한 반발에 부딪혔고, 일본의 자동차 기업 수는 바로 20여 개가 되었다. 통산성의 '그룹화 구상'은 결국 흐지부지 막을 내리게 되었다. 산업조직 정책의 실패로 일본 자동차 산업에 자유로운 발전 공간이 주어졌기 때문에 자동차 기업이 제품 품질, 생산 효율, 신제품 개발에서 치열한 경쟁을 벌였다. 바로 이러한 치열한 경쟁이 일본 자동차 산업의 성공을 가져온 것이다. 여기서 짚고 넘어가야 할 것은 산업 발전 단계에서 일본의 자동차 기업과 철강 기업은 규모가 아직 작았을 때부터 벌써 기술을 개선하고 혁신하는 강력한 신호가 나타났다는 점이다. 하지만 중국의 정책 제정 과정에서 정책 부처는 자국의 기술 능력과 혁신에 대한 열정이 부족한 것을 '기업 규모가 작아서'라고 귀결했다. 실제로 정책의 실패와 지원을 받는 대기업의 무능함을 감추기 위해 존재하지 않는 규모 신화를 지어낸 것이다[루펑(路風)·펑카이동(封凱棟)(2005)].

시장 집중도 향상을 정책적 목표로 삼을 때 그 근거로 하는 것이 유효경쟁 이론이다. 이 이론에 따르면 분산형 시장구조는 효율성이 낮고, 엉성한 과점 시장구조야말로 효율적이기 때문에 정책은 반드시 이처럼 집중된 시장구조의 형성을 목적으로 삼아야 한다. 하지만 사실상 이는 클라크의 유효경쟁 이론[Clark(1961)]에 대한 잘못된 해석이다[장페이타오·차오젠하이(2009)]. 시장 집중도 향상을 목표로 하는 정책은 실제 시장구조와 산업의 실적을 단순히 대응시킨 것이다. 시장은 승리 쟁탈을 위해 경쟁하는 동태적인 과정이고, 이 과정에서 여러 요인들이 서로 제약하고 작용하면서 불가분의 경제 시스템이 형성되고, 이는 계속 발전하고 변화하기 때문에 시장구조와 시장 결과를 단순하게 연결짓는 것은 적합하지 않다. 정부가 인위적으로 설치한 진입 장벽과 제한 경쟁이 존재하지 않는다면, 승리 쟁탈을 위해 경쟁하는 과정에서 내생적인 시장구조가 효율을 가질 것이다. 이 밖에도, 선진국과 비교하여 시장 집중도를 잣대로 중국의 어느 산업의 시장구조가 합리적인가를 판단하는 방법 역시 토론해 보아야 할 여지가 있다. 선진국 대부분의 산업은 장기간의 경쟁을 통해 현재의 시장구조를 형성하게 되었다. 하지만 개혁개방 이후 중국의 많은 산업은 고속 발전 주기를 다시 맞이하게 되었고, 이 발전 단계에서 낮은 집중도와 집중도의 지속적인 하락은 중요한 특징이다. 각 나라는 시장 규모가 다르고, 사용한 기술에 차이가 있는 등의 이유로 동일한 산업의 시장 집중도는 국가별로 현격한 차이가 나타났다. 따라서 선진국의 시장구조를 산업조직 정책의 목표와 근거로 삼는 것은 적절하지 않다.

'슘페터 가설'을 산업조직 정책의 근거로 삼는 것은 슘페터 혁신 이론에 대한 잘못된 해석이다

'슘페터 가설'을 '경쟁과 진입을 제한하여 대기업을 육성하고 집중도를 높여 기술 혁신을 추진하는' 정책의 근거로 삼는 것은 슘페터의 혁신 이론에 대한 완전히 잘못된 해석이다. 앞서 언급했듯이 중국 산업정책의 중요한 특징은 경쟁을 제한하고 정책 부처가 선택한 특정 기업을 보호함으로써 대규모 기업을 육성하고 집중도를 높이는 것이다. 이 정책은 슘페터 가설을 중요한 이론적 근거로 삼고 있다. 1912년 슘페터는 『경제 발전 이론』에서 "기업의 규모가 커지면 혁신도 이에 따라 증가할 것이며, 혁신은 시장의 집중에 따라 증가한다."라는 가설을 내놓았다. 그 후 슘페터는 또한 대기업이 혁신에 미치는 핵심적인 역할을 더욱 강조하며 연구개발 비용의 투자, 연구개발 리스크에 대한 책임, 혁신 성과로 인한 수익 통제력 등의 측면에서 대기업은 소기업이 가질 수 없는 장점을 보유하고 있다고 분석했다. 중국의 산업정책 부처는 이를 근거로 하여 경쟁 제한을 통해 대기업을 육성하면 산업기술의 혁신을 촉진할 수 있으리라 판단했다. 하지만 슘페터의 가설은 제시된 순간부터 광범위한 논쟁이 불붙었다. 애로우Arrow(1962)는 경쟁과 독점 두 가지 상이한 시장구조에서 혁신 장려 문제에 대한 모형 분석을 진행하여, 경쟁적인 시장구조가 독점적인 시장구조에 비해 더 강한 혁신 동력을 가지고 있다고 증명했다. 슘페터 가설과 애로우Arrow 모형의 두 가지 완전히 상반된 관점에서 비롯된 논쟁은 반세기 동안 이어졌고, 후속 이론 연구와 실증 연구도 두 편으로 갈라졌다. 이러한 이론 연구는 각기 다른 이론 모형과 가설 조건을 바탕으로 하고 있으며, 실증 연구의 결론은 데이터 샘플, 계량적인 방법 및 혁신과 시장구조의 측정 지표에 의하여 도출되기 때문에, 시장구조와 혁신 간의 관계는 하나의 단순한 결론으로 답할 수가 없다[우옌빙(吳延兵, 2007)]. 따라서 슘페터의 가설을 경쟁 제한 산업조직 정책의 이론적 근거로 삼는 것은 타당하지 않다.

더 언급해야 할 문제는 슘페터의 가설에 중요한 전제가 숨어 있는데, 즉 가설의 시장은 자유롭게 진입할 수 있고, 행정적인 진입 장벽이 존재하지 않는다는 것이다. 그 가운데 대기업과 독점적 시장구조는 내생적인 것으로, 독점 기업의 규모와 시장 지위는 이전의 자유 경쟁에서 끊임없이 혁신하고 효율을 높인 결과이다.(프로세스 혁신 측면에서 축적한 노하우 이점이 바로 여기에서 비롯되었다.) 이러한 전제 조건이 성립되어야 슘페터는 독점이 받은 경쟁적 압박이 전혀 적지 않고, 독점 자체가 경쟁의 원천과 방식이 될 것이라고 생각할 수 있다. 그리고 이와 같은 중요한 전제 조건이 성립될 경우에야 "독점 지위는, 특히 제조업에서는 대부분 마음 편히 지낼 수가 없다. 독점 지위는 언젠가 빼앗길 수 있기 때문에 경계하고 노력해야 그것을 지켜낼 수 있다."[슘페터(1999)]라고 언급했다. 슘페터(1999)는 또 대기업이 대대적으로 기술 혁신을 추진하는 기본적인 이유는 자신의 지위를 뺏기지 않기 위해서 어쩔 수 없이 취하는 행동이라며, 대기업에게 기술적 진보와 혁신을 추진하는 동력은 대부분 시장 경쟁 압박에 의한 것이라고 밝혔다. 슘페터가 말한 시장 경쟁에는 시장

내의 경쟁(Competition in the Market)뿐만 아니라 시장 진입을 둘러싸고 펼쳐지는 경쟁(Competition for the Market)까지 포함하고 있다. 슘페터는 후자가 (내생적인) 독점시장에서 중요한 역할을 한다고 강조하면서 이런 경쟁으로 독점기업들이 끊임없이 혁신을 진행하는 것이라고 여겼다. "이러한 경쟁은 실제로 존재할 때 역할을 할 뿐만 아니라 영원히 존재한다는 위협적인 요인만으로도 효과를 발휘한다."라고 말했다[슘페터(1999)]. 슘페터의 혁신 이론은 실제적으로 내생적 효율 독점과 행정적 독점을 엄격하게 구분했는데, 행정적 독점 역시 경쟁과 혁신을 심각하게 억제했고, 시장의 저효율을 가져왔다고 슘페터는 판단했다.

중국의 산업정책은 엄격한 진입 제한과 경쟁 제한을 통해 대기업을 육성하고 집중도를 향상하여 혁신을 촉진하고자 했다. 이로 인해 지원 대상으로 선정된 대기업은 시장 내부의 경쟁적 압박이 부족했고, 잠재적 진입자에 의해 형성된 경쟁적 압박에도 직면할 필요가 없었다. 이로써 혁신의 동력을 잃게 되었고, 중소기업과 잠재적 진입 기업의 혁신에 대한 의지와 창의적인 활동도 대폭적으로 억제되었다. 경쟁 제한을 통해 혁신을 촉진하려던 정책은 행정적 독점으로 이어졌고, 전체 산업이 정태적 효율성이나 동태적 효율성이나 할 것 없이 장기적으로 침체에 빠지게 만들었다. 이상의 분석을 통해 슘페터 가설을 경쟁 제한 정책의 이론적 근거로 삼는 것은 사실상 슘페터의 혁신 이론에 대한 의도적인 왜곡이며, 슘페터 가설을 단편적으로 이해한 것이다.

중국 산업정책에 대한 재고찰: 시장 경쟁 메커니즘을 바탕으로 한 새로운 인식

중국의 시장화 개혁이 심화되고 서양 경제 이론이 광범위하게 전파되면서 시장에 대한 중국 정부와 학계의 이해도 점차 깊어졌다. 하지만 신고전경제학은 점차 중국 경제학의 주류로 떠오르고 교과서의 주요 내용이 되면서, 신고전경제학과 그것의 시장 이해 방식이 정책 부처에 상당한 영향을 주었다. 신고전경제 이론이 시장 메커니즘에 대한 이해에서 존재하는 결함 역시 시장 메커니즘에 대한 정부 부처의 깊은 이해를 제약했다. 시장 메커니즘에 대한 인식의 부재는 더 나아가 정부 부처가 산업정책을 제정하고 시행하는 과정에서 정부 행동의 한계와 행동 방식의 혼란을 가져왔고, 심지어는 좋은 취지로 시작했던 산업정책이 거꾸로 시장의 운영 과정과 동태적인 효율의 실현을 저해하는 사태를 발생시켰다. 따라서 시장 메커니즘에 대한 재인식은 중국의 산업정책을 재고찰하는 데 중요한 이론적 가치와 현실적 의의를 지닌다.

신고전 이론을 기초로 한 산업정책 이론은 지식 문제를 전혀 고려하지 않고, 단순히 전지전능한 정부가 상황을 가장 잘 파악하고 정부의 대리인이 모두 청렴결백하다는 가설을 세우면서, 정부의 지식 결핍과 기능 상실의 가능성을 고려하지 않았고, 인류에 존재하는 피할 수 없는 '무지'라는 사실을 간과했다[왕옌후이(王延惠, 2005)]. 지식 문제는 구체적인 환경 문제로서 (산업정책 부처가) 경제 계산을 할 때 요구되는 지식은 시장 경쟁 과정이 진행되면서 습득할 수밖에 없다[왕옌후이(王延惠, 2007)]. 경쟁의 진정한 가치는 먼저 지식의 발견에 있다. 지식 발견의 기능은 경쟁에서 이기려는 동태적인 과정에서 나타날 수밖에 없다. 아울러 시장 경쟁 과정을 통해서만 분산된 지식을 이용하는 문제를 해결할 수 있다. 산업정책 이론의 기초로서의 신고전 이론은 시작점과 종착점에 대한 정태적인 분석에 지나치게 주목하고 정태적인 배치 효율에 관심을 가졌다. 하지만 현실에서 경쟁 과정은 분명 하나의 동태적인 과정으로, 경쟁에서 이기려는 동태적 과정에서만 동태적 효율을 실현할 수 있다. 신고전 이론에서 이야기하는 경쟁의 개념은 현실 경쟁과 어떠한 관계도 없으며, 시장 경쟁적 과정의 역할을 간과했다. 이러한 정태적 경쟁 이론은 근본적으로 경쟁을 반대하는 것으로, 그 결론은 정책의 지도적 의미를 가질 수 없다. 신고전 이론은 시장 메커니즘을 이해하는 데 근본적인 결함을 가지고 있기 때문에, '시장의 기능 상실'을 시장에 대한 정부 개입의 이론적 기초로 삼는 것은 부적절한 정책적 의미를 내포하며, 정책 분석의 기준 및 산업정책 개입을 시행하는 근거가 될 수 없다. 산업정책 및 정책 분석의 기준을 재인식하려면 시장의 경쟁 메커니즘을 재인식하고, 이를 기반으로 과거의 산업정책에 대해 재고찰을 할 필요가 있다.

과정으로서의 시장 경쟁 – 시장 경쟁 메커니즘 재인식

'필연적 무지' 상태에 놓인 지식사회 시대에서 시간과 무지함을 고려한 이론은 분명 상태 이론이 아니라 과정 이론이다[Loasby(1976)]. 시장을 이해하는 핵심은 진실된 시간과 지식 문제 그리고 인류의 행동(특히 기업가의 발견)에 있다. 현실 세계에서의 경쟁은 먼저 동태적 성질로 표출되며 탐색과 발견의 과정이다. 민감하고 영민한 기업가는 이윤의 유혹을 받아 새로운 시장 기회를 찾게 마련이고, 새로운 요소의 조합 방법을 개척하여 새로운 제품과 서비스를 제공하며, 새로운 기업 조직 형태와 내부 관리 방식, 그리고 적절한 기업 규모를 찾도록 시도할 것이다. 현실에서 시간의 흐름에 따라 리스크와 불확실성은 분명 행동 주체가 새로운 지식을 발견하는 승리 쟁탈 경쟁을 펼치는 과정에서 수반하게 된다. 경쟁자는 완전히 정확하게 그 행동의 결과를 예측할 수 없고, 바로 이러한 '무지' 상태는 그들이 새로운 것을 발견하고 시도하고 시범하게끔 독려한다. 생산자와 소비자들에게 경쟁 과정에서의 발견과 탐색은 정보와 지식을 획득하고 확장해 나가는 학습의 과정이다. 경쟁 과정의 결과로 효율이 더 높은 기업이 시장을 점유하게 한다. 승리 쟁탈 경쟁 도중 기업가의 새로운 발견은 원가가 더 낮은 기술과 효율성이 더 높은 자원 활용 방식을 계속 창출해 낸다. 시장의 생존 테스트 과정은 각 개체가 여러 가능한 방법을 시도해 보는 것으로, 이런 분산된 지식과 불확실한 시장에서의 시도·경쟁 및 혁신은 산업구조와 산업조직의 동태적 조정을 가져온다[왕옌후이(王延惠, 2007)].

산업정책에서 정부 판단과 선택으로 시장 메커니즘을 대체해서는 안 되는 이유

중국 산업정책의 한 가지 뚜렷한 특징은 정부의 판단과 선택으로 시장 메커니즘을 대체한다는 것이다. 정부의 선택으로 시장 경쟁 과정에서의 제품·기술·공정에 대한 선택을 대체하고, 시장의 수급 상황에 대한 정부의 판단과 통제로 시장의 조율 메커니즘을 대체한다. 이러한 산업정책의 시행에는 생산 원가, 소비자의 편향적 취향, 신제품 개발 및 기술 혁신 실현에 관한 완전한 지식이 필요하지만 이런 지식은 시장 경쟁의 과정을 통해서만 점차 또렷해지고 드러날 수 있으며, 시장 과정에서 이런 정보가 나타나기 전에 미리 얻는 것은 불가능하다[Lavoie(1985)]. 게다가, 이러한 지식은 주관적·개인적·분산적인 성격을 지니고 있어 암묵적이고 특정 시공간과 관련된 지식을 수반하므로 통합할 수 없는 지식이다[하이에크(2003)]. 정책 제정 부처는 이러한 지식을 이용하여 의미 있는 통계를 내거나 이를 근거로 정확한 경제 계산과 예측을 해낼 수 없다[Powell(2005); 쟝페이타오(江飛濤) 등(2007)]. 구체적인 현장에 속한 개인만이 자원 획득과 변화 발생 등의 개인적인 지식을 획득할 수 있고, 특정한 지식의 우위를 십분 활용하여 환경과 조건의 변화에 신속하고 유연하게 대처할 수 있다[왕옌후이(王延惠, 2005)]. 시장에 민감한 경제 주체만이 경제 운영에서 정확한 정책 결정에 필요한 상세한 지식을 가질 수 있는 반면, 정부는 운영 중인 시장 경쟁에서의 잠재적인 지식을 기업가보다 더 민첩하게 발견할 능력을 가지고 있지 못하며, 경제 개체보다 시장에 더 유연하게 대처할 수도 없다. 정부는 제품, 생산설비, 공정, 기술과 생산량 등의 선택에 있어 시장보다 높은 효율성을 가질 수 없는 것이다. 정부가 시장 메커니즘을 대신하여 선택하면 지식을 발견하는 데 있어 경제 주체의 적극성을 억누르게 될 뿐이며, 시장의 자발적인 조정을 저해하여 시장 운영 효율을 낮추게 된다. 그렇기 때문에 산업정책에서는 정부의 선택으로 시장 메커니즘을 대체하는 행위를 최대한 삼가야 한다.

경쟁적 집중 과정의 효율성으로 본 산업조직 정책의 근본적 결함

중국에서, 산업조직 정책은 줄곧 산업구조 조정 정책의 중요한 내용이었다. 시장 진입 허가, 투자 프로젝트 심의, 특정 기업의 선택적 육성을 통해 시장의 집중도를 높이고 대규모 기업을 육성하여 산업조직 구조의 고도화를 이루려 했다. 이러한 정책의 출발점은 결과와 과정을 혼동한 것이다. 일정한 시기에 특정 시장에 있는 기업의 수, 시장구조, 산업조직의 형태는 특정 경쟁 과정에서 나타난 임시적인 결과로 그 자체로는 큰 의미를 갖지 않는다.

경쟁적 집중이 효율을 창출할 수 있는 이유는 경쟁적인 과정에서 발생하는 선택적인 작용 때문이다. 이런 경쟁 과정을 벗어나 집중도의 효율만을 강조하는 것은 아무런 의미도 없다. 경쟁은 복잡하게 변화하고 선택하는 과정이다. 그리고 시장 점유율은 항상 효율이 결여된 기업에서 효율이 높은 기업으로 옮겨 가는 경향이 있고, 기업가의 승리 쟁탈 경쟁 과정에는 집중의 추세가 나타나기 마련이다.

기업의 승리 쟁탈 경쟁 과정에서 시장은 선별 메커니즘이자 발견 과정으로서 효율 우위를 가진 기업이 생존하고 발전할 수 있도록 한다. 경쟁은 더 좋은 제품과 우수한 생산 방법을 찾는 탐색의 여정이자, 소비자들이 어느 개체나 생산자가 어떻게 해야 특수한 선호와 다양한 소비자 수요를 충족시킬 수 있는가를 발견하는 과정이다. 생산자와 소비자는 모두 사전에 경쟁 과정의 최종 결과를 알 수 없으며, 어느 기업이 소비자의 욕구를 충족시켜 승리 쟁탈 과정에서의 승리자가 될지 알 수 없다[Metcalfe(1998)]. 경쟁의 과정을 거쳐야 이러한 지식을 발견할 수 있고, 시행착오의 과정을 통해서만 누가 승리할지 최종적으로 판단할 수 있게 되며, 천만 번의 승리 쟁탈 경쟁의 실험 과정을 통해서만 잠시의 승자를 선별해 낼 수 있다는 것이다[왕옌후이(王延惠, 2007)].

그러므로 정부는 시장의 경쟁 과정을 대체하여 진정한 승리자를 선정할 수 없다. 만약 정부가 개입하여 시장의 선택 과정을 대체하여 승자를 선택한다면, 자발적인 발견 과정에서의 경쟁이 사라지고, 그 결과 분명 선택받은 경제 주체는 자신의 생존과 이익에 대한 경쟁 상대의 위협을 더 이상 경험할 필요가 없어진다. 이렇게 되면 시장 과정에 따라 조금씩 표출되고 나타나는 소비자의 수요와 제품 지식을 탐색하고, 발견하여 획득하려는 원동력과 적극성을 점차 잃게 될 것이다. 낮은 원가로 소비자의 선호를 만족시키려는 혁신적 동기부여도 사라지며, 나아가 동태적인 경쟁이 가져온 시장 효율도 없어질 것이다. 이로써 시장 전반적으로 새로운 지식을 선별하고 발견하고 활용하고 창조하려는 원동력을 잃게 되어, 행동 주체가 이윤 기회에 대해 가지고 있는 경각심마저 잃게 될 것이다.

이는 또 다른 문제를 야기한다. 정부의 승자 선택 역시 경제 주체에게 비시장적 수단을 통해 정책 제정자를 포획하도록 하는 부실 현상이 더 심각해지고 보편화되어서 시장 과정의 효율적인 운행이 더 왜곡된다. 결론적으로 시장의 승리 쟁탈 과정은 시장의 동태적 효율을 제고하고, 고효율의 대기업을 육성하는 길이자 시장 집중도의 향상은 이 과정의 부산물일 뿐이다. 이와는 정반대로 집중도를 높이고 대기업을 육성하는 산업조직 정책으로 시장의 효율을 제고시키려는 것은 완전히 본말이 전도된 행위이며 시장 효율의 상실을 가져올 수 있다.

결론

21세기 이래 중국의 산업정책은 제정 및 시행 과정에서 행정적인 직접 개입 조치가 더 강화되었고, 시장에 대한 강력하고 직접적인 개입과 정부의 선택으로 시장 메커니즘을 대체하며 경쟁을 제한하는 규제적 특징과 농후한 계획경제의 색채가 뚜렷이 나타났다.

이러한 중국 특색의 산업정책은 상응하는 이론적 논거가 부족했고, 시장 메커니즘을 지나치게 정태적이고 단순하게 이해하기 때문에 정책 부처가 산업정책을 제정하고 시행하는 과정에서 정부 행동의 한계와 행동 방식의 혼란을 불러일으켰다. 따라서 시장 메커니즘과 시장의 경쟁 과정에 대한 재인식은 중국 산업정책을 재고찰하는 데 중요한 이론적 가치와 현실적 의의를 지닌다.

시장의 승리 쟁탈 경쟁의 동태적 과정 특성, 시장경쟁 과정에서의 지식 발견 기능, 경쟁이 복잡한 변화 과정과 선택의 과정이라는 것을 확실히 이해해야만, 우리는 제약을 받지 않는 시장경쟁 과정에서 진행되는 산업구조, 산업기술과 산업조직의 내생적인 변화에 더 동태적인 효율성이 있다는 사실을 절실히 느낄 수 있으며, '시장에 직접 개입하고 정책 부처의 선택으로 시장 메커니즘을 대체하고, 경쟁을 제한'하는 것이 중국식 선택적 산업정책의 근본적인 결함이라는 것을 확실히 알 수 있다.

여전히 체제 전환 과정에 있는 중국에게 경제 체제의 폐단, 미숙한 시장 체제, 경제에 대한 정부의 장기적이고 직접적인 개입은 시장경쟁 과정을 제약하고 왜곡하고 심지어 방해했고, 산업구조의 내생적 동태 변화와 발전을 저해했다. 중국은 이렇게 강력한 계획경제 색채와 규제적 특징을 지닌 선별적 산업정책에서 벗어나, 시장 체제의 개혁과 시장 메커니즘의 보완을 추진해야 한다. 그리고 '승리 쟁탈 경쟁의 시장 과정에 대한 유지'란 경쟁 정책을 실시하여, 시장 조율 기능을 향상시키고 적자 생존 기제를 발전시켜 산업의 발전과 산업구조의 동태적 조정을 촉진해야 한다.

추가적으로 시장에 우호적인 기능성 산업정책의 시행을 고려해 볼 만하다. 구체적으로, ① 환경보호에 관한 법률과 제도를 완비하여 효과를 거두게 하고, ② 지식재산권을 보호하고, ③ 기초연구에 대한 지원을 통해 외부 효과가 강한 응용 연구 및 중대한 영향력을 가진 응용 연구에 도움을 주고, ④ 교육과 전문 인재를 육성하고(기술 노동자 육성도 포함), ⑤ 업종 정보, 기술 발전과 추세, 경제 운영 정보의 수집·정리·연구와 발표로 업종 정보의 교류 및 연구 토론에 공평한 플랫폼을 제공한다.

참고문헌

Arrow, K. J., "Economic Welfare and the Allocation on Resources for Invention", in Nelson, R. R., ed., *The Rate and Direction of Inventive Activity*, NBER, Princeton, 1962.

Beason, W., "Growth, Economies of Scale, and Targeting in Japan(1955~1990)", *Review of Economics and Statistics*, 78(2), 1996, pp.286~295.

Powell, B., "State Development Planning: Did It Create an East Asian Miracle?", *The Review of Austrian Economics*, 18(3/4), 2005, pp.305~323.

Clark, J. M., *Competition as a Dynamic Process*, Washington, DC: Brookings Institution, 1961.

Lavoie, D., *Rivalry and Central Planning: The Socialist Calculation Debate Reconsidered*, New York: Cambridge University Press, 1985.

Lee, I., C. Hobbs and G. Haines, "Implementing Multicultural Policy: An Analysis of the Heritage Language Program, 1971~1981", *Canadian Public Administration*, 1992.

Loasby, B. J., *Choice, Complexity, and Ignorance*, Cambridge: Cambridge University Press, 1976.

Metcalfe, J. S., *Evolutionary Economics and Creative Destruction*, London: Routledg, 1988.

Porter, M. E., *Hirotaka Takeuchi, Mariko Sakakibara. Can Japan Compete?*, New York: Basic Books, 2000.

하이에크, 『개인주의와 경제 질서』, 덩정라이(鄧正來) 역, 생활·독서·신지삼련서점, 2003.

쟝페이타오(江飛濤)·차오젠하이(曹建海), 「시장의 기능 상실인가 시스템의 왜곡인가 - 메커니즘 형성과 재구축 연구에서의 논쟁, 결합과 새로운 진전」, 『중국 공업 경제』, 2009, 1기, pp.53~64.

쟝페이타오(江飛濤)·천웨이강(陳僞剛) 등,「투자 규제 정책의 결합과 부실 효과 - 중국 철강 산업에 기반한 고찰」,『중국 공업 경제』, 2007, 6기, pp.66~74.

루펑(路風)·펑카이둥(封凱棟),『중국 자주 지식재산권 자동차 공업 발전의 정책적 선택』, 베이징대학출판사, 2005.

왕옌후이(王延惠),『미시규제이론 연구 - 정통 이론에 대한 비판과 하나의 과정으로 시장을 이해하며』, 중국사회과학출판사, 2005.

왕옌후이(王延惠),『경쟁과 독점: 과정 경쟁 이론의 시각으로 분석』, 중국경제과학출판사, 2007.

우징리엔(吳敬璉),「기업의 규모, 시장의 힘과 혁신: 일개 문헌종술」,『경제연구』, 2007, 5기, pp.125~138.

코미야 류타로 등,『일본의 산업정책』, 국제문화출판공사, 1988.

코미야 류타로,『현대 중국 경제: 일본과 중국 대조 고찰』, 도쿄대학출판사, 1989.

조지프 슘페터,『경제 발전 이론』, 상무인서관, 1990.

조지프 슘페터,『자본주의·사회주의와 민주』, 상무인서관, 1999.

장펑페이(張鵬飛)·쉬차오양(徐朝陽),「개입인가 아니면 비개입인가? - 정부 산업정책의 유효성을 둘러싼 논쟁」,『경제사회 체제 비교』, 2007, 4기, pp.28~35.

히로타카 다케우치,『산업정책론에 대한 잘못된 해석』, 도쿄경제신보사, 2002.

미국 산업정책의 정치경제학
― 산업기술 정책에서 산업조직 정책까지[*]

저우젠쥔(周建軍)
국무원 국유자산감독관리위원회연구센터 부연구원

산업정책이란 주제를 놓고 경제학자들은 이미 많은 이론적 연구를 진행했다. 하지만 정부와 시장 사이의 관계와 맞닿고 있는 산업정책의 영원한 주제에 관한 경제학 연구는 아직 정론이 성립되지는 않은 상태이다. 역사와 사실에 입각하여 살펴보면, 산업정책은 많은 선진국과 개발도상국에서 모두 중요한 역할을 했다. 이 점에 대해선, 산업정책에 의문을 가지거나 반대하는 사람들조차 부인할 수는 없을 것이다. 역사와 사실이라는 각도에서 자유방임 경제 체제로 간주되는 미국의 산업정책을 연구하고 정리한 것은 개발도상국에게 '우리가 말하는 대로 하지 말고, 우리가 행동하는 대로 해라(Do as we do, not as we say)'에 따라 발전 정책을 선택하라는 스티글리츠의 충고에 부합한다.

본문은 이러한 인식을 바탕으로 미국을 연구 대상으로 삼아, 과거 및 현재 산업기술 정책과 산업조직 정책 등 여러 각도에서 미국 산업정책의 역사와 현황 및 그 발전 변천을 연구 분석하고 미국 산업정책의 정치경제 논리를 정리하고자 한다.

---

[*] 본문은 중앙편역국 『경제 사회 체제 비교』(2017)에 실렸고, 인민대학교 복제 간행물 자료 『세계경제 가이드』(2017)와 『중국 사회과학 다이제스트』(2017)에 실렸다. 필자는 컬럼비아대학 정책대화구상조직(Initiative for Policy Dialogue) 의장 스티글리츠(Joseph Stiglitz) 교수의 학술적 지도에 감사드리며, 컬럼비아대학 정책대화구상조직이 제공한 최고의 학술 환경에 감사드린다. 본문 내용에 대한 책임은 필자가 지며, 본문에 대한 어떤 내용이나 의견 개진은 필자의 전자메일(zhoujianjun01@tsinghua.org.cn)로 송부해 주시길 바란다.

산업정책의 함의와 논쟁

문자적 수식으로서 산업정책이라는 말이 처음 어디서 출현했는지에 대해서 고증하기는 쉽지 않다. 미국 학자의 연구에 따르면 산업정책이란 표현은 적어도 1876년에 미국에서 출판한 경제학 저작물인『대영제국과 미국의 산업정책』(Nester, 1998)에서 나왔다. 하지만 경제 발전을 추진하는 정책적 도구로서의 산업정책은 최소한 민족국가의 탄생 이래 정도의 차이만 있을 뿐 줄곧 존재해 왔다. 산업정책 자체의 의미와 내용에 대해서는 정부 기구, 프로 경제학자나 사회적 일반인이나 모두 각기 나름의 이해를 갖고 있다. 산업정책에 대해 미국과 유럽 정부도 나름의 해석을 하고 있다. 일본 학자 고미야 류타로의 정의와 분류에 따르면 산업정책에는 일반적인 인프라 정책, 산업 간의 자원 분배 정책, 각 영역의 내부 조직 관련 정책, 중소기업 정책 등이 포함되어 있다[고미야 류타로 등(1988)]. 중국 학자 류허(劉鶴) 등의 산업정책에 대한 정의와 분류는 고미야 류타로와 유사하며 산업구조 정책, 산업조직 정책, 산업기술 정책, 지역 산업정책 등을 포함한다[류허(劉鶴)·양웨이민(楊偉民)(1999)]. 더 넓은 의미에서 워릭Warwick은 산업정책에 대한 정의와 내용을 더욱 상세하게 연구를 총괄했는데, 산업정책은 경제 환경을 개선하거나 경제 활동 구조를 변화하기 위한 모든 개입 또는 정부의 정책이라고 정의하면서, 통용되는 산업정책과 선택적인 산업정책 두 가지 측면에서 제품 시장, 노동력, 자본시장, 토지, 기술, 제도 등 여러 차원에서 분류하여 소개했다[Warwick(2013)].

이러한 의미에서 본문에서 논의할 산업정책은 넓은 의미의 산업정책으로서 산업 발전의 목표를 실현하기 위해 정부가 경제 활동에 대해 행하는 모든 개입을 의미한다. 여기에는 좁은 의미의 산업정책도 포함되고, 산업조직 정책 등 넓은 의미의 산업정책도 포함되며, 경제 활동에 대한 정부 등 행정기관의 가이드라인과 지원, 나아가 경제 활동에 대한 법원 등 사법기관의 판단과 해석까지 포함한다(표 1 참고).

표 1 넓은 의미의 산업정책 조치 분류

분야	일반 정책(Horizontal Policies)	선택적 정책(Selective Policies)
제품 시장	경쟁 정책과 반독점 정책, 간접세, 제품 시장 규제, 환율 정책	국가 주력 기업, 국유화/민영화, 생산 보조금, 국가 원조, 수출 촉진, 가격규제(예를 들어 약품), 정부 조달, 무역 정책, 차량 폐기
노동력/기술	기술과 교육 정책, 훈련 보조금, 임금 보조금, 수입과 고용세, 관리 자문 서비스, 노동시장 감독	목표 기술 정책, 인턴 정책, 구체적 산업 고문 서비스
자본시장	대출 담보, 회사세/자본 면세액, 거시/금융 안정, 자본시장 감독	전략 투자펀드, 긴급 대출, 국가 투자 은행, 국내 투자 촉진
토지	토지계획 감독, 토지계획	기업 개발 단지, 지역을 기반으로 한 산업 클러스터 정책, 인프라
기술	연구개발세 면제, 과학 예산, 지식 재산권 제도	친환경 기술, 시장 가이드, 혁신적 정부 구매 지원, 특허함, 선택적 기술원조, 전문 기술 센터
시스템/제도	창업 정책, 환경 계획, 정보 분배, 총체적 경쟁력 전략	인도적 계획, 산업의 전망 구상, 선별 전략산업, 산업 경쟁 전략, 산업 클러스터 정책

※ 자료 출처: Warwick(2013)

산업정책은 점차 그 형태가 잡혀 가는 이론으로서 적어도 근대의 해밀턴, 리스트, 커센크론 등 경제학자의 연구에서 그 기원을 찾을 수 있다. 산업정책을 제창한 사람들은 해밀턴, 리스트, 커센크론, 존슨, 스티글리츠, 앰스던, 웨이드, 장하준, 가오바이(高柏), 로드릭, 린이푸, 마추카토가 대표적 인물이며, 각각 미국·영국·일본·한국 등을 연구 대상으로 삼고, 선진국과 개발도상국이 경제 발전 과정에서 취한 산업정책의 중요한 역할에 대해 연구·논술했다. 하지만 크루거, 클리멘코, 파월, 윌리엄슨을 대표로 하는 산업정책 반대론자들은 시장이 기능을 상실했다 하더라도 자체적으로 잘 운영될 수 있고, 정부도 마찬가지로 종종 기능을 상실하기 때문에 승자를 가려낼 능력을 갖추었다고 볼 수 없으며, 정부의 역할은 주로 공공재를 제공하는 것이라고 주장한다. 학계가 여전히 '산업정책이 필요한가?', '산업정책에는 시행의 어려움이 존재한다' 등의 문제에 머물러 있는 것에 대해 스티글리츠, 로드릭 등은 의미 있는 토론은 산업정책이 필요한가의 문제를 뛰어넘어, 어떤 산업정책을 시행해야 하는가에 포커스를 맞춰야 한다고 지적했고, 성공한 개별 경제체는 모두 상응하는 산업정책을 통해 경제 성장을 추진하여 산업의 전환과 고도화를 이루었다고 밝혔다[Stiglitz and Greenwald(2014); Rodrik(2008)].

특히, 정보의 획득, 행동 능력, 부패 여부의 측면에서 정부의 산업정책에 대해 제기되는 의문은 선험적으로 가정될 수도 없으며, 산업정책 기능 상실의 충분조건이 되지도 못한다. 산업정책의 존재는 약하거나 존재하지 않는 시장, 부족한 개인 투자, 실패한 조율 기능 등의 문제에 기인한 것이다. 미국을 포함한 선진국 역시 중요한 산업과 분야에서 개인 투자 부족의 문제가 존재했고, 정부의 산업정책 지원과 지도가 필요했다. 산업정책의 필요성과 중요성에 대해, 전 세계에서 가장 부유한 개인 기업가이자, 미국 MS사의 창립자인 빌 게이츠조차 부인하지 못했다. 2015년 11월 미국 *The Atlantic*에서 빌 게이츠는 미국 정부가 신재생에너지 분야에 투자를 늘려야 한다고 공개적으로 밝힌 바 있으며, 인터넷, 반도체 칩, 미국 국방부 선진 연구 계획서 및 기타 기초연구 등을 예로 들며 미국이 장기적으로 시행한 산업정책의 효과를 높이 평가했다.[1] 빌 게이츠가 제창하고 인정한 것처럼, 명확하거나 불명확한 방식으

---

[1] 2015년 11월 미국 *The Atlantic*에서 빌 게이츠는 에너지 혁신 투자를 예로 들면서 개인 투자의 비용과 수익이 매칭되지 않아 에너지 혁신 분야의 연구개발 지출이 부족한 실정이라고 밝혔다. 의료 연구 방면에서 미국 정부의 자금 지원은 매년 300억 달러에 달하며, 이로 인해 미국 의료 보건은 전 세계에서 선두의 지위를 차지하고 있고, 그러므

로 산업정책을 시행하는 것은 미국 등 선진국의 실제 역사와 현실이다.

역사적 관점에서 본 미국의 산업정책

18세기 독립·건국부터 지금까지 미국 정부의 각 유형의 산업정책은 정도의 차이만 있을 뿐 줄곧 존재해 왔다. 미국의 입법기관, 행정기관, 사법기관이 함께 산업정책을 집행했으며, 미국 경제 발전에 중요한 역할을 해냈다. 미국 정부의 일부 관료들은 산업정책이란 단어 사용을 선호하지 않았고, 레이건과 조지 허버트, 워커 부시가 집권했던 미국 정부는 산업정책을 좋아하지 않는다고 밝히기까지 했지만, 산업정책은 200여 년간 미국의 경제 발전사와 궤를 같이했다.

1789년 워싱턴이 미국 정부를 공식 성립한 이후, 미국의 첫 재정장관인 해밀턴은 1791년 철강, 동, 석탄, 곡물, 면, 유리, 화약, 서적 등 여러 산업을 포괄하는 제조업 발전 계획을 미국 국회에 제출했고, 산업정책을 통해 산업화를 이룩하려는 미국 정부의 공식적 행보가 시작되었다. 특정 산업에 대한 정부의 지원, 보호주의적 관세와 수출입 쿼터에서부터 외국 선진 기술의 수입 장려, 혁신 도구와 기계의 수출 금지 및 제조업에 투입된 세수 감면, 그리고 국가의 도로와 터널 네트워크 개선(제품의 교통원가 저하)에 이르기까지, 모두 해밀턴이 시행한 산업정책과 연관되어 있다[Bingham(1998)]. 해밀턴과 토머스 제퍼슨 등 미국 개국 공신

로 미국 정부는 에너지 혁신 분야의 기초연구 투자를 늘려야 한다고 말했다. 산업정책의 효과에서 볼 때, 빌 게이츠는 미국 국방부 선진 연구 계획서와 기타 기초연구에 투입된 자금 지출이 모두 많은 성과를 거뒀으며, 초기의 인터넷, 반도체 칩 제조 등 역시 미국 정부에서 그 기원을 찾을 수 있다고 지적했다. 정부 연구개발 부분에서 미국의 전체 성적은 매우 우수하다[James(2015)].

들은 미국을 세계 선두 국가로 만들기 위해 노력을 아끼지 않았다. 특히, 해밀턴은 강대한 중앙정부 구축을 시정 목표로 삼았고, 강대한 정부가 국가의 산업화에 주춧돌(국가 은행 시스템, 도로와 철도 등 인프라)과 보호막(관세 등)의 역할을 해줄 수 있길 희망했다. 제퍼슨 등 미국 정부 지도자와 해밀턴은 경제 활동에 대한 정부의 역할을 두고 서로 다른 견해를 가지고 있었지만, 1806년 당시 대통령을 역임한 제퍼슨은 국회 재정 잉여금으로 미국의 도로, 터널, 하천, 교육 및 기타 번영과 통일에 도움이 되는 중요한 근간을 개선해야 한다고 건의한 바 있다[Nester(1998)].

금융대출, 인프라, 관세 보호, 국민 교육부터 공업 제조까지의 산업정책은 19세기 미국 산업이 빠르게 발전할 수 있는 전제와 조건을 마련해 주었다. 비록 해밀턴의 제조업 발전 계획은 그의 임기 내에 바로 시행되지는 못했다. 미국의 유치산업 보호를 예로 들면, 미국 정부가 시행한 관세 보호 정책으로 1820~1931년의 미국 평균 관세 세율은 35~50%까지 달했고, 이는 미국의 유치 공업·산업이 생존할 수 있고, 전략산업이 계속 발전할 수 있는 토대가 되었다[2][Nester(1998); Scherer(1994); 장하준(2007); Irwin(2000)]. 미국 유치산업 관세 보호의 필요성에 대해, 1820년대 당시 국무장관을 맡았던 헨리 클레이는 다음과 같은 견해를 내놓았다. "우리는 일부 산업에 대해 방향을 조정해야 한다. 최대한 빨리 이런 적절한 수준의 미국(관세) 정책을 취해야 한다. 우리는 자국 시장을 만들면서 해외 시장도 육성하여 미국의 공산품 소비 규모를 더 늘려야 한다. 자국 시장의 건설은 농업 노동력에 대한 공평한 보수 촉진에 필요한 것뿐만 아니라, 필수품 공급에 있어서도 빼놓을 수 없는 부분

---

2 주석을 예로 들면, 어윈Irwin(2000)은 미국의 19세기 관세 보호와 산업 발전 문제에 대해 연구를 진행했다. 어윈의 실증적 연구에 따르면, 주석 산업에 관세 보호 조치를 취한 미국 정부의 관세 보호가 주석 산업의 다운스트림 업계에 부정적인 영향을 가져오긴 했지만 주석 산업의 구축과 발전에 박차를 가했다.

이다. 만약 우리가 생산한 제품을 팔지 못한다면 우리가 얻고자 하는 상품을 얻지 못할 것이다."[Callender(1965)].

유치산업에 대한 보호적인 관세, 국가 은행·국가 인프라에 대한 투자를 바탕으로 한 국가 경제 발전 모델은 후대의 경제사학자들에게 '미국 시스템(American System)'이라고 불렸다[Lind(2013)]. 미국 경제의 비약적인 발전 단계에서 관세 보호의 중요성에 관해 미국의 전 대통령인 윌리엄 매킨리(1897~1901)는 부인하지 않았다. 그는 다음과 같이 말했다. "우리는 세계 제1의 농업대국이자 세계 제1의 광산대국이 되었다. 또한 세계 제1의 공업 생산대국이 되었다. 이 모든 것은 몇십 년 동안 고수해 온 보호관세제도 덕분이다."[토마스·K. 맥그로(2000), p.345] 사실, 높은 관세(산업 완성품과 원재료의 관세 세율에 차이는 있지만)로 상징되는 산업정책은 미국뿐만 아니라, 영국, 이탈리아, 독일, 프랑스, 덴마크, 러시아, 일본, 스페인 등 선진국 저마다의 역사 발전 단계에서는 보편적으로 존재해 왔다.

링컨이 집권하던 19세기 중엽, 미국 역시 '미국 시스템'으로 경제 성장을 촉진했다. 이러한 경제 제도에서 미국 정부는 높은 관세로 전략산업을 보호했고, 연방 토지 이전·정부 조달 등으로 시장을 안정시켰으며, 보조금으로 인프라 시설의 발전을 도모했다. 미국 정치 엘리트들의 이와 같은 인식에 기반하여, 미국의 높은 관세 제도는 근 100여 년 동안 줄곧 시행되다가 미국의 본토 산업이 점차 국제적 경쟁력을 갖추게 되자 미국 정부는 점차 관세를 낮추기 시작했다. 이러한 관세 정책에 힘입어 미국의 무역 적자는 19세기 하반기부터 점차 감소했고, 1880년대에서 1920년대까지, 미국은 기본적으로 무역 흑자를 유지할 수 있었다. 산업정책의 영향으로 19세기 미국의 산업은 전대미문의 큰 발전을 거두었다. 1890년 미국 정부 설립 100주년이 되었을 때 이미 세계적으로 가장 큰 농·공업 생산국으로 우뚝 섰다. 1914년 제1차 세계대전이 발발하기 전에 미국의 공업 생산은 이미 영국, 프랑스, 독일의 총합을 넘어섰다. 1914년 제1차 세계대전이 발발한 후 공업 생산 등 분야에서 자신의 강점을 등에 업은 미국은 전쟁의 단기적인 영향을 상쇄시키며, 채무국에서 채권국으로 변신하는 데 성공했다. 미국 경제의 번영은 1929년 경제 대공황 전까지 계속 유지되었다.

대공황에 대한 대응에서 2차 세계대전 이후 미국 경제의 전반적인 회복에 이르기까지 미국 산업정책의 경계와 역할은 큰 폭으로 확대되었다. 1929년에서 1932년까지 미국의 경제 대공황은 여러 해가 지난 후에도 여전히 미국인의 뇌리에서 사라지지 않았다. 당시 집권했던 에드거 후버 정부는 대공황의 확산을 억제하기 위해 여러 조치를 취했지만 번번이 효과를 보지 못했다. 루스벨트 대통령의 뉴딜에서 2차 세계대전이 발생한 후에야 미국 경제는 비로소 대침체의 늪에서 완전히 벗어날 수 있었다. 이 기간에 미국 정부는 경제 활동에 전보다 훨씬 더 많이 개입했고, 산업정책의 경계 역시 대대적으로 확대되었다. 미국의 연방예금보험공사(FDIC), 부흥금융공사(RFC), 농업조정법(AAA), 국가산업부흥법(NIRA), 공공사업청(WPA) 등 정부 기구, 또는 법안이 출범되거나 비준되었고, 이는 리스크 예방, 빈곤 해소, 취업 보조, 경제 진흥의 용도로 사용되었다. 2차 세계대전이 발발하자, 루스벨트 대통령은 미국 국방고문위원회(NDAC), 미국국방생산공사(DPC), 미국국가생산관리사무실(OPM), 미국전시생산위원회(WPB)를 설립하거나 개편하여 미국 경제의 회복과 진흥을 촉진했다. 2차 세계대전 기간 동안 미국 정부는 수백억 달러 가치의 새로운 군사 공장을 만들고 전국을 커버하는 석유와 천연가스 운송관과 정유공장, 발전소와 군사기지 등 대량의 인프라 시설을 건설했다. 아울러 2차 세계대전 기간에 노동력을 대규모로 동원하여 완전 고용을 실현했다.

어쩌면 우연일 수도, 어느 정도의 필연일 수도 있지만 미국 역사상

몇 명의 중요한 대통령인 건국 초기의 워싱턴, 남북통일을 이룬 링컨부터 전반적 산업 진흥을 실현한 루스벨트까지 모두 중요한 역사적 시점에 미국의 독립, 통일과 부흥을 가져온 정치적 거물이었고, 모두 해밀턴의 산업정책의 전통을 고수한 실행자였다. 두 번의 세계대전을 제외하고 20세기 대부분의 시간 동안 미국 정부는 지원, 세수 감면, 직접 대출과 보험, 리스크 투자, 정부의 건설 계약과 조달,[3] 연구개발의 추진, 표준 제정, 가격 통제, 진입 허가와 생산 제한 등 산업정책으로 경제 발전을 도모했다. 구체적으로 이러한 산업정책에는 미국 연방정부가 제공한 토지 보조금, 국내 산업 보호와 발전을 위한 관세 감면, 은행 설립을 통한 사기업 융자 제공, 정부가 제공하는 보험(민간은행의 예금에 대한 보험), 정부가 출자하여 만든 산업시설(수천 개의 산업 공장)·연구개발(R&D) 활동에 대한 정부의 지원 등이 포함되어 있다.

20세기 미국 정부는 직·간접적으로 인터넷, 반도체, 고온 초전도, 원자력, HDTV 등 일련의 중요한 과학기술 제품의 연구개발을 리드했고, 심지어는 '실리콘밸리'의 혁신과 번영을 추진했다.

반도체를 예로 들면, 미국 정부는 반도체 기술 개발을 직·간접적으로 지원했다. 1950년대 후기, 미국 정부는 미국 반도체 기업 연구개발 지출의 25% 이상의 금액을 직접 지원했다. 반도체 기업에 대한 미국 정부의 추가 지원은 군사 조달 프로젝트의 형식을 통해 이루어졌다. 1965년 미국 방위 시장 수요는 미국 전체 반도체 산업에서 28%를 차지했고, 전체 집적회로 산업에서는 72%를 차지했다. 군사 부문의 높은 지출은 신기술 개발에 따른 리스크와 비용을 부담하는 데 대부분 사용되었다. 1970년대 이후, 국방 시장의 중요성은 감소했으나 1960년대 군사 조달

---

[3] 1933년, 미국 국회는 「미국 제품 구매법(Buy American Act)」을 통과시켜 미국 정부가 우선적으로 자국 제품을 구매하길 요구했다.

의 초기 단계에 미국 기업은 반도체 산업 기술에서 선두적인 지위를 확보할 수 있었다[Angel(1994)]. 이와 동시에 1950~1960년대에 미국의 국내 기업은 미국 연구개발 투자의 주요 수익자였으며, 반도체 산업에 대한 연구개발 지출은 1959년 7천만 달러에서 1970년대 말 8억 달러, 1980년대 말 40억 달러까지 증가했다. 이토록 많은 연구개발 지출은 미국 정부와 미국 민영기업이 함께 지원한 것이다[Angel(1994)].

반도체 기업의 연구개발에 대한 자금 지원을 제공함과 동시에, 미국 기업들이 1982년에 반도체 연구 업체(SRC)를 공동으로 설립한 이후 미국 정부는 1987년에 1억 달러를 내놓으며 10여 개 반도체 기업이 반도체 제조기술 컨소시엄(semiconductor manufacturing technology)을 조직하도록 리드했다. 이를 통해 기업 간의 개발 원조, 연구 협력, 기술 표준의 규범화와 통일화 등을 추진했다. 미 국방부와 국방부 첨단연구프로젝트국(defense advanced research projects agency)은 반도체 제조기술 컨소시엄의 조직에 잇따라 참가했다. 연구개발비 지원과 동시에 미국 국방부 첨단연구프로젝트국과 관련 기업들은 함께 반도체 기술의 연구·개발·보급 등을 추진했다. 1987년부터 1992년까지 반도체 제조기술 컨소시엄은 3억 7천만 달러(전체 예산의 37%)를 투입하여 반도체 설비 개선과 설비 공급 관련 외부 연구 프로젝트를 지원했다[Angel(1994)]. 외국 기업의 경쟁과 인수합병의 위협에 대응하고 미국 반도체 기업들의 협력 연구를 활성화하기 위해, 미국 정부는 심지어 미국의 반독점법을 완화하여 미국 기업이 더욱 광범위하게 협력 연구를 할 수 있도록 법안을 발의했다[Angel(1994)]. 또한, 미국 반도체 산업 협회는 기술적 협력과 강한 기업끼리의 연합을 이루기 위해 미국 반도체 기업의 합자생산(Production Joint Ventures)을 호소했다. 1989년부터 1999년까지 미국 반도체 산업에서는 모두 111건의 인수합병이 일어났고, 합자 프로젝트는 244개가 성립되었다. 1991년 미국 정부는 또 일본 정부와 「반도체 무역 협의」를 체결하여 시장 경쟁에서 미국 기업의 이익을 보호하고자 했다. 반도체 산업에 대한 미국 정부의 연구개발 지원·제품 구매·기술 협력·강자 간의 연합 등 여러 형식의 산업정책 덕분에 미국 반도체 산업은 꾸준히 규모를 키우면서 번영의 길을 걸을 수 있게 되었다.[4]

반도체 산업 발전과 긴밀한 연관관계를 가지고 있는 군용 기술 민영화의 가장 좋은 사례인 실리콘밸리는 전 세계에서 개인 창업의 파라다이스라는 칭호를 갖게 되었고, 실리콘밸리 모델은 한동안 완벽한 시장 운행의 전형적 모델로 묘사되었다. 하지만 실리콘밸리의 100년 역사에 대한 자세한 고찰을 통해, 기술 연구 자금 지원부터, 벤처 투자, 제품 구매, 미국 본토 기업에 대한 보호에 이르기까지 미국 정부가 실리콘밸리 기업의 발전에서 중요한 역할을 했다는 점을 알게 되었다. 만약 미국 정부의 산업정책이 없었다면 실리콘밸리의 역사는 다른 모습이 되었을 수도 있고, 애플이나 인텔이 오늘날과 같은 발전을 거둘 수 있었을지 확신할 수 없다. 1950년대 전후에 실리콘밸리 기업은 미국 국방부의 주요 조달처가 되었다. 미국의 하이테크 기술 선두 기업으로 인텔은 미국 정부의 조달·연구 지원·보호무역의 혜택을 누렸고, 애플사의 컴퓨터나 I-pod, iPhone 등은 미국 정부가 지원하는 여러 기초연구 개발과 미국

---

[4] 반도체 산업 발전에서의 산업정책의 중요한 역할에 대해서 미국 정부는 숨기지 않았다. 2017년 1월, 미국 대통령실, 대통령과학기술자문위원회(PCAST) 등 기관에서 내놓은 『대통령 보고: 미국 반도체 산업의 선구적 지위 확보』의 보고서에서 "전 세계 반도체 시장이 이제까지 완전히 자유롭지 않았으며 … 자주 국가 산업정책의 타깃이었다."라고 지적했다. 시장 역할에 대해 긍정적인 태도를 취하면서 이 보고서에서는 반도체 연구개발·구매·산업 보호 등 미국 정부가 취한 산업정책의 역할에 대해 긍정적인 평가를 했으며, 미국 정부가 반도체 산업의 연구개발 지출을 늘려야 한다고 주장하며, 특히 경쟁 전 연구(Pre-competitive R&D)의 지원 강도를 늘리고, '반도체 문샷(Semiconductor Moonshots)' 같은 대형 프로젝트에 대해 산업과 정부 및 학술계 간의 협력을 강화하며, 반도체 산업에 대한 장려 제도, 정부 자금 원조의 연구 프로젝트, 협력 연구 기구, 리스크 투자기금 등을 구축해야 한다고 주장했다(Executive Office of the President and President's Council of Advisors on Science and Technology, 2017).

정부의 국제무역 정책의 도움을 받았다[Mazzucato(2015)]. 실리콘밸리의 기업 혁신과 벤처 투자 신화에 대해 실리콘밸리 역사 연구자인 아룬 라오Arun Rao와 피에로(Piero Scaruffi)는 실리콘밸리의 시스템은 사실 개발에는 좋지만 연구에는 취약한 것이고, 미국 정부야말로 실리콘밸리의 최대 벤처 투자자이자 가장 강력한 전략 설계자라고 지적했다(2014).

오늘날 미국의 산업정책

21세기 미국의 산업정책은 최소한 산업기술 정책, 산업조직 정책 및 기타 경제적 환경을 개선하고 산업 발전을 추진하는 정책을 포함하고 있다. 산업기술 정책은 기업의 연구개발 능력을 향상시키고, 전 세계에서 미국의 혁신 선구자의 지위를 확보하는 데 방점을 찍고 있으며, 미국 국방부, 국립위생연구원, 에너지 부문, 국가항공우주국, 국가과학기금, 농업부, 상무부 등에 의해 시행되고 있다.

산업조직 정책은 시장구조를 최적화시키고 미국의 기업 경쟁력을 높이는 데 중점을 두고 있으며, 미국연방무역위원회, 사법부, 각 지역의 사법기관에서 집행하고 있다.

이 밖에도, 일부 산업정책은 경제 발전을 촉진하거나 경제 발전 환경을 개선하는 용도에 쓰였고, 각각 미연방영세기업관리국, 경제발전국, 농업부, 주택과 도시발전부 등 다른 부처에서 시행한다. 미국 대통령과 미국 국회, 미국 연방정부 기구와 미국 주정부 기구, 공공 부문과 민간 부문 모두 산업정책 제정에 참여할 권리와 기회를 얻으며 상호 작용한다(표 2 참고).

표 2 미국 기존의 산업정책 및 시행 기구

산업정책 내용	산업정책 시행 기구
산업기술 정책	국방부, 국립위생연구원, 에너지 부문, 국가항공우주국, 국가과학기금, 농업부, 상무부 등
산업조직 정책	연방무역위원회, 사법부, 각 지역의 사법기관 등
기타 산업정책	연방영세기업관리국, 경제발전국, 농업부, 주택과 도시발전부 등

※ 자료 출처: Ketels(2007) 및 공개된 자료 정리

현재 미국의 산업기술 정책에 있어 미국 연방정부의 연구개발비 지출은 경제 활동에 적극적으로 개입한 산업정책의 가장 좋은 예시다. 2015년, 미국국무과학기금(The National Science Foundation)에서 공개한 데이터에 따르면, 미국 연방정부 차원의 연구개발비 지출은 1,323억 달러에 달했다. 이러한 연구개발 프로그램은 각각 국방, 보건, 에너지, 농업, 상업, 국가항공우주, 국가과학기금 등 부서나 기관에 의해 관리되었으며, 그중 연구개발 예산이 가장 큰 국방부서의 연구개발비 지출은 641억 달러, 보건 부문의 연구개발비 지출은 305억 달러에 달했다. 이렇게 보면 뜨거운 관심사로 떠올랐던 2008년 금융위기 이후 미국 정부가 내놓은 매년 5억~10억 달러의 '첨단 제조업 국가 전략 플랜'(최적화 강화, 첨단 제조 연구개발에 대한 투자 증대 등)은 미국 정부의 방대한 연구개발비 지출 중 새발의 피에 해당한다는 것을 알 수 있다.

역사적 시기를 더 길게 잡아 보면 그림 1에서 보이듯, 1953년부터 2012년까지의 60년 동안 미국 연방정부의 연구개발비 지출 누적액은 42,790억 달러에 달했다(2005년 달러 가격으로 계산). 이런 연구개발비 지원 프로젝트에는 국방·보건·우주비행·자원 환경·농업·교통 등 여러 영역이 포함되어 있었고, 컴퓨터·수학·엔지니어·바이오 과학·물리학·심리학·사회과학 등 여러 학과가 포함되었다. 아울러 기초연구, 응용연구, 개발, 연구개발 시설 등 여러 부분을 포괄하면서 주정부, 지방

정부, 기업, 대학, 비영리기구, FFDRC(미국 연방정부가 찬조한 연구개발 기구) 등을 동원하여 이에 참여시켜 미국의 경제 사회 발전에 중요한 기술적 발전과 산업 진흥의 역할을 했다.

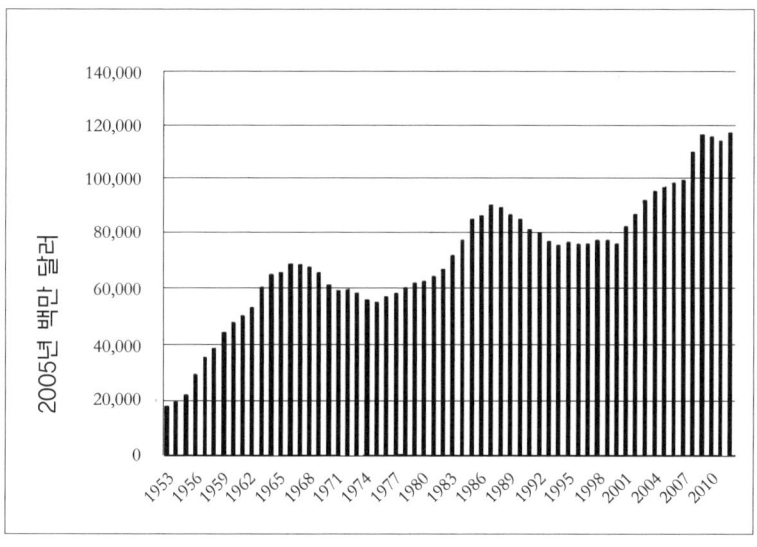

그림 1 1953~2012년 미국 연방정부의 R&D 지출

※ 자료 출처: 미국국가과학기금

미국 『연구개발』(R&D Magazine)에서 미국 혁신 프로젝트에 대한 심사 표창 통계에 따르면, 표 3에 보다시피 1971년에서 2006년까지 공공 또는 준공공 프로젝트가 미국 'R&D 100'의 100개 수상 프로젝트에서 전체적으로 상승하는 추세를 보였다. 1988년에서 2006년까지 일곱 차례의 평가에서 공공 또는 준공공 프로젝트가, 미국 'R&D 100'의 평가 항목에서 50개 이상의 기업이 실적을 냈고, 점유율 50%를 상회한 것이 여섯 차례에 달했다. 1997년과 2006년까지 공공 또는 준공공 프로젝트는 미국 'R&D 100'의 평가 항목에서 각각 63개와 61개가 있었고, 그 점유

율은 63%와 61%에 달했다. 'R&D 100'에서 공공 또는 준공공 프로젝트의 높은 수상 비율은 미국 정부가 첨단 수준의 연구개발 분야에서 중요한 역할과 영향력을 행사했다는 사실을 여실히 드러낸다[Block and keller(2011)].

표 3 1971~2006년 미국 연구개발 수상 내역

	1971년	1975년	1979년	1982년	1984년	1988년	1991년	1995년	1997년	2002년	2004년	2006년
모든 상	102	98	100	100	100	100	98	101	100	97	94	100
모든 해외상	5	12	10	14	14	11	13	12	12	14	10	12
모든 국내상	97	86	90	86	86	89	85	89	88	83	84	88
모든 국내상 중												
민영												
포춘500 대기업만	38	40	29	37	26	14	9	11	7	5	5	2
기타 기업	42	25	28	18	23	18	20	20	15	34	24	20
민영 협력 기업	3	8	6	4	3	5	4	7	3	11	1	5
포춘500 대기업 포함	1	2	4	3	1	4	1	4	1	7	1	0
민영 총합	83	73	63	59	52	37	33	38	25	50	30	27
공공 또는 준공공												
찬조의 스핀오프	4	1	2	1	1	5	4	5	8	4	8	11
정부 실험실	4	8	15	15	24	38	44	38	42	26	38	42
대학	3	0	4	4	1	1	1	5	6	2	4	2
기타 공공	3	4	6	7	8	8	3	3	7	1	4	6
합계	14	13	27	27	34	52	52	51	63	33	54	61
모든 포춘500 대기업	41	47	35	41	31	22	14	18	15	13	9	6

※ 비고: '찬조의 스핀오프'의 원문은 'Supported Spin-Offs'이다.
※ 자료 출처: Block and Keller(2011)

직접적인 연구개발에 대한 투자 외에도, 미국 기업은 신용대출, 벤처 투자 등의 방식으로 미국 정부의 지원을 받았다. 예를 들어, 전 세계에서 주목받고 있는 테슬라 전기자동차 프로젝트는 미국 정부의 많은 지원을 받았다. 2010년 테슬라 프로젝트의 초창기에 테슬라는 미국 에너지부에서 4억 6천5백만 달러의 대출 지원을 받았다[피터 틸(2015)]. 오늘날 유명한 애플, 인텔, Fedex 역시 미국 정부의 벤처 투자의 혜택을 받은 수혜자들이다. 테슬라, 애플, 인텔, Fedex 등은 미국 정부가 벤처 투자를 진행한 많은 예 중 하나일 뿐이다. 관련 통계에 따르면, 1958년에 미 연방영세기업관리국이 설립된 이래, 300여 개의 소기업 투자 회사의 담보대출 지원(연방영세기업관리국의 직접적인 현금 지원이 아닌)을 통해 미국의 영세기업 투자 회사들은 평균적으로 매년 수백 개 회사에 10억 달러를 투자하여, 잠재력이 있는 기업의 규모 확대를 지원했다. 이로써 미국 산업기술 정책이 미국의 혁신에 없어서는 안 될 중요한 역할을 했음을 알 수 있다. 자국 기업에 대한 유형과 무형의 연구개발 보조, 자금 대출, 벤처 투자 및 기타 형식의 산업기술 정책은 모두 현재 미국 산업정책의 중요한 구성 요소이다.

마찬가지로 중요한 것은, 미국의 산업정책은 더욱 넓은 의미와 배경에서 이해할 필요가 있다는 점이다. 산업기술 분야의 정책 외에도, 미국은 시장구조의 고도화와 미국 기업 경쟁력 개선에 핵심을 둔 산업조직 정책을 많이 시행했다. 이는 경제 발전 환경을 개선하고 경제 발전을 촉진하려는 또 다른 형태의 산업정책이었다. 미시경제 경쟁력(microeconomic competetiveness)이 더 유용한 도구로 증명되었고, 미국 정부는 경제 발전 환경의 각 분야를 만드는 데 구체적인 역할에 편중했다. 여기에는 요소 조건(획득 가능한 기술), 전략과 경쟁 환경(반독점 입법 등), 산업 클러스터의 존재(범지역 경쟁) 및 수요의 복잡성(국방·항공 프로젝트 등)이 포함되어 있다[Ketels(2007)]. 미국 경제 환경에 대한 보호 차원에서 미국 정부는 1960년대의 록히드 회사의 파산, 1970년대의 펜실베이니아-뉴욕 중앙운송회사(Penn Cen-tral) 파산, 1979년의 크라이슬러 파산, 2008년의 GE 모터스 파산에 대해 모두 예외 없이 원조했고, 거액의 자금을 투입하여 미국 기업을 구원했다. 자국의 경제 발전 환경을 보호하기 위해 미국 정부는 인프라의 투자 및 건설에 중점을 두었다. 2015년, 미국 정부는 '도로교통정비법'을 제정하여 향후 10여 년 동안 미국의 도로 정비에 필요한 자금을 확보했다. 이 법안에 따르면 미국 정부는 향후 10년간 도로 정비에 최소 3천억 달러를 투자할 계획이다. 이처럼 미시적 경제 경쟁력을 확보하고 경제 발전 환경을 개선하는 데 취지를 둔 정책들이 미국 각 급의 행정기관과 사법기관에 무수히 많이 존재해 왔고, 이는 산업정책의 중요한 구성 요소였다.

미국에서의 산업조직 정책

과거 100여 년 동안, 반독점·M&A에 관한 산업조직 정책은 넓은 의미의 산업정책의 중요한 구성 요소로서, 미국의 입법기관, 사법기관, 행정기관이 미국 산업의 M&A를 진행하고 기업 경쟁력을 제고하는 데 중요한 나침반 역할을 해 왔다. 심지어 미국의 산업경제학자 셰퍼드는 "반트러스트(반독점) 법은 무력하든 강경하든 상관없이 여전히 미국의 주요 산업정책이고 미국 경제 기반에 깊게 뿌리내리고 있다."라고 주장했다 [셰퍼드 등(2009)]. 미국의 산업조직 정책은 미연방무역위원회 등 정부 행정기관의 결정 또는 해석에서 나온 것뿐만 아니라, 미국의 최고법원, 각급의 지방 주법원 등 사법기관의 사건 판결에서도 나왔으며, 미국 국회 등 정치적 당파 싸움의 영향도 받는다. 선진국의 산업조직 정책은 역사적 기원에서나 영향력에서나 접근하면 모두 미국이 가장 전형적인 사례이다. 「셔먼법」 등장 이후부터 미국의 「수평적 합병지침서」가 2010년 개정되기까지 미국의 법률과 법규 및 정책은 M&A에 대해 중요하고도 대체 불가능한 역할을 해 왔으며, 자연스레 미국 산업조직 정책의 중요한 구성 요소가 되었다. 「셔먼법」 등 인수합병과 관련된 사법 판결, 「수평적 합병지침서」에 대한 행정적 해석은 미국 정부(입법기관, 행정기관과 사법기관 포함)가 시장구조, 산업 규모, 기업 행위에 개입하고 영향을 주는 중요한 방식이 되었고, 미국의 M&A에서는 시종일관 '당근과 채찍'과 같은 역할을 했다.

미국의 M&A 산업정책의 역사를 되돌아보자면 적어도 19세기 말 첫 번째 대규모 M&A 시기까지 거슬러 올라가야 한다. 1890년, 공공사업을 제외하고 기타 부문에 대한 독점을 감소하고 제한하기 위해 미국 국회는 오하이오주 상원의원인 존 셔먼John Sherman의 제안에 따라 첫 번째 반독점법인 「셔먼법」을 제정했고, 담합과 독점 등 행위에 대한 원칙적인 규정을 만들었다. 이는 한 세기 동안 미국의 반독점법 집행에 있어 기본적인 근거를 세웠다. 그 후 미국에서 대규모의 합병이 일어나고 「셔먼법」 집행 과정 중 여러 문제가 발생하면서 미국은 잇따라 「클레이턴법」, 「연방위원회법」, 「수평적 합병지침서」 등 법률과 법규를 제정했다.

1890년대 일련의 반독점법이 통과된 이후, 미국 정부기관은 확실히 대기업을 상대로 독점행위를 소송한 바 있다. 예를 들면, 1899년 미국 안데스 파이프관로 회사는 파이프 회사끼리 담합으로 고정 가격을 사용했다는 이유로 고소되었다. 1911년 미국 담배 회사와 미국 스탠더드 오일 회사는 독점을 이유로 고소되어 회사가 분할되었다. 1950년, 미국 최대 철강 회사와 여섯 번째로 큰 철강 회사와의 합병은 미국 정부의 반대에 부딪혔다. 1962년, 미국에서 네 번째로 큰 신발 제작 회사 브라운 슈즈와 미국 20대 기업인 신발 제작 회사 키니슈즈의 합병도 미국 정부의 반대에 부딪혔다. 1950년대 이후, 트루먼, 아이젠하워, 케네디부터

요한슨, 심지어는 닉슨 집권 초·중반기까지 미국 정부는 줄곧 산업 집중도 상승을 막을 방책에 치우치는 경향을 보였다.

1970년대 닉슨 집권 중·후반기부터 미국 정부의 정책에도 변화가 일어나기 시작했다. 닉슨 집권 시기에는 기업 간 인수합병에 동정심을 가지고 있는 법관을 미국 최고 법원에 임명하는 경향도 보였다. 1972년, 미국 최고 법원에서는 「클레이턴법」 제7장에 대한 미국 정부 부처의 해석을 더 이상 받아들이지 않겠다고 선포했다. 미국의 반독점 사건은 과거에는 제품 집중도의 상승으로 인한 잠재적 효과에만 더 많이 관심을 기울였을 뿐, 현실적이고 반경쟁적인 효과에는 주목하지 않았다. 1973년과 1974년, 미국 최고 법원은 제품 관련된 합병 및 제품과 관련 없는 합병에 「기포버 셀러법(Celler-Kefauver Act)」을 사용하는 것을 제한했고, 심지어 수평적 합병과 수직적 합병에서의 사용까지 제한했다 [Fligstein(1990)].

1980년대 전후, 경제 글로벌화와 새로운 경제 이데올로기의 변혁이라는 커다란 배경 아래, 카터 정부와 레이건 정부 기간에는 반독점이 한층 더 완화되었다. 특히 레이건 정부 집권 기간, 미국 정부는 기업 합병을 긍정적으로 바라봐야 한다고 주장했다. 국내 시장의 차원에서 미국 정부는 시장의 '경합성 이론(Contestability Theory)'을 제기했고, 독점에 대한 정부의 규제가 불필요하다는 함의가 내포되었다. 국제 시장의 차원에서 미국 정부는 국제 경쟁력이라는 새로운 관심사에 주목했고, 그 속내는 미국 내 반독점 여지를 줄이는 데 있었다. 반독점 정책에 관한 미국 정부의 일련의 변화는 경영학자인 포터가 지적한 것처럼, 경쟁의 역할은 생산성 향상을 통해 국가의 생활수준을 제고하고, 소비자의 장기적인 복지 수준을 향상시키는 데 있다는 것이고, 다른 한편으로는 반독점의 새로운 기준이 한계가격이나 한계비용, 이윤율이 아닌 생산성의 향상이라는 것이었다[Porter(2002)].

미국 사법부·상무부·연방무역위원회에서 미국 최고 법원까지, 반독점정책 수정 건의에 점차 일치된 의견을 보이며 공감대를 이루었다. 미국 사법부 반독점 책임자였던 박스트는 "산업의 집중 추세를 (반독점)의 요인으로 보지 않을 것이다."라고 지적했다. 미국의 당시 검찰총장이었던 미스는 "회사 인수합병이 경쟁력을 더 갖춘 미국을 만들 것이다."라고 말했다. 미국의 또 다른 검찰총장은 "크다는 것은 결코 나쁜 일이 아니다."라는 자신의 주장을 설파했다. 미국 상무부 장관을 역임한 발데리히는 "「클레이턴법」 제7장의 폐지는 미국 기업의 효율을 강화하고, 세계 시장에서 미국 기업의 경쟁력을 강화하는 데 도움이 될 것이다."라고 말했다[Pertiz(2000)]. 인수합병의 득과 실을 둘러싼 논쟁에 대해 「미국 대통령 경제 보고」에서는 공개적으로 "인수합병은 개별적인 사안의 승패를 평가하기보다는 전반적인 평가가 필요하다."[Ravenscraft and Scherer(1987)]라고 밝혔다. 미국의 사법부·상무부·연방무역위원회와 「미국 대통령 경제 보고」의 여러 입장 표명은 미국 정부의 반독점 정책이 산업 집중과 M&A를 지지한 것을 상징한다. 비록 이 정책이 '당근과 채찍'을 함께 사용한 혼합형의 산물이지만 집행 과정에서는 다른 수준의 차이가 나타났다는 점을 분명히 알 수 있다. 1980년대 이후, 민주당 집권이나 공화당 집권이나 막론하고 부시 정부, 클린턴 정부, 조지 W. 부시 정부 그리고 오바마 정부까지 모두 미국의 반독점은 확연히 줄어드는 경향을 보이지 않았다.

이상의 사실을 근거하여, 토마스 K. 맥그로는 초기의 공업화 국가에서 반독점법과 기타 반독점 조치가 대기업의 성장을 거의 제어하지 못했다고 지적하며, 정부가 매우 결연한 조치를 취하지 않는 이상 이는 실현 불가능할 것이라고 했다. 하지만 이럴 경우 국민경제의 쇠락을 가져온다고 설파했다. 시장의 힘이 이토록 강하기 때문에, 「셔먼법」과 같은 강력한 반독점법조차 대기업의 발전을 막지 못할 정도였다. 드라마

틱하게 반독점 조치가 때로는 대기업 간 상호 합병을 촉진시킨 효과도 발생했다[첸더러(錢德勒, 2004)]. 다시 말해, 반독점식의 강한 수단(가장 중요한 것은 이로 인한 위협이다)이 때로는 반대급부처럼 기업 규모의 확대로 이어지는 것이다. 또 일부 학자들은 (1950년대 전후의) 미국 법원이라 해도 일반적으로 기업이 산업에서 살아남을 수 있도록 독점기업을 여러 개의 작은 회사로 분할할 수는 없었으며, 독점은 자발적 또는 자연적 선택에 의한 결과가 아니라고 주장했다. 간단히 말해, 정부는 집중과 독점의 힘을 반대하는 것이 아니라 지지하는 입장이었다. 미국 정부는 사실상 독점 촉진자의 역할을 했다는 것이다(Adams and Gray, 1955). 1965년의 미국 500개 대기업 고위 관리자에 대한 조사는 위의 의견을 어느 정도 입증해 준다. 이 조사에 응한 89%의 미국 기업들은 미국의 법률이 모든 합병을 막지 못한다며, 가장 적극적인 기업은 심지어 자신이 합병을 전략적인 성장의 도구로 이용한다고 밝혔다[Fligstein(1990)]. 민영 자본이 주도하는 M&A와 산업 집중의 부정적 영향에 착안한다면 (원가 절감을 토대로 한) 긍정적 트러스트와 (음지의 결탁을 토대로 한) 부정적 트러스트를 구분했고, 동시에 당시 미국 대통령 루스벨트는 대형 기업의 '사회화' 필요성에 대해 지적하기도 했다[Scherer(1994)].[5]

위에서 언급한 배경하에, 미국 정부의 반독점 정책의 중요한 규정인 「합병지침서」와 「수평적 합병지침서」가 1982년, 1984년, 2010년에 새로 개정되었다. 이러한 일련의 정책의 영향을 받아 미국 정부가 반대한 인수합병은 확연히 줄어들었다. 기업의 실제적인 인수합병 건수로 볼 때, 반독점 정책이 옥죄어 오던 시기(즉, 1950년대에서 1970년대)에도 미국 대기업의 인수합병이 확연히 줄어들지 않았다.

---

[5] 산업 집중도로 인해 야기될 여러 부정적인 영향에 대응하기 위해, 수익 제한, 가격 규제, 회사의 모든 권리의 공공화(국유기업 포함) 등 수단이 수준별로 채택되었다.

표 4 「수평적 합병지침서」(2010년판) 시장 집중 기준의 변화에 관해

	1984년과 1992년의 기준	2010년의 기준
저집중도 시장	HHI 지수가 1000보다 낮음	HHI 지수가 1500보다 낮음
적절한 집중도 시장	HHI 지수가 1000과 1800 사이임	HHI 지수가 1500과 2500 사이임
고집중도 시장	HHI 지수가 1800보다 높음	HHI 지수가 2500보다 높음

※ 자료 출처: 미국 정부의 공개 자료 정리

표 4와 같이, 「수평적 합병지침서」(2010년판)는 시장 집중도인 HHI 지수의 기준을 높였으며, 일부 M&A 사례는 집중이나 독점으로 간주되지 않았다. 이 지침서는 시장 점유율로 모든 것을 판단하지 않고 고도로 집중된 시장이라 해도 강한 경쟁력을 지닐 수 있었다고 지적했다. 아울러 시장 구조와 혁신의 복잡한 상관관계의 영향을 고려하여 인수합병이 혁신에 미치는 영향을 평가할 때 당국에서는 인수합병 기업이 더 효과적으로 연구개발을 진행할 능력이 있는지를 고려했다고 했다.

이와 동시에 혁신을 추진하고 미국 기업의 글로벌 경쟁력을 제고하기 위해 일본과 유럽의 협력 혁신 관련 법규[6]를 토대로 미국은 1984년 「국가 협력 연구법」을 제정함으로써 공동 연구와 개발의 합자 프로젝트가 더 이상 불법이 아니게 됐다. 2000년 미국 사법부와 미국 연방무역위원회는 공동으로 「경쟁자 간 협력의 반독점지침서(Antitrust Guidelines for Collaora tions Among Competitiors)」를 발표하여 협력으로 인한 부정적인 영향을 예측하는 동시에, 기업 경쟁자 간 상호 협력의 필요성과 긍정적 의미를 강조하여, 기업 간 협력으로 생산, 연구개발, 판매와 구매를 촉

---

[6] 1980년대 이전, 일본과 유럽은 기업 전략연맹과 협력 혁신의 태도에 있어서 미국보다 우호적 태도를 취했다. 일본인들은 공동 연구개발이 경쟁을 촉진한다고 생각했기에 반독점법으로 기소할 필요가 없었다. 1968년 유럽위원회는 『기업 간 협력 통지(Notice of Cooperation between Enterprises)』를 제정하여 기업 간의 연구개발을 수평적으로 협력하는 취지의 기업 간 협력을 명확히 하며, 반독점의 범주로 포함시키지 않았다[Jorde and Teece(1998)].

진할 수 있는 방법에 대해 새롭고 혁신적인 규정과 해석을 부여함으로써 기업 간 여러 형식의 협력에 장애물을 없앴다.

전체적으로 과거 100여 년 동안 미국 정부의 반독점 정책은 '당근과 채찍'의 역할을 이행했다. '당근' 정책은 줄곧 존재했으며 미국의 M&A에 중요한 촉진제 역할을 했다. 다른 한편으로 미국 정부의 반독점 정책은 기업이 M&A를 진행하려고 하는 내재적인 원동력을 약화시키지 못했고, 때로는 '채찍' 정책이 의도한 바와는 반대로 기업 간의 M&A를 촉진하기도 했다. 이런 '당근과 채찍'을 특징으로 하는 반독점 정책은 미국 국회, 정부와 법원의 이행과 해석을 거쳐 사실상 미국 기업의 M&A와 산업조직 변혁의 지휘봉이 되며 촉진제 역할을 한 것이다. HHI 반독점 지수의 상향이나 생산, 연구개발, 마케팅, 구매 단계의 협력에 대한 허락이나 또는 특정 영역에 대한 면책이나 모든 조치는 규모의 경제와 기술 혁신의 달성을 목표로 한 미국 기업의 M&A를 더 가능하게 한다. 이러한 정책적인 변화에 힘입어, 미국 기업은 생산, 연구개발, 마케팅과 구매 분야의 협력을 진행하기가 상대적으로 수월해졌다. 미국의 산업조직 정책은 미국 정부가 제정한 법률적 문서(입법과 행정 등을 포함)에 머무르지 않고, 미국의 반도체 산업, 비행기 제조업과 MS사가 독점행위로 기소된 상황에서 실질적인 행동을 취함으로써 미국의 산업조직과 시장구조에 영향을 끼치고 변화하게 만들었다.

결론과 시사점

유행하고 있는 경제학 이론에 따르면, 정부는 시장 자체에 존재하는 결함과 맹점을 보완하기 위해 시장의 기능 상실을 '수리하는' 역할만 하는 것이다. 하지만 미국의 역사와 현실을 살펴보면, 정부는 기업의 연구개발에 매년 1천억 달러를 직접 지출하고, 벤처 투자를 통해 중소기업 발전을 지원하는 (산업기술 정책) 역할뿐 아니라, '규모의 경제'와 '기술 혁신'을 실현하기 위한 기업의 M&A를 지원하고 리드하는 (산업조직 정책) 역할도 감당하고 있다. 미국 정부는 매년 1천억 달러의 직접 지출을 통해 미국 기업 연구개발 부문에서의 투자 부족분을 채우고, 미국 경제의 산업구조 고도화를 촉진했다. 또 미국 정부는 기업의 M&A 관련 법률과 법규를 개정 및 제정하거나 심지어 미국 경제에서의 M&A에 직접 개입하여, 미국 기업이 '규모의 경제'나 '기술 혁신'을 이룰 수 있도록 여건을 조성하여 미국의 시장구조와 산업구조 변혁을 추진했다. 산업기술 정책이나 산업조직 정책 또는 다른 형식의 산업정책이나 할 것 없이 모두 미국의 산업정책이 경제 활동에서 방어적이거나 수동적인 입장이 아닌 적극적으로 역할을 발휘하게 만들었다.[7]

미국 시장의 경제 시스템은 앵글로 색슨 모델로 귀납해서, 프랑스의 라인지방 자본주의(Rhineland Capitalism) 모델, 북유럽의 복지국가 모델 또는 동아시아 국가 모델과는 구별된다고 하더라도 사실상 미국의 정치 경제 활동에 있어 산업정책의 적극적인 역할 수행은 미국 경제 시스템이 외부에서 말하는 자유방임 경제 시스템처럼 그렇게 단순하지 않다는 것을 보여 준다. 미국 정부는 분명히 경제활동에서 시장의 '보완자' 역할을 한 것뿐 아니라, 나아가 시장의 '조성자' 역할도 했다는 것이다. 미국의 정치경제 발전사와 사실에 입각한 연구 판단에 근거하여 미국 학자인 부르크와 마조카트는 각자 미국 정부를 '히든 발전형 정부(hidden developmental state)'와 '기업형 정부(entrepreneurial state)'라고 지칭했고 하루커가 말한 '나이트워치'[8]가 아니라고 했다. 이런 의미에서 보면 미국 정부

---

7 『캠브리지 미국 경제사』(제3권) 제7장의 작자 린트트는 미국의 산업정책에 대해 '방어적(defensive)', '수동적(reactive)'이라고 표현했다[Engerman and Gallman(2000)].
8 부르크는 미국이 보편적으로 시장 근본주의 사상이 지배적인 국가로 여겨지지만, 과

는 아마도 제퍼슨의 수사나 해밀턴의 정책에 따라 행동한 정부이다.[9]

산업정책은 과거와 현재의 시간 축에 존재하면서, 선진국과 개발도상국의 공간 축에도 존재하며, 어떤 경제 주체도 산업정책에서 자유롭지 못하다는 사실이 이론과 역사에 의해 끊임없이 증명되었다. 중요한 것은 적극적인 산업정책은 정부가 경제 활동에 있어서 수동적인 '나이트 워치'의 역할만을 담당하지 않고, 기술 혁신, 산업고도화, 구조 조정, 기업 육성 등에서 더 적극적인 역할을 수행하여 정부와 시장 역할의 긍정적인 상호작용을 이뤄 내야 한다는 것이다. 정리하면 정부는 시장의 '보완적인' 역할만을 할 수 없으며, 시장의 '조성자' 역할을 해야 한다. 정부의 산업정책에는 실패 리스크가 존재한다고 하더라도 막대한 개선의 여지도 존재하고 있다.

거 30년 동안 미국의 정치는 사실상 보이지 않는 발전형 정부가 존재해 왔고, 보이지 않는 발전형 정부가 미국에서 존재한 것은 개발도상국이 상상했던 것보다 더욱 거대한 규모의 산업정책 사용 공간이 있었음을 의미한다. 보이지 않는 발전형 정부의 존재는 미국의 국내/해외에 중요한 정치적 의미를 가진다[Block(2008)]. 미국 경제학자 맥그로우는 심지어 미국의 정부-시장의 관계를 "자유시장에 자주, 임의적인 개입" 유형이라고 간주했다[맥그로우(2000)].

[9] 해밀턴은 경제 활동에서 국가의 적극적인 개입을 주장했고, 제퍼슨은 국가가 제한적으로 경제 활동에 개입해야 한다고 주장했다. 그들의 정책적인 주장과 가치관은 향후 미국의 민주당과 공화당 그리고 미국 사회 전반에 모두 중요한 영향을 끼쳤다.

참고문헌

Adams, W. and H. M. Gray, *Monopoly in America: The Government as Promoter*, New York: The Macmillan Company, 1955.

Angel, D. P., *Restructuring for Innovation: the Remaking of the U. S. Semiconductor Industry*, New York: The Guilford Press, 1994

Bingham, R, *Industrial Policy American Style*, New York: M. E. Sharp, Inc., 1998.

Block, F., "Swimming Against the Current: the Rise of a Hidden Developmental State in the United States", *Politics & Society*, 36(2), 2008, pp.169~206.

Block, F. and M. Keller, "Where Do Innovations Come From? Transformations in the U. S. Economy, 1970~2006", Working Papers in Technology Governance and Economic Dynamics, May 2011, No. 35.

Callender, G, S., *Selections from the Economic History of the United States 1765-1860: With Introductiory Essays*, New York: Augustus M. Kelley Publishing, 1965.

Engerman, S. L. and R. E. Gallman, eds., *The Cambridge Economic History of the United States, Volume 3: the Twentieth Century*, Cambridge: Cambridge University Press, 2000.

Executive Office of the President and President's Council of Advisors on Science and Technology, REPORT TO THE PRESIDENT Ensuring Long-Term U. S. Leadership in Semiconductors, 2017.

Fligstein, N., *The Transformation of Corporate Control*, Cambridge: Harvard University Press, 1990.

Hamilton, A., "Report on the Subject of Manufactures", in H. C. Syett, eds., *The Papers of Alexander Hamilton*, Vol. 10: December 1791~January 1792, New York: Columbia University Press, 1966.

Irwin, D., "Did Late-Nineteenth-Century U. S. Tariffs Promote Infant Industries? Evidence from the Tinplater Industry", *The journal of Economic History*, 60(2), 2000, pp.35~360.

James, B., "We Need an Energy Miracle': Bill Gates Has Committed His Intellect, His influence, and His Personal Fortune to Propelling the World Beyond Fossil Fuels fast enough to Outrace Potentially Cataclysmic Climate Change", *The Atlantic*, November 2015.

Jorde, T. M. and D. J. Teece, "Innovation and Cooperation: Implications for Competition and Antitrust", 28 J. Reprints Antitrust L. & Ecom. 735, 1998.

Ketels, C. H. M., "Industrial Policy in the United States", Special Issue on The Future of Industrial Policy, *Journal of Industry, Competition and Trade*, 7(3–4), 2007, pp.143~323.

Khwaja A., Taking Advantage of Government Venture Capital, 2016. http://www.entreperneur.com/article/52740

Lind, M., *Land of Promise: An Economic History of the United States*, New York: Harper Paperbacks, 2013.

Mazzucato, M., *The Entrepreneurial State: Debunking Public vs. Private Sector Myths*, New York: Public Affairs, 2015

Nester, W. R., *A Short History of American Industrial Policies*, New York: Palgrave Macmillan, 1998.

Peritz, R. J. R., *Competition Policy in America: History, Rhetoric, Law*, New York: Oxford University Press, 2000.

Porter, M. E., "Competition and Antitrust: A Productivity-Based Approach to Evaluation Mergers and Joint Ventures", *Antitrust Bulletin*, 46(4), 2001, pp.919~958. Revised May 30, 2002.

Ravenscraft, D. J. and F. M. Scherer, *Mergers, Sell-offs, and Economic Efficiency*, Washington, DC: The Brookings Institution, 1987.

Rodrik, D., "Normalizing Industrial Policy", Commission on Growth and Development Working Paper, no. 3, 2008.

Scherer, F. M., *Competition Policies for an Integrated World Economy*, Washington, DC: Brooking Institution Press, 1994.

Stiglitz, J., "Some Lessons from the East Asian Miracle", *World Bank Research Observer*, 11(2), 1996, pp.151~177.

Stiglitz, J. and B. Greenwald, *Creating a Learning Society: A New Approach to Growth, Development and Social Progress*, New York: Columbia University Press, 2014.

Stiglitz, J. J. Y. Lin and C. Monga, "The Rejuvenation of Industrial Policy", World Bank Policy Research Working Paper, No. 6628, 2013.

Wade, R., "The Paradox of US Industrial Policy: the Developmental State in Disguise", in J. M. Salazar-Xirinachs, I. Nübler and R. Kozul-Wright, eds., *TRANSFORMING ECONOMIES Making Industrial Policy Work for Growth, Jobs and Development*, International Labour Office, Geneva, 2014.

Warwick, K., "Beyond Industrial Policy: Emerging Issues and New Trends", OECD Science, Technology and Industry Policy Paper, No. 2, 2013.

린이푸(林毅夫), 『신구조경제학: 경제 발전과 정책의 이론적 틀 재고찰』, 쑤지엔(蘇劍) 역, 베이징대학출판사, 2012.

류허(劉鶴)·양웨이민(楊偉民), 『중국의 산업정책 – 이념과 실천』, 중국경제출판사, 1999.

아룬 라오Arun Rao·피에로 스카루피Piero Scaruffi, 『구글 100년사 – 위대한 과학기술의 혁신과 창업 여정』, 옌징리(閆景立)·탄펑(談鋒) 역, 인민우전출판사, 2014.

피터 틸, 『0에서 1까지: 비즈니스 시작과 미래의 비밀』, 중신출판사, 2015.

가오바이(高柏), 『경제이데올로기와 일본의 산업정책』, 안쟈(安佳) 역, 상하이인민출판사, 2008.

챈더러(錢德勒) 주편, 『대기업과 국민재산』, 류시에린(柳卸林) 등 역, 베이징대학출판사, 2004.

토마스 K. 맥그로 집필, 『현대 자본주의 - 3차 산업혁명에서의 성공자』, 쟈오원수(趙文書)·샤오수어장(肖鎖章) 역, 장쑤인민출판사, 2000.

코미야 류타로·오쿠노 마사히로·코타로 스지무라 집필, 『일본의 산업정책』, 국제문화출판회사, 1988.

시에포더(謝潑德) 등, 『산업조직 경제학』(제5판), 장즈치(張志奇) 등 역, 중국인민대학출판사, 2009.

장하준, 『사다리 걷어차기』, 샤오롄(肖煉) 등 역, 사회과학문헌출판사, 2007.

관점 토론

루이밍지에(芮明杰) 푸단대학교 경영대학 교수: 이번 포럼의 제목은 '산업정책: 총정리와 재고찰 및 전망'으로 경제의 뉴노멀과 공급 측 구조개혁, 산업구조 조정과 전환이라는 중요한 역사적 시기에 놓여 있는 지금 중국 입장에서 매우 훌륭한 주제라고 생각한다. 이 과정은 린이푸 교수의 말을 빌려 형용하면 중진국의 함정에서 어떻게 빠져나와야 하며, 이를 위해 중국은 어떤 산업정책을 펼쳐야 하는지가 주요 과제이다.

산업경제학의 국내·외 학계에서는 한 국가 또는 한 지역의 정부가 산업정책을 계획하고 시행해야 하는가를 둘러싸고 사실 많은 이견이 존재한다. 많은 사람이 산업정책은 효과가 없어서 시행할 필요가 없다고 주장하는 반면 산업정책은 분명 효과를 내고 있어서 산업정책을 계획하고 시행해야 한다고 주장하는 사람도 많다. 필자는 개인적으로 산업정책을 통해 시장의 공평한 경쟁과 산업의 진입과 체계적인 발전을 규범화해야 한다고 생각한다. 사실, 미국과 같은 선진국에도 산업정책이 존재하고 시장 개입을 통해 산업 발전을 도모했다. 다시 말해 미국의 산업정책은 주로 반독점의 관점에서 시장의 공평한 경쟁을 유지하고 시장을 통해 기업이 좋은 실적을 내도록 유도하여 산업고도화와 전환을 이루도록 하는 것이었다. 1960년대, 일본 정부는 많은 산업정책을 제정했다. 「철강공업진흥법」, 「기계공업진흥법」 등이 이에 해당한다. 필자는 패전국인 당시의 일본 정부가 자원의 집중을 통해 죽어가던 산업을 발전시켜 국민 경제의 빠른 발전을 이루길 희망했다고 생각한다. 따라서 일본의 산업정책은 산업 발전 자체에 대한 직접적인 개입이었다. 이것은 미·일 양국의 산업정책 계획과 시행에서의 차이를 보여 주는 대목이다. 당연하게도, 당시 미·일 양국은 요소부존에 있어서도 차이가 존재했다. 린이푸 교수의 말을 빌리면, 미·일 정부는 요소부존을 기반으로 결정된 비교우위의 관점에서 자국 산업정책의 계획과 시행의 출발점을 확정했을 것이다.

　개인적으로 필자는 중국의 산업정책 계획과 시행의 목적이 공평한 경쟁의 시장 시스템 및 산업 생태계의 구축이어야 한다고 생각한다. 경제와 산업 발전의 주체는 기업이며, 기업이 성장할 수 있는 토양과 환경에는 두 가지가 포함된다. 하나는 성숙하고 공정하고 유효한 경쟁을 갖춘 시장이며, 다른 하나는 우수한 산업 생태계이다. 개혁개방 30여 년 동안, 우리는 사회주의 특색의 시장 시스템을 건설하기 위해 줄곧 노력해 왔고, 비교적 커다란 성과를 얻었다고 말할 수 있다. 바로 이 과정에서 중국 국유기업은 개혁을 심화했고, 민영기업은 계속 발전을 거듭했다. 하지만 전체적으로 봤을 때, 중국의 시장 시스템은 여전히 미숙한 상태이며, 서양 국가들은 중국의 시장경제 국가로서의 지위를 인정하지 않고 있다. 18차 3중전회에서는 시장이 중국 자원 배치의 절대적인 주체가 되어야 한다고 강조하기도 했다. 사실, 중국의 시장 시스템은 미숙한 상태이다. 독점해서는 안 되는 분야에 독점이 있고, 경쟁이 필요한 분야는 과열한 경쟁이 있으며, 지역 시장 보호·정부의 행정적 시장 개입의 상황이 빈번히 발생하여, 기업이 시장의 공정한 경쟁을 통해서가 아닌 정부와의 연줄 정도에 따라 규모를 키우고 발전을 도모한다.

　산업 생태계 시스템은 첫째는 산업의 자연적 생태 환경을 말하며, 둘째는 산업의 조직적 생태 환경을 말한다. 최근 몇 년간 중국 기업과 산업 발전의 자연적 생태 시스템은 과도하게 파괴되었다. 환경오염, 공기 악화, 자원에 대한 과도한 개발이 지속가능한 발전을 진행할 수 없을 정도로 생성되었다. 하지만 기업과 산업의 협력 시스템·서비스 시스템의 미비와 부조화, 유통 시스템과 서비스 시스템의 취약성으로 때때로 기업이 어떤 투자 프로젝트의 승인을 얻어야 할 때, 100여 개의 정부 부처의 날인이 필요하고, 1년 반이 넘는 기간이 소요되며, 심지어는 아예 불가능한 상황이 벌어져, 기업과 산업 사이의 협력 효율이 크게 타격을 받고, 기업의 생산 효율과 경제적 효율에도 영향을 미친다. 이런 생태 환경에서 기업은 성장하기 매우 어렵다.

필자는 산업정책 평가에는 주로 3가지 핵심 포인트가 있다고 생각한다. 첫째는 정책 계획의 이론적 근거와 출발점이 무엇인가를 살펴봐야 한다. 둘째는 산업정책 시행의 작동 포인트가 어디에 있는지, 대상이 누구인지, 작동 기제는 무엇인지를 살펴봐야 한다. 셋째는 산업정책의 효과를 살펴봐야 한다. 산업의 발전과 구조 조정을 촉진했는지, 효과적으로 자국의 비교우위 기반을 변화시킬 수 있는지, 이를 통해 중진국에서 선진국으로 진입할 수 있는지를 살펴봐야 한다.

개혁개방 이전, 중국에도 산업정책이 있었다고 생각하는 사람들이 있다. 필자는 개인적으로 그 시대에 산업정책이 존재했다는 의견에는 동의하지 않는다. 당시는 계획경제의 시기로 완전히 계획적 설계에 따라 산업 발전을 이루었으며, 정책적 효과에 따라 산업의 발전을 이끌지는 않았다. 산업정책 제정의 출발점에는 두 가지가 있는데, 하나는 시장을 보호하거나 복원하는 차원이고, 다른 하나는 산업에 직접적으로 개입하는 것이다. 기존의 중국 산업정책은 시장에 대한 규제가 지나치게 많았지만, 시장 자체에 대한 보호 또는 복원은 매우 적었다. 충분한 경쟁이 없는 시장은 글로벌 경쟁에서 경쟁력이 있는 산업을 육성하기 어려웠다. 최근 몇 년간, 정부의 규제가 비교적 적은 신흥 산업에서 중국의 일부 기업은 국제 경쟁에서 다국적기업과 경쟁할 수 있는 능력을 갖추게 되었다. 예를 들어 전자상거래 산업이 그렇다. 중국의 전자상거래 산업은 시작한 지는 10년밖에 되지 않았지만, 충분한 시장 경쟁을 통해 기업의 경쟁에 활력을 불어넣었다. 전자상거래의 선두 기업은 전부 분명한 특성을 가지고 있는 민영기업이다. JD.COM은 중국 국내 시장의 점유율에서 아마존을 훨씬 능가했고, Gome.com이나 Suning 같은 전통적인 기업과의 경쟁에서도 점차 우세를 확보하고 있다. 알리바바는 상장 이후 시가총액이 eBay를 넘어섰으며, 심지어 Facebook도 뛰어넘고, 미국 증시 시가총액 7위를 자랑하는 상장회사로 떠올랐다. 이러한 전자상거래 기업은 업스트림과 다운스트림을 동시에 통합하여, 생산과 물류 그리고 창고 등 연관 산업의 발전을 가져왔다. 중국에서는 충분한 경쟁을 벌이는 산업에서 산업 사슬의 통합 능력을 갖춘 대기업을 쉽게 배출한다. 따라서 정부는 건전한 시장 메커니즘을 구축하고 시장의 충분한 경쟁을 보호하며, 시장을 규범화하고, 공평한 시장 환경을 조성하는 데 힘을 쏟아야 한다.

린 교수의 이론은 요소부존의 현실적인 부분을 출발점으로 하고, 비교우위의 향상에 중점을 두어 산업정책을 계획함으로써 중국이 중진국의 함정을 벗어나 고소득 국가로 나아가도록 추진해야 한다는 것이다. 필자는 이것이 매우 좋은 견해이며 산업정책을 설계하는 출발점이라고 생각한다. 하지만 고소득 국가와 현재 중국의 요소부존은 같지 않으므로, 중국이 중진국에서 고소득 국가로 전환하는 과정에서 자원 부존을 어떻게 전환해야 하는가 역시 중요한 문제가 아닐까? 산업의 전환과 고도화 과정에 발을 맞추면서 중국의 요소부존 역시 동태적인 업그레이드가 필요한 것은 아닐까?

두 번째 문제는 중국 산업정책의 작용점이 어디인가에 관한 것으로, 작용 대상이 기업인지 소비자인지의 문제이다. 여기에는 분명 큰 차이가 존재한다. 기존에 대부분의 산업정책은 기업을 대상으로 작용했다. 기업은 경제 발전의 주체이며 구조적 전환, 더 나아가 산업 발전의 주체이기 때문이다. 산업정책의 작용점은 당연히 기업에게 있어야 한다. 문제는 어떻게 기업에 작용점을 두고 효과를 얻느냐이다. 예를 들어, 우리가 최근에 진행한 실증 연구에 따르면, 중국은 국가 차원에서 '제조업 2025' 및 7대 전략 신흥 산업 계획 등과 같은 많은 산업정책을 추진했다. 이러한 정책이 나온 이후 기존 상장회사의 경영에 긍정적인 또는 부정적인 결과를 가져왔는지에 대한 실증 연구를 진행했다. 그 결과 기업들이 원래 하이테크 기술 산업의 범주에 속해 있고, 이런 산업정책으로 국가의 정책적 지원을 누리기 위해, 일반적으로 생산을 늘리고 규모를 확대하며 투자를 증가시켰다는 것을 알 수 있었다. 하지만, 해당 산업정책의 적용 범주 밖에 속한 기업은 전략 신흥 산업 발전이란 정책을 접하고 국가에서 이렇게나 많은 보조금과 혜택을 제공하니 범업계 간의 발전을 도모하거나 투자를 시작하려는 제스처를 취했다. 실상 이런 기업들은 신흥 산업 분야에서 발전을 도모하기보다는 개념상의 장난질을 하는 것으로 회사의 시가 총액을 높이기 위한 허위 액션인 경우도 있었고, 심지어는 토지 가격의 혜택을 얻기 위한 경우도 있었다. 토지 가격 상승으로 향후 해당 산업에서 손을 뗄 때를 대비한 보호 장치를 마련해 놓고자 한 것이다.

연구를 통해, 우리는 보조금과 같은 정책적 조치는 기업에게 작용하는 데 일반적으로는 기업 행위의 변질을 가져오며, 이로써 산업정책은 실패로 귀결되고 긍정적인 효과가 감소한다는 것을 알 수 있었다. 필자 개인적으로 보조금 조치는 소비자에게 작용되어야 한다고 주장하는 편이다. 소비자의 구매 행위는 비교적 쉽게 관찰되며, 구매가 일단 이루어지면 보조금의 혜택을 누릴 수 있게 한다. 이를 통해 시장 규모를 확대할 수 있고 해당 기업이 시장을 확대하는 과정에서 자신의 점유율을 넓힐 수 있어 그렇게 발전을 이루게 된 것이다. 하지만 기업에게 보조금을 줄 경우, 기업은 겉으로는 어느 산업에 진입하는 것처럼 보여도 실제로는 이 산업을 잘 이끌어갈 생각이 전혀 없다. 왜 그럴까? 퇴출 기제가 있기 때문이다. 토지와 재정 보조금이 존재하기 때문이다. 이런 이유로 심지어 기업 투자는 시장의 수요를 고려하지 않는 상황까지 벌어지고, 결국 생산과잉의 문제로 이어진다. 태양광 패널 산업의 발전이 바로 이런 정책에서 진행된 전형적인 사례이다. 현존하는 정책은 주로 기업에 너무 치우쳐 있고, 소비자에 대한 보조금 정책은 많지 않다. 미래에는 이를 좀 손봐야 하지 않을까 필자는 생각한다.

  마지막으로, 산업정책의 효과이다. 우리의 많은 정책은 서로 간에 조합이 안 되거나, 조화를 이루지 못하고 있다. 예를 들어, 현재 근로인력 정책은 기업이 매년 직원에게 임금을 더 늘려야 하고, 직원의 단기 계약이 한 차례 완료된 후 장기 계약을 해야 한다고 규정하고 있는데, 이는 노동력의 유동성을 저해하여, 노동력 임금의 지속적인 인상을 초래하기에 제조업의 불만이 말을 못할 정도로 많다. 다른 예를 들면, 최근 우리는 중국의 제당업을 조사하여 연구했다. 국가 전체의 설탕 연 수요량이 1,500만 톤이고, 국제적으로 설탕 가격이 근래 계속 하락하면서 최근 2년간 설탕업계는 전반적으로 적자의 늪에 빠졌다. 사탕수수 경작을 하던 농민의 수입이 줄어들었고, 경작 면적이 감소하여 중국 설탕 생산량이 대폭 감소하게 되었다. 국내에서 생산된 양은 대략 1,000만 톤 정도이어서 수입이 필요했다. 하지만 수입 설탕의 관세 정책은 상무부와 세관이 국제무역 준칙에 따라 제정한다. 여기에는 분명 잘못된 부분이 없다. 하지만 현행 설탕 관세는 중국의 설탕 제조업체의 발전에 영향을 주고, 심지어 사탕수수 경작을 하는 농민의 생산 적극성에도 영향을 준다. 우리는 중국의 많은 산업정책과 다른 보조적인 정책 사이에 조화가 이루어지지 못해, 각 산업정책의 효과가 서로 상쇄되고, 결국 산업정책이 어떤 큰 긍정적인 효과도 거두지 못하게 되는 결말을 맞게 된 사실을 발견했다. 나는 개인적으로 중국이 산업정책을 설계하고 시행하는 데 있어, 반드시 산업정책 전반적인 효과를 함께 고려해야만 더 강력한 긍정적인 효과를 거둘 수 있다고 생각한다.

스진촨(史晋川) 저장대학교 경제대학 교수: 린이푸 교수는 1980년대부터 농업경제 분야에서 기술, 제도 및 농업 생산효율 문제를 연구했고, 1990년대부터는 차이팡(蔡昉)·리저우(李周)와 함께『중국의 기적: 발전 전략과 경제 개혁』을 출간하면서, 연구의 중심축을 전략, 제도와 발전 실적의 문제로 돌렸다. 그는 이 책에서 비교우위와 요소부존에 대해 언급했다. 세계은행에서 퇴임하고 중국에 돌아온 후, 린 교수는 신구조주의 경제학 이론의 틀을 제시하면서, 원래 연구에서 사용했던 많은 '약재', 예를 들어 기술, 요소부존, 제도와 비교우위 등을 요소부존이라는 기반에 두고 내재적인 논리에 따라 연결하여 이렇게 '처방'인 신구조경제학을 완성했다.

필자는 린 교수가 여러 번 신구조경제학에 대해 했던 강연을 들었다. 린 교수의 '처방'에서 제도와 요소부존 및 비교우위의 관계를 엿볼 수 있었고, 제도는 요소부존에서 내생하는 것이라고 강조했다. 필자는 이 문제에 대해 평가하고 보충을 하고자 한다.

경제학 이론에서 보면 부존이 내생적으로 제도를 만들 수 있다고 여겨지지만 요소부존에서 내생된 제도가 반드시 좋은 제도라고 확신할 수는 없다. 현실 속의 사회 경제 활동을 관찰해 보면, 부존에서 내생된 제도, 예를 들어 발전 전략 및 상응하는 산업정책이 산업구조에 꼭 긍정적인 영향을 끼치는 것은 아니다.

계획경제 체제에서는 도시와 농촌 그리고 농업과 공업이 분리·이원화된 경제구조가 존재했다. 개혁이 심화되면서 전통적인 이원화 경제구조도 점차 사라졌다. 현재는 사회주의 시장경제 체제이며, 개혁이 완전히 이루어지지 않았기에 국유 경제와 민간 경제가 분리된 새로운 이원화 경제구조가 형성되었다. 이는 경제 제도의 측면에서 만약 제도가 요소의 이동을 방해했다면, 요소부존에 따라 반드시 합리적인 경제구조가 형성되는 것이 아니고, 또한 비교우위를 표출할 수 있는 산업구조가 나타나는 것이 아니라는 것을 설명한다. 정부의 산업 규제를 포함하여 현재의 시장 진입 제도와 산업정책에서 국유기업이 주도적 지위를 차지하고 있는 경제 부문에는 모두 엄격한 시장 진입의 제한이 있으며, 산업 규제가 있고 매우 까다로운 산업 진입 장벽이 존재하는 부문은 모두 독점성이 매우 강하다는 사실을 확실히 알 수 있다. 이와 비교하면, 민영기업이 소속하는 경제 부문은 비교적 개방적이고, 경쟁적인 산업 부문이다.

이와 같은 새로운 이원화 경제구조는 현행 경제 제도의 산물이며, 그렇다 보니 매우 심각한 결과를 가져오게 되었다. 바로 국유 경제 부문과 민간 경제 부문 간에 생산요소의 이동이 매우 비대칭적인 모습이 형성되었다는 점이다. 구체적으로, 민영기업이 속한 특정 산업 부문, 예를 들어 부동산업계는 처음에는 민영기업에서 개척한 것이다. 일단 해당 산업이 돈벌이가 된다고 느끼자 국유기업은 언제든지 자신의 정치 자원 및 금융 자원의 우세에 힘입어 해당 분야에 대거 진입할 수 있었다. 반대로, 국유기업이 독점적 지위를 차지하고 있던 에너지·통신 등 산업 부문은 필자가 굳이 언급하지 않아도 민영기업이 진입하기가 매우 어렵고, 거의 진입이 불가능할 정도임을 독자도 예상할 수 있을 것이다. 이것이 바로 필자가 말한, 현재의 국유 경제 부문과 민간 경제 부문이 분리되면서 야기된 요소 이동의 비대칭성이고, 그 결과 요소의 배치와 산업구조의 왜곡이 발생했다. 국유기업이 언제든 진입할 수 있는 그 민영 경제가 속한 부문은 대부분 공급 과잉 현상이 일어났고, 민영 경제가 진입 불가능한 국유 경제의 독점적 부문은 대부분 공급 부족 현상이 나타났다. 결론적으로 제도는 경제가 요소부존에 따라 비교우위를 발휘하고, 비교적 합리적인 산업구조를 형성하는 것을 저해했다.

비즈니스 무역, 금융, 미디어 분야처럼 정부가 엄격하게 통제하는 구체적인 산업을 살펴보면, 굉장히 흥미로운 사례를 발견할 수 있다. 예를 들면, 알리바바의 Tmall과 타오바오로 대표되는 전자상거래 플랫폼의 발전은 구미의 선진 국가를 훨씬 능가했고, 이미 아주 많은 2~30대 청년들이 온라인 상점을 경영하며 전자상거래의 발전에 주춧돌이 되고 있다. 그렇다면 그들은 왜 오프라인에서 점포를 운영하지 않고, 온라인에서 상점을 오픈하는 것일까? 가장 중요한 요인은 바로, 중국에서 상업 활동에 종사할 때, 오프라인 사업과 온라인 사업에서 거래 주체가 직면하는 제도 환경이 상이하게 다르기 때문이다. 온라인에서의 사업은 공상국이나 도시관리원, 세무국 공무원의 눈치를 볼 필요가 없으나 오프라인 사업은 하루가 멀다 하고 공상국, 도시관리원, 세무국 공무원의 눈치를 봐야 한다. 온라인에서의 사업은 더욱 자유롭고, 거래 비용도 훨씬 적다. 금융 영역도 마찬가지이다. 마윈이 만약 오프라인에서 알리페이와 유사한 금융 상품을 만들었다면, 금융 관리감독 기구는 이튿날 바로 불법 자금 모집 명목으로 이를 금지시켰을 것이다. 위챗의 빠른 발전 역시 마찬가지이며, 그 원리는 매우 간단하다. 중국 내 이동통신과 1인 미디어는 거대한 발전을 이루었고, 사람들은 모두 위챗을 사용한다. 위챗에서는 모든 정보를 볼 수 있고, 또 국영 미디어에서 제공하지 않는 소식도 알 수 있다. 온라인의 신미디어와 오프라인의 전통 미디어에 대해 국가는 미디어 관련 규제를 다르게 적용하고 있다. 이런 제도적 차이로 인해 중국의 모바일 인터넷을 기반으로 한 신미디어는 해외보다 더 빠른 발전을 하고 있다.

　다시 본론으로 돌아와, 필자가 이야기하고자 하는 것은 린 교수가 그의 신구조경제학 이론의 발전 과정에서 제도의 문제에 더욱 관심을 두길 바라는 마음이다. 제도가 요소부존에 의해 내생되긴 하지만, 요소부존에 의해 만들어진 제도의 방향이 일방적인 것은 아닐 수도 있고, 게다가 제도 역시 완전히 수동적인 것이 아니고, 또 산업구조에 여러 영향을 끼치고 비교우위의 동태적인 변화를 저해할 수도 있다.

이러한 문제는 린 교수의 이론에서 어느 정도 언급된 적이 있지만, 더욱 많은 경제학자가 깊이 있는 연구를 하여 신구조경제학 이론을 더욱 풍성하게 해 주길 바란다.

제3장

산업정책에서 정부와 시장의 관계

산업정책과 정부 그리고 시장의 경계

자오창원(趙昌文)
국무원 발전연구센터 산업경제연구부 연구원

산업정책과 생산과잉의 관계에 대해 '성공해도, 실패해도 다 산업정책 탓이다'라는 말로 정리할 수 있다고 생각한다. 산업정책은 산업 발전에 있어 그 공로를 무시할 수 없지만, 생산과잉에 대해서도 마찬가지로 혁혁한 '공'을 세웠다. 중국의 생산과잉은 중국 특유의 원인과 일반적인 원인에 의해 발생했다. 간단히 살펴보면, 다음과 같은 이유가 있다.

(1) 밀물 현상. 새로운 생산과잉은 주로 2011년 이후에 발생했다. 위기 방지 조치는 단기적으로 경제의 번영을 가져왔다. 기업은 낙관적으로 정책 결정을 했고, 높아진 예상 수치에 따라 맹목적인 투자를 진행했다.

(2) 지방정부의 문제. GDP 평가와 분세제分稅制(분리과세제도란 국가의 모든 세수를 중앙정부와 지방정부의 몫으로 나눠 중앙정부의 재정과 지방정부 재정 수입의 범위를 규정한 재정 관리 시스템-옮긴이) 체제에서 지방정부는 GDP와 재정 수입을 더 빠르게 증가시킬 수 있는 산업을 발전시키는 방향으로 치우치게 되었고, 이 과정에서 자산이 많거나 규모가 큰 업계가 자연스레 우선시되었다. 이때의 생산과잉은 주로 중화학 공업과 자원형 업계(철강, 시멘트, 전해 알루미늄, 판유리, 석탄)에서 나타났다.

(3) 막차 현상. 이는 하나의 특수한 전환 현상이다. 과거 몇 년간 정무 간소화와 권력 이양을 중심으로 하는 정부기관의 개혁과 직능職能 전환이 대대적으로 추진되었다. 정부 심의는 행정적인 색채를 띠었기에 시장에서 통행증 역할을 할 수 있었고, 정부의 승인 서류가 있으면 은행에서 대출을 받거나 사회의 투자를 끌어들일 수 있었다. 사람들은 모두 이

번 기회를 놓치면 언제 다시 승인이 이루어질지를 우려하여, 막무가내 식으로 선투자를 진행했다. 예를 들면, 발전개혁위원회가 승인 서류를 심의하지 않자 기업은 어찌해야 할지 당황했고, 은행에서 대출을 받을 수도 없게 되었다.

(4) 경제의 주기적 변화. 금융위기 이후 각국의 경제성장률은 보편적으로 하락 곡선을 그렸고, 오늘날까지도 세계 경제는 여전히 힘겨운 회복과 조정의 길을 걷고 있다. 전 세계의 총수요가 하락하자 국제 시장과 밀접한 관계를 맺고 있던 선박·대종大宗 원자재 등 업계에 자연적으로 비교적 심각한 생산과잉 문제가 나타났다.

이로써 중국의 생산과잉 원인은 여러 측면에서 기인한 것임을 알 수 있다. 시장 요인과 체제 요인, 주기적인 요인과 구조적인 요인이 모두 작용한다. 생산과잉과 관련된 전반적인 상황에 대한 판단과 분석을 하면서 동시에 구체적인 업계의 구체적인 문제에 대한 구체적인 분석을 진행해야 한다.

필자는 각각의 다른 경제 주기 또는 기업의 미래에 대한 지나친 낙관적 예측으로 야기된 '조석(밀물과 썰물) 현상' 등과 같은 일반적인 원인은 여기에서 토론할 문제가 아니라고 생각한다. 더 주목해야 할 부분은 생산과잉을 야기하는 특수한 요인이며, 특히 시스템적 메커니즘 문제이다. 왜 이렇게 생산과잉을 강조하는 것일까? 사실 생산과잉은 우리의 정상적인 경제 활동과 경제의 순환 및 운영에 확실히 영향을 미치고, 전반적인 경제 활동에서 정상적인 요소의 유동을 지체시키며, 더 나은 방향으로 나아가지 못하게 한다. 그렇기 때문에 생산과잉을 해결하기 위해서는 먼저 단기적인 구조 조정에서 시작하여 '퇴출'을 통한 재균형을 이루어야 한다. 이것이 필자가 말하고자 하는 첫 번째 포인트이다.

두 번째 포인트는 생산과잉의 해결 또는 과잉생산 해소의 과정에서 정부와 시장의 역량을 모두 발휘해야 한다는 점이다. 물론 시장 메커니즘의 역할에 기반해야 하지만 그렇다고 행정적인 수단이 좋지 않다고 단적으로 말할 수는 없다. 행정적 수단이 각급 기관에서 지표를 나누는 것을 지칭한다면, 필자는 찬성하지 않는다. 지표가 있다 하더라도 명령의 성격을 띠는 것이 아니라 지도적 성질을 가지고 있어야 한다. 행정적 수단이 기술과 환경, 품질과 안전 감독을 강화하는 것이면, 이는 적극적으로 활용하고 더욱 강화해야 한다. 여기서 말하고자 하는 바는 과잉생산 해소 정책 역시 하나의 산업정책이라는 점이고, 린이푸 교수의 '다섯 가지 유형'에서 퇴출형 산업정책에 속한다는 것이다. 산업 발전을 장려하는 것뿐 아니라, 과잉생산 해소도 일종의 산업정책이다. 과잉생산 해소의 본질은 구조 조정이고, 품질과 가치의 제고를 목적으로 한다. 과잉생산 해소는 장기적으로 봤을 때 긍정적인 작용을 한다. 첫째, 시장의 공간을 비워 업계 내 고효율을 지닌 기업이 더 양호한 발전을 거둘 수 있게 한다. 둘째, 생산요소와 자원의 최적화된 분배를 이루게 하여 사회 전반의 자원 분배 효율을 제고시킨다.

   세 번째 포인트는 과잉생산의 해소는 중·장기적으로 경제 발전에는 도움이 되지만, 단기적으로는 승자가 없고 패자만 있는 모양새가 된다는 점이다. 누가 승자인지 한번 생각해 보자. 중앙정부는 돈을 써서 취업난 문제를 해결하고, 지방정부에는 재정 수입 감소 문제가 나타나며, 기업은 도산 문제에, 직원은 실업 문제에 직면하게 되고, 은행은 부실대출 문제에 직면하게 되다 보니 단기간 내에 그 누구도 이득을 보지 못한다. 그렇기 때문에 과잉생산 해소의 핵심은 합리적인 원가 분담 메커니즘이 수립되어 있는지에 달려 있다. 그렇지 않으면 앞으로 나아갈 수 없다. 사람들은 그 안에서 남이 손해를 보고 자신이 이득을 볼 것으로 생각하지만, 사실상 불가능한 일이다. 『홍루몽』에 나오는 "새하얀 대지는 정말 깨끗하구나."라는 구절은 이런 현상에 대한 생생한 비유이다. 몇 년 전에 필자가 "생산과잉은 실물 경제의 거품이고, 거품이 꺼진 후에는 누가 득을 보게 될 것인가?"라고 언급한 적이 있다. 결국 이 글의 주제인 산업정책과 생산과잉으로 돌아오면, 모든 것은 문제의 본질로 돌아가 '결자해지結者解之'해야 한다.

네 번째 포인트는 행정적 목표 달성이 과잉생산 해소의 최종 목표가 아니라는 것이다. 현재 공급 측 구조개혁의 5대 과제에서 첫 번째 임무는 과잉생산 해소이다. 2010년 7월 말까지 석탄의 과잉생산 해소는 9,600만 톤으로 목표의 38%를 달성했고, 철강은 2,100만 톤 감축으로 목표의 47%를 달성했다. 하지만 이런 수치를 보면서, 38%나 47%와 같은 숫자에 너무 집착하지 말아야 한다. 1년의 과잉생산 해소 목표를 달성했다고 해서 과잉생산 해소의 최종 목표를 이룬 것은 아니다. 최종 목표는 '세 가지 실질적인 조치'로, 즉 탈脫생산을 통해 실질적으로 낙후된 생산성을 도태시키고, 산업구조의 고도화를 실질적으로 이루며, 업계의 수익성 향상을 실질적으로 촉진하는 것이다. 이를 위해서는 본말이 전도되어서는 안 되며 수치상으로 목표를 달성했다고 이를 성공으로 간주해서도 안 된다. 예를 들어, 당신의 종착점이 어디인지 알지 못하면, 자연히 현재 당신의 위치가 어디인지도 알지 못한다. 반드시 과잉생산 해소 임무의 최종 목표를 확실히 기억해야 한다.

다섯 번째 포인트는 과잉생산 해소와 국유기업 개혁을 결합해야 한다는 것이다. 이것은 사실 동전의 양면이기 때문이다. 과잉생산 해소와 국유기업 개혁은 동시에 진행되어야 한다. 사실 국유기업은 생산과잉 업종 중 큰 비중을 차지하고 있기에 어떤 의미에서 과잉생산의 해소는 사실상 국유기업의 개혁을 추진하는 것이라 할 수 있다. 이를 위해서는 다음의 몇 가지 조치를 취해야 한다.

첫째로는 과잉생산 해소 과정을 통해 국유기업의 정책적 부담 문제를 해결해야 한다. 많은 국유기업은 일정한 정책적 부담을 지고 있다. 예를 들어 국유 석탄기업에서 사회 기능을 조속히 분리하고, '삼공일업

三供一業'(수도·전기·난방 공급과 아파트관리-옮긴이)의 인계도 빨리 진행해야 한다. 역사적으로 남겨진 문제의 해결은 석탄 업종의 생산과잉 문제를 해소하는 데 매우 중요하다. 둘째로는 과잉생산을 해소한 국유기업에 재정적 보조금을 제공하거나 국유 자산의 매각 수익을 사회보험에 이양함으로써 근로자의 직장 재배치와 사회정책적 지원에 사용할 수 있게 한다. 셋째로는 국유기업의 과잉생산 해소와 '좀비기업'의 퇴출에서 반드시 자본 투자운영 회사의 조직과 운영, 국유자본 분배의 조정, 혼합소유제 개혁混合所有制改革(혼합소유제 개혁은 1990년대에 제시된 개혁의 방침으로 중국 민간 자본과 외자가 국영기업의 개혁에 참여하는 것을 목적으로 삼고 있다.-옮긴이) 등은 동시에 진행되어야 한다. 넷째로는 국유기업의 과잉생산 해소 과정에서 부실자산의 처리는 기존의 '산업 국가자본'과 '금융 국가자본'(금융회사 중 국가의 소유자산-옮긴이)의 관리 경계를 타파하여, '4대' 금융자산[1999년 설립된 4대 국영 금융자산 관리 회사를 말한다. 중국화룽자산관리공사(中国华融资产管理公司), 중국신다자산관리공사(中国信达资产管理公司), 중국둥방자산관리공사(中国东方资产管理公司)와 중국창청자산관리회사(中国长城资产管理公司)로, 각각 중국공상은행, 중국농업은행, 중국은행, 중국건설은행에서 떼어낸 불량자산을 인수했다.-옮긴이] 관리 회사의 역할을 충분히 발휘할 수 있게 해야 한다.

유효한 시장과 유능한 정부에 대한 논의
— 신구조경제학 관점으로 본 산업정책

왕용(王勇)
베이징대학교 신구조경제학연구원 부교수

2016년 8월 21일에서 22일까지 푸단대학교에서는 '산업정책: 총정리와 재고찰 및 전망'이라는 주제로 학술 심포지엄이 열렸고, 베이징대학교 신구조경제학연구센터와 푸단대학교 경제대학이 이를 공동으로 주최했다. 이 회의의 주요 발기인이자 조직자 중 한 명으로서 필자 개인적으로 이 이틀간의 회의와 토론을 통해 많은 것을 배우고 느꼈다. 이 회의는 '상공업365경제사(貨殖365經濟社)'라는 위챗 단체채팅방에서 시작되었고, '산업의 고도화와 경제 발전'이라는 위챗 단체채팅방에서 귀빈 초청과 조직을 진행하였으며, 회의의 순조로운 폐막까지 한 달이 채 걸리지 않은 행사였지만, 300여 명에 달하는 참가자들이 전국 각지에서 회의에 참석하러 왔다. 이는 해당 주제가 매우 중요하며 많은 이들이 매우 관심을 가진다는 사실을 의미한다.

현대 사회에서, 거시경제 성장을 지탱하는 미시적 기초는 기술의 진보와 요소의 축적 그리고 산업고도화이다. 특히 개발도상국의 경우, 경제 성장 속도가 빠를수록 일반적으로 해당 경제구조의 전환과 산업구조의 고도화 역시 빠르게 진행된다는 것을 의미한다. 이런 과정에서 정부는 어떤 역할을 해야 할까? 실질적으로 또 어떤 역할을 맡았을까? 이 두 문제에 대답하기 위해서는 당연히 산업정책은 피할 수 없는 중요한 문제이다.

심포지엄에서 린이푸 교수는 '산업정책과 국가발전: 신구조경제학의 관점에서'라는 주제로 강연을 했다. 제목 그대로 이 강연은 신구조경제학의 관점에서 산업정책 문제에 대해 체계적으로 논술했고, 신구조경제학의 틀에서 '유능한 정부'와 '유효한 시장'이 어떻게 상호 촉진작용을 하는지에 대해 구체적으로 언급했다. 학문적인 관점에서 '유효한 시장'과 '유능한 정부' 양자는 모두 최대한 달성해야 할 목표이지만, 현실에서 정부가 항상 유능하고 시장이 항상 유효하다는 것을 의미하지는 않는다. 만약 현재 중국의 상황을 보다 구체적으로 파고들어, '시장을 어떻게 완벽하게 만드는가, 자원의 분배에서 시장의 주도적 역할을 어떻게 강화하는가, 시장화 개혁을 어떻게 더 추진하는가' 등 '유효한 시장'의 중요성을 강조한다면, 학계에서는 기본적으로 이에 대한 이견보다는 공감대가 형성될 것이다. 하지만 만약 '유능한 정부'의 필요성을 강조한다면, 다양한 논쟁이 야기될 것이며 다시금 확인하고 토론해야 할 것이다.

필자는 개인적으로 '유능한 정부'는 '시장의 기능 상실'을 보완하는 것 외에도, 정부기관과 직능 개혁, 즉 권력의 이양과 잘못된 개입 및 규제의 폐기 과정이라는 중요한 함의도 내포해야 한다고 생각한다. 이 과정 자체에 리더십을 비롯하여 용기와 담력, 패기, 노력, 행동, 계획, 책략, 시간과 재화가 필요하다. 과거에 필자가 경제 뉴스 전문 칼럼에 실은 「신구조경제학에서의 '유능한 정부'란 무엇인가」라는 글은 두 가지 이유에서 이런 측면의 함의를 매우 강조했다[왕용(王勇, 2016)].

첫째, 정부의 목표와 기관의 직능 개혁은 개혁개방 이후 중국 경제 발전의 성공에 중요한 경험 중 하나였다. 둘째, '유능한 정부'라는 함의가 토론자들의 주목을 제대로 끌지는 못한 것 같다. 대다수의 사람은 발언 중 시장화 개혁과 권력 이양 과정에서 정부 자체의 능동성·주동성과 공헌을 경시하는 경향이 보였다. 하지만 현실에서 덩샤오핑(鄧小平), 쟈오즈양(趙紫陽), 주룽지(朱鎔基) 등 인물들은 이를 위해 온 힘을 쏟아 부었다. 하급 관료들에게 '지나치게 개입하지 말고 시장을 믿어라'라는 식의 단순한 명령만 내린다고 해서 시장화 개혁이 자동으로, 또 대대적으로 진행되는 것이 아니다. 현실에서는 각급 정부의 일선 간부들이 시장화 개혁의 모든 정책을 구체적으로 이행하고, 지방 관료들의 적극성을 충분히 발휘하게 해야 '권력 이양'이란 목표를 달성할 수 있다. 또한 지방정부 관료를 '태만(怠政, 정사를 내팽개침-옮긴이), '권력 남용(亂爲)' '역할을 함(有爲)'의 세 가지의 경계로 나눠야 했다.

정부가 효율성을 향상하고 직능 개혁을 이루며 점진적인 개혁을 추진하는 과정에서 발휘하는 적극성은 모두 '유능한 정부'의 중요한 내용이다. 이 점을 강조하는 것은 정부의 권력 남용 현상의 존재와 심각성을 부인하는 것도 아니고, 1978년 개혁 초기 제도의 왜곡 역시 전 정권의 권력 남용으로 야기된 결과라는 사실을 부인하는 것도 아니다. 다만 정부의 행위에 대한 옳고 그름을 평가하고, 의미 있는 행위인지 평가할 때에는 주어진 조건과 여러 제약을 고려하여 종합적으로 판단해야 한다는 것이다. 경제 제도 개혁과 정치 시스템 개혁에서 구체적인 집행자는 누구인가? 정부이다. 그렇기에 정책의 내생성과 시장의 개혁 자체를 더 명확히 이해하고, 산업정책의 제정과 집행을 더 잘 이해하기 위해, 경제 발전 과정에서 정부의 행위, 장려와 구속에 대해 더 깊은 연구를 해야 한다.

이것은 정치경제학의 연구 범주이며, 현대 경제학 분석에서도 점차 주류가 되고 있다. 하지만 안타깝게도 중국의 내생적 경제 정책 분석에 대해 기존의 경제학 문헌은 매우 부족하다. 애스모글루Acemoglu, 페르손Persson, 타벨리니Tabellini, 베슬리Besley 등 위대한 경제학자들이 중국 등 동아시아 경제체의 정치경제학에 대해 행한 분석은 상대적으로 매우 적다. 그러나 이런 정치경제학 과정을 심층적으로 이해하지 못한다면, 중국의 경제 성장과 제도 개혁의 전망에 대한 객관적인 판단을 제대로 내릴 수 없다. 학술 연구의 측면에서 개혁개방 초기와 비교하여 개혁개방을 진행한 30여 년 동안 정부는 전반적으로 항상 '권력 남용' 행위를 했단 말인가? 잘한 부분은 어떤 게 있는가? 세계의 다른 개발도상국과 비교하면 중국 정부는 '옳은 행위'와 '유능한 행위'를 상대적으로 많이 했는가, 아니면 적게 했는가? 정부가 올바른 개혁 발전 정책 의견을 수렴하고 이행하도록 지지하는 조건에 변화가 생겼는가? 시장화 개혁 자체의 동력 메커니즘에 변화가 생겼는가? 이것을 신구조경제학의 연구 범주에 포함시켜야 하는지 여부와는 별개로, 필자는 개인적으로 이러한 중요한 문제를 둘러싼 학술 연구가 매우 중요한 의미를 담고 있다고 생각한다.

어떻게 정부의 '유능'한 행위를 가늠하고 판단할까? 필자는 구체적인 문제와 결합하여, 주어진 조건에서 정부가 내린 선택('아무 역할도 하지 않음' 포함)에 대해 분석해야 한다고 생각한다. 기존의 중·영문 학회지에 발표된 신구조경제학 관련 문헌에 이미 많은 실증적 연구가 제시되어 있다. 신구조경제학을 잘 모르는 독자라면 우선 린이푸 교수의 마셸 강좌[1][린이푸(2008)]를 추천하고자 한다. 이 강좌에서는 여러 다국적 실증 분석이 이루어졌으며, 상이한 정부의 발전 전략이 가져온 다양한 효과에 대해 측정하고 연구한 내용이 포함되어 있다. 이런 학술 연구는 정부의 발전 전략이 요소부존 비교우위에 부합하는지의 특정한 시각에서 정부가 '유능한' 행위를 했는지를 평가하는 것으로, 구체적인 정량적 지표를 가지고 있다. 구체적으로 산업정책 문제에 있어서 산업정책 반대론자 대부분은 시장 기능 상실의 존재를 부인하는 것이 아니라 정부의 실

---

[1] 마셸 강좌 : 영국 케임브리지대학교의 마셸 강연(MARSHALL LECTURES)은 영국의 유명한 경제학자이자 신고전학파의 창시자인 알프레드 마셸(Alfred Marshall)의 이름을 따서 명명되었다. 마셸 강연은 1946년부터 시작되어 매년 세계 최고의 경제학자 중 한 명을 강연자로 선정하는데, 린이푸 교수는 2006년에 이 강연의 초청을 받아 2007~2008년까지 강연을 했다. - 옮긴이.

패가 이보다 더 심각하다고 생각하며, 정부에게 '시장 기능 상실'을 제대로 시정할 수 있는 능력이나 의욕이 없다고 여긴다. 그들은 경제학자들의 선의에서 나온 '정부의 유능한 행위'란 조언이 실제 상황에서는 '정부의 권력 남용' 행위로 변질되어 결국 정반대로 초기의 시장 기능 상실보다 더 나빠진 상황이 일어나게 됨을 우려했다. 이것이 바로 이견이 존재하는 핵심 원인이다.

그렇다면, '정부의 권력 남용' 행위는 어떻게 방지할 것인가? 학자들에게는 정부가 해서는 안 되는 일을 명확하게 분석하여 지적해야 할 필요가 있다. 산업정책에 대해 신구조경제학에서는 산업의 모든 선구자에 대해 시간적 제약 없이 무조건 보조금을 지원해야 한다고 주장하지 않고, 오히려 보조금 취득에는 이론적으로는 여러 추가적인 조건이 있어야 한다고 강조하고 있다. 필자와 린이푸·쥐젠둥(鞠建東) 교수는 산업정책에 관한 논문을 하나 작성하고 있는데, 이론적 모델은 이미 완성되었고, 실증적 부분을 강화하고 있다. 그 논문에서 우리는 국제적으로 산업정책 실패는 대부분 타깃 산업 선정의 실패에 그 원인이 있으며, 타깃 산업 선정의 실패는 정부가 선택한 타깃 산업이 당시 해당 경제체의 요소 비교우위에 적합하지 않은 경우가 많았기 때문에, 어떤 산업에 마셸 외부 효과(시장의 기능 상실)가 존재한다는 사실 자체는 정부가 지원하고 개입해야 할 충분조건이 될 수 없다는 점을 설명하고 싶었다. 하지만 기존의 산업정책에 관한 경제학 문헌에서 이론 모델에는 여러 요소가 아닌 노동력 단일 요소만 고려하기 때문에 요소 시장 자체의 가격 신호가 타깃 산업 선정에 미치는 견인 역할에 대해 주의를 기울이지 않고 있다. 산업정책의 성공 확률을 높이려면 정부가 요소부존 밀집도와 잘 맞고, 동시에 심각한 마셸 외부 효과가 존재하는 산업을 선정하여 지원해야 하며 마셸 외부 효과가 있는 산업에 대해 모두 일괄적으로 지원해서는 안 된다.

우리가 모형을 통해서 얻은 주요 결론은 만약 정부가 자본 밀집도와 자국의 요소부존 구조가 맞고 또 마셜 외부 효과를 갖춘 산업을 지원할 경우, 경제 성과는 자유방임적 시장의 균형보다 우수하겠지만, 반대로 정부가 단순히 시장의 기능 상실을 이유로 요소 밀집도가 부존 구조와 심각하게 괴리된 산업을 지원한다면, 그 성과는 자유방임적 시장보다 못할 것이라는 점이다. 따라서 이 논문에서 강조하는 유효한 산업정책이란 신자유주의 경제학에서 강조하는 '정부의 불위不爲'도 아니며, 구舊 구조주의에서 강조하는 시장의 기능 상실로 인해 필요한 '대추진(Big Push)'과도 구별되는, 시장이 지향하고 정부가 지원하는 구상이다. 이에 관심을 가지고 있는 독자들은 과거에 필자가 작성한 비기술적 소개[왕용(2013)] 내용을 참고해도 된다.

한 가지 강조할 만한 점은 레이펑(중국 인민군 해방 병사―옮긴이)식[2]의 선행을 베푸는 정부나 시장보다 똑똑한 정부, 이 두 가지는 모두 현실에서 산업정책을 성공시키는 필수적 전제조건이 아니고, 신구조경제학의 이론 틀에 필요한 논리적 전제 가설은 더더욱 아니다. 정부도 결국 자연인으로 구성되어 있고, 아무리 사리사욕을 챙기고 국가에 봉사한다는 생각이 없는 공무원이라 하더라도 장려와 제약만 제대로 행한다면 현지의 경제 발전에 유리한 조치를 채택하게 마련이기 때문이다. 다른 한편으로, 정부는 시장이 가지지 못한 정책이라는 도구를 가지고 있고, 여기에는 폭력적인 수단도 포함되며, 시장 중 단독 개체와는 다른 목표 함수를 갖추고 있다. 이 때문에 많은 경우에 모 산업의 발전 과정에서 '시장의 기능 상실'이란 병태가 현실적으로 매우 뚜렷하게 나타나고 복잡하

---

2 레이펑(雷锋, 1940~1962) : 중국 인민해방군의 병사로서 타인에게 성의를 다하고, 기쁜 마음으로 도와주면서도 자신을 드러내지 않는 모범적인 모습을 보였다. 중국의 지도자들은 레이펑의 희생과 봉사 학습에 대한 레이펑 정신을 사회주의 핵심가치로 지속적으로 강조하고 있다.

지 않다. 따라서 정부가 시장보다 현명하지 않아도 되며, 사전에 완벽하게 계획하고, 예상하고, 빈틈없는 계획을 짜지 않아도 된다. 그저 구체적인 문제가 나타날 때, 현지 정부가 적시에 대응되는 공공 서비스와 공공 재화를 제공하고, 산업의 고도화 과정에서 나타난 병목 현상을 완화하며, 산업고도화의 거래 비용을 낮추기만 하면 된다.

중국의 비교적 성공적인 산업정책의 사례는 산업 클러스터 발전에서 많이 찾아볼 수 있으며, 이에 대해서는 베이징대학교 국가발전연구원 장샤오보(張曉波) 교수의 관련 저작물을 참고해도 된다[예를 들면 장샤오보·롼젠칭(阮建青)(2011)]. 실제로 중국의 경제 체제 개혁의 이행 과정에서, 한 지역의 산업고도화와 경제 성장 과정에서 어떤 형태의 제약 현상이 일어나게 될 때, 정부는 성장을 촉진하기 위해 반대급부(반대 방향에서 압력과 조치를 취하여 어떤 일의 진행을 원하는 쪽으로 인도한다—옮긴이)식의 제도적 개혁 또는 정책적 조정을 진행하고 제약 현상을 완화하여 경제 성장을 지속할 수 있도록 한다. 그리고 또다시 새로운 제약 현상에 부딪히면 새로운 '반대급부'에 압력을 가하는 개혁을 다시 진행하고, 그 이후에도 새로운 걸림돌과 마주칠 때마다 이 과정을 반복한다. 이런 '반대급부식'의 점진적인 개혁과 경제 성장의 상호작용 과정에 대해 필자는 수학적 모델을 통하여 엄격하게 서술했다[Wang(2015)].

이 밖에도, 특별히 지적하고자 하는 부분은 신구조경제학은 중국의 경제학이 아니고 중국 문제만 연구하는 학문도 아니라는 점이다. 신구조경제학이 제시한 이론적 개념을 항상 중국적 상황에만 국한하여 이해하고 해석해서는 안 된다. 예를 들어, 중국 정부의 힘과 능력은 막강하지만, 많은 개발도상국의 국가 능력은 매우 취약하고, 해당 정부는 심각한 직무 상실에 빠져 있다. 이러한 국가에서 어떻게 '유능한 정부'를 만들 것인가와 같은 문제는 아주 중요하고 더는 늦출 수 없는 사항이며, 일반적 이론으로서 신구조경제학에 대한 학술적 탐구 역시 매우 중요하다. 중국 정부의 힘이 지나치게 강력하다고 해서 다른 개발도상국에게는 '유능한 정부'가 중요하지 않다고 섣불리 결론지어서는 안 되며, 또 일반 학술 토론에서 '유능한 정부'의 가치를 부인해서도 안 된다. 이런 부분에 대해 필자가 이미 많은 해명을 했지만 유감스럽게도 여전히 많은 학자들이 '유능한 정부'에 대해 오해하거나 잘못된 비평을 하고 있다. 학자 중에도 신구조경제학 관련 학술 논문을 완전히 이해하는 사람은 소수이며, 최초 이 개념을 제창한 사람의 정의를 제대로 이해하지 못하고 자신의 상상에 따라 이를 왜곡하는 학자도 많은 것이 사실이다. 당연히 신구조경제학 자체가 제기된 지 얼마 되지 않았기에 부족한 점과 더 보완해야 할 부분이 많이 존재할 것이다. 특히 국제적으로 정식으로 발표된 관련 학술 논문도 적은 편이라 학술 논문을 통해 논리를 내세우기에도 아직 충분하지 못하다. 게다가 신구조경제학에 대한 이해는 많은 경우, 학술 강좌 참여 또는 학술 간행물 등 정식적인 학술 채널이 아닌 일반 미디어의 보도에 의한 것이어서 여러 오류가 혼재되는 현상이 쉽게 나타난다. 이 때문에 중국 특유의 실질적 정책 시행 문제와 개발도상국의 일반적 현상에 기반하여 이론을 세우고 학술적 탐구를 진행하는 것을 서로 혼동하여 잘못 논의될 때도 많다.

점차 자리를 잡고 있는 경제학 이론 자체가 옳고 그른지, 해당 이론의 정책적 주장이 실제 생활에서 충실하고 올바르게 이행되는지, 그리고 정책 이행의 실제적인 효과가 어떤지 이 세 개는 각기 다른 수준의 문제이지만, 여러 토론에서는 한데 뒤섞여서 논의되어 많은 혼란을 초래했다. 필자는 신구조경제학이 국제 학술 사상사에서 자리를 잡길 원한다면 현재 가장 중요한 임무는 중국 자체의 경제 문제에 대한 연구를 바탕으로 점차 다른 발전 단계에 있는 개발도상국 및 선진국까지 범위를 확대하여, 학술적 가치가 있는 구체적인 견해를 학술 논문을 통해 더욱 규범화된 방식으로 공유하고 발표해야 한다고 생각한다. 이런 견해가 우선 학계의 인정을 받고 정책적 이행이라는 과정을 거쳐야 한다고 생각한다. 이렇게 해야, 제기된 이론이 영구적인 생명력을 가질 수 있으며, 관련된 오해나 비평에 대해 효율적으로 확인하고 반박할 수 있다. 같은 생각을 가진 사람들과 함께 이를 이뤄 가길 바란다.

참고문헌

Acemoglu, D., "Politics and Economics in Weak and Strong States", *Journal of Monetary Economics*, 52, 2005, pp.1199~1226.

Basley, T. and T. Persson, "The Origins of State Capacity: Property Rights, Taxation, and Policy", *American Economic Review*, 99, 2009, pp.1218~1244.

Harrison, A. and A. Rodriguez-Clare, "Trade, Foreign Investment, and Industrial Policies for Developing Countries", Manuscript prepared for Handbook of Development Economics, edited by Dani Rodrik, 2009.

Lin, J. Y. and Y. Wang, "Industrial Upgrading, Structural Change, and Middle-Income Trap", working paper, 2016.

Ju, J., J. Y. Lin and Y. Wang, "Marshallian Externality, Industrial Upgrading and Industrial Policies", World Bank Policy Working Paper, 2011.

Li, H. and L. Zhou, "Political Turnover and Economic Performance: the Incentive Role of Personnel Control in China", *Journal of Public Economics*, 89(9-10), 2005, pp.1743~1762.

Murphy, K. M., A. Shleifer and R. W. Vishny, "Industrialization and Big Push", *Journal of Political Economy*, 97(5), 1989, pp.1003~1026.

Wang, Y., "A Model of Sequential Reforms and Economic Convergence: the Case of China", *China Economic Review*, 32, 2015, pp.1~26.

린이푸(林毅夫), 『경제 발전과 전환: 사조, 전략과 자생능력』, 베이징대학출판사, 2008.

왕용(王勇), 「우리가 계속 산업정책을 연구해야 하는가」, 『경제학자 좌담』, 2013, 제61편.

왕용(王勇), 「신구조경제학에서의 "유능한 정부"란 무엇인가」, 재신망財新網, 2016. 3. 29.

장샤오보(張曉波)·롼젠칭(阮建靑), 『중국 산업 클러스트의 변화와 발전』, 저장대학교출판사, 2011.

산업정책의 경쟁 전환

치위둥(戚聿東)
베이징사범대학교 경제경영대학 교수

중국 산업정책 시스템

중국 산업정책 시스템에는 산업구조, 산업조직, 산업 배치, 산업기술, 산업 환경, 산업 클러스터 등 정책이 포함되어 있다. 제정 주체로 보면 당黨 중앙과 국무원이 제정한 중앙 산업정책과 각 부위원회에서 제정한 부처의 산업정책이 있으며, 성省·시市·현縣 차원에서 제정한 산업정책이 있다. 중국 산업정책은 그 수를 헤아릴 수 없을 만큼 많지만 본문에서 언급한 산업정책은 중앙 산업정책만을 지칭한다.

산업구조 정책

산업구조 정책이란 한 나라의 정부가 산업구조의 목표 확립, 주도산업의 선정, 지주 산업의 진흥, 특정 산업에 대한 보호와 지원, 생산과잉 업계의 퇴출 등의 방법을 통해서 자원의 합리적인 분배를 이루는 정부의 정책을 지칭한다. 산업구조 정책은 산업정책 시스템 전반에서 매우 큰 비중을 차지하고, 주도적인 지위를 가지고 있다. 표 1은 1949년 이후 당黨 중앙과 국무원에서 발표한 중요한 산업구조 정책을 정리한 것이다.

표 1 1949년 이래 당 중앙과 국무원에서 발표한 중대 산업구조 정책

발표 시기	서류 명칭	주요 내용
1949~1978년	제1차 5개년 계획에서 제4차 5개년 계획까지	중공업 우선 발전, 철강을 주축으로 대폭적으로 3선건설과 국방 건설의 시행, '5소小' 기업 발전
1978년	『산업발전 가속화 문제에 관한 중공중앙의 결정』	연료·동력·원재료 공업과 교통 운수 발전을 핵심으로 제시함
1981년	『맹목적인 건설·중복 건설 제지에 관한 몇 가지 규정』	장기 프로젝트 불가, 중복 건축 프로젝트 불가, 기존 기업과 원재료 경쟁 프로젝트 불가 등 '12개 불가'를 제시함
1986년	『중국 국민경제와 사회발전의 제7차 5개년 계획(1986~1990)』	에너지·원자재 산업의 발전 가속화, 가공 공업의 성장에 대한 적절한 관리, 교통 운수와 통신의 발전을 우선순위에 넣고, 건축업 발전 대폭 지원, 3차 산업의 발전 촉진
1989년	『현現 산업정책 요점에 관한 결정』	중국의 첫 번째 명확한 산업정책에 관한 문서로서, 농업·에너지·교통과 원자재 등 기초산업 집중 발전, 효과적인 공급 증대가 가능한 산업 강화, 일반 가공 공업 발전 관리, 1차·2차 산업 내부 여러 업종에 대한 발전 장려, 발전 제한, 발전 금지의 업종과 제품 열거의 내용을 담고 있음
1994년	『1990년대 국가 산업정책 요강』	이는 동시기 제정된 중국 산업정책 중 가장 중요한 정책 문서로, 기계전자·석유화학공업·자동차 제조와 건축업을 4대 지주 산업으로 확정하고, 농업·인프라와 기초공업과 대외 경제 무역의 대대적인 발전을 강조함
1995년	『외국인 투자 산업 가이드 목록』(1997·2002·2004·2007·2011·2015년 개정)	외국 기업 투자 프로젝트를 장려·허가·제한과 금지 네 종류로 분류
1997년	『현現 국가중점장려발전 산업·제품·기술 목록』(2000년 개정, 2005년 폐지)	국가의 중점장려 지원의 28개 영역을 확정하고, 총 526개 제품·기술과 일부 인프라와 서비스 확정
2003년	『철강 업계 맹목적 투자 제지에 관한 약간의 의견』, 『전해 알루미늄 업계 불법 건설 맹목적 투자 제지에 관한 약간의 의견』, 『시멘트 업계 맹목적 투자 방지로 구조 조정 가속화에 관한 약간의 의견』 등	철강·전해 알루미늄·시멘트 업종에 대한 산업정책과 계획 가이드, 시장 진입 관리, 환경 관리감독, 대출 관리 등에 대해 엄격히 규정함

발표 시기	서류 명칭	주요 내용
2005년	『산업구조 조정 촉진 임시 규정』,『산업구조 조정 가이드 목록』	산업구조 조정의 방향과 중점을 명확히 하고 장려 유형, 제한 유형과 도태 유형의 산업 목록을 자세히 열거함
2004~2006년	『자동차 산업 발전 정책』,『철강 산업 발전 정책』,『시멘트 공업 산업 발전 정책』등	해당 업종의 발전 계획, 기술 정책, 구조 조정, 진입 관리 등에 대해 설명함
2006년	『산업 과잉 업종 구조조정 가속화에 대한 국무원의 통지』	철강, 전해 알루미늄, 탄화칼슘, 철합금, 코크스, 자동차 등 산업 과잉 업종 구조조정의 전반적 요구와 원칙을 확정함
2009년	『10대 중점 산업 조정과 진흥 계획』	철강, 자동차, 선박, 석유화학, 방직, 경공업, 유색금속, 장비 제조업, 전자정보 및 물류업 10개 중점 산업 조정과 진흥 계획을 확정하고, 이와 함께 시행 세부 규칙 106여 항목을 제정하며 산업 활동의 각 방면이 언급됨
2012년	『7대 전략적 신흥 산업 발전 계획』	에너지 환경 보호, 신흥 정보 산업, 바이오 산업, 신재생에너지, 신재생에너지 자동차, 첨단 장비 제조업과 신소재 7대 전략적 신흥 산업의 발전 목표와 중대 행동을 제정함
2015년	『중국 제조 2025』	향후 10년 중국 제조업의 발전 목표와 전략적 임무와 중점 등의 내용을 명확히 제시함

산업조직 정책

산업조직 정책은 정부가 시장 구조와 시장의 행위를 조정하기 위한 정책을 지칭한다. 표 2는 1949년 이래 당 중앙과 국무원이 발표한 주요 산업조직 정책을 정리한 것이다.

표 2 1949년 이래 당 중앙과 국무원이 발표한 중대 산업조직 정책

발표 시기	서류 명칭	주요 내용
1949~1978년	제1차 5개년 계획에서 제 4차 5개년 계획까지	'폐쇄, 영업정지, 합병, 산업 전환'과 '트러스트' 수단의 시범 운용을 통해, 행정적인 정부의 행위에 의존한 기업 재편 진행함

발표 시기	서류 명칭	주요 내용
1978년	『산업 발전 가속화를 위한 약간의 문제에 대한 중공중앙의 결정』	전문화된 협력 원칙에 따라 산업을 재편하길 요구함. 예를 들면 동일 유형의 기업 간에 적절한 분업화와 협력 관계를 확정하여 전문화된 협력 원칙에 따라 '원스톱' 협력 조직 구성을 요구함
1980년	『경제연합 추진에 관한 임시 규정』	여러 형태의 경제공동체를 장려하며, 경제공동체 내부에 원료의 직접 공급과 계획 초과 생산 자체 판매 등 우대 정책을 규정함
1981년	『인민공사人民公社와 생산대대生産大隊 기업의 국민경제 조정방침에 관한 약간의 규정』	가공 능력을 갖춘 국유기업, 인민공사와 생산대대는 더 이상 같은 유형의 기업을 만들거나 가공 능력을 확대해서는 안 되며, 농산품 부가제품을 원자재로, 농촌에서 가공하기 적합한 업체에 대해 국가가 일반적으로 도시에 공장을 건설하거나 생산력 증대를 하지 않게 하여 대기업의 규모경제 우위를 발휘할 수 있게 했음
1986년	『수평적 경제연합 추진에 관한 약간의 문제에 대한 규정』	자금·프로젝트 심의 등 측면에서 기업 간 수평적 연합에 더 많은 지원을 받을 수 있게 했음
1994년	『1990년대 국가 산업정책 요강』	처음으로 산업조직 정책의 목표를 제시함. 합리적 경쟁을 촉진하여 규모경제와 전문화 협력을 이루고, 적절한 산업기술 경제 특징과 중국 경제 발전 단계의 산업조직 구조를 형성함
1994년	『고정자산 투자 항목 경제 규모 기준(1차) 시행에 관한 약간의 규정』	일부 건설 항목의 경제 규모 기준을 규정함
2004~2006년	『자동차 산업 발전 정책』, 『철강 산업 발전 정책』, 『시멘트 공업 산업 발전 정책』	자동차 산업, 철강 산업, 시멘트 산업에 합병 및 재편을 통해 기업 규모의 수익 증대, 생산 집중도 향상, 대형 기업 그룹의 육성을 목표로 함
2006년	『국유자본 조정과 국유기업 재편 추진에 관한 지도 의견』	방수산업, 석탄, 항공운수 등 7대 업종에서 국유기업의 절대적인 제어 능력을 유지하고, 동시에 장비 제조, 자동차, 전자 정보, 건축, 철강 등 기초 주력 분야에서 강력한 제어 능력을 유지함. 2010년까지, 국가자본위원회에서 시행한 출자인직책의 기업(중앙기업이라 약칭)을 80~100곳으로 조정 및 재편 계획

발표 시기	서류 명칭	주요 내용
2009년	『10대 산업 진흥계획』	철강, 자동차, 선박, 석유화학, 방직, 경공업, 비철금속, 장비 제조업, 전자 정보 및 물류업에 합병과 재편을 장려하여, 기업 규모 수익을 증대하고 대기업 그룹을 육성함
2010년	『기업 합병 재편 촉진에 관한 의견』	자동차, 철강, 시멘트, 기계 제조, 전해 알루미늄, 희토류 등 업종을 중점으로 우수 기업의 협력을 추진하고, 범지역 합병과 재편, 해외 합병과 투자 협력을 추진하여 산업 집중도를 제고하며, 대규모의 집약적인 경영을 통해 국제적 경쟁력을 갖춘 대형 기업 그룹을 육성하여 산업구조 고도화를 이루고자 함

중국의 산업조직 정책은 줄곧 대기업·대그룹 정서를 많이 담고 있어, 초기의 트러스트 시범 운용이나, 1990년대 중기 이후의 '조대방소抓大放小'(대형 국유기업을 집중적으로 육성하고 작은 기업은 합병하거나 매각한다는 원칙이다―옮긴이) 정책이나, 현재 시행 중인 중앙기업 개편 합병 정책이나 할 것 없이 모두 대기업·대그룹에 대한 정부의 편애를 보여 주고 있다. 하지만 '독점증후군', '대기업병'에 대한 평가는 부족한 것으로 보인다.

산업 배치 정책

산업 배치 정책은 정부가 지역경제 발전의 원칙과 요구에 따라 지역의 산업구조와 산업조직을 조정 또는 제어하고, 국민경제의 전반적인 효율성 제고를 위해 취하는 일련의 정책을 지칭한다. 표 3에서는 1949년 이래 당 중앙과 국무원이 발표한 주요 산업 배치 정책을 정리했다.

표 3 1949년 이래 당 중앙과 국무원이 발표한 중대 산업 배치 정책

발표 시기	문서 명칭	주요 내용
1949~1978년	제1차 5개년 계획에서 제4차 5개년 계획까지	산업 배치에서 '대삼선大三線' 건설이 부각되었고, 내륙 건설 투자는 중국 전역의 기본 건설 투자 총액의 66.8%를 차지함
1982년	『중국 국민경제와 사회 발전의 제6차 5개년 계획 (1981~1985)』	산업 배치 정책에서 동북 연해 지역에 대한 편향이 시작되었으며, 심천 등 4개 경제특구, 14개 연해 개방 항구 도시와 3개 연해 경제 개방지역을 설립, 이들 지역에 많은 특수한 우대 정책을 제공함
1986년	『중국 국민경제와 사회 발전 제7차 5개년 계획 (1986~1990)』	중국 전역을 동부·중부·서부 3대 경제구역으로 나누고, 우선 순서를 두어, 중점적으로 개발 건설을 진행할 단계적인 정책을 제기함, 동부 연해 지역의 발전을 가속화하고, 동시에 에너지·원자재 건설의 중점을 중부에 두고, 서부 지역을 대대적으로 개발할 준비를 함
1994년	『1990년대 국가 산업정책 요강』	산업 배치 정책의 주원칙을 명확히 제기함. 동부 연해 지역에서는 수출주도형 경제를 대폭 발전시키고, 중점적으로 부가가치가 높고, 기술력이 높으며, 에너지·원자재 소모가 낮은 산업과 제품을 발전시킨다. 중서부 지역에서는 자원적 이점을 활용할 수 있고, 인근 지역의 대외 개방이라는 지리적 이점을 살려 우위 산업과 제품을 발전시키도록 노력함
1997년	당의 15대 보고서	합리적 배치·조화로운 발전·효율을 위주로 하며, 공평함을 특색으로 하는 지역경제 발전 전략을 확정하여 동부 경제 발전의 전제하에 중서부 지역의 발전을 촉진하는 전략을 제시함
2000년	『서부 대개발 일부 정책 조치에 관한 국무원의 통지』	서부 대개발의 전체적 원칙과 지원 중점 및 각 측면의 부대 조치를 명확히 함
2004년	『서부 대개발 진일보 추진에 관한 국무원의 약간의 의견』	
2010년	『서부 대개발 전략의 본격 시행에 관한 약간의 의견』	

발표 시기	문서 명칭	주요 내용
2003년	『동북 지역 등 구舊 공업기지 진흥 전략 시행에 관한 약간의 의견』	동북 지역 등 구舊 공업기지 진흥에 관한 가이드 사상과 원칙 및 중점 발전 산업을 제시함
2009년	『동북 지역 등 구 공업기지 진흥 전략 시행에 관한 국무원의 약간의 의견』	
2016년	『동북 지역 등 구 공업기지의 전면적 진흥을 위한 중공중앙 국무원의 약간의 의견』	
2006년	『중부 지역 발전 촉진에 관한 중공중앙과 국무원의 약간의 의견』	중부 지역 발전에 직면하는 새로운 정세와 새로운 임무 및 지원이 필요한 중점 산업과 지역을 제시함
2012년	『중부 지역 발전 전략의 대대적 시행과 촉진에 관한 국무원의 약간의 의견』	

산업 배치 정책은 개방과 개발 순서에서 비균형적인 특징을 가지고 있다. 가장 전형적인 배치 정책은 '일부 지역의 선부론先富論'(능력 있는 지역부터 먼저 부유하게 만들기-옮긴이)과 그 후에 시행된 '선부가 다시 후부를 이끌다'(먼저 부유해진 지역이 기타 지역을 이끌다-옮긴이)라고 하는 정책이다. 이런 산업 배치 정책은 단기간 내에는 한 지역의 발전 상황을 빠른 속도로 변화시킬 수 있지만 지역 간의 빈부 격차를 조성하기 쉽다.

산업정책에는 또 산업기술 정책, 산업 환경 정책, 산업 클러스터 정책 등이 포함되어 있으나 여기에서 일일이 설명하진 않겠다. 정부 경제 기능의 중요한 구성 요소인 산업정책은 신중국 설립 이후의 모든 과정에 녹아 있고, 산업 발전의 모든 부분에 걸쳐 있음을 알 수 있다. 이른바 '가로에서 세로까지 모든 부분에 영향을 미쳤다'라는 말로 표현할 수 있듯이, 중국이 명실상부한 산업정책 대국임을 알 수 있다.

중국 산업정책의 효과

중국에서 역사적으로 산업정책의 역할은 그 공을 과소평가할 수 없다. 먼저 개혁개방 이전에는 중공업 발전을 핵심으로 삼은 산업정책의 시행을 통해 중국의 중공업은 빠르게 발전하고 건설되었으며, 기본적으로 일정한 규모의 산업 시스템을 구축하게 되었다. 둘째, 개혁개방 이후부터 1990년대 말까지, 경공업과 농업·3차 산업의 중점 발전을 통해 산업구조가 적절하게 형성되었고, 결핍 경제난을 극복했으며, 효과적으로 국민경제의 '병목' 현상을 완화할 수 있었다. 마지막으로 2000년 이후, 일련의 산업정책의 지원사격 덕분에, 중국은 하이테크 기술 산업·전략형 신흥 산업을 빠르게 발전시킬 수 있었고, 독자적인 혁신 능력이 대폭 향상되었다.

한편 중국 산업정책의 부정적인 역할 역시 두말할 나위가 없다. 첫째, 개혁개방 이전에는 단편적으로 중공업 우선발전 정책에 치중했기에 1979년 중공업이 약 60%의 비중을 차지했다. 이에 경공업과 농업은 철저히 배척되었으며, 산업구조의 심각한 불균형이 초래되었고, 국민경제가 붕괴의 위기에 처하게 되었다. 둘째, 산업정책은 정부의 강력한 시장개입 특징을 가지고 있어 자원 배분 메커니즘에 심각한 왜곡을 가져왔다. 예를 들면 농산품과 공산품의 협상가격차鋏狀價格差 정책은 산업 간 발전의 불평등 현상을 초래했다. 셋째, 산업정책이 고도로 행정화되어 공유경제公有經濟가 자원의 배분에서 압도적으로 유리한 입지를 차지하게 되었고, 비공유경제에 심각한 구축 효과(Crowding Out Effect)를 야기했다. 이로 인해 국유기업과 민간기업 간의 불평등이 심화되어 중국 경제의 시장화 과정이 더 늦어졌다.

중국 산업정책의 경쟁 전환

중공 제18차 3중전회(중국 공산당 중앙위원회 전체 회의의 3번째 회의를 말한다-옮긴이)에서 시장이 자원 배치에서 결정적인 역할을 해야 한다는 주장이 제기되었다. 시장경제의 기초 메커니즘은 경쟁 메커니즘으로, 경쟁을 통해 공급과 수요의 균형을 조절하고, 균형 잡힌 가격을 형성하여 끊임없이 자원 배치의 최적화를 이루어야 한다는 것이다. 산업정책과 경쟁 정책은 모두 정부 경제 정책 시스템의 구성 요소로서, 서로 일치하는 부분이 있으면서 동시에 상호 모순적인 부분도 존재하지만 갈수록 모순적인 부분이 점점 더 뚜렷해졌다.

개혁 진행의 추세를 살펴보면 산업정책은 시장 경쟁 범위 밖의 부분에 대해 다루고 대체해야 한다. 즉, 경쟁을 할 수 있는 영역에서는 모두 경쟁하게 해야 한다. 또한 시장의 기능 상실 분야라 할지라도 반드시 산업정책이 필요한 것은 아니다. 왜냐하면 '정책의 기능 상실 문제'가 똑같이 존재하기 때문이다. 현 단계에서 산업정책 분야에 비교적 보편적으로 존재하는 정경유착·지대추구 등의 부패 현상이 바로 정책 기능 상실의 대표적인 양상이다. 일본의 산업정책은 경제 발전에서 중요한 역할을 했지만 그렇다 할지라도 일본 경제학계에서는 '경마에서의 우승은 기수가 아닌 말에 의해 좌우된다'라는 주장을 줄곧 펼치고 있다. 즉, 일본의 경제 발전은 주로 경쟁 메커니즘과 기업가 정신에 의한 것이기에 산업정책의 역할을 확대 해석해서는 안 된다는 것이다. 중국의 산업정책 문건에서 "시장경제의 능력을 부려라."라는 말이 자주 등장한다. '부리다(駕馭)'라는 말의 사전적 정의는 말에 끈과 안장, 멍에 같은 것을 장착하고 손으로 고삐를 잡고 말을 몰아 앞으로 나가게 하는 것으로, 본뜻은 말을 제어한다는 뜻이다. 앞으로 나갈 때는 '가駕', 멈출 때는 '유吁'를 부르짖다가 나중에 '가유(駕馭)'가 된 것이다. '우회적인 생산방식'을 특징으로 하는 사회화된 대량생산의 조건에서, 연필 한 자루가 어떻게 생산되는지 아는 사람이 없는 상황에서, 어떻게 시장경제를 '부리는' 문제를 논할 수 있겠는가? 시장경제가 가라고 명령한다고 전진하고, 멈추라고 멈추는 주체인가? 시장경제는 경제 법칙으로서 따르고 사용하면서 상황에 따라 좋은 방향으로 유도할 수밖에 없다. 현실에서 무수히 많은 산업정책 간에 모순과 충돌 현상이 일어나는 것은 비일비재하다. 특히 산업정책과 경쟁 정책의 충돌은 점점 더 심각하다. 따라서 2016년 6월 국무원은 『시장 시스템 구축에서 공평경쟁 심의 제도 수립에 관한 의견』을 발표했고, 18개 '불가' 조항을 확정하여, 향후 산업정책의 제정·시행과 평가의 각 부분에서 경쟁 정책과의 상호 조율을 중요시하도록 요구했다. 산업정책을 시행할 때 시장 경쟁 메커니즘을 토대로『반독점법』과 '공평경쟁 심의 제도'의 요구를 충족시켜야 한다는 것이다. 따라서 개혁의 방향에서 보면 산업정책은 선호에 따른 선택에서 경쟁에 의한 선택으로 전환되어야 하며, 경쟁 정책에서 '빠진 부분을 보완하는' 역할로, 그 역할은 가장 엄격하게 요구된 시장의 기능 상실 분야에 제한되어야 한다. 가장 이상적인 산업정책의 경계는 사마천의 『사기』 「화식열전貨殖列傳」의 한 구절로 해석할 수 있다.

"세상을 가장 잘 다스리는 방법은 자연스러움을 따르는 것이고, 다음은 이익으로 백성을 이끌고, 그다음에 가르쳐 깨우치고, 또 그다음은 백성들을 가지런히 바로 잡는 것이고, 가장 정치를 못하는 것은 재산을 가지고 백성들과 다투는 것이다."

경제구조 전환과 고도화 과정에서 정부의 역할
— 신구조경제학 관점을 기반으로 산업정책의 경계와 역할 방식에 대한 범주 확립

푸차이후이(付才輝)

베이징대학교 신구조경제학연구원 연구원

이번 회의의 주최 측으로서, 원래 계획은 왕용(王勇) 교수가 베이징대학교 신구조경제학연구센터의 싱크탱크 서비스에 대해 광고하라고 제안했지만 너무 대놓고 광고하는 것은 도리어 좋지 않을 듯하다는 생각이 들었다. 그러다 문득 떠오른 아이디어가 바로 중국 각 지역의 경제 전환과 고도화에 관한 신구조경제학의 싱크탱크 응용 프로그램을 통해 얻은 체득과 경험을 여러분에게 보고하는 것으로 산업정책에 대한 필자의 생각을 설파함으로써 광고 효과를 기대하는 것이었다.

각 지역의 성장 상황: 전환과 고도화 과정에서 상황에 따른 정부의 지도적 역할이 얼마나 중요한가?

린이푸 교수가 신구조경제학의 기본 틀에 대해 반복적으로 강조했듯이 경제 발전의 본질은 1인당 평균소득의 지속적인 증가이고, 그 전제는 갈수록 더욱 향상되는 노동생산성 수준이다. 노동생산성 수준을 향상시키는 방법은 두 가지이다. 첫째는 기술 혁신을 통해 기존 산업의 제품 품질과 생산효율을 제고시키는 것이다. 둘째는 산업고도화를 통해 기존의 노동력·토지·자본 등 생산요소를 부가가치가 더 높은 산업에

배치하는 것이다. 신구조경제학의 분석에 따르면, 이 두 가지를 실현하기 위해서는 '유효한 시장'과 '유능한 정부'의 상호작용이 필요하다. 즉 전환과 고도화(기술 진보와 산업고도화) 과정에서 '유효한 시장'과 '유능한 정부'는 반드시 동시에 힘을 발휘해야 한다. 신구조경제학은 시장의 역할을 부인한 적이 없으며, 그저 상황에 따른 정부의 지도적 역할을 주장했을 뿐이다. 필자는 개인적으로 중국의 지역경제 구조의 전환과 고도화 과정에서 각급 정부, 심지어 일선의 향鄕과 진鎭 정부의 상황에 따른 지도적 역할은 아무리 강조해도 지나치지 않다고 생각한다. 우리는 '거시경제 환경 및 지리, 역사 문화, 제도가 같은 성과 시가 내부적으로는 구區와 현縣 사이에 왜 이토록 큰 경제 성장 격차가 지속적으로 벌어지고 있는가?'라고 질문해 볼 수 있다. 조사 연구 과정에서도 얼핏 보기에는 별 차이가 없어 보이는 동일한 현縣에 속한 다른 향鄕과 진鎭 사이에 놀랄 만큼 커다란 격차가 벌어져 있는 현상을 직접 목격했다.

우리는 1997년에서 2013년까지의 구區와 현縣 데이터를 그림 1로 나타냈다. 중국에서는 저소득 저성장, 저소득 중간 성장, 저소득 고성장, 중간 소득 저성장, 중간 소득 중간 성장, 중간 소득 고성장, 고소득 저성장, 고소득 중간 성장, 고소득 고성장 같은 다양한 샘플을 볼 수 있었다. 구체적으로 1997년을 기점으로 1인당 평균소득이 가장 높은 50개 구와 현의 평균치를 상위소득으로 삼고, 나머지 모든 구와 현을 역순으로 1~3배 격차에 따라 4개의 부존 그룹으로 나누었다. 다시 말해, 1인당 평균소득이 상위소득 1/3 이상의 상위 수준에 달하는 구와 현을 부존 그룹 1, 1인당 평균소득이 상위소득 1/9에서 상위소득 1/3까지인 구와 현을 부존 그룹 2, 1인당 평균소득이 상위소득 1/27에서 상위소득 1/9까지인 구와 현을 부존 그룹 3, 1인당 평균소득이 상위소득 1/27 이하의 구와 현을 부존 그룹 4로 나눴다. 실제 1인당 평균 GDP 성장률에 대한 추산 결과에 따라, 1997년에서 2013년까지 부존 그룹 1에 속

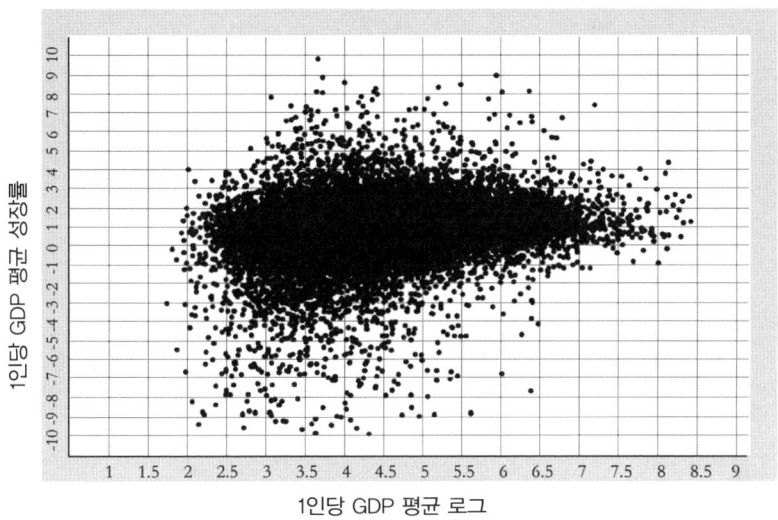

그림 1 1998~2013년 중국 각 구와 현의 소득 수준과 경제 성장의 산포도

하는 관측치가 있는 492개 구와 현 중 실제 1인당 평균 GDP 성장률이 16년 평균 10%를 초과한 곳은 168개로, 34.15%를 차지했다. 1997년에서 2013년까지, 부존 그룹 2에 관측치가 있는 1,236개 구와 현에서 실제 1인당 평균 GDP 성장률이 16년 평균 10%를 초과한 곳은 351개로, 28.4%를 차지했다. 1997년에서 2013년까지, 부존 그룹 3에 관측치가 있는 325개 구와 현에서 실제 1인당 평균 GDP 성장률이 16년 평균 10%를 초과된 곳은 120개로, 36.9%를 차지했다. 1997년에서 2013년까지, 부존 그룹 4에 관측치가 있는 5개 구와 현에서 실제 1인당 평균 GDP 성장률이 16년 평균 10%를 초과한 곳은 4곳으로, 80%를 차지했다. 그림 2·그림 3에서 나타나듯이, 이런 '기적적 성장'을 이룩한 구와 현은 모두 각기 다른 성과 시에 분포되어 있었다.

앞서 언급한 문제에 대한 유일한 해답은 각 지역 정부 심지어 향과 진 정부가 경제 발전의 상황에 따라 유리하게 지도하는 역할에서 차이가 있었다는 점이다. 앞의 샘플 분포로 나타나는 예시 외에도 많은 사례가 이를 증명한다. 예를 들면, 롼젠칭 교수가 제공한 절강성의 일부 사례도 이를 뒷받침해 준다. 즉, 생산된 제품과 처해진 거시 환경이 모두 유사한 상황이라고 해도, 지방정부가 전문적 시장을 구축하고 품질을 향상시키며 산업단지를 구축하는 등의 공공재 공급에서 나타난 차이점으로 인해, 각 산업 클러스터의 향방이 장기간 변화의 과정 속에서 다른 운명을 갖게 만든 것이다[롼젠칭(阮建靑), 2014].

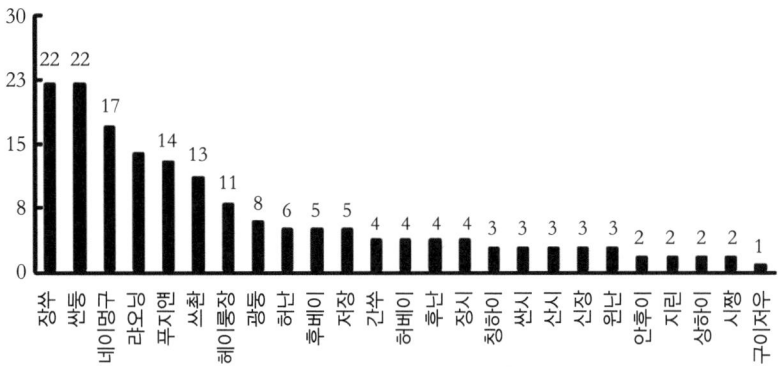

그림 2 부존 그룹 1의 1인당 평균 GDP 16년 평균 10% 초과의 구와 현 분포

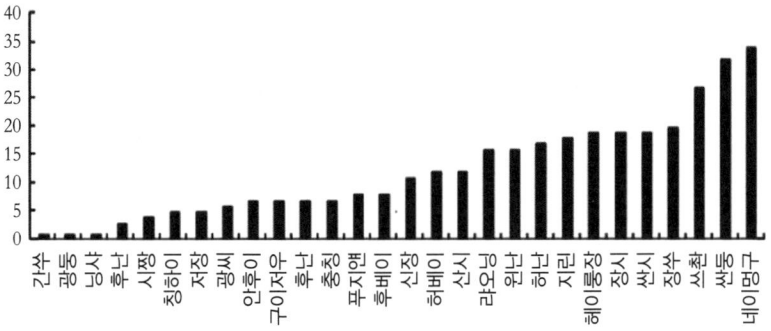

그림 3 부존 그룹 2의 1인당 평균 GDP 16년 평균 10% 초과의 구와 현 분포

지속적인 경제구조(산업) 전환과 고도화를 이루는 방법: 신구조 전환과 고도화의 분석틀

이 회의에서는 많은 사람이 경영 환경, 성장 진단, 상품 공간, 랜덤 테스트 등의 유명한 관점과 모형을 언급했다. 하지만 여러 학설을 종합하고 실전에 영향력이 막강한 집대성자인 하버드대학교 경영대학의 마이클 포터 교수의 '경쟁 3부작'을 빼먹었다. 포터의 '경영 전략 바이블 3부작' 중 『경쟁전략』에서는 주로 기업 외부의 산업과 경쟁자에 관해 분석했고, 『경쟁우위』에서는 기업 내부 가치 활동과 원가 동인에 대해 서술했으며, 『국가경쟁우위』에서는 주로 국가·주(성) 등의 지역을 대상으로 전체적인 경쟁력 구축 문제에 대해 이야기했다. 포터는 하버드 전략 연구의 전통을 계승했으며, 이는 주로 SWOT 분석을 통한 기업 내·외부 요인의 결합이라는 사상에서 드러났다.

1991년 발표한 논문 「전략 동태적 이론」에서 포터는 '경영 전략 바이블 3부작' 간의 일맥상통한 연계성을 설명했다. 『경쟁전략』의 관점에 따라 개별 기업 간 성과에 차이가 나는 요인을 업종의 구조와 기업 포지셔닝 두 가지 측면으로 귀결지었는데, 전자는 업계 간의 성과 차이를 의미했고, 후자는 업계 내부 기업의 성과 차이를 설명했다. 기업 전략으로 확정된 전략적 포지셔닝은 업종에서 기업이 갖는 상대적인 위치를 결정짓는다. 포터는 기업 전략을 원가 우위 전략, 차별화 전략, 집중화 전략의 3가지로 귀결했다.

『경쟁우위』에서는 업계 구조와 기업 전략에 영향을 주고 결정짓는 요인을 기업 가치 창조 활동으로 귀결하며, 가치사슬이 경쟁우위의 기본 단위라고 주장했다. 가치사슬에서의 가치 창조 활동은 초기 조건과 관리 정책 결정의 영향을 받고, 후자는 기업 환경의 영향을 받는다.

『국가경쟁우위』에서는 기업의 경쟁우위는 결국 기업 내·외적 환경의 영향을 받는다고 명확하게 주장했다. 이 책의 다이아몬드 모델에서는 기업에 가장 중요한 다섯 가지 외부적 요인을 생산요소, 수요 조건, 관련 산업 및 지원 분야(산업 클러스터), 정부와 기회로 귀납하고, 여기에 기업 자체적인 전략과 동종 업종 간의 경쟁(경쟁 시장)을 추가했다. 이렇게 6대 요소와 함께 국가 경쟁우위의 다이아몬드 모델이 구성됐다.

그림 4의 윗부분에서는 포터의 '경영 전략 바이블 3부작'의 내재적 논리 구조를 개괄했다. 이 모델에서 '생산요소'라는 조건은 실제 해당 산업이 해당 국가의 요소부존에 의해 결정되는 비교우위에 부합해야 함을 의미한다. 하지만 '산업 클러스터'와 '경쟁 시장'이라는 조건은 그저 산업이 해당 국가의 요소부존에 부합할 때만 성립된다. 따라서 기회와 정부를 제외한 나머지 네 가지 조건은 두 개의 상호 독립적인 조건으로 귀결할 수 있다. 바로 비교우위와 국내 시장의 크기이다. 이 두 개의 독립적인 조건에서 비교우위는 또 가장 핵심적인 요소로, 만약 한 산업이 해당 국가의 비교우위에 부합하면 해당 산업의 제품은 전 세계를 시장으로 얻을 수 있다. 이는 또한 이 세계에 가장 부유한 국가들이 아주 적은 이유이기도 하다. 그렇기 때문에 포터의 '경영 전략 바이블 3부작'의 '국가경쟁우위'는 비교우위로 대체될 수 있다.

그림 4처럼, 신구조 전환과 고도화 모델, 포터의 '경영 전략 바이블 3부작' 모델은 모두 한 국가 또는 지역의 요소부존으로 결정된 비교우위[1]

---

[1] 린이푸 교수는 경쟁우위 이론이 전 세계에서 광범위하게 확산되고, 세계 각국의 이론 연구자와 정책 제정자에게 중요한 영향을 끼쳤지만 경쟁우위에 대한 사람들의 이해는 여전히 결함이 존재하고 있다고 일찍이 지적했다. 한 가지 중요한 결함은 경쟁우위 이론의 추종자는 경쟁우위와 비교우위를 두 가지 서로 대립의 범주에 놓거나 경쟁우위 이론의 목적이 비교우위 이론을 대체하기 위한 것이라고 간주한다는 점이다. 이런 비교우위와 경쟁우위의 완벽한 분리나 상호 대립의 관점은 기본적으로 잘못된 것이다. 비교우위와 경쟁우위 간에는 상호 대립의 대체 관계가 존재하지 않는다. 반대로 경제의 비교우위를 충분히 발휘하기만 한다면, 국가(또는 지역)는 자신의 산업 경쟁우위를 창출하고 유지할 수 있다. 비교우위와 경쟁우위 간의 관계에 대한 잘못된 인

로 귀결되며, 국가 또는 지역, 산업 그리고 기업의 세 가지 차원으로 나눌 수 있지만 이 두 개 모델의 내재적인 논리는 완전히 상이하다.

그림 4의 하단 부분에서 보이는 것과 같이, 신구조 전환과 고도화 모델에는 세 개의 논리적 단계가 내포되어 있다.

첫 번째 가장 기초적인 단계는 한 국가 또는 지역 측면의 전반적인 경제구조 전환과 고도화로, 이는 한 국가 또는 지역의 요소부존 구조와 생산구조라는 두 가지 큰 차원으로 구성된다. 임의적인 시점에서 주어진 부존 구조는 부존 구조의 공급을 결정하고, 생산구조에 대한 선택은 부존 구조의 수요를 결정한다. 부존 구조의 공급과 수요 및 제품 시장을 청산(Market Clearing)할 때, 부존 구조의 상대적 가격과 생산구조의 경쟁적 균형이 이루어진다. 이 균형에서 부존 구조 수준이 높을수록 생산구조의 자본은 노동집약도보다 상대적으로 커진다. 또, 생산구조의 자본이 노동집약도보다 클수록 자본은 노동의 상대적 가격보다 훨씬 비싸진다. 그리고 부존 구조 수준의 변화는 투입과 산출의 변화를 가져올 뿐 아니라, 투입과 산출 관계까지 변화시킨다. 동태적 일반 균형에서 부존 누적이 부존 구조의 고도화의 동태적 과정에 대한 영향은 한계생산 체감으로 나타난 수렴 효과 외에도 생산구조의 고도화 촉진으로 인한 발산 효과도 존재하기 때문이다.

만약 발산 효과가 수렴 효과보다 클 경우 한계생산 절감 상황을 극복하여 경제 발전을 촉진할 수 있다. 동태적 일반 균형이 안정적일 경우,

---

식은 국가(또는 지역)의 경제 발전 루트 선택에 잠재적인 위험을 가져올 수 있다. 이런 인식은 국가(또는 지역)가 경제 발전 전략을 제정할 때 자신의 비교우위에 위배되는 발전 전략을 선택하게 만들 수 있다. 그 결과로 자신의 산업 경쟁력 제고를 목적으로 한 결정이 반대로 자신의 산업 경쟁력 및 국가 경제 전체 경쟁력의 향상과 발전에 위협을 가져오는 경우가 있다. 비교우위와 경쟁우위 관계에 대한 자세한 설명은 린이푸·리용쥔 교수의 「비교우위·경쟁우위와 개발도상국의 경제 발전」, 『매니지먼트 월드』, 2003, 7기, pp.21~28을 참고하길 바란다.

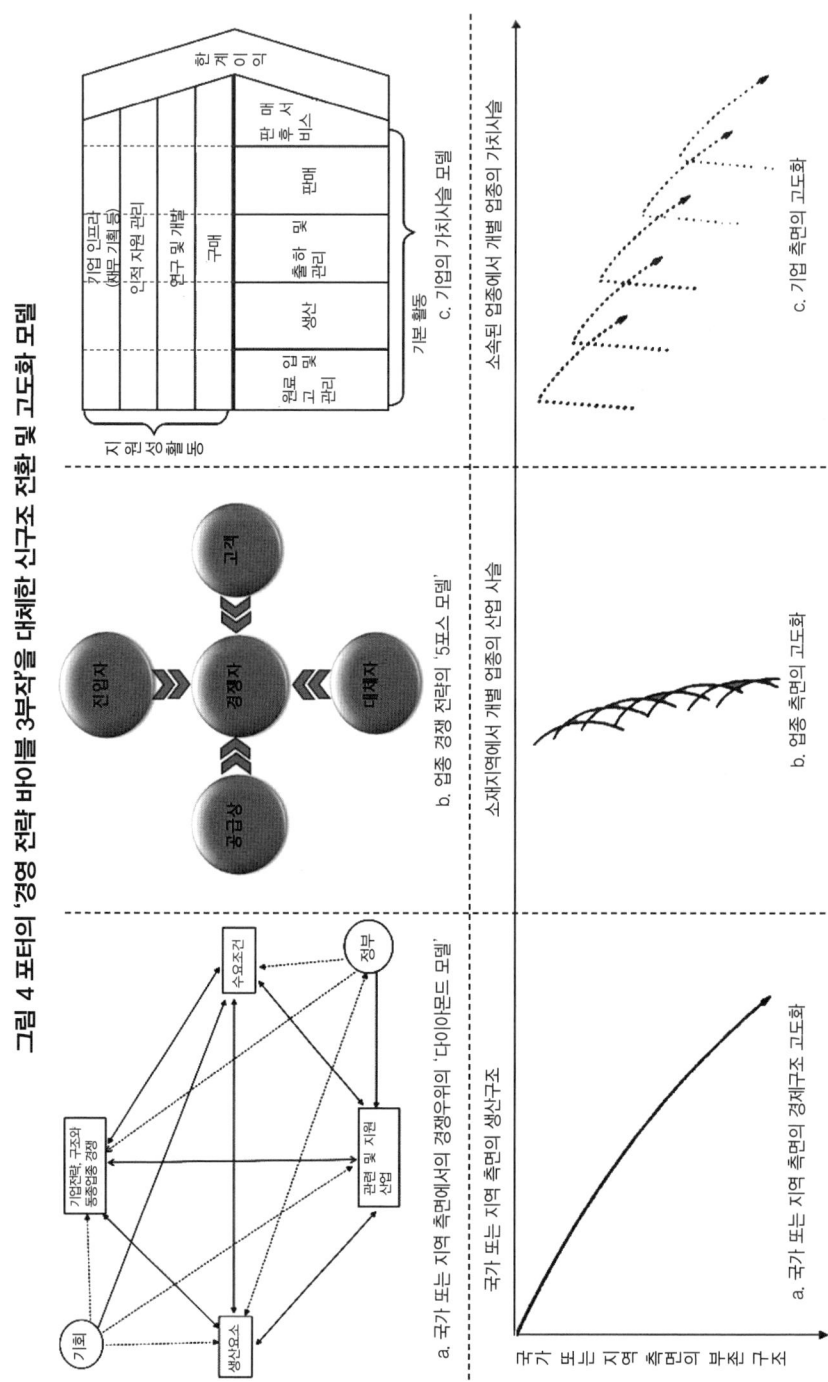

그림 4 포터의 '경영 전략 바이블 3부작'을 대체한 신구조 전환 및 고도화 모델

296 • 산업정책 : 총정리와 재고찰 및 전망

부존 구조와 생산구조에는 축적 형성되는 순환적인 인과관계의 구조 고도화 궤적이 존재한다. 해당 궤적은 그림 4의 하단 도면 a에 나타나 있다. 해당 단계의 모델을 통하여 우리는 한 국가 또는 지역의 경제구조의 전환과 고도화 궤적이 비교우위와 괴리되었는지에 대해 판단할 수 있으며, 거시적으로 현지의 경제구조 전환과 고도화에 문제가 존재하는지 여부에 대해 맥을 짚을 수 있다.

두 번째 단계는 한 국가 또는 지역의 전반적인 생산구조에 내포된 개별 산업의 전환과 고도화이다. 한 국가 또는 지역의 부존 구조의 고도화에 따라 어떤 산업이나 모두 등장 - 발전 - 쇠락이라는 생명 주기를 경험할 수 있다. 산업자본이 노동집약도보다 해당 국가 또는 지역의 부존 구조와 동떨어져 있을수록, 생명 주기의 변화 궤적은 더 늦게 나타난다. 해당 궤적은 그림 4 하단의 b를 통해 나타난다. 이렇듯 이 단계의 모델을 통해 우리는 한 국가 또는 지역의 경제구조 전환과 고도화 과정에서 각기 산업의 발전 추세를 진단하고 산업 발전의 전망을 판단할 수 있다. 또한 각기 다른 산업을 분류하여 관리하고, 현지의 잠재적 비교우위에 부합하는 산업을 판별해 낼 수 있다.

세 번째 단계는 한 국가 또는 지역의 전체적인 생산구조에 내포된 개별 산업 내 개별 기업의 전환과 고도화로, 이는 기업 측면의 가치사슬 및 자원 부존과 능력 조건이 두 가지 차원으로 구성된다. 이 단계의 모델을 통해 우리는 한 국가 또는 지역 경제구조의 전환과 고도화 과정에서 개별 산업 내 개별 기업의 전환과 고도화가 해당 기업 자체 및 소재지의 자원 부존 구조와 능력 조건에 부합하는지를 진단할 수 있다. 더 중요한 점은 기업의 전환과 고도화 과정에서 나타난 장애요소의 출처를 진단함으로써 기업의 자원 부존 구조와 소재지의 자원 부존을 비교하여 기업 자체적 문제점은 무엇인지, 소재지의 문제점은 무엇인지를 구분하여 기업의 전환과 고도화 과정의 정책적 수요를 진단할 수 있다는 점이

다. 해당 궤적은 그림 4 하단의 도면 c를 참고하면 된다.[2]

경제구조의 전환과 고도화 과정에서 상황에 따른 정부의 유도 역할: 정부는 어떻게 유능한 행위를 해야 하는가?

앞에서 서술한 바와 같이, 필자는 공무원 또는 정부가 행한 구체적인 경제 발전 행위부터 시작하여 경제구조 전환과 고도화 과정에서 정세에 따른 정부의 유도 역할에 대해 분석하길 건의했다. 그렇다면 정부는 구체적으로 어떤 행위를 해야 하는가? 스티글리츠는 그의 교재인 『공공부문의 경제학(*Economics of the public sector*)』 첫머리에서 "태어나서 죽을 때까지 우리의 삶은 항상 수많은 유형의 정부 활동의 영향을 받으며, 정부 활동을 정량적으로 설명하는 것은 실로 두려운 임무"라고 언급했다. 스티글리츠는 미국의 상황에 근거하여 정부의 활동을 다음과 같이 분류했다. 법률 제도의 제공, 국방·교육·우정 등 제품의 생산, 보조금·세수·대출과 규제를 통해 사적 부문의 생산에 영향을 미침, 사적 부문에서 제품과 서비스를 구매한 후에 정부가 그것을 기업과 가정에 제공함, 수입의 재분배 등이다. 이런 정부 활동에 관한 연구는 점차 공공경제학, 정부경제학 및 신정치경제학 등 상대적으로 성숙한 학과를 파생시켰다. 그럼에도 불구하고 공공 부문의 규모가 어느 정도여야 적절한가의 문

---

[2] 각 측면에 대응되는 이론 문제는 그림 4의 하단 도면 a는 푸차이훼이, 『경제구조 및 그 변화의 가격 이론』, 베이징대학교 신구조경제학연구센터 박사후 보고서, 2016을 참고했다. 그림 4 하단의 그림 b는 Ju Jiandong, Justin Yifu Lin, Yong Wang, "Industrial Dynamics, Endowment Structure and Economic Growth", *Journal of Money Economics*, 76, 2015, pp.244~263을 참고했다. 그림 4 하단의 그림 c의 사례는 양꾸이쥐(楊桂鞠), 「OEM 기업 전환: 강연 루트의 이론 모델」, 『매니지먼트 월드』, 2010, 6기, pp.132~142를 참고했다.

제, 그리고 정부의 경계 문제에 대해선 여전히 많은 논의가 존재한다.

경제학에서 가장 오래된 신조는 제품의 생산과 분배는 주로 공공 부처가 아닌 사적私的 부문에 의해서 이루어져야 하며, 이러한 경제 조직이 효율적인 자원의 배치를 가져온다는 것이다. 하지만 만약 사적 시장이 정말 유효하다면, 왜 정부가 경제적인 역할을 해야 하는 것인가? 이 문제에 대한 대답은 많은 부분에서 규범적 분석 방법에 의한 것이다. 사람들이 시장 기능 상실에 대한 인식에 제약을 받고, 즉 불완전 경쟁, 불완전 정보, 불완전 시장, 외부 효과, 공공 재화와 실업 등의 중대한 시장 기능 상실이 발생한다면 시장에 파레토 효율이 없을 것이다. 이때 정부가 역할을 발휘해야 하지만 여기에는 두 가지 중요한 제한 조건이 있다. 하나는 어떤 형식의 파레토 개선이 존재해야 하고, 다른 하나는 파레토 개선을 실현할 수 있다는 것이다. 당연히 분석 방법에서, 정부가 마땅히 무엇인가를 해야 한다는 점을 강조하는 규범적 분석 방법 외에도, 정부가 실제로 무엇을 했고 결과가 어땠는지에 대해 해석하고 기술하는 방법도 있다. 신구조경제학 또한 규범 방법과 실증 방법을 채택하지만 이것을 통해 구조 변화와 전환 과정에서의 정부의 역할만을 논할 뿐, 다른 관련 없는 정부의 활동은 논의의 범주에 적용하지 않는다. 그림 5를 참고하길 바란다.

신구조경제학은 새로운 발전경제학 이론 체계로서, 기존의 경제학 이론 분석에 구조를 도입하여 경제 발전과 구조 변화 과정에서 정부와 시장 각자가 발휘하는 역할에 대해 탐구하는 이론이다. 구조를 가지고 있는 경제학 이론에서 주장하는 정부의 역할은 자연히 구조가 없는 정태적인 경제학 이론이 주장하는 정부의 역할과 완전히 동일할 수 없다. 따라서 경제 발전, 구조 전환의 동태적인 부분에서 정부가 해야 하는 일과 정태적인 상황에서 해야 할 일이 도대체 어떤 차이점이 있는지, 이런 차이점은 어떻게 발전 단계와 경제구조의 변화에 따라 달라져야 하는 것인지

그림 5 신구조경제학이 구조 변화와 전환에서 정부 행위에 대한 분석틀

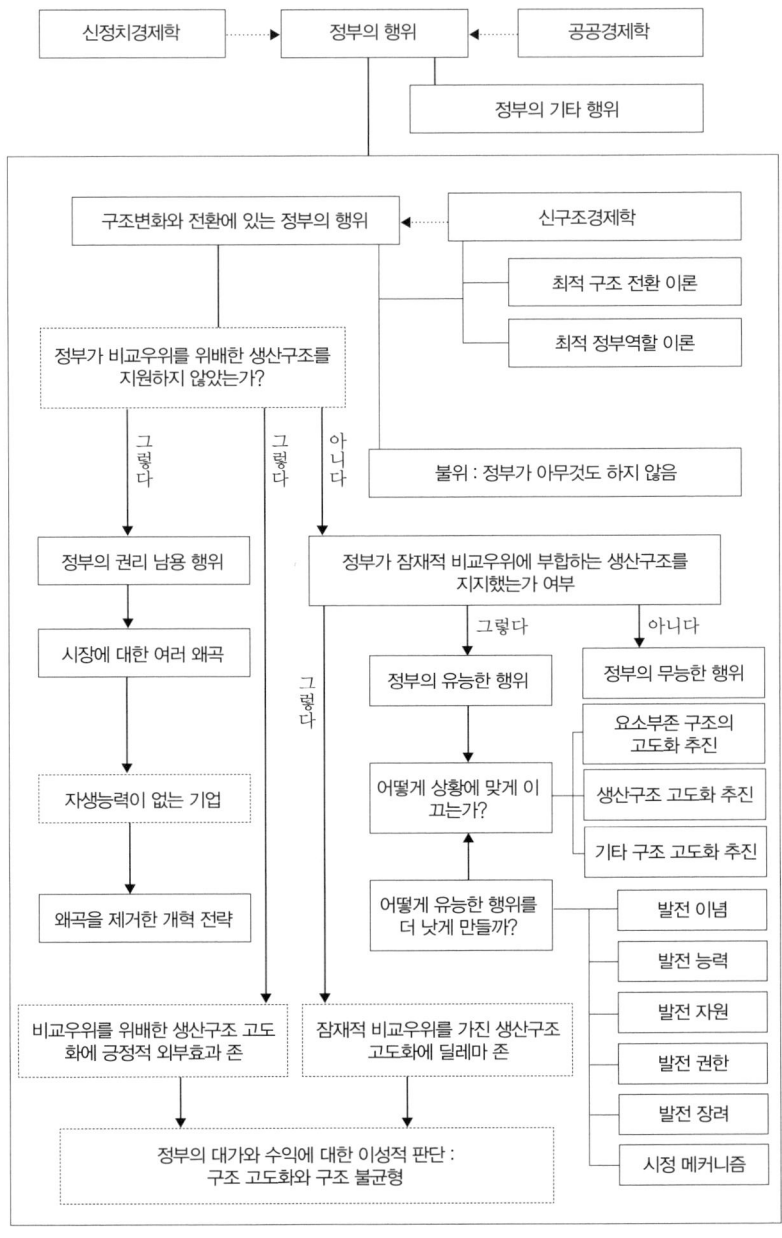

를 논의해야 한다[린이푸(2016)].

스티글리츠가 미국 정부의 활동을 분류한 것처럼, 우리도 구조 변화와 전환 과정에서의 정부 활동을 귀납할 수 있다. 먼저, 논리에 따라 정부가 아무것도 하지 않는, 즉 '불위'의 상태인가, 아니면 무엇을 하는 상태인가의 문제이다. 둘째, 정부가 비교우위를 위배한 생산구조를 지원했는가에 따라 분류한다면, 정부의 행위가 '권리 남용', 즉 비교우위를 위배한 생산구조를 지원한 것인지, 아니면 '권리 남용'이 없는지를 분류한다. 만약에 권리 남용에 속한다면 비교우위를 위반한 산업에 속한 기업은 자생능력이 없고, 많은 내재적인 왜곡을 가지고 있을 것이며, 점진적 개혁 방식을 통해 이를 제거해야 한다.

이 관점에서 보면, 시장의 기능 상실은 신구조경제학이 주장하는 정부 개입의 이유가 되지 않는다. 왜 그런가? 신구조경제학의 기본 관점에 따르면, 어떤 국가와 지역이든 모두 세 종류의 산업이 존재하기 때문이다. 바로 비교우위를 잃은 산업, 비교우위에서 멀어진 산업, 잠재적 비교우위를 가진 산업이 있다. 비교우위에 부합하지 않는 앞의 두 가지 산업에 속한 기업은 자생능력이 없고, 또한 자발적인 시장 기업은 자생능력이 없는 산업에 진입하지 않는다. (그래서 첫 번째 구조주의에서는 '시장 기능 상실'이 존재한다고 여긴다.) 잠재적 비교우위에 부합한 산업에만 자발적인 시장 기업이 진입할 수 있으며, 그런 의미에서 보면 시장의 기능 상실은 신구조경제학에서 말하는 산업정책의 원인이 될 수 없다.

셋째, 만약 정부의 행위에 '권리 남용'이 없고, 정부가 잠재적 비교우위에 부합하는 생산구조를 지원했는가의 기준에 따라 분류한다면 정부의 행위가 무위인지 아니면 유능한 행위인지를 분류한다. '무위'란 기업이 자체적으로 여러 한계를 극복하지 못하기 때문에 요소부존 구조에 부합한 산업일지라도 경쟁력을 갖지 못하게 하고, 이런 상황에서 정부는 거래 비용을 낮추고 인프라 투자 등에 협력하여 선구자 기업을 장려해야 하지만, 마땅히 해야 할 역할을 하지 못한 상태를 말한다.

정부의 '유능한 행위'란 상황에 따라 기업에 유리하도록 만드는 역할을 함으로써 잠재적 비교우위를 가진 산업의 발전을 촉진시키는 것을 말한다. 실제로 현실은 더 복잡하다. 어떤 생산구조는 비교우위에 위배하지만, 고도화에 긍정적인 외부 효과가 존재한다. 기술적 외부 효과를 갖춘 중공업이 바로 그 예이다. 또는 정부가 잠재적 비교우위를 지닌 생산구조의 고도화를 추진할 때 쏠림 현상이나 생산과잉 문제 같은 딜레마 현상도 존재한다. 이러한 문제를 직면할 경우 정부는 대가와 수익을 가늠하여 이성적인 행동을 취해야 한다.

산업정책에 대한 대부분의 논쟁은 이렇게 끝을 맺는 것 같다. 즉, 산업정책이 존재해야 하는가 여부를 논의하다 그치는 것이다. 필자는 신구조경제학은 산업정책이 잠재적 비교우위를 가진 산업을 지원해야 하고, 비교우위를 위배한 산업을 지원하지 말아야 하는가에 관한 문제에 답을 줄 수 있을 뿐 아니라, 구체적이고 실행 가능한 산업정책을 어떻게 설계해야 하는지에 관한 아이디어와 방법론도 제시해 줄 수 있다고 생각한다. 다시 말해, 신구조경제학의 기본적인 정책 주장인 '유효한 시장'과 '유능한 정부'에서, '유능한 정부'가 어떻게 역할을 해야 하는 것인지, 즉 상황에 따른 기업 지도의 역할을 어떻게 이행할 것인지에 대한 심도 있는 연구를 했다.

린 교수는 강연을 통해 다섯 종류 산업 유형의 구분 및 대응되는 GIFF가 포함된 산업정책 틀을 설명했다. 린이푸 교수의 이론을 바탕으로, 필자는 앞서 소개한 신구조 전환과 고도화의 틀을 기반으로 상황에 따라 기업에 유리하게 이끄는 정부의 역할을 더 세분화하는 분석틀을 만들고자 한다. 이 틀은 정부 장려 및 정책 제정 과정에 주목하는 문헌과는 달리 정부의 행위, 구체적으로 말하자면 산업정책의 행위 방식 또는 작용점에 더욱 주목한다. 즉, 전환과 고도화 과정에서 정부가 정확하게 힘을 들여야 한다는 것이다. 사실 이 부분에 대해서는 2015년 11월 10일 시진핑 총서기가 중앙재정지도 소조小組 11차 회의에서 산업정책의 정확성에 대해 명확히 언급한 바 있다. 그렇다면 지속적인 전환과 고도화 과정에서 산업정책은 어떻게 정확하게 힘을 발휘할 수 있을까?

앞의 다섯 종류 산업 유형 분류 관련 내용에서 린 교수는 기초적인 연구를 진행했다. 필자는 앞서 언급한 전환과 고도화 모델 중 각 단계에 있는 산업정책의 작용점에서 출발하여 전환과 고도화 과정에서 상황에 맞는 정부의 유도 역할을 세 가지 차원에서 개괄했다. 요소부존 구조의 고도화 과정에서 상황에 따른 정부의 유도 역할, 가치사슬 고도화 과정에서 상황에 따른 정부의 유도 역할, 그리고 하드웨어 및 소프트웨어 인프라 고도화 과정에서 상황에 따른 정부의 유도 역할이 바로 그것이다. 여기서 주목해야 할 점은, 각기 다른 업계에 필요로 하는 상황에 따른 정부의 구체적 유도 역할이 다르기 때문에 상황에 따른 정부의 역할의 작용점 역시 달라져야 한다는 사실이다.

이것은 린 교수가 설명한 다섯 종류 산업 유형의 기본적인 구상과 일치하고 그보다 더 구체적이다. 예를 들어 다섯 종류 산업에서의 분류와 구체적인 전환과 고도화 측면 및 상황에 따른 유도 역할에 대한 요구치와 방식은 각기 다른 지역의 동일한 산업마다 차이가 현저하다. 이와 동시에 전환과 고도화 과정에서 상황에 따른 정부의 유도 역할의 틀 자체도 동태적이다. 전환과 고도화 자체가 동태적이므로, 상황에 따라 유리하게 작동되는 세부 메커니즘 역시 동태적이며, 전환과 고도화 과정에 맞춰 계속 조정된다. 물론 이 틀에는 현지 정부가 상황에 유리하게 이끄는 역할을 얼마나 효과적으로 이행하는지의 문제도 포함시켜야 한다. 이에는 정부의 의식·능력·권한, 정부(공무원)의 장려 정책과 동기 등의 측면도 포함된다. 앞에서 말한 바와 같이 이것은 모두 중요한 문제가 아니다. 의지와 능력, 권한과 장려 정책이 갖춰진 정부라도 잘못된 일을 할 수 있고, 린 교수의 설명처럼 호의로 나쁜 일을 저지를 수 있기 때문에, 정확한 정책 그 자체가 무엇보다 중요하다. 당연히 현실에서는 여러 원인으로 정책적 오차가 항상 존재하기 때문에, 시정 메커니즘 역시 매우 중요하다.

중국의 2천여 개의 구와 현의 요소부존 구조는 천차만별의 양상을 보이며, 100개에 달하는 대부류(대부류는 국민경제 업종을 큰 범주로 나눈 것으로 크게 97개로 나누고 있다-옮긴이)의 업종과 1천 개가 넘는 세분화된 업종의 특성도 모두 제각각이다. 각 지역에서 발전하기에 적합한 업종 또한 차이가 있다. 모든 지역이 일률적으로 동일한 세분화된 업종을 발전시키면, 실패할 것이 분명하다. 지역적 특색에 맞게 적합한 세분화된 업종을 발전시켜야 성공할 수 있는 것이다.

다시 말해, 신구조경제학의 가장 핵심적인 개념으로 설명하면, 개별 산업은 각기 다른 지역에서 자체적인 능력이 달라진다는 것이다. 예를 들면, 그림 6에서 나타나듯 필자는 중국의 공업기업 데이터베이스를 이용하여 2천여 개 구와 현에 세분화된 업종의 상대적인 수익 수준에 대해 초보적인 계산을 했고, 이를 통해 지역별 업종마다 상대적인 이윤 수준의 차이가 매우 크다는 것을 발견했다. 이 단순한 데이터 계산은 지역에 따라 각 업종의 자생능력이 다르다는 것을 설명하며, 동시에 일부 지역에는 자생능력이 없는 업종이 분명 존재한다는 사실을 반영한다. 지방 차원에서 보면, 자생능력이 없는 세분화된 업종이 등장한 이유로 여러 가지를 꼽을 수 있다. 기업은 시행착오를 겪기 마련이고, 투자에도 매몰 비용과 경로 의존성이 존재하기에, 자생능력이 있는 업종을 단번에 잘 선택하거나 이미 선택한 업종을 다시 조정하기는 어렵다. 마찬가지로 지방정부 또한 경제 추월 욕구를 가지거나 시행착오를 겪을 수 있기 때문에, 산업정책에도 경로 의존성이 존재하며, 자생능력을 가진 업종을 단번에 잘 선택하거나 새로 조정하기 힘들다.

경제구조는 하나의 동태적 변화 과정으로 과거 비교우위에 부합한 업종이라 해도 시간이 지나면서 자생능력이 없는 업종으로 변화할 수 있다. 물론 이것은 그저 일시적으로 자생능력이 없는 업종이 존재하는 이유일 뿐, 장기적으로 한 지역에 자생능력이 없는 업종이 존재하는 이유가 될 수 없다. 필자가 생각하기에 기업가는 자발적으로 진입하고자 하는 업계에 대해 잘 알고 있으며, 각 지역의 자본 유치 프로젝트는 기업과 정부가 서로 이해를 증진시키는 과정이기 때문에 현지 부존 구조와 어울리지 않는 산업에 진입하는 것은 사실상 쉽지 않다. 지방정부 특히 구와 현 정부가 쥐고 있는 자원과 권한도 극히 제한적이므로, 장기간 자생능력이 없는 기업을 지원할 수는 없다. 그러므로 분권식의 지방 발전 모델에서는 전면적인 추월 전략을 펼칠 수 없다.

그림 6 2007년 중국 각 구와 현에서 일부 제조업 업종의 상대적 이윤 수준

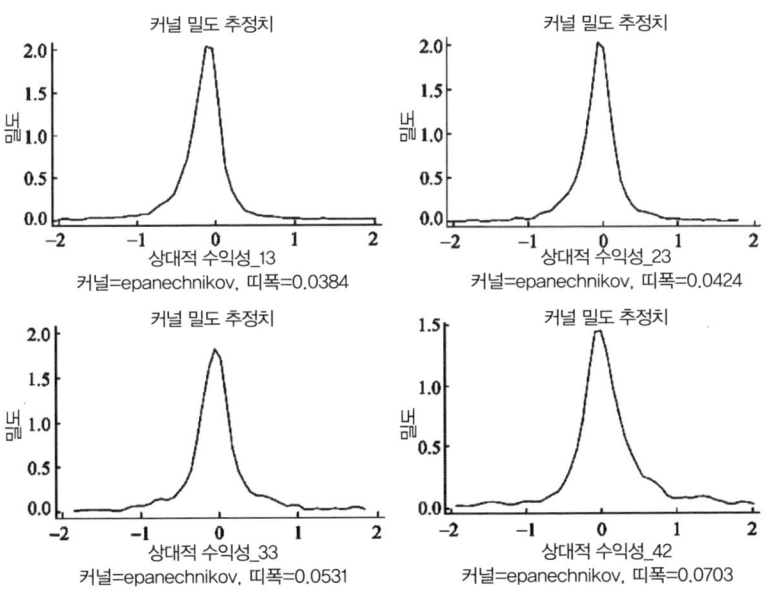

※ 자료 출처: 천시 주간, 『중국 기적의 20년-디쉐이후 회의 실록』, 상하이 세기출판그룹, 2014.

필자는 상하이 산롄(三聯)서점에서 주최한 린이푸 교수 등의 『중국의 기적』 출간 20주년 기념 심포지엄에서 중앙과 지방 정부의 관계, 정부와 시장의 관계라는 두 가지 측면에서 중국의 거버넌스 모델을 정리했고, 데이터로 간단하게 계산을 했다. 시간의 순서에 따라 신중국 설립 후의 발전 모델을 중앙 주도의 계획경제, 지방 주도의 계획경제, 지방 주도의 시장경제, 중앙 주도의 시장경제로 개괄했다.

이런 역사적 배경에서, 현재 각 지역에서 장기적으로 자생능력이 없는 많은 업종이 여전히 존재하는 주요 원인은 이전 또는 현재 중앙정부의 국가 프로젝트가 지방에서 실행되면서 프로젝트와 현지 부존자원 간의 잘못된 매칭의 결과라고 생각한다. 마찬가지로 산업 역시 경로 의존성을 가지고 있는 것이다. 전형적인 사례로 당시 구舊 공업기지를 들 수 있다. 물론 지금도 일부 중앙 부처 및 지방정부가 실사구시實事求是와 지역적 특색에 맞는 정신을 추구하지 않아 획일적인 산업정책을 제정하고 추진하여 많은 지역에 자생능력이 없는 업종이 다수 출현하는 결과를 초래한다. 해당 업종은 결국 지방경제 발전의 발목을 잡는 암세포 같은 존재가 되었다.

현재 논쟁의 중심에 서 있는 산업구조 조정 리스트를 일례로 들면, 과거 중국 국무원 산하의 부처와 위원회에서 문건을 발표할 때에는 모두 실사구시와 지역 특성과 상황에 맞는 정책을 강조했으나 지금은 이 부분은 충분히 강조되거나 실행되지 못하고 있다. 예를 들어, 새로운 세기에 접어들어 발표된 제1부 산업 리스트 『현現 국가중점발전장려 산업·제품과 기술 리스트』(2000년 개정)는 28개 국가 중점장려 분야의 총 526가지 제품과 기술 및 일부 인프라와 서비스의 발전에 대해 규정해 놓고 있다. 그러나 동시에 이 문건은 각 지역이 현지의 실제 상황에 따라 국내외 시장 수요와 공급 조건의 변화를 진지하게 분석하여 현실 상황에 맞게, 가능한 한 리스트 중에서 현지의 비교우위를 형성할 수 있는 분야를 선택하여 발전시키고 맹목적인 중복 건설을 막아야 한다고 강조했다. '획일화'의 오류를 제외하고, 필자는 샤오위(邵宇)의 관점에 동의한다. 샤오위는 대부분의 지방정부가 경제 추월을 이루고자 하는 충동에 휩쓸리기 쉽고, 단숨에 '도약 발전'을 이루는 것만 노리고 있는 것이 문제라고 설파했다. 당연히 적절한 범위 내의 추월 목표까지 모조리 부정해서는 안 되지만, 수익을 창출하는 만큼 대가가 필요하고, 따라서 합리적인 취사선택을 할 수 있는 적정선을 찾아야 한다. 예를 들어, 많은 사람이 태양광 패널을 부정적인 사례로 열거하지만 필자는 중국의 태양광 패널 산업이 발전 전략의 비용과 수익에 가장 좋은 사례라고 생각한다.

   시장이 자발적으로 후발 주자의 이점을 이용할 수 있는가? 만약 그렇지 못한다면 앞에서 언급한 정부가 상황에 따라 기업에 유리하게 이끄는 그 이상적인 경계선을 넘어 개입하게 되면 어떤 대가를 치러야 하고, 어떤 수익을 가져올 수 있는지를 묻고 싶다. 이것이 바로 린 교수의 발전 전략 이론을 바탕으로 필자가 추진한 발전 전략의 비용과 수익의 틀이며, 그림 5에서 정부의 이성적 행위 유형에 대한 시스템 분석이다.

참고문헌

Ju Juandong, Justin Yifu Lin, Yong Wang, "Industrial Dynamics, Endowment Structure and Economic Growth", *Journal of Money Economics*, 76, 2015, pp.244~263.

푸차이후이(付才輝), 「발전 전략의 원가와 수익: 신구조경제학의 목표, 논쟁과 확장이란 분석틀로」, 『남방경제』, 2014.

푸차이후이(付才輝), 『경제구조 및 그 변천의 가격 이론』, 베이징대학교 신구조경제학연구센터 박사후 보고서, 2016.

푸차이후이(付才輝), 「시장·정부와 양극화 – 개발도상국 수입 분배의 신구조경제학」, 『경제학』(시즌호) 제16권, 2016.

푸차이후이(付才輝), 「성장을 위한 불균형 – 중국식 발전의 경험과 이론」, 『남개경제 연구』(격월간행물), 2015.

푸차이후이(付才輝), 「정책의 관문, 쏠림 통로와 발전 기회 – 신구조경제학 관점에서 가장 우수한 정부의 개입 정도 이론」, 『재경연구』, 2016.

푸차이후이(付才輝), 「금융 개입의 원가와 수익: 생산과잉과 기술 진보」, 『당대경제 과학』, 2015.

린이푸(林毅夫), 「유능한 정부와 유한한 정부를 논하다」, 베이징대학교 신구조경제학연구센터, 2016.

롼젠칭(阮建靑)·스치(石琦)·장샤오보(張曉波), 「산업 클러스터의 동태적 변화 법칙과 지방정부 정책」, 『매니지먼트 월드』, 2014, pp.79~91.

스티글리츠, 『공공부문경제학』 상, 중국인민대학 출판사, 2013.

양꾸이쥐(楊桂鞠), 「OEM 기업의 전환 고도화: 변화 루트의 이론 모델」, 『매니지먼트 월드』, 2010, pp.132~142.

'발전형 국가'의 흥망 및 중국의 전환에 주는 시사점[*]

겅슈(耿曙)
저장대학교 사회학과 연구원

천웨이(陳瑋)
화둥이공대학 사회업무 및 사회정책연구원 보조연구원

갈림길에 서 있는 중국: 개발도상국 모델을 유지할 것인가?

수개월 전에 린이푸 교수와 장웨이잉 교수가 '산업정책'을 둘러싸고 펼쳤던 토론은 사회의 광범위한 주목을 받았다. 사실 산업정책의 배후에 존재하는 보다 중대한 문제는 '정부가 발전을 추구하기 위해 경제에 개입해야 하는가?'이다. 과거를 돌이켜보면, 중국은 정부의 개입을 통해 세상을 놀라게 할 정도의 경제적 성취를 이룩했다. 이제 요소 보너스가 소멸되고 성장이 점차 둔화되고 있는 상황에 직면하여 향후 중국은 어떤 길을 걸어야 하는 것일까? 여기서 가장 핵심적인 것은 중국이 '국가 주도' 모델(린 교수의 의견)을 여전히 고수해야 하는가, 아니면 규제를 대폭 완화하고 정부가 경제에서 발을 빼고, 시장이 주도적인 역할을 하게 해야 하는가(장 교수의 주장)이다.

각국의 발전 경험을 살펴보면, '정부의 경제 개입'은 중국에서만 나타나는 현상이 아니다. 과거 30여 년의 개혁개방 동안 이웃 나라인 일본과 한국 등도 사실 상황이 매우 유사했다[White(1988, 1993); Oi(1995);

---

[*] 본문의 생략 버전은 『화둥사범대학학보(철학사회과학판)』, 2017, pp.16~20에 실려 있으며, 원 제목은 「'발전형 국가' 모델과 중국의 발전 경험」이다.

Leftwich(1995); Unger and Chan(1996)]. 이들 국가는 모두 중국보다 한 발 빠르게 경제 발전을 이루었고, 그 고속 성장은 동아시아 '발전형 국가'의 모델로 정의되기도 했다. 아울러 국가 개입에 대한 학계의 탐구를 깨우치기도 했고[Johnson(1982); Amsden(1989); Wade(1990)], 또 중국 개혁의 여정과도 맞닿았다. 하지만 아쉽게도, 호시절은 오래가지 못한다는 말처럼 1990년대 이래로 앞서 말한 개발도상국들은 외부적으로는 글로벌화에 의해 정부 능력이 제약당했고, 내부적으로는 임금 상승으로 국가와 사회의 관계가 바뀌어, '성장 둔화' 또는 '조정 전환'이라는 선택에 직면하게 되었다[Ninns(2001); Cherry(2005); Pirie(2007); Chu(2009); Stubbs(2009)]. 그렇다면 여기서 중국은 어떤 방향으로 나아가야 하는가를 묻지 않을 수 없다. 필자는 현재 발전형 국가가 어떻게 발전을 시작했고, 전환했는지의 경험에 대한 정리와 반성을 한다면, 중국에 미래에 실행 가능한 방향을 제시해 줄 수 있지 않을까 생각한다.

중국의 성장과 발전형 국가의 이점

많은 학자가 연구하고 있지만 '개혁개방 후의 중국과 발전형 국가가 흡사한가?[1] 아니면 양자 사이에 어느 정도 비교 가능성이 존재하는가?'의 문제는 여전히 불명확하다. 이 문제에 답하기 위해 필자는 먼저 '발전형 국가'의 핵심 특징을 정의하고, 그다음 '중국 모델'과 대조해 보려

---

[1] 최근 탕스핑(唐世平) 교수의 「중국: 큰 성공을 거두었다고 보기 힘든 '발전형 국가'」, ⟨http://www.ftchinese.com/story/001069171⟩가 새로운 논란을 일으켰다. 하지만 작가가 말하고자 하는 중점은 '중국이 상대적으로 성공했는가'이며, '중국이 발전형 국가인가'의 문제에 대해서는 비교적 개인의 판단에 가깝다. 다른 관련 토론은 Beeson(2009)과 Knight(2014)를 참고하길 바란다.

고 한다. 필자의 견해에 따르면, 발전형 국가의 주된 특징은 '국가 능력'과 '산업정책'으로, 정치·경제 시스템과는 필연적인 연관성이 없다고 생각한다.[2]

'발전형 국가' 모델은 존슨Johnson(1982)이 전후 일본의 경제 발전에 대해 정리한 내용에서 유래를 찾을 수 있다. 일본의 사례 분석을 바탕으로, '국가'(추상화된 정부)가 일본 경제 비상의 조력자였다고 분석했다. 일본은 경제 발전을 우선적 목표로 삼고, 여러 적극적인 산업정책을 펼쳐 특정 산업을 보호하고 지원했으며, 단기간에 규모를 키우고 성장할 수 있도록 하여 경제 전체의 번영을 이끌었다. 위에서 말한 모델에 따라 한국[Amsden(1989)], 대만 지역[Wade(1990)], 싱가포르[Huff(1995)] 등이 연이어 발전을 이룩했다[Haggard(1990); Gereffi and Wyman(1990)]. 해당 모델은 광범위하게 주목받았고, 많은 연구가 진행되었다[천야오(陳堯. 2006)]. 안타깝게도 많은 토론이 이루어졌지만[Nis(1991); Woo-Cummings(1999); Routley(2012); Haggard(2013); 정웨이위안(鄭爲元, 1999)], '발전형 국가'가 도대체 어떤 특징을 가지고 있는지에 대한 일치된 기준은 얻지 못했다. 이 점을 감안하여 필자는 관련 문헌을 정리하여, '구조'와 '수단'이라는 두 가지 차원에서 발전형 국가의 두 가지 특징을 '산업정책'과 '국가 능력'으로 꼽고자 한다.

먼저, '산업정책'은 여전히 발전형 국가의 정책적 도구이자 가장 중요한 특징이고, 이 점에 대해서는 대부분의 학자들 사이에 공감대가 형성되어 있다[Johnson(1982); White(1984); Amsden(1989); Wade(1990); Önis(1991); Woo-Cumings(1999); 왕전환(王振寰, 2003)]. 발전형 국가는 초기 단계에는 모두 힘이 없고, 선진국을 따라잡고자 하는 후진국이기에 산업정책이 그

---

[2] White(1984)는 초기 기초를 만든 인물로, '발전형 국가'란 모든 국가적 역량을 통해 발전을 추진한 개발도상국을 지칭한다고 주장했다.

들이 추월하는 데 필수불가결한 수단이다. 리스트가 말하듯 "산업정책의 지원이 없으면, 후진국의 '유치산업'은 선진국에 의해 짓밟힐 가능성이 높았다."(1983) 산업정책의 목적은 기술, 자본이 모두 부족한 후진국들이 소수의 '전략산업'에 자원을 집중하여 경제의 빠른 성장을 이끌게 하는 것이다[Gerschenkron(1962)]. 이는 일반적으로 '시장가격의 왜곡'[Amsden(1989)]을 통해 자국의 산업경쟁력을 육성하는 방법으로 이루어진다. 구체적인 수단은 상황과 지역적 특색에 따라 정해지며, 거시적인 측면에서는 무역 보호, 대출 지원, 재정 보조금 심지어는 행정적인 개입의 일례이며, 미시적인 측면에서는 생산 기술의 지도, 생산 과정의 규제 등이 모두 그 안에 포함된다.

산업정책이 효과적으로 제정되고 시행되기 위해서는 발전형 국가의 또 다른 특징인 '국가의 능력'이 필요하다. 국가 능력은 관료 기구가 자주적이고 독립적으로 정책을 제정하는 데에서 표출되며, 또 한편으로는 관료 시스템의 내부 결집과 외부 연결로 표출된다[Johnson(1982); Evans(1995); Woo-Cummings(1999)]. 전자는 관료 엘리트들이 이익집단의 위협에서 자유롭게 전반적 발전에 유리한 산업정책을 제정할 수 있게 보장한다. 후자는 수요에 잘 맞는 산업정책이 Top-Down 방식으로 확실하게 시행되도록 보장한다. 일본·한국 등 전형적인 발전형 국가들은 모두 힘이 있는 국가 기관을 통해 기업에 각종 정책적인 지도를 제공하여 각 방면의 투자와 노력을 조절했다.

개혁개방 이후 중국의 발전 모델은 상술한 발전형 국가와 매우 유사했다. 산업정책을 수단으로, 국가의 능력을 주춧돌로 삼아 시스템 전환, 자금 유치, 기본 건설 프로젝트 제공, 산업 발전 등의 힘겨운 임무를 완성하며 소위 '중국의 기적'을 만들었다[린이푸·차이팡(蔡昉)·리저우(李周) (1994)]. 중국의 발전 경험을 살펴보면, 중앙정부나 지방정부나 할 것 없이 모두 경제 발전을 최우선 과제로 삼았다. 전자는 '성과의 합법성'을 강조했고[자오딩신(趙鼎新, 2012)], 후자는 '재정 수입의 최대화'를 추구했다[위젠싱(郁建興)·가오샹(高翔)(2012)].[3] 이로써 발전형 국가 이데올로기의 기초가 형성되었다.

다만 중국과 앞서 말한 사례 사이에는 약간의 차이점이 존재하는데, 이는 주로 국가의 몸집과 규모에서 나타난다. 전자는 '상급기관의 공무원 감독, 하급기관의 실무 감독'이라는 단일제 국가의 중앙과 지방의 관계 구조를 통과시켜[저우리안(周黎安, 2008)], 중앙정부의 거시적인 지도에 따라[Harding(1987); Baum(1996)] 지방정부가 실질적인 이행을 함으로써 함께 경제적 도약을 창조해 낸다[White(1991); Oi(1995); Blecher and Shue(1996)]. 당연히, '속지주의에 따른 관리/행정적 하도급(Administrative Subcontract)'이란 중국 체제에 기반하여, 지방정부는 어떤 산업을 발전시킬 것인가, 어떻게 발전을 추진할 것인가 등의 구체적인 정책에서 커다란 자주권을 행사할 수 있기 때문에 '지방 발전형 정부'의 특징이 상대적으로 두드러졌다[Oi(1995); 차오정한(曹正漢)·스진촨(史晉川)(2009)].

그렇기 때문에 중국 지방정부의 행위를 고찰해야만 중국 모델과 관련된 산업정책을 이해할 수 있다. 이에 대해 관련 연구자들은 산업정책의 유형에 따라 정부의 역할을 크게 두 종류로 구분했다[Keng(2010); 장한(張漢, 2014)]. 초기에는 '지방 기업가형 정부'였으며[Blecher(1991); Oi(1992); Walder(1995)], 후기에는 '지방 발전형 정부'였다(Oi, 1999; Blecher and Shue, 1996). 산업정책은 제각기 차이점이 있지만 산업 지원은 항상 시정施政의 중심이었다. '지방 기업가형 정부'의 단계에서 지방정부는 시장 우위를 가진 산업에 토지를 지급하고, 자금을 유입시켜 집단 기업의 생산과 경영에 직접적으로 참여했다. 이는 화이트(Gordon White)가 말한 '사회주

---

[3] 초기의 '중국 특색 재정 연방주의'[Montinola, Qian and Weingast(1995)]나, 아님 말기의 '분권화 권위주의' 프레임이나[Laundry(2008)] 모두 지방정부의 행동을 독려하여 재정 수입의 최대화를 추구해야 한다고 특히 강조하고 있다.

의 발전형 국가'의 형태에 매우 근접했고, 동아시아 발전형 국가의 '공생적인 정부-기업 연맹'과도 매우 유사했다(장한張漢, 2014). 이런 유형의 산업정책은 1980년대(1985~1989년)와 1990년대(1992~1996년) 두 번에 걸쳐 도시와 농촌 기업의 빠른 성장을 촉진했다.

후기의 '지방 발전형 정부' 단계에서, 지방정부는 국제적인 경쟁우위를 바탕으로, 여건을 조성하고, 우대 정책을 제공하며, 투자환경을 완벽하게 만들어 외자를 유치하는 방식을 통해 여러 외자 기업과 민간기업의 생산과 경영을 지원했다. 경영 형태에 있어 이는 화이트가 말한 '자본주의 발전형 국가'와 매우 유사하며, 동아시아 발전형 국가의 거시 산업정책과도 매우 흡사하다[Blecher and Shue, 2001; 겅슈(耿曙)와 천웨이(陳瑋), 2015]. 이러한 산업정책은 중국이 WTO에 가입한 후 외자 유치의 리더이자 세계 공장으로 도약하여 21세기 이후부터 지금까지의 빠른 경제성장을 이끌었다. 이로써 시간과 공간, 환경은 다르지만, 중국 발전 과정에서 지방정부가 추진한 산업정책은 사실 다른 발전형 국가들과 다를 바가 없다는 것을 알 수 있다.

'국가 능력'이란 측면에서 중국은 또한 다른 동아시아 발전형 국가들과 유사하다. 중국의 '국가 기관'은 고도의 자주성과 강력한 응집력을 가지고 있다. 고도의 자주성에 대해 말하자면, 중국 대륙은 일본·한국·대만 지역의 초기 발전 단계와 아주 유사하게도, 자원은 상대적으로 풍부하나 사회는 상대적으로 취약한 시스템에 속했다. 정부기관은 정책 결정 자주성이 강해 전체의 이익에 따라 경제 발전 전략을 제정할 수 있었다. 강력한 응집력에 대해, 중국 역시 효율적이고 단결력 있는 관료 집단을 가지고 있었다. 중국은 간부 인사의 '하관일급'(下管一級: 인사관리권을 적절히 내려놓아 중앙은 원칙적으로 1급 주요 임원급 간부만을 관리한다는 내용—옮긴이) 시스템을 이용하여 수직적인 문책 제도를 통해 공무원을 관리하고 감독하며 평가했고, 상급의 의지를 철저히 이행하여 중앙과 지방 정책의 통일성을 유지했다. 또 한편 '경제 성과'를 기준으로 하는 '정치 올림픽 순위'(Li and Zhou, 2005)를 통해 공무원의 적극성을 최대로 발휘하게 하여 원래의 당정 간부를 경제 성장을 위해 서비스해 주는 관료 엘리트로 변화시켰다. 이로써 형성된 '국가 능력'이 '산업정책'의 이행에서 제도적인 보장을 제공했다.

위의 내용을 종합해 보면, 중국의 빠른 성장 경험(또는 '중국 모델')은 시행한 '산업정책'이나 의존한 '국가 능력'이나 할 것 없이 모두 다른 동아시아 발전형 국가와 별반 다를 바가 없다. 다시 말해, 중국은 동아시아 발전형 국가의 일원이며 그저 몸집이 거대하고 시작이 좀 늦었을 뿐이다.

중국의 전환과 발전형 국가의 한계

앞서 서술한 동아시아 발전형 국가는 30년의 고속 성장을 이룩한 후 점차 선진 공업화 국가 반열에 올라섰지만 1990년대부터 대부분 성장 둔화의 조짐을 보이며 어쩔 수 없이 조정과 전환을 해야 했다. 그 중 일본은 90년대 초 버블이 사라지면서 경제가 침체했고 불황을 맞이했다. 정부가 여러 차례 경제를 살리기 위해 애썼지만, 지금까지 호전의 기미는 보이지 않고 있으며, 이 시기를 일컬어 '잃어버린 20년'이라고 부른다(이케다 노부오, 2012). 한국은 우선 아시아 금융위기에서 큰 타격을 받았고, 그 뒤로 재기하여 회복했지만, 2010년 전후로 성장은 여전히 지지부진한 상황이다. 상술한 상황은 발전형 국가에 대한 학자들의 의구심을 불러일으켰고, 해당 국가의 쇠퇴와 한계에 대해 탐색 연구가 시작됐다[minns, 2001; Cherry, 2005; Pirie, 2007; Radice, 2008; Chu, 2009; Stubbs, 2009; 주톈비아오(朱天飇), 2005; 위젠싱(郁建興)과 스더진(石德金), 2008; 장천(張晨)과

왕나(王娜), 2015]. 중국도 동아시아의 발전형 국가 중 하나였고, 다른 구성원들이 중국보다는 앞서 나갔기에 그들이 직면한 발전의 한계를 통해, 중국이 미리 대비를 할 수 있도록 일깨우고, 그들 국가의 경제 전환 경험도 중국이 참고할 만했다.

동아시아 발전형 국가의 쇠퇴에 대해 기존의 문헌들은 주로 '국가 능력'과 '산업정책'이란 두 가지 특징을 언급하고 있다. 먼저, 일부 학자는 국가 쇠락의 시초가 '국가 능력'이 약화된 것에 있다고 분석한다. 이러한 연구에서는 국제 정치·경제의 정세를 부분적으로 강조했으며, 1980년대의 글로벌화 추세와 '자유주의 사조'가 점차 상술 사례에서 언급한 '국가 능력'을 약화시켰다고 여긴다[왕전환(王振寰), 2003; 주톈비아오(朱天飈), 2005]. 이로써 국가가 특정 산업에 대한 지원을 철회하게 되어 경제에 대한 지도를 더 이상 하지 않게 되었다(Moon and Prasad, 1994; Stiglitz, 1998; Wade, 1998a; Wade, 1998b; Hayashi, 2010). 이를 반영한 일부 연구에서는 국가와 사회의 관계 변화에 방점을 두고, 경제의 장기적인 발전과 권위주의 시스템의 전환에 발맞추어 이익집단의 세력이 점차 커지며 관료 기구가 그들의 끄나풀이 되어 경제 전반에 유리한 발전 전략을 만들기 어려울 뿐 아니라, 정실情實 자본주의(Crony Capitalism)까지 치달을 수 있다는 분석을 내놨다[Pempel, 1999; Haggard, 2000; 왕팅(王婷), 2008; 저우팡예(周方治), 2013].

동아시아 발전형 국가의 쇠퇴에 대해 다른 일부 학자들은 '산업정책'의 측면에서, 특히 '발전 단계'의 영향을 받았는지에 더욱 집중한다[천웨이(陳瑋)와 경슈(耿曙), 2015]. 그 중 일본의 사례 연구를 통해 일본의 산업정책은 전후 추월 단계에서는 크나큰 역할을 했지만, 추월을 실현한 후에는 같은 정책이라도 거의 효과를 거두지 못했음을 발견했다(Vestal, 1993). 이에 대해 폴 크루그먼(Krugman, 1994)은 산업정책의 본질은 대대적인 투입이고, 단기적 효력만 있으며 효율성을 제고하지 못할 경우 장기적으로 쇠퇴의 길을 걷게 된다고 설명했다. 다른 학자는 '산업정책'이 성공을 거둘 수 있는 핵심적인 원인은 모방할 만한 목표가 존재한다고 지적하며, 하지만 일단 선도 국가가 되면 참고할 대상이 없어져 산업정책이 제 기능을 발휘할 수 없게 된다고 말했다[위용딩(餘永定), 2013; 주톈비아오(朱天飈), 2006]. 다시 말해, '산업정책'은 발전형 국가의 흥망성쇠 원인을 해당 국가가 처해 있는 '발전 단계'로 귀납했다.

위에서 언급한 이 두 가지 대립된 관점을 바탕으로 필자는 동아시아 발전형 국가가 처한 발전 단계는 기본적으로 자원 동원을 위주로 한 '모방경제'에서 효율을 창조하는 '혁신경제'로 변화했다고 본다. 발전형 국가가 중도 쇠락한 핵심적인 원인은 혁신 분야에서 '산업정책'이 종종 제 기능을 발휘하지 못했기 때문이다. 앞서 언급한 발전형 국가의 경험에서 그 예를 찾아볼 수 있다. 우선, 일본은 줄곧 산업정책을 엄격하게 시행해 왔으나 정책적 착오의 쓰라린 결과를 감당해야 했다(Yoshikawa, 2007; Ito, 2003; 하루히코 구로다, 2004). 스스로 자랑스럽게 여기는 반도체 분야든, 경쟁력을 갖춘 컴퓨터 분야든, 모두 정책적 착오로 쇠퇴의 길을 걸었다(유노가미 다카시, 2015). 한국의 상황 또한 유사하다. 한국은 정보광전기, 전자통신 등 분야에서 점차 선두 위치를 취득한 후, 여전히 '생산 능력 확대'를 주축으로 한 정책 방향을 유지했다. 이에, 혁신이 부족한 문제는 시종일관 한국 과학기술 산업에 걸림돌이 되면서, 결국 뒷심이 부족해 난관에 부딪히게 되었다.

위에서 말한 다른 단계의 발전 경험을 바탕으로 필자는 전통적인 '산업정책'이 '혁신 육성'에는 도움이 되지 않는 두 가지 문제를 귀납했다. 첫 번째는 정보 부족으로 야기된 '감독 기능 상실'이다. 혁신 행위는 일반적으로 '창조적인 파괴'로 규정되고 예측하기 어려우며 참고할 만한 경험도 부족하다. 심각한 정보 부족의 상황에서 정책을 결정하는 관료들은 전략산업을 선정하고 산업정책을 계획하기가 쉽지 않다. 위의 정책을 이행할 때에도 명확한 기준이 부족하게 된다. 정부가 기업을 선별하고 감독하는 데 어려움이 따르다 보니, 혁신은 대부분 '새빨간 거짓말'로 전락하고 만다(천웨이와 경슈, 2015). 그리고 감독 기능의 상실은 정책적 지대추구 행위를 조장하거나 정책 지원 강도를 약화시킨다.

두 번째 유형의 문제는 제한된 정보로 야기된 '리스크 축적'이었다. 혁신 행위의 특징 중 하나는 리스크가 큰 것이다. 성공과 실패를 예측하기 힘들고 방향이 불명확한 상태에 직면하여 유일한 대응 전략은 리스크를 분산하고 여러 차례 시행착오를 겪는 것이다. 하지만 산업정책의 본질은 기업을 선정하고 자원을 집중하는 데 있다. 산업정책을 엄격하게 추진한 결과로 시행착오를 할 가능성을 없애 성공의 기회를 감소시켰을 뿐 아니라, 동시에 정부의 지원으로 야기된 '연성예산제약'은 기업의 위기의식이 낮아지게 하여 추후에 위기의 파도를 감당하기 어렵게 만들었다(천웨이와 경슈, 2015). 결론적으로 위에서 말한 두 가지 문제는 모두 '산업정책'과 '혁신 행위'의 본질이 충돌한 데서 발생한 것이며 산업정책의 실패에 불씨를 남긴 것이다.

주변 동아시아 발전형 국가들이 처한 어려움과 전환 과정을 중국은 어떻게 받아들일까? 어떤 시사점을 얻었을까? 먼저, 필자의 소견으로는 이론적인 측면에서나 경험적인 측면에서나 '국가 능력'에 대한 해석에 있어서 중국이 참고로 할 만한 부분은 없다고 생각한다. 이론적인 측면에서 보면, 국가는 글로벌화 물결 속에 처하지만 이를 통해 자신의 능력을 강화시키는 게 불가능한 일은 아니다[Cameron, 1978; Rodrick, 1997; Evans, 1997; Weiss, 1997, 1999, 2000; 마오제(毛捷) 등, 2015]. 하물며, 국가와 사회가 상호 강화하는 사례는 실제로 많이 찾아볼 수 있다(Putnam, 1993; Evans, 1995; Leftwich, 1998; Weiss, 2014). 두 번째로, 중국의 빠른 성장은 원래 글로벌화 추세의 도움을 받은 것이고, 글로벌화는 현재의 성장 둔화와는 절대적인 상관관계가 없는 것으로 보인다. 더 중요한 것은, 경제 발전이 지속되어 이익집단이 형성되었더라도, 중국의 '국가 능력'은 전혀 쇠락하지 않았다. 중국은 간부에 대한 관리를 지금까지 소홀히 하지 않았고, 여러 차례의 시스템 전환과 재정 및 세무 개혁을 통해 오히려 강력한 '국가 능력'을 드러냈다. 다시 말해, '국가 능력'에 대한 설명이 정확하든 아니든 참고할 만한 가치가 부족하다.

따라서 산업정책에 관한 분석은 오히려 성장이 점차 둔화되는 곤란한 상황을 이해하는 데 도움이 되었고, 또한 동아시아 발전형 국가의 경험을 통해 그들이 당시 직면했던 한계를 넘어설 수 있었다. 이런 차원에서 보면, 중국의 성장 둔화는 혁신 능력의 부족에서 그 핵심 원인을 찾을 수 있다. 2000년 중반부터 정부가 일찍이 '자주적 혁신'과 '산업고도화'(제12차 5개년 계획 참조)를 추진했지만, 그 구체적인 정책적 수단은 이전의 '추월 단계'와 동일했다. 정부는 여전히 직접적으로 개입하여 진입 허가, 세수 혜택, 대출 지원 등의 수단을 이용하여 기업의 혁신 활동을 이끌고 있다. 하지만, 전통적인 '산업정책'의 한계와 정부의 혁신 실천에 대한 관리·감독 능력의 한계로 인해, 정책을 이용하여 지대추구를 하는 사람들이 생겨났고 맹목적인 규모 불리기에 급급한 기업도 등장했다[우용핑(巫永平)과 우더롱(吳德榮), 2010; 천웨이와 경슈, 2015]. 중앙에서 지방정부까지 연이어 여러 장려 정책을 내놓았지만 정책적 효과는 눈에 띄지 않았다.

필자가 진행한 기업 연구는 정부가 산업고도화와 혁신의 정책을 장려하는 데 여전히 상술한 두 가지 문제가 존재한다는 것을 보여 주었다. 첫째, '감독 기능 상실'의 문제는 일반적으로 정부와 좋은 관계를 가진 기업에서 발생했다. 해당 기업은 자기 포장과 관계 경영에 치중해, 여러 정책적 우대 혜택을 손쉽게 받을 수 있다. 하지만 연관된 정책적 지원을 받은 후 적극적으로 혁신에 투자하는가는 정부 관료들이 판단하기 어렵다. 그 결과 초기 의도가 좋았던 장려 정책은 연구개발에는 관심이 없고 보조금만 편취하는 수많은 가짜 과학기술 회사를 양성하게 되었다[탕윈(湯筠), 멍첸(孟芊)과 장카이윈(張凱云), 2010]. 둘째, 정부 지원을 받은 기업 역시 '리스크 집중'의 문제에 직면하게 된다. 원래 지방정부는 정책적 성과를 드러내기 위해 종종 신흥 산업을 선정하여 여러 가지 정책적 지원을 제공했다. 그 결과 기업은 자금 구속에 방만해져, 리스크를 떠안으려 하지 않고 투자할 때도 더 이상 심사숙고하지 않게 되었다. 일반적으로 신흥 산업은 기술과 시장이 모두 미숙한 상태이기에 리스크가 매우 높아 이런 기업이 실패하는 사례는 매우 많고, 이로써 지방정부는 재정적 타격을 받게 되었다. 하지만 기업이 투자에 뛰어드는 부분에서 핵심 원인은 정부의 지원이다. 결론적으로 여기에서 언급된 '산업정책'의 한계도 동아시아 발전형 국가가 가지고 있는 아킬레스건으로, 중국도 예외가 되기는 힘들다.

결론

현재 중국 경제를 살펴보면 개혁 전환의 매우 중요한 시기에 놓여 있고, 미래로 향하는 출로를 시급하게 모색하고 있는 상황이다. 필자의 소견에 따르면, 올바른 출로는 경험에서 그 힌트를 얻을 수 있다. 본문은 '중국의 발전 경험'과 '발전형 국가' 모델을 참고로 그 안에 있는 유사한 점과 비교 가능성을 입증했다. '추월 단계'에 있었던 국가의 주도와 개입, 그리고 '선두 단계'에 있었던 산업정책의 한계를 포함하여 발전형 국가의 흥망성쇠 모두 중국의 개혁과 발전에 큰 시사점을 안겨 준다고 생각한다.

반복적인 분석을 통해 본문에서는 현재의 '성장 둔화'와 '침체의 그늘' 문제의 핵심이 전통적인 산업정책의 한계 때문이며, 이는 특히 산업 혁신에 도움이 되지 않는다고 주장한다. 산업정책의 한계는 동아시아 발전형 국가가 가진 약점이자, 중국의 경제 전환이 직면한 어려움이다. 이런 측면에서 보면 과거 중국의 고속 성장을 지탱한 정책적 수단은 이미 미래의 지속적인 업그레이드와 발전에 제약이 되고 있다.

본문에서는 전통적인 산업정책이 초기 '추월 단계'에서 핵심적인 역할을 했지만, 중국이 기술적인 혁신으로 한 발 더 도약하고자 하는 지금은 중국을 승리로 이끌 수 없다는 시사점을 도출했다. 미래를 위해 정부는 발전 정책을 조정하여 기초적인 제도를 정비함으로써 기업의 투자환경을 개선하고, 또한 벤처 투자를 장려하여 혁신 능력을 광범위하게 육성시켜야 한다. 다시 말하면 전통적인 '산업정책'을 포기하고 미래 지향적인 '혁신 정책'을 채택해야만, 동아시아 발전형 국가의 전철을 밟지 않을 수 있다.

참고문헌

Amsden, A., *Asia's Next Giant: South Korea and Late Industrialization*, New York: Oxford University Press, 1989.

Baum, R., *Burying Mao: Chinese Politics in the Age of Deng Xiaoping*, Princeton University Press, 1996.

Beeson, M., "Developmental States in East Asia: A Comparison of the Japanese and Chinese Experiences", *Asian Perspective*, 33(2), 2009, pp.5~39.

Blecher, M. J. and V. Shue, *Tethered Deer: Government and Economy in a Chinese County*, Stanford University Press, 1996.

Blecher, M. J. and V. Shue, "Into Leather: State-led Development and the Private Sector in Xinji", *The China Quarterly*, June 2001, 166, pp.368~393.

Blecher, M., "Developmental State, Entrepreneurial State: The Political Economy of Socialist Reform in Xinju Municipality and Guanghan County", in G. White, ed., *The Chinese State in the Era of Economics Reform: The Road to Crisis*, 1991.

Breslin, S. G., "China: Developmental State or Dysfunctional Development?", *Third World Quarterly*, 17(4), 1996, pp.689~706.

Cameron, D. R., "The Expansion of the Public Economy: A Comparative Analysis", *American Political Science Review*, 72(4), 1978, pp.1243~1261.

Cherry, J., "'Big Deal' or Big Disappointment? The Continuing Evolution of the South Korean Developmental State", *Pacific Review*, 18(3), 2005, pp.327~354.

Chu, Y., "Eclipse or Reconfigured? South Korea's Developmental State and Challenges of the Global Knowledge Economy", *Economy and Society*, 38(2), 2009, pp.278~303.

Evans, P., *Embedded Autonomy: States and Industrial Transformation*, Princeton:

Princeton University Press, 1995.
Evans, P., "The Eclipse of The State? Reflections on Stateness in an Era of Globalization", *World Politics*, 1997(50), pp.62~87.
Gereffi, G. and D. L. Wyman, eds., *Manufacturing Miracles: Paths of Industrialization in Latin America and East Asia*, Princeton University Press, 1990.
Gerschenkron, A., *Economic Backwardness in Historical Perspective: A Book of Essay*, Cambridge MA: Harvard University Press, 1962.
Haggard, S. and R. R. Kaufman, *The political Economy of Democratic Transitions*, Princeton University Press, 1995.
Haggard, S., *Pathways from the Periphery: The Politics of Growth in the Newly Industrializing Countries*, Cornell University Press, 1990.
Haggard, S., *The Political Economy of the Asian Financial Crisis*, Washington: The Institute for Economics, 2000.
Haggard, S., "The Developmental State Is Dead: Long Live the Developmental State!", Annual Meeting of the American Political Science Association, Aug. 29-Sept. 1, 2013, http://papers.ssrn.com/sol3/papers.cfm?abstract_id=2312104.
Harding, H., *China's Second Revolution: Reform after Mao*, Brookings Institution Press, 1987.
Hayashi, S., "The Developmental State in the Era of Globalization: Beyond the Northeast Asian Model of Political Economy", *The Pacific Review*, 23(1), 2010, pp.45~69.
Huff, W. G., "The Developmental State, Government, and Singapore's Economic Development since 1960", *World Development*, 23(8), 1995, pp.1421~1438.
Ito, T., "Looking Forward on Monetary and Supervision Policies to Protect

Against Bubbles", in William B. Hunter et al., eds., *Asset Price Bubbles: The Implications for Monetary, Regulatory, and International Policies*, Cambridge: MIT Press, 2003.

Johnson, G., *MITI and the Japanese Miracle: The Growth of Industrial Policy, 1925~1975*, CA: Stanford University Press, 1982.

Keng, S., "Developing into a Developmental State: Explaining the Changing Government Business Relationships behind the Kunshan Miracle", in T. ‐K. Leng and Y. ‐H. Chu, eds., *Dynamics of Local Governance in China during the Reform Era*, UK: Lexington, 2010.

Knight, J. B., "China as a Developmental State", World Economy, 37(10), 2014, pp.1335~1347.

Krugman, P., "The Myth of Asia's Miracle", *Foreign Affairs*, 73(6), 1994, p.62.

Landry, P. F., *Decentralized Authoritarianism in China: The Communist Party's Control of Local Elites in Post-Mao Era*, Cambridge: Cambridge University Press, 2008.

Leftwich, A., "Bringing Politics Back In: Towards a Model of the Developmental State", *Journal of Development Studies*, 31(3), 1995, pp.400~427.

Leftwich, A., "Forms of the Democratic Developmental State: Democratic Practices and Development Capacity", in Mark Robinson and Gordon White, eds., *The Democratic Developmental State: Political and Institutional Design*, Oxford University Press, 1998.

Li, H. and L. Zhou, "Political Turnover and Economic Performance: The Incentive Role of Personnel Control in China", *Journal of Public Economics*, 89(9), 2005, pp.1743~1762.

Mark, B., "Developmental States in East Asia: A Comparison of the Japanese and Chinese Experiences", *Asian Perspective*, 33(2), 2009, pp.5~39.

Minns, J., "Of Miracles and Models: The Rise and Decline of the Developmental

State in South Korea", *Third World Quarterly*, 22(6), 2001, pp.1025~1043.

Montinola, G., Y. Y. Qian and B. R. Weingast, "Federalism, Chinese Style: The Political Basis for Economic Success in China", *World Politics*, 48(1), 1995, pp.50~81.

Moon, C. and R. Prasad, "Beyond the Development State: Networks, Politics, and Institutions", *Governance: An International Journal of Policy and Administration*, 1994.7.

Oi, J. C., "Fiscal Reform and the Economic Foundations of Local State Corporatism in China", *World Politics*, 45(1), 1992, pp.99~126.

Oi, J. C., "The Role of the Local State in China's Transitional Economy", *China Quarterly*, 1995(144), pp.1132~1150.

Önis, z., "The Logic of the Developmental State", *Comparative Politics*, 24(1), 1991, pp.109~126.

Pempel, T. J., eds., *The Politics of the Asian Economic Crisis*, New York: Cornell University Press, 1999.

Pirie, I., *The Korean Developmental State: From Dirigisme to Neo-Liberalism*, Routledge, 2007.

Putnam, R. D., *Making Democracy Work: Civic Traditions in Modern Italy*, Princeton University Press, 1993.

Radice, H., "The Developmental State under Global Neo-Liberalism", *Third World Quarterly*, 29(6), 2008, pp.1153~1174.

Rodrik, D., "Sense and Nonsense in the Globalization Debate", *Foreign Policy*, 1997(107), p.19.

Routley, L., "Developmental States: A Review of the Literature", 2012, http:// r4d.dfid.Gov.uk/PDF/Outputs/ESID/esdi_wp_03_routley.pdf.

Roy, D., "Singapore, China, and the 'Soft Authoritarian' Challenge", *Asian Survey*, 34(6), 1994, pp.231~242.

Stiglitz, J., "The Role of International Financial Institutions in the Current Global Economy", Address to the Chicago Council on Foreign Relations, Chicago, 27 February, 1998.

Stubbs, R., "What Ever Happened to the East Asian Developmental State? The Unfolding Debate", *Pacific Review*, 22(1), 2009, pp.1~22.

Unger, J. and A. Chan, "Corporatism in China: A Developmental State in an East Asian Context", in Jonathan Unger and Anita Chan, eds., *China after Socialism: In the Footsteps of Eastern Europe or East Asia*, M. E. Sharpe, 1996.

Vestal, J., *Planning for Change: Industrial Policy and Japanese Economic Development, 1945-1990*, Oxford: Clarendon, 1993.

Wade, R., *Governing the Market: Economic Theory and the Role of Government in East Asian Industirialization*, Princeton, NJ: Princeton University Press, 1990.

Wade, R, "The Asian Crisis and the Global Economy: Causes, Consequences, and Cure", *Current History*, 1998a.

Wade, R., "From 'Miracle' to 'Cronyism': Explaining the Great Asian Slump", *Cambridge Journal of Economics*, 22(6), 1998b, pp.693~706.

Walder, A. G., "Local Governments as Industrial Firms: An Organizational Analysis of China's Transitional Economy", *The American Journal of Sociology*, 101(2), 1995, pp.263~301.

Weiss, L., "Globalization and the Myth of the Powerless State", *New Left Review*, Sept./Oct. 1997.

Weiss, L., "State Power and the Asian Crisis", *New Political Economy*, 4(3), 1999, pp.317~342.

Weiss, L., "Developmental State in Transition: Adapting, Dismantling, Innovating, not 'Normalising'", *Pacific Review*, 13(1), 2000, pp.21~55.

Weiss, L., *America Inc.? Innovation and Enterprise in the National Security State*, Cornell University Press, 2014.

White, G., "Developmental State and Socialist Industrialization in the Third World", *Journal of Development Studies*, 21(1), 1984, pp.97~120.

White, G., ed., *Developmental States in East Asia*, Springer, 1988.

White, G., ed., *The Chinese State in the Era of Economic Reform: The Road to Crisis*, M. E. Sharpe, 1991.

White, G., *Riding the Tiger: The Politics of Economic Reform in Post-Mao China*, Stanford University Press, 1993.

Woo-Cumings, M., ed., *The Developmental State*, Ithaca: Cornell University Press, 1991.

Yoshikawa, H., "Japan's Lost Decade: What Have We Learned and Where Are We Heading?", *Asian Economic Policy Review*, 2(2), 2007, pp.186~203.

차오정한(曹正漢)·스진촨(史晉川), 「중국 지방정부의 시장화 개혁의 대응 정책: 경제 발전의 주도권 잡기: 이론가설과 사례 연구」, 『사회학연구』, 2009, 4기, pp.1~27.

천웨이(陳瑋)·겅슈(耿曙), 「정부의 개입이 효과적으로 기술 혁신을 촉진할 수 있는가? 두 사례를 기반으로 한 분석」, 『상하이교통대학학보(철학사회과학판)』, 2015, 3기, pp.76~84.

천야오(陳堯), 「발전형 국가 모델과 경제 전형」, 『강소사회과학』, 2006, 3기, pp.52~59.

이케아 노부오, 『잃어버린 20년: 일본 경제 장기침체의 진짜 원인』, 후원징 역, 기계공업출판사, 2012.

거센크론, 『경제 낙후에 대한 역사적 고찰』, 장펑린 역, 상무인서관, 2012.

겅슈(耿曙)·천웨이(陳瑋), 「정부와 기업의 관계, 쌍방향 지대추구와 중국의 외자 기적」, 『사회학연구』, 2015, 5기, pp.141~163.

구신(顧昕), 「정부주도형 발전 모델의 성공과 쇠락: 비교연구의 관점에서」, 『허베이학간』, 2013, 6기, pp.119~124.

하루히코 구로다, 「일본 환율정책의 실패에서 얻은 교훈: '닉슨쇼크'와 '플라자

합의'를 사례로」,『국제 경제 평론』, 2004, 1기, pp.45~47.

리스트,『정치 경제학의 국민 시스템』, 천완쉬 역, 상무인서관, 1983.

린이푸,『신구조경제학: 경제 발전과 정책의 한 이론 틀에 대한 반성』, 수젠 역, 베이징대학출판사, 2012.

린이푸·차이팡(蔡昉)·리저우(李周):『중국의 기적: 발전전략과 경제 개혁』, 상하이인민출판사·상하이삼련서점, 1994.

마오제(毛捷)·관한후이(管漢暉)·린즈셴(林智賢),「경제 개방과 정부 규모: 역사에 의한 새로운 발견(1850-2009)」,『경제연구』, 2015, 7기.

탕윈(湯筠)·멍첸(孟芊)·장카이윈(張凱云),「정보기술 산업에서의 지대추구 행위 분석 및 이것이 산업 발전에 끼치는 영향」,『지대추구와 중국 산업 발전』, 상무인서관, 2010, pp.208~226.

유노가미 다카시,『잃어버린 제조업: 일본 제조업의 패배』, 린자오 역, 기계공업출판사, 2015.

왕팅(王婷),「동북아 발전형 국가 비교 연구와 재고찰」,『이론의 최전방』, 2008, 20기, pp.24~25.

왕전환(王振寰),「글로벌화와 후발 국가: 동아시아 발전 루트와 전환」,『대만 사회학간』, 2003, 31기, pp.1~45.

우용핑(巫永平)·우더롱(吳德榮) 집필,『지대추구와 중국 산업 발전』, 상무인서관, 2010.

우징리엔(吳敬璉) 주집필,『비교』, 2016년 6집, 중신출판사, 2017.

위용딩(餘永定),「발전 경제학의 재구성: 린이푸『신구조경제학』을 평가하다」,『경제학』(시즌호), 2013, 3기, pp.1075~1078.

위젠싱(郁建興)·가오샹(高翔),「지방 발전형 정부의 행위논리와 제도 기초」,『중국사회과학』, 2012, 5기, pp.95~112.

위젠싱(郁建興)·스더진(石德金),「초월 발전형 국가와 중국의 국가 전환」,『학술월간』, 2008, 4기, pp.5~12.

존슨,『통산성과 일본의 기적』, 진이·쉬홍옌·탕지홍 역, 길림출판사, 2010.

장천(張晨)·왕나(王娜), 「신자유주의와 발전형 국가의 쇠락」, 『허베이경제무역대학 학보』, 2015, 3기, pp.19~23.

장한(張漢), 「지방 발전형 정부 혹은 지방 기업가형 정부?」, 『공공행정평론』, 2014, 3기, pp.157~175.

자오딩신(趙鼎新), 「현재 중국에 혁명이 발생할 수 있는가?」, 『21세기 평론』, 2012, 12월호.

정웨이위안(鄭爲元), 「발전형 국가 또는 발전형 국가 이론의 결론은?」, 『대만사회연구계간』, 1999, 6기.

저우방예(周方治), 「동아시아 발전형 국가 정치 전환의 구조적 원인: 신흥이익집단의 부흥과 정치 권력구조의 불균형」, 『신시야』, 2013, 5기, pp.47~50.

저우리안(周黎安), 『전환중의 지방정부: 공무원의 장려와 관리』, 격치출판사, 2008.

주톈비아오(朱天飈), 「발전형 국가의 쇠락」, 『경제사회 시스템 비교』, 2005, 5기, pp.34~39.

'유능'한 정부보다 '월권 금지'가 더 중요하다

궈창(郭强)
중앙당교 과학사회주의 교연부敎研部 교수

최근 린이푸 교수가 제기한 '유능한 정부론'을 둘러싸고 열띤 토론이 펼쳐졌다. 일의관지一以貫之의 훌륭한 스승다운 풍모와 사실과 논리를 존중하는 모습을 보여 준 린이푸 교수한테 찬사를 보낸다. 본문에서는 린 교수의 일부 문헌을 짚어 보며 이를 토대로 '유능한 정부론'에 대해 다시 토론하고자 한다.

마셸 강좌에서 린 교수는 개발도상국이 현대화를 추진하는 기본적 경험을 정리하며, '점진적 투 트랙 이론'을 집중적으로 설명했다. 이 가운데 대부분의 논점은 경험을 바탕으로 하고 있어 받아들이기 용이하다. 하지만, 신구조경제학자와 비평가들 간에 핵심적인 이견은 이런 경험과 현상 배후에 숨겨진 논리에 있다.

현대화의 기본 경험은 무엇인가?

콜롬보 또는 애덤 스미스 이후 인류의 공업화 – 현대화의 경험은 무엇인가? 이것은 사회과학의 논쟁점 중 하나다. 필자는 개인적으로 일정한 국가 능력 또는 정치적 집권은 현대화의 필수적 조건이라고 생각한다. 프랜시스 후쿠야마와 애스모글루도 이에 대해 심도 있게 논술한 적이 있다. 시장이 자원의 배분을 결정하는 것은 현대화의 기본 경험이고, 현대 경제학은 이에 대해 반복적으로 논거를 들어 증명하고 있다.

문제는 정치적 집권은 자체적으로 관성을 지니고 있으며, 그 배후에는 권력자의 지성의 오류 및 기득권을 끊임없이 추구하는 습성이 있다. 정치권력이 시장 결정의 경계를 넘지 않게 하는 것은 현대화 성패의 핵심 요소라 할 수 있다. 후발 현대화 국가(경제체) 가운데 현대화를 경험하자마자 바로 자유시장의 길로 들어선 경제체는 극소수였고(홍콩), 절대다수는 정부의 보이는 손이 열심히 개입했다. 이 중 몇몇 국가가 정부 자원의 부족으로 포기하고, 대다수 정부는 권력과 폭력을 통해 자원을 통합하여 자신의 이상적인 전략을 지탱했다.

2차 세계대전 발발 이후 25년간 여러 소련 모델·반소련 모델의 정부 주도형 현대화 전략이 전 세계를 휩쓸었고, 성공했다가 쇠퇴하여 심각한 결과를 초래했다. 일부 정부는 전복되었고, 일부 정부는 큰 충격을 입어 전 세계적인 개혁의 사조를 불러일으켰다. 개혁은 급진적인 것과 점진적인 것 두 종류로 나뉘었지만, 공통점은 정부가 선을 넘는 지점에서 한 발 뒤로 물러나, 시장과 사회에 권력을 이양하여 시장의 자주성과 사회의 자치권을 돌려주는 방향으로 변천해 갔다.

신구조경제학은 국가 발전 – 현대화 연구를 자신의 임무로 삼는 신흥 경제학파이다. 현대 시장경제학과 마르크스주의 경제학 사이에서 성공적으로 새로운 학술적 기반을 다졌다고 보이며, 시장이 결정하는 경제와 정부가 결정하는 경제에서 '유능한 정부+유효한 시장' 경제(이상적인 유형)라는 개념을 새롭게 창출해 냈다. 본문에서 신구조경제학의 심층적 논리 문제를 토론하기에는 역부족이고, 그저 신구조경제학 특히 유능한 정부론의 이론적 스타일 또는 학술적 선호의 특색에 대하여 필자의 견해를 이야기하고자 한다.

정부가 시장보다 더 멀리 내다볼 수 있는가?

신자유주의가 제도의 배치를 매우 중시하는 것과는 달리 신구조경제학은 경로 설정을 매우 중시한다(일정한 요소부존 구조하의 산업과 기술의 선택). 경로 선택은 확실히 결과에 지대한 영향을 끼친다. 전형적인 예로 스페인과 영국의 각기 다른 식민지 경로를 들 수 있다. 경로 설정에 관해, 신구조경제학의 특색은 이를 매우 중시할 뿐 아니라 주도적으로 선택을 한다는 점에 있다.

만약, 개방된 시장에서 시장 또는 기업가가 시행착오를 통해 자주적으로 산업과 기술을 선택할 수 있다면, 신구조경제학은 일반적인 시장경제 이론과 별다른 차이가 없을 것이다. 신구조경제학의 독특한 특색은 바로 산업과 기술 선택에 있어서 정부가 외부 효과를 없애고, 기업 사이의 조율을 실현하여, 나아가 시장보다 더 과학적으로 선택을 할 수 있고, 선정된 산업과 기술을 더 크게 발전시킬 수 있다고 여기는 데 있다.

이에 대해 비판론자들은 정부가 산업과 기술을 선정하는 부분에서 시장보다 결코 우수하지 않고, 시장처럼 개방되고 광범위하며 연속적인 시행착오 메커니즘 및 시장 특유의 즉각적인 시정 메커니즘이 결여되었다고 여긴다.

개방된 자유경쟁 시장에서, 다른 기업가들은 자신의 요소부존과 시장 판단에 따라 저마다의 산업·기술·비즈니스 모델을 선택한다. 또한 민간경제 자체의 경성 예산제약과 실질적인 이익 추구의 동기로 인해, 선택을 올바르게 해야 살아남을 수 있고, 발전할 수 있다. 이것이 개방된 시장 자체가 지닌 광범위한 시행착오와 오류 수정의 메커니즘이다.

그러나 정부에는 이런 메커니즘이 없을 뿐 아니라, 산업과 기술 선정에서 시장보다 더 많은 정보와 판단의 우위를 가지고 있지 않다(때로는 어떤 정보 우위를 가지고 있지만 정부는 산업 선정 관련 정보를 발표하는 방식을 통해, 이 정보를 시장에 공표하여 정부가 직접 손을 쓸 필요 없이 기업가들이 직접 하도록 만든다). 정부는 어떤 이익 집단의 이익 선호 때문에 일부러 기술과 산업을 잘못 선정할 수도 있으며, 또한 실천 과정에서 잘못 선정된 것이 증명되더라도 실수를 부인하고 시정하지 않을 수도 있다(실수를 인정하고 시정하면 정치적 권력이 약화되거나 이를 상실할 수도 있고, 다른 한편으로 잘못된 기술과 산업을 선정한 것 자체로 기득권 집단을 만들 수 있으며, 이 기득권 집단이 정치적인 잘못의 인정과 시정을 저지하는 정치적인 힘을 가지기 때문이다). 소위 연성예산제약(Soft Budget Constraint)이라는 것이 바로 이런 상황을 지칭하며, 어느 정도로 "큰 규모는 완전히 무너지지 않는다."라는 말도 이런 상황을 반영하는 것이다. 다시 말하자면, 정부가 산업과 기술의 선정을 주도하는 것은 자연히 잘못된 루트를 따라 이행되어 가는 상황이 발생하게 된다.

요컨대, 의지와 능력에 있어서 정부는 적절한 선정의 주체가 아니지만 신구조경제학은 더욱 세분화된 연구를 통해 신구조경제학의 방법에 기반하여 비교우위를 판별할 수 있다고 해명했다. 우리는 연구자가 3차 산업, 경공업, 중공업 등 1단계의 산업 유형에서의 비교우위를 발견할 수 있다는 것을 잠정적으로 인정했지만, 2단계·3단계 또는 N단계 산업 유형에서 비교우위를 갖춘 산업을 선정하는 것은 학자의 능력 밖의 일이라고 생각한다. 경제체가 선진국의 경험을 얼마만큼 받아들였느냐에 따라 선정의 난이도도 증가하게 된다. 만약 신구조경제학도 '암묵적 지식'이 존재하고 그것을 공개적으로 변별하고 전송할 수 없는 특징을 인정한 걸 고려한다면 상술의 결론에는 더욱 의심을 품을 수 없다. 신구조경제학은 현재 현·시 급 정부에 자문을 제공하고 있으며, 이를 통해 네거티브 리스트에 현과 시가 선택해서는 안 되는 산업을 열거할 수 있길 희망한다. 선택해야 할 산업을 직접 추천한다면 지식이 마땅히 가져야 할 겸손함이 결여될 수 있다.

소유제가 정말 중요하지 않은가?

정치경제학과 신제도경제학은 소유제를 중요시하지만 신구조경제학은 드물게도 제도적 내생성을 이유로 소유제 문제를 중요시하지 않는다. 신구조경제학은 투 트랙 개혁을 추종하지만, 투 트랙이 계획 트랙과 시장 트랙으로 이루어진 것을 눈에 띄게 강조하여 투 트랙의 개혁을 가격개혁 문제로 단순화시키게 된다. 하지만 중국의 투 트랙 제도의 실질은 공유公有 트랙과 비공유非公有 트랙이며, 비공유 트랙은 절대량과 상대량 두 분야에서 확대된 것이다. 비공유 트랙이 없는 가격의 시장화는 장기적으로 존재하기 어렵다. 랑게Lange 모델(1936년 폴란드의 경제학자 오스카 랑게는 시장이 존재하기는 하지만 모든 상품의 가격은 국가 중앙계획위원회가 조절한다는 체제를 제안했음-옮긴이)은 논리가 통하지 않고 시행이 불가능했다. 구소련과 동유럽 사회주의 국가가 1980년대 개혁에 실패한 주요 요인은 비공유 경제를 도입하지 않아서, 그 결과 재고 부족과 연성 제약이 바뀔 수 없는 상황에서 일방적인 인플레이션(one way inflation)이 일어났기 때문이다.

진정한 시장은 진정으로 독립된 시장 주체 사이에 존재할 뿐이다. 다원화된 시장 주체가 존재해야 그것이 설령 블랙마켓이라 해도 시장이 있을 수 있다. 비공유 경제의 확대는 바로 시장의 확대이다. 시장화 개혁은 비공유 경제의 규모와 비중이 확대된 개혁으로, 확대 방식이 두 가지이다. 하나는 타고난 비공유 경제 및 그것의 빠른 성장이다. 다른 하나는 공유제 개혁이다. 중국의 경험은 전자를 위주로 하고, 후자를 보조로 하는 전략을 취했다.

자주권 확대, 이개세(利改稅 : 이윤을 세금으로 바꾸는 것으로 국영기업 이익을 국가에 지불하던 제도를 소득세 징수로 개편한 것-옮긴이), 도급제 등의 국유기업 개혁은 이제껏 성공한 적이 없었다. 매번 개혁의 결과는 국유기업에게 막대한 규모의 손실을 가져왔다. 중국 국유기업 측의 투 트랙 제도가 존재하는 의미는 주로 필요한 업스트림의 에너지와 원재료를 비공유 경제 측에 제공해 주는 데 있었으며, 비공유 경제의 지속적 규모 확대는 결국 WTO 가입 후 국유기업의 단계적인 수익 창출과 번영을 가져왔다 [왕용(王勇), 류쉐원(劉學文)]. 이론적으로, 공유 경제 투 트랙 중 시장 트랙은 재산권 연속체에서 비공유화의 특징도 가진다. 사실, 국유기업이 경영한 3차 산업은 대부분 점차 비공유화되었다(국유기업이 만든 3차 산업은 국유기업 전 지분투자한 자회사이며, 국유기업 직원들이 함께 공유하는 민간기업이다). 중국에서 분명한 사실은 비공유 경제 비중이 높은 지역의 경제가 더욱 발전한 데 반해 국유 경제 비중이 높은 지역의 경제는 갈수록 낙후되고 발전의 하향곡선을 그리고 있다는 점이다.

무엇이 진정한 중국의 경험인가?

신구조경제학은 정부, 특히 중국 정부의 유능한 행위를 기반으로 성장의 기적을 이룩했음을 강조한다. 비판론자들은 정부, 특히 중국 정부가 옳게 한 일이라도 산업 선택 등의 '유능'한 행위가 아닌 시장에 자유를 준 '무능'한 행위라고 간주한다.

모두들 중국 정부가 반드시 무엇인가를 옳게 해냈다는 데에 의견이 일치한다. 즉, 중국의 지속적인 고속 성장에 분명 특별하고도 핵심적인 변수가 있었다는 것이다. 저우치런(周其仁) 교수는 "제도 원가의 대폭적인 인하는 중국 경험의 진정한 비결"이라고 말하며, "중국의 재산권에 대한 새로운 범주의 확정은 대규모 시장경제의 기반을 다졌고, 경제의 고속 성장을 자극하는 기반도 다졌다."고 덧붙였다. 필자는 개인적으로 저우치런, 원관중(文貫中), 당궈잉(党國英) 등 교수의 판단에 동의한다.

중국 정부의 진정한 유능한 행위는 개혁이고, 자체적인 제한이며, 전지전능한 정부에서 제한적인 정부로의 변화이자, 경제 사회의 다원화와 자유화를 실현한 것이다.

하지만 아직까지 중국은 정부-시장-사회 3자 간의 균형을 이루지 못했다. 정부 단독의 방대한 상황은 근본적으로 바뀌지 않았다. 중국 정부는 유능한 행위를 지속적으로 발휘하여 개혁을 더욱 심화하고, 비공유경제와 사회 조직이 정부와 함께 어깨를 나란히 하는 주체로 성장할 수 있도록 만들어야 한다. 신구조경제학의 관점을 가장 거시적인 의미에서 '정부의 유능한 행위, 즉 정부 개혁으로 시장의 유효한 행위, 즉 시장이 결정하도록 한다'고 본다면, 이 또한 올바른 것이라고 할 수 있다.

정부의 목표는 무엇이어야 하는가?

신구조경제학은 일반적으로 국가의 목표를 고속 성장 또는 성장률 경쟁에 두고 있다. 정부는 겉보기에는 흡사하지만 실제로는 아주 큰 차이가 있는 두 가지 유형의 목표를 가지고 있다. 하나는 고속 성장을 대표로 하는 국가주의 목표(정부의 자기 이익주의 목표)이고, 다른 하나는 완전 고용을 대표로 하는 민생주의 목표다. 이 두 유형의 정부에 가장 현저한 차이는 빈부격차, 환경오염에 대한 태도에 있다. 전자는 이를 경시하고 후자는 이를 중시한다. 시정 성향에 있어서 전자는 자본집약형 산업과 기업에 더 힘을 쏟는다. 자본집약형 산업과 기업에서 정부가 이익(세수)을 상대적으로 많이 용이하게 얻을 수 있기 때문이다. 중국 지방정부는 투자 유치를 할 때 보편적으로 규모에 대한 선호와 자본집약형에 대한 선호가 존재하여 취업에 도움이 되는 영세기업은 무시한다. 이 두 유형 정부의 차이점은 크게 합법성을 취득하는 방식이 다른데, 전자는 전체주의, 후자는 분산주의로 구분된다.

유능한 정부론의 성향은 권위제 또는 임명제 정부와 흡사한데, 이런 유형의 중앙정부나 지방정부나 할 것 없이 모두 장기적으로는 중립을 유지하기 힘들다. 일반적으로 전체 이익의 극대화라는 명목 아래 정부 이익의 극대화 또는 특정 계층, 집단의 이익 극대화를 추구하고, 이로써 비교우위의 선별·선택·추진이 왜곡된다. 따라서 신구조경제학이 '유능한 정부'를 직접 지도한다 해도 시작은 창대하나 끝은 미약한 결과물을 얻을 수 있다.

마지막으로 제12차 3중전회에서 제시된 "계획적 상품경제"와 13차에서 나온 "국가는 시장을 조절하고, 시장은 기업을 이끈다."라는 말은 대단한 혁신이었지만, 1992년 덩샤오핑이 제창한 더 거대하고 근본적인 혁신을 넘어서지는 못했다. 신구조경제학이 기본적인 자리매김에서 1992년 전으로 돌아가지 않기를 바란다.

제4장

생산과잉, 산업 고도화와 기술 혁신

산업정책과 공급 측 개혁

지아캉(賈康)
화샤(華夏)신공급경제학연구원 수석경제학자

주제 검토와 정의定義의 관점에서 살펴본 공급 측

 일반적으로 논문을 쓸 때에는 '들어가며' 또는 '문제 제기'가 있어야 한다. '산업정책과 공급 측 개혁'이란 명제를 파악하려면, 현실과 이론을 긴밀히 결부시켜 혁신을 추진하는 데 있어, 과거에 비교적 성숙하다고 느꼈으나 세계 경제위기 이후 그 한계를 여실히 느끼게 된 '수요 관리'의 부족한 부분을 극복해야 하고, 더 나아가 공급 측에 대해 심층적인 분석과 이해, 그리고 사회주의 정치경제학에 대한 학술적 탐구를 논리 정연하게 제시해야 한다고 생각한다. 중국의 특색을 지닌 사회주의 정치경제학 또한 인류 전체의 문명 발전 과정에서 경제학에 대한 탐구와 혁신 활동의 일환이 되어야 한다. 우리는 특히 공급 측에 주목하고, 공급 관리와 공급 측 개혁을 제도 공간(제도의 영향 범위 및 영향력-옮긴이)에 연계시키는 데 필요한 학술적 지식을 탐구하도록 노력해야 한다.
 공급 측 관점에서 산업정책은 '이성적인 공급 관리'의 중대한 명제라고 필자는 생각한다. 다시 말해 경제 운용 과정의 산업적 차원에서 공급 측 구조적 정책이 갖고 있는 차등 대우와 편향적인 중점 강조의 문제를 해결해야 한다. 산업정책 고도화는 중국에는 특별한 의미가 있을 뿐만 아니라, 다른 경제체 또한 피할 수 없는 문제이기도 하다. 이 명제의 현실적 의미는 개혁이라는 개념을 집어넣어야 하는 데 있다. 즉, 효과적인 제도 공급과 개혁을 결합하여, 공급 측 구조 개혁이라는 전반적인 상황을 고려한 정책의 일부분이 되어야 하는 것이다.

실제로, 산업정책은 기술 경제 정책, 환경 정책 그리고 중국인들이 이미 여러 해 동안 토론해 온 '정책적 편향 지원 메커니즘' 등과 떼려야 뗄 수 없는 매우 긴밀한 관계를 갖고 있다.

필자와 이 부분에서 공감대를 가지고 있는 연구자들은 최근 몇 년 동안 줄곧 신공급경제학 연구에 매진해 왔고, 이론 혁신에서 기존의 주류 경제학의 관련 인식과 성과를 한층 더 심화시킬 필요가 있다고 여겼다. 더 직설적으로 말하면, 재고찰 이후 보완이 필요하고, 이제까지 주류 경제학이 가졌던 인식의 기본틀에 존재하는 비대칭성을 극복해야 한다는 의미이다. 주요 이론과 원리에 관한 가설의 조건 또한 업그레이드를 할 필요가 있다. 예를 들면, 과거 우리의 인식 패러다임 내에 완전경쟁 가설은 그 의미와 시사점이 분명 존재하고 필수불가결하지만, 현실의 실제 상황에 더 잘 적용될 수 있도록 이를 불완전경쟁 가설로 업그레이드 해야 하고, 이로써 이론의 해석 능력과 지도력을 향상시킬 수 있다. 이런 관점에서 과거 산업정책과 연관이 있던 이론에 존재하는 현저히 부족하거나 성립되지 않았던 부분은 찾아내고, 이를 새롭게 이론과 현실을 긴밀하게 연계하여 고찰한 후 다시 수정하고 보완해야 한다. 또 정치경제학(또는 이론경제학이라 칭함) 및 과거에 이미 개념적 정의를 가진 산업경제학, 발전경제학, 제도경제학, 행위경제학 등을 수용하여 서로 통할 수 있게 해야 한다.

우리는 연구를 집대성하여 5위 1체라는 인식틀을 세우도록 노력했으며, 이미 공개적으로 발표한 『신공급경제학』과 『공급 측 개혁: 신공급의 손쉬운 해설본』에서 이 틀을 제시했다.

산업정책의 필요성

이론적 고찰과 실천적 증명을 조금씩 진행하다 보면 핵심적인 3개 주요어를 언급하지 않을 수 없다. 바로 '시장의 기능 상실'(또는 '시장 결함'), '불완전경쟁' 및 '추월 전략'이다. 이론적으로는 모두 시장의 기능 상실 문제를 인정하고 있으며(이 명제에 대해 재논의가 가능하다고 여기는 일부 학자들을 제외하고) 우리 신新공급 연구자들 또한 이런 기본적인 인식을 수용하고 있다. 시장의 기능 상실은 정부 개입의 필요성을 끌어냈다. 사실 수요 관리의 틀에서는 기능 상실에 관련된 '경기 대응적(counter-cyclical)' 운영이 기본적으로 형성된다. 그 이론적 근거는 무엇인가? 바로 국가의 개입 또는 정부의 관여로 시장의 기능 상실을 보완해야 한다는 것이다. 하지만 정부의 개입과 간섭은 유효수요가 부족한 '경기 대응적' 문제에 대응해야 할 뿐만 아니라, '불완전경쟁' 가설에서, 정부의 정책 공급을 꾸준히 제공하고 최적화해야 하는 문제도 해결해야 한다는 인식이 어느 정도 발전되어 있다. 이런 정책 공급은 현실적인 의미에서(이론적으로도 논증 가능하다) 불완전경쟁에서의 공급 최적화 문제를 해결하고, 또한 정부의 정책과 시장 메커니즘을 잘 연계하는 문제를 해결해야 한다. 그 중에서 특히 해결해야 하는 문제는 정부가 제 역할을 하여 효과적인 제도 공급을 마련해야 한다는 점이다. 공급 측의 정책 공급과 제도 공급이 중국에 어떠한 현실적인 의미가 있는지는 누구나 다 알 수 있다.

후발 경제체가 합리적인 정책 결정을 내리고 정책 설계를 최적화하는 과정 전반에서 '추월 전략'이란 구상에 대해 잘 파악해야 한다. 중국인들이 갖고 있는 이러한 전략적인 구상은 개혁개방의 새로운 시기에 확립되었고, 지금 보면 그 루트가 점차 넓어지는 '3단계'(1단계: 1981~1990년대 GDP를 1980년대의 배로 성장시킨다. 2단계: 1991~2000년 GDP를 다시 배로 성장시킨다. 3단계: 21세기 중반까지 현대화를 이룩해 중진국 수준의 GDP를 달성한다―옮긴이) 현대화 전략으로 주로 표출되었다. 이 전략의 정신적 본질 또는 반드시 파악해야 할 함의는 국제적 경쟁 협력 가운데 비균형적인 발전 상태에서 추격에서 추월을 이루는 전체적인 전략이다. 물론 이 부분에 대해서는 이견이 존재한다. 예를 들어 '워싱턴 컨센서스'에서 아주 중요한 시사점을 전해 주는 일부 인식은 최초의 이론적 가설이 완전경쟁이라고 생각한다. 이로써 우리는 시장의 '보이지 않는 손'이 갖고 있는 중요한 의미를 확실히 이해할 수 있고, 3중전회에서 제시된 '시장이 자원 배분 과정에서 전반적으로 중요한 역할을 해야 한다는 주장'과 결부할 수 있다. 하지만 세계 금융위기가 발발한 이후, 중국 같은 개발도상 경제체나 미국 같은 선진 경제체나 모두 예외 없이 공급 관리 문제를 해결해야만 했다. 역추론으로 얻어진 이론적 문제점이 무엇일까? 바로 차등 대우·중점만 강조하는 공급 관리의 운용 방식은 반드시 불완전경쟁과 대응된다는 점이다. 우리가 내린 기본적인 결론은 현실 세계는 실제로 완전경쟁이 아닌 불완전경쟁이다. 따라서 문제를 논의할 때 기존의 완전경쟁 가설을 2.0 버전의 불완전경쟁 가설로 업그레이드해야 한다. 이는 완전경쟁의 가설이 이론적으로 내포하고 있는 시사점과 중요한 의미를 부정하는 것이 아니라 단지 그것만으로는 부족하다는 점을 지적하고자 하는 것이다.

불완전경쟁의 경우, 업종별로 고찰하는 차이성과 밀접하게 연관되어 있고, 이에 따라 산업정책의 문제를 거론하지 않을 수 없다. 일반 경쟁 업종에 대해서는 이미 개념 정립이 되어 있는 상태다. 소위 일반 경쟁 분야란 경쟁의 정도가 비교적 완전한 분야로, 현실 생활에서 요식업, 이발업, 의료업 등이 여기에 속한다. 이런 업종에서 산업정책을 펼쳐야 한다고 주장하는 사람은 거의 없다. 그럴 필요가 없기 때문이다. 이런 업종은 비교적 완전경쟁 가설에서 내놓은 상황에 근접했다고 간주할 수 있지만 현실 세계에서 다른 많은 업종의 상황은 이와 같지 않다.

일반 경쟁 업종을 제외한 다른 일부 불완전경쟁 업종도 존재한다. 예를 들어 독점경쟁이라고 부를 수 있는 경우, 하나의 업종 안에 이미 몇 개의 실질적으로 '쓰러지지 않는 거인' 같은 주체가 형성되어 있고, 그들이 경쟁에서 일종의 담합을 하거나 심지어 일부 업종에서는 한 기업이 어느 단계를 독점하는 상황이 발생하여 경쟁 요소가 거의 다 배제되는 현상이 일어나기도 한다. 당연히 정부 관리 당국의 입장에서는 반反독점법으로 이런 상황을 없애야 한다고 여길 경우, 일반적으로 적합한 조치로 인식된다. 하지만 반反독점법 역시 산업정책이나 업종 정책의 색채를 띠는 것이 아닌가? 이 또한 함께 생각해 볼 문제이다.

만약 시장에 결함이 존재하여 정부가 개입해야 한다는 인식에서 파생된 상응한 이론 전제가 불완전경쟁 가설로 확립된다면, 연구자는 더 복잡하고 험난한 과제에 직면하게 될 것이다. 예를 들어, 공급 관리 특히 최적화된 '이성적 공급 관리 문제'를 연구하고자 할 경우, 연구 모형을 수립하기 매우 어렵고, 논문 발표도 힘들게 될 것이다. 연구자는 논문을 발표해야만 부교수나 부연구원으로 진급할 수 있고, 나중에 교수와 연구원도 진급해야 할 텐데, 모형조차 확립되지 않은 문제에 대해서 다들 기피하게 된다. 그렇다고 해서 해당 문제에 대해 연구 노력을 포기해도 된다는 논리는 아니다.

공급 측 구조 문제가 불거져서 생성된 한층 새롭고 복잡해진 연구과제에 대해 필자는 '추월 전략'의 구상과 긴밀하게 연계해야 한다고 여긴다. 이 전략은 현재 린이푸 교수 팀이 강조하는 신구조경제학의 비교우위 전략과 공통점·차이점이 동시에 존재한다. 린 교수가 강조하는 신구조경제학, 그리고 우리가 지금 얘기하는 신공급경제학은 모두 구조와 공급 측의 문제에 주목한다는 공통점이 있다. 둘 다 효과적인 시장을 매우 중시하고, 유능한 정부도 포함시킨다. '유능'이라는 부분을 더 많이 강조하고, 여기에 '제한적인'을 추가해야 한다. 하지만 실제로 큰 틀에서는 별반 차이가 없다. 반면 두 이론적 틀의 차이점을 지적하자면, 린 교수 팀의 기본적인 논리는 자원의 요소부존 조건만 잘 파악하고, 비교우위 전략을 잘 결부시키면, 구조의 최적화와 업그레이드 문제를 해결할 수 있다고 여기지만, 우리는 그것으로는 부족하다고 생각한다. 비교우위 전략은 자체적으로 적용 가능성이 존재하지만, 명백한 한계 또한 분명히 존재한다. 실제 생활에서는 우리가 해결해야 하는 초超노멀 발전, 즉 추격에서 추월로 이동하고자 하는 후발 주자의 추격 발전 문제를 효과적으로 지원하지 못한다. 가장 두드러진 부분은 바로 국제 협력과 경쟁 국면에서 나타난다. 예를 들면 선두를 달리는 선진 경제체는 물질적 이익을 추구하기 위해, 이른바 비교우위의 틀을 기반으로 하여 첨단시장에서 자신과 거래하려는 후발 경제체를 억압하게 마련이다. 다시 말하면 중국인들이 갈수록 많이 체감하고 있는 '돈이 아무리 많아도 살 수 없는, 절대로 당신에게 팔지 않는' 첨단기술이 바로 그것이다. 이 문제는 비교우위 전략의 인식틀로는 대응하거나 해결할 수 없는 문제이다. 하지만 동시에 후발 경제체가 진정으로 현대화를 실현하는 데 있어 매우 중요한 문제이다.

'추월 전략'에서는 쉽게 잘못된 방향으로 치달을 수 있음을 반드시 주의해야 한다. 과거 추월이라는 명목하에 객관적인 법칙을 위배하고 심지어는 '약진'까지 하는 행위로 중국이 매우 심각하고 뼈아픈 교훈을 얻게 했다. 하지만 실제 생활에서 "목욕물 버리다 아이까지 버리지 말라."라는 말처럼 '추월 전략'을 배제해서는 안 된다. 중국이 뒤처진 상태에서 생긴 문제 및 일부 선진 경제체에 의해 도태된 개발도상 경제체가 낙후된 상태에서 벗어나려는 문제를 해결하기 위해 선택해야 하는 길은 필연적으로 기존의 틀을 깨야 한다. 중국이 뒤처진 상태에서 다시 제1진영으로 복귀하려면 추격에서 추월로의 이러한 도약 전략을 버려서는 안 되는 것이다.

추격에서 추월까지의 이론적 분석과 관련하여 우리는 이미 어느 정도의 탐구를 진행했고, 크루그만(Paul Krugman) 등 일부 영향력 있는 서양 학자들도 후발 우세와 연계된 '도약(leapfrogging)' 모델을 만들었다. 우리도 신新공급 연구에서 이런 인식은 공급 측의 성공적인 혁신을 통해 생산력 향상을 지원하고, 더 나아가 경제 사회가 전반적으로 단계별 약진식 발전을 실현하게 한 그래프와 연계했다. 이 그래프는 직선형 편향 상승되는 것이 아니라 어떤 전환점에서 양적 변화가 질적 변화로 변이되어 한 단계로 상승한 후 다음의 어떤 전환점에서 다시 다음 단계로 올라가는 형식으로, 소위 단계별로 상승하는 계단식 발전 그래프이다. 전체적인 사물의 발전에는 불균형이 존재하기 때문에, 이런 초超노멀 발전은 객관적인 법칙의 탐구에서 매우 필수적인 것으로, 주관적인 소망에만 국한되는 것이 아니다. 서양 학자들 역시 영국이 네덜란드를 추월하고, 미국이 영국을 추월한 것에 주목했고, 이를 어떻게 해석했던가? 이는 단순히 비교우위 전략으로 해석할 수 있는 명제가 아니고 비교적 직접적으로 견해를 밝힐 필요가 있다고 필자는 생각한다.

만약 이론과 현실의 연계라는 시각에서 접근하면, 실증적 고찰은 이미 많이 존재했다. 예를 들어, 2차 세계대전 이후의 발전 과정을 살펴보면 일본인의 공급 관리와 산업정책은 다채롭게 발전되었고, 비록 경제 버블이 터진 후에 거기에 존재하는 문제와 결함에 대한 많은 반성이 이루어졌지만, 적어도 1940년대 후반기, 1950년대, 1960년대에 그 기간에 행하던 일들은 지금 돌이켜 보면 폐단보단 이익이 더 많았고, 일본이 경제 도약을 실현하고 선진 경제체의 반열에 진입하는 데 도움이 되었다는 걸 알 수 있다. 1990년대 중반, 필자는 한 국제기구가 비엔나에서 주최한 스터디에 참여한 적이 있었다. 당시 세계은행의 연구보고서(working paper) 가운데 특별 주제가 하나 있었는데(후에 공개적으로 발표된 것을 보지 못했다), 일본의 정책 금융과 재정 투융자에 대해 중점적으로 논의했으며, 산업정책의 중점 사항을 뚜렷하게 지지했던 내용이었다. 2차 세계대전이 끝난 후, 이런 재정 투융자(즉 정책적 산업 재편과 발전의 융자 메커니즘)는 철강과 석탄을 포함한 중화학 공업의 회복을 지원했다. 그 후 1950년대 초에 일본은 당시 세계 시장에서 기회를 잡아 대상을 변경하여 조선 공업 발전으로 지원했으며, 50년대 후반기에는 자동화 기계라는 사회화된 대량생산을 지원하여 제조업의 효율을 향상시켰고, 이후에는 다시 발 빠르게 '반도체' 산업으로 방향을 전환했다. 이제는 반도체라는 말을 들으면 그 배후에 긴밀히 연결된 정보 혁명을 떠올리게 된다. 이런 산업정책의 지원은 1970~1980년대 이후 점점 비일반적인 경쟁 분야를 지원하는 특색을 띠기 시작했다. 예를 들어 일본이 마지막으로 지원한 것은 주로 보장형 주택 건설 등이었다. 하지만 이 또한 여전히 시장과 연계할 수 있는 메커니즘이었다.

 이제 미국인의 실천 상황을 살펴보자. 1980년대 필자가 아직 청년 경제 연구자라는 말을 듣던 시기였다. 당시 전국을 휩쓸었던 『아이아코카 자서전』은 매우 뛰어난 미국 기업가인 아이아코카가 어떻게 크라이슬러를 되살렸는지에 대해 서술한 내용이었다. 이 책에서 내가 가장 인상 깊었던 부분은 아이아코카가 많은 토론과 회상을 통해 내놓은 핵심 결론이었다. 미국을 재건하는 길은 바로 'Industry Policies'를 제대로 활용하는 것이었다. 'Industry Policies'는 '공업정책'이란 중국어로 번역되지만 사실상 산업정책을 말한다. 아이아코카가 당시 가장 중요하게 생각한 산업정책은 앞서 언급한 일본인들의 발전 경험을 정리한 것에서도 찾아볼 수 있다. 하지만 이후의 학자들이 그것을 하나의 이론적 틀로 정리하여, 충분히 체계화한 예를 찾아볼 수 없었다. 그렇지만 이번 글로벌 금융위기가 발발한 이후, 해외 학자들이 새로운 규제 경험을 조리 있게 정리하기를 기다릴 필요 없이, 우리가 직접 현실적 상황에 입각하여 이론적 혁신을 이루는 선구적인 위치에 설 수 있게 된 것이다.

혁신적인 인식의 시초는 실천 상황에서 나온다. 미국 사람들의 경제에 대한 조정 이행 상황은 이미 주류 경제학 교과서에서 논의되는 범주를 벗어났다. 위기 발생 이후의 결정적 시점에서 미국인은 리먼 브라더스를 구제하지 않았고, 그 결과 금융 쓰나미가 빠른 속도로 진화하여 전 세계를 휩쓰는 금융위기를 초래했다는 교훈을 정리했다. 이에 미국은 비교적 단호하게 공공자원을 동원하여 씨티은행과 미국의 양대 국책주택 담보금융 업체(연방저당금협회, 연방주택금융저당회사)에 자본을 잇달아 투입시켰다. 자본 투입은 실물경제인 제너럴 모터스(GM)까지 이어졌는데, 제너럴 모터스(GM)까지 지원한 것은 실질적으로 미국이 위기를 극복하는 과정에서 하나의 전환점이 되었다. 시장에 팽배하던 공황의 분위기는 점차 가라앉았고, 더 나아가 회복 과정으로 진입했다. 세계 최강 국가인 미국은 회복 과정에서도 몇 차례의 양적 완화와 같은 수요 관리 조치를 취했지만, 동시에 잘 실행되어 주목해야 할 만한 부분은 일련의 산업정책과 기술 경제 정책에 적용된 공급 관리 조치였다. 이런 조치는 교과서에서 이론적 뒷받침이나 상응하는 충분한 토론 내용을 찾아보기 힘들었지만 경제 전반에 끼친 영향은 모두 다 잘 알고 있다. 예를 들어, 다들 알고 있는 셰일오일 혁명은 위기 대응 과정에서 자신감을 높이고 경기부양에 도움을 주었을 뿐만 아니라, 실제로 세계 전반적인 기초 전략 에너지의 장기 구도에도 영향을 주었다. 3D프린터는 정보화 시대에 맞춤형 수요를 적응하고, 사회화의 대량생산 특징을 유지하면서 현재 점점 더 세분화된 맞춤형 시장 수요와 공정의 어려움을 해결해 주는 중요한 돌파구가 되었다. '정보 고속도로'는 클린턴 대통령 시절에 대대적으로 진행된 제1 중점 산업정책이었으며 나중에 수차례의 업그레이드를 거쳐 보완되었다. 현재 전 세계 정보혁명에서, 미국인이 독보적인 위치에서 시류時流를 리드하고 있다는 것을 인정하지 않을 수 없다. '제조업의 회귀' 또한 매우 중요한 산업정책 시행 방안으로, 단순히 제조업이 미국으로 돌아가는 것이 아니라 스마트 시대에 맞는 '부정의 부정 법칙'의 업데이트 버전인 나선형 상승 형태의 회귀를 가리킨다. 그 밖에도 다들 알다시피 실제로 산업정책, 기술 경제 정책과 긴밀한 관계가 있는 인적 자원 측면에서 미국은 전 세계에서 인재를 끌어들이는 데 큰 우위를 가지고 있음에도 불구하고 지금까지도 계속 전 세계의 고급 인재를 미국에 유치하려는 행보를 대대적으로 진행하며 강조하고 있다.

또 일부 구체적인 경제 성장 포인트에서는 특히 명확한 '확인점 조절'(check point controls, 어떤 작은 부분에서 재정정책이 집중적으로 조정하는 것을 뜻한다-옮긴이) 식의 편향된 지원이 존재한다. 예를 들어, 큰 포부를 가진 테슬라의 대표 머스크를 살펴보자. 테슬라의 중점제품 중 하나는 전기자동차이다. 다른 초고속 캡슐열차, 민간 우주 영역의 중대한 진전을 거둔 이야기는 차치하고, 전기자동차 분야만을 이야기하자면, 그가 침체기를 겪고 있을 때, 중국계 미국인인 스티븐 추 에너지부 장관이 테슬라 생산라인 시찰을 왔고, 곧 이어 미국 에너지부의 우대저금리 대출을 받을 수 있게 되어 침체기를 벗어날 수 있었다. 그 이후의 발전 과정이 탄탄대로를 걸었다고 말할 수는 없지만, 테슬라의 전기자동차 제품은 이미 중국에서 판매가 결정되었고, 동시에 베이징과 상하이를 잇는 가장 기본적인 장거리 고속도로에 어떻게 전기충전소를 설치하는가에 대한 방안까지 마련되어 있었다. 시장 진출을 위한 철저한 사전준비를 마치고 진출한 것이라고 할 수 있다. 이런 일의 배후에 보일 수 있는 정부의 공급 관리 기능은 실천에서 이론으로 승화시킬 만한 충분한 가치가 있다. 솔직하게 말하자면 이런 분야에서는 실천이 이미 이론보다 앞섰다고 생각하며, 유감스럽게도 나는 이제까지 미국에 영향력이 있는 경제학자, 또는 경제학 문헌에서 이런 공급 관리 이행 상황을 체계적으로 정리하여 반영한 걸 본 적이 없다. 하지만 필자는 중국인이 이를 기다릴 필요는 없다고 생각한다. 우리는 이 보이지 않는 창호지를 뚫고 최전방에 나설 수 있기 때문이다.

우리가 현재 해야 할 일은 혁신을 위한 혁신이 아니라, 현실 수요에 순응하여 경제학의 한계를 돌파하는 것이다. 신공급경제학의 틀에서 해야 하는 혁신은 이런 기존의 실전적 경험을 이론으로 승격시키고, 기초적인 학술 법칙에서 관찰과 분석을 하고 인식을 심도 있게 함으로써 합리적인 정책 결정과 정책적 최적화를 이룩할 수 있게 만들어야 하는 것이다.

중국의 자체적인 실천 경험은 우리에게 수요 관리를 참조하여 배울 때, 공급 관리 문제를 건너뛸 수 없다는 사실을 알려주었다. 다만 원래 공급 관리란 개념에 명확한 정의가 내려지지 않았던 것뿐이다. 덩샤오핑의 남방담화南方談話(덩샤오핑이 중국 남쪽 지역을 순회하며 했던 언사—옮긴이) 후에 총리에 임명된 주룽지는 일선의 주요 경제 업무를 지휘하게 되었다. 그는 시장경제를 활성화하려면 간접적인 규제의 틀이 필요하고 '경기 대응적'인 메커니즘이 마련되어야 한다는 것을 의식적으로 참고하여, 1994년 1월 1일부터 난이도가 꽤 높던 재무 세제 개혁을 진행하기로 결심했다. 중앙은행 시스템 옆에 경제적 분권인 재정 시스템을 두었다. 이런 조치가 확실히 효과를 거둔 후에, 뒤이어 1997년 아시아 금융위기가 발발했다. 1998년 2분기에 아시아 금융위기가 중국에 미치는 영향이 두드러지자 주 전 총리는 재빨리 과거에 시행한 적이 없던 연중年中에 중대한 예산 방안 조절을 진행하여, 장기적인 건설 국채를 발행하고 채무 총량의 확장을 단행해야 하는 것을 깨달았다. 이것은 경기 대응적 수요 관리에서 우선적으로 고려된 문제였으나 곧이어 이런 장기적 국채 건설 자금을 어떻게 운용할 것인가라는 문제를 고민해야 했다. 그는 6대 중점 분야를 제시했다. 여기에는 큰 강과 하천의 치수 문제, 결함 있는 저수지의 수리 등(1998년 그 해에 발생한 큰 홍수로 이 문제가 매우 절박하게 다가왔다)이 포함되었고, 철도·도로·공항 등 인프라의 개선 문제도 포함되었다. 총리는 당시 농촌 식량유통 시스템 개혁의 시행에도 큰 관심을 가졌고, 중국 전역에 몇 천만 제곱미터에 달하는 국유 식량창고를 세워 하드웨어적인 기반을 마련했다. 이때부터 이미 인식이 형성되었던 농촌의 미래 발전에는 농촌 전력 네트워크의 개선이 필요했다(이후 중앙의 '신농촌건설' 방안과 연계되었다). 또한 국민경제에서 부동산업이 차지하는 비중이 매우 뚜렷해졌으나, 부동산업은 단지 시장 궤도만 있어야 하는 것이 아니라 부대적인 보장 궤도도 필요했고, 핵심 포인트 중 하나는 경제적용주택(한국의 국민주택과 유사-옮긴이)의 건설 등등이 포함되어 있었다. 6대 중점은 다음 해에도 조정이 이루어졌다. 원래 가공산업에는 한 푼도 쓰이지 않기로 되어 있었는데, 6대 중점이 확장되어 장기 국채 건설 자금이 재정 이자 보조 메커니즘과 결합되어 대형 중견 기업의 기술 개선에 쓰였고, 국유기업의 '첫 3년 난관'을 극복하도록 지원했다. 이런 조치는 모두 산업정책의 문제이자, 공급 관리의 문제이다.

그 후, 원쟈바오 총리는 반드시 진행되어야 할 4조 위안의 패키지형 경제 진작 계획을 가동했고, 이 자금으로 무엇을 할 것인가의 문제에 직면하게 되었다. 그는 연이어 일련의 국무원 상무회의를 주재했고, 회의마다 구체적으로 한 분야, 한 산업에서 어떻게 핵심사업을 배치하고 구조적인 문제를 해결할지를 논의했다. 이 모든 것은 산업정책 문제와 뗄 수 없는 것이었다. 나중에 관련 부처에서 대량의 연구와 조사를 통해, 전략적 신흥 산업을 제시하며 7대 중점 산업을 열거했고, 중앙정부의 특별 회의를 거쳐 문화 혁신 산업 또한 8번째 중점 산업에 포함되었음을 알 수 있었다. 하지만 이 모든 것은 그저 하나의 프레임일 뿐이며, 사실 현실에서는 이렇게 중점을 강조하고 고루 돌보고, 중점 분야의 문제를 해결한 후에 전반적인 발전을 이끌어 초超노멀 단계적 도약 발전의 문제를 회피할 방법이 없다. 추격 단계에서 추월에 이르러야 중국의 '3단계' 발전의 종착지인 '중국몽中國夢'의 비전을 실현할 수 있을 것이다.

이러한 현실적인 사례 중에는 당시 중·장기 과학기술 발전의 계획에서 내부적으로 토론하여 설립된 16개 중대 특별 프로젝트도 있고, 당시에는 극비로 알려진 대형 비행기 프로젝트는 이제는 더 이상 비밀이 아니게 되었다. 이것은 국가가 산업정책에 의지하고 전국적인 역량을 투입한 '핵폭탄과 미사일, 인공위성(중국이 몇십 년의 공을 들여 국가의 핵심 사업으로 삼고, 자력 개발하여 성공한 사례)'식의 운용을 통해 돌파구를 찾은 구체적인 사례이다.
　현재 중국산 대형 비행기 C919는 이미 감항 증명을 받는 단계에 들어섰고, 예상대로라면 몇 년 내에 여러 주요 노선에 배치되어 전례 없는 자국산 공급 능력을 갖출 것이다. 게다가 중국은 현재 전 세계에서 몇백 대의 대형 비행기 주문을 받은 상태이고 이 수치는 앞으로 계속 증가할 것이다. 이런 공급 능력의 향상과 앞에서 언급한 공급 방안, 산업정책의 설계 및 그 필수적인 고도화는 긴밀하게 연계되어 있다.

산업정책 제정과 시행에서의 '양날의 칼' 특징

　산업정책을 잘 활용하면 추격-추월 과정에서 이기利器가 될 것이고, 잘못 활용하면 실수를 범하게 될 것이다. 또한 이런 실수는 종종 큰 충격을 가져온다. 이것과 관련하여 이론적으로 이미 '시장의 기능 상실' 이후에 '정부의 기능 상실'이 어느 정도 인식되어 있고, 또한 정부의 행위와 밀접한 상관관계를 지니고 있으며, 만약 제대로 처리되지 못하면 '지대추구를 할 수 있는 상황'을 만드는 왜곡 현상도 발생한다. 즉 정책적 편향이 제대로 해결된 경우 플러스가 되지만, 반면 제대로 처리되지 못할 경우 왜곡 현상, 즉 마이너스가 된다.
　시행 과정에는 분명 불만족스러운 부분이 존재하고 심지어 실패했다고 말할 수 있는 사례도 있다. 일본 사람들은 자국이 훌륭한 발전 추세를 유지하던 도중에 미국의 실리콘밸리의 경험을 주목하기 시작했고, 일본 정부의 대대적인 지원으로 쓰쿠바라는 밀집된 연구 단지를 만들었다. 미국의 실리콘밸리와 유사한 하이테크 기술 단지였다. 어느 정도 진전은 있었지만, 실리콘밸리가 거둔 성과와 같이 거론할 수는 없을 정도로 미미했다. 정부가 대대적으로 지원하고 다양한 형태의 창업 팀이 함께 노력한다고 해서 반드시 원하는 성과를 거둘 수 있는 것은 아니다.

중국에도 비슷한 사례가 있다. 한때 관련 부처가 만장일치로 동의하고, 지도자가 과감하게 추진하기로 결심한 프로젝트가 있었다는 것을 모두 잘 알고 있다. 대중들이 저가품에 분산투자하는 일반적인 형태를 전환하도록 규모를 이룬 주도적인 가전제품 분야의 프로젝트였다. 비디오에서 VCD 생산까지의 선두 기업을 만들고, 이전의 질서 없고 분산화된 게릴라식의 생산을 할 필요가 없다고 판단하여, 화루(華錄)라는 한 가지 프로젝트에 올인했다. 하지만 이 프로젝트는 당초 계획대로 생산을 시작하기도 전에 시장 자체에 변화가 생겼고, VCD는 도태되었다. 이와 비슷하지만 더욱 복잡한 사례도 존재한다. 몇 년 전의 태양광 패널 산업을 예로 들 수 있다. 당시 태양 에너지 개발에 힘을 쏟아야 한다는 인식이 퍼지면서, '골든 썬 프로젝트'라는 정부 자금 지원이 이루어졌다. 하지만 태양광 패널의 기술 노선으로 갈지 아니면 필름의 기술 노선으로 갈지에 대해 여전히 아무런 결론을 얻지 못한 상태로, 심지어 태양광 패널 발전은 한동안 거의 전멸하다시피 하면서 심각한 위기에 처했다. 이런 문제의 원인을 단순히 지방정부와 기업이 순간적으로 냉철함을 잃어서 발생한 일이라고 말할 수는 없다.

여기서 우리가 반드시 반성해야 할 것은 자원을 소모하고 환경을 오염시키면서 어렵사리 청정에너지를 생성할 수 있는 태양광 전지를 제조해 냈는데, 왜 중국 내 시장에서 사용하지 못하는가의 문제이다. 사실

표면적으로 일부 사람들이 말하는 것처럼 중국의 스마트 전력망에 부대능력이 갖춰져 있지 않기 때문이 아니다. 해당 영역에 체제적 난제를 해결하지 못했고, 기존의 스마트 전력망의 제조 능력은 바라는 대로 업그레이드되지 못했으며, 가격 경쟁으로 전력망을 입찰하는 메커니즘이 진정으로 추진되지 않았기 때문에, 태양광 전지가 기술적으로 일정한 부대조건을 갖추지 못하게 했다는 것이다. 그뿐만 아니라 '골든 선(sun) 프로젝트' 자금으로 지원한 태양광 보조금과 가격 경쟁 메커니즘을 같이 해결하여 중국 내 시장에서 적용되는 문제 등도 또한 있었다. 이는 중국의 기술과 생산능력 공급이 정말 부족해서 야기된 문제가 아니라 제도적 배치와 제도 공급의 부족이 최대의 걸림돌이었다. 이런 부분은 탐구할 가치가 있다. 산업정책을 잘 운용하려면, 태양광 패널 사례를 통해 정책 자체의 문제뿐 아니라, 중국 자체에 존재하는 '해결하기 곤란한' 부대시설 개혁 문제 또한 함께 연계되어 있음을 알 수 있다.

몇 가지 구체적인 사례를 간단하게 언급하고자 한다. 예를 들어, '다산多産모든 보조금' 역시 산업정책의 한 가지 유형이었다. '다산모든' 보조금은 몇 년 전 돼지고기 가격이 급등하면서 민생에 타격을 주는 상황에서, 공급을 어떻게 증가시켜야 하는지에 지도자가 특별한 관심을 기울이는 문제와 대응되었다. 정부는 양돈 공급 능력의 향상을 바라며, 재정 부처를 지정하여 긴급히 방안을 강구했고, 이로써 형성된 명확한 공급 관리 방안 중 가장 중요한 핵심 포인트가 바로 '중·청년 어미돼지'의 수량을 늘리는 것이었다. 그리고 이를 고상하게 표현한 것이 바로 '다산모든'이라는 개념이었다. '다산모든'을 키우는 사람은 누구나 특정 정책의 지원을 받을 수 있었다. 재정지원금은 더 많은 주체가 '다산모든'을 키우는 것을 고려하게 만든 것이다. 현실에서, 이런 정책은 왜곡이 발생하기 쉽다. 일반 시행 주체인 농가들이 기르는 이런 어미돼지와 수퇘지를 구분하는 것은 상대적으로 손쉬운 일처럼 보이지만, 어느 돼지가 새끼를 낳을 수 있고, 어느 돼지가 낳지 못하는가 구분하는 것은 애매했다. 특히 일선에서 보고 후 일일이 대조해 볼 수 있는 능력도 없었고, 결국 나중에는 보고하는 사람들이 대담해져, 점점 허위 보고가 성행했고, 이를 통한 보조금 불법 취득도 만연했다. 이 사례는 산업정책이 자칫 잘못하면 이런 악용이 나타날 수도 있다는 점을 우리에게 큰 시사점으로 남겨 줬다.

또한 과학연구 경비의 관리는 어떤 의미에서 산업정책, 기술정책과 관련이 있다. 산업기술 혁신에는 산학연의 상호작용이 필요하고, 많은 수의 자발적 참여를 포함한 정책 지향성 과제 연구가 필요하다. 얼마 전에 관련 부처에서는 그럴 듯하고 엄격하게 세분화한 관리를 강화했지만, 여전히 과학적 연구 법칙에 완전히 위배된 정부 중심적인 기준, 행정화 원칙, 허례허식 편향에 따른 것이었다. 이에 대해 지금 어쩔 수 없이 중국 공산당 중앙위원회 판공청辦公廳과 중화인민공화국 국무원 판공청이 공동으로 문서를 발표하여 시정 작업을 하고 있다. 당시에는 모든 것을 한순간에 무너뜨릴 정도로 심각했지만, 지금은 아주 느리게 회복되고 있다. 연말 전에야 세부 규정이 나온다고 하여 우리는 아직 기대를 품고 있고, 정말 과학연구 법칙의 궤도에 부합하게끔 돌아올 수 있을지 살펴봐야 할 것이다. 이런 공급 관리, 세부화 관리를 제대로 하지 못하면 비이성적인 형태가 될 것이다. 일부 학자가 심지어 토론에서 모든 형태의 산업정책이 아예 없는 것이 가장 이상적인 형태라고 비판하는 모습을 보면서도 이해가 간다. 하지만 필자는 그래도 이성적으로 논의해야 하고, 단숨에 모든 것을 부정하는 극단적인 방향으로 치우쳐서는 안 된다고 생각한다.

결론을 말하자면, 혁신 프로젝트에서 어떻게 산업정책의 폐단을 줄이고, 이점을 살리느냐가 핵심 문제이다. 중국과 유사한 후발 경제체가 추격과 추월 전략을 쓰려면(진정 추월할 수 있는지는 누구도 장담할 수 없다. 하지만 최소한 추월이라는 목표는 추구할 수 있다) 반드시 공급 측 관리와 개혁 그리고 이성적인 공급 관리에서 어떻게 산업정책을 고도화할 것인가를 고려해야 한다. 이것은 역사적인 시련이다. 다시 말해, 정책 설계에서 실수가 발생하고, 시행 메커니즘이 편향될 수 있다고 해서 산업정책과 공급 관리를 완전히 배제하고 활용하지 않아서는 안 된다는 것이다. 그렇게 한다면 어떤 성과도 내지 못하게 된다. 반드시 이성적으로 최선을 다하고, 적극적이고 신중한 태도로 무언가를 시도해야 한다. 이것이 필자가 생각하고 있는 기본 방향이다. 당연히 이것은 학술적으로 뒷받침되는 과학적 정책 결정과 최적화 설계, 리스크 방지, 효과적인 시정 등의 문제와 연관되어 있다.

공급 측 개혁 속 산업정책의 규율 중 의외의 수익과 메커니즘

이 문제는 시대적인 큰 배경에서 이해해야 한다. 중국의 공급 측 개혁은 수요 관리를 고도화하는 동시에 어려움을 해소해 나가는 개혁과 효과적인 제도 공급을 선두에 놓고, 구조 고도화에 중점을 두어 이성적인 공급 관리를 함으로써 정도를 걸으며 의외의 수익을 거두어야 한다. 여기에서 말하는 '정도를 걷는 것'은 먼저 견뎌야 한다는 것이다. 공급 측 구조적 개혁을 뭐라고 얘기하든, 반드시 과거의 장점을 계승하여 미래를 창조해야 한다. 이는 덩샤오핑의 기본 노선과 대정방침大政方針을 기반하여 시장화를 지향하는 개혁 궤도에서 힘겨움을 극복하여 개혁의 가장 깊숙한 곳에서 가장 어려운 문제를 타개해야 한다. 시장경제의 공통적인 법칙을 반드시 준수해야 하며, 시장 법칙을 인식하고 순응하고 존중하고 경외해야, 3중전회에서 제시한 "시장 법칙이 자원 배분에서 갖는 결정적인 역할을 이행해야 하게 한다."라는 것을 제대로 파악할 수 있다.

하지만, 이렇게 정도를 지켰다고 해서 시장경제에서 쌓은 기존의 경험과 과거에 시장경제 궤도에서 형성된 기초적인 경험만 있으면 새로운 단계에 처한 중국의 현실적인 문제를 해결하고 단번에 현대화를 이룩할 수 있다고 착각해서는 안 된다. 그렇게 단순한 일은 세상에 존재하지 않는다. '정도를 지킨' 후 '기적적인 결과'를 성공적으로 거두어야 한다. 여기서 말하는 '기적적인 성과'는 공급 측의 혁신을 기반하여 이루어진 뜻밖의 성과이다. 이 과정에서 가장 중요한 혁신에는 반드시 불확실성이 따른다는 점이다. 실패의 리스크가 존재하지만, 노력을 포기해서는 안 되며, 정도를 꿋꿋이 지킨 후에 이러한 성공적인 혁신을 이루도록 노력해야 한다. 정도를 지키고 이로써 의외의 성과를 거둘 수 있어 효과적인 시장과 유능하고 유한한 정부가 최적으로 연계하여, 생산력을 자유롭게 하고, 잠재력과 활력을 해방시켜 뉴(新)노멀이 '뉴(新)'에서 '노멀'한 상태로 업그레이드되도록 해야 한다. 즉 공급 시스템 전체의 품질과 효율성을 향상시켜 발전의 뒷심을 형성하는 것이다. 이렇게 된다면 초超노멀 발전 상태를 계속 유지할 수 있고, 이를 통해 위대한 민족 부흥이라는 꿈과 연계시킬 수 있다. 이 모든 것을 현실로 만들기 위해 타개해야 할 실질적인 문제는 공급 측 개혁과 이성적인 공급 관리 관점에서 이런 산업정책을 어떻게 계획하고 고도화하는가의 문제이다. 산업정책의 계획과 개선은 반드시 체제 전환 개혁과 함께 진행되어야 하며, 개혁에서 '이익의 고착화된 울타리를 타파하는' 행위를 수반해야 한다. 전반적인 상황을 고려하여 형성된 동태적이고 적합한 산업정책과 기술 경제 정책은 결정과 시행, 관리감독, 평가, 시정, 문책 기구 등에서도 최소 아래와 같은 요점을 가져야 한다.

첫째, 합리적 정책 결정에 있어 전반을 다 총괄하는 정부가 우선 공공부문의 직무 역할을 발휘하여 '계획이 선행하고 여러 계획을 통일시키는' 새로운 경지를 이룩해야 한다. 정부의 각 부처는 지속적으로 계획을 만들고 있지만, 계획한 후에 서랍 속에 방치되어 실질적으로 시행되지 않은 것들이 종종 있다. 실행 과정에서 타당성 문제로 제약을 받은 것은 과거에 각 부처가 각자의 스타일대로 일처리를 하여 책임 소재가 불분명한 상황과 긴밀히 연관되어 있다. 발전개혁위원회에는 경제 사회 발전 계획, 산업배치 계획이 있고, 다른 각 부처 역시 국토개발 계획, 도시농촌 건설 계획, 공공교통 시스템 계획, 환경보호 계획, 과학교육 인문위생사업 발전 계획을 포함한 다양한 계획들이 존재하며, 재정부는 현재 중기中期 계획을 필요로 한다. 이런 모든 계획은 각 부처에 의해 제정되었다. '9가지 용의 치수'라고 불리는 책임 소재가 불분명한 상황은 '모 아니면 도' 식의 극단적인 결과가 발생하게 만든다. 각 부처들이 상호 연계가 필요한 부분에서 서로 책임을 회피하고 협조도 하지 않으며 유기적으로 연결되어 있지도 않다. 이 문제를 진정으로 해결하기란 결코 쉽지 않지만, 만약 부처 시스템 개혁과 수평적 구조 개혁을 제대로 추진한다면 최종적으로 '계획 선행 및 여러 계획의 단일화'란 상태를 실현할 수 있게 될 것이다.

최근 강제로 만들어낸 징진지(京津冀 : 북경-천진-허베이성-옮긴이) 일체화가 강조하는 것 또한 '선행적 계획 및 여러 계획의 단일화'이다. 세 지역은 분리된 행정 구획의 경계를 타개하고 모든 관련 요소를 징진지(京津冀) 발전의 전반적 계획에 새롭게 포함시켜야 한다는 것이다. 그 안에는 모든 기능 구역, 교통시설, 병원, 학교, 산업단지, 살기 좋은 도시 건설의 여러 요소 등 생각할 수 있는 모든 것이 포함되어 있다. 이것은 일선 조직과 시장 주체의 '시행착오'를 거쳐 형성할 수 없고, 구조를 최적화하고 전반적이고 종합적인 성과를 얻기 위한 선결 조건에 해당한다. 이는 또한 정부의 직무와 기능은 더 잘 활용될 수 있고, 어떤 분야에서는 주도적인 역할을 반드시 해야 한다는 점을 반영한다. 정부가 이끄는 이러한 상부설계(頂層設計)는 자연스레 학계에서는 강렬한 반발과 함께 논쟁의 중심이 되었다. 예를 들어, 저우치런(周其仁) 교수와 화셩(華生) 교수는 모두 필자가 매우 존경하는 분이며, 풍부한 학식을 가지고 있다. 하지만 두 분의 생각에는 확연한 차이점이 존재한다. 이 문제에 있어 필자가 위에서 말한 논조는 화셩 교수의 견해와 더 유사하다. 소위 '건축 부자유'란 절대적인 부자유를 말하는 게 아니다. 하지만 현재 각국은 선택의 여지 없이 분명 국토 개발이란 상부설계가 모든 부동산 개발 건설과 건축물을 통제하는 큰 틀에 따른 길을 걸을 수밖에 없는 상황이다. 주어진 큰 틀 안에서 반드시 필요한 유연성·다양성을 잘 파악하여 시장이 역할을 발휘하기 위해 필요한 유연한 공간을 마련해 주어야 한다. 오차 방지 또한 매우 중요한 문제이기에 이 메커니즘에 근거하여 함께 고려해야 한다. '선행 계획 및 여러 계획의 단일화'의 틀에서 정부는 반드시 전문가, 싱크탱크, 지식인들이 의견을 충분히 개진하게 하고, 사회 대중의 의견과 건의 및 불만을 청취하며, 민간의 지혜를 수렴해야 한다. 징진지 일체화에는 다양한 기술적 노선이 있고, 전문가들도 다른 방안을 제시했지만, 결국에는 어떤 기술적 노선을 선택할 것인가 같은 정책 결정 문제는 반드시 정책 의결 집단에 의해 결정되어야 한다.

신중국 설립 초기, '량천(梁陳) 방안'[1950년, 량스청(梁思成)과 천잔샹(陳占祥)이 제기한 중앙인민정부 행정 중심 지역 위치에 대한 건의−옮긴이]이 순식간에 부정당한 이유는 아무도 이 방안을 수렴하지 않았기 때문이었고, 50여 년이 지난 후에야 이 방안의 수준이 정말 높았다는 것을 알게 되었다. 지금 사람들에게 물어보면, 대부분은 량천 방안이 전문가 지식의 정수라고 생각한다. 하지만 이미 쌀로 밥을 다 지었기에 후회해도 때는 이미 늦었다. 지금 제시된 새로운 방안은 또다시 '량천 방안'과 약간 비슷한 상황에 놓이게 되었다. 앞으로 2년여의 시간 동안 베이징의 모든 관리 기구는 5환(環) 밖의 통저우(通州) 루허진(潞河鎭)으로 이주되어야 한다.

그곳은 도시의 부중심이 될 것이고, 대규모 토목사업을 통해서만 해결 가능한 기본적인 배치 문제가 되었다. 이번에는 시간과 역사에 의해 수준 있는 정책 결정이라고 인정받기 희망한다. 이런 사업은 공급 관리와 산업정책을 연계하는 데 반드시 있어야 하는 프레임적인 결정으로, 만약 국가 토지에 전체의 부동산 배치가 쉽게 조정될 수 없다면, 이러한 제약 조건에서 상부설계는 추진될 수조차 없다. 그렇다면 산업정책이 지원하는 연관된 배치가 어찌 고도화될 수 있겠는가? 하나의 큰 전제조건이 있는 셈이다.

둘째, '여러 계획의 단일화'가 이루어진다면 나중에 이 계획의 동태적인 최적화 또한 여러 번에 걸쳐 진행되어야 하고, 다중 관리·감독도 강화되어야 한다. 에너지 정책과 같은 일부 세부적인 산업정책은 전반적인 계획이 구축된 후에는 여러 차례 개선의 과정을 거쳐야 한다. 중국 전체의 자원 요소부존은 기초 에너지의 경우 석탄을 위주로 하며, 세계 1위 인구 대국인 중국에게 다른 선택의 여지가 없다. 석탄 외에 석유나 천연가스 에너지는 현재 수입 의존도가 60%를 초과한 상태라서 더 이상 높일 수가 없다. 미국의 셰일가스 혁명이 중국인들에게 어느 정도로 시사점을 줄 수 있는지는 지금 이야기하기 힘들다. 원래 더 발전시킬 계획이었던 수력 발전, 원자력 발전은 현재 여러 제약을 받아 전력 공급에서의 비중이 감소된 상태다. 풍력과 태양열을 열심히 발전시키고 있으나 현재 전체 전력 에너지 공급의 3%밖에 차지하지 못하고 있고, 긴 기간 동안 기둥 역할을 하지 못할 것으로 예상된다. 현재 사회 전반에서 사용하는 전기의 80% 정도는 석탄을 사용한 화력발전에 의한 것으로, 어떻게 석탄을 친환경적으로 사용할 것인지는 다른 어떤 경제체를 살펴봐도, 중국이 참고할 만한 사례가 없다. 특히 후환용(胡煥庸) 라인(중국 지리학자 후환용이 제시한 인구 밀집 비교선—옮긴이)이 3중으로 겹쳐 있는 비정상적인 상황은 중국이 현재 마주하고 있는 가장 큰 과제다. 비정상적인 상황을 타개하려면 비범한 대책을 쓸 수밖에 없다. 그렇기에 높은 수준의 상부설계(頂層設計)로 일련의 산업정책과 청정 기술정책을 만들어서, 시행 상황에 대한 추적 분석을 통해 적시에 필요한 동태적 최적화를 진행하고 이를 여러 차례 반복해야 하는 것이다. 만약 정부가 주도적인 역할을 해야 한다면 시행 전반에 대한 투명한 관리감독 제도를 만들고 지대추구 행위를 엄격히 예방해야 한다.

정책적 편향으로 차별대우를 하면 반드시 지대추구 행위가 발생하게 마련이다. 일본은 전후 재정투융자 경험을 총정리하면서 두 가지 부분을 특별히 강조했다. 하나는 전문가들의 집단 정책 결정이고, 다른 하나는 다중의 감사·감독이었다. 즉, 지대추구 공간을 최소한으로 줄이겠다는 의도이다. 특히 부동산 투융자라는 투 트랙 패러다임에서 다중 관리·감독의 의미는 말하지 않아도 다 알 수 있다. 중국이 반드시 모든 투 트랙 제도를 없애야 한다고 강조하는 일부 학자를 필자는 주목했다. 하지만 개인적인 관찰 결과를 살펴보면, 이는 실질적으로 불가능하다. 예를 들어, 부동산의 경우, 관련된 시장 궤도도 있고 보장 궤도도 있어야 한다. 예상할 수 있는 역사 기간에 공공 임대 주택, 공유 재산권 주택이라는 보장 궤도를 없앨 수 없으며, 반드시 투 트랙으로 운영되어야 한다. 얼마 전에 '경제 적용 주택'이라는 명목으로 십여 종류의 잡다한 왜곡되기 쉬운 정책이 잔뜩 나왔다. 이제는 지도 방침이 명확해지면서 잡다했던 정책은 공공 임대 주택과 공유 재산권 주택 두 가지 방식을 위주로 방향이 잡혔다. 어느 정도의 진보를 보인 것이다. 금융 차원에서는 상업적인 금융만 있어서는 안 되며, 반드시 정책금융도 존재해야 한다. 때때로 그것을 개발금융, 녹색금융 등의 이름으로 부르기도 한다. 사실상 시장 궤도와는 구별되는 큰 궤도에 있는 별도의 표현 형식으로, 그것은 분명 예상할 수 있는 상당히 긴 시간에 투 트랙으로 운영되어야 한다. 정책금융, 개발금융, 녹색금융 등에는 분명 이를 집중적으로 지원해 줄 상응하는 산업정책과 기술정책이 존재한다. 이와 같은 방식은 제대로 관리하고 운영하면 플러스가 되지만, 부실 운영이 이어진다면 마이너스가 된다.

셋째, 쉽지는 않겠지만 성과 평가는 반드시 촉진시켜야 한다. 성과 평가가 어려운 이유는 미시적 경제 주체의 원가 수익 분석에 대한 주관적인 식견을 뛰어넘고, 여기에 종합적 효과, 장기적인 뒷심, 사회 경제의 플러스 마이너스 스필오버 효과 등의 복잡한 문제까지 더해야 하기 때문이다. 하지만 반드시 이 부분에서 끊임없이 노력해야 한다. 공급 측 관리 및 공급 측 개혁에서 복잡한 구조적 문제에 대해 지금 당장 정량화된 모형을 내놓기는 힘들다. 하지만 최소한 먼저 이론적 모형을 내놓고 이를 다듬어 나가면서 정량화시켜 더 잘 이해하도록 만들어야 한다.

넷째, 시정과 문책 메커니즘이 필요하다. 투명한 현대화의 길을 걷고 법에 의거한 정치를 하기로 마음을 먹었다면, 시정과 문책 메커니즘은 전면적인 법치화의 틀에서 전반적으로 계획되어야 한다. 여기에는 당연히 상벌 제도가 있어야 하며, 필요한 장려 메커니즘과 문책 메커니즘은 반드시 함께 결합하여 설계되어야 한다.

제품 복잡성 향상과 중국 산업고도화의 길

류슈잉(劉守英)
중국인민대학교 경제대학 교수

샤오칭원(肖慶文)
국무원 발전연구센터 연구원

티옌허(田禾)
신개발은행 고문

문제 제기

산업고도화의 중요성은 이미 굉장히 중요한 위치로 격상되었다. 이 문제는 중국이 제조업 대국에서 제조업 강국으로 진입할 수 있는지, 중진국의 함정에서 벗어나 고소득 사회로 진입할 수 있는지와 연계되어 있고, 중국 기업과 산업의 국제경쟁력을 높이기 위한 중요한 방법이기 때문이다. 산업고도화는 이미 정부의 의사 일정에서 매우 중요한 과제로 등극했다.

실제 세상에서 산업고도화는 슬로건을 외치고, 문서를 발행하면 되는 그렇게 손쉬운 일이 아니다. 한 기업·한 산업·한 지역에서는 어떻게 산업고도화를 진행하는가? 광둥성이 '등롱환조騰籠換鳥'를 내놓았을 때 지방 공무원과 기업은 의심의 눈초리를 보냈다. 둥지를 비워 지금 있는 새가 날아가 버리고, 새로운 새가 들어오지 못하면 어떻게 하느냐는 걱정의 목소리였다. 일부 기업인들과 대화할 때 고도화를 왜 추진하느냐는 질문에 대해 "고도화하지 않으면 제자리에서 조금 더 버틸 수 있지만, 경솔하게 고도화를 추진하면 아마 열사가 될 것이다."라고 대답했다. 산업고도화를 노동집약형에서 자본 또는 기술집약형 산업으로의 전환이라고 말하는 사람도 있는데 정말 그렇게 단순한 일인가? 지방을 돌아다녀 보면 상황이 좋아 보이지 않는 노동집약형 산업과 기업이 많이 눈에 들어온다. 하지만 상황이 나아진 곳도 있었다. 현지 조사를 진행하면서 단순히 노동집약형과 자본집약형을 구분하는 것보다 더 중요한 것을 발견했다. 바로 기업 중 어떤 업체가 문을 닫았고, 어떤 업체가 전이했고, 또 어떤 업체가 산업고도화를 통해 더 강한 경쟁력을 갖추게 되었는가에 대해 세부적으로 연구하는 것이다. 혹자는 미래의 고도화 방향에서 선진 제조업의 비중이 높아질 것이라고 말한다. 하지만 어떤 것이 '선진'인가? 어떻게 구분하고 가늠해야 하는가?

더욱 심각한 문제는 현재 자세한 연구 과정을 거치지 않고 제정된 분류 기준과 산업정책이 산업 발전의 불공평과 보조금의 부당 취득 현상을 심화시킨다는 점이다. 지방정부 공무원들과 산업의 방향성에 대해 논의할 때 한 가지 재미있는 현상은 각 지역의 요소부존 상황과 발전 단계의 차이가 매우 큼에도 불구하고 동부·중부·서부 공무원들은 미래 산업을 선택하는 데 있어 모두 획일화된 경향을 띤다는 점이다.

상품 공간과 경제 복잡성 방법

산업고도화를 연구할 때, 처음으로 '산업구조를 어떻게 측정하느냐'의 난제에 부딪히게 된다. 가장 일반적인 산업구조 측정법은 발전단계별·지역별·도시별 3차 산업 비중 또는 경공업과 중공업의 비중을 살펴보는 것이다. 더 세분화된 측정을 위해 각 업종의 비중을 계산하는 것이다. 경험 데이터와의 비교로 산업점유율에 따른 우열을 평가하고, 어느 산업의 비율을 낮추거나 어느 산업의 비율을 높이거나 하는 정책적 의견을 내놓는 것이다. 하지만 이 방법은 한 산업이 어떻게 다른 산업으로 전환되는지에 관한 구체적인 루트를 제공해 줄 수 없고, 또 산업의 분류 기준이 너무 모호하여, 산업고도화 이야기는 블랙박스처럼 더욱 열어 보기 힘든 존재가 된다. 현실적으로 보면 단순히 3차 산업 비율의 높낮이로 구분하는 것 역시 한 지역의 경제 발전 우열을 현실대로 반영하기 힘들다. 현재 매우 유행하고 있는 다른 한 가지 측정법은 소위 가치사슬(Value Chain) 법이라고 하는데, 제품의 전체적인 가치사슬을 여러 단계로 분류한 것이다. 글로벌 가치사슬의 분업을 통해 산업 사슬에서 제품이 차지하는 부분, 또는 공정, 그리고 전체 가치사슬 가운데 다운스트림에서 미드스트림, 업스트림까지 해당 경제가 갖는 위치와 위치의 변화를 판단한다. 하지만 가치사슬의 각 단계에 대한 구분에 있어 이 방법은 지나치게 주관적인 경향을 보이고, 한 제품이 각 단계에서 도대체 얼마나 가치를 창출해 냈는가에 대해서는 주로 '추측'에 의존해야 한다. 측정할 때의 효과는 제품 사슬 각 단계의 분할된 난이도에 따라 결정된다. 예를 들어 의복, 전자 설비 등의 업종을 분석할 때에는 효과적으로 자주 응용되지만 철강, 화학공업, 대종 농산물 등에는 적합하지 않아 거의 사용되지 않는다.

    J. A. 레이스먼 등은 최근 몇 년간 상품 공간으로 각국 발전 수준의 차이를 설명하려 했고, 한 경제체의 제품 수출 데이터로 제품 공간을 계산하여, 해당 경제의 복잡성을 반영하려고 시도했다. 이 방법은 또한 한 경제체의 제품과 산업고도화를 측정하는 데도 사용할 수 있다. 상품 공간법은 하나의 상품을 한 그루의 나무라고 가정하고, 상품을 생산하는 기업은 여러 나무에서 사는 원숭이라고 간주한다. 모든 제품의 집합이 바로 숲이다. 성장 과정은 한 경제체가 생산하는 상품이 숲 가운데 척박하고 열매가 거의 없는 지역에서 무성하고 열매가 풍성한 지역으로 이동하는 것이다. 지식의 축적은 상품의 분포, 경제 복잡성 및 상품 고도

화를 결정하는 중요한 요소이다. 지식의 분포가 균일하지 않고, 지식과 기능이 집중되어 있고, 암묵적 지식이 많을수록 생산된 상품은 더욱 상품 공간의 중심 구역에 놓이게 되고, 해당 경제의 복잡성은 더 높아질 것이다. 이와 반대인 경우에는 반대의 상황이 펼쳐진다. 고소득 경제체는 더욱 복합적인 상품을 생산할 수 있는 대량의 지식을 갖고 있기 때문에, 수출된 상품은 주로 상품 공간의 중심 지대에 놓여 있고, 경제 복잡성도 높다. 저소득 경제체는 지식 부족으로 암묵적 지식을 전이할 수 없고, 경제 복잡성은 낮다. 수출된 제품은 상품 공간의 가장자리에 놓여 지식의 확장과 상품 업그레이드가 어렵다. 중진국 경제체는 이 양자의 사이에 있다.

상품 공간과 경제 복잡성 방법으로 산업고도화를 관찰하면 다음과 같은 재미있는 결론을 얻을 수 있다.

첫째, 한 경제의 산업고도화는 그 경제체의 비교우위 상품이 변두리의 희소한 공간에서 중간의 조밀한 공간으로 이동되는 모습으로 나타난다. 상품 공간이 조밀하고, 즉 상품이 풍부할수록 상품의 기술 함량이 높고, 해당 경제 또한 더욱 복잡해진다. 산업고도화는 생산된 상품의 다양성을 지속적으로 증가시키는 기반에서 복잡성이 더 높은 상품을 생산하는 능력을 향상시키는 과정이다.

둘째, 한 경제의 상품 공간 구조와 산업고도화 경로는 기술·자본·제도·기능의 함수이다. 각 경제체의 기술, 자본, 제도와 기능 등의 요소부존이 다르기 때문에 신상품을 생산할 경우, 어떤 특정 상품은 다른 상품보다 더 쉽게 접근할 수 있다. 상품 복잡성이 향상되는 과정 또한 기술, 자본, 제도와 기능이 적응되고 누적되는 과정 때문에 상품 공간에서 두 종류의 상품이 유사할수록 공유한 지식이 더 많고, 비슷한 상품일수록 점점 근접해져, 한 종류의 상품이 다른 상품으로 더 쉽게 전환될 수 있다. 이로써 한 경제체의 산업고도화 경로는 주로 그와 유사하거나 또는 근접한 상품으로 업그레이드하는 것이며, 현재 그 상품을 생산하는 부문으로 이동해야만 성공을 얻을 수 있다는 것을 알 수 있다.

셋째, 한 경제체의 상품 고도화는 축적된 능력에 의해 결정된다. 능력이 높은 경제체일수록 기존의 능력에서 새로운 능력을 축적하기를 원하고, 생산해낸 신상품도 더욱 많아진다. 반대로 상품이 적은 경제체는 그 능력도 약해 여분의 능력을 누적하면서 얻을 수 있는 수익도 매우 적어 새로운 능력을 창조하려는 동기도 아주 낮다. 따라서 이런 문제는 한편으로는 상품 고도화를 어느 한 위치에 '고정'시킬 수 있다. 차별성이 충만한 숲에는 나무가 울창한 곳과 듬성듬성한 곳이 있다. 원숭이는 나무 사이를 이동할 때 뛰어오를 수 있는 거리가 제한적이기 때문에 이 숲에서 벗어날 수 없게 된다. 같은 원리로 한 경제가 장기간 척박한 황무지에 '고정'되어 있을 수 있다는 말이다. 다시 말하자면 상품의 업그레이드가 어렵다는 뜻이다. 또 한편으로는 산업 업그레이드의 '도약 함정'이 형성될 수도 있다. 즉, 상품 고도화는 상품 생산 기업에게 일정한 거리를 뛰어넘어, 자본(인력·물질·제도)을 현재와는 다른 생산에 새로 배치하도록 요구하지만, 능력이 심각하게 결핍되어 있고, '대도약'을 통해 커브 구간에서 추월을 이룩하여, 공간 거리가 먼 상품으로 생산을 전환한다면 산업 업그레이드의 실패를 쉽게 초래하게 된다.

넷째, 산업 전환과 업그레이드, 즉 둥지를 비우고 새를 바꾸는 전략은 장기적이고 점진적인 과정이다. 산업 업그레이드는 시작할 때 종종 어려움에 부딪히고 어느 정도로 누적되어야만 돌파구를 찾을 수 있으며 병목 현상만 벗어나면 바로 아우토반을 달릴 수 있다. 전체적으로 복잡성이 낮은 상품은 비교우위를 잃기 쉽다. 마찬가지로 복잡성이 높은 상품은 장기적으로 경쟁우위를 유지할 수 있다. 어떤 상품이 도태되느냐, 어떤 상품이 계속 경쟁우위를 유지할 수 있느냐에 대해 기업이 반복적인 시행착오를 거치며 전환과 업그레이드의 리듬을 파악하여 기업가의 원가 발견 과정과 식별을 통해 자원을 생산율 낮은 활동에서 생산율 높은 상품으로 전환하도록 해야 한다. 시장경쟁 속에서 기업은 끊임없는 시행착오를 통해, 비교적 안정적인 비교우위 구도를 형성할 수 있도록 경험과 지식을 누적해야 한다. 정부는 산업 공동화와 산업 사슬 단절을 야기할 수 있는 '획일화'된 조치를 지양해야 한다.

중국의 상품 공간과 주요 지역의 산업고도화

주요 지역의 상품 공간과 경제 복잡성

경제 성장에 따라, 중국의 상품 공간과 경제 복잡성은 대폭 향상되었다. 30여 년의 개혁개방을 거쳐, 중국 특히 연안의 주요 성과 시는 끊임없는 상품 업그레이드를 통해 이미 경제 복잡성에서 전 세계 선두를 달리고 있다. 2008년, 중국의 경제 복잡성 지수(ECI)는 29위였고, 2013년에는 이미 23위로 올라섰다. 중국 경제를 이끄는 주요 지역인 상하이, 장쑤성, 광둥성, 저장성의 2013년 GDP는 중국 GDP의 약 3분의 1을 차지했다. 4개 성과 시의 무역액은 중국 총무역액의 60%를 차지하고 있으며, 경제 복잡성 지수는 전 세계에서 5위, 8위, 13위와 14위를 차지하고 있다.

GDP 성장과 경제 복잡성 향상을 지탱하는 것은 상품의 고도화와 제조 능력의 향상이다. 광둥의 수출액은 중국 총수출액의 4분의 1을 차지하고 있다. 전자, 기계, 석유화학, 방직, 의복, 식품, 음료, 건축자재는 광둥의 주요 수출품이다. 광둥의 상품 수출 구조는 과거 20여 년 동안 커다란 변화를 겪었다. 1993년 수출 주요 제품은 기성복, 양말, 장난감, 플라스틱 제품과 전기 설비였고, 2013년 수출 주요 제품은 전화기, 컴퓨터, 공업 인쇄기, 정류기, 보석과 액정 디스플레이이다.

장쑤성의 2013년 GDP는 중국의 10% 이상을 점유했고, 외국인 직접 투자가 가장 높은 성으로서 수출과 수입이 각각 중국 총무역액의 15%와 11%를 차지했다. 1993년 장쑤성 수출 주요 제품은 부가가치가 낮은 의복, 방직, 장난감과 화학섬유 제품이었지만 2013년에는 집적회로, 전화기, 컴퓨터, 액정 디스플레이, 반도체 부품과 광학 섬유로 바뀌었다.

장쑤성의 강대한 제조업에 비해 저장성은 시장 발전으로 수출을 이끄는 것으로 유명하다. 1993년 저장성의 주요 수출 제품은 의복, 양말, 면직물, 시트, 실크 제품, 나일론과 찻잎이었다. 2013년에는 전기설비, 가구, 화학공업 제품으로 바뀌었지만, 의복과 양말은 여전히 저장성의 주요 수출 상품이다.

상하이는 중국 제조업의 선두 주자로, 1993년 주요 수출 제품은 가공식품과 의복과 양말, 가정용 화학공업 제품, 손목시계와 시계, 자전거, 미싱이었다. 2013년 주요 수출 제품은 이미 컴퓨터, 전화기, 정류기, 액정 디스플레이, 차량용 부품과 선박으로 바뀌었다.

주요 지역 산업고도화 경로 선택

• 광동성

2013년 광동성의 수출 제품 중 215개가 명확한 비교우위를 보였으며 전자·의복 등에서의 우위가 특히 눈에 띄었다. 하지만 장쑤성, 상하이와 달리 광동성의 수출 제품은 상품 공간의 중심 구역에 매우 희소했고, 숲의 중심 지대에 놓인 상품은 매우 분산된 형태를 보였다.

2014년 이후, 광동성의 수출과 수입은 지속적인 하락세를 보였고, 전자와 의복 같은 전통적인 제품은 말레이시아, 태국, 인도네시아, 베트남과 동남아 다른 국가의 위협을 받았다. 광동성과 비슷한 말레이시아와 태국은 전자 부분에서 매우 강한 비교우위를 나타냈으며, 중·저가 시장에서의 원가 우위도 명확했다. 한편 고가 시장의 경우에는 한국이 우위를 가지고 있었다. 광둥의 의류와 방직 산업은 베트남과 인도네시아의 도전을 받아 원가 우위에서 점차 이들 국가에 의해 추월되었고, 강대한 지역 경쟁의 압박에 직면했다.

광둥의 수출 제품을 더 자세히 살펴보면, 30위까지의 제품이 총수출액의 64%를 차지했다. 의류, 전기와 부품이 점차 상위 30위에서 사라졌고, 기계류 등 다양한 제품이 상위 30위권에 들어섰다. 중국 경제 성장의 첨병이자, 수출 1위를 기록한 광둥성은 산업고도화의 전략적 선택이 매우 중요했다. 광둥은 중국이 '세계의 공장'에서 글로벌 선진 제조 기지로 전환하는 주요 싸움터였기 때문이다. 그러므로 한편으로 '세계의 공장' 단계에서 형성된 정책적 환경, 기업가 그리고 산업 노동자팀 및 제품 우위를 이용하여 제품의 복잡성과 제품 기술 능력을 향상하여 둥관(東莞)과 포산(佛山)을 주축으로 하는 주강 삼각주珠三角 글로벌 선진 제조 기지를 만들어야 하고, 다른 한편으로 심천의 이점을 활용하여 혁신 비중을 늘리고, 세계 수준의 혁신형 기업 몇 개를 만들어 글로벌 경쟁력을 향상해야 한다. 제품 업그레이드에서 보면, 광둥성의 산업고도화 경로는 복잡한 제품과 단순한 제품의 결합을 진행하고 한계 이윤이 낮은 의류 제품은 점차 이출移出되고, 한계 이윤이 높은 부분만 남겨야 한다. 기계류 제품의 경우 수출 우선순위를 대폭 향상시켜, 향후 광둥의 25종 산업의 업그레이드 기회에서 15종이 기계류에 해당하며, 광둥성이 상품 공간 중심 지역의 밀도를 향상하는 데 도움을 줄 것이다.

• 장쑤성

장쑤성은 306종류의 제품이 명백한 비교우위를 가지고 있고, 경제 복잡성 지수가 스웨덴과 체코보다 약간 낮은 수준이었다. 상하이에 비해 장쑤성의 상품 공간은 기계, 전자, 의류와 양말에 집중되어 있고, 화학 공업 제품에 경쟁력을 가지고 있다. 장쑤성은 현재 1인당 GDP가 한국의 1995년 때와 유사하며, 그들의 상품 공간 또한 명확한 유사성을 가진다. 전자와 의류에 있어 분업과 전문화를 이루었지만, 화학 공업과 기계 분야의 경우 장쑤성이 더 강한 경쟁력을 보유하고 있다.

장쑤성의 제품 수출을 좀 더 자세히 살펴보면, 상위 30위까지의 제품이 총수출액의 52%를 차지했다. 대다수는 의류와 전기 부품 및 기타 점차 상위 30위권에서 퇴출당한 제품이다. 장쑤성 산업 업그레이드가 직면한 최대 도전은 바로 해외 투자자의 동향이다. 해외 투자자(특히 대만 투자자)들은 주로 저렴한 노동력과 토지라는 우위를 이용하여 글로벌 경쟁에 참여했기에, 원가 우위가 점차 사라진 이후, 제품 복잡성이 비교적 높은 외부 투자자를 어떻게 머물게 할지, 현지 기업가의 성장을 어떻게 육성할지, 새로운 대외 개방에서 더욱 경쟁력을 갖춘 기업을 어떻게 유치해야 하는지 등의 문제는 장쑤성이 직면한 중대한 선택이었다. 제품 업그레이드에서 보면 장쑤성은 반드시 고부가가치 제품, 즉 액정 디스플레이, 정류기, 인쇄 회로기판을 증가하여 상품 공간의 중심 지역 밀도를 향상해야 했다. 아울러 내의, 명함, 연회 장식품, 인공 식생을 포함하여 더 근접하고 단순한 제품의 수출 우위를 확보해야 한다. 중국의 미래 선진 제조 기지인 장쑤성은 수출에서 기계의 점유율을 더 제고하여 그것의 상품 공간 중심 지역의 밀도를 향상시켜야 한다. 상위 15위 제품 중 절반 이상이 기계류에 속하고, 이런 제품은 더욱 복잡하고 연결성이 높다. 이런 유형의 제품으로는 화학 분석 기계, 금속 인쇄기계, 증기 터빈이 있다. 상하이와 비교했을 때, 장쑤성은 산업 이동이 가능한 더 큰 요충지인 쑤베이(蘇北)를 가지고 있어 산업고도화의 선택에 있어서 기계, 화학공업과 전자와 같은 전통 산업이 업종 분류 내부에 있는 복잡성을 제고시켜야 하며, 특히 기계류 제품의 복잡성을 제고하는 데 힘을 쏟아 부어야 한다.

- **저장성**

광둥성, 장쑤성, 상하이에 비해, 저장성은 수출 제품 중 323종이 현저한 비교우위를 가지고 있고, 그 상품 공간이 매우 다양하여 의류부터 자동차 부품까지 모두 포함되어 있었다. 저장의 수출 제품은 상품 공간 중심 지역에 가장 집중적으로 분포되어 있고, 제품 범위는 전자, 기계, 교통수단이었다. 상품 공간의 나무 양측에서 저장성의 수출 제품은 화학공업, 의복, 방직 부분의 비교우위 역시 명확했다.

저장성의 수출 상위 30위 제품을 더 자세히 살펴보면, 유일하게 상위 30개 수출 제품 중 절반 이상의 경제 복잡성이 1.5의 분수령보다 낮다. 저장성은 장쑤성처럼 외국 투자자에 의해 컴퓨터, 정류기 등 우위가 확실한 제품이 형성된 것이 아니고, 강력한 지주 산업이 없다. 광둥성과 마찬가지로, 저장성도 수출 점유율이 높은 의류와 방직 분야에서 동남아 경쟁자의 원가 우위 경쟁의 압박을 받고 있다.

저장성의 수출 우위는 '전국에서 사고, 전 세계에서 팔자'라는 전략을 바탕으로 하기에 대량의 제품이 현지에서 생산된 것이 아니고 제품 업그레이드도 주로 다운스트림 생산업체의 제품 업그레이드에 의존하고 있다. 그래서 다음 단계에서 저장성의 산업 업그레이드가 직면한 주요 선택은 시장 우위를 계속 유지하느냐 아니면 현지 우위 산업을 육성하는 것으로 전환하느냐의 문제다. 최선의 선택은 아마도 시장 업그레이드와 전환을 진행하면서 시장에 형성된 제품 우위와 기업가 자원에 의탁하여 현지 우위 산업의 형성을 촉진하는 것이다. 상품 공간에서 저장성은 쉽게 실현할 수 있는 제품, 예를 들면 휴대용 조명과 장식용 도자기 등에 공을 들여야 한다. 전자 제품의 경우 광둥성이나 장쑤성에 비해 경쟁력이 없고, 액정 디스플레이와 인쇄 회로기판도 저장성의 강점 분야가 아니기 때문이다. 또한 저장성은 반드시 수출 제품의 복잡성과 연계성을 제고해야 하지만 이 또한 많은 부분에서 미래 시장의 업그레이드 성공 여부와 이를 통한 중국 전역에서 수출 경쟁우위를 계속 유지할 수 있는지에 달려 있다.

• 상하이시

2013년 상하이시에서 수출한 800여 개의 제품 가운데 254개가 현저한 비교우위를 가지고 있었다. 상하이의 상품 공간은 기계, 의복, 양말, 화학공업에서 명확한 우위를 보유하고 있다. 제품의 점유율을 자세히 살펴보면 상위 30위의 제품이 전체 수출액의 62%를 차지했고, 주로 복잡성이 높은 기계와 전자제품의 공헌이 컸다.

앞서 언급한 3개의 성과는 달리, 상하이는 유일한 도시 경제로, 미래의 산업 업그레이드는 반드시 국제도시로서의 포지션 및 도시 업그레이드와 연계하여 전략적으로 선택해야 한다. 국제도시로서 상하이의 산업은 주로 서비스업 위주이며, 문화와 지식을 바탕으로 한 혁신적 도시와 금융 서비스업을 주축으로 한 세계 금융 중심으로 성장했다. 토지 자원이 제한적이기 때문에, 상하이는 과거에 주변 성과의 경쟁에서 형성된 산업단지와 산업을 반드시 전환시켜야 한다. 제품 업그레이드에서 보면 상하이는 더욱 밀집된 상품 공간 중심 지대로 이동하여 제품 복잡성과 연계성을 향상시키고, 의류, 전기 및 기타 일부 제품이 점차 상위 30위에서 도태되도록 해야 한다. 지역 분업에서 보면, 상하이는 장쑤성의 제품과 중복되지 않는 경쟁의 강도를 높여, 상품 공간 중심 지대에서 의약, 기계 및 기타 화학 공업과 건축 원자재의 밀도를 높여야 하고, 연구개발과 혁신 능력을 강화하여 글로벌 경쟁력을 갖춘 제조 기업을 육성해야 한다. 그러나 상하이시는 도시 경제의 자원 구속을 받기 때문에 독일이나 일본처럼 많은 제품에서 핵심 경쟁력을 키울 수 없다. 그렇기에 규모는 크지 않지만, 경쟁력을 가진 제품을 수출해야 한다.

산업 전환과 고도화에 맞는 산업정책 선정

산업고도화를 추진하는 중요한 역사적 시기에 산업정책에 관한 논쟁이 '정부가 필요한가, 아니면 시장이 필요한가'의 문제로 불거지면서, 이는 정부와 기업을 대립시키는 논쟁이 되었다. 이것은 현실 세계와 동떨어진 것으로, 정책적 선택에도 도움이 되지 않는다. 중국을 '세계의 공장'으로 만든 과거 전략과 책략과 비교하면, 이번의 전환과 고도화는 새로운 어려움과 결정에 직면해 있으며, 산업정책에서도 전환과 고도화가 필요하다.

첫째, 제품 다양화에서 제품 품질 향상으로 전환해야 한다. 상품 공간에서 보면 광둥성, 장쑤성, 저장성, 상하이시 등 중국 동부의 발달한 지역은 이미 산업과 제품의 '있음과 없음'(많은 제품이 이미 존재하고 있지만, 국제적 경쟁 우위는 형성하지 못했다) 문제를 해결했다. 산업고도화의 핵심은 '좋음과 나쁨'의 문제를 해결하는 데에 있다. 고도화의 경로에서 보자면, 중요한 것은 하나의 산업 또는 제품이 다른 산업 또는 제품(어떤 의미에서는 구조 조정 또는 가치사슬의 향상)으로의 전환이 아니고, 기존의 산업과 제품을 잘 유지하면서, 또한 만들 능력이 있지만 아직 우위를 가지지 못한 제품과 산업이 우위를 점하게 해야 하며, 제품이 '품질 성장', 즉 '질적 향상'을 지속적으로 이룰 수 있게 해야 하는 것이다.

둘째, 제품 업그레이드의 적기를 정확히 파악해야 한다. 상품 공간과 경제 복잡성 방법에 가장 가치 있는 정책적 함의는 바로 산업 업그레이드가 지식과 능력의 축적에 의해 결정되고, 근접한 제품에서 경제 복잡성을 제고시키는 것이 실행 가능한 산업고도화 선택이라는 점이다. 하지만 개발도상국 정부는 종종 추격, 코너 돌며 추월, 파괴적 혁신에 집착한 나머지, 숲에 있는 원숭이에게 넘을 수 없는 거리를 뛰라고 요구하여 산업고도화의 함정에 빠지곤 한다. 현 단계에서 중국의 타당한 선택은 과거 제품의 다양성을 기반으로 제품의 복잡성을 향상시키고, 수출 제품이 상품 공간 중간 지역에 있는 밀도를 증가시켜, 원가 우위와 지식 축적 우위를 가진 제품이 글로벌 경쟁력을 갖추도록 함으로써, 장강 삼각주와 주강 삼각주에 글로벌 제조업 경쟁력을 갖춘 선진 제조 기지를 만드는 것이다.

셋째, 기업과 지방정부의 시행착오에 대한 적극성을 향상시켜야 한다. 과거에 '세계의 공장'이 되었던 것과 달리, 현재 다가온 산업 전화와 고도화에는 불확실성이 더욱 많이 존재한다. 글로벌 수요의 동향은 명확하지 않고, 기술과 장비 능력의 향상은 더 많은 어려움에 부딪혔으며, 원가 우위는 주변의 경쟁이 더 치열해지고, 지역 분화가 더 심각해졌다. 우리는 현지에서 연구조사를 할 때, 기업이 미래에 어떤 제품을 만들지 어떻게 고도화를 해야 할지에 대해서 아주 막막해하고 각 지방정부가 과거처럼 확고한 정책을 펼치지 않는다는 것도 확실히 느꼈다. 이렇게 결정적인 시기에, 전국에 일률적인 산업정책을 채택한다면 실패할 확률이 매우 높다. 더욱 완화된 환경을 조성하여 기업들이 직접 경험하고 단련하게 만들고, 각 지역이 현지의 실질적인 상황에 맞춰 발전을 모색하게 한다면, 아마도 다음 단계에서는 확립해야 할 포지션과 채택해야 할 경로를 찾을 수 있을 것이다.

넷째, 산업단지 전환으로 지역 산업의 전환과 고도화를 이끌어야 한다. 중국을 '세계의 공장'으로 부상할 수 있게 한 중요한 정책은 산업단지가 주도한 투자 유치이다. 중앙정부의 산업적 지침과 각종 보조금, 또는 우대 정책에 의존한 지방정부의 산업 계획은 성공률이 매우 낮다는 사실이 증명되었다. 지난 20여 년 동안 일부 지역의 산업 발전이 성공을 거둘 수 있었던 이유는 산업단지 발전 전략의 역할이 매우 컸기 때문이다. 이것은 정부가 주관적으로 계획한 산업정책과는 달리 정책 환경의 조성과 특수한 토지 공급 방식을 통해 기업의 입주를 유도하고, 기업과 시장이 주도적 역량으로서 산업 클러스터와 특색 있는 시장을 형성한 것이다. 하지만, 경제가 하락세를 보인 후 토지를 수단으로 하는 산업단지 발전 정책은 거대한 도전에 직면했고, 인프라를 조성하여 기업을 유치하는 정책은 실패했다. 산업단지 안에 기업이 들어오지 않고, 산업도 형성되지 않았으며, 대량의 토지 투기 현상만 벌어졌다. 현행의 산업단지 모델은 업그레이드가 시급하다. 정부는 산업단지의 주도자에서 산업단지에 서비스를 제공하는 주체로 역할을 전환해야 하며, 산업단지 토지 등 생산요소를 활성화하여 토지의 시장화 배치를 업그레이드하여 토지 이용 구조로 산업단지의 산업고도화를 최적화하고 촉진해야 한다.

생산과잉과 산업정책의 전환

류쉐쥔(劉學軍)
국가발전과개혁위원회 『개혁 내부참고용 간행물』 편집부 편집장

회의의 주제는 '산업정책: 총정리와 재고찰 및 전망'이다. 여기에서 말하는 부분은 생산과잉과 산업정책이다. 필자는 전문가도 학자도 아니기에 이 문제에 대해 논의하는 게 조금 두렵기도 하다. 그래서 논의를 진행하기에 앞서 먼저 한 가지를 짚고 넘어가고자 한다. 필자가 얘기한 내용 가운데 맞는 부분은 집단 지성의 결정체이고, 틀린 부분은 필자 개인의 학식이 짧아 일어난 일이니, 독자 여러분의 많은 양해를 구한다.

2016년은 제13차 5개년 계획이 시작되는 해이다. 중국의 경제는 어떻게 흘러가게 될까? 이전의 중앙경제공작회의에서 이미 답을 제시했다. 바로 '과잉생산 해소, 부동산 재고 해소, 금융 리스크 최소화, 기업의 원가 절감, 효율적인 공급 확대'이다. 그 중 '과잉생산 해소'는 중앙경제공작회의에서 확정한 2016년 5대 구조적 개혁 임무의 최우선 과제이고, 좀비기업 처리를 '과잉생산 해소'의 가장 핵심 포인트로 여긴다.

생산과잉과 좀비기업 간에 도대체 무슨 관계가 있을까? 생산과잉과 산업정책은 또 어떤 연관성이 있을까? 생산과잉이 일어난 상황에서 산업정책은 어떻게 전환해야 하는가? 이론적으로 분석하면, 좀비기업이 생산과잉을 야기하고 악화시킬 수 있다. 반대로는 생산과잉은 좀비기업의 출현을 야기할 수도 있다. 양자는 마치 실과 바늘처럼 함께한다. 하지만 국제적인 경험을 종합해 보면, 선진국이 직면했던 생산과잉은 대부분 경제가 무르익어 가던 때 산업 업그레이드에 수반된 필연적인 결과였다. 그러나 좀비기업 문제는 어떤 우발적인 요인으로 기업의 흑자

나 자산에 충격이 가해진 것이지, 경제 발전의 필연적인 결과는 아니다. 하지만 중국에서 좀비기업과 생산과잉은 항상 우연히 일치했다. 1990년대에, 방직과 가전 등 경공업·소비품 업종에서 최초로 비교적 심각한 생산과잉 현상이 발생했다. 경영의 어려움을 겪은 국유기업들이 바로 전형적인 좀비기업이었다. 두 번째는 우리가 너무 잘 알고 있듯이 현재 발생하고 있다. 왜 이런 상황이 발생한 것일까?

생산과잉 개념의 정의

미국의 경제학자 E. H. 챔벌린은 1993년 자신의 저서 『독점적 경쟁이론』을 통해 처음으로 미시적 관점에서 생산과잉의 정의를 내놓았다. 생산과잉이란 기업의 실질적인 생산능력이 시장의 수요에 비해 남는 상태를 의미하는 것으로, 저자는 두 가지 차원에서 생산과잉의 필요성에 대해 토론했다. 하나는 기업이 생산 경영 과정 가운데 여러 예상치 못한 충격에 대응하기 위해 일정한 정도의 과잉생산성을 유지할 필요가 있다는 것이다. 다른 하나는 경쟁과 규모의 경제 측면에서 보면, 한 업종의 생산성이 지나치게 한 기업에 쏠려 있으면 경쟁에 불리할 수 있고, 만약 지나치게 분산된 형태라면 규모의 경제를 형성하기 어렵다. 업계마다 경제 기술의 특징과 시장 수요 특징에 차이가 존재하기 때문에, 경쟁과 규모의 경제 효과 사이에 균형을 찾아 가장 이상적인 생산능력 이용률을 확정해야 한다.

생산능력 이용률은 100%에 도달하기 매우 어렵다. 일정한 생산능력의 유휴 상태를 보이는 것이 생산과잉을 의미하는 것은 아니다. 국가발전개혁위원회는 생산능력의 이용률이 80%~85%의 폭을 넘어서는 것이 비교적 이상적이라고 발표한 적이 있다. 시장경제 조건에서 적절한 잉여가 있어야 시장의 경쟁을 불러일으킬 수 있고, 기업의 기술 진보와 관리 향상을 추진할 수 있다. 베이징사범대학 금융연구센터 주임 중웨이(鐘偉) 교수의 연구에 따르면, 81%~82%는 하나의 분계점으로, 이 구간에 놓인 상태는 공업 운영이 정상적인 수준으로 유지되고 경제 성장 속도와 잠재적인 성장 속도가 비슷하고, 물가가 큰 폭으로 상승하거나 하락하지 않음을 의미한다. 이 분계점보다 높다면 수요는 왕성하고 가동률 또한 매우 높다는 것을 의미한다. 반대로 이 분계점보다 낮다면, 일정한 정도의 생산과잉이 존재한다는 것을 의미한다. 85%보다 높으면 생산이 부족한 상태이고, 75%보다 낮으면 생산과잉이 매우 심각한 상태이다.

 생산과잉 문제에 대한 중국 국내의 토론은 미시적인 관점 외에 대부분은 개혁개방 이후 중국에서 여러 차례 일어난 대규모의 지속적인 심각한 생산과잉의 현실을 바탕으로 논의가 이루어지며, 거시적인 의미에서 자원의 분배 왜곡이 야기한 체제적이고 제도적인 생산과잉을 강조한다. 즉 생산과잉은 대부분 계획경제에서 시장의 역할을 대신하여 정부가 자원을 배분하고 성공하지 못한 산업정책을 추진한 체제적인 폐단에 따른 것이다. 생산과잉을 야기한 원인은 매우 많은데, 이번 포럼의 주제는 '산업정책: 총정리와 재고찰 및 전망'이고, 여기에서 논의할 내용은 산업정책과 생산과잉이다. 따라서 필자는 산업정책과 생산과잉 간의 관계에 대해서만 간단히 정리하고자 하며, 생산과잉과 산업정책 전환에 대해서 미흡하나마 의견을 내놓으려 한다. 독자 여러분의 비판과 정정을 바란다.

중국 생산과잉의 추세 판단과 원인 분석

현재, 중국 공업부문은 심각한 생산과잉 문제에 직면해 있고, 생산과잉과 관련된 업종과 영역은 그 범위가 굉장히 넓다. 구체적으로 말하면, 철강, 시멘트, 판유리, 석탄 화학 공업, 조선, 공작기계 등 전통적인 업종의 생산능력에서 대규모의 과잉 현상이 일어났다. 구리, 알루미늄, 납과 아연 제련 등 비철금속 업종의 생산과잉 문제도 명백히 드러났다. 다결정 규소, 풍력 설비 등 신흥 업종의 제품은 이미 심한 생산과잉이 나타나고, 질소 비료, 탄화칼슘, 클로르 알칼리, 메탄올, 플라스틱 등 화학 산업 제품 또한 생산과잉이 나타나고 있다. 따라서 공급 측 구조 개혁이 미래 경제 발전에 있어 주요 원칙이 된 상황에서 '과잉생산 해소, 부동산 재고 해소, 금융 리스크 최소화, 기업의 원가 절감, 효율적인 공급 확대'는 최근 핵심적인 업무 과제로 자리 잡았다. 중국에서 일어난 여러 차례의 산업 과잉 현상을 분석하면 다음과 같은 판단을 도출할 수 있다.

첫째, 체제적인 생산과잉은 반복적으로 나타나고 장시간 지속된다

중국의 체제 전환 과정에서 불분명한 토지재산권, 은행의 연성예산제약 및 지방정부의 금융 개입 등 체제적 결함이 존재하는 상황에서, 시장의 수급 균형을 조절하는 메커니즘은 효과적으로 운영되기 어렵다. 이로써 시스템적인 생산과잉과 경제적 파동이 심화되었다. 오늘날의 경제체제는 완전히 봉쇄된 계획경제 시스템에서 벗어나 체제 전환의 특징이 뚜렷하고 시장경제 주체가 점차 형성되어 갈수록 완벽해지고 있다. 시장 주체 간의 공정한 경쟁의 형성은 여전히 시일이 필요하다. 1992년 당의 14대 회의에서 중국 경제 체제 개혁 목표로 사회주의 시장경제 체제의(그 핵심 과제는 계획과 시장 간의 관계를 잘 조정하는 것이었다) 수립을 제시한 후, 2013년 당의 18차 3중전회에서 "자원 배분에서 시장이 결정적 역할을 하도록 경제 체제 개혁을 심화하자."라는 주장을 내놓기까지 21년이 걸렸다. 시장이 자원 배분을 결정하게 하고, 정부의 역할을 제대로 발휘시키는 것은 중국이 향후 글로벌 시장 규칙에 걸맞은 국내 시장 시스템, 정부운영 시스템, 사법 시스템을 구축해야 할 것을 의미한다. 이 과정은 생각보다 복잡하고 지루할 것이다. 그 기간 동안 체제는 반복되고 심지어 후퇴하는 양상을 보일 것이다. 다시 말해 정부와 시장의 효율적인 협력 메커니즘이 완비되지 않아, 많은 불합리한 시스템 메커니즘이 오랜 기간 동안 유지될 것이다. 이는 생산능력 사용에 시장의 시그널에 대한 조절 역할을 크게 약화시키고, 시장 주체는 여전히 정확한 시장 판단과 예측을 형성하기가 어려우며, 아직 공업화 발전을 이룩하지 못한 중국이 과거와 현재에 직면하고 있는 생산과잉 문제에 다시 직면하게 할 것이다.

둘째, 중자산(기업이 가지고 있는 공장·원재료 등 유형의 자산. 중자산 기업이란 고정자금 투입이 많은 데 비해 수익은 낮은 기업을 지칭함-옮긴이) **업종의 생산과잉과 경공업 업계의 구조적 생산과잉의 장기 공존**

(1) 1990년대 이후에 중자산 업종의 생산과잉은 투자 주기와는 기본적으로 맞물린다

정부 주도의 투자는 효율보다는 규모에 방점을 찍고, 관련 업종은 자연히 철강이나 조선 등과 같은 대규모 투자를 수용할 수 있는 중자산 업종이 된다. 과도한 투자에 지역 간의 악성 경쟁이 더해져 중자산 업종의

생산과잉은 거의 필연적인 결과가 된다.

1992년 14대 전국인민대표회의에서 '사회주의 시장경제 체제의 구축'과 '국유기업의 현대화 기업 제도 수립'이라는 목표를 제시했고, 시장경제와 현대 기업경영 자주권의 확대로 새로운 투자 붐을 일으켰다. 이런 배경에서 기업은 시장 공간에 대한 예측은 대부분 지나치게 낙관적이었고, 여기에 맹목적인 투자가 몰려들었다. 건설이 중복됐고, 이로 인해 1992~1996년 동안 대규모 과잉 생산능력이 지속적으로 누적되었다.

1997~1998년 아시아 금융위기는 중국의 수출에 직접적으로 압박을 가했고, 수요 구간의 압박이 공급 구간까지 확대되어, 초기에 기업의 지나친 확장으로 야기된 일련의 문제들이 수면 위로 떠올랐다.

1990년대, 방직·가전 등 경공업과 소비재 업종에 꽤 심각한 생산과잉 문제가 나타났고, 공업 기업의 이익률이 하락했으며, 기업은 채무를 상환하느라 여념이 없었다. 당시에는 이것이 주된 문제라고 보편적으로 인식했다.

2008년, 글로벌 금융위기가 가져온 외부적인 충격을 막아내기 위해, 중국 정부는 총규모 4조 위안에 달하는 재정 진작 계획을 내놓았고, 이로써 수십 조 위안의 지방 투자가 일어났다. 이 투자는 대부분 인프라 영역과 부동산업계로 몰려들었고, 철강, 시멘트, 석탄 등 업종의 수요가 대폭으로 진작되었다. 경제는 빠른 추세로 바닥을 치고 회복했으나 뒷심이 부족하다는 것이 여실히 드러났다. 인위적으로 만든 수요가 금세 다시 떨어지자 생산과잉 문제 또한 점점 더 심각해졌다.

(2) 경공업 영역에는 구조적 생산과잉이 심각하다

개혁개방 초기에 주민 소비는 여전히 '먹고 입는' 것을 만족시키는 수준에 머물러 있었고, 경공업 발전을 우선시하는 국가 정책의 지원에 힘입어, 국민들의 가장 기본적인 소비 욕구를 충족시킬 수 있는 방직, 가전 등 경공업 산업이 빠른 발전 양상을 보였다. 제품의 공급과 수요가 부족한 상태에서 균형 잡힌 상태로, 더 나아가 여유로운 상태로 빠르게 전환되었고, 일부 경공업에서는 가동 부족, 제품 재고 쌓임 등의 상황이 발생했다. 컬러TV와 냉장고 등의 가전 제조업을 대표로 하는 경공업에 생산과잉 문제가 나타났다. 시장 경쟁이 가열되면서, 경공업 생산능력의 이용 수준은 전체적으로 꽤 낮은 수준에 머물렀으며 생산과잉 현상이 보편적으로 나타났다. 경제 주기 등의 요인을 제외하고 경공업 분야에 생산과잉의 대부분은 수요 구조 업그레이드보다 산업구조 조정이 지체되어 있는 것에서 비롯되었고, '구조적 생산과잉'의 특징이 명확히 드러났다. 중국 경제가 발전하고 주민 소득수준이 지속적으로 향상되면서 중국 내의 수요 구조도 계속해서 조정되고 업그레이드가 이루어졌다. 한편으로 기본 소비재로 대표되는 일부 경공업 제품 시장은 포화 상태가 되었다. 다른 한편으로는 시장의 수요가 저가·저부가가치 제품에서 고가·고부가가치 제품으로 전환되면서, 이 기간에 일부 경공업은 수요 구조의 변화에 적응하지 못해서 시의적절한 구조 조정과 업그레이드를 진행하지 못했고, 이로 인해 저가 제품의 생산과잉과 고가 제품의 공급 능력 부족이라는 두 가지 현상이 동시에 나타나게 된 것이다. 현재 중국의 대다수 경공업은 국제 산업 사슬의 분업에서 저가 단계(low end)에 처해 있어 대량의 저가 노동집약형 제품은 상대적으로 생산과잉 문제에 직면하고 있으며, 반대로 여전히 일부 고가 제품은 수입에 의존해야 하는 지경이다. 이런 현상은 장기간 지속될 것이다.

생산과잉과 산업정책 분석

생산과잉의 원인은 다소 복잡하다. 여기에서는 산업정책으로 야기된 생산과잉에 대해서만 간략하게 분석하고자 한다. 중국 산업정책에는 '대기업 지원, 영세기업 제한'이라는 정책적 쏠림 현상이 눈에 띄게 나타난다. 게다가 산업 육성 정책은 기업의 생산능력에 대한 투자와 생산 파트에 대한 지원에 방점을 두어, 규모 확대에 대한 기업의 야심에 불을 지핀 것이 생산과잉을 야기하는 중요한 원인이다.

실제로, 산업정책은 종종 사람들이 뒷걸음질치게 만든다. 그 이유는 산업정책을 분석하기가 쉽지 않고, 정부와 시장의 쌍방향 상호작용으로 연관된 분야가 너무 넓은 문제에 대응할 뿐만 아니라, 그 이슈 자체가 매우 민감하여 시장 근본주의자들의 이데올로기에서 '정부의 기능 상실이 시장의 기능 상실보다 더욱 심각하다'라는 반박에도 부딪히기 때문이다. 따라서 일부 학자들은 정부가 '아무런 역할도 하지 않는' 통치 방침을 가장 이상적인 산업정책으로 간주한다. 이렇게 만들어진 객관적인 결과는 비교적 독립적인 학술 연구나 기초연구가 심각하게 부족하여 객관적으로 산업정책의 학술 연구가 현실 시행에 비해 현저히 뒤처지게 되었고, 산업정책의 제정과 시행에서 충분히 포괄적인 이론 지침이 부족하게 하여, 산업정책 실패 가능성을 더욱 증가시켰다.

산업정책 회고

'산업정책'이란 말이 공식적으로 정부의 문서에 나타난 것은 제7차 5개년 계획 시기였다. 해당 문서는 1983년 국무원에서 초안을 작성하여, 1985년 상반기에 「중공중앙의 국민경제와 사회발전에 관한 제7차 5개년 계획에 대한 의견」이 작성됐으며, 1986년 3월 6차 인민대회 4차 회의에서 심의와 비준을 받았다. 산업정책이 정식으로 정부 문서에 나타났다. 산업구조와 산업정책은 '제7차 5개년 계획'의 2번째 부분으로 6장에서 15장까지 포함되었다.

(1) 1949~1977년, 중국은 중공업 발전 우선 지원이라는 산업정책을 채택했다

신중국 설립 이후, 복잡한 국제 환경에 대응하기 위해 중국은 구소련의 경제 정책을 고스란히 가져왔고, 산업정책 선정에서 중공업 발전을 우선 지원하는 거시적인 정책을 취해 비교적 완비된 공업 시스템을 신속하게 구축했다. 하지만 동시에 농업·경공업·중공업의 비율에 심각한 불균형이 나타났다. '문화대혁명' 이후, 중국은 전반적인 제품 특히 소비재 부족 현상에 직면하게 되면서, 심각한 결핍 경제(shortage economy)의 특징을 보여 주었다. 국민경제의 각 부문에서 심각한 불균형이 나타났고, 산업구조 또한 크게 균형을 잃게 되어 문제가 상당히 심각했다. 첫째, 농업이 공업에 비해 훨씬 낙후되었고, 노동생산성도 낮아졌다. 농산물은 국민경제 발전의 수요를 충족시키지 못했고, 심지어 배불리 먹을 수 있는 수준에도 도달하지 못했다. 둘째, 경공업이 뒤처지게 되어 노동생산성이 낮아 시장 공급이 부족해졌고 국민의 삶이 매우 어려워졌다. 셋째, 에너지, 전력, 연료, 동력 및 교통 운송업이 낙후되어 경제의 빠른 발전을 저해하는 '걸림돌' 산업이 되었다.

(2) 1978~1989년, 농업·경공업·중공업의 심각한 불균형을 해결하는 산업정책

1978년 중국은 「중공중앙의 공업 발전 가속화를 위한 약간의 문제에 대한 결정」이란 문서를 발표했다. 그 핵심 내용은 농업·경공업·중공업 비율의 심각한 불균형 문제를 해결하는 것이었다. 국민경제 전반에 걸친 심각한 불균형 현상을 타개하기 위해, 1979년부터 '조정·개혁·정돈·제고'라는 여덟 자의 방침을 지침으로 삼아, 3년간의 국민경제 조정을 진행했다. '제6차 5개년 계획' 기간에도 '조정·개혁·정돈·제고' 방침을 지속적으로 이행하여 과거부터 남겨진 경제 발전을 저해하는 여러 문제를 해결했다.

경공업 정책에 방향 전환이 이루어진 것 외에, 제7차 5개년 계획은 기본적으로 제6차 5개년 계획 시기의 정책적 기조를 유지했으며, 지속적으로 농업, 교통 운수, 우정과 통신, 에너지와 원자재 등 부문에 대하여 지원과 우대 정책을 제공했다. 그러나 1980년대 중·후반기에 나타난 가전 산업을 대표로 하는 전국 범위의 경공업·방직 공업의 대규모 중복 건설에 대해서, 경공업 정책은 제한적인 발전으로 방향을 전환하고, 계획적 지정과 리스트 관리 방법을 채택하여, 비非지정 기업과 리스트에 없는 기업의 발전을 제한했다. 그 밖에도, 국가에서는 하이테크 기술 산업의 발전을 장려하며 '지식집약형과 기술집약형 제품을 중심적으로 개발하자', '신흥 산업의 형성과 발전을 계획적으로 촉진하자', '신기술을 통한 전통 산업을 개선하자'라는 주장을 내놓았다. 또한 3차 산업의 발전에 박차를 가하자는 주장을 명확히 내놓으면서, 1990년까지 국민생산총액에서 3차 산업이 차지하는 비중을 1985년의 21.3%에서 25.5%로 끌어올리도록 노력하자는 목표도 내놓았다.

(3) 1989년부터 1990년대 말, 산업구조 정책의 제정과 시행을 확실히 탐색하기 시작했다

1989년, 중국은 처음으로 명확하게 「현재 산업정책 요점에 관한 국무원의 결정」이란 산업정책 문건을 발표했다. 해당 문건에서는 중국의 주요 산업의 발전 방향과 목표에 대한 기본적인 요구사항을 내놓았고, 1990년대 정부가 지원하고 제한하며 발전 금지된 산업과 제품에 대해서도 열거했다. 정책의 시행을 보증하기 위해, 투자 우선 순위와 차별적인 세율과 금리도 제정했다. 시행 과정에서 종합 부처, 전문 부처와 성급 계획 부처를 포함한 산업정책 업무기관 네트워크도 잠정적으로 구축되었다.

1994년, 중국은 산업구조 조정 정책의 지침인 「90년대 국가 산업정책 요강」을 발표했고, 이는 산업구조 조정 정책의 대강大綱이 되었다. 해당 요강에서 제시된 원칙에 따라 중국은 「자동차공업산업정책」, 「수리산업정책」, 「국무원의 소프트웨어 산업과 집적회로 산업의 발전 장려에 관한 약간 정책의 인쇄·발부에 관한 통지」 등을 연이어 발표했고, 이는 구체적인 산업 행위와 발전을 지도할 전문적인 산업정책이 되었다.

14차 전국대표대회에서 사회주의 시장경제 체제를 건설하자는 의견을 명확히 제기하고, 중국이 계획경제 체제의 장벽을 없애기 시작하면서 그 기간의 산업정책은 자연히 행정적인 수단 위주로 되었고, 이런 연유로 단계적인 성과를 거두기도 했다. 하지만 시장경제 체제가 지속적으로 개선되면서 직접적인 행정 수단은 간접적이고 경제적인 수단으로 전환되었고, 법률적·재정적·금융적·세수적·정보적 등의 수단을 더 많이 동원하여 경제를 조율해야 했다.

(4) 21세기 특히 중국이 WTO에 가입한 후, 산업정책의 제정과 거시적 조정 정책의 연계 운영이 점차 성숙해졌다

2002년부터, 중국 경제는 중화학공업의 빠른 발전을 특징으로 하는 새로운 경제 성장 주기로 진입했다. 이런 중화학공업의 고속 성장 시기에, 기술 함량이 적고, 에너지 소모가 많고, 오염을 많이 일으키는 중화학공업의 조방형 성장 특성이 매우 또렷하게 나타났다. 동시에 기술과 지식 집약적인 고부가가치 산업 비중은 매우 낮았으며, 지역 산업구조의 동질화와 과도한 경쟁 등의 문제는 중국 산업구조의 진일보 최적화와 고도화를 저해했다.

이 시기에 중국은 점차 시장경제를 기반으로 하는 국가 산업정책 시스템을 구축했고, 새로운 한 차례의 경제구조 조정을 시작했으며, 중요한 진전을 거두었다. 농업은 특히 식량 생산에서 중요한 전환점을 맞이

했고, 공업구조의 업그레이드가 가속화되었으며, 주택·자동차·전자통신·인프라 등 업종의 빠른 성장은 철강·비철금속·건축자재·화학공업·기계설비 등 중간재를 제공하는 업종의 발전을 가져오면서 전력·석탄·석유 등 에너지 업종의 성장까지 유도했다. 에너지·교통·중요 원자재 등 기초산업과 인프라 구축이 더욱 빨라졌고, 공업구조의 규모화 추세도 점차 뚜렷해졌다.

2006년 「국무원의 생산과잉 업종 구조조정 가속화에 관한 통지」(이하 「구조조정통지」라 약칭)에서의 핵심 조치는 토지와 신용대출 2가지를 엄격하게 파악하고, 고정자산의 투자를 엄격하게 관리한다는 것이다. 환경·안전·기술·규모에 대한 더 엄격한 기준을 제정하여, 진입 장벽을 높이고 새로운 프로젝트를 엄격하게 관리하며, 낙후된 생산능력을 도태시켜 합병과 재편을 촉진했다. 또한 신용대출·토지·건설·환경 보호 등의 정책과 산업정책의 협력을 강조하여 업종 정보의 공표 제도를 완비하고, 행정 관리와 투자 시스템·가격 형성과 시장 퇴출 기제 등 분야의 개혁을 촉진하였다.

2009년 9월에 발표된 「일부 업종의 생산과잉과 중복 건설 억제를 통한 산업의 건전한 발전을 이끌기 위한 약간의 의견」(이하 「약간의 의견」이라 약칭)에서의 대책 조치는 9가지로, 시장 진입에 대한 엄격한 관리, 환경 관리감독의 강화, 법과 교칙에 따른 토지 제공, 보호와 관리가 가능한 금융정책 시행(신용대출 심의), 엄격한 프로젝트의 심의 관리, 기업의 합병과 재편 추진, 정보 공개 제도의 수립, 문책 제도의 시행, 시스템 개혁 심화 등이 있다. 이러한 조치의 상당부분은 기존 생산과잉 관리 조치의 연장선이라고 볼 수 있다. 「약간의 의견」은 「구조조정통지」와 비교했을 때, 토지 관리와 신용대출 관리에 관한 조치를 세분화하고, 책임 소재에 관한 내용을 추가했으며, 행정적 책임 소재 문책 제도를 통해 정책의 시행을 보장하려고 했다.

(5) 18대(중국공산당 18차 전국대표대회) 이후, 특히 18대 3중전회에서 '시장이 자원의 배치를 결정한다'라고 제시한 이후, 산업은 계속 적응적 조정을 진행하면서 비교우위를 더 잘 발휘하고 시장 기능을 더 강화하여 정보를 제대로 제공하고 안정적으로 성장하는 방향으로 전환되고 있다

2012년 현 정부가 정권을 잡으면서 에너지 절약과 환경보호, 신재생 에너지 자동차, 전략적 신흥 산업, 태양열 패널 산업, 클라우드 컴퓨터 혁신 정보 산업, 위성 내비게이션 산업, 문화 혁신 디자인 산업, 스포츠 산업, 응급 대응 산업 등 일련의 산업에 관한 지도 의견과 통지를 속속 발표했다. 예를 들면 2016년에는 「의약 산업의 건전한 발전을 위한 지도 의견」, 「석유화학 산업의 구조조정과 전환 촉진 및 효율 향상을 위한 지도 의견」 등을 발표했다.

산업정책 분류

필자 개인적인 이해에 따르면 산업정책을 아래와 같이 분류할 수 있다.

첫째, 산업조직 정책. 주로 독점을 막고 평등한 시장 주체를 구축하며 경쟁을 장려한다.

둘째, 산업 지원 정책. 주로 중국 내에서 상대적으로 약소한 산업에 속한 기업에 필요한 지원을 제공한다.

셋째, 산업 촉진 정책 또는 산업 성장 정책이라고 부름. 주로 정부가 추격을 목표로 하는 일련의 촉진 정책 및 안정적인 성장을 고려하여 내놓은 산업정책으로 부동산 산업, 전략적 신흥 산업이 이에 속한다.

넷째, 산업 퇴출 정책. 이 부분은 거의 운용이 되지 않는다. 중국에서는 정책 제정은 쉽지만, 퇴출은 극히 어렵다.

생산과잉과 산업정책

생산과잉은 먼저 산업 촉진 정책과 직접적으로 관계가 있다. 그리고 정치 시스템적인 원인으로 중앙정부가 제정한 산업정책을 지방정부는 반드시 이행해야 한다. 특히 안정적인 성장을 추구하는 산업정책은 중대한 프로젝트에 대응되며, 프로젝트가 자원을 의미하기 때문에 지방정부는 이를 선점하려고 애쓴다. 둘째, 상당수의 국영기업을 가진 산업 주체 구조와 연관이 있다. 셋째, 생산과잉은 '정부+국유은행+국유기업' 3자 1체의 연성예산제약 시스템과 연관이 있다. 이는 산업을 확장하려는 군중심리를 더 쉽게 불러일으킨다. 마지막으로 생산과잉은 산업정책의 퇴출 기제의 부재와 연관이 있고 이는 시장 청산이 불가능하게 만든다.

생산과잉이 나타나는 시점과 거버넌스

몇 차례의 심각한 생산과잉 현상을 회고해 보면, 정부가 주도한 대규모 투자 이후에 발생했다는 사실을 쉽게 발견할 수 있었다. 1990년대 이래 중국의 투자는 각각 1993년·2003년·2009년 3차례의 '가속성장기'가 확연히 나타났다. 이 3차례 투자는 쾌속한 성장을 보였으며, 모두 정부의 역할과 확실히 연관이 있고, 그 후 몇 년간의 심각한 생산과잉을 야기했다.

(1) **1998~2002년 공급 과잉**. 덩샤오핑의 남방담화 이후, 중국 각지에서 경제 발전에 대한 열기가 고조되었고, 동시에 부동산 과열, 개발지역 과열, 높은 투자 인플레이션 등의 문제가 나타났다. 1992년과 1993년 사회 전체의 고정자산 투자 총액의 증가 속도는 각각 44.43%와 61.78%였고, 몇 년간 지속된 투자의 고속 성장은 1997년 아시아 금융위기 발발 후 심각한 생산과잉에 화근이 되었다.

(2) **2004~2006년의 생산과잉.** 2003년 각 지방정부가 연이어 정권 교체가 일어났다. 정치 성과에 급급했던 동기로 인해 각 지역 정부는 수많은 프로젝트를 진행했고, 여러 종류의 공업 프로젝트, 개발 단지, 도시 건설 시설이 속속 착수되었다. 그 해 고정자산 투자는 27.7% 증가했고, 그 후 수년간 투자 증가율은 계속 고공행진을 이어갔다.

(3) **2008~2010년의 생산과잉.** 정부가 2005년부터 생산과잉 현상을 방지하기 시작했지만 눈에 띄는 효과를 보지 못했다. 2008년 하반기가 지난 이후 국제 금융위기의 충격을 받아, 생산과잉 문제가 불거졌고, 정부는 일련의 조치로 투자를 확대하여 지방의 융자 플랫폼 프로젝트를 대규모로 발전시켰다. 2009년 투자는 30.1% 증가했고, 이는 경제의 회복을 이끌면서 생산과잉이라는 잠재적인 리스크를 남겼다.

(4) **2014년부터 현재까지의 생산과잉.** 2009년의 투자 및 2012년의 정권 교체 효과로 그 이후의 투자가 대폭 증가했고, 이와 더불어 국내외 경제의 불경기가 오늘날의 생산과잉 현상을 야기했다. 바로 이런 이유로 2015년 12월 중앙경제공작회의에서 2016년 경제 사회 발전의 주요 목표를 '과잉생산 해소, 부동산 재고 해소, 금융 리스크 최소화, 기업의 원가 절감, 효율적인 공급 확대'로 삼았다. 현재 채택한 정책으로 보면, 여전히 과잉생산 해소라는 목표를 세분화한 것이다. 이런 행정적 수단의 개입은 새로운 순환을 생성할 수밖에 없다.

산업정책은 어떻게 전환하는가?

산업정책의 역사적 진행 상황을 살펴보고, 생산과잉과 산업정책의 연관성을 분석한 후에 산업정책의 전환을 추진하려면, 먼저 어떤 기관에서 산업정책을 제정하는지 이해해야 한다. 중앙 각 부와 위원회의 직능을 정리하면, 산업정책 제정에 관련된 부와 위원회에는 국가발전개혁위원회(주로 산업사·기초사와 하이테크 기술사에 집중되어 있음), 공신부(주로 산업사, 과학기술사, 중소기업사, 에너지 절약 종합 이용사, 장비 산업사, 국방 과학기술 산업사에 집중되어 있음), 과학기술부(주로 기초연구사와 하이테크 기술 발전 산업화사에 집중되어 있음), 농업부(주로 산업사임), 문화부(주로 산업사임), 상무부(주로 기계전기와 과학기술 산업사임) 등이 포함되어 있음을 알 수 있다. 산업정책이 국가발전개혁위원회 한 곳에서 제정하는 것이 아니라는 것을 알 수 있다. 그렇다면 현행 메커니즘에서 각 부와 위원회가 이론적인 탐구 또는 3중전회에서 '시장에 의해 자원의 분배를 결정한다'는 원칙에 따라 산업정책을 제정할 수 있을까? 필자는 이에 대해 낙관적이지 않다. 1992년 제시된 사회주의 시장경제 체제에서 2013년 시장의 자원 배치 결정까지 장장 21년이 걸려 비로소 기초적인 시장 시스템의 틀을 구축할 수 있었다. 이로써 진정으로 문서에서 이행까지의 과정은 오랜 시간이 필요함을 알 수 있다. 시장경제 체제를 세우는 또 하나의 핵심적인 정책, 즉 4중전회에서 공식적으로 문서화한 의법치국依法治國(법에 의거하여 국가를 통치해야 한다는 것–옮긴이)이란 정책이 시행되기까지 역시 긴 시간이 필요함을 알 수 있다. 현 단계에서 중국이 직면한 정치 시스템과 정책 결정 메커니즘, 경제 체제 등 요인을 고려해 볼 때, 필자는 개인적으로 미래 산업정책의 전환에 아래 몇 가지의 요인을 고려해야 한다고 생각한다.

첫째, 다시 한번 낡은 사상을 해방하여 기존의 사고방식에서 벗어나, 시장이 자원의 배분을 결정하고, 법에 따른 국가 통치를 하고, 국제 규율을 중국 현지화하는 측면에서 산업정책의 제정을 고려해야 한다.

둘째, 중앙과 지방의 관계를 명확히 규명하고, 지방 장벽을 허물어 통일된 국내 시장 시스템과 관리감독 시스템을 구축해야 한다.

셋째, 행정 체제의 개혁에 박차를 가해 정부 직능을 경제 주도형에서 서비스형으로 전환시키고 불필요한 정부 투자를 줄이며 시장의 투자 주체 지위를 확립하여, 기업 특히 국유기업이 시장을 통해 요소 최적의 배치를 실현하고 진입 및 퇴출 기제를 고도화하도록 해야 한다.

넷째, 자원과 요소의 가격 메커니즘을 정리 정돈하여 각 종류의 선택적 우혜 정책을 청산하고 행정적 심의와 개입을 줄이며, 체제 메커니즘의 방해와 정책적 쏠림이 시장의 자원 배치에 끼치는 불리한 영향을 제거해야 한다. 각 시장 주체에 대해 투명하고 공평하며 공정한 정책을 확보하여 산업정책이 선택적 산업정책에서 보편적·경쟁적 산업정책으로 전환되도록 추진해야 한다.

다섯째, 정책 결정의 과정을 개선해야 한다. 각 부문의 산업정책을 조율하고 통합하는 동시에 현행 산업정책의 득과 실에 대해 체계적인 평가를 진행하고, 산업정책과 대응되는 체제 메커니즘의 개혁을 가속화하여 산업구조 업그레이드의 라스트 마일에 문을 열어 줘야 한다.

여섯째, 시장 주도형의 과학기술 연구개발을 촉진하고 지식재산권을 보호하며 혁신과 발전을 촉진해야 한다. 동시에 시장 기능을 상실한 소수의 핵심적 기술 영역, 예를 들어 군사 기술 영역 등에서는 정부가 기술 연구에 힘을 실어야 한다.

일곱째, 산업정책의 평가 메커니즘과 퇴출 메커니즘을 만들어 산업조직 정책(반독점법과 파산법)이 진정으로 역할을 할 수 있게 해야 한다.

여덟째, 인적 자원 공급을 개선하고 기초 교육과 기초연구에 대한 재정 투자를 확대하여 다양한 형식의 응용형 직업 교육 등을 발전시켜야 한다.

결론적으로, 과거의 산업정책은 경제 성장 촉진과 구조 조정에 긍정적인 역할을 했다. 하지만 이런 산업정책 대부분은 정부 선택으로 시장 선택을 대신하여 어느 정도 과도한 투자를 자극하여 생산과잉을 야기하거나 부추겼다. 또한 자원 분배 효율을 떨어뜨리고 공평 경쟁 원칙을 약화시켰다. 오늘날, 중국 산업정책의 전환은 그 핵심이 산업정책이 필요한가 여부에서 벗어나, 산업정책의 시행에 있어서 어떻게 '시장강화형' 방식을 통해 시장의 부족한 점을 보완하고, 시장의 기능 상실을 시정하는가에 있다. 가장 이상적인 방향은 선별형 정책에서 기능형 정책·경쟁형 정책으로의 전환이다. 그래야만 각 기업을 공평한 경쟁의 출발선에 세워서 중국의 시장 시스템 구축을 위해 더 좋은 조건을 창출해 낼 수 있을 것이다.

관점 토론

천빈카이(陳斌開) 중앙재정대학교 경제대학 교수: 산업정책과 산업 업그레이드, 이 두 가지가 이렇게 많은 사람에게 회의에 참가하도록 이끄는 이유는 이 문제가 그만큼 중요하기 때문이다. 하지만 이와 관련된 학술연구가 아주 부족한 것이 현실이다. 산업 업그레이드를 측정하기가 매우 어렵기 때문에, 문헌상으로 모두가 인정할 수 있는 산업 업그레이드 측정 지표를 찾기도 매우 어렵다. 산업정책도 마찬가지이다. 특히 중국같은 거대한 개발도상국의 경우, 산업정책이 중국 경제에 미치는 영향은 긍정적이든 부정적이든 아주 중요하지만, 이에 관한 연구는 굉장히 부족한 실정이다. 연구자의 입장에서 봤을 때, 가장 어려운 것은 문헌이 없고, 산업정책 연구와 연계된 적절한 문헌을 찾기 힘들다는 것이다. 오늘 필자는 과거 몇 년 동안 했던 연구를 여러분과 함께 공유하고자 한다. 어떤 프레임적인 연구를 하기 매우 어렵기 때문에, 필자 역시 부동산 시장과 연관된 문제를 보고하고자 한다.

첫째, 부동산 시장과 거시경제 양자의 관계에 대해 탐구해 보자. 부동산 시장은 지주 산업으로 이미 대중의 인정을 받았다. 특히 1998년 경제 침체기가 시작될 때, 정부 문건의 여러 부분에서 쉽게 찾아볼 수 있었지만, 부동산 시장 과열 시기에는 오히려 많이 보이지 않았다. 이 과정에서 도대체 부동산 시장과 거시경제는 무슨 연관성이 있을까? 부동산 시장은 거시경제와 어떻게 연결되는가? 특히 정부의 토론에서, 부동산은 지주 산업이고, 견인 효과가 매우 크다고 보았는데, 추산에 따르면 부동산이 공업 부문의 1/3에 해당하는 성장을 견인할 수 있다고 하였다. 이러한 관점은 맞는 것일까? 필자 개인의 연구에서 일반 균형의 관점에서 봤을 때, 부동산 시장이 반드시 경제 성장을 견인할 수 있는 것은 아니라는 것을 발견했다. 왜냐하면 경제 성장에는 혁신이 필연적으로 요구되지만 부동산 시장의 혁신은 더디고, 이와 관련된 업종, 예컨대 철강 산업 역시 기술 진보가 빠른 편이 아니다. 그리고 데이터를 통해서도 알 수 있듯 부동산 관련 업종 역시 기술적 진보가 매우 느리다. 이런 상황에서 일부 정책이 부동산 가격의 과도한 성장을 부추기면, 거시경제에는 어떤 영향을 주게 될까? 중국은 2004년 이후 자원 재분배의 효율과 혁신 그리고 기술은 하락 곡선을 그리기 시작했다. 자원 재분배가 생산 전체에 영향을 미치는 그 배후의 원인은 무엇인가? 이것은 부동산 시장과 연관이 있다. 부동산 가격이 과도하게 인상될 때, 부동산 시장은 생산율 증가가 비교적 낮은 업종으로서, 다른 관련 업종에 미치는 영향은 자원이 상대적으로 생산성이 높은 업종에서 낮은 업종으로 이동하고 역방향의 자원 배분이 일어나게 된다. 이런 상황에서 자원은 미스매칭의 과정을 겪게 되고, 부동산 시장의 성장이 매우 빠를 때 혁신은 타격을 받게 된다. 상하이·베이징 같은 도시로 예를 들면, 10년 전에 어렵사리 베이징에서 산 집을 팔아 창업하고, 혁신을 이루어 천만 위안을 벌어도 다시는 그 집을 살 수 없다는 사실을 깨닫게 된다. 이때 대량 자원의 미스매칭이 야기된다. 이로써 부동산 시장이 거시경제에 미치는 영향은 생산율의 향상과 혁신을 저해한다는 것을 알 수 있게 된다.

둘째, 중국 산업단지와 개발구에 대한 연구를 논의해야 한다. 최근 몇 년간의 문헌에서 개발구가 경제 성장에 어느 정도의 이점이 있고, 투자가 비교적 빠르다고 언급했다. 하지만 우리가 연구에서 가장 관심을 둔 부분은 이 단계에서 산업단지가 혁신을 촉진할 수 있는지, 생산성을 향상시킬 수 있는지의 문제였다. 우리는 기본적으로 모든 산업단지가 동부 지역에서 생산성 향상에 효과적이었지만, 서부 지역에서는 그렇지 않았다는 사실을 발견했다. 이런 산업단지는 하드웨어 및 소프트웨어 인프라를 제공하고, 생산성도 향상시킬 수 있지만 많은 부정적인 영향도 있었다. 예를 들면, 비교적 낮은 토지 가격과 세수 원가로 인해 시장의 왜곡이 야기되었고, 시장을 왜곡하는 일련의 작용도 발생했다. 중서부에서 이런 부정적인 작용이 긍정적인 작용을 훨씬 넘어섰다. 이것은 우리가 데이터에서 본 일부의 결과이고, 핵심적인 작용 기제에 대해서는 아직도 연구 중이다. 개발구를 연구하는 이유는 개발구가 많은 산업정책 중에서 가장 직접적인 연구 대상이고, 산업정책이 기업의 행위에 어떻게 직접적으로 영향을 미치는지를 이해하는 데 도움을 줄 수 있기 때문이다. 우리는 이 연구를 통해 더욱 새로운 것을 발견할 수 있길 희망한다.

마지막으로, 산업구조의 변화 발전 과정에서 어떤 산업정책을 채택해야 하는지에 대한 연구이다. 쥐젠둥(鞠建東) 교수는 논문에서 구조 변이의 전체 과정, 즉 업계의 선상승 후 하락의 과정에 대해 설명했다. 중국의 제조업에서의 첫 번째 물결은 경공업이고, 두 번째 물결은 철강과 석탄 관련 중공업이며, 세 번째 물결은 하이테크 기술 산업이다. 중국은 현재 두 번째 물결의 하락 단계에 있는데, 이 단계에서 생산능력을 어떻게 퇴출시킬 것인가? 이것 또한 우리가 현재 직면하고 있는 중요한 문제이며 아직 이 문제에 대해 연구 토론하고 있다. 하지만 지금까지의 연구를 통해서 현재 우리가 시행하고 있는 과잉생산 해소 정책, 그리고 각 지방의 탈지표·과잉생산 해소 정책은 큰 효과를 보이지 못하고 있으며, 이와 연관된 정책적인 영향과 공평한 시장 건설 등이 진행 중임을 알 수 있다.

쥐젠둥(鞠建東) 칭화대학 우다커우금융대학 자색광(Ziguang)금융학 석좌교수: 산업정책은 특히나 중요하다. 필자의 첫 번째 관점은 산업정책에 대한 평가는 학술적으로 어느 정도의 경험을 가지고 있다는 것이다. 1950년대 공업화 시기에 산업화 정책에 대한 논의가 있었고, 1960~1970년대 유치산업의 보호와 70년대 일본의 성공에 대해 논의가 된 적이 있었다. 하지만 주로 경험에 관한 것이고, 학술적인 부분이었다. 1980년대 후반 이후에는 기본적으로 논의되지 않았다. 6, 7년 전 세계은행에서 정책에 대해 논의해야 한다고 말하자, 어떻게 산업정책에 대해 논의할 수 있는지, 정부는 어떻게 산업에 개입할 수 있는지 의심하는 눈치였다. 산업정책이 효율적인 발전을 이루지 못한 것은 경제학 특히 현대 경제학의 발전 추세와 관계가 있다. 정부의 행위는 화폐정책과 재정정책에만 국한되고, 시장은 결정적인 역할을 하고 정부는 거의 미시경제에 개입하지 않았다고 여겨졌다. 그렇기 때문에 산업정책처럼 핵심적이고 국민경제와 밀접한 연관이 있는 정책에 대해서 필자는 '1유3무정책'이라고 정리하고 싶다. 경험은 있으나 이론과 제도, 평가는 없다는 것이다. 이론이 없으면 당연히 제도도 없다. 산업정책을 도대체 공신부에서 제정하는 것인지 국무원에서 제정하는 것인지 또는 지방정부에서 하는 것인지에 대한 평가도 없다. 이렇게 핵심적인 정책이고, 더욱이 1유3무의 이론이기에 특히나 중요하다.

산업정책이 어느 학과에 속하는지조차 우리는 알지 못한다. 산업정책은 산업에 연관된 정책이며, 최소한 두 가지 산업에 대해 논의되어야 한다. 따라서 국부적인 균형이 아니라, 분명 일반 균형에 해당한다. 일반 균형은 미시경제학에서 국제무역에 속하지만 국제무역 또한 산업정책, 산업구조, 산업조직은 논의하지 않고 그저 개별 산업 분야의 시장구조, 예를 들면 독점과 기업 등에 관해서만 논의할 뿐 산업정책은 없다. 그렇기에 산업정책은 산업조직 이론에 속하지도 않고, 국제무역 이론에 속하지도 않으며, 미시적인 것과 비슷하긴 하지만, 미시적인지 거시적인지 또한 불분명하고, 정태적인지 동태적인지도 불분명하다. 그래서 산업정책이 도대체 어느 학문에 속하는지는 아직 정의된 바가 없다. 혹자는 발전경제학이라 말하지만, 발전경제학에서도 산업정책은 논의되지 않는다. 산업정책을 발전경제학으로 분류하는 것은 완전히 정확하지 않다. 마치 많은 선진국에 산업정책이 존재하지만 이에 대해 논의하지 않는 것처럼 말이다. 필자는 산업정책이 매우 흥미로운 학문이라고 생각한다. 이렇게 중요하지만, 이데올로기의 구속으로 주류 경제학에서 기본적인 자리도 잡지 못하고 있다. 이것이 첫 번째 논의 포인트이다.

두 번째 관점은 산업정책이 어떤 학문에 속하는지는 중요하지 않고, 이론조차 없는 이상, 산업정책이 도대체 좋은지 나쁜지에 대한 토론에는 근거가 있어야 한다는 것이다. 산업정책은 이름에서 볼 수 있듯이 반드시 정부가 어떤 방식으로 자원을 배분해야 한다고 생각한다. 정부가 어떤 방식으로 자원을 배분한다는 것은 다른 말로 하면, 원래 시장이 자원을 배분할 수 있음에도 정부가 대신 배분한다는 것이다. 그렇다면 어떤 산업정책이 좋은 산업정책인가? 최소한 산업정책으로 자원 배분된 한계생산물이 시장에서 자원 배분된 한계생산물보다는 크거나 같아야 한다. 그렇지 않으면 이 정책은 실행해서는 안 된다. 하지만 어떤 상황에서 이런 조건이 성립되는가? 전제는 시장의 기능 상실이다. 그렇기에 산업정책은 반드시 시장의 기능 상실과 연관된다. 시장의 기능 상실이 없으면 산업정책을 논할 수 없다. 산업정책이 필요한지 여부를 물을 때 먼저 시장의 기능 상실이 있는지 물어야 한다. 하지만, 모든 시장에는 기능 상실이 존재하고 기능 상실이 존재하지 않는 시장은 없다. 따라서 시장의 조절이 정부처럼 용이하지 않을 때에는 정부가 자원 배분을 하도록 할 수 있다.

이런 논리를 바탕으로 혁신에 대해 토론해 보자. 혁신에 어떤 부분이 시장의 기능 상실인가? 혁신에는 외부 효과가 있고, 외부 효과에는 반드시 시장의 기능 상실이 있다. 따라서 정부가 나서야 한다. 과거에 행했던 혁신은 대부분 세계 시장에 공급하기 위해서였다. 예를 들어, '3개의 수입 제품으로 하나를 보완하자'(三來一補: 수입 원자재 가공, 수입 장비, OEM으로 무역을 보완하자는 정책)는 정책 또한 세계 시장에 공급하기 위한 조치였다. 구조 조정에서 우리가 충족해야 하는 것은 국내 시장이다. 기존의 세계 시장 공급에서 국내 시장 공급으로 전환되면서, 이때에는 시장 자체의 힘에만 의존해서는 조절이 불가능하기 때문에 산업정책이 역할을 발휘할 타이밍이 온 것이다. 이에 따라 혁신과 산업정책의 관계는 대략 다음과 같은 몇 가지 측면으로 나눌 수 있다. 첫째, 총체적인 활동으로서 혁신은 시장의 어떤 부분에서 기능을 상실했는가? 다시 말해 혁신의 시장가격이 다른 생산요소의 가격보다 낮지는 않은가? 예를 들어 자본의 가격보다 낮진 않은지, 노동력의 가격보다 낮지는 않은지를 살펴야 한다. 이는 지식이 가치를 갖지 않는다는 것을 의미하며 이때에는 적절한 산업정책을 취해 보완해야 한다.

둘째, 혁신 활동의 초기에는 융자를 비롯한 어려움이 존재하기에 정부는 일부 보조금을 지원할 수 있다. 그렇기 때문에 첫 번째 측면에서는 혁신 활동 자체가 시장 기능 상실이 있는가 여부를 살펴봐야 한다. 두 번째 측면은 혁신만 언급하면 자동차, 비행기 및 3D 프린트 등의 업종에 종사하고 싶어 하며 이는 구체적인 업종에 연관된다. 이때 고려해야 하는 것은 어떤 업종 자체에 시장의 기능 상실이 존재하는지이다. 만약 시장의 기능 상실이 없다면 정부가 왜 촉진해야 하는가? 따라서 필자 개인의 단순한 논리는 산업정책을 논의할 때에는 반드시 어떤 시장의 기능 상실과 대응시켜야 하며, 대응되는 시장 기능 상실을 찾지 못할 경우에는 산업정책은 조심스럽게 접근해야 한다고 생각한다. 산업정책은 시장의 기능 상실로 인한 자원 분배 왜곡을 시정하는 역할을 하는 데 쓰이기 때문이다.

셋째, 산업정책을 거론할 때 일반적으로 반드시 중앙정부의 산업정책이어야 한다는 인식이 있다. 그것은 다른 국가는 비교적 작고, 인구가 몇 백만 명에 불과하기 때문이다. 하지만 중국처럼 큰 국가에서 산업정책이 왜 반드시 중앙정부의 정책이어야만 하는가? 대부분의 경우, 특히 구체적인 한 산업 지원 문제와 관련해서, 기본적으로는 지방정부의 정책이다. 지방정부와 관련될 때 제일 먼저 고려해야 하는 것은 산업정책을 사용해야 하는가의 문제다. 원칙적으로 산업정책의 수익은 산업정책의 원가보다 크거나 같아야 한다. 하지만 사실상 성공한 산업정책은 몇 개밖에 없고, 어마어마한 비용을 투입하여 산업정책의 원가보다 수익이 크도록 만드는 것은 곰곰이 생각해 봐야 할 문제이다. 쥐쉐진(左學金) 교수가 이야기했듯이 산업정책은 패러다임을 깨부수어야 한다는 것이다. 산업정책은 본래 중앙정부의 정책이다. 경쟁적인 산업정책이 거론되는데, 정부 정책이 어떻게 경쟁적으로 될 수 있단 말인가? 지방정부마다 산업정책이 있으며 지방정부 간의 산업정책은 경쟁을 이룰 수 있다. 하나의 산업정책에 이론과 제도, 평가가 없다면, 평가가 없는 정책은 채택하지 않는 편이 가장 좋다. 따라서 만약 산업정책을 계속 시행해야 한다면 경쟁이 있어야 한다. 만약 지방정부가 산업정책으로 시장의 기능 상실을 타개하려고 할 경우, 어떤 시장의 기능 상실인지에 대해 명확히 판단하고, 경쟁하고, 적절한 제도와 평가가 밑받침될 때, 이런 산업정책은 경제에 효과를 가져다줄 수 있을 것이다.

미래의 산업정책 연구에 관해 필자는 다음과 같이 주장한다. 첫째, 이론적으로 미래의 산업정책에 대한 논의는 매우 의미 있는 일이라고 생각하며 산업정책에 대한 연구를 하나의 이데올로기에 대한 논의에서 이론적 논의의 단계로 승화시켜야 한다고 생각한다.

둘째, 시장의 자원 분배 효율이 점차 감소하고 있으며 정부의 분배 효율도 하락하고 있다는 가정하에, 정부의 분배 효율의 가장 높은 한 점이 시장 분배의 가장 낮은 한 점보다 높은가의 문제이다. 당연히 이것은 미시 정책을 겨냥한 것이며 만약 조금 더 높다면 산업정책은 존재한다. 필자는 산업정책에 두 가지 문제가 있다고 생각한다. 하나는 정보의 문제이고, 다른 하나는 장려의 문제이다. 정부가 정보를 획득하는 능력은 정부 인원수와 정비례한다. 산업정책이 중앙정부에서 시행될 때 정보 문제는 해결될 수 없다. 그렇기에 산업정책에 가장 주요한 부분은 지방정부의 정책이고 성省 급의 정책, 현縣 급의 정책, 향鄕과 진鎭 급의 정책이다. 장려 문제의 부분에서 지방정부가 경쟁을 이루게 하려면 누군가가 책임을 져야 한다. 지방정부는 지방 공직자에 대해 책임을 질 필요가 있고, 제도와 정책의 개혁이 필요하고, 선발 제도가 필요하다. 지방이 개혁을 추진하려면 시장이 주체가 되어야 한다. 만약 지방정부가 시장 개혁을 추진하도록 동기부여가 안 된다면 시장이 어찌 형성될 수 있겠는가?

중앙정부 입장에서는 산업정책의 변화에도 구조 조정에 대한 수요가 존재한다. 국제 경제의 연구에서 최근 전 세계 경제가 확실히 노멀한 상태의 변화가 존재하고 글로벌 무역의 성장률이 글로벌 경제성장률보다 낮다고 제기했다. 이것은 주기적인 변화인가, 아니면 일반적 변화인가? 필자와 공동연구자들은 글로벌 경제에 확실히 구조적인 변화가 나타났다고 보고 있다. 원래 미국이 주도했던 글로벌 산업 구도에 지역적인 변화가 일어났고, 경제 전반이 원래의 고속 무역 성장 추세에서 중·저속 심지어 성장 둔화의 추세로 바뀌었다. 중국은 글로벌 가치사슬의 한 부분부터 지역 경제의 중심으로 변하고 있고, 이것은 중국 경제에서 고속 성장을 이루던 부분이 원래는 주로 세계 경제를 위한 생산이었다면, 앞으로는 주로 중국 시장을 위한 생산으로 변화하고 있다는 의미를 내포한다. 세계를 위한 생산과 중국을 위한 생산은 산업구조 자체에 큰 변화를 가져온다. 예를 들어, 그토록 많은 사람이 왜 해외에 가방을 사러 가는 것일까? 수입관세는 왜 인하하지 못하는 것일까? 상하이에 보세 구역을 만들어 놓고 왜 사치품의 관세는 내리지 않는 것일까? 그렇기 때문에, 법인세는 인하해야 하고 수입관세 또한 이에 따라서 인하해야 한다. 가령 수입관세를 0 수준으로 떨어뜨린다 해도 나쁜 일은 아니다. 제조업에는 과세 절감을 해 주면서, 수입관세는 왜 삭감하지 않는가? 중국 시장이 이미 전 세계 최대 시장이 되었기 때문에, 어떻게 글로벌 자원과 글로벌 생산, 특히 중국의 생산으로 중국 시장을 위해 서비스를 할 것인가의 문제는 하나의 큰 어젠다가 되었고, 이 어젠다에 있어서 중앙정부의 구조적인 조정이 필요하다.

판스위안(潘士遠) 저장대학교 경제대학 교수: 기술 혁신에 대해 언급하면, 지금 중국의 혁신이 도대체 어떤 상황에 처해 있는지를 판단해야 한다. 한마디로 정리하자면 현재 중국은 혁신의 대국이지만 혁신 강국은 아니다. 많은 지표를 통해서, 예를 들면 특허 신청 수량을 따지면 중국은 이미 전 세계에서 선두의 반열에 올랐다. 특허 성장 속도 또한 선두를 달리고 있다. 그래서 중국을 혁신 대국이라고 부르는 것이다. 하지만 중국은 아직 혁신 강국이 아니다. 특허는 한 국가의 혁신을 가늠하는 지표이다. 중국의 특허 유형은 발명 특허와 실용신안 특허 그리고 외관디자인 특허가 있다. 혁신 구조(특허 구성)에서 보면, 중국은 발명 특허 비율이 매우 적고 발명 특허가 있더라도 많은 핵심 기술을 보유하지 못하고 있다. 여러분이 이 점에 대해 직관적인 느낌을 많이 받았을 것으로 생각한다. 예를 들면, 발전개혁위원회가 퀄컴(Qualcomm)을 고소한 사건에서 중국 핸드폰의 많은 핵심 기술을 미국인이 가지고 있다는 사실을 알 수 있었다. 2014년 전 세계 100개 혁신 기업에 화웨이가 이름을 올렸지만, 2015년에는 중국 기업이 하나도 없었다. 중국 경제가 선진 경제체에 비해 아직 큰 격차가 있지만, 전 세계 제2의 경제체로 이 순위 안에 중국 기업이 하나도 없다는 것은 확실히 반성해 봐야 할 문제이다. 이러한 측면에서 말하면 중국은 혁신 대국이지만 혁신 강국은 아니다.

중국의 혁신 구조를 바꿀 수는 없을까? 가능하다. 여기에서 필자는 지적재산권에 대해서만 언급하고, 특히 특허 제도가 혁신 구조에 미치는 영향에 대해 설파하고자 한다. 당연히 혁신 구조 외에도, 특허 제도가 혁신 속도에 영향을 미치는 것에 대해서도 이야기할 것이다. 필자가 저장성의 기업들을 돌아다녀 보면, 현재 저장성의 민간기업, 특히 규모가 조금 큰 민간기업은 지적재산권의 보호에 꽤나 관심을 보인다. 두 가지 예를 들어 보겠다. 항저우(杭州)시 샤오산구(蕭山區)에 한 상장회사 A가 있다. 우리가 연구 조사를 할 때 많은 기업이 A사에 찾아와서 교류하고 학습했고, 그들을 인솔하여 참관하게 하기도 했다. 하지만 지적재산권 문제 때문에 그들은 일부 생산 작업 현장에는 거의 데려가지 않았는데, 그 생산 작업 현장에는 기업의 핵심 기술이 있었기 때문이라고 한다. 다른 한 예는 원저우(溫州)에 위치한 B기업은 자동차 부품 제조업체였다. B기업은 울타리를 세워 외부에서는 그들의 생산 활동을 보지 못하게 해 놨다.

지적재산권 보호는 혁신 구조에 어떤 영향을 미칠까? 지적재산권 보호와 혁신 구조는 거꾸로 된 U자형의 관계가 되어야 한다. 즉, 지적재산권에 대한 보호 수준이 낮을 때, 지식재산권 보호 수준을 높이는 것은 확실히 혁신 구조 개선에 도움이 된다. 만약 재산권 보호 수준이 이미 매우 강력할 경우, 이때 재산권을 더 강력하게 보호하는 것이 꼭 재산권 구조에 호재라고 볼 수는 없다. 왜 거꾸로 된 U자 형태의 관계여야 할까? 일반적으로 발명 특허나 실용신안 특허를 언급할 때 이 두 가지 기술의 차이점을 구분해야 하며, 양자의 리스크 수준에도 차이가 있다. 일반적으로 실용신안 특허에 비해, 발명 특허의 리스크가 더 높다. 특허 리스크가 비교적 높고, 충분히 보호해 주지 않으면, 혁신에 대한 동기부여가 약해져 혁신에 대한 투입도 줄어들고, 구조에도 손해가 된다. 만약 특허 보호가 이미 강력하게 시행되는데, 보호를 더 강화하면 잠재적으로 진입한 기업은 연구개발을 꺼리고, 투입을 꺼리게 될 것이다. 이는 혁신 구조의 개선에 이롭지 않다. 중국의 현실로 돌아가서 살펴보면, 각 성은 특허 보호의 수준이 저마다 다르지만, 전체적으로 중국의 특허 보호, 특히 시행 정도는 비교적 취약한 상태이다. 이런 각도에서 보면 지적재산권 보호의 강화는 중국의 혁신 구조 개선에 도움이 될 것이다.

혁신은 두 가지 측면으로 나눌 수 있는데 하나는 구조이고, 다른 하나는 속도이다. 따라서 우리는 구조와 속도 사이에 충돌이 있는지 살펴봐야 한다. 필자 개인적으로는 지적재산권은 혁신 구조에 영향을 주고 혁신 속도에도 영향을 주지만, 이 양자는 완전히 일치되는 것이 아니고 그 안에는 내재적인 충돌이 존재한다고 생각한다. 왜 그럴까? 혁신 구조에 대해 언급할 때, 우리는 기술을 두 부류로 나눈다. 하나는 리스크가 높은 것이고 다른 하나는 리스크가 낮은 것이다. 그래서 혁신 활동에는 외부 효과가 존재하고 있으며, 높은 기술로 리스크가 높은 것을 대체할 수 있고, 그들 간에는 전략적인 대체 작용이 있는 것이다. 전략적인 대체 작용이 있기 때문에 일반적으로 혁신 구조가 가장 이상적인 특허 제도로는 가장 빠른 기술 진보 속도를 보장할 수 없다. 중국 입장에서는 만약 과도하게 혁신 구조만 추구하며 추월 전략을 펼치면, 오히려 사회 전체의 기술 진보 속도를 떨어트릴 수 있는 것이다.

다음 문제는 자연스레 어떤 산업정책으로 최대한 혁신 구조를 개선하면서 기술 진보 속도를 최대화할 수 있는가이다. 이 문제에 대해 우리는 산업정책을 더욱 확대하고 개방해야 한다. 두 가지 측면으로 나뉘는데, 첫 번째는 동일한 산업정책에 대한 것이다. 예를 들면 지적재산권 제도나 특허 보호 제도를 얘기할 때, 큰 틀의 제도를 지칭하는 것이다. 실제로 특허 제도 안에는 선택할 수 있는 도구가 있는데, 예를 들어 그 안에는 특허 기간이 있으며 발명 특허의 경우 중국에서는 20년이다. 그 밖에 특허의 폭도 있다. 이것은 권리 침해 문제, 모방 문제와 연관되며 특허의 너비가 넓을수록 모방은 더 적어진다. 마지막으로 문헌에서는 특허의 높이라고 부르는 도구인데, 이것은 혁신으로 특허를 획득하는 데 필요한 참신함과 관련이 있다. 이 3종류의 특허 도구가 혁신 구조와 혁신 속도에 미치는 영향은 일치하지는 않는다. 따라서 우리는 특허 정책의 조합을 통해 혁신 구조와 혁신 속도를 개선할 수 있다.

두 번째 측면은 다른 산업정책에 대한 것이다. 예를 들어, 특허 제도를 이야기할 때, 아마도 다른 일부 제도와 상호 보완과 상호 결합을 해야 하고, 이로써 조금 전에 언급한 외부 효과를 제거하여, 가능한 한 최적화된 혁신 구조와 가장 빠른 혁신 속도를 보장할 수 있다. 예를 들어, 특허 보호는 소유제 개혁과 짝을 이루어야 한다. 중국 공업 조사 데이터베이스를 보면 중국의 연구개발 자원의 미스매칭은 여전히 심각한 상태로, 많은 국유기업에 혁신이 필요 없는 상황에서 혁신하거나, 혁신이 필요한 상황에서 혁신하지 않는 경우가 종종 발생하고 있다. 그 외에도 특허 제도 역시 금융 제도와 함께 결합해야 한다. 예를 들어, 금융이 발전하면 혁신 원가가 낮아지고 혁신 수익은 올라갈 것이고, 특허 제도 또한 창업자에게 혁신을 진행하도록 격려할 수 있는 효과적인 장려정책이다. 이 양자가 상호 보완적인지 아니면 상호 대체하는지에 대해서도 논의해야 한다. 따라서 우리는 여러 차원에서 산업정책 문제를 살펴보고 이로써 산업정책이 더 훌륭한 역할을 하게 만들어야 한다.

추엔헝(權衡) 상하이사회과학원 세계경제연구소 연구원 : 산업경제학의 분석틀에 따르면, 산업정책은 산업발전 정책, 산업구조 정책, 산업기술 정책, 산업조직 정책 등을 포함하고 있어야 한다. 재고찰의 시각에서 보면 지난 수십 년간 중국에는 몇몇 산업정책이 훌륭한 역할을 했고, 전체적으로도 괜찮은 점수를 줄 수 있다. 이 또한 중국이 빠르게 추격하고 높은 성장률을 유지할 수 있는 하나의 중요한 요인이었다.

첫째, 산업조직 정책의 경우, 주로 시장 경쟁과 독점의 관계를 둘러싸고 우리는 개혁을 심화하고, 시장경제를 건설하고 반독점 정책을 제정함으로써 일정한 진보와 발전을 거뒀다. 당연히 독점 문제는 아직 완전히 해결되지 않았지만 이 영역에서 산업정책은 확실히 최근 몇 년간 계속 시행되었다. 둘째, 산업발전 정책의 경우 괜찮게 시행된다고 생각한다. 중국은 5년마다 발전 계획을 세우고 있으며, 여기에는 필연적으로 산업 발전 계획도 포함되어 있다. 중앙정부에서 지방정부까지 모두 산업 발전, 지주산업 발전 또는 중점 산업 발전 등의 정책을 확립했다. 따라서 산업 발전을 촉진한 정책의 관점에서 보면 괜찮은 점수를 줄 수 있다. 셋째, 산업구조 정책의 경우, 최근 몇 년간 많이 강조된 정책이다. 우리는 산업구조의 업그레이드를 강조하고 있고, 제조업에서 서비스업으로의 전환과 고도화를 추진하고 있다. 산업정책 시스템에서 산업 발전 정책, 산업구조 정책부터 산업조직 정책 등까지 각각 산업의 계획과 산업구조 조정, 시장화 체제 메커니즘 개혁 등의 방면에서 대량의 산업 발전 촉진 정책이 시행되었다. 이 분야의 산업정책이 중국 경제의 빠른 성장과 추월 발전에 긍정적인 역할을 했다는 점이 이미 사실로 증명되었다.

하지만, 우리가 오늘 논의하는 주제와 관련 있는 산업기술 정책만 다소 문제가 존재한다. 오랫동안 산업기술 정책의 방향과 지위는 명확하지 않았다. 우리는 줄곧 경제의 전환, 혁신 드라이브, 전환과 업그레이드를 논의했지만, 여기에 가장 중요한 것은 산업기술 정책에 대한 강조가 부족하다는 점이었다. 우리는 거시경제 정책을 비교적 많이 고려했지만 산업기술 정책은 주목을 받지 못했다. 이것은 필자가 산업정책에 대해 재고찰을 해서 얻은 판단과 견해이다. 당연히 이것은 우리가 장기적으로 행해 온 기술 도입·흡수·소화 그리고 혁신 경로 모방과 관련이 있을 것이다. 하지만 한 국가 경제의 장기적인 성장과 지속가능한 발전은 핵심이 기술 혁신, 특히 자주적인 혁신 능력의 향상이다. 이것은 우리가 산업기술 발전 정책을 다시 고민하고 제정해야 하도록 요구하고 이제는 그럴 시간이 도래했다고 생각한다.

그러므로 상하이에 전 세계에서 영향력이 있는 과학혁신센터를 건설하자는 건의의 핵심은 바로 중국 경제 발전의 자주 혁신 능력을 육성하는 것이다. 조금 전에 산업구조 정책, 산업발전 정책, 산업조직 정책이 중국에서 잘 시행되었다는 이야기를 거론했는데, 이는 당연히 모든 문제가 다 해결되었다는 의미가 아니다. 앞서 몇몇 학자들은 정부와 시장의 관계가 잘 이루어지지 않고, 이런 문제는 모두 제대로 해결되지 않았다고 지적했다. 하지만 미래에 반드시 산업기술 정책에 대해 큰 관심을 기울여야 한다. 현재, 상하이에 과학혁신센터를 건설하고 있는 것은 아마도 국가가 과학기술 혁신을 제창했고 국가의 사명이며 전략적 의미를 지니기 때문일 것이다.

우리는 중국 경제가 뉴 노멀 상태에 들어섰다고 이야기한다. 뉴 노멀의 가장 핵심적인 것은 성장 동력을 어떻게 순조롭게 혁신 드라이브로 전환시키는가에 있다. 사실, 상하이의 경제 성장 관점에서 과학혁신센터는 상하이의 경제 성장에 새로운 활력을 불어넣어 줄 뿐 아니라, 더 중요한 것은 국가 경제의 전환 과정에도 새로운 성장 동력과 시범을 제공해 줄 것이다. 경제 성장 전환과 구조 전환의 관점에서 오늘날 우리가 비교적 우려하는 것은 산업구조가 제조업 위주에서 서비스업 위주인 경제구조로 전환될 때, 경제 성장 속도가 하락할 수 있다는 점이다. 문제는 어떻게 하락의 가속도를 막는가에 있다. 일반적으로, 구조적 전환 과정에서 경제 성장 속도의 감소는 당연히 법칙성을 지닌 일이다. 세계적으로도 많은 경험이 존재하고 있으며, 제조업 비율이 일정한 단계에 달하면 서비스업이 차지하는 비중이 높아지고, 그때 경제 성장 속도는 하락세가 시작된다. 일반적으로 서비스업의 노동생산성은 비교적 낮고, 제조업 노동생산성에 비해 많이 낮기 때문에, 전요소생산성의 하락을 야기할 수 있다. 과거 유럽과 미국이 그랬고, 그 후 일본과 한국 또한 같은 양상이 나타났다. 따라서 중국 경제 성장 속도의 하락에도 필연적으로 구조적 전환이 가져온 전요소생산성 하락의 문제는 존재할 수밖에 없다. 하지만, 2007년 상하이 경제 성장 속도가 하락세를 보인 것을 포함한 중국의 문제는 무엇을 의미하는 것일까? 서비스업의 비중이 높으면, 그 노동생산성은 떨어지고 나아가 경제 성장 속도는 하락한다. 하지만 미국의 서비스업종 중 지식집약형·기술집약형의 서비스업은 노동생산성이 매우 높고 그 중에 지식 혁신, 기술 진보 등이 GDP에 기여한 바가 매우 크다. 따라서 상하이의 서비스업 비중이 제조업 비중보다 높아지고, 제조업 또한 전환과 업그레이드에 직면하게 되고, 서비스업의 점유율이 일정한 비율까지 향상되면, 자연히 경제성장률은 하락세가 나타나게 된다. 하지만 경제 성장 속도에 '속도 제어 상실'이라는 현상을 어떻게 막을 수 있을까? 이것은 우리가 고민해 봐야 할 문제이다. 그러므로 어떻게 상대적으로 안정적인 성장 속도를 유지할 수 있는가에 대해, 필자는 미국 서비스업 내부의 지식집약형과 기술집약형 서비스업과 유사한 형태를 모색해야 한다고 생각한다. 이런 유형의 서비스업은 노동생산성이 일반적으로 높기 때문이다. 따라서 상하이 자체의 경제 전환이란 관점에서 보면, 상하이에 과학혁신센터 건설을 추진하는 것은 서비스업 비중이 높은 경제 시스템 속에서 노동생산성이 높은 서비스업을 육성하고, 이로써 경제의 중·고속 성장을 촉진하고 지원하는 것이다.

우리는 산업정책, 산업구조 조정을 거론할 때 '산업기술 정책 중 과학기술 자원의 미스매치 문제가 존재하는가'의 상황도 있을 수 있다. 이것 역시 산업기술 정책을 제정할 때 고려해야 할 문제라고 생각한다. 예를 들어, 국유기업의 비율이 높고, 많은 혁신 자원을 차지하고 있다고 많은 이들이 지적했지만, 연구 결과에 따르면 국유기업은 독자적인 혁신 동력이 부족하고 혁신 능력도 강하지 않다. 앞서 지아캉(賈康) 원장이 일부 장려 제도에 대해 이야기한 이유는 사실상 효과적인 제도 공급이 부족하여 제도 혁신이 기술 혁신에 비해 낙후되어 있고, 이것 또한 기술 진보의 효과에 영향을 주기 때문이다.

결론적으로 상하이에 과학혁신센터를 만드는 것만 말하자면, 첫째 이센터는 경제 전환 과정에서 서비스업의 효율이 하락한 이후에도 경제 성장 속도가 너무 빠르게 하락하지 않고 중·고속 성장을 유지하도록 하는 버팀목이 될 것이다. 둘째, 중국 전역의 과학기술 혁신 전략 시행의 차원에서, 상하이가 중국 전역의 과학기술 자원을 집중시키고 영향력을 키우는 데 있어 더 많은 국가 전략과 사명을 감당하고, 중국 전역의 과학기술 혁신과 건설에 선구적인 경험을 제공해 줄 수 있을 것이다.

푸웨이강(傅蔚岡) **상하이 금융과법률연구원 연구원** : 산업정책은 명목상 행정적 허가가 아니지만, 행정적 허가보다 더 대단한 역할을 한다. 업계 진입 비준을 통해 행정적 허가의 목적을 이루기 때문이다.

부지 문제를 일례로 들어 설명하겠다. 공장 하나를 지으려면 먼저 현행 시스템에 따라 발전개혁위원회에게서 '해당 공정의 초기 업무에 관한 승인 문서'라고 불리는 허가증을 발급받아야 한다. 이로써 생기는 하나의 질문은 자동차나 다른 물건을 생산하는 데도 행정허가의 방식으로 진행할 필요가 있느냐의 문제이다. 중국의 행정허가법 제13조에서는 "공민과 법인 및 기타 조직이 독자적으로 결정할 수 있고, 시장경쟁 메커니즘을 통해 조절할 수 있다면 법적으로 행정허가증을 요구하지 않아도 된다."고 강조한다. 다시 말해 이런 업종에서는 지도적 산업 목록을 설정할 필요가 없고, 적어도 배타적인 진입 허가가 있어서는 안 된다. 진입 허가의 개입은 생산과잉을 야기할 수 있다. 정부에게는 장려 정책으로 기업을 유지해야 하는 동기가 있지만 이런 기업은 대부분 국영기업이 아니기 때문이다. 최근 2년 사이에 생산과잉이 왜 이렇게 많이 논의되는가의 주된 원인은 과거에 중국이 상당히 긴 기간 동안 결핍 경제 (Shortage economy)였기 때문이다. 만약 반행정 허가법과 반부정당 경쟁법을 시행한다면 산업정책에 큰 도움이 될 것이다.

후웨이쥔(胡偉俊) 맥쿼리(Macquarie)그룹 수석중국경제학자: 필자는 산업정책과 생산과잉 이 두 가지가 같은 근원, 즉 시장의 기능 상실에서 비롯되었다고 생각한다. 시장의 기능 상실은 두 가지로 나눌 수 있는데, 하나는 과잉생산을 가져오는 시장 기능 상실이고, 다른 하나는 시장 정책을 불러오는 시장 기능 상실이다. 그렇다면 시장의 기능 상실은 언제 발생하는가? 필자가 호주 아시아투자은행에서 근무하던 시절, 많은 대종상품을 생산하는 기업을 보았다. 만약 대종상품 생산 기업이 모두 민영기업이라면, 중국에서 이렇게 많은 생산과잉 현상이 일어나지는 않았을 것이다. 민영기업은 그렇게 큰 손해를 보면서까지 생산하지 않기 때문이다. 과잉 생산능력이 이렇게 심각한 이유는 국유기업에 많은 퇴출 메커니즘이 있고, 이것은 그들이 손해를 보더라도 계속 만들어 내게 하기 때문이다. 시장의 기능 상실이 나타나는 이유는 시장 퇴출 메커니즘의 미스에 따른 생산과잉을 야기하기 때문이다.

다른 한편, 시장의 기능 상실에는 산업정책이 필요하다. 시장을 고려했을 때 업스트림 기업과 다운스트림 기업을 동시에 잘 해야 하며 하나만 고려해서는 안 된다. 중국 정부가 신재생에너지 자동차를 만들 때 비슷한 생각을 한 것으로 보인다. 신재생에너지 자동차의 충전소를 만들려면 정부의 보조금 지원과 민영기업의 과감한 투자 이 두 가지를 동시에 진행해야 한다. 정부는 보조금을 지급할 수 있다. 중국이 대형 비행기를 만들고, 나아가 반도체를 만드는 것도 모두 이런 생각에서 나온 것으로, 막대한 투자를 해야 한다. 그 외에 시장의 규모가 이렇게 크기 때문에 시장화 지향적 기술을 협력하여 이용하는 사례도 매우 많다. 중국의 자동차와 고속철도 그리고 반도체 등은 모두 이렇게 만들어진 것이다. 최근 선전이나 난징에서는 합자기업들이 하나둘씩 생겨났지만 그 배후에는 시장의 기능 상실 효과가 존재한다. 그렇다면 결국 어찌해야 하는가? "악마는 디테일에 숨어 있다(The devil is in the detail, 무언가를 할 때는 철저하게 해야 한다는, 세부사항이 중요하다는 의미-옮긴이)." 앞서 필자가 말한 것은 그저 보편적인 원칙일 뿐이다. 무엇이 더 적합한지는 디테일에서 찾아야 한다. 사실 이 문제는 필자의 능력 밖의 것이지만, 평상시 많은 기업을 관찰할 기회가 있었던 만큼 정식 이론은 아니지만, 당시 관찰하면서 받은 느낌을 간략하게 정리해 보고자 한다.

첫째, 중국의 산업정책에 대해 논의하자. 지방정부는 규모의 확대를 원하기에, 태양광과 신재생에너지를 포함하여 정부가 보조금 정책을 시행할 때 중국 기업은 막대한 원동력을 가지고 지방정부도 막대한 원동력으로 시행하게 된다. 예를 들어 중국의 많은 지역에는 신재생에너지 자동차 공장이 있는데, 신재생에너지 자동차 공장이 있는 지역에 외래 기업이 신재생에너지 자동차를 판매하려면 높은 진입 장벽을 넘어야 한다. 이는 결국 중복적 건설을 초래할 수 있다.

둘째, 일반적으로 정부가 먼저 계획을 하고 산업정책을 시행하는데, 이 자체는 '도박'과 같다. 예를 들면 신재생에너지 자동차에 관한 기술을 선정해야 할 경우, 가령 중국 정부가 배터리 관련 기술을 선정한다면 이 때 그 기술의 선정이 옳은지 여부가 가장 중요한 문제가 된다. 대표적으로 몇 년 전, 중국 전자기업인 창홍(長虹)이 플라즈마 TV를 선정한 것이나 차이나 모바일이 GDMSA를 선정한 결과를 보면 더욱 그러하다.

셋째, 시장의 힘이 어떻게 작용하는가? 과거 중국은 자동차 업종에서 시장화 지향 기술을 이용했다. 하지만 우리는 중국이 합자한 자동차 공장에 모두 문제가 발생한 것을 안다. 중국 FAW 자동차는 원래 적자 상황이었고, FAW 산하 폭스바겐의 이에 대한 보조금이 필요했다. 우리는 여러 해 동안 시장화 지향 기술을 시행했지만 진정 좋은 기술을 가질 수 있는 것은 아니었다. 반대로 다른 한편으로 자동차 부품은 누구나 만들 수 있었고, 특히 저장성의 일부 자동차 부품 회사는 천천히 전 세계에서 선두 지위를 차지하면서 50%를 해외에 수출하고, 전 세계에 공장을 설립했다. 이것은 자동차 업종과 확실히 대조를 보인다. 필자는 항저우에 있는 일부 방직 기업의 상황도 살펴보았다. 20년 전, 방직 산업의 생산 과잉은 오늘날 철강 산업과 비슷한 수준이었다. 하지만 현재 닝보의 방직 기업들은 꽤 경쟁력을 갖추고 있다. 생산과잉이 일어난 업종에도 자신만의 방법을 가지고 있으며, 예를 들어 유니클로가 그들과 매우 좋은 관계를 유지하고 있다. 필자는 평소에 동아시아 전체의 산업 사슬에 매우 관심을 가지고 있었다. 거의 매년 대만과 한국에 가서 산업 사슬의 변화를 살펴보고 있으며, 저장성을 직접 둘러보기도 했다. 올해 대만은 대중국 수출이 15% 하락했다. 그 이유는 무엇인가? 중국 전역에서 모바일 설비 생산이 시작되어, 중국 핸드폰 판매량도 살아나기 시작하기 때문이었다. 기기 시장이 살아나면서 산업 사슬 전체의 발전을 가져왔고, 정부는 단말기나 산업 사슬에 꼭 투자할 필요가 없다는 것을 보여 준 것이다. 이는 필자가 중국 전자업계에서 살펴본 사례이다.

넷째, 필자는 사실 반도체 업계에 매우 관심을 갖고 있다. 다들 알다시피 중국 수입 항목 중 앞의 3대 제품이 반도체와 패널 그리고 석유이다. 패널에 대해 과거에 중국이 많은 정책 지원을 취했고, 이제는 인수합병을 추진하길 원하고 있다. 우리는 최근 인수합병에 여러 문제가 생겼다는 것을 잘 알고 있다. 처음 인수할 때는 타당성이 있다고 생각하지만, 나중에 일부 핵심 기술을 구매할 때, 예를 들면 필립스 조명처럼 문제가 발생할 가능성은 충분히 있다. 이 분야에서 중국이 어떤 추진 방식을 채택해야 반도체 업계를 조금씩 가져올 수 있을까? 반도체와 관련된 세부적인 사항까지 어떻게 해야 할지 우리는 알지 못할 수도 있기 때문에, 시장의 힘을 더 많이 활용해야 한다는 것이 합리적인 생각이다. 국가 기금으로 투자를 하고 모험하며 기술을 선택하면 불가피하게 투자 행위를 왜곡시킬 수 있을 것이다. 국가의 힘과 민간기업 그리고 시장의 힘을 어떻게 잘 결합시키는가가 우리가 생각해야 할 문제이다.

제5장

산업정책의 실천

재판매가격 유지 행위에 관한 중국의 입법과 법 집행 상황

장촨하이(蔣傳海)
상하이 재경대학교 교수

산업조직 정책은 산업정책의 중요한 구성요소이다. 필자는 산업조직 정책, 즉 재판매가격 유지 행위(RPM: Resale price maintenance)에 관한 중국의 입법과 법 집행 상황에 대해 이야기하고자 한다.

먼저, 중국의 RPM 입법과 법 집행 상황을 살펴보자. 중국의 『반독점법』 제14조는 "경영자가 거래 상대방과 함께 다음과 같은 독점 협의를 하는 것을 금지한다. (1) 제3자에게 제품의 재판매가격을 고정하는 행위 (2) 제3자에게 제품의 재판매 최저가격을 한정하는 행위…"의 규정을 통해 재판매가격 고정과 재판매 최저가격 유지 행위에 대해 명확히 금지하고 있다. 제15조는 또한 제14조와 관련된 7가지 면제 상황에 관해 규정하고 있다. 그 중 1항~5항에서 경영자가 관련 시장의 경쟁을 심각하게 제한하지 않는다는 증거를 제시해야 한다고 규정하고 있다. 『반독점법』 시행 이후, RPM 법 집행과 관련하여 중국에서는 이미 여러 안건이 발생했고, 이를 사법 상황과 행정법 집행 상황 두 가지로 나눌 수 있다. 사법 상황은 주로 '베이징 루이방(銳邦) 용허과학무역유한회사가 존슨앤존슨 의료회사를 고소한 사건'으로 루이방 회사는 업스트림의 공급 업체인 존슨앤존슨과의 판매계약서에 재판매가격 제한 조건을 약정하여 『반독점법』 제14조 "제3자에게 재판매 제품의 최저가를 제한"하는 내용을 위배했다며, 경제적 손실 1,439만 9천3백 위안을 배상하라고 소를 제기했다. 2013년 8월 1일, 상하이시 고급인민법원은 루이방의 승소와, 존슨앤존슨이 『반독점법』을 위반했다며 상대에게 경제적 손실 53만 위안을 배상하라고 종심 판결을 내렸다. 마오타이와 우량예(茅台酒, 五粮液: 중국의 유명한 주류 브랜드-옮긴이)의 행정 처벌 사건이나, 허성위안(合生元) 등 분유제조사 6곳에 대한 행정 처벌 사건 및 기타 안경렌즈·자동차·의약에 관한 행정 처벌 사건 등을 포함하여 행정법 집행 상황은 비교적 그 예가 많은 편이다. 해당 분야의 법 집행에는 주로 2가지 특징이 있다. 하나는 사법 상황이 적고, 행정법 집행 상황이 많다는 것이고, 다른 하나는 RPM 행정법 집행 사건 중 거의 모든 기업이 처벌을 받았으며, 이는 면제 조항으로 경영자들이 RPM이 관련 시장 경쟁을 심각하게 제한하지 않았다는 증거를 제시하기가 매우 어렵다는 점을 시사해 준다. 중국 RPM 법 집행 상황은 국내외로 많은 주목을 받았다. 특히 행정법 집행이 많은 편이고 법 집행의 투명도가 높지 않기 때문에 발전개혁위원회의 법 집행을 두고 사회 각계에서 많은 논쟁이 벌어지고 있다.

둘째, 경제학 이론 분석 결과로 보면, 재판매가격 유지 행위는 경쟁을 촉진하면서도 동시에 경쟁을 제한하는 효과를 가진다. 기업이 RPM을 활용하는 이유를 살펴보면 브랜드 내 경쟁 제한, 판매업체에게 서비스 제공 촉진, 브랜드 품질 명성 유지와 브랜드 간 제조업체 가격 담합 유지 등을 위해서이다. 제조업체는 RPM 제도를 통해 유통업체가 더 좋고 더 많은 판매 서비스를 제공하도록 유도할 수 있고, 유통 서비스를 이행하는 과정에서 '무임승차'와 같은 부정적인 행위를 방지할 수 있다. 또한, 실효성이 있는 최저 RPM을 통해 새로운 기업의 업계 진입을 유치할 수 있어 제품의 다양성을 제고하고 더욱 치열한 경쟁을 야기할 수 있다. 그러므로 RPM은 경쟁을 촉진시키는 효과가 있는 것이다. 하지만 동시에 RPM은 브랜드 내의 경쟁을 감소시키고 유통 가격의 변동성을 제거하여 제조업체 간의 담합 환경을 조성할 수도 있다. 따라서 경쟁 제한 효과도 가지고 있다. 경제학 이론의 분석 결과에 따라, RPM의 법 집행은 반드시 '합리추정' 원칙에 따라야 한다. 즉, 개별 사건의 실제 상황에 따라 경쟁 촉진 효과와 제한 효과에 대한 평가를 해야 한다.

셋째, 해외 RPM 법 집행 상황을 살펴보자. 초기 미국의 법 집행 사례에서는 RPM이 수직적 통제 계약으로서 『셔먼법』 제1조의 '당연위법'을 구성한다고 여겼다. 후에 RPM에 대한 연구가 깊이 진행되면서 이론적으로 RPM의 효과에 대한 인식이 비교적 체계적이고 완벽해져 RPM 법 집행에 많은 영향을 주었다. 특히 1997년, 미국 최고법원은 State석유공사가 Khan을 기소한 사건을 판결할 때, 수직적 통제 효과를 연구한 대규모 학술 성과의 영향을 받아 State사 측에 '당연위법'이 아닌 '합리추정'의 원칙에 따라서 판결을 내려야 한다고 했다. 하지만 해당 사건에 대해 법원은 추가 해석을 통해, 수직적 최고 RPM과 수직적 최저 RPM을 지속적으로 구분할 것이며, 최저 RPM은 여전히 '당연위법'에 따라야 한다고 간주했다. 필자는 개인적으로 해당 사건의 판결이 중국 반독점 법의 관련 조항에 큰 영향을 끼쳤다고 생각한다. 2007년, 미국 최고법원에서 리진Leegin의 PSKS소송 건을 판결할 때, 수직적 최저 RPM 역시 '당연위법'이 아닌 '합리추정' 원칙에 따라 판결해야 한다고 판결했다. 같은 해, 캐나다는 RPM을 형법 구속 행위에서 민법 구속 행위로 변경했다. 외국의 법 집행 상황을 감안하면 RPM은 '합리추정'의 원칙에 따라 판결해야 한다. 그렇다면 중국에서 최저 RPM을 고정시키는 것 또한 '합리추정'의 원칙에 따라 판결을 해야 할 것이다.

마지막으로, 필자의 주요 관점과 의견을 개진하고자 한다. (1) RPM의 분석 이론과 해외 법 집행 상황에서 보면 RPM은 반드시 '합리추정'의 원칙에 따라 판결해야 한다. 중국은 행정법 집행 유형이 비교적 많고 법 집행의 투명성이 부족해 큰 논쟁거리가 되고 있다. (2) '루이방 회사의 존슨앤존슨 소송 건'은 중국의 첫 번째 수직적 독점계약 분쟁 사건으로, 해당 판결은 RPM을 분석하고 평가하는 기본 방법을 명확히 했다.

구체적인 구성 요건으로는 해당 시장의 경쟁이 충분한지 여부, 시장 지위가 탄탄한지 여부, 재판매 최저가 유지의 시행 동기, 재판매 최저가 유지의 경쟁 효과 등이 있다. (3) RPM 행정법 집행 안건에서 거의 모든 기업이 처벌을 받았다. 이 사실은 면제 조항에서는 경영자가 RPM이 관련 시장의 경쟁을 심각하게 제한하지 않았다는 증거를 제시하기가 비교적 어렵다는 점을 설명하는데, 이는 역으로 기업이 반독점에 관한 전문지식을 학습할 필요가 있다는 것을 말해 준다. (4) 기업의 증거 제시는 마땅히 다음의 논리적 순서대로 진행되어야 한다. 제품이 속한 시장의 경쟁이 아주 충분하고, 기업 자신이 해당 시장에서 막대한 입지를 가지고 있지 않으며, 시장 경쟁을 제한하겠다는 것을 동기로 삼지 않고, 경쟁을 촉진하고 소비자 복지를 향상시키는 효과를 가지고 있어야 한다.

최저임금 기준의 상향 조정이 정규직에 미치는 영향[*]

장쥔(張軍)
푸단대학교 경제대학 교수

자오다(趙達)
푸단대학교 경제대학 박사 연구생

저우룽페이(周龍飛)
푸단대학교 경제대학 석사 연구생

문제의 제기

　개발도상국에는 비정규 부문이 광범위하게 존재한다. 이 개념은 하트Hart(1973)에 의해 최초로 제시되었고, 그 후 국제노동기구(ILO)가 이를 '도시 지역의 저소득·저임금·비非조직화되고 구조적이지 않은 소규모 생산 또는 서비스 단위'라고 정의했다. 중국에서는 일반적으로 도시의 민간기업, 자영업 종사자, 정식 노동관계가 없는 도시의 국유 또는 집단 기업을 그만둔 실업자를 비정규 취업 범주에 포함시킨다[야오위(姚宇), 2006]. 비정규 부문은 생산 효율이 낮으며, 요소 시장과 상품 시장에서 정규 부문과 경쟁 관계가 형성될 때 자원의 심각한 미스매칭을 야기할 수 있다. 라 포르타와 쉬라이퍼La Porta and Shleifer(2014)의 연구에 따르면 비정규 부문의 생산성 수준과 1인당 평균 부가가치는 각각 정규 부

---

[*] 기금 항목: 국가사회과학기금의 중대 항목 '중국 경제 발전 뉴노멀의 추세적 특징과 정책적 향방 연구'(승인번호: 15ZDA008), 국가자연과학기금 중점 항목 '경제 선진국의 산업 전환과 고도화 메커니즘 추진과 정책 연구'(승인번호: 71333002)

문의 10%~40%와 15%밖에 되지 않는다. 장펑(張峰, 2016) 등은 제조업에서 비정규 부문이 행하는 부정적인 경쟁 행위로 인해 정규 부문의 기업이 더 많이 이를 모방하게 만들고, 이로써 사회 전체의 독립적인 혁신 능력을 저하한다는 것을 발견했다.

정규화로의 변화 발전을 어떻게 추진하는가에 대해 우야오우(吳要武, 2009)는 중국의 정규화와 산업고도화는 함께 움직이고, 후자는 요소의 상대적 가격 변화에 좌우되므로, 임금의 인상은 정규화를 이루는 중요한 수단이라고 주장했다.[1] 머피 등 연구진Murphy et al.(1989a, 1989b)은 정규화와 임금·소비를 연계하여, 정규화를 경제체 내 다중균형의 상호 전환이라고 간주했다. 제품 판매액은 경영자의 정규화 투자로 발생한 고정비용을 보완할 수 있도록 충분한 규모가 되어야, 기업은 비로소 정규화 전환의 동기를 가질 수 있게 된다는 것이다. 하지만 현실에서 일부 발전이 낙후된 국가들은 '비정규화·저임금·저소비'의 균형에 자주 빠지게 된다. 매그루더Magruder(2013)가 머피 등 연구진Murphy et al.(1989a, 1989b)의 이론을 보완하면서 정부가 대규모로, 높은 빈도로 대폭적으로 정규 부문의 사회 보장 기준을 향상시키고, 이러한 개입이 비정규 부문 노동력의 소득과 소비에 큰 플러스 스필오버 효과를 가져올 때, 사회보장 제도가 수요를 자극하여 정규화의 초기 투자를 보완할 것이고, 최종적으로 '정규화·고임금·고소비'라는 균형이 실현될 수 있다고 설파했다. 그는 인도네시아 데이터를 인용하여 자신의 주장을 증명했고, 동시에 최저임금 기준의 인상이 정규화에 미치는 영향은 업계 TFP(전요소생산성)와 제품 수요의 차이에 따라 큰 차별성을 가지고 있다는 사실을 발견했다. 실제로, 수요를 창출하여 초기 투자를 보완하려는 이러한 사상

---

[1] 멕시코는 확실한 임금 인하 방식을 채택하여 낮은 수준의 실업률을 유지하였고, 그 결과 비정규 분야가 대폭 증가했다.

은 로젠스타인-로단Rosenstein-Rodan(1943)의 '대추진(Big Push)'이론까지 거슬러 올라갈 수 있다.[2] 즉, 만약 정부가 몇몇 상호 보완적인 업계에 동시 투자하여 공업화를 이룩하면 해당 업계 사이에 창출된 상호간의 수요가 공업화 전환을 매력적인 이윤 창출 방식으로 만들 수 있는 것이다. 다만 여기에서는 정규화에 필요한 초기 투자비용을 채워줄 새로운 수요가 최저임금 기준의 인상을 통해 창출되었을 뿐이다.

1990년대부터 최저임금 제도를 시행한 이후 중국 전역에서 최저임금 기준이 확연히 인상되었음을 알 수 있다(구체적인 사항은 그림 1 참고). 하지만, 최저임금이 더 광범위하게 더 높은 빈도율로, 더 큰 폭으로 인상되는 것이 중국의 정규화 추진에 도움이 되는가에 대한 문헌적 연구는 존재하지 않는다. 과거에 중국의 최저임금에 관한 연구는 대부분 취업과 임금 소득에 대한 최저임금의 영향을 분석한 것에 국한되었다. 취업 분야를 살펴보면, 뤼샤오란(羅小蘭, 2007)은 최저임금 기준과 농민공(비정규 취업자 위주)의 취업률 사이에 뒤집힌 U자 형태의 상관관계가 존재한다고 주장했다. 니 등 연구진Ni et al.(2011)은 최저임금 기준의 인상이 동부 지역의 취업에 부정적인 영향을 주고, 중·서부 쪽에는 긍정적인 영향을 주었다고 분석했다. 선 등 연구진Sun et al.(2015)은 최저임금 기준의

---

[2] 초기 발전경제학의 '대추진' 개념의 핵심 논리는 다음과 같다. 정부라는 '보이는 손'이 동시에 많은 업계에 투자하여 강력한 외부 스필오버 효과를 갖춘 제품 수요를 창출해 내고, 이로써 미시 주체 안에서 투자 장려 메커니즘이 생성되고, 최종적으로 많은 업계가 산업화의 장벽을 뛰어넘겠다는 목표에 도달할 수 있어 사회 전반에 걸친 파레토 개선을 이룬다(즉, 수요와 산업화의 낙후에서 수요와 산업화의 발전으로의 전환). 하지만 본고에서 말하는 '대추진'은 정부 외에서 수립된 최저임금 제도를 통해 사회 전반의 소비 수요를 증가시키고 기업의 비정규 분야에 관한 투자 의결에 변화를 주어 기업과 시민 모두 파레토 최적의 법칙을 실현하는 것이다(즉, 이때의 수요 확장은 최저임금 인상 후 시민의 소득 개선으로 증가된 제품의 수요이고, 업계의 정규화 이후 파생된 임금의 인상은 다시 한번 소비 수요의 증가를 가져온다). 그래서 정부가 각 시장 주체와의 협조를 통해 수요의 상승을 '추진'하고 생산성을 개선하여 다중균형으로 전환을 이룬다는 측면에서 보면 이 둘은 결국 같은 효과를 창출해 낸다.

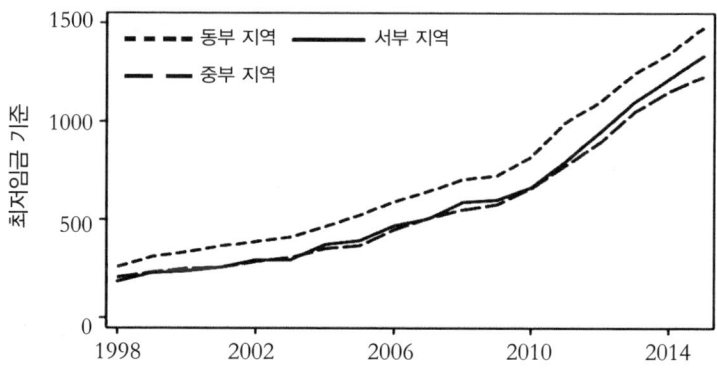

그림 1 1998~2015 중국 3대지역의 최저임금 기준 변화 상황

※ 출처: 각 성(시) 인력자원과 사회보장청(국) 홈페이지

인상이 사기업과 자영 기업의 근로자 취업에만 부정적인 영향을 준다고 밝혔다. 임금을 살펴보면, 마쌍(馬雙, 2012) 등은 1998~2007년 중국의 규모 이상 제조업의 미시 기업(모두 정규 분야의 기업) 데이터를 이용하여, 최저임금이 10% 인상될 때마다 제조 기업의 평균임금이 전체적으로 0.4%~0.5% 인상되었다고 분석했다. 샹판(向攀, 2016) 등은 분위수 회귀 분석을 통해 최저임금의 인상에 막대한 스필오버 효과가 존재하고, 집행력이 클수록 스필오버 효과가 명확하게 나타난다고 밝혔다. 쑨중웨이(孫中偉)와 수빈빈(舒玢玢, 2011)은 최저임금 기준 인상의 출발점은 비록 저소득층의 기본 생활수준을 보장하는 데 있지만, 정책 집행 측면에서는 임금 인상 제도로 추진되어 있고, 각 업계의 여러 계층에 영향을 주었다고 말했다. 위에서 말한 결과를 바탕으로 본문에서는 최저임금 기준을 광범위하게, 높은 빈도율로, 대폭 인상하는 것이 각 업계 임금(및 이로 인한 소비 지출)[3]과 비정규 부문과 정규 부문 간 노동력 이동에 큰 충격을

---

3 저소득층 한계 소비 성향은 일반적으로 높다. 그래서 소비 자극 효과가 명확하다(논증 부문 참고).

안겨 줬으며, '정규화·고임금·고소비' 균형을 이루는 데 도움이 되었다고 잠정적으로 추정한다. 거대한 중국 경제 규모와 정규화가 가져올 생산 효율의 증가를 고려하면 이는 매우 중요한 현실적 의미를 갖는다.

이론 모형

본문의 실증 부분 연구는 노동력의 취업 정규화 문제에 관한 것이지만 노동력 취업 정규화의 근본적인 추진력은 기업의 정규화에 있다. 이를 바탕으로, 여기에서 머피 등 연구진Murphy et al.(1989a)과 매그루더 Magruder(2013)의 분석틀을 참고하여 일반화 모형을 이용하여 미시적 기업 차원에서 다음과 같이 논증을 하고자 한다. 즉, 정규 부문의 노동자는 비정규 부문에 비해 임금적 프리미엄이 존재한다고 가정할 경우, 정규 부문의 임금 수준을 향상시키면, 경제체를 비정규 부문의 생산 균형에서 정규 부문의 생산 균형으로 전환시킬 수 있다.

구체적으로, 어느 한 지역의 거주민이 Q종류의 상품을 소비하고, 그 효용함수를 콥-더글라스 형식인 $U(x)=\sum_{i=1}^{Q}\ln(x_i)$라고 설정한다. 여기서 x_i는 제i번째 종류의 제품 소비량이라 가정한다.

공급 측면에서는 모든 제품이 종류별로 각각 단 하나의 업계에서만 생산된다고 가정한다. 동시에 기업은 두 가지 기술적 선택에 직면하고 있으며, 하나는 기술이 상대적으로 낙후되어 1단위의 노동이 1단위의 제품밖에 생산할 수 없고, 다른 하나는 상대적으로 앞서 나가는 기술로서 1단위의 노동이 $\alpha(\alpha>1)$ 단위의 제품을 생산할 수 있지만, 해당 유형의 기술은 F단위의 초기 노동을 투입해야만 얻을 수 있다(특허와 유사). 중국에서 기존의 전형적인 사실에 기반하여, 본문에서는 정부가 규제하기 힘든 기업을 비정규 부문 기업이라 정의한다. 여기에 해당되는 기업

대부분은 생산 규모가 작고, 수가 많으며, 생산기술이 낙후되어 있다.[4] 마찬가지로 정부의 규제를 받기 쉬운(예를 들면 최저임금제 규제) 기업을 정규 부문 기업으로 정의한다. 해당 유형의 기업은 일반적으로 첨단 생산기술을 사용하고 있으며, 규모가 비교적 크고, 소속된 업종에서 유일한 제조업체이다.[5]

본문에서는 Q종류의 업계를 두 부류로 세분화했다. 첫 번째 유형은 비교역재(Non-tradable Goods)를 생산하는 업계로(예를 들어 공간 분리가 불가능한 일부 서비스업),[6] 해당 제품은 현지 거주민만 소비할 수 있으며, 초기 단계에서 모두 낙후된 생산기술을 사용한다. 하지만 첨단 기술을 사용하여 정규 부문 생산으로 전환될 잠재력을 가지고 있기에 첫 번째 유형 업계에 속한 기업은 예상 이윤에 따라 어떤 종류의 생산기술을 채택할지 지속적으로 결정할 수 있다. 해당 유형의 업계 점유율은 η이다. 두 번째 유형의 업계는 교역재를 생산하며, 해당 제품은 현지 거주민의 소비뿐만 아니고, 다른 지역과의 거래도 진행할 수 있다(대부분의 제조업처럼). 본문에서는 현지의 두 번째 유형 업계의 제품에 대한 비현지 거주

---

[4] 비정규 부문 기업 규모는 일반적으로 작은 편이기 때문에, 규제에 큰 어려움이 존재한다. 규제의 허술함은 본질적으로 비정규 부문 기업에 대한 일종의 '숨겨진 혜택'이라고 볼 수 있고, 이런 연유로 일부 기업은 기술적으로 낙후되었지만 여전히 일정한 이윤을 남기고, 도태되지 않는다.

[5] 정규화 기업이 업계 내 유일한 제조업체라는 것은 모형 단순화에 따른 것으로, 이는 업계 내의 정규화 기업을 동질로 간주한 것이며, 독점을 의미하지는 않는다.

[6] 이런 귀납 분류는 최저임금 기준 인상의 소비 촉진과 재분배 효과를 더 세분하여 분석하기 위함이다. 최저임금 기준의 인상은 자국의 소비 수준(본문에서는 현지 수요를 말함)을 향상시키고, 또 한편으로는 가격 인상으로 외국 소비자 수요는 악화된다(아래 글 중의 E). 만약 최저임금 기준의 인상으로 야기된 소비 상승이 모두 외국 제품을 구매하는 데 쓰인다면 중국의 관련 업계 제품에 대한 수요가 형성되지 않을 것이다. 따라서, 인건비가 늘어나며, 또 비정규 부문 기업의 정규화 적극성이 떨어져 업계의 정규화 전환에 긍정적인 영향을 미치지 못한다. 이것이 바로 실증 부분(자세한 사항은 표 3 참조)에서 공간적 거래가 불가능한 현지 서비스 수요로 건전성 테스트를 하는 이유이다. 이와 비슷하게, 만약 외부 수요가 큰 폭으로 하락하면 중국의 각 업계의 정규화 전환에도 불리한 영향을 준다.

민의 총수요를 E라고 가정했다. 나아가, 여기에서는 모든 두 번째 유형 업계는 하나의 정규 부문의 기업만 첨단 기술로 생산 활동을 진행하며, 정부의 관리감독을 받는 것으로 간주했다. 해당 유형의 업계 점유율은 $1-\eta$이다.

 요소 시장에서, 노동력이 자유롭게 이동할 수 있다고 가정해 보자.[7] 모든 비정규 부문의 기업은 노동력 시장에서 완전경쟁을 하고 있다고 가정하므로 비정규 부문 기업의 임금이 똑같고, 여기서 1로 표준화했다. 동시에, 본문에서는 제품 시장도 완전경쟁 시장으로 가정하기 때문에[8] 비정규 부문 기업에 의해 생산되는 업계는 틀림없이 제품 가격을 한계 원가인 1로 설정했다. 하지만 이미 정규화 전환이 완성된 업계에게는 비록 업계마다 단 하나의 기업만 존재하더라도 진입 장벽이 존재하지 않기 때문에 해당 업계의 제품 또한 가격을 1로 정할 수밖에 없다. 정규 부문 기업의 노동 한계 산출이 비교적 높기에 임금 ω는 $1 \leqslant \omega \leqslant \alpha$를 만족시킴을 알 수 있다.[9] 정규 부문의 생산활동은 통상적으로 노동 강도가 더 높다는 것을 감안하면, 정규 부문의 기업은 더 높은 노동 강도로 인한 효용 손실을 보완할 수 있도록 임금을 조절하면 된다. 나아가, 본문에서는 현지 인구 규모가 일정하게 유지되며 미취업자들이 모두 최저생활 보장인 β를 얻고 $\beta<1$을 만족한다고 가정한다.

---

[7] 도시 지역 노동력은 비록 완전 자유 이동이 실현되지 않았지만, 서비스업이 대규모의 저기술 노동 일자리(예를 들면 식당 서빙 직원)라는 점에서 보면 노동력 유동 장벽은 매우 낮다. UHS2010~2012년 월별 데이터에 따르면, 20%의 비정규 부문의 취업자는 3년 내에 최소 한 차례 직장을 바꿨다.
[8] 이 가설에서 비정규 부문 기업의 경제 이윤은 0이다. 정규 부문 기업은 단위 노동생산성이 높은 편이라 많은 비정규 부문 기업이 정규화를 하기 전에, 경제 이윤은 플러스이다. 이런 가설은 정규 부문 기업의 이윤이 비정규 부문 기업보다 크도록 만들 뿐이며, 정규화를 통해 이윤을 추구하고, 비정규 부문 기업의 경제 이윤이 정말 0인지 아닌지는 중요하지 않다.
[9] 이것은 정규 부문의 임금이 노동력으로 인한 수익을 초과하지 못하기 때문이며, 또한 비정규 부문의 기업에서 받는 임금보다 낮을 수 없기 때문이다.

콥-더글라스 효용함수 특징에 따라, 현지 거주민의 수입이 y일 때, 각 종류의 제품에 대한 지출은 모두 $\frac{y}{Q}$이다. 만약 첫 번째 유형의 업계가 전부 첨단 기술을 이용하여 생산활동을 하면, 이 유형의 업계에서 각 기업의 예상 이윤은 다음과 같다.

$$\pi = \frac{y}{Q} \cdot \left(\frac{\alpha - \omega}{\alpha}\right) - F \cdot \omega \tag{1}$$

낙후된 생산 기술을 이용한 기업의 이윤은 항상 0이기 때문에 π>0일 때, 기업은 단위 노동력 투입을 선택하여 고효율의 정규 부문 생산으로 전환할 수 있다.

소득이 임금과 최저 생활의 보장으로만 이루어진다고 가정하면, 첫 번째 업계가 전부 정규화로 전환될 경우, 현지 주민 소득은 아래와 같다:

$$y = F \cdot Q \cdot \eta \cdot \omega + \frac{y \cdot \eta \cdot \omega}{\alpha} + \frac{y \cdot (1-\eta) \cdot \omega}{\alpha} + \frac{E \cdot \omega}{\alpha} + \\ \left[L - F \cdot Q \cdot \eta - \frac{y \cdot \eta}{\alpha} - \frac{y \cdot (1-\eta)}{\alpha} - \frac{E}{\alpha}\right] \cdot \beta \tag{2}$$

이 중에서 균형을 이루었을 경우 현지 주민의 소득 수준을 구해낼 수 있다.

$$y = \frac{L \cdot \beta + (\omega - \beta) \cdot \left(F \cdot Q \cdot \eta + \frac{E}{\alpha}\right)}{1 - (\omega - \beta) \cdot \frac{1}{\alpha}} \tag{3}$$

(3)식을 (1)식에 대입하여, 정규 부문 생산으로 전환하여 첫 번째 유형의 업계가 이익을 볼 수 있게 하려면, 아래와 같은 조건을 만족해야 한다.

$$\pi = \frac{L \cdot \beta + (\omega - \beta) \cdot \left(F \cdot Q \cdot \eta + \frac{E}{\alpha}\right)}{1 - (\omega - \beta) \cdot \frac{1}{\alpha}} \cdot \frac{1}{Q} \cdot \left[\frac{\alpha - \omega}{\alpha}\right] - F \cdot W > 0 \quad (4)$$

등가로,

$$F < \frac{1}{Q} \cdot \frac{\left[L \cdot \beta + (\omega - \beta) \cdot \frac{E}{\alpha}\right] \cdot (\alpha - \omega)}{\alpha \cdot \omega - \omega \cdot (\omega - \beta) \cdot (1 - \eta) - \eta \cdot (\omega - \beta) \cdot \alpha} \quad (5)$$

한편, 만약 첫 번째 유형의 업계가 모두 낙후된 생산기술을 이용한다면 현지 거주민의 소득은 아래와 같이 표기할 수 있다.

$$y = y \cdot \eta + \frac{y \cdot (1 - \eta) \cdot \omega}{\alpha} + \frac{E \cdot \omega}{\alpha} + \left[L - y \cdot \eta - \frac{y \cdot (1 - \eta)}{\alpha} - \frac{E}{\alpha}\right] \cdot \beta \quad (6)$$

다시 답을 구하면,

$$y = \frac{L \cdot \beta + (\omega - \beta) \cdot \frac{E}{\alpha}}{1 - (\omega - \beta) \cdot \frac{1 - \eta}{\alpha} - (1 - \beta) \cdot \eta} \quad (7)$$

(7)식을 (1)식에 대입하여, 첫 번째 유형의 업계가 계속 낙후된 생산기술을 사용하기로 선택한다면 이는 분명 정규 부문으로 전환하여 생산하는 방식이 플러스적인 예상 이윤을 창출할 수 없기 때문일 것으로, 이 때에는,

$$F > \frac{\left[L \cdot \beta + (\omega - \beta) \cdot \frac{E}{\alpha}\right] \cdot (\alpha - \omega)}{\alpha - (\omega - \beta) \cdot (1 - \eta) - (1 - \beta) \cdot \eta \cdot \alpha} \cdot \frac{1}{Q \cdot \omega} \quad (8)$$

고정 원가인 F가 어떤 특정한 범위 내에서 값을 가질 때, (5)·(8)식은 동시에 만족될 수 있으며, 이로써 첫 번째 유형 업계에는 두 가지 잠재적 균형 상태가 존재한다. 하나는 정규화·높은 수요·높은 임금의 균

형이고, 다른 하나는 비정규화·낮은 수요·낮은 임금의 균형이다. 현지 거주민의 수입이 높을수록,[10] 제품에 대한 수요가 더 왕성하고 이로써 첫 번째 유형 업계에 속한 기업은 정규화 생산을 통해 더 큰 이익을 얻게 된다. 그 중 일부 기업은 정규화 생산으로 전환한 후 현지 주민의 임금 소득을 더 증가시켜, 다른 나머지 업계 제품에 대한 수요를 더욱 확대시키고, 해당 업계의 정규화 전환도 촉진하게 된다. 이것이 바로 '대추진(Big Push)' 이론의 핵심 사상이다.

이상의 기준 모형을 바탕으로, 본문에서는 최저임금 제도를 대입하고자 한다. 이론 추산을 통해 F가 어떤 값을 가질 때, 최저임금 제도의 시행은 어느 정도로 다중의 균형을 정규화 부문만 존재하는 유일한 균형으로 전환시킨다. 구체적으로, 정부가 최저임금을 $\bar{\omega}$로 하고, $\omega \leqslant \bar{\omega} \leqslant \alpha$[11] 를 만족한다고 가정한다. 그 중 ω는 최저임금 제도가 존재하지 않는 상황에서 정규 부문 기업의 임금 수준을 말하며, α는 정규 부문 기업이 흑자를 내고 있다는 전제하에 지급할 수 있는 최고 임금을 지칭한다. 모든 업계에서 정규 부문 기업이 규제를 받는다고 가정한다. 첫 번째 유형의 업계가 비록 초기 단계에서 전부 비정규 부문 기업에 의해 생산되었다 하더라도, 그 중 일부 업계는 최저임금 제도의 영향(즉, 스필오버 효과)을 받을 수 있으며, 이 일부 업계가 첫 번째 유형 업계에서 차지하는 비율은 $\delta(0 \leqslant \delta \leqslant 1)$로, 정부 규제 강도와 정비례할 것이다. 이 외에도, 제품 판매가가 항상 1이기에 업계에서 1보다 높은 최저임금을 시행하면, 해당 업계에 속한 기업은 손해를 피하기 위해 정규 부문 기업으로 전환하여 생산해야 하고, 이 과정에서 현지 주민의 취업·소득·소비 지출도

---

[10] 현지 주민 소득의 증가 역시 예를 들면, 최저임금 기준의 인상과 같은 어떤 외적 요인의 작용으로 일어날 수 있다.
[11] 만약 $\bar{\omega}$가 위의 조건을 만족시키지 못하면, 최저임금 제도는 어떤 영향도 끼치지 않거나, 또는 기업이 생산 의욕을 잃게 만든다.

영향을 받는다. 구체적으로 말해, 최저임금 제도 시행 이후, 현지 거주민의 소득은 다음과 같이 나타낼 수 있다.

$$y = F \cdot Q \cdot \eta \cdot \delta \cdot \bar{\omega} + \frac{y \cdot \eta \cdot \delta \cdot \bar{\omega}}{\alpha} + y \cdot \eta \cdot (1-\delta) + \frac{y \cdot (1-\eta) \cdot \bar{\omega}}{\alpha} + \frac{E \cdot \bar{\omega}}{\alpha} + (L - F \cdot Q \cdot \eta \cdot \delta - \frac{y \cdot \eta \cdot \delta}{\alpha} -y \cdot \eta \cdot (1-\delta) - \frac{y \cdot (1-\eta)}{\alpha} - \frac{E}{\alpha}) \cdot \beta \quad (9)$$

이로써 다음을 얻을 수 있다.

$$y = \frac{L \cdot \beta + (\bar{\omega} - \beta) \cdot \left[F \cdot Q \cdot \eta \cdot \delta + \frac{E}{\alpha}\right]}{1 - (\bar{\omega} - \beta) \cdot \frac{\eta \cdot \delta + 1 - \eta}{\alpha} - (1-\beta) \cdot \eta \cdot (1-\delta)} \quad (10)$$

이때, 첫 번째 유형의 업계에 속한 기업 중 아직 정규화 생산을 시행하지 않은 기업의 관점에서 여전히 낙후된 생산 기술을 선호할 경우, 아래 조건을 만족시킨다.

$$F > \frac{1}{Q} \cdot \frac{\left(L \cdot \beta + (\bar{\omega} - \beta) \cdot \frac{E}{\alpha}\right) \cdot (\alpha - \bar{\omega})}{\alpha \cdot \bar{\omega} - \bar{\omega} \cdot (\bar{\omega} - \beta) \cdot (1-\eta) - \eta \cdot \delta \cdot (\bar{\omega} - \beta) \cdot \alpha - \eta \cdot \alpha \cdot (1-\beta) \cdot (1-\delta) \cdot \bar{\omega}} \quad (11)$$

일부 F값에 대해 최저임금 제도가 더 엄격하게 시행되면 (즉, δ가 1에 근접하면), 두 번째 유형 업계의 제품에 대한 비거주민의 수요인 E는 더욱 왕성해지고, $\bar{\omega}$와 ω가 근접할 때, (8)식이 (11)식보다 더욱 쉽게 충족될 수 있다는 것이 증명되었다. 이는 최저임금 제도를 시행한 후, 첫 번째 유형의 업계에는 정규 부문의 기업이 만든 균형이 나타날 가능성이 더 높다는 것을 의미한다. 이 논리는 최저임금 기준이 인상되면서, 두 번째 유형 업계의 정규 부문 노동자 및 일부 첫 번째 유형 업계에 속한 비정규 부문 노동자의 임금 소득이 향상될 것이고, 현지 거주민의 임금 향상은 반드시 사회 전반에 걸쳐 모든 제품에 대한 총수요를 증가시키게 된다. 이로써 첫 번째 유형 업계에서 아직 정규화 생산을 시행하지 않는 기업을 더욱 정규화로 전환시킬 수 있다. 생산 요소의 자유로운 이동으로 인해 노동력은 우선적으로 임금이 높은 정규 부문 기업의 인력 수요를 충족시키게 된다. 그러므로 첫 번째 유형 업계에서 정규화 생산이 이루어지고 기업 노동자의 임금 수준이 향상되면서 해당 유형 업계의 정규 부문 기업의 취업자 수도 동시에 증가하게 될 것이다.[12] 시장의 조율 시스템이 아직 충분히 제 역할을 하지 못하는 상황에서 정부 부처가 최저임금 제도를 수립하는 것은 노동자 소득 수준의 향상에 도움이 되고, 이로써 소비를 진작시키고, 기업의 정규화를 촉진할 수 있는 것이다. 나아가 정규화로의 전환은 다시 소득과 소비 지출을 향상시켜 '저소득·저소비·비정규'의 균형에서 '고소득·고소비·정규화'의 균형으로 파레토 개선이 이루어짐을 알 수 있다.

데이터 설명과 모형 설정

데이터 소개

본문에서는 3가지 유형의 데이터를 사용했다. 첫째, 2005~2012년 4개 성省과 시市의 '중국 도시 가구 미시 세대 조사(UHS)'[13]이다. 표본으로

---

[12] 이론 모형 수립 과정을 통해, 만약 원가 압박으로 비정규 부문 기업이 정규화 전환을 적극 추진하지 않고 결국 파산하면, 제품 시장에서 정규 기업의 시장 점유율이 증가하고 이로써 노동력 시장에서 정규 부문의 취업 비율이 높아지게 됨을 알 수 있다.
[13] 모두 52개 지급시地級市가 포함되어 있다. 일부 통제 변수로 채택한 것이 지급시 차

라오닝, 상하이, 쓰촨과 광둥이 포함된다. 둘째, 1998~2015년 전국 지급시地級市의 최저임금 기준이다. 셋째, 1998~2015년 전국 지급시 차원의 일부 거시경제 지표이다.[14]

여기에서는 후안강·마웨이(胡鞍鋼·馬偉, 2012)의 방법을 참고하여 국유 경제 기업의 직원, 도시 집체경제集體經濟 기업의 직원, 공동 경영 경제, 주식제 경제, 외국 자본과 홍콩·마카오·대만 기업에서 일하는 직원을 정규 부문 취업자라 정의한다. 또한 도시의 자영업자 기업 또는 민간기업의 피고용자 및 고정적인 직업이 없는 사람, 조사 받은 당월에 사회 노동 시간이 보름이 넘는 사람, 소득이 현지에서 본인의 생활을 유지할 수 있는 사람을 비정규부문 취업자로 정의했다.[15]

표 1의 기술적 통계정보를 통해, 2012년 도시 지역의 비정규 부문 노동자 비율은 45%이며, 선진국 평균 수준보다 훨씬 높게 나타났음을 알 수 있다. 인구 특징에서 보면, 20세 이하의 비정규 취업자의 비율은 80% 정도에 달했지만, 다른 연령대는 약 30%로 일반적인 상태를 보였다. 교육 수준에 따른 분류에서는 미취학을 제외하고 교육 수준의 향상으로 비정규 부문 취업자의 비율이 현저히 낮아졌으며, 이는 교육 수준의 향상이 부문 간의 경계를 허물 수 있는 중요한 수단임을 설명해 준

원의 데이터이며, 각 성은 내부 경제 발전의 격차가 커서, 횡단면 관점에서 큰 변이가 나타난다. 이것이 바로 본문의 실증 결론이 보편적인 대표성을 갖는다고 여기는 이유이다.

14 그림 1 외에, 전문의 모든 변수는 모두 지급시 차원의 가격 조정을 거쳐 실제 수치가 되었고, 앞으로 이 글에서는 이에 대해 특별한 설명을 하지 않는다.

15 표본에서 도시의 개별 또는 민영기업에 고용된 노동자의 월 근무 시간의 평균치는 194시간이고, 표준편차는 47시간이다. 기본적으로 일일 노동 시간 8시간이라는 국가의 법규에 부합하지 않는다. 그래서 이런 표본을 비정규 기업에 속한다고 본문에서 간주한 이유이다. 이 밖에도, 전통적인 의미에서의 대형 민영기업은 주식제 기업으로 분류하여 정규 부문에 속해 있다. 한 발 양보하여 말하자면, 민영기업 표본에 정규 부문 기업이 포함되어 있긴 하지만, 이질적인 결과로 저평가만 받을 뿐이며, 이로써 본문의 결론을 더욱 보완해 준다.

표 1 정규·비정규 부문 취업자 인구 특징 변화 상황

부문		2006년		2009년		2012년	
		정규	비정규	정규	비정규	정규	비정규
전체 표본(%)		62.70	37.30	53.81	46.19	55.00	45.00
연령(%)	20세 이하	20.83	79.17	23.53	76.47	16.92	83.08
	20~30세	70.13	29.87	66.02	33.98	67.67	32.33
	30~40세	73.06	26.94	68.58	31.42	69.14	30.86
	40~50세	72.16	27.84	68.32	31.68	68.64	31.36
	50세 이상	77.79	22.21	71.14	28.86	71.17	28.84
교육수준(%)	교육 받은 적 없음	54.55	45.45	26.92	73.08	33.33	66.67
	초졸	33.85	66.15	23.56	76.44	16.39	83.61
	중졸	45.06	54.94	33.03	66.97	29.85	70.15
	고졸	57.87	42.13	44.81	55.19	47.20	52.80
	중등전문학교	66.21	33.79	57.12	42.88	55.32	44.68
	전문대	78.48	21.52	70.58	29.42	68.54	31.46
	4년제	88.55	11.45	83.15	16.85	82.58	17.42
	석사	93.81	6.19	94.81	5.19	91.29	8.71
남성비율(%)		59.97	47.47	59.43	50.38	58.82	51.42
1인당 임금 소득(위안)		21848.06	9036.82	31209.29	16024.78	45668.14	26318.63
가계지출 (위안)	총지출	45634.51	29486.02	67988.24	44319.77	87992.97	63428.14
	소비지출	32271.33	23563.08	44671.43	33174.12	62607.34	49325.27
	식품	11591.07	9292.92	15967.16	13430.52	21917.49	18988.93
	의복	2953.27	1990.38	4220.08	2716.88	6166.70	4506.63
	주거	3148.61	2573.09	4379.30	3834.10	5153.89	4764.67
	가정설비용품 및 서비스	1774.00	1089.93	2694.97	1730.43	4392.29	3057.87
	의료 건강	1846.28	1605.20	2387.83	2032.89	2991.21	2583.89
	교통 통신	5010.28	3173.11	7408.14	4604.14	10797.67	7980.09
	교육·문화· 오락·서비스	4629.29	2950.84	5660.30	3527.94	8299.03	5545.45
	기타 제품과 서비스	1318.55	887.62	1953.65	1297.23	2889.07	1897.76

※ 비고: 가구에서 임금 소득이 0인 개체를 제외했으므로, 이것은 최저임금 기준이 임금 소득에 미치는 영향에서 일정 정도 고평가될 수 있다.
※ 자료 출처: 중국 도시 세대 조사

다. 성별로 보면, 정규 부문에서 남성의 비율이 비교적 높은 반면 비정규 부문의 남성과 여성은 대략 각 1/2를 차지했다. 소득이든 지출이든 정규 부문의 취업자가 비정규 부문 취업자보다 높게 나타났으나, 지출에서의 차이는 상대적으로 적었다.

모형 설정

이론 모형은 최저임금 기준의 인상을 통해 현지 수요를 위주로 하며, 기술 향상 여지를 가진 일부 업계가 비정규화에서 정규화 생산활동으로 전환되는 구조적 고도화를 실현할 수 있다는 사실을 보여 준다. 이를 통해 추론해 보면, 최저임금 기준이 인상됨에 따라 해당 유형 업계의 정규 부문 취업자 수는 상승세를 보이고, 비정규 부문 취업자 수는 반대로 줄어들 것이다. 위의 추론을 검증하기 위해 다음과 같은 회귀방정식을 세웠다.

$$\text{Employed}_{ijt}^* = \beta_0 + \beta_1 \ln MW_{jt} + \beta_2 Z_{jt} + \beta_3 X_{ijt} + \beta_4 T + \alpha_i + \gamma_h + \varepsilon_{ijt} \quad (12)$$

$$\text{Employed}_{ijt} = \begin{cases} 1, \text{Employed}_{ijt}^* > 0 \\ 0, \text{Employed}_{ijt}^* \leq 0 \end{cases} \quad (13)$$

그 중, Employed_{ijt}는 t년 j지역에서 개체 i의 두 부문에서의 취업 상태를 나타낸다. 1은 정규 부문 취업, 0은 비정규 부문 취업을 의미한다. $\ln MW_{jt}$는 j지역 t년도 실제 최저임금의 자연 로그를 말한다.[16] Z_{jt}는 지급시 거시경제 주기의 통제 변수를 의미하고, 여기에는 도시의 국내

---

16 눈여겨볼 만한 점은 본문에서 변수를 비지역 집합 데이터가 아닌 미시적 세대로 회귀방정식으로 해석하였고, 미시적 세대에 대해 최저임금 등 거시적 변수를 모두 외부 요인으로 보았다. 이것은 미시 데이터의 장점 중 하나이다.

GDP, 도시의 총 취업자 수가 포함되어 있다.[17] X_{ijt}에는 UHS 데이터 베이스에서 조사된 개체의 교육 수준[18]·연령·성별이 포함되어 있다. T는 시간 추이로 전체 거시경제 추세에 대한 통제를 나타낸다. $α_i$와 $Υ_h$는 각각 개체와 업계의 고정 효과를 나타낸다.[19] $β_1$은 본문의 핵심 변수로 최저임금이 부문 간 노동력 취업 전환에 끼치는 영향을 나타낸다.

그 밖에도, 최저임금 기준을 인상할 경우 먼저 현지 주민의 임금 소득이 늘어나야만 주민 소비에 영향을 줄 수 있다. 이를 다음의 회귀방정식을 통해 검증하고자 한다.

$$\ln Wage_{ijt} = β_0 + β_1 \ln MW_{jt} + β_2 Z_{jt} + β_3 X_{ijt} + β_4 T + α_i + γ_h + ε_{ijt} \quad (14)$$

여기에서 $\ln Wage_{ijt}$는 t년도 j지역 개체 i의 실질 임금의 자연 로그로, 나머지 변수의 함의는 (12)식과 같다.

마지막으로 이론 모형에서 제시한 가설에 따르면 주민 소득의 인상으로 인한 제품 수요에 대한 증가는 정규화를 촉진하는 중요한 경로이다. 따라서 각기 다른 조건에서 지출 수준이 최저임금에 미치는 탄력성의 크기에 대해 직접적으로 고찰할 필요가 있다.

---

17 지방정부가 최저임금 기준을 확정할 때 현지 도시 주민 생활비 지출, 경제 발전 수준 등 요인을 고려하기 때문에[디쥔펑(邸俊鵬)과 한칭(韓淸), 2015; 왕광신(王光新)과 야오셴궈(姚先國), 2014; 마쐉(馬雙) 등, 2012; Yamada, 2016], 그러므로 이상의 변수를 통제하면 내재적 문제를 완화하는 데 도움이 된다. 실제로, 뒤의 실증 결과를 통해, 최저임금의 인상이 업계마다 취업에서 많은 차별성이 존재하기에 어느 정도에서는 모형에 눈에 띄는 누락 변수가 존재하지 않는다는 것을 설명한다.
18 La Porta and Shleifer(2014)는, 교육 이수 정도가 개체의 정규화 취업에 영향을 주는 빼놓을 수 없는 요인이라고 강조했다.
19 앞에서 말했듯이, 모든 업계의 비정규 부문이 모두 정규화될 수 있는 것은 아니고, 업계마다 고정자본의 투입과 현재 기존의 정규화 정도, 업계 진입 등에 각각 차이가 존재한다[천린(陳林) 등, 2016]. 그래서 업계 고정 효과의 도입은 매우 필요하다.

$$\ln \text{Expenditure}_{ijt} = \beta_0 + \beta_1 \ln MW_{jt} + \beta_2 Z_{it} + \beta_3 X_{ijt} + \beta_4 T + \alpha_i + \gamma_h + \varepsilon_{ijt} \quad (15)$$

이 중에서 ln Expenditure$_{ijt}$는 t년도 j지역의 가정 i의 총지출과 각 유형의 소비 지출 수준의 자연 로그를 상징하고, 나머지 변수 함의는 (12)식과 동일하다. 편의를 위해 여기에서 가정과 개인 모두 기호 i로 표기했다.

실증 결과

최저임금 기준과 두 부문 취업자의 임금 소득의 차이

본문에서는 먼저 정규 부문과 비정규 부문 취업자의 임금 소득에 대해 간단히 그래프를 그렸다.

그림 2를 통해 알 수 있는 사실은 첫째, 각 지역 최저임금 기준 및 정규·비정규 부문의 임금 분포가 샘플 수집 기간 내에 모두 오른쪽으로 이동하는 추세를 보이고 있다는 점이다. 둘째, 최저임금의 제약을 받지 않는 비정규 부문의 산포도가 더욱 높게 꼬리가 길게 늘어지는 현상이 확연하게 나타나며, 최저임금 기준보다 낮은 그룹의 비율이 매년 줄어들고 있지만 여전히 정규 부문보다는 높다는 것이다. 셋째, 같은 해 각 지역 정규 부문 취업자의 평균임금 수준이 비정규 부문보다 확연히 높고, 이는 정규 부문의 한계 노동생산성이 평균적으로 비정규 부문보다 높다는 것을 나타내며, 이는 앞의 이론 모형이 두 부문의 생산기술을 설정한 부분과 일치함을 알 수 있다.

그림 2 각 지역 최저임금 기준과 임금 분포[20]

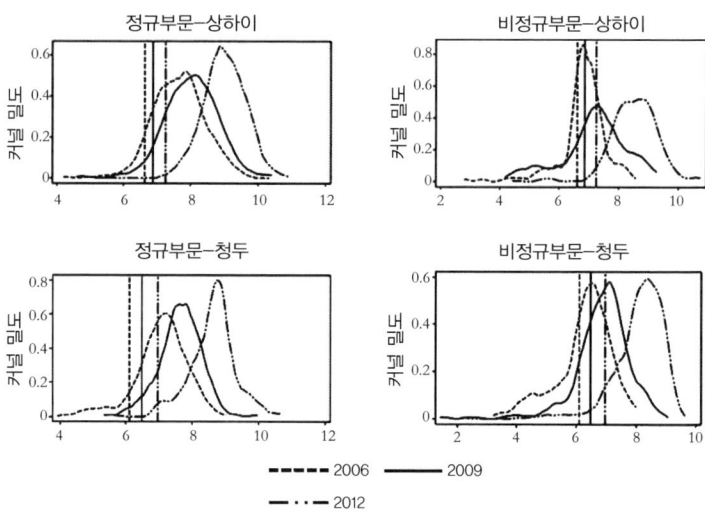

※ 자료 출처: 중국 도시 세대 조사, 각 성(시) 인력 자원과 사회 보장청(국) 홈페이지.

최저임금 기준과 업계 정규화 전환의 차이

표 2에서 보듯, 샘플 전체를 살펴보면, 2005~2009년까지든, 2010~2012년[21]까지든, 최저임금 기준의 인상은 모두 취업의 정규화 전환을 분명히 촉진시켰고, 잠정적으로 이론에서 추론해 낸 결론을 뒷받침하고 있다.

---

20 책에 다 담을 수 없어, 본문에서는 일부 성도 도시만을 제시했다. 다른 도시의 상황을 알고 싶다면 필자에게 연락하길 바란다.
21 각 업계의 수요와 TFP 증가는 2010년 전후에 큰 차이가 나타났다. 여기에서는 시간적으로 구분을 했다.

표 2 최저임금 기준이 비정규 부문 취업 정규화에 주는 영향의 업계별 차이

산업	업계	2005~2009년				2010~2012년			
		예측치	표준오차	한계치	표준오차	예측치	표준오차	한계치	표준오차
전체표본		2.72***	0.35	0.05***	0.01	3.28***	0.54	0.16***	0.04
1차 산업	농업, 임업, 목축업, 어업	-23.38***	8.47	-1.01***	0.42	-3.51	8.78	-0.14	0.35
2차 산업	광산업	-9.53**	4.71	-0.02	0.01	23.39***	8.21	0.02	0.02
	제조업	-1.08	0.80	-0.00	0.00	-3.77***	-1.40	-0.00**[22]	0.00
	전력, 가스 및 물 생산과 공급업	-2.95	3.71	-0.00	0.00	-1.84	3.37	-0.00	0.00
	건설업	0.72	1.58	0.02	0.04	-2.20	2.66	-0.04	0.05
3차 산업	교통운수, 창고와 우정업	2.36	1.82	0.01	0.01	9.08***	2.38	0.48***	0.12
	정보통신, 컴퓨터 서비스, 소프트웨어	7.57*	4.57	0.28*	0.18	3.87	3.21	0.26	0.22
	도매와 소매업	10.81***	1.80	0.23***	0.03	5.10***	1.56	0.02**	0.00
	숙박과 요식업	12.55***	2.82	0.37***	0.08	16.93***	3.80	0.60***	0.13
	금융업	2.37	1.90	0.00	0.00	-3.41	2.67	-0.00	0.00
	부동산업	15.64***	1.64	0.99***	0.09	-36.01***	11.16	-1.76***	0.55
	임대와 비즈니스서비스업	14.22***	3.70	0.80***	0.19	-4.05	7.02	-0.00	0.01
	과학연구	6.83	4.51	0.00	0.00	-4.49	8.157	-0.00	0.00
	수리, 환경, 공공시설관리업	-6.03**	3.10	-0.02	0.01	-4.05	7.02	-0.00	0.00
	주민서비스와 기타 서비스업	0.44	1.10	0.02	0.06	8.28***	1.47	0.21***	0.06
	교육	15.16***	2.63	0.09***	0.02	6.14	5.08	0.03	0.02
	보건, 사회보장, 사회복지업	3.87***	1.50	0.01**	0.01	6.97**	3.49	0.00*	0.00
	문화, 체육, 엔터테인먼트업	14.54***	4.59	0.44***	0.11	14.48	9.90	0.41	0.29
	공공관리와 사회조직	4.07***	1.31	0.00**	0.00	7.74***	2.94	0.01	0.01

※ 비고: ***, **, *는 각각 1%, 5%, 10%로 유의수준에서 뚜렷하게 나타난다.
※ 자료 출처: 중국 도시 세대 조사 데이터에 따라 계산

---

22 실제 수치는 -0.004이고, 표 안의 데이터는 소수점 두 번째 자리까지 표현했음.

업계별로 보면, 최저임금 기준이 10% 인상될 때마다 유통업에 종사하는 노동자의 정규 부문의 취업률이 2005~2009년에는 2.3%, 2010~2012년에는 0.2% 상승했는데, 이는 모형 예측과 일치하는 결과이다. 이는 유통업의 특징이 모형에서 첫 번째 유형 업계에 대한 그래프와 가장 유사하기 때문이다. 첫 번째 유형의 업계는 비교역재를 생산하고 현지 수요를 위주로 하며, 유통업은 규모(Scale)의 우위가 명확하고 생산 효율에 큰 상승 공간이 있다.[23] 최저임금 기준이 인상되면, 증가한 주민의 소비 지출이 유통업에 미치는 영향이 현저하게 나타나고, 유통업은 정규화 전환을 통해 규모 우위를 충분히 발휘하여 원가에서 마이너스적인 충격을 완화시킬 수 있다. 이와 유사하게 교통 운수, 창고, 우정업, 거주민 서비스업, 기타 서비스업 역시 대폭적인 최저임금 인상의 영향을 받아 정규화 추세가 더 명확하게 나타난다.

하지만 서비스업 중 일부 업계에 '역정규화' 현상이 존재한다는 것이 발견됐다. 예를 들어, 부동산 업계는 최저임금 기준의 인상에 따라 2005~2009년간 정규화 정도가 명확히 늘어났지만, 2010년 이후에는 '역정규화' 현상이 일어났다. 짚고 넘어가야 할 부분은, 여기에서 말하는 부동산 업계란 주로 부동산 개발 경영, 부동산 관리 서비스, 부동산 중개 서비스, 기타 부동산 활동을 포함하고 있지만, 주택 및 기타 건축물의 공정 및 시공은 포함되어 있지 않다.

원가는 인건비가 주를 이루며, 동시에 업계 TFP 상승 공간은 제한적이다. 최저임금 기준이 인상될 경우 원가는 반드시 빠르게 급등하게 된다. 게다가 2010년에서 2012년까지 부동산에 대한 거시 조정이 다시금 시작되면서, 부동산 수요가 크게 개선되지 않았고, 이윤이 줄어드는 것

---

[23] 보편적으로 분포된 소규모 소매상점(비정규 부문 위주)의 이익 능력이 대형 연쇄 쇼핑몰 또는 체인점(정규화된 부문 위주)보다 확연히 못하다.

에 대응하기 위해 기업이 계약직을 대규모 고용하여 '역정규화' 현상이 나타났다. 리앙 등 연구진Liang et al.(2016)의 주장처럼, 2007년과 비교하여 2013년에는 정규 부문 취업률이 대폭 하락하고, 비정규 부문 취업 중 임시 고용자 비율(21%에서 43%로 급증)이 대폭 증가하는 현상이 나타났다.

업계 차이의 내재적 기제에 대한 탐구: 양적 분석

표 3처럼, 쑨추런(孫楚仁, 2013) 등의 계량 모형을 참고하여 최저임금 기준과 특정 연도, 특정 성省의 세분화된 서비스 업계 TFP 증가 속도의 교차항 및 현지 최종 소비 총수요의 교차항을 도입하여 최저임금 기준의 인상이 취업 정규화에 끼치는 영향에 업계 차이 요소가 존재하는지에 대해 탐구하고자 한다.

표 3 업계 TFP와 현지 시장 수요가 서비스업 비정규 부문 취업 정규화에 미친 영향

통제 변수	(1)		(2)	
	예측치	한계치	예측치	한계치
ln MW	−42.81***	0.02***	−39.40***	0.03***
	(12.10)	(0.01)	(10.50)	(0.01)
TFP_h	41.82	32.00**	43.23	26.21***
	(439.48)	(1.14)	(386)	(2.41)
Demand	−0.41	0.24***	0.14	0.19***
	(2.62)	(0.01)	(1.81)	(0.01)
ln MW* TFP_h	614.37***		432.18**	
	(236.00)		(167.07)	
ln MW*Demand	5.02***		1.87***	
	(1.41)		(0.95)	
ln MW*TFP_h*Demand	−70.43**		−45.80**	
	(28.14)		(18.60)	
TFP_h*Demand	123.26**		107.29**	
	(50.32)		(35.71)	

※ 비고: (1)***, **, *는 각각 1%, 5%, 10% 유의수준에서 뚜렷하게 나타난다. (2) 항목에서 현지 지출 수준을 반영하기 위해 UHS 중 현지 지출 특성을 가진 이발 세신비, 미용비 지출, 가정 교육비 등 대체 현지 최종 소비 지출을 이용했다.
※ 자료 출처: 중국 도시 세대 조사 데이터에 따라 계산했으며, 왕슈리(王恕立)와 후종바오 (胡宗彪)(2012), 왕슈리(王恕立)와 류쥔(劉軍)(2014), 왕슈리(王恕立) 등(2015)을 참고함.

결과로 보면, 최저임금 기준의 인상은 해당 서비스 업계 비정규 부문 취업의 정규화 전환을 촉진했으며, 동시에 TFP의 증가 속도나 현지 최종 소비 지출이나 할 것 없이 교차항 계수가 모두 현저하게 정적으로 되었다. 이는 업계 TFP 성장이 빠를수록, 현지 소비 수요가 더 왕성해지고 최저임금이 비정규 부문 취업 정규화에 더 큰 촉매 효과를 발휘하는 것을 설명한다. 결과의 건전성을 검증하기 위해 현지 최종 소비 지출을 가정 교육비, 미용 관리비, 피부 관리비 지출로 대체한 경우에는 교차항 계수가 조금 하락했지만, 여전히 현저하게 정적이고 0이 아니라는 것을 발견했다.

최저임금 기준과 임금 소득

표 4를 통해 실제 최저임금 기준의 인상이 도시 지역 각 계층의 실질 임금 수준 향상에 두드러진 촉진제 역할을 한 것을 볼 수 있다. 그 중에 정규화 부문의 취업자 소득에 대한 영향이 막대했고, 'U'자형을 보였다. 비정규 부문 취업자 소득은 전체적으로 단순한 성장 추세를 보였다. 정규 부문 취업자 소득 수준이 비정규 부문 취업자에 비해 일반적으로 높고 회귀분위수가 소득 수준에 따라 나누어지기 때문에 최저임금 인상은 동시에 2가지 부문 간 및 부문 내부 취업자의 임금 격차를 확대하여 사회적 평등에는 유익하지 않다.

표 4 최저임금이 임금 소득 구조에 미치는 영향[24]

분위수	0.1	0.2	0.3	0.4	0.5	0.6	0.7	0.8	0.9
전체 샘플	0.97***	0.98***	0.99***	0.97***	0.98***	0.98***	0.99***	1.00***	1.02***
	(0.04)	(0.03)	(0.02)	(0.02)	(0.02)	(0.02)	(0.02)	(0.02)	(0.03)
정규 부문	1.00***	0.92***	0.91***	0.93***	0.94***	0.97***	0.97***	0.99***	1.01***
	(0.04)	(0.03)	(0.03)	(0.02)	(0.02)	(0.02)	(0.02)	(0.02)	(0.03)
비정규 부문	0.43***	0.74***	0.79***	0.81***	0.85***	0.86***	0.84***	0.84***	0.85***
	(0.11)	(0.06)	(0.04)	(0.04)	(0.03)	(0.03)	(0.04)	(0.04)	(0.05)

※ 비고: ***, **, *는 각각 1%, 5%, 10%로 유의수준에서 뚜렷하게 나타난다. 괄호 안은 기준 오차이다. 샘플 기간 내의 전국 최저임금 평균 수준은 700위안이고, 도시 월평균 수입은 2,000위안에 못 미친다. 이렇게 최저 임금이 10%(즉, 70위안) 오를 때마다, 평균 소득 증가 유도 폭은 180위안이 되지 않는다(탄력적으로 0.85%라고 가정할 경우), 이는 직관에 부합한다.

※ 자료 출처: 중국 도시 세대 조사

최저임금 기준과 가정 소비 지출

UHS의 상세한 미시 소비 데이터에 따라, 총 가계지출[25] 및 기타 8가지 유형의 소비 지출의 변화 상황을 계산해 보았다.

표 5를 통해 실제 최저임금이 1% 증가할 때마다 총 가계지출이 0.9% 정도 증가할 수 있고, 비정규 부문의 지출 탄력성이 정규 부문보다 크다는 것을 알 수 있다.

---

24 비정규 부문은 비정규 부문의 자기 고용형 취업과 비정규 형식의 임금형 취업으로 구성된다. 전자에는 영세 기업의 고용주와 독립적인 개체 노동자가 포함되어 있고, 후자에는 비정규 기업의 고용원과 민간기업 또는 가정에 고용된 비정규 임금형 노동자가 포함되어 있다. 임금 추산 방정식은 후자의 상황을 가리킨다.
25 가정 총지출에는 가정의 대출 지출을 제외한 모든 실제 지출이 포함되어 있다.

표 5 최저임금이 총지출에 미치는 영향

분위수	0.1	0.2	0.3	0.4	0.5	0.6	0.7	0.8	0.9
전체 샘플	0.95***	0.88***	0.88***	0.89***	0.89***	0.89***	0.90***	0.88***	0.91***
	(0.03)	(0.02)	(0.02)	(0.02)	(0.02)	(0.02)	(0.02)	(0.02)	(0.03)
정규부문	0.79***	0.78***	0.76***	0.80***	0.82***	0.82***	0.80***	0.81***	0.84***
	(0.03)	(0.02)	(0.02)	(0.02)	(0.02)	(0.02)	(0.02)	(0.03)	(0.04)
비정규부문	1.03***	0.97***	0.96***	0.97***	0.99***	1.00***	1.02***	1.01***	1.02***
	(0.04)	(0.03)	(0.03)	(0.03)	(0.03)	(0.03)	(0.03)	(0.03)	(0.05)

※ 비고: ***, **, *는 각각 1%, 5%, 10% 유의수준에서 뚜렷하게 나타난다.
※ 자료 출처: 중국 도시 세대 조사 데이터에 근거해 계산함.

표 6의 결과는 최저임금 기준이 10% 인상될 때마다 도시 지역 가구의 월 실제 소비지출이 103위안 증가된다는 것을 보여 준다. 중국 도시 지역 가구에 평균 가구원 수를 3인이라고 가정하면 UHS에 122,381개의 관측치가 포함되며, 이는 약 40,793세대이다. UHS 샘플링 비율이 1%임을 고려하여 4개 성省과 시市의 식품 지출은 4억 2천만 위안이 증가하고, 총 소비지출은 11억 6천7백만 위안 증가한다고 대략적으로 계산했다. 하지만, 본문의 예측은 그저 진작효과의 상한선에 불과하다는 것을 인정할 수밖에 없다.

첫째, 최저임금 기준 인상의 신호 작용 및 원가 전달 메커니즘을 고려하면, 사회 전체의 소비자물가지수(CPI)가 어느 정도 상승할 수 있다. 이로써 자영업자, 도시 밖의 수많은 농촌 지역 인구, 중국 제품을 수입하는 외국 주민과 같은 임금 소득이 없는 그룹에 대해 소비 억제가 형성된다. 둘째, 미시적 소비 이론에 따라 한계소비 성향이 점차 감소되는 현상이 나타난다. 따라서 소득이 계속 증가할 때 지출의 탄력성이 낮아지고, 총지출은 이에 따라 감소하게 된다. 셋째, 탄력적인 예측은 그저 접선의 기울기일 뿐이다. 최저임금이 10% 인상된다면, 탄력 수치의 정확도는 이에 따라 하락한다.

표 6 월 최저임금이 10% 인상될 때 도시 가구 각 소비 지출 진작에 관한 추산

지출 항목	참고탄력성	가계 월평균 실제 지출(위안)	가계 지출 증가 액수(위안)	4개 성시의 총지출(억 위안)
거주	0.90	334	30	1.22
가정설비용품 및 서비스	1.15	182	21	0.86
의료 건강	0.16	164	3	0.12
교통 통신	1.52	475	72	2.94
교육 문화 오락 서비스	1.51	377	57	2.33
기타 상품 서비스	0.44	123	5	0.20
의복	−0.23	276	−6	−0.24
식품	0.93	1109	103	4.20

※ 자료 출처: 중국 도시 세대조사 데이터에 따라 계산

결론과 정책적 시사점

2004년 「최저임금규정」이 시행되면서, 각 지역의 최저임금 기준이 대부분 대폭 상승했다. 해당 역할도 의도치 않게 본래의 '보장형 제도'에서 '임금 제도'로 변했다. 본문은 충분히 합리적으로 설계된다면 최저임금 제도는 조율 기제로서 '저소득·저소비·비정규화'의 균형을 깨고, '고소득·고소비·정규화'라는 최적의 상태로 격상시킬 수 있다고 간주한다. 구체적으로 어느 정도 조건을 갖춘 주거와 요식업, 도소매 업계의 경우, 최저임금 제도는 노동력을 비정규 부문에서 정규 부문으로 이동시켰다. 이 두 부문의 부가가치와 생산율의 차이가 매우 크다는 것을 고려하면, 최저임금 제도는 어느 정도 경제구조의 고도화 속도를 높이고, 자원 분배 효율을 개선했다고 할 수 있다. 하지만, 2010년과 2012년 최저임금 기준의 인상은 부동산 업계의 '역정규화' 현상을 야기했다. 이론 모형의

분석에 따르면 원가가 상승하는 상황에서 시장 수요의 악화와 TFP 증가 속도의 둔화는 최저임금 기준 인상이 업계에 미치는 영향에 차이가 발생하게 만든 중요한 원인임을 알 수 있다.

실증 결과에 따라 본문에서는 다음과 같은 정책적인 시사점을 도출할 수 있었다.

첫째, 개혁개방 이후 중국은 기업 투자를 통해 공업화를 이루도록 장려하기 위해 이윤 증대를 위한 임금 감축 현상이 보편적으로 존재했다. 중국의 임금은 오랜 기간에 변함없이 현저히 낮았고, 소비 수준은 인위적으로 낮춰졌다. 중국은 최저임금 수준 등 사회보장 기준을 개선하여 한계 소비 성향이 높은 저소득 집단의 수입을 증가시켜서, 소비 진작의 목적을 달성할 수 있다. 둘째, 2010~2012년의 경제 성장은 2005~2009년보다 높지 않았고, 일부 업계의 경우 수요가 감소했다. 중국 각 지역의 최저임금 기준 인상이 너무 빠를 경우 일부 업계에서는 '탈정규화' 현상이 발생할 수 있다. 2013~2016년 글로벌 경제의 하방 압력이 막대한 것을 고려하면 정부는 최저임금 인상폭을 낮추고 빈도율도 낮추어야 했다. 셋째, 위에서 말한 두 가지 서로 모순된 결론은 최저임금 기준이 각 지급시地級市에 의해 제정된다는 현실에서 비롯되었다고 생각한다. 위의 두 가지 상황을 고려하여 앞으로는 업계 요인을 최저임금 설정 시스템에 포함시켜, 업계와 지역 두 가지 차원을 기반으로 최저임금 기준을 설정해야 한다. 넷째, 최저임금 기준의 인상은 정규·비정규 부문의 각기 다른 임금 수준의 취업자한테 스필오버 효과를 가져오고, 고소득층의 실질 임금 소득을 더 많이 인상하기 때문에, 정부는 세수 등 기타 부대 정책을 통해 소득 격차를 조절해야 할 필요가 있다.

참고문헌

Hart, K., "Informal Income Opportunities and Urban Employment in Chana", *The Journal of Modern African Studies*, 11(1), 1973, pp.61~89.
La Porta, R. and A. Shleifer, "Informality and development", *The Journal of Economic Perspectives*, 28(3), 2014, pp.109~126.
Magruder, J. R., "Can Minimum Wages Cause a Big Push? Evidence from Indonesia", *Journal of Development Economics*, 100(1), 2013, pp.48~62.
Murphy, K. M. and A. Shleifer, "Industrialization and the Big Push", *The Journal of Political Economy*, 97(5), 1989, pp.1003~1026.
Murphy, K. M. and A. Shleifer and R. Vishny, "Income Distribution, Market Size, and Industrialization", *The Quarterly Journal of Economics*, 104(3), 1989, pp.537~564.
Ni, J., G. Wang and X. Yao, "Impact of Minimum Wages on Employment: Evidence from China", *Chinese Economy*, 44(1), 2011, pp.18~38.
Rosenstein-Rodan, P. N., "Problems of industrialization of Eastern and Southeastern Europe", *The Economic Journal*, 53(210/211), 1943, pp.202~211.
Sun, W., X. Wang and X. Zhang, "Minimum Wage Effects on Employment and Working Time of Chinese Workers-Evidence Based on CHNS", *IZA Journal of Labor & Development*, 4(1), 2015, pp.1~22.
Yamada, K., "Tracing the Impact of Large Minimum Wage Changes on Household Welfare in Indonesia", *European Economic Review*, 87, 2016, pp.287~303.
Zhe, L., S. Appleton and L. Song, "Informal Employment in China: Trends, Patterns and Determinants of Entry", *IZA Discussion Paper* No. 10139, 2016.
천린(陳林)·뤼리아(羅莉婭)·캉니(康妮), 「행정 독점과 요소 가격 왜곡 - 중국 산업 전 업계 데이터와 내재적 시각에 따른 실증 검증」, 『중국산업경제』, 2016, 1기, pp.52~66.

디쥔펑(邸俊鵬)·한칭(韓淸), 「최저임금 기준 인상의 소득 효과 연구」, 『수량경제기술경제연구』, 2015, 7기, pp.90~103.

후안강(胡鞍鋼)·마웨이(馬偉), 「현대 중국 경제 사회 전환: 2원화 구조에서 4원화 구조(1949~2009)」, 『칭화대학학보(철학사회과학판)』, 2012, 1기, pp.16~29.

뤄샤오란(羅小蘭), 「중국 최저임금 기준 농민공 취업 효과 분석 – 중국 전역, 지역 및 업계에 대한 실증 연구」, 『재경연구』, 2007, 11기, pp.114~123.

마쐉(馬雙)·장제(張劼)·주시(朱喜), 「최저임금의 중국 취업과 임금 수준에 대한 영향」, 『경제연구』, 2012, 5기, pp.132~146.

쑨추런(孫楚仁)·장카(張卡)·장타오(張韜), 「최저임금은 반드시 기업의 출구를 감소시킬 수 있는가?」, 『세계 경제』, 2013, 8기, pp.100~124.

쑨중웨이(孫中偉)·쉬빈빈(舒玢玢), 「최저임금 기준과 농민공 임금 – 주강삼각지를 바탕으로 한 실증 연구」, 『매니지먼트 월드』, 2011, 8기, pp.45~56.

왕광신(王光新)·야오셴궈(姚先國), 「중국 최저임금이 취업에 미치는 영향」, 『경제이론과 경제매니지먼트』, 2014, 11기, pp.16~31.

왕슈리(王恕立)·후종바오, 「중국서비스업 업종별 생산성 변천 및 이질성 고찰」, 『경제연구』, 2012, 4기, pp.15~27.

왕슈리(王恕立)·류쥔(劉軍), 「중국 서비스 기업생산성 차별성과 자원 재분배 효과 – 제조업 기업과 같은가?」, 『수량경제기술연구』, 2014, 5기, pp.37~53.

왕슈리(王恕立)·덩저웨이(滕澤偉)·류쥔(劉軍), 「중일 서비스업 생산성 변동의 차이 분석 – 지역 및 업종을 바탕으로」, 『경제연구』, 2015, 8기, pp.73~84.

우야오우(吳要武), 「비정규 부문 취업자의 미래」, 『경제연구』, 2009, 7기, pp.91~106.

샹판(向攀)·자오다(趙達)·셰스위(謝識予), 「최저임금이 정규 부문, 비정규 부문 임금과 취업에 미치는 영향」, 푸단대학 경제학과 업무 논문, 2016.

야오위(姚宇), 「중국 비정규 취업 규모와 현황 연구」, 『중국노동경제학』, 2006, 2기, pp.85~109.

장펑(張峰)·황지우리(黃玖立)·왕루이(王睿), 「정부의 관리, 비정규 부문과 기업 혁신: 제조업에 대한 실증 근거」, 『매니지먼트 월드』, 2016, 2기, pp.95~111.

신구조경제학 관점에서 개발금융 연구에 대한 회고 및 전망[*]

쉬쟈쥔(徐佳君)
베이징대학교 신구조경제학연구원 조교수

개론: 산업정책의 주요 방법인 개발금융

산업정책[1]이라는 익숙한 정책 도구는 재정 보조금, 세수 환급 등 정부가 직접적으로 취하는 수단과 방식에 초점이 맞춰져 있다. 하지만 여기에는 중요한 산업정책 수단인 개발금융이 누락되어 있다. 개발금융은 산업고도화, 이전 및 경제구조 조정에서 무시할 수 없는 역할을 하고 있지만 산업정책의 수단으로는 광범위하게 인식되지 못했다.

개발금융(development financing)은 국가의 공공정책 또는 전략적 목표의 실현을 취지로 단일 국가 또는 여러 국가가 협력하여 국가 신용등급(sovereign creditworthiness)을 가진 금융기구를 출범시켜 특정 수요자에게 중·장기 자금을 제공하는 일종의 금융 형식을 지칭한다. 개발금융은 국가별, 지역 또는 다자간의 개발은행(development banks)에 의해 제공될 수 있다. 가장 흔히 볼 수 있는 개발금융 기구에는 국가개발은행, 아시아개발은행과 세계은행 등이 있다. 최근 설립된 아시아인프라투자은행(Asian

---

[*] 본 연구는 국가 자연과학기금 - 베이징대학교 매니지먼트과학 데이터센터 싱크탱크 프로젝트 '개발금융과 경제구조 전환'(프로젝트 번호: 2017KEY06)의 찬조를 받았다. 원문은 『경제평론』, 2017, 3기에 실렸다.
[1] 산업정책은 통상적으로 '정부가 어떤 경제 체제의 경제구조에 영향을 주기 위해 취하는 조치 또는 수단'이라고 정의된다(Stiglitz and Lin, 2013).

Infrastructure Investment Bank, AIIB)과 신개발은행(New Development Bank)도 개발금융의 공급 루트 중 하나이다.

개발금융 기구(development finance institutions, DFIs)[2]는 준准정부적 특성을 가지고 있다. 소유제의 구성 측면에서 일반적으로 국유 지분(심지어 국유 지주)으로 이루어져 있을 뿐만 아니라 더 중요한 원인은 국가가 직접 보증해 주기 때문이다. 국가 보증이란 정부가 재정 자금으로 개발금융 기구의 특정 세부 프로젝트에 존재하는 대손금 부담을 감당해 주는 좁은 의미로만 이해해서는 안 되고, 개발금융 기구가 심각한 신용 위기에 직면하게 되면 채권인의 권리를 보호하기 위해 정부가 최후의 신용 담보를 제공한다는 더 넓은 의미로 이해해야 한다. 국가 보증을 통해 리스크를 낮출 수 있기 때문에 개발금융 기구는 자본시장에서 더 적은 비용으로 자금을 조달할 수 있게 된다. 여기서 준准정부 특성은 개발금융 기구

---

[2] 개발금융 기구는 소유제, 자금 출처, 업무 범위, 경영방식 및 정부의 지원 정도와 방식 등 여러 가지 방면에서 각각 특징을 가지고 있다. 하지만 그것의 목표가 이윤의 최대화를 추구하는 게 아닌 공공정책의 목표를 이룩하고자 한다는 공통점을 가지고 있다. 국가개발은행의 상업화 제도 개혁이라는 배경에서, 중국 학계에서는 '개발금융'과 '정책금융'에 대한 논쟁이 일었다. '개발금융'은 1998년 국가개발은행이 먼저 3차례의 신용대출 개혁을 단행한 후 해외 은행의 기술·방식·관리 이념을 도입해 시장화된 운영방식으로 부실 대출이 높은 내부적 거버넌스 도전을 해결하는 방법으로 제시된 이념으로 이런 혁신은 국가개발은행의 미시적 운영에 과도하게 간섭한 초기 정부의 역할을 개선했다. 하지만 바이친셴(白欽先)으로 대표되는 학자들은 상업화 개혁이 본말전도의 역효과(즉, 상업화의 영리 추구 목표가 정책적 발전 목표를 짓누를 것)를 낳을 것이라 염려했고, '개발금융이 정책금융 발전의 상위 단계'라는 논조에 반대하며, 개발금융 기구는 반드시 정책적 발전 목표 이행을 기본적 골자로 삼아야 하고, 시장화 운영은 수단과 방식일 뿐, 손해 여부를 개발금융 기구 평가의 주요 기준으로 삼아서는 안 된다고 주장했다. 개발금융의 함의에 관해서는 바이친셴과 왕웨이(2005)를 참고하길 바란다.

'개발'과 '발전'은 영어로 같은 단어이지만, 중국어에서는 '개발' 역시 선진적으로 선도적인 함의를 갖고 있으며, 개발금융 기구가 시장의 육성과 사회 자본의 신흥 발전 영역에 진입하는 데 있어 더 나은 역할을 하므로, 본문에서는 '개발금융'이라는 논조를 사용한다.

가 정부 공무원의 이익 추구나 지대추구의 도구가 되는 것으로 오해해서는 결코 안 된다. 각국의 개발금융 기구의 실행 상황을 살펴보면, 국가는 특별 입법, 요직 임면, 리스크 내부 관리, 제3자 관리감독 등 다양한 방식을 통해 개발금융 기구에 어느 정도의 운영 자주성을 보장해 줄 수 있다. 이를 통해 단기적인 지대추구와 부패 행위의 영향을 막을 수 있다는 것을 보여 준다.

준准정부적 특성 때문에 개발금융 기구는 상업 은행처럼 이윤 및 주주 권익의 최대화 추구를 핵심 목표로 삼지 않고, 수지 균형과 약간의 이윤을 남긴다는 것을 전제하여 정부(또는 국가공동체)가 정한 경제 사회 발전 목표를 이행하기 위해 노력한다.

산업고도화, 이전 그리고 경제구조 조정은 개발금융 기구가 실현하고자 노력하는 주요 목표 중 하나이다. 국가개발은행을 예로 들면, 그 취지는 '중·장기 신용대출과 투자 등 금융업무를 통해 국민경제의 중·장기 발전 전략을 뒷받침한다'는 점에 포커스가 맞춰져 있다. 구체적으로 '기반시설, 기초산업, 지주산업(줄여서 '2기1지兩基一支'로 지칭) 및 전략적 신흥 산업 등 중요 분야의 발전과 국가 중대 프로젝트의 건설을 지원하고', '산업의 전환과 고도화를 지원하며', '국제 업무를 확대하여 해외 진출 전략(국가개발은행, 2015)에 뒷받침한다'라는 내용을 포함하고 있다. 이런 분야는 대부분 공공재의 속성을 가지고 있기 때문에 투자 금액이 크고, 리스크가 높으며, 주기가 길다. 때문에 상업 은행이나 개인 자본은 감히 진입할 엄두조차 내지 못한다. 금융 시스템 발전이 낙후된 개발도상국은 장기적인 융자가 더욱 부족하기 때문에 공공 부처의 효율적인 개입 조치를 통해 산업고도화와 경제구조 전환을 위한 탄탄한 기초를 마련해야 한다.

하지만 현재 학계에서는 아직 산업정책의 주요 수단인 개발금융에 대한 체계적인 연구가 이루어지지 않고 있다. 조지프 스티글리츠

Joseph Stiglitz와 린이푸 교수가 편저한 『산업정책의 혁명(*The Industrial Policy Revolution*)』이란 책에는 2013년 국제경제학 연례회의에서 제기된 산업정책의 정의, 이론과 이행에 대한 전반적인 연구 내용이 수집 정리되어 있다. 그 중 산업정책 도구에 관한 장章에서 개발금융이 산업정책의 주요 수단으로 등장했는데, 브라질개발은행(BNDES)이라는 개발금융 기구의 역사, 성과 및 발전 도전에 대한 대응 등 일반적인 총론에만 그치고 말았다(Stiglitz and Lin, 2013).

이 분야의 공백을 메우기 위해, 본문에서는 개발금융이 산업구조 전환과 고도화 및 경제구조 조정을 촉진하는 데 발휘하는 역할에 대해 정리하고자 한다. 첫째, 2차 세계대전 이후 구조주의와 신자유주의 발전사조의 영향에서 개발금융의 발전 과정과 관련된 학술 연구를 고찰할 것이다. 둘째, 세 번째 발전사조가 될 것으로 전망되는 신구조경제학의 관점에서 중국 개발금융의 시행 상황에 대해 분석하고자 한다. 셋째, 현재 국제 발전 영역에서 직면하고 있는 주요 발전 도전에 대해 개발금융의 3대 연구 어젠다를 전망하고자 한다.

2차 세계대전 이후의 개발금융 이론과 시행 상황

왜 개발금융 기구를 설립해야 하는가? 이 근본적인 질문에 답하려면 반드시 개발금융 기구의 기원으로 거슬러 올라갈 필요가 있다. 공업혁명은 영국에서 시작되었고, 후발 국가는 공업화 발전을 빠르게 이룩하기 위해 거액의 장기 자금과 중·장기 계획 및 전문 관리 기술이 시급하게 필요해 이것을 통해 인프라 구축과 신흥 산업의 발전을 지원해야 했다. 하지만 전통적인 융자 방식은 중·단기의 소액 신용대출 지원에만 치우쳐 있어, 공업화의 가속화로 인한 자금 수요를 충족시킬 수가 없었다. 19세기 유럽 대륙의 후발 국가들은 전력을 다해 영국을 뒤쫓으면서, 경제구조 전환을 빠른 시일 내에 이룩하려고 애썼다. 이러한 큰 시대적 흐름 속에서, 개발금융 기구의 초기 형태가 유럽 대륙에서 싹을 틔우게 되었다. 개발금융 기구는 유럽 대륙이 신속하게 공업화를 이룰 수 있도록 중요한 역할을 했으며, 그 후 일본과 개발도상국이 개발은행을 설립하는 데 본보기가 되었다(Cameron, 1953; Diamond, 1957).

학술적으로, 학자들은 시장의 기능 상실이란 관점에서 개발금융 기구가 시장에 자발적으로 형성된 분산형 은행 시스템에 존재하는 폐단인 근시안적 주의, 무임승차 등의 문제를 해결해 줄 수 있다고 분석한다. 드와트리폰과 마스킨Dewatripont and Maskin(1995)은 중·장기 프로젝트에 자금 지원이 부족한 것은 주로 이런 대형 프로젝트에는 대량의 매몰자금이 존재해서 여러 은행이 함께 융자를 해야 하는데, 공동 융자는 프로젝트의 관리감독에 있어 무임승차의 문제를 초래할 수 있고, 더 나아가 프로젝트 전반에 대한 효과적인 관리감독의 부재라는 문제점도 야기할 수 있으며, 궁극적으로 중·장기 프로젝트에 충분한 융자지원이 이루어지지 못하게 되기 때문이라고 분석했다. 무임승차의 문제를 해결하기 위해서는 조율 기구를 설립할 필요가 있다(저자는 해당 조율 기구가 개발금융 기구라고 명확히 꼬집어 말하지는 않겠다). 드 아기옹De Aghion(1999)은 심층분석을 통해 자유방임(laissez-faire)의 분산형 은행 시스템이 충분한 장기 산업융자를 제공할 수 없을뿐더러, 효과적으로 장기 산업융자에 필요한 전문 인재를 육성할 수도 없다고 꼬집으며, 이에 두 가지 이유가 있다고 하였다. 첫째, 신흥 산업의 발전은 상당히 긴 육성 기간을 필요로 하고, 동시에 큰 리스크가 동반될 수밖에 없기 때문에 일반적으로 단기 실적에 주목하는 상업 은행이 감당할 수 있는 범위를 넘어선다. 둘째, 장기 융자에 의지한 산업 또는 인프라 프로젝트를 관리하기 위해서는 금융기관에 차입자의 장기 상환 신용능력(creditworthiness)을 평가할 수 있는 특정한 전문 기술 인력이 필요하다. 하지만 단기 대출에 주력하는 상업은행에는 이러한 전문 기술 인력이 없다. 정리하자면 단순히 시장에서 자발적으로 형성된 금융 중개에만 의존해서는 공업화에 필요한 충분한 장기 융자(long-term finance)를 제공할 수 없다. 그러므로 개발금융 기구는 공업화 발전 과정에서 인프라와 산업 융자가 직면하게 되는 리스크가 높고, 주기기 길며, 협업 조율이 어렵고, 전문 인재가 부족한 문제를 해결해야 한다.

2차 세계대전 이후, 국제 발전 영역에 불어왔던 첫 번째 발전 사조는 '구조주의'였다. 이 초기의 발전 사조는 시장에 극복 불가능한 결함이 존재하여 강력한 정부의 힘으로 경제 발전을 가속화해야 한다고 강조했다. 대공황 시기의 국제 무역 급감에 따른 수출 비관주의의 영향으로 라틴 아메리카 국가의 학계 엘리트들은 개발도상국이 수입 대체의 발전 전략을 통해 본국의 제조업을 살리고, 선진국의 완제품 수입을 막아, 1차 수출품의 무역 환경 악화에 따른 악영향을 개선하고 선진국에게 착취당하는 처지에서 벗어나야 한다고 호소했다.

정부 주도를 강조한 첫 번째 구조주의 사조의 영향을 받아, 2차 세계대전 이후 개발금융 기구가 우후죽순처럼 설립되었다. 선진국의 전후 재건 수요를 충족시키기 위해 탄생한 개발금융 기구, 예를 들어, 독일재건은행(Kreditanstalt fr Wiederaufbau, KfW)과 일본개발은행(Japan Development Bank, JDB) 외에도, 많은 아시아·아프리카·라틴 아메리카의 개발도상국들이 민족해방과 국가 독립 운동의 승리를 거뒀고, 하루 빨리 공업화를 이룩하려는 절박함에 개발금융 기구 설립을 하나둘 발표했다. 이 시기에 설립된 개발금융 기구에는 필리핀 개발은행(1947년), 터키 공업발전은행(1950년), 브라질 개발은행(1952년), 케냐 공상개발은행(1954년), 네팔 공업발전은행(1959년) 등이 있다.

2차 세계대전 이후 개발은행 붐이 일었지만, 초기 학술 문헌에는 개발금융 기구에 대한 연구가 거의 없었다. 이러한 연구 공백을 메우기 위해, 세계은행경제개발학원(Economic Development Institute, EDI, 세계은행학원의 전신)의 첫 연구보고서(1957년)에서 '발전 은행'을 주제로 개발금융 기구 설립의 논거, 융자 방식, 정부관계, 인재 확보 등 실질적 운영에 대한 체계적인 해석을 하여 개발금융 기구를 잘 만들 수 있는 방법을 설명하기로 결정했다(Diamond, 1957). 나중에 더 많은 연구는 초기 개발도상국의 국유 발전 은행이 정부의 과도한 개입을 받기 쉬웠고, 자원의 잘못된 분배, 연체된 채무 축적, 부패 만행 등의 결과를 초래했다는 사실을 밝혀 냈다(Gordon, 1983; Odedokun, 1996).

구조주의 이후, 1980년대에 신자유주의 사조가 나타났다. 이 사조는 정부 기능 상실의 결함을 보완하기 위해 사유화·자유화·탈규제화를 강조했다. 1980년대 중반, 라틴 아메리카와 기타 개발도상국에서 채무 위기가 나타났다. 이 난관을 극복하기 위해, 해당 국가의 정부는 어쩔 수 없이 자유 시장화 지향의 패키지형 구조 조정 정책(structural adjustment program)을 받아들일 수밖에 없었다. 이러한 경제자유화의 개혁 방안은 '워싱턴 컨센서스'라고 불렸다.

자유 시장을 강조하는 두 번째 신자유주의 사조의 영향으로 개발은행은 곤경에 처하게 되었다. 1980년대 중기에 채무 위기가 발발한 후 개발은행의 취지와 역할에 대해 많은 논쟁이 일어났다. 경제자유화 사조의 영향으로 인해 개발도상국은 개발은행의 민영화를 진행했다. 일부 개발은행은 어쩔 수 없이 문을 닫거나 청산 절차를 밟아야 했고, 일부는 상업 은행 또는 투자 은행에 합병되었다. 예를 들어, 많은 아프리카 국가가 사유 개발금융 회사(Private Development Finance Corporations)를 설립했고, 말레이시아도 1995년에 개발은행의 민영화 절차를 밟았다. 그 외에도 일부 국가의 개발은행은 민영화의 고문 역할을 맡아 자국 중소기업의 민영화를 추진했다. 멕시코 국가공업 개발은행이 바로 그 전형적인 예이다(Bruck, 1998).

　이 시기의 학술 연구 또한 정부의 기능 상실 정황이 분명히 존재했다고 지적했다. 과도한 정부 개입 때문에 개발은행이 파산 위기에 놓인 기업을 구제하면서 '연성예산제약(Soft Budget Constraint)'이라는 곤경에 빠지게 된 것이다. 더 참담한 것은 정부 공무원이 지대추구를 위해 개발은행의 저렴한 자금을 경제 사회 이익을 실현할 수 있는 핵심적인 영역이 아닌 파벌 관계가 있는 기업에 투자했다는 것이다. 이런 파벌 관계에 얽힌 기업은 원래 자본시장 또는 상업 은행에서 필요한 자금을 구할 수 있었는데도 말이다(Ades and DiTella, 1997; Claessens et al., 2008; Faccio, 2006). 비록 개발은행에 관한 실증적 연구가 상대적으로 부족했지만 국유 은행에 관한 연구는 정부의 기능 상실이 존재했다는 사실을 검증할 수 있었다(Dinc, 2005; La Porta et al., 2002; Yeyati et al., 2004; Sapienza, 2004).

　하지만, 실제 이행 상황을 보면 사유화는 효율적으로 장기 융자의 제공 문제를 해결하는 '만병통치약'이 아니라는 사실을 알 수 있다. 상업 은행과 자본시장은 단기 성과 또는 단기 이익 주목이라는 제약을 받았기 때문에(Kay, 2012), 고위험성을 가지고 있으며 주기가 긴 융자 프로젝트에 투자할 의향이 없었다. 동시에 정부의 개발 원조 역시 의료보건, 기초 교육 등 사회 부문으로 시선을 돌려 투자하면서 인프라에 대한 융자를 삭감했다. 결국 많은 개발도상국이 더욱 커다란 인프라 융자 결핍이라는 문제에 직면하게 되었다(Foster and Briceño-Garmendia, 2010).

　장기 융자로 부족한 문제를 해결하기 위해, 개발금융 기구의 역할이 다시금 국제 개발계의 주목을 받기 시작했다. G20은 2013년에 UN 개발 융자 사무실, 세계은행, IMF, OECD 등 여러 방면의 힘을 모아 장기 융자를 시행하여 경제 성장을 촉진하는 데 포커스를 맞췄다(G20, 2013). 장기 융자의 성장을 촉진하기 위해, 국제 개발계는 개발은행의 중요성을 다시 인식했고, 리스크를 해소하여 개인 자본을 유입시키는 데서 개발금융 기구의 핵심 역할을 강조했다(Committee, World Bank/IMF Development, 2015). 중국의 제안과 지원으로 최근 설립된 아시아인프라투자은행과 신개발은행 등 다자간 개발금융 기구는 많은 부분에서 인프라 융자에 있는 구멍을 메우기 위한 것이었다(Xu and Carey, 2015).

위의 내용을 종합하면, 2차 세계대전 이후 개발금융 기구는 주류 발전 사조의 변화 발전을 수반하면서 시작 – 쇠퇴 – 부흥이라는 세 단계를 거쳤다. 과도한 정부의 개입과 전반적인 상업화 운용이란 방식은 기대한 발전 효과를 거의 거두지 못하고 예상과는 다른 결과를 가져왔다(부패와 저효율, 악성 채권, 장기 융자 결핍 등을 포함). 안타깝게도 학계에서는 개발금융에 관해 체계적인 연구를 하지 못했고, 이로 인해 어떤 조건에서 개발금융 기구가 장기 융자를 효과적으로 제공하고 산업의 고도화를 촉진할 수 있는지, 어떤 거버넌스 구조는 개발금융 기구가 정부의 과도한 개입을 받지 않고도 동시에 단순한 이익 추구를 목적으로 하지 않도록 보장해 줄 수 있는지, 어떤 상황에서 개발금융 기구가 상업 은행과 자본 시장의 발전을 억압하지 않는지 등의 기본적인 문제에 체계적인 해답을 제시하지 못했다.[3]

신구조경제학 관점에서 중국 개발금융의 실행 상황

2차 세계대전 이후 개발금융 이론과 실천 상황을 고찰해 보고, 개발금융 기구의 발전 과정이 정부와 시장 사이의 관계를 어떻게 따져 보느냐에 관한 국제 발전 사조의 영향을 많이 받았다는 것을 알 수 있다. 과

---

[3] 개발금융 연구에 따른 중국 학술계의 연구에 대해서는 바이친센(白欽先)과 취쟈오광(曲昭光)(1993), 바이친센(白欽先)과 왕웨이(王偉)(2005), 청웨이(程偉)(2005), 리즈후이(李志輝)와 리웨이빈(黎維彬)(2010)을 참고하길 바란다.

거의 정부주도론 또는 자유시장론은 모두 한쪽으로 치우쳐 있어 과도한 정부의 개입, 저효율 또는 부패 문제를 야기하거나 중·장기 융자 부족, 인프라 융자 부족의 확대를 일으켰다. 이에 새로운 연구 관점을 도입하여 세 번째 발전 사조인 신구조경제학의 관점에서 출발하여 중국 개발 금융 분야의 실행 상황에 대한 분석에 초점을 맞추고자 한다.

전통적인 국제 발전 사조와 달리, 신구조경제학은 효과적인 시장과 유능한 정부가 함께 작용을 해야 한다고 강조한다. 해당 분석의 출발점은 요소부존(Factor endowments)으로, 이를 통해 잠재적인 비교우위를 가진 산업(즉, 상대적인 요소부존 생산원가가 낮은 산업)을 선별해 낸다. 핵심 개념은 기업의 자생능력이고, 즉 개방적인 경쟁 시장에서 정상적으로 경영되는 기업이 외적 보호나 보조금 없이도 시장으로부터 합당한 이윤을 얻을 수 있는 능력을 지칭한다. 개방적인 경쟁 시장에서 정상적인 기업은 종사한 산업이 현지의 비교우위에 부합해야만, 외적 보호나 보조금 없이도 시장에서 합당한 이윤을 얻을 수 있고, 해당 산업에 투자할 의향을 갖게 되거나 계속해서 해당 산업에서 경영을 할 수 있게 된다(린이푸, 2012). 여기서 주목해야 할 점은 자생능력이 단순히 어떤 시점에서의 기업 수익성만을 의미하는 것이 아니라 동태적인 개념이라는 것이다. 초기 발전 단계에서, 기업은 상대적으로 요소 생산원가가 낮고, 잠재적인 비교우위를 갖춘(latent comparative advantage) 산업에 진입할 수 있지만, 하드웨어 및 소프트웨어 인프라의 낙후로 인해 기업은 꽤 높은 거래 비용(transaction cost)을 부담해야 하고, 이 때문에 수지가 서로 상쇄되거나 심지어 손해를 보는 상황까지 초래된다. 다시 말하자면, 이때 기업은 자생능력은 갖추었지만 이윤 창출 능력까지는 확보하지 못한 상태이다. 정부는 적자를 흑자로 전환시키기 위해, 상황에 맞는 조율을 통해 소프트웨어와 하드웨어 인프라를 개선하여, 거래 비용을 낮추고 산업의 잠재적인 비교우위를 경쟁우위로 전환함으로써 자생능력을 가진 기업이 수익을 창출할 수 있게 해야 한다. 어떤 경우에는 하드웨어 및 소프트웨어 인프라의 부족으로 발생한 거액의 거래 비용은 기업이 모험을 무릅쓰고 잠재적인 비교우위를 가진 산업에 진입하도록 시도하려는 의지를 꺾어 버린다. 이런 상황은 개발도상국에서 가장 많이 보인다. 예를 들어, 많은 아프리카 국가는 저렴하고 풍부한 노동력 자원을 가지고 있지만 전력 부족과 불편한 도로 교통 등으로 인해 잠재적 비교우위를 가진 경공업이 발전을 이룩하지 못하고 완제품의 수입에만 의존할 수밖에 없다.

이상의 분석을 기초로 신구조경제학 정책 분석의 착안점은 각각의 발전 단계에서 유능한 정부와 효과적인 시장 간에 어떻게 협업을 이루어 산업의 고도화와 경제구조의 전환을 촉진하느냐에 방점을 두고 있다. 구체적으로 정부 또는 개발금융 기구가 어떻게 소프트웨어 및 하드웨어 기반시설을 적시적소에 제공하여 거래 원가를 낮추고 산업 클러스터를 빠르게 형성시켜 잠재적인 비교우위를 가진 산업이 국내외 시장에서 경쟁우위를 갖춘 산업으로 성장할 수 있게 하느냐에 초점을 맞춘다.

신구조경제학의 관점에서 출발하면 개발금융 기구는 하드웨어 및 소프트웨어 기반시설을 제공 및 완비하고 리스크를 해소하고 선구자들이 신흥 산업 분야에 투자하도록 독려하며, 제약적 요소를 제거하여 산업 기술 업그레이드를 이룩하는 중요한 수단이다. 선진국과 비교하면, 수많은 개발도상국은 재정자금의 부족과 미성숙한 자금시장이라는 난제를 맞닥뜨려서, 준공공재 특성을 지닌 인프라를 제공하도록 충분한 장기적인 투자 자금을 조달하지 못한다. 정치적 상황과 정책의 불확실성으로 투자 리스크가 한층 더 부풀려지고, 이런 연유로 개발금융의 역할이 어느 때보다 더 중요해졌다.

다음에서는 신구조경제학의 관점에서 국가개발은행이 산업 전환과 고도화 및 경제의 구조 조정에서의 시행 상황에 대해 분석하고자 한다.

초기 탐색기(1994~1997년)에 국가개발은행은 정부가 계획한 개입 지침에 따라, 시장의 기능 상실을 보완하고 공업화와 도시화 발전에 필요한 중·장기 자금을 지원했다. 개발은행은 주로 '계획위원회에서 구덩이를 파면 개발은행이 씨앗을 뿌리는(計委挖坑, 開行種樹)' 큰 틀에서 현 단계에 재무 효율이 낮고, 건설 주기가 길며, 국가가 시급하게 발전시켜야 하는 '기반시설과 기초산업 및 지주산업(兩基一支)'의 정책적 프로젝트에 중·장기 자금을 지원하고[천웬(陳元), 2012], 정부는 자금의 모집·운용·투입 방향 등에서 주도적인 역할을 했다. 1994년 4월 14일, 국가개발은행은 국무원 산하의 직속 정책적 금융기구로 정식 설립되었다. 국가계획위원회와 국가경제무역위원회는 국가의 발전 계획, 생산력 배치, 산업정책에 따라 '기반시설과 기초산업 및 지주산업'의 대·중형 기본 건설, 기술 개선 등의 정책적 프로젝트 및 부대 프로젝트의 범주를 확정했고, 국가개발은행은 프로젝트의 자금 배정과 대출 조건의 심의를 맡아 진행했다. 자금 출처는 주로 금융채권 발행에 의한 것이었다. 중국인민은행의 행정적 분담 수단을 통해 개발은행은 상업 은행에 채권을 발행하여 국민의 저축을 장기 자금으로 전환시켰다. 이 외에도, 기타의 자금 출처에는 등록 자본금, 재정 어음 할인 자금, 재정 담보의 건설 채권 등이 포함되어 있다. 대출 이율은 중국인민은행에서 국가계획위원회, 국가경제무역위원회, 재정부와 국가개발은행의 의견을 취합한 후 확정했다(『국가개발은행사』 편집위원회, 2013).

이 시기에 개발은행은 '중국적 특색을 가진 정책적 산업 은행 설립'이라는 목표에 따라 분산되어 있는 단기 사회 자금을 모아 국가의 중점 건설 프로젝트에 투입했고, 적은 자금을 모아 큰 액수를 만들고, 단기 대출 기한을 연장하여 장기 대출로 만들었다. 이를 통해 대규모의 장기 신용대출을 지원함으로써 국민경제의 중대한 산업 프로젝트에 장기융자 수요를 해결하도록 시도했다. 이는 중국의 상업 은행이 장기 융자 분야에 대한 투자에 있어 부족한 결함을 보완하는 데 도움이 되었다. 이 시기에 개발은행은 독자적인 대출을 통해 산시야 프로젝트(三峽工程: 양자강 댐 건설공사 - 옮긴이)의 가동을 지원했으며, 대규모의 자금으로 베이징 - 홍콩 철도 등 교통 대동맥의 구축에 투자하고 대규모 식량 및 목화 기지 건설을 지원했다. 국가 산업정책을 이행하기 위해 개발은행은 전력, 철강, 석탄 등 분야에 주안점을 두고, 많은 국가 기초산업 중점 프로젝트의 구축과 생산을 지원했다. 국가 지주 산업의 발전 기반을 다지기 위해 개발은행은 국가의 산업정책에 부응하여, 자동차 제조·선박 공업 등 업계에서 기술 개선을 핵심으로 하는 전문 프로젝트의 지원을 강화했으며, 이를 통해 자금 부족이라는 병목 현상을 해결했다(『국가개발은행사』 편집위원회, 2013).

하지만, 정치와 기업, 정치와 은행의 구분이 모호하다 보니 정부의 과도한 개입은 대손금으로 이어졌고, 개발은행에는 엄청난 부실자산이 쌓이게 되었다. 1997년 말, 개발은행의 자산 총액은 3,811억 위안이었고, 중·장기 대출 잔액은 3,656억 위안이었으며, 부실대출은 1,559억 위안으로 그 비율이 42.56%에 달했다. 역사적으로 남겨진 문제가 아직까지 해결되지 않은 것은 거액의 부실자산이 생성된 원인 중 하나였다. 즉, 개발은행은 설립 초기에 담보 조치가 제대로 되어 있지 않고 자산의 질이 보편적으로 떨어지는 전前 국가 6대 투자회사의 정책적 프로젝트를 인수한 것이다. 한편 개발은행의 관리 시스템에 존재하는 폐단은 악성 부채를 야기한 주요 원인이었다. 당시 대출 프로젝트는 대부분 행정적 지시에 따라 이루어졌기 때문에 프로젝트의 시작점에서 리스크를 제어하기가 어려웠고, 대출금의 지급과 상환 역시 상업 은행이 주로 이를 대리하는 역할을 했기 때문에 자금 운영과 상환을 관리감독할 수단이 부족했다(『국가개발은행사』 편집위원회, 2013).

정리하자면, 초기 탐색 단계에 개발은행은 시장의 기능 상실을 보완하여 공업화와 도시화 발전에 필요한 거액의 장기 융자를 제공했지만,

동시에 과도한 정부의 개입으로 심각한 악성 부채의 문제를 떠안게 되었다.

개혁조정기(1998~2002년)에는 대량의 부실 대출을 해결하기 위해 새로 부임한 천웬(陳元) 행장을 필두로 개발은행은 신용대출 시스템 개혁을 시작하여 심화시켰고, 시장경제 수요에 맞는 심의 기제를 수립하기 위해 노력했다. 개발은행은 권력의 부패를 방지하기 위해 프로젝트 심의의 투명성과 민주적인 참여도를 강화하여 심의 전문화를 이루었다. 정부가 프로젝트를 추천할 권력을 가지고 있었지만, 프로젝트의 입안은 반드시 독립적 위원의 단체 심의를 거쳐야 했다. 대출에 있어서 행장은 심의권은 없고, 부결권만 가지고 있었다. 다시 말해, 행장은 전문가가 투표한 결과를 부정할 수 있지만 어떤 프로젝트를 반드시 해야 한다고 지정할 수는 없었다. 심의 개혁에 방점을 찍은 운영 시스템 개혁을 통해, 개발은행은 국제 기준에 맞추어서 시장화 운영을 전반적으로 도입하게 되었다. 명령하달 식의 프로젝트 인수에서 자주적인 프로젝트 선택으로 방향이 전환되었고, 행정적 수단으로 금융채권을 구매하라는 방식에서 시장화에 따른 채권 발행으로 바뀌었으며, 전통적인 정책적 프로젝트에 대한 조잡한 관리에서 신용대출과 심의의 전문화와 민주화 개혁을 이룩했다. 2002년에 이르러 개발은행의 주요 경영 지표는 국제적 일류 수준에 근접하거나 이미 도달한 정도였다(국가개발은행과 중국 인민대학 공동과제팀, 2007).

시장화 운영 개혁으로 '은행과 정계 유착'이라는 폐단을 뿌리 뽑으면서, 개발은행은 정부와 은행을 단순한 대립적인 구도로 배치하지 않고, 정부와 시장 사이에서 협력을 이룰 방법을 적극 모색했다. 많은 개발도상국과 마찬가지로 경제 발전 초기 단계에 중국은 시장 공백과 신용 부재라는 병목적인 문제에 직면하게 되었다. 개발은행은 중국 정부의 조직화되어 있는 특징을 예리하게 포착하고 지방정부의 조직적 이점을 활용하여 프로젝트 융자로 신용을 쌓았다. 도시 건설 융자의 우후(蕪湖: 안후이성 양쯔강 유역의 무역항―옮긴이) 모델이 바로 은행과 정계 협력의 상징적인 사례로, 지방정부의 신용과 은행의 신용대출이 연계된 모델이다. 개발은행과 안후이성 우후시 정부는 금융 협력 협의를 체결하여 개발은행은 지방 프로젝트 건설에 적극 지원하여 지방정부가 발전 과정에서 직면하는 융자 문제를 해결하도록 도와주고, 이와 동시에 지방정부는 조직적 협력 역할을 통해 모든 면에서 책임을 지고, 목표와 책임을 명확히 설정하며 상환 조치까지 이행하도록 하여 금융 리스크를 방지했다(천웬, 2012). 개발은행과 지방정부는 함께 융자 플랫폼을 구축했고, 이 플랫폼은 정부가 지정한 차입자로서 시장경제 요구에 부합하는 기업 법인체이다. 개발은행은 '물품 대금 묶기' 방식을 통해 과거 자체의 현금 유동성이 부족하고 개별적으로 시행하기 어려운 도시 건설 프로젝트의 융자 문제를 해결했다. 지방 재정은 대출 신용 구조를 개선하기 위해, 정부의 권한을 수여받은 차입자가 토지 양도 수익을 담보 삼아 상환을 보장하겠다고 공개적으로 약속했다(『국가개발은행사』 편집위원회, 2013). 나아가 개발은행은 지방정부, 관련 부서와 기업과 함께 투·융자 플랫폼의 건설을 추진하여, 차입자를 건전하고 규범화된 시장 주체로 육성했고, 정부의 신용으로 시장의 신용을 키우는 과정에 박차를 가했다(천웬, 2012).

정리하자면, 개발은행은 시장 신용이라는 소프트웨어적인 인프라 건설의 개선을 시도했고, 정부와 시장 사이에서 협업할 수 있는 접점을 찾으려 노력했다.

발전 심화기(2003년부터 현재)에 개발은행은 신흥 공업화, 산업 자주적 혁신, 전략적 신흥 산업 발전, 기업의 '해외 진출' 등 중점 분야를 대대적으로 지원하여 선구적이고 주도적인 역할을 발휘하여 산업고도화와 구조 조정을 촉진했다. 산업기술의 고도화는 불확실성이 크고 리스크가 높기 때문에 많은 투자자들을 주저하게 만들었다. 이에 따라 개발은행은 장기적인 효과에 주목하여 리스크 감당 능력이 뛰어난 금융기구가 필요한 융자 지원을 제공하도록 해야 한다. 정보통신 분야의 제3세대 이동통신(3G) 기준을 예로 들어 설명하자면, 다탕통신(DDT, 大唐电信科技产业集团)의 TD-SCDMA 표준은 중국이 독자적이고 자주적인 지적재산권을 갖고 있는 유일한 기술 표준이다. 하지만 기술적 이점을 산업적 우위로 전환하려면 대규모의 연구개발 투자가 필요했다. 3G 시장은 육성 기간이 길고, 산업화에 어느 정도 불확실성이 존재했기에 상업은행은 이에 대해 관망세로 일관했다. 그에 비해, 개발은행은 기술 표준의 산업화가 중국 이동통신 산업이 외국 표준의 굴레에서 벗어나 비약적 발전을 이루는 데 큰 도움이 될 것이라고 여겼다. 따라서 개발은행은 기술 연구개발의 각 단계에 상응하는 주식 저당과 특허권 저당을 결합한 신용 구조를 만들었고, 기술 산업화의 추진에 있어 모범적인 역할을 수행했다(『국가개발은행사』 편집위원회, 2013). 이것은 신구조경제학이 강조하는 상황에 따라 정책적 유도를 달리하는 정부의 역할과 유사한 근거를 갖추고 있다. 단순히 시장의 힘에만 의존해서는 새로운 분야에 존재하는 높은 리스크를 극복할 수 없으므로, 정부 또는 개발금융 기구가 선구자에게 적극적인 장려정책을 제공하여 산업과 기술의 고도화를 이룩해야 하는 것이다.

개발은행은 장기 융자와 신용도 구축 등 분야에서 중요한 역할을 했지만, 운영 방식에는 여전히 개선되어야 할 부분이 존재한다. 개발은행의 내부 조사 연구에 따르면, 일부 융자 플랫폼의 법인 설립은 상대적으로 낙후되어 있고, 독자적인 시장 입지가 결여되어 있으며, 일부 플랫폼의 상환 기제는 다소 단순하고, 대부분 정부의 보조금과 토지 양도에 따른 수익에만 의존하고 있다. 이와 같은 융자 플랫폼에 존재하는 리스크는 지방정부의 채무 부담을 증가시킬 수 있다(천웬, 2012).

신구조경제학의 관점에서 중국 개발금융의 실천 상황을 분석하던 중 다음의 사실을 발견했다. 첫째, 신구조경제학은 개발은행이 산업고도화와 경제구조 조정에서 발휘해야 하는 역할을 이해하는 데 분석의 틀을 제공해 준다. 기업의 자생능력과 잠재적 비교우위 등의 핵심 개념을 착안점으로, 하드웨어 및 소프트웨어 인프라를 제공하여 개선하며, 리스크를 완화하고 신흥 산업에 대한 선구자의 투자를 장려하고, 병목적인 요인을 극복하여 산업기술 업그레이드를 실현하는 데서 개발은행의 역할을 분석했다. 둘째, 중국의 개발금융의 진행 상황은 신구조경제학의 발전과 확산에 풍부한 소재를 제공해 주었다. 일례로 개발은행이 정부 신용을 발판으로 시장 신용 구조를 육성한 것을 들 수 있다. 이는 신구조경제학의 틀 안에서 유능한 정부와 효과적인 시장이 어떻게 더 나은 협업을 진행할 수 있는지 연구하는 데 도움이 된다.

결론: 개발금융 연구의 미래 전망

개발금융 연구의 미래를 전망하기 위해서는 다음 3가지 부분에서 개발금융에 관한 연구를 추진하여 어떤 조건에서 개발금융이 효과적인 산업정책 수단이 될 수 있는지를 자세히 이해해야 한다.

첫째, 각 발전 단계에서 경제체가 직면한 도전의 차이를 분석하고, 개발금융 기구의 기능과 포지션을 세분화해야 한다. 해당 연구의 목적은 '왜 개발금융 기구가 필요한가? 개발금융 기구는 임시적인 과도적 제도에 불과한가? 개발금융 기구가 새로운 발전 도전에 대응하기 위해 어떻게 적절히 조정해야 할 것인가?'라는 근본적인 문제의 해답을 찾는 데 있다. 신구조경제학의 관점에서 출발하여 각 발전 단계에 처해 있는 경제체는 각기 다른 병목적 요소에 직면해 있으며 이를 해결하기 위해서는 서양 선진국의 금융 시스템을 그대로 답습하는 대신 자국의 발전 단계에 적합한 금융구조를 발전시켜야 한다고 주장한다[린이푸, 2012; 린이푸와 순시팡(孫希芳), 2008; Lin et al., 2013]. 이런 관점에서 보았을 때 초기 발전 단계에 자본시장이 낙후되어 있고 가속화된 공업화와 도시화에 장기 융자가 필요하며, 이러한 크나큰 도전에 자주 직면하는 개발도상국에게 개발금융 기구는 장기 융자를 해결하는 방안 중 하나이다(국가개발은행 신용대출관리국, 대외경제무역대학 금융학과 공동과제팀, 2016). 여기에서 분석의 핵심은 각 발전 단계에서 직면한 융자 문제의 차이를 명확히 파악하고 현존하는 융자 채널이 어느 정도로 해당 문제를 해결할 수 있는지, 나아가 다른 금융 채널에 비해 개발금융 기구가 융자 문제 해결 시 갖고 있는 비교우위가 무엇인지, 시장화 운영이 잘 이루어진 기타 융자 방식의 생존과 발전을 저해하는 리스크가 존재하는지에 대해 살펴봐야 한다.

확실히 짚고 넘어가야 할 부분은 각 발전 단계에 있는 경제체는 상이한 금융구조를 가지고 있고, 자본시장의 발전 정도 역시 각기 다르며 선택할 수 있는 대체 방안 또한 모두 다르다는 점이다. 그렇기 때문에 간단한 모형으로 개발금융 기구의 가치를 설명하는 것 외에 해석형 사례분석도 매우 중요하다. 이를 통해 각 발전 단계에서 개발금융이 갖는 포지션과 개선된 구체적인 메커니즘을 확실히 정리할 수 있다. 둘째, 개발금융 기구의 기능과 포지션을 명확히 정리한 후에는, 내·외부 거버넌스 구조에 관해 더 깊이 분석하여 개발금융 기구가 효과적으로 기능을 발휘하는 데 필요한 조건을 명확히 해야 한다. 개발은행의 실천 상황을 보면, 정부와 시장의 협업이 결코 쉬운 일이 아니라는 것을 알 수 있다. 개발금융 기구의 내부 거버넌스 구조는 불합리한 행정적 개입을 효과적으로 막을 수 있는 '방화벽'이 필요하고, 또한 국가 신용에 근거하여 공공정책(주주의 이익을 최대화하는 것이 아닌)의 목표를 이행하는 동기부여가 될 수 있는 필수적인 장려 기제도 확립되어야 한다. 동시에, 외부 거버넌스 구조의 작용도 동등하게 중요하다. 현재 국제적으로 아직 개발금융 기구를 관리할 국제적인 규범이 확립되지 않아, 일부 국가는 단순히 상업 은행을 타깃으로 한 바젤Ⅲ 협약을 통해 개발금융 기구의 운영을 규범화하고 있다. 상업 은행이 대부분 중·단기 융자 대출을 제공하기에, 같은 규범을 적용한다면 개발은행이 장기 융자를 제공할 수 있는 잠재력을 제약할 수 있다.[4] 따라서 개발금융 기능과 포지션 특성에 적합한 성과 평가지표를 만들고, 엄격한 비교 분석을 통해 내·외부 거버넌스 구조와 성과 사이의 인과 관계를 탐색하여 가장 효과적인 맞춤형 개선 방안을 제공해야 한다.

셋째, 신뢰성 있는 미시적 데이터에 따라 산업고도화와 경제구조 조정에서 개발금융의 역할을 분석해야 한다. 현재 일부 학자는 거시적인 데이터로 개발은행이 경제 성장과 수출, 투자 촉진 등에 미치는 영향을 분석하려 시도하고 있다[리즈후이(李志輝)와 장샤오밍(張曉明), 2007; 쑤웨이(蘇偉)와 량스타오(梁士濤), 2007]. 일부 학자는 기술적인 통계 또는 잠정적인 사례 분석을 통해 개발금융이 산업 발전을 촉진하는 데 감당하는 역할을 귀납하려 시도하고 있다[바오궈량(鮑國良), 2013; 바이위후(白玉虎), 2009; 차오량(曹亮) 등, 2005; 황췐샹(黃全祥), 2007; 국가개발은행 심의 3국, 2007; 선차이잔(沈財戰) 등, 2006; 옌화(嚴華), 2011]. 하지만 미시적 데이터의 부족으로 엄격한 실증적 연구는 거의 없다시피 한 상태이다. 이러한 연구 공백을 메우기 위해, 학자들은 참새를 해부하는(解剖麻雀 : 구체적인 사례를 통해 규율을 찾는 방법이다-옮긴이) 식의 전형적인 사례 분석에서 시작하여 산업기술의 고도화, 신흥 산업의 발전, 공업단지 인프라 구축 등의 방면에서 개발금융이 갖고 있는 역할을 분석해 볼 수 있다[국가개발은행과 중

---

4 중국 개발적 금융기구 관리감독의 현황과 폐단, 샤오옌민(肖艷旻, 2013) 참고.

국인민대학 공동과제팀, 2006; 국가개발은행과 재정부 재정과학연구소 공동과제팀, 2010; 웨이웨이(魏維)와 탄보(譚波), 2013; 국가개발은행 대출관리국과 대외경제무역대학 금융학과 공동과제팀, 2016].

　해당 분석은 다음 몇 가지에 초점을 둘 수 있다. 소프트웨어 및 하드웨어 인프라 부족으로 인해 초래되는 기업의 높은 거래 비용 문제를 해결하는 데 개발금융 기구가 어떻게 도움을 주는지, 어떻게 외부 효과와 조율 문제를 해결하여 선구자가 도전을 극복할 수 있게 돕는지, 어떻게 잠재적인 비교우위를 경쟁우위로 전환시켜 기업이 자생능력을 갖출 수 있게 하는지, 나아가 더 시장화된 융자 채널(자본시장 또는 상업 은행이 그 예이다)을 통해 융자 지원을 받게 되는지 등이다. 아울러, 개발금융 기구는 비교우위를 가진 산업에 대해 오판하여 맹목적인 투자로 생산과잉의 결과를 초래하는지 여부에 대해서도 주목해야 한다. 긍정적 사례와 부정적 사례는 개발금융이 어떻게 해야 더 효과적인 산업정책의 수단이 될 수 있을지를 보다 심층적으로 이해할 수 있도록 도와줄 것이다. 사례 연구를 착실히 진행하면서 개발은행이 중·장기 융자를 제공하고 경제구조 전환을 촉진하는 메커니즘을 모형화함으로써 정리 분석할 수도 있고, 동시에 미시적 데이터를 수집하여 대규모 샘플 분석을 진행할 수도 있다.[5] 일반적인 상황에서 다자간 개발은행(ex. 세계은행, 유럽투자은행 등)은 투명도가 높고 프로젝트 관련 정보를 제공할 수 있기 때문에 다자간 개발금융 기구가 경제구조 전환에서 발휘하는 역할에 착안하여 분석할 수도 있다.

---

[5] 세계은행은 2011년에 전 세계 90개의 개발금융 기구에 대한 연구를 진행했다. 개발금융 데이터베이스를 구축하는 첫 번째 시도였다. 이는 de Luna-Martinez and Vicente(2012)를 참고했다. 중국의 개발금융 촉진회와 베이징대학교 국가발전연구원 역시 30개 개발금융 기구를 선별해 더욱 확실한 개발금융 기구의 데이터 수집을 시도했다. 이는 중국 개발금융 촉진회와 베이징대학교 국가발전연구원 공동편집팀(2016)의 자료를 참조했다.

참고문헌

Ades, A. and R. Di Tella, "National Champions and Corruption: Some Unpleasant Interventionist Arithmetic", *The Economic Journal*, 107(443), 1997, pp.1023~1042.

Boskey, S., *Problems and Practices of Development Banks*, Baltimore: Johns Hopkins University Press, 1959.

Bruck, N. "Role of Development Banks in the Twenty-First Century", *journal of Emerging Markets*, 3(3), 1998, pp.39~67.

Cameron, R. E., "The Crédit Mobilier and the Economic Development of Europe", *The Journal of Political Economy*, 61(6), 1953, pp.461~488.

Claessens, S., E. Feijen and L. Laeven, "Political Connections and Preferential Access to Finance: The Role of Campaign Contributions", *Journal of Financial Economics*, 88(3), 2008, pp.554~580.

Committee, World Bank/IMF Development, "From Billions to Trillions: Transforming Development Finance Post-2015 Financing for Development: Multilateral Development Finanace", Development Committee Discussion Note, Aprill 2, 2015.

de Aghion, B. A., "Development Banking", *Journal of Development Economics*, 58(1), 1999, pp.83~100.

de Luna-Martínez, J. and C. L. Vincente, "Global Survey of Development Banks", World Bank Policy Research Working Paper 5969, 2012.

Dewatripont, M. and E. Maskin, "Credit and Efficiency in Centralized and Decentralized Economices", *The Riview of Economic Studies*, 62(4), 1995, 541~555.

Diamond, W., *Development Banks*, Baltimore and London: Johns Hopkins University Press, 1957.

Dinç, I. S. "Politicians and Banks: Political Influences on Governmnet-Owned Banks in Emerging Markets", *Journal of Financial Economics*, 77(2), 2005, pp.453~479.

Faccion, M., "Politically Connected Firms", *American Economic Review*, 96(1), 2006, pp.369~386.

Foster, V. and C. Briceño-Garmendia, "Africa's Infrastructure: A Time for Transformation", The World Bank, Washington D.C., 2010.

G20, "Long-Term Investment Financing for Growth and Development: Umbrella Paper", February 2013.

Gordon, D. L., "Development Finanace Companies, State and Privately Owned: A Review", Staff Working Paper, Washington D.C.: World Bank, 1983.

Kay, J., "The Kay Review of UK Equity Markets and Long-term Decision Making", July 2012.

La Porta, L., F. Lopez-De-Silanes, and A. Shleifer, "Government Ownership of Banks", *The Journal of Finance*, 57(1), 2002, pp.265~301.

Odedokun, M. O., "International Evidence on the Effects of Directed Credit Programmes on Efficiency of Resource Allocation in Developing Countries: The Case of Development Bank Lendings", *Journal of Development Economics*, 48(2), 1996, pp.449~460.

Sapienza, P., "The Effects of Government Ownership on Bank Lending", *Journal of Finanacial Economics*, 72(2), 2004, pp.357~384.

Stiglitz, J. and J. Y. Lin, des., *The Industrial Policy Revolution I : The Role of Government Beyond Ideology*, International Economic Association Conference Volume No. 151-Ⅰ, Palgrave, Macmillan, 2013.

Xu, J. and R. Carey, "The Economic and Political Geography Behind China's Emergence as an Architect of the International Development System", *Multilateral Development Banks in the 21st Century: Three Perspectives on China and the Asian Infrastructure Investment Bank*, London: Overseas Development Institute, 2015.

Yeyati, E. L., A. Micco and U. Panizza, "Should the Government Be in the Banking Business? The Role of State-Owned and Development Banks", RES Working Papers 4379, Inter-American Development Bank, 2004.

『국가개발은행사國家開發銀行史』 편집위원회 편저, 『국가개발은행사 1994-2012』, 중국금융출판사, 2013.

바이친셴(白欽先)·취샤오광(曲昭光), 『각국의 정책적 금융기구 비교』, 중국금융출판사, 1993.

바이친셴(白欽先)·왕웨이(王偉), 『각국 개발정책 금융 시스템 비교』, 중국금융출판사, 2005.

바이위후(白玉虎), 「중소기업 신용구축에서의 새로운 모델인 개발 금융」, 『산시 재경대학 학보』, 2009, 4기, p.234.

바오궈량(鮑國良), 「개발금융의 확대로 영세기업 지원」, 『중국 금융』, 2013, 11기, p.86.

차오량(曹亮)·요전신(游振新)·리우하오(劉浩)·쾅슈쥔(鄺書俊)·양송루(楊松如)·장둥둥(張東東), 「개발금융의 '삼농' 모델 구축 지원」, 『금융이론과 이행』, 2005, 4기, pp.48~50.

천웬(陳元), 『정부와 시장의 사이에서: 개발금융의 중국 탐색』, 중신출판사, 2012년.

청웨이(程偉), 『개발금융 이론과 실천 소개』, 랴오닝대학출판사, 2005.

국가개발은행, 「국가개발은행의 사명」, 『2014년도 보고서』, 2015.

국가개발은행과 재정부 재정과학연구소 공동과제팀, 『개발금융과 건전한 재정의 조화로운 발전』, 경제과학출판사, 2010.

국가개발은행과 중국인민대학 공동과제팀, 『개발금융론』, 중국인민대학출판사, 2006.

국가개발은행과 중국인민대학 공동과제팀, 『개발금융 전형적 사례』, 중국인민대학출판사, 2007.

국가개발은행 심의 3국, 「개발금융의 농촌 마을 인프라 구축 지원에 대한 탐색」, 『중국금융』, 2007, 4기, p.55.

국가개발은행 신용대출 관리국과 대외경제무역대학 금융학과 공동과제팀, 『제도적 우위와 방법 혁신-국가개발은행 중장기 대출관리 방법 및 실천』, 대외경제무역대학출판사, 2016.

황첸샹(黃全祥), 「개발금융이 중소기업 발전을 지원하는 모델과 효과 리스크 관리-국가개발은행이 몐양 중소기업 대출 지원한 사례에 대한 조사 및 분석」, 『서남금융』, 2007, 1기, pp.30~31.

리즈후이(李志輝), 「중국 지역별 경제 성장의 개발금융 지원 효과 분석-패널 데이터 모형을 기반으로 한 연구」, 『경제와 경영 연구』, 2007, 11기, pp.22~26.

리즈후이(李志輝)·리웨이빈(黎維彬), 『중국 개발금융 이론, 정책과 실천』, 중국금융출판사, 2010.

리즈후이(李志輝)·장샤오밍(張曉明), 「중국 지역경제 성장의 개발금융 지원 효과 분석-패널 데이터 모형을 기반으로 한 연구」, 『경제와 경영 연구』, 2007, 6기, pp.22~26.

린이푸(林毅夫), 『신구조경제학: 경제 발전 재고찰과 정책의 이론틀』, 베이징 대학출판사, 2012.

린이푸(林毅夫)·쑨시팡(孫希芳), 「은행업 구조와 경제 성장」, 『경제 연구』, 2008, 9기, pp.31~45.

션차이잔(沈財戰)·펑슈칭(馮秀淸)·탄잉링(譚穎玲)·치훙샤(齊紅霞)·천용광(陳永光), 「베이징·천진·허베이성 수도권의 산업 클러스트에서 개발금융의 역할 토론」, 『도시발전 연구』, 2006, 11기, pp.107~112.

쑤웨이(蘇偉)·량스타오(梁士濤), 「개발금융과 중국 경제 발전의 실증 연구」, 『경제문제』, 2007, 1기, pp.103~105.

웨이웨이(魏維)·탄보(譚波), 「중국은행 그룹대출 시장 연구: 국가개발은행 은

행그룹 대출 운영과 실천』, 중국재정경제출판사, 2013.

샤오옌민(肖艶旻), 『개발금융 법률 기초연구』, 경제관리출판사, 2013.

옌화(嚴華), 「개발금융의 산업 전환 지원 효과 분석」, 『절강금융』, 2011, 6기, pp.21~24.

중국개발금융촉진회와 베이징대학교 국가발전연구원 공동집필팀(장판·쉬쟈쥔·왕춘 집필), 『글로벌 개발금융 발전보고서(2015)』, 중신출판그룹, 2016.

규율과 제도형 산업정책 사례
— 가공 '무역' 정책

마샤오예(馬曉野)
통용표준기준기술서비스 유한회사 부총재

일반적으로 산업정책은 어떤 보편적인 혜택의 성질을 띤 정책을 지칭하는 것 외에도 구체적인 산업을 위해 제정된(industry specific) 경제 정책으로 이해할 수 있다. 경제 정책의 수혜자가 하나의 특정 업계가 아닌 몇몇 업계일 경우, 배태형 산업정책이라 부르기도 한다. 또한 일부 학자는 산업정책을 목적에 따라 구분하여 산업을 지원하는 일종의 정책을 제기하고, 이를 규율과 제도형 산업정책(institutional engineering)이라고 불렀다. 위의 3가지 산업정책 구분법은 국제 학자들이 각기 다른 문헌에서 거론한 적이 있지만 아직까지 종류별로 비교 연구를 진행한 사람은 없다.

산업정책 문제에 대한 토론은 포커스가 모아지지 못한 채 토론 양측이 각자의 주장만 내세우다 발전 없이 끝나버린 상태이다. 이는 정부 역할 등에 관한 '근원적인' 논쟁이 존재하기 때문에 각자 다른 차원에서 산업정책이 가진 문제에 대해 자기주장만 내세우다 초래된 결과이다. 효과적인 토론을 진행하려면, 장님 코끼리 더듬기식에 존재하는 제한을 극복하기 위해 먼저 큰 틀을 하나 만들어 보고, 그다음에 세부 사항에 대한 중점적인 논의를 진행해야 한다. 장우창(張五常) 선생은 "중국 경제가 비약적인 발전을 이룬 것은 분명 어떤 부분에서 무언가가 제대로 작용했기 때문이다."라고 말한 바 있다.

비교우위? 산업정책? 체제 우위? 아니면, 어떠한 상호 협력이 중국

경제의 비약적인 발전을 이루는 제도적 원인이었을까? 중국 경제가 30여 년의 비약적 발전을 이룬 것은 많은 요인에 따른 것이라 생각한다. 시장화에서 자체적으로 생겨난 동력과 자원부존에 따른 이점 외에 '제대로 작용했다'고 말할 수 있는 정책 역시 하나의 성공 요인으로 꼽을 수 있다. 현재 정부는 전체적인 경제 운용 효율이 저하된 상황을 개선하기 위해 새로운 산업정책을 내놓았고, 새로운 대규모의 제조업 재투자를 진행하고 있다. 동시에, 신구조경제학도 중국의 경험을 총정리하며 다른 개발도상국의 경제 발전에 도움을 주고자 한다. 이로 인해 중국의 산업정책은 논의의 핫이슈로 부각되고 있다.

오랜 실천 기간 동안, 여러 정책 현상과 정책 효과를 이해하는 데 힘을 쏟고 합리적인 해법을 찾길 바랐던 사람의 입장에서 산업정책에 관한 토론 또한 경험과 사실을 정리하고, 연구를 심화하는 계기가 되었다.

신구조경제학은 유능한 정부가 한 나라의 요소부존을 주도하고 이용해야 한다고 주장한다. 일부 학자가 내놓은 관점에 따르면 정부가 과거에 시장 요소의 역할을 저해했던 정책을 개선하는 것 또한 유능한 정부로 인정받을 만한 행위라고 주장했다. 이런 사고에 따라, 과거에 특정 산업(industry specific)을 대상으로 하지 않고 생산치 목표를 설정하지 않으며, 경제 요소를 대상으로 한 산업정책을 규율과 제도형 산업정책으로 분류해 볼 수 있다고 생각한다. 여기에서 필자가 먼저 이야기하고 싶은 것은 가공 무역 산업이다. 과거 경제 발전의 성공적 경험을 정리할 때, 이렇게 큰 기여를 한 정책을 무시해서는 안 된다고 생각한다.

산업정책 유형 구분

문제를 직관적으로 잘 분류하기 위해서는 산업정책 문제에 대한 논의는 각기 다른 차원에서 진행해야 한다. 여기서는 4사분면 도표부터 시작해 보자.

그림 1 산업정책의 4사분면 도표

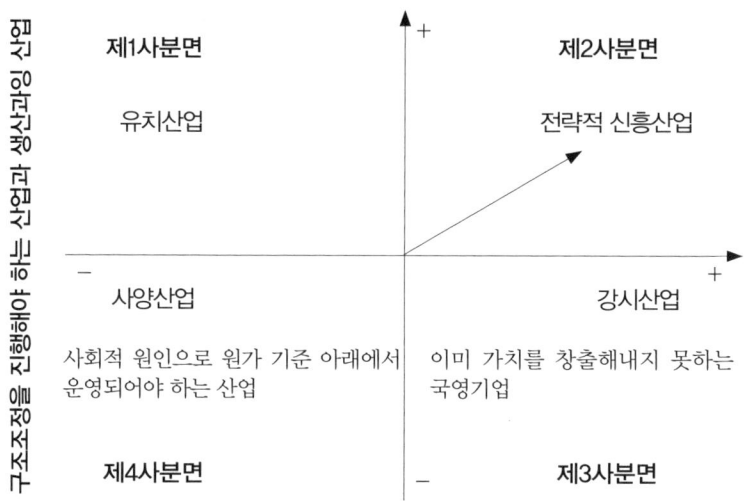

그림 1의 수평선은 업계와 기업 운영의 대략적인 원가를 나타낸다. 원가선 밑에 있는 산업의 경영자는 일반적으로 정부의 직접적인 보조 또는 특정적이고 간접적으로 원가를 낮추는 사회 정책의 도움을 받아야 한다. 예를 들어, 전형적인 선진국의 농업정책이 이 부류의 대표적인 예이다. 농업정책의 목적은 도시화 열풍의 충격으로 인한 농민의 도시 이주 속도를 늦추는 데 있다(농업 보조금 원가는 농민이 종종 감자를 이용하여 시내 교통을 방해하는 행위로 인한 사회경제적 비용보다 적다). 이 부류의 지원 정책의 성질은 대부분 사회 정책이다.

좌측 하단(제4사분면) 쪽으로 하강하고 경쟁력을 잃어 가고 있는 사양산업에 대한 산업 지원정책의 핵심 목표는 실업이 사회 질서에 가져오는 압박을 줄이기 위한 것이다. 이런 유형의 산업정책은 경쟁우위를 잃은 산업이 계속 버텨서 가치 창조를 하도록 하는 게 아니라 산업정책의 지원을 통해 목표 산업이 일정의 대응 시간 동안 산업 전환을 능동적으로 실시하고 기존 산업에 종사했던 직원들에게 재취업 훈련을 진행하는 데 목적을 두고 있다. 이런 유형의 정책적 조치는 통상 임시적인 '산업 구제(remedy)'라고 부른다.

몇몇 소수 국가의 사양 산업이 과학기술 혁신을 통해 산업 진흥을 이루어 다시 수평선 위로 떠오르는 경우도 있다. 예를 들어 스위스의 방직 산업과 스와치를 대표로 하는 저가 시계 산업이 있다. 하지만 여기서 설명하고자 하는 것은 과학기술 혁신으로 사양 산업을 되살린 스위스의 위 두 사례에서 스위스 정부는 방향 제시와 조율의 역할만 했다는 점이다. 이는 중국의 방식과는 매우 큰 차이가 있다. 그 외에도 한 가지 주목해야 할 점은 제4사분면 도표 안에서 효과를 보인 정부의 산업정책 수단은 통상적으로 직접적인 재정 보조가 아닌 수입 제한 등 보호적인 산업 구제 수단으로, 인위적으로 업계에 일정한 시장과 이윤 공간을 창출해 준다는 점이다. 이런 대내적인 산업정책 조치를 외부에서는 경쟁방해 보호주의 조치라고 불렀다. 이런 유형의 산업정책의 시행은 무역 파트너로부터 비난을 받을 수 있다.

보통 제4사분면의 산업정책 조치는 반드시 순차적으로 퇴출되어야 한다. 일반적인 상황에서는 정책을 제정할 때 퇴출조항(일몰조항이라고도 부름, sunset clause)까지 제정한다. 정책 제정자는 시장경제의 적자생존 법칙이 최종적으로 제 역할을 할 것이라고 여기기 때문이다. 이 밖에도, 개방된 환경에서 산업 지원 정책 수단의 외부 효과는 반드시 국제무역 파트너의 기득권에 손해를 입히게 될 것이다. 무역자유화 시스템 내에서는 한 나라가 보호주의 조치를 장기간 시행하도록 허락하지 않는다.

위에서 언급한 두 가지 상황과는 달리 적극적인 산업정책이란 정부가 산업구조 조정 후에 남은 인력을 수용하는 것을 시작점으로 발전 잠재력이 있는 새로운 산업을 육성하기 위해 도와주는 것을 지칭한다. 아직 유치 단계에 놓여 있는 새로운 산업의 중도 실패를 막기 위해 정부가 보호를 해줄 수 있다. 이런 산업정책은 제1사분면으로 분류할 수 있다. 정책적 수단에는 정해진 기한 내의 보호무역과 정부 조달 등이 포함되어 있다. 이런 유치산업은 비전이 좋고 순조로운 발전을 이루면 제2사분면으로 이동할 수 있다. 오랫동안 제2사분면에 진입하지 못한 유치산업은 더 이상 자라지 못해 '덜 자란 노목老木'이라고 불리게 된다. 관련 지원 정책은 사회 자원에 대한 부적절한 사용으로 인식되어 비난받게 된다. 그 외에 만약 정부가 이미 제2사분면에 진입한 '유치산업'에 대한 지원 정책을 적시에 종료하지 않거나 심지어 더 강화하면, 산업 지원의 원래 목적을 위반했다고 여겨지며 산업정책이 시장 경쟁을 방해하는 파괴자가 될 수 있다.

제2사분면 내의 산업에 대한 정책 목표는 일반적으로 어떤 특정 산업의 규모를 확대하여 경쟁력과 수익 능력을 증대시키는 것이다. 이 유형 역시 산업 타깃 설정형 산업정책(industry targeting)으로 귀결된다. 해당 정책은 정부의 정책적 편향을 통해 시장 경쟁 상황을 인위적으로 바꾸는 데 취지를 두기 때문에 WTO의 다자간 국제무역 시스템 내에서 많은 반발을 불러일으켰다. 물론 현재 논의 중인 TPP(Trans-Pacific Partnership Agreement : 환태평양경제동반자협정)·TTIP(Transatlantic Trade and Investment Partnership: 범대서양 무역투자동반자협정)에서도 많은 법률적인 구속을 받게 될 것 역시 의심할 여지가 없다.

그림 1의 설명에 따라, 필자는 주관적으로 문제를 정리하고자 한다. 현재 중국의 산업정책에 대해 논의할 때 가장 논쟁이 많은 부분은 제2사분면 내의 산업 목표 설정 유형의 산업정책이다. 중국 정부가 1990년대 산업 지원 정책을 시행할 때 취한 조치는 제3사분면과 제4사분면으로 이동하기 일보 직전인 산업 또는 이미 그 안에 존재하는 국영기업에

대해 대규모의 '기술 개혁'을 진행하고 산업에 대한 재투자로 국영기업의 생존 능력을 제고시키는 것이었다. 해당 정책은 기존 일련의 경제 정책을 부분적으로 '변형'시켜 만들어졌다.

대부분 제3사분면과 제4사분면에 존재하는 기업에 대해 정부는 최대한 기술 개혁과 재투자 등의 방식을 운용하여 제2사분면으로 승격시키려 했고, 이미 제2사분면에 있는 기업에도 동일한 방식을 적용하여 해당 산업을 업계의 떠오르는 샛별로 만들려 했다. 이는 중국의 산업정책이 다른 국가와 상이한 특징이다. 현재 중국 특색의 산업정책에 대한 각 측의 논쟁 중 일부는 이념에서 비롯되고, 일부는 목표를 달성하지 못한 실패 사례가 비일비재하고 재정 낭비가 놀라울 정도로 되어 있기 때문이다. 극렬한 반대 의견을 가진 일부 사람들은 산업정책을 어마어마한 판돈을 건 도박에 비유했다.

중국의 경제 성장 속도가 하향세를 보이는 현 단계에서 새로운 산업정책이 제기된 배경은 제조업의 전반적인 운영 이익이 감소했지만 대부분의 기업이 제2·제3사분면의 경계선 아래로 떨어지지 않은 것으로 꼽을 수 있다. 다시 말해 기업의 수익률 향상을 목적으로 한 산업정책의 목표 대상은 대부분 제2사분면에 위치한 기업이라는 말이다. 많은 토론과 논쟁 모두 제2사분면의 기업에 대해 목표 설정 유형의 산업정책을 추진해야 하는가를 둘러싸고 전개되었다.

위와 같이 산업정책을 구분한 목적은 토론에 참여하는 각 측이 유형별로 다른 정책적 목표를 가진 산업정책을 하나로 묶어 이야기하는 것을 방지하기 위함이다. 정확한 구분이 없이는 토론은 결국 정부가 경제에 개입해야 하는가 여부의 궁극적인 문제로 흘러갈 수밖에 없다. 필자는 이런 궁극적인 문제에 대해서도 여전히 의미 있는 토론을 진행할 수 있다고 생각한다.

개혁개방 시기 중국 특유의 산업정책 배경

　30년 전에 중국이 도시경제 체제 개혁을 시작했을 당시, 경제 전반은 계획경제에서 규제형 경제로 전환하고 있었고, 시장의 역할 또한 점차 형성되고 있는 전환 과정에 놓여 있었다. 당시 중국의 산업 유형, 특히 경제의 빠른 발전을 지탱했던 제조업의 종류는 골고루 갖춰지지 않은 상태였다. 당시에는 사회적 수요에 비해 공급이 심각하게 부족했다. 공급 부족은 밀수가 성행하는 것으로 이어졌고, 정부는 이에 대해 연이어 관세를 인상하고, 외환을 통제하며, 쿼터와 수입 심의 등 일련의 행정 관리 조치를 내놓았다. 당시의 중국은 왕성한 시장 수요를 제외하고 다른 시장 요소가 제대로 발전하지 않아 시장의 기능이 '상실'된 상태였다. 이에 중국의 행정관리형 경제의 특징이 두드러졌고, 정부의 역할이 매우 강했다.

　규제형 경제 환경에서 산업의 발전은 정부의 '보이는 손'으로부터 자유로울 수 없었다. 위에서 말한 설비·핵심 원자재 수입에 대한 각종 규제 외에도 정부는 모든 투자 프로젝트를 심의하고 은행의 프로젝트 대출까지 관리했다. 산업정책의 목표가 어떻게 제정되는지, 어떤 환경에서 달성되어야 하는지는 차치하고, 정부의 어떤 산업정책이 이행되게 하려면 위에서 말한 경제 규제의 틀 안에서 일련의 정책적 왜곡과 변형을 거쳐야만 산업정책의 목표를 충족할 수 있었다. 당시 전방위적이던 산업 계획의 키포인트는 수입 대체였다. 자력갱생에서 수입 대체는 큰 경제 정책의 변화였다. 이는 산업정책이 시행 초기부터 필연적으로 내부와 외부 두 가지 시장을 관리해야 하는 문제에 부딪히게 했다.

개혁개방 초기 수입 대체를 취지로 한 산업정책

개혁개방 초기에 제정된 산업정책은 수입 대체 정책을 함께 포용한 것이었다. 수입 대체 정책은 주로 특정 산업 목표의 설정을 통해서 추진된다. 이 정책의 특징은 산업 발전을 어떤 최종 제품의 생산량으로 구체적으로 정의하고, 이를 여러 개의 투자 프로젝트로 나누어서 추진한다는 것이었다. 이와 관련된 산업정책 조치는 산업 목표 설정형의 지원 정책(targeted industry supporting policies)으로 불린다.

중국의 수입 대체 정책은 내구성 소비재의 수입 대체에서 시작되었고, 이것은 다시 소비재 생산 설비와 공작 기계에 대한 대체 수요를 일으켜 장비 제조에까지 확대되었다. 그 후 특정 산업 목표 설정형의 산업정책은 또 수입 대체라는 첫 취지를 뛰어넘어 6,000개 제조 분야의 프로젝트에 연관된 국유기업의 산업기술 개혁으로 변화 발전했다. 이 과정은 6년간 진행되었으며, 전례 없는 규모화된 제조업의 산업고도화를 이루었다.

시행 방법

정부가 주도하는 최종 제품 생산량을 지표로 하는 특정 산업정책은 그 구체적인 지표가 시장의 수요에 아주 근접할 수는 없다. 게다가 시장은 끊임없이 변화하기 때문에 생산량 지표와 실제 수요 사이에 격차가 때로는 크게 벌어졌다. 생산 규모는 일단 확정되면 재조정하기가 어려웠고, 이는 또한 생산과잉을 초래한 근본적인 원인 중 하나였다.

구체적인 시행 과정에서 정책은 다음에 열거된 방식으로 시행되었다. 수입 대체 산업이 선정되면 정부는 투자 프로젝트를 선정하고 생산 목표를 제정했다. 은행은 국영기업에 투자 자금을 책임지고, 국무원 기계 수입 심의조사 판공실은 허가증을 발급했다. 외환관리국은 대외 송금 금액을 비준했고, 세관은 재정부와 함께 특정 관세에 대한 감면을 진행했다. 업스트림 생산용 원자재 공급 부처는 자재 공급을 준비했고, 수도와 전기 등 공공 부처는 프로젝트 경비를 준비했다. 가장 마지막 공급 방식 및 외환 공급은 개혁의 진행에 따라 점차 시장에서 획득하는 방식으로 변화됐다.

행정관리 위주의 경제 운영 조건에 대해 일련의 변형을 취해야만 정부가 주도하는 산업고도화를 비로소 시행할 수 있었다. 당시에는 많은 시장 요소가 아직 미숙한 상황이라 정부가 주도할 수밖에 없었다. 산업정책의 시행에서 정부는 '산을 만나면 길을 만들고, 물을 만나면 다리를 놓는(逢山開路, 遇水搭橋)' 방식을 취하며, 정책적 변형을 통해 '돌을 두드려 가며 길을 찾는' 임기응변의 방법으로 길을 찾아갔다. 특정 산업 목표를 이행하기 위해 만들어진 정책적 변형은 시장의 원칙에 더욱 근접했기 때문에 다른 산업에서 보급의 기반을 형성했다. 이런 '제대로 행한' 변형된 정책 또한 점차 보급되기 시작했다.

중국적 특색의 산업정책 시행의 특징 및 관련 토론

산업정책 시행을 책임지는 공업경제 부처가 기존 계획경제하에서의 업무 방식에 익숙해져 있기 때문에, 정부는 습관적으로 최종 제품의 실물지표를 계획하는 데 더 치중하게 되었다. 그들 부처는 생산 경영의 최종 이익에 대해서는 책임을 지지 않으며, 기업의 이윤 창출은 수입 제한으로 만들어진 가격차에 의존했다.

이런 종류의 산업정책은 관련 제조업에 대해 재투자를 진행한다는 것이다. 정부가 이를 주도하기 때문에 기업 투자에 대한 정상적인 위기의식이 방만해지고, 기업의 1급 투자 위기 예방 메커니즘도 엄격하게 이행되지 못했다.

국유기업의 투자 프로젝트는 오랜 기간에 투자 자본준비금 제도를 시행하지 않다 보니, 자금이 부족한 상태에서 산업정책을 시행하면 유한한 투자를 선정된 제품의 최종 조립라인에 집중 투입할 수밖에 없었고, 연계된 부대시설에 투자할 준비자금이 없었다. 따라서 많은 생산시설이 건설된 이후에 오랜 기간 동안 계획된 생산능력에 도달하지 못하게 되었다. 재무적인 시각에서 분석하면 '계획된 생산능력에 도달'하기 전에 낮은 가동률로 인해 프로젝트의 생산 원가는 가중되었다.

주룽지가 중국의 삼각채三角債을 정리할 때 삼각채의 원흉에 대해 했던 말에 따르면, 국가에서 대규모 기술 개혁을 진행할 때 기업에 기초자금을 제공하지 않아 기술 개혁 후에 기업은 업스트림 공급 업체에 외상 매입금을 미루는 방식으로 생산을 유지할 수밖에 없었다. 이로써 별도의 재정비용이 발생하여 비즈니스 신용 환경에 나쁜 영향을 미쳤으며, 사회 전반에 연쇄적인 채무 부담까지 안겨 주었다.

정부 주도의 산업정책이 한 차례 시행되었을 때, 계획으로 정한 프로젝트 생산성은 기업이 시장 판매 전망에 따라 투자할 때 계산되던 생산성과 상이했고, 계획으로 정한 생산성이 종종 수치가 더 컸다. 기업은 대부분 유휴 생산성과 재고 과잉으로 인해 고통을 겪었고, 이를 재무 측면에서 감안하여 생산 원가 역시 정상적인 상황에 비해 상대적으로 높아지게 되었다. 투자 규모를 부적절하게 선택한다면, 프로젝트는 원가선 수준에서 버티는 정도로 경영될 수밖에 없다.

시장의 점진적인 대외개방에 따라 산업정책에 의해 선정된 투자 프로젝트의 기존 경영 환경도 새로운 경쟁 요인의 영향을 받게 되고, 판매 압박이 커지면서 일부 프로젝트는 계속 연명하지 못하게 됐다.

시장이 적절히 개방되면서 기존에 하나의 차종을 도입하면 십여 년 동안 한 가지 색상만으로도 충분히 매출을 이어갈 수 있었던 폐쇄적인 시장 환경이 변하게 되었다. 일부 계획된 제품은 환골탈태한 새 제품에 충격을 받았고, 생산라인에 투입되는 때부터 이미 시기를 놓쳐 버리고 말았다. 업그레이드를 통해 제2사분면에서 가치를 더 많이 창조하려다가 결국 제3사분면으로 하락해 버리게 된 것이다.

산업 투자가 눈에 보이는 효과를 얻도록 하기 위해 정부는 산업기술 업그레이드를 할 때 최종 제품의 조립라인에 치중하는 경향이 있다. 그 이유는 완제품 생산라인의 수요를 진작시켜 업스트림의 부품에 대한 투자도 자연히 따라오게 하려는 것이다. 이렇게 과도하게 생산라인에 치중된 투자는 투자 프로젝트가 장기간 부품 공급 부족의 구속에서 벗어나지 못하게 만들 수 있다. 예를 들어 자동차 업계는 설계·부품부터 완제품 조립과 그 후의 소모품·서비스·보험·수리의 각 생산라인 단계에서 완제품 조립 단계의 이윤이 가장 적은 구조이다. 만약 이 단계에 먼저 투자를 하지 않고 차에 사용하는 부품에서 첫 발을 내딛고, 일차적으로 클러스터 능력을 구비하고 다시 완제품 조립에 재투자했다면 기업그룹의 영업 이익이 더 좋았을 것이다. 업스트림의 부품 투자를 중시하지 않고, 생산 후 어쩔 수 없이 해외에서 수입하여 국내의 거대한 생산라인 수요를 채웠던 방식은 또 업스트림 산업이 압박 속에서 장기간 선순환적 발전 궤도로 진입할 수 없게 만들었다. 한 가지 예를 들면, 중국은 현재 연 2,100만 대의 차가 판매되는 시장이다. 이렇게 큰 규모의 시장에서 자동변속기 중 95%는 중국 기업이 공급하지 않는다. 이런 상황은 심사숙고하여 산업 투자 순서를 결정하지 않은 데서 이유를 찾을 수 있다. 이것 역시 산업정책의 시행 효과를 대폭 감소시켰다.

실물 생산성을 목표로 하는 산업 프로젝트 고도화는 생산과잉 문제에 기반을 제공했다. 제2사분면에서 좀 더 분발해야 하는 많은 프로젝트는 결국 시장 규모보다 계획된 생산성이 많고, 낮아진 설비 이용률로 인해 기업의 생산 원가가 비정상적으로 높게 나타나기 때문에, 제조업 전반의 가치 창출 수준을 리드한다는 목적도 달성하지 못하게 되었다.

시대착오적인 제품 수량(수치) 목표 설정형의 산업정책

- 달라진 중국의 산업정책 제정 환경

과거에 대대적으로 시행되었던 제품의 생산능력 향상을 주된 지향점으로 삼는 산업정책의 배경과 비교해 보면 오늘날 중국 경제에는 큰 변화가 일어나고 있다. 먼저 수입 대체에 성공한 많은 중국의 산업이 이미 수출로 눈을 돌리고 있다. 둘째, 중국은 이미 세계적으로 유일하게 모든 종류의 제조업을 다 갖춘 국가가 되었다. 아울러 중국의 무역 의존도는 독일과 나란히 세계 선두 자리에 오를 정도로 매우 높다. 셋째, 중국은 총경제 규모가 세계 2위인 국가로서 산업 문제와 산업정책의 외부 효과 또한 무역 상대국의 주목과 제약을 더 많이 받고 있다.

새로운 상황에서 산업정책의 목표를 어떻게 설정하는 것이 합리적인가? 이는 해답을 찾기 쉽지 않은 문제지만 기존의 방식을 고수해서는 안 된다는 점은 분명하다. 과거의 방식으로 산업정책을 추진할 수 있는 환경을 더 이상 갖고 있지 않은 것이다. 올바른 조치는 상황을 구분하고, 각기 다른 사분면 내의 산업 상황에 맞는 정책 목표를 설정하여, 각기 다른 정책적 수단으로 추진할 수 있게 해야 한다는 것을 똑똑히 알아야 한다. 그 중 가장 조심해야 할 문제는 또한 현재 논란의 정점에 서 있는 문제이다. 즉, 제2사분면 내의 제조업 산업에 목표를 제정해야 하는가? 제정한다면 어떻게 해야 하는가? 직접적으로 산업 투자 지원을 제공해야 하는가? 어떤 방식으로 제공해야 하는가?라는 문제이다.

현재 산업정책에 대해 각계에서 많은 의문을 제기하고 있다. 자세히 분석해 보면 주로 제2사분면에 있는 기업 및 전체적으로 제2·제3사분면 경계선에 놓여 있는 국유기업에 거액의 자금을 투입하여 산업 재투자를 해야 하는지에 포커스가 맞춰져 있다.

공업 경제 데이터에 정통한 일부 학자들은 과거의 산업정책 효과가 공업 데이터에서 어떤 흔적도 남기지 않았기 때문에 그 정책에 대한 반대의 입장을 표명한다. 국제적으로 일부 학자들은 동아시아 국가의 대표적인 산업정책 이행 효과에 대한 평가에서도 기본적으로 좋지도 않고 나쁘지도 않은 중립적인 태도를 취하고 있다.

정부 주도의 산업정책 투자 프로젝트의 지원을 받은 일부 기업들은 반복적으로 재고 해소와 생산능력 유휴라는 두 상황 사이에 시달리고 있으며, 이러한 생산 확대 방식이 시장에 미치는 부정적 영향에 대해 일부 업계 인사들은 부정적인 반응을 내보였다.

정부 주도의 산업정책의 이행은 정부에 많은 역할을 발휘하도록 요구하고, 이것 또한 꽤 복잡한 정경 관계를 야기한다. 또 현재 정치적 환경에서의 도덕적 해이가 많이 발생하게 만든다. 부패가 만연한 산업정책 시행 환경도 과거에는 존재하지 않았던 문제이다.

생산과잉은 산업고도화 진행 과정에서 계획한 투자 규모의 부적절성과 직접적으로 연관되어 있다. 중국이 제조업 전반에 걸쳐 생산과잉이 나타나고 공급 측 개혁을 진행하려고 할 때, 산업 재투자는 생산과잉이라는 함정을 어떻게 피할 수 있을까? 이것은 무시할 수 없는 문제이다.[1]

---

1 생산과잉에 대해 지방정부에게 책임을 물어야 하는가 아니면 중앙정부에 책임을 물어야 하는가 역시 논쟁거리이다. 중국 경제 정책은 여전히 Top-Down 방식의 수직형 원칙에 의해 시행된다. 하지만 경제와 산업정책은 여태껏 선형 또는 구역별로 진행되었다. 수직적인 방식으로 업계별로 정책을 제정하고 시행하는 것은 '선형' 진행 방식이다. 선형 진행 방식은 정책 지원 자금 투입의 주요 통로이다. 중앙의 동의를 거쳐 지역별로 제정한 정책을 '구역별' 진행 방식이라고 한다. 구역별 진행 방식은 일찍이 중앙이 돈을 대지 않고 정책만 제공하는 것을 지칭했고, 즉 중앙정부가 투자관리권을

국제적인 관점에서 보면, 고부가가치를 가지는 제조업 생산사슬은 전 세계의 가장 우수한 생산 요소를 제대로 이용하여 가장 훌륭한 자원 배치를 해야 한다. 이런 고부가가치 산업 사슬이라는 글로벌 추세에 편승하지 못했다면, 상대적으로 낮은 부가가치 영역에서 경쟁할 수밖에 없다. 중국의 제조 산업이 이번 투자 시기에 그 '유연성'을 제대로 고려하지 않고, 글로벌 가치사슬 생산을 이어받을, 꼭 필요한 이음매를 미리 준비해 놓지 않는다면, 아마도 자력갱생의 폐쇄형 생산 상황으로 다시 돌아갈 수밖에 없을 것이다. 이 역시 새로운 산업정책을 제정할 때 고려해야 하는 새로운 글로벌 상황이다. 제조 산업 재투자에서 한 가지 무시할 수 없는 문제는 '중국 제조 2025'가 포용적이고 개방된 시스템이 되도록 준비가 되어 있느냐의 문제이다. 이는 다국적인 공업 상호 연계 생산 네트워크의 개방과 감독 및 국제 제조업체의 기대에 부응하는 높은 기준의 지적재산권 보호 문제에도 연관되어 있기 때문이다.

• 산업정책 목표를 어떻게 정해야 하는가?

산업정책에 대한 중앙정부의 요구는 한마디로 정리할 수 있다. 즉, 산업정책은 정확해야 한다. 현재 관찰할 수 있는 상황으로 보면, 관련 부처가 관심을 기울이는 것은 한정된 전략적 신흥 산업의 범주 안에서 프로젝트/규모 목표를 계획하는 것이다. 차세대 제조업에 대한 재투자가 많은 부분에서 과거 조치와 유사한 것임을 잠정적으로 파악할 수 있다.

현재, 중국 제조업은 산업 종류가 골고루 갖추어져 있으나, 제조업 평균 설비 이용률이 70%가 채 되지 않는다는 사실은 더 말할 필요가 없다. 제조업 전반의 운영 효율이 높지 않기에 사회 전반의 경제 효율이

이양하는 동시에 제한적인 구역 내에서의 제도 혁신을 허가한 것이다. 나중에는 선형 시스템은 다른 것과 융합되고, 중앙과 지방 재정의 분권에 따라 '선형-구역별 결합'이 점차 그 경계가 모호해졌다.

높지 않고, 이는 중국 경제의 발전 속도가 하락하는 주원인 중 하나이다. 이런 배경에서 기존 제품의 생산 기업에 대한 새로운 대규모 투자를 진행하면 새로운 고정자본이 늘어나서 기업의 재정 부담이 증가하기 때문에, 제품의 가치 제고와 판매가격 인상을 통해 이윤을 거둘 방법을 고민할 수밖에 없다. 그렇게 해야 설비 업그레이드로 인한 원가의 상승을 보완할 수 있기 때문이다. 이런 논리에 따라 고찰하여 얻은 결론은 제2사분면에 속한 산업에 대한 산업정책 목표는 반드시 기업의 가치 창조 능력의 향상을 최우선 목표로 설정해야 한다는 것이다. 이런 정책 목표를 세우면 상응하는 정책 평가기준이 생기게 된다. 만약 산업정책 이행 과정에서 구체적인 원인 또는 어려움으로 인해 프로젝트가 목표에서 벗어나면 프로젝트는 실패로 간주해야 한다.

- 산업고도화는 기존 산업에 대한 재투자이며 기업의 투자 법칙을 따라야 한다

기업이 투자할 때 가장 우려하는 것은 투자수익률에 관한 리스크이다. 위기의식은 계획·시행·운영의 각 단계에 모두 존재한다. 이 기간에 중요한 위기 예방 메커니즘은 바로 기업의 투자정책 결정권자가 유연성을 유지하며 시장에 따라 언제든 변화할 준비를 하는 것이다. 일단 투자정책이 시장의 변화와 괴리되면, 반드시 적시에 손실 방지 조치를 취해야 한다.

과거에 정부가 주도한 산업정책은 일반적으로 구체적인 제품의 생산성 목표를 설정했다. 정부 공업 부처의 공무원들은 프로젝트의 추진을 담당했고, 기업(일반적으로 국유기업)은 획득한 자금과 기타 정책적 조건에 따라 구체적으로 프로젝트를 이행했다.

이렇게 연계된 3단계로 인해 산업고도화 프로젝트를 진행하는 기업의 행위에는 변화가 생겼다. 투자 과정에서 기업의 리스크 요인에 대한

인식 및 통제는 자연스럽게 약화되었다. 프로젝트 투자의 리스크는 프로젝트가 완성되어 생산에 투입해야 비로소 드러난다. 산업정책의 3단계 추진 방식은 기업의 투자 리스크 통제에 따라 산업정책 프로젝트를 관리하기 어렵게 만든 것이다. 따라서 정부 주도의 투자 프로젝트는 투자 법칙에 따라 추진하기 매우 어렵고, 산업고도화 투자가 가치창출 능력 향상이라는 목표를 실현할 수 없는 중요한 원인이 바로 여기에 있다.

• 역사적 경험을 통해 정부는 최대한 생산적 투자를 멀리해야 한다는 교훈을 얻었으며, 산업고도화 과정에서 전철을 밟지 않도록 해야 한다

시장경쟁 환경에서 생산적 투자를 진행하는 것이 적합하지 않다는 사실은 정부가 많은 대가를 치르고 얻어낸 깨달음이다. 개혁 초기에 정부 투자 실패를 여러 차례 경험한 주룽지 전 총리는 남은 임기 동안 정부의 생산적 프로젝트 투자를 승인하지 않기로 결심했다. 당연히 정부의 직접투자는 산업고도화 정책을 통해 국유기업의 투자에 대한 정부의 지도 및 지원에 차이가 있으므로, 이를 하나로 묶어 논할 수는 없다. 하지만, 생산적 프로젝트 투자는 어떤 형식이든 정부의 지원과 지도를 받게 되어 구체적으로 기업의 투자 리스크 관리 메커니즘의 운영에 영향을 주기만 하면, 투자 프로젝트의 리스크는 바로 증가될 것이다.

이렇게 야기된 생산과잉의 책임은 선형적-구역별 산업정책에서 구분하기가 힘들어진다. 선형적-구역별 산업정책 간의 책임 논쟁에 대해 아무리 확실히 선을 긋는다 해도, 정부에 전체적 책임을 떠넘기기도 힘들다. 오히려 선형적-구역별 정책의 상호작용으로 너무 과도하게 투입한 결과라고 볼 수 있다.

가공'무역' 정책은 중국 경제 발전을 위한 규율과 제도형 산업정책이다

신구조경제학은 중국 경제의 비약적인 발전 과정에서 유의미한 경험을 얻으려고 했고, 다른 개발도상국이 중국의 경험을 잘 참고하도록 돕고, 성공의 경험을 확대시켜 각국의 경제 발전에 기여하고자 했다. 이는 매우 고무적인 시도이다. 산업 종류가 다 구비되어 있지 않아 단점을 보완해야 하는 경우와 산업 종류가 다 구비된 새로운 상황에서 어떻게 새로운 산업정책을 설계하는가의 문제에 관해 논의할 때, 린이푸 교수는 "새로운 상황에서 산업정책을 탐색할 때에는 비교우위 원칙에 따라야 한다."라고 말했다. 요소부존을 입각점으로 삼는 이 논리를 바탕으로, 근 30년간의 중국의 경제 정책에 대해 우리는 다각도로 연구를 진행할 수 있다. 따라서 산업정책을 산업 목표 설정이라는 하나의 정책 유형에만 국한시키는 사유에서는 벗어나야 한다.

16년 전, 필자는 칭화대학출판사와 함께 WTO 가입 전의 50년 동안 중국의 대외 경제 무역 정책 효과에 대한 평가란 소책자를 만들었던 적이 있다. 그때 가공무역의 규모·영향 범위·연관된 제품의 범주는 낮은 수준의 노동력을 이용하여 무역 보완을 할 것이라는 당초 예상과 크게 달랐음을 발견했다. 당시 이런 형식의 무역은 이미 중국 수출의 50% 이상을 차지하고 있었고, 관련 제품 범주도 점점 확대되고 있었다. 필자는 단순히 무역 방식이란 관점에서 다른 무역 정책과 같은 정리 방법으로 똑같이 이를 처리할 수는 없었다. 이는 산업의 문제에 가까웠지만 또 일반적인 산업의 분류와는 관련이 없었다. 따라서 그 소책자의 끝부분에서 가공무역은 반드시 별도로 연구되어야 한다고 주장할 수밖에 없었다. 본 절의 제목에서 무역이라는 두 글자를 따옴표 안에 두어서, 이것이 무역 방식의 문제가 아니라는 것을 나타내려고 했으며, 최소한 본문에서 필자는 이것을 무역 유형의 문제로 삼아 논의하지는 않을 것임을 밝혀 둔다.

고민거리에서 잠시 벗어나 중국 경제 정책의 발전 과정을 되돌아보면, 가공'무역' 정책이 중국 노동력 요소에 대한 규율과 제도형 산업정책으로 간주될 수 있다는 것을 알 수 있다. 가공무역을 거론하면, 사람들은 낮은 수준의 숙련 노동력을 이용하기 위해 저가품 산업에서 설계된 정책이고, 경제 발전에 일부 보완적인 역할을 한다고 생각하는 경향이 있다. 만약 중국 가공무역 발전의 발걸음을 제대로 연구하고 이것이 많은 유형의 제품과 업종에 가져다준 영향을 고찰한다면, 산업고도화와 발전의 관점에서 가공무역에 대한 기존의 인식을 바꾸게 될 것이다.

- 가공무역 정책은 어떻게 제도적 제약을 뛰어넘어 노동원가 이점을 차지했는가

가공무역 정책은 3래1보三來一補(원자재·견본·부품의 수입 가공, 보상 무역을 뜻함-옮긴이), 즉 부품을 수입하여 조립하고, 샘플에 맞춰 가공하고, 원자재를 수입하는 가공 및 보상 무역에서 시작됐다. 초창기에는 무역적 루트를 통해 해안 지역의 잉여노동력을 활용하는 것을 목적으로 했다. 가공무역 정책이 초창기에 이렇게 포지션을 확보했기 때문에, 당시 각 방면에서 정책적 저항을 최소화할 수 있었다. 가공무역의 진정한 혁신적 부분은 보세 관리감독 모델을 통해 '경내관외境內關外'(국경 내에 위치하지만 국경 외의 범주에 속해, 이곳에 들어왔다 나가는 물건들은 수출·수입으로 간주되는 정책-옮긴이)라는 자유로운 정책적 공간을 발굴한다는 것에 있다. 이 제도적 진공 환경에서 생산 프로젝트는 업종의 심의를 받지 않아도 되었고, 설비는 면세로 국경 안으로 운송될 수 있었으며, 수입허가증 관리를 받을 필요도 없었다. 다른 일부 생산 투입 요소(노동력, 수도, 전기 등) 역시 시장에서 구입하거나, 해외에서 직접 해결(원재료, 부품 등)할 수

있었다. 세관이 보세구역을 관리감독할 때 중점적으로 관심을 두는 부분은 보세구역의 기계·원료·부품이 불법적으로 국내에 반입되지 않도록 하는 것을 통해, '경내관외'라는 기본 원칙에 부합되도록 했다.

보세 관리감독 장소에서 풍부한 노동력 자원에 대한 기타 여러 형태의 정책적 관리는 배제됐고, 국제 시장의 다른 생산 요소와 연결되었다. 그 후에는 정책적 변형을 거쳐, 국내 시장과도 적절히 연결되었다. 가공무역 산업정책은 기타 정책 개혁이 아직 마련되지 않았을 때 노동력 요소의 활력을 정해진 방향으로 분출시켰고, 동시에 노동력 대열이 대규모의 직업 훈련과 수준 향상의 기회를 얻게 했다. 이는 중국에서 다른 형태의 대규모 생산에서도 따라할 만한 모범 경영모델이 되었으며, 또 일선과 중간관리층 인력을 육성할 수도 있었다. 일단 규율 및 제도형 시범 사업이 성공하면 이 채널을 이용할 수 있는 여러 가공 제품은 모두 해당 제도를 통해 '고도화된' 혁신을 시도했다.

규율형 정책의 변화 발전을 조사하면서, 이러한 시작이 있었기에 '3래1보 무역'이 보세 생산이란 형태로 바뀌었다는 사실을 알게 되었다. 이것은 당초 설계할 때의 '보완형 무역 방식'이라는 예상을 뛰어넘어 하나의 산업 형식이 되었다. 이 산업 형식은 전 세계 절반 이상의 노동집약형 소비재 상품을 도맡았고, 오랫동안 중국 수출의 50% 정도를 지탱하며 주요 무역 파트너 국가인 대미수출 중 80%를 차지했다. 게다가 이 산업은 아무리 크게 발전하더라도 중국 경제의 장점인 노동력이라는 요소 자원 부존에서 벗어나지 않았다.

• 왜 가공무역을 일종의 산업 형식이라고 말하는가?

먼저, 이런 제도적 설계는 산업 발전에 따라 지역적 공간을 확대시킬 수 있었다. 최초의 가공무역 설계는 일부 특정한 수출 가공단지 내[예를 들어 가장 초기의 서커우(蛇口)]로 한정되었다. 정책적으로 틀이 잡힌 이후 점차 모든 경제특구로 확대되었고, 그 후에 모든 해안 개방 도시로 뻗어 나갔다. 당시 보세 가공은 이미 지역적으로 중국 대부분의 공업 생산 클러스터 지역에 분포되어 있었다. 후에는 세관이 관리감독하는 조건을 갖춘 지방이라면 어디에서든 신청이 가능했고, 개방된 해안 도시의 사례를 참고하여 이 제도형 산업정책을 사용할 수 있었다.

둘째, 이 정책의 본연의 취지는 중국의 노동력 우위를 차지하려는 것이었다. 초기에는 노동력의 저원가 우위를 중점적으로 이용했지만 금세 국제 경쟁 구도에 큰 변화가 일어났다. 제조업 중 일부의 설비집약형·자본집약형 산업이 최적의 경제 규모를 두고 펼친 경쟁에서 백열화로 치달았다. 여기에서는 대규모 생산의 투입 요소, 특히 최적의 경제 생산 규모의 설비 투입이라는 이 고정적인 원가는 여러 생산 규모 실험을 통해 상수가 된 것이 입증되었을 때, 살아 있는 원가, 즉 인건비가 가격 경쟁의 핵심적인 요인이 된다는 뜻이다. 이런 연유로, 통상적인 의미에서 자본집약형·설비집약형 등 많은 비노동집약형 산업 역시 중국 노동력의 경쟁우위에 눈길을 돌리기 시작했고, 이미 형성된 가공 산업정책을 이용하여 중국에 공장을 대거 설립했다.

가공무역 정책은 가공제조 분야의 비非지정 제품·업종에도 광범위하게 적용할 수 있는 제도형 산업정책에 속하기 때문에, 자본집약형 산업이나 기술집약형 산업의 일부 생산 과정까지 포함했다. 전자전기류·내구성 소비품 생산 기업은 가공무역 정책을 이용하여 대규모로 중국에 공장을 설립했다. 이 역시 중국 제조업의 산업고도화에 큰 도움을 주었다. 중국 제조업 생산 종류의 확대와 고도화는 상당 부분 해외 자본 또는 국외를 거쳐 들어온 가짜 외국 자본이 가공무역 정책을 통해 도입한 것이었다. 정책 설계자가 처음부터 이를 모두 계산하여 행한 조치는 아니었고, 나중에 대다수의 산업 연구에서 이에 관한 연구도 이루어지지 않아, 아직까지 가공무역 정책이 어떻게 중국 제조 산업의 업그레이드를 촉진했는지에 대한 적절한 평가를 한 연구자를 찾지 못했다.

• 가공무역 산업정책은 산업 사슬에 적용되어 제조업에 더욱 광범위한 영향을 끼쳤다

(1) 가공무역은 업스트림 산업을 끌어들여 산업 클러스터를 형성했다. 거대한 규모의 단일 가공무역 업체는 자신의 공급 업체에게 근처에 공장 설립을 요구할 수 있었다. 이는 공급 사슬 관리를 강화하여 물류 효율을 제고시키는 데 도움이 된다. 심지어 자체의 공업단지를 직접 만들고 표준화된 공업 공장을 설립하여 임대의 방식으로 업스트림 부품을 공급업체에 제공하기도 했다. 부대 공급이 완비된 산업 클러스터는 이렇게 싹을 틔우게 되었다.

이러한 변화 추세에 부응하기 위해서, 가공무역 정책 또한 상응하게 조정됐다. 즉, 보세구역의 관리감독하에 생산되는 부품을 다른 보세 생산 자격을 가진 업체에게 전매하여 '재가공'을 진행하도록 허가했다. 또 중국 내 비非가공무역 기업이 생산한 부품은 '이산정진以産頂進'(중국 내에서는 해당 상품을 가공할 수 없고, 해외에서만 구매 가능할 때 중국 내에 적을 두고 있는 3자법인에서 구매하게 하는 방법-옮긴이)의 방식으로 수입을 대체한 것이 허가됐다. 이로써 가공무역 자격을 갖추지는 않았지만, 품질과 가격에서 경쟁력을 가진 중국 기업의 제품은 이러한 방식으로 글로벌 제조업 산업 사슬에 진입할 수 있었다. 가공무역 정책의 작은 조정은 중국 업스트림 기업에도 상대적으로 안정된 물품 공급의 기회를 주었으며 산업 클러스터는 더욱 규모화되었다. 산업단지 외부 인근 지역에도 공장이 설립되어 세관이 관리감독을 단지 바깥까지 확대해야 하는 상황이 종종 벌어졌다. 산업 클러스터의 효과는 중국이 종합적인 원가를 낮추는 데 일정한 여유 공간을 제공해 주었다.

(2) 물류 운용 센터의 건설을 선도하며 중국 경제의 새로운 경쟁우위

를 키웠다. 일부 가공무역 제품은 생산과정에서 여러 차례 국경을 넘나들기 때문에 가공무역은 대규모의 운송 서비스의 뒷받침이 필요하다. 원래 중국의 유통 원가는 상대적으로 높은 편이었고 가공무역을 하면서 더 낮은 인건비로 운송으로 인한 총원가의 균형을 맞춰야 했다. 한편 중국 가공무역 정책의 간편화 조치는 운송 원가에서 통관 수속 부분의 비용을 직접적으로 낮췄다. 다른 한편으로 가공무역 기업 역시 기존의 OEM 방식에서 IDS(혁신, 설계와 서비스), EMS(전자 제조 서비스) 등으로 산업을 전환하고 고도화했다. 이런 가공무역의 성질을 띤 기업의 서비스 항목에는 물류 운송이 포함되어 있었다. 위탁자는 자신의 물류 원가를 낮추기 위해 물류 운송을 가공자에게 제공했고, 가공자는 물류 운송으로 이익을 취해, 경쟁으로 인한 가공 부분에서의 이윤 하락을 보완할 수 있었다.

가공무역 산업 클러스터의 등장은 물류업이 전문적으로 발전하는 환경을 조성해 주었다. 가공과 물류 양자는 상호의존적이고 보완적인 관계로, 나중에 수많은 대형 다국적기업이 모두 아·태 지역 경영을 지탱하는 물류운수 센터를 중국에 설치하는 조치를 취하게 되었다. 국제 대형 종합물류 기업 또한 가공무역과 기타 수출입 수요를 충족하기 위해, 중국에서 종합물류 서비스를 대대적으로 발전시켰다. 편리하고 규모화된 물류 서비스는 중국에서 새롭게 형성된 경쟁 요소이며, 이 경쟁 요소의 형성과 발전은 가공무역의 왕성한 발전과 깊은 연관관계를 가지고 있다.

(3) 가공무역은 원재료 공급 업체가 중국에 진출할 수 있게 시장 기반을 제공했다. 대량의 가공무역 수주, 밀집되어 있는 가공무역 업스트림 부품 산업 클러스터의 원재료에 대한 수요는 큰 화학 공업(석유·석탄 화학 공업, 합성 암모니아 등) 등의 원재료 공급 업체가 중국에 공장을 설립하도록 유치했다. 국제 제조 산업의 이전 추세 분석에 따라, 이미 20세기

말에 일부 국제적으로 유명한 큰 화학공업 기업은 21세기 지구상의 플라스틱 소비 수요의 80%가 동아시아에서 나올 것이라 예측했다. 중국에서 가공무역 클러스터가 형성되자 그들은 근거리 원칙에 따라 중국에 공장을 설립했고, 이로써 중국 가공무역 수출의 원재료 수요를 충족시킬 수 있었으며, 이를 발판으로 삼아 중국 국내 시장에 진입할 수 있었다. 이와 동시에 중국 공업 시스템 내에 부대 능력도 향상되었다. 중국 수출의 50% 정도를 차지하는 가공무역이 발전되지 않았다면, 이런 큰 화학공업 원재료 공급 기업이 중국에 공장을 설립하는 속도는 분명 기존보다 느렸을 것이고, 규모도 이렇게 크지 않았을 것이다.

위에서 말한 (1), (2)와 방금 논의한 원자재 공급업체의 중국 공장 설립까지, 3자가 함께 중국 가공 산업에서 '점착하는' 역할이 형성됐다. 시장 혹은 정책에 기업의 정상적인 경영에 위협을 가할 정도의 큰 변화가 일어나지 않는 이상, 가공 산업은 중국 시장에 단단히 붙어 있을 예정이다.

(4) 정책을 개선하여, 보세 지역의 가공무역 제품의 세금 추납 이후 수입을 허가했고, 이를 통해 가공 제조의 현지화에 편의를 제공했다. 초기 가공무역 정책은 가공 후의 제품을 반드시 수출해야 한다고 엄격하게 규정했다. 그 구상은 '양두재외兩頭在外'(원자재를 수입하여, 중간 단계만 중국에서 처리하고, 완성품은 다시 해외로 수출하는 것-옮긴이)로, 즉 중국의 노동력만 활용하겠다는 의도였다. 후에 중국은 20가지의 전기기계 제품을 제외한 가공무역 제품에 대하여 조건부로 세금 추납 후 국내 시장 진입을 허가했고, 이로써 수출주도형 가공 기업은 근거리에서 중국 국내 시장을 시험해 볼 수 있는 기회를 가지게 되었다. 기업에게 이 방식은 실제로 새로운 시장 개발의 원가를 대폭적으로 절감할 수 있는 확장의 기회였다. 기업의 테스트가 성공하고, 시장을 개척하고 브랜드를 구축할 수 있다면 가공무역 관리감독하에 경영해야 하는 속박에서 벗어나는 방

법도 고려할 수 있었다. 또한 기업은 지역별 정책적 우대 조건을 비교하여, 전체적인 원가 수익과 수입 관세 부담을 꼼꼼히 따져본 후, 중국 국내에 별도로 비가공무역 생산 공장의 설립을 선택할 수 있었다. 나중에, 가공무역에 종사하는 기업과 비가공무역 기업, 심지어는 내자기업內資企業(국내에서 재투자를 하는 합자기업을 내자기업이라고 부른다 – 옮긴이)을 병행 경영하는 기업 형태도 적지 않게 찾아볼 수 있게 되었다. 이는 중국 가공산업 정책의 가장 이상적인 효과였다.

(5) 산업단지 조성과 가공무역 클러스터의 시범 작용이다. 산업정책을 언급하면, 일부 사람은 지방에서 시행한 산업단지를 예찬하며, '선형'의 수직적인 산업정책에 비해 성공을 거두었다고 주장한다. 여러 지방에서 조성한 산업단지가 더욱 활기차고 생산과잉 현상이 없는 듯 보이며, 이를 지방정부의 '유능한 행위'에 의한 공으로 돌린다. 장우창 선생이 이야기한 현縣 간의 경쟁이 중국 경제 발전을 촉진했다는 논리도 이런 견해와 결을 같이한다.

유심히 살펴보면, 각 지방의 성공적인 산업단지에는 모두 저마다 규모를 갖춘 산업 클러스터가 조성되어 있음을 알 수 있다. 성공의 조건을 분석하면, 지방정부가 시행한 저가 감면 혜택과 지방 세수 환급이 당연히 투자원가를 보완하는 역할을 했다는 사실을 알 수 있다. 하지만 동일한 조건에서는 가공무역 정책을 먼저 시행한 지역이 산업 클러스터의 육성에서 더 앞서 나갔고, 발전 속도도 더 빨랐으며 후속 발전도 더 안정적이었다. '구역별 정책'으로 발전한 산업단지를 지방정부에서 시행한 산업정책으로 본다면, 경제적 논리로 따져 봤을 때 가공무역이 불러온 산업 발전과 별반 차이가 없다. 심지어 가공무역 정책이 이끈 결과라고 볼 수 있다는 것이다. 양자의 관계에 대해, 데이터로 실증적인 분석을 더 진행할 수 있지만, 필자는 여기에서는 경험적이고 논리적인 분석만을 진행했다. 여러분이 필자의 주장에 도전해 주길 바란다.

(6) 가공무역의 감소 문제에 관한 논의이다. 현행 통계에 따르면, 수출 총액에서 가공무역이 차지하는 비율이 하락하고 있다. 이런 감소세는 가공무역 산업정책 자체에 문제가 있다는 반증이 아닐까 싶다. 가공무역이 전체 수출에서 차지하는 비율이 낮아지는 원인은 여러 가지를 꼽을 수 있다. 먼저 경공업 제품의 경우, 노동력 원가가 차지하는 비율이 높은 몇몇 저가노동집약형 제품은 중국 국내의 임금 인상 압박으로 해외로 이전되었다. 이는 사실 가공무역 산업의 내부에서 진행되어야 하는 적절한 업그레이드 과정 중 하나이기에 크게 걱정할 필요가 없다. 해외로 이전된 풍파에서 살아남은 기업은 대부분 앞에서 거론했던 자본집약형이고, 경제 규모의 경쟁 최적화를 통해 노동력 원가가 경쟁우위로 된 '핵심적인 소수'의 업계이다. 이들 기업은 해외로 이전할 때 물류 및 산업 클러스터, 높은 수준의 노동력 공급 능력 등 요인의 제약을 받기 때문에, 중국에 남기로 선택한 것이다.

가공무역 수출의 통계적 감소를 연구할 때, 또 하나 무시할 수 없는 요인은 여러 해에 걸쳐 진행된 지방정부의 로비를 통해 일부 가공무역 우대 정책을 특정 조건에서 확산시켰고, 부분적으로 일부 산업정책과의 격차가 줄어들게 했다는 점이다. 이와 동시에 외자에 대한 우대 혜택도 축소됐다. 관세가 전반적으로 낮아지면서 일반 무역 수입 원자재의 원가도 낮아졌다. 관리감독 부처가 일부 제품의 보세가공에 대해 '매매 장부'나 '공회전'(자금의 유동이 실물 경제로 가지 않는 것을 가리킴-옮긴이)을 용납하지 않아 기업의 재정 원가가 증가했다. 이렇게 오르기도 하고 내리기도 한 미세한 변동으로 일부 지역에서는 다른 생산방식 간의 종합 원가 격차가 줄어들었다. 자연히 많은 기업이 가공무역에서 벗어나 원자재 수입 가공으로 전환했다(원자재 수입 시 관세를 모두 지불해야 한다. 일반적으로 이런 원자재의 관세 부담은 비교적 가벼운 편이며, 지방정부가 제공한 일부 다른 우대 혜택을 통해 이 관세와 보세 가공의 관리감독으로 인한 행정운영 원가를 상쇄시킬 수 있다). 이런 기업은 수출 수량에는 실질적인 변화가 없었지만, 통계적으로 가공무역에서 정상적인 무역 항목의 수출로 변경되었다. 이런 현상을 가공무역이 '반짝 효과'를 봤다고 분석하기보다는, 정책적인 관점에서 접근하여 이는 바로 제도형 산업정책의 긍정적인 역할이 효력을 발휘했으며 다른 정책과 상호 보완 및 작용에 의한 결과로 볼 수 있다.

결론

신구조경제학은 유능한 정부가 한 나라의 요소부존의 활용을 이끌어야 한다는 데 방점을 찍고 있다. 왕용(王勇)은 본래 시장의 요소를 활용하는 데 불리한 기존의 정책 조치를 정부가 스스로 바꾸는 것에 대해 긍정적으로 평가해야 하며, 이 역시 정부의 '유능한' 행위로 간주되어야 한다고 지적했다. 이 두 가지는 일부 정책 현상 배후에 존재하는 경제논리를 다시 성찰하고 발견하는 데 필자에게 흥미를 느끼게 한다. 중국 제조업에 매우 큰 영향을 준 특수한 산업 형식으로 가공무역 산업의 발전 역사에는 전형적인 중국의 특색이 녹아 있다. 학계는 이에 대해 더 훌륭한 연구적 시각을 가져야 하며, 더 많은 연구 결론을 도출해 내야 한다. 필자는 무역정책 효과에 대한 평가 연구를 할 때, 단순히 무역정책의 틀에서 출발하여 이렇게 방대한 규모의 가공무역 경제 현상을 처리하고 정리하고 평가하는 것이 필자의 능력 밖이라는 것을 깨달았다. 16년 전, 중국 무역정책의 50년을 연구할 때도 이런 아쉬움이 남았는데, 여전히 그 아쉬움을 잊지 못하고 있다.

회의에 참석하여 다른 학자들과 교류하면서, 필자는 중국의 가공무역 현상에 대해 단순히 무역정책의 관점에서 억지로 분석할 것이 아니라 비교 원가 경쟁요소 원리에 따라 규율과 제도형 산업정책이라는 시각에서 분석해 볼 수 있을 것이란 생각이 들었다. 가공무역 정책은 계획경제에서 탄생한, 제품/생산능력 목표를 구체적으로 정한 산업정책과는 달리 중국의 풍부한 노동력이라는 비교우위에 따라 설계된 규율과 제도형 산업정책이라고 부를 수 있다. 대부분 기존의 경제 관리 정책이 변하지 않는 상황에서 중국은 비非지역적인 개념인 '경내관외'라는 정책적인 공간을 가상으로 만들어, 기존의 선형적-구역별 정책의 굴레에서 벗어나, 노동력이라는 경제 경쟁요소가 활용될 공간을 만들었고, 일련의 정책적 환경을 창출하여 중국 산업의 고도화를 촉진하는 역할을 했다.

 필자의 소양과 조건 및 능력이 부족하여, 상술한 연구에서 실증적 검증을 충분히 이루지는 못했다. 시대적 트렌드에 따라 다른 유형의 관점을 제기하여 시선을 끌려는 의도는 없다. 필자는 사람들의 이목을 끌 다른 적절한 장소와 시기가 없다는 생각에서, 과거 30년간 가공무역 산업정책이 제도적 역할을 이행한 것에 대해 주목해야 한다고 지적한 것이다. 이 글을 쓴 목적은 필자의 보잘것없는 연구 과제에서 아이디어를 얻어 더욱 많은 학자들이 연구하고 논의하여 더 좋은 연구 결과를 도출하기를 바라기 때문이다. 마지막으로 더 많은 국가에서 중국의 성공적인 실전 경험을 확대 보급하고, 다른 개발도상국이 참고할 수 있도록 추적 가능하고 효과적인 규율과 제도형 정책들에 대한 연구와 정리가 진행되길 바란다.

에너지 환경 문제를 결합하여 산업정책을 논의하기[*]

장중샹(張中祥)

톈진대 마인초(馬寅初: 전 베이징대 총장, 중국의 경제학자)경제대학 교수

　장웨이잉과 린이푸 두 경제학자가 산업정책을 주제로 논쟁에 불을 붙였다. 장웨이잉 교수는 인류 인식의 한계와 장려 기제의 왜곡으로 기술과 신산업은 예측 불가하며, 이 때문에 산업정책은 실패할 수밖에 없으므로 모든 형식의 산업정책을 폐기해야 한다고 주장한다. 하지만 린이푸 교수는 이에 대해 반박하며 선진국이든 개발도상국이든 산업정책은 경제 발전의 필수적인 조건이라고 강조한다.

　객관적으로 개혁개방 이후 중국 경제 발전과 산업정책의 시행 과정을 살펴보면, 산업정책은 성공적인 사례도, 실패의 교훈도 많이 안겨 주었다. 산업정책에는 '뉴노멀'과는 맞지 않는 부분이 확실히 존재한다. 중국 전역을 뒤덮은 미세먼지에 대응하기 위해, 중국은 이미 '더 이상 충분한 시간이 없는' 상태다. 하지만 단순히 환경 부처·환경 정책만으로는 미세먼지를 포함한 환경 문제를 뿌리 뽑을 수 없다. 반드시 사회 전체의 광범위한 참여가 필요하고, 사회·경제·계획·산업·에너지와 교통 등 정책을 전반적으로 고려하고, 상호 협력이 실현되어야 작은 노력으로 큰 효과를 낼 수 있다.

---

[*] 본문은 필자가 2017년 7월 12~14일 호주 퍼스시에서 열린 29차 호주 중국경제연구학회 연차총회의 '중국 뉴노멀 경제 성장: 기회와 도전'에서 '혁신, 산업정책과 지속가능한 발전'이란 주제로 한 강연을 정리한 것이다. 필자는 국가 자연과학기금의 프로젝트 협찬(프로젝트 승인 번호: 71373055)에 감사드리며, 이 글에 대한 권한은 필자에게 있음을 일러둔다.

본문에서는 구체적으로 에너지 환경 문제를 연계하여 현재의 산업정책을 토론하고자 하며, 주로 정책적인 차원에서 이야기를 풀어 나가고자 한다. 또한 산업정책이 '필요한가'의 문제보다는, '언제 필요한가?'와 '어떻게 사용해야 하는가?'의 명확한 문제에 관해 논의하고자 한다. '뉴노멀' 속에 중국의 경제 성장, 2030년 탄소 배출량이 최고치에 달하는 문제, 투자형 드라이브에서 혁신형 드라이브로의 발전 모델 전환, 미세먼지 관리에서 비롯된 제도의 개혁까지 모두 혁신적 조치가 필요한 상황이다. 제대로 된 산업정책은 혁신을 드라이브하고 지속가능한 발전 목표를 이루는 수단이 될 수 있다. 따라서 중국은 현재의 산업정책에 대해 진지하게 평가하고, 시대착오적인 산업정책을 취소하고, 뉴노멀의 수요를 충족하도록 관련된 정책을 조정해야 한다.

공급 측 개혁을 연계하여 생산요소를 적절히 이동시킨다

많은 업종에서 일어난 독점 부문에 민간기업의 진입은 허가되지 않았다. 이런 상황은 고소모·고오염의 제조업에 자금이 지나치게 유입되면서 제조업의 생산과잉을 야기하고, 동시에 피할 수 없는 대량의 오염 배출을 초래했다. 금융위기로 인해 모든 태양열 패널 산업이 위기를 맞았고, 효율적인 제도가 공급되지 못하는 문제도 대두됐다. 따라서 중앙경제공작회의의 어젠다를 결합, 이행하여 공급 측 개혁의 추진, 생산과잉 해소, 재고 처리, 원가 절감 등의 임무를 제기해야 한다. 아울러 공급 시스템의 질과 효율을 향상시키기 위해, 행정적 독점 현상을 타파하며, 진입의 문턱을 낮추고 넓혀, 경쟁을 장려해야 한다. 또한 정부의 부적절한 개입을 줄여 행정적인 수단이 아닌 시장의 원리로 생산요소가 진정으로 필요한 곳으로 이동하게 하여, 공급을 개선하고 원가를 절감하여 사회 유효 수요를 활성화시키자는 궁극적 목적에 도달해야 한다.

2차 산업 억제와 서비스업 발전 관련

현재 중국에서 환경 문제를 언급하면, 2차 산업에 대한 제한과 서비스업 육성이 언급된다. 그러나 서비스업 노동생산성은 제조업보다 낮고 양자 간의 노동생산성 격차가 지속적으로 벌어지고 있다. 따라서 제조업에서 서비스업으로 전환하는 이 구조적 전환 과정에서 많은 국가의 경제 성장이 구조적으로 감속되는 상황을 겪게 되었고, 이것은 하나의 법칙이 되었다. 중국 경제 역시 '뉴노멀'로 진입했다. 경제 성장의 감속이 노동생산성과 전요소생산성의 하락을 수반하고, 현대 서비스업의 비약적인 발전이 불가한 상황에서 단편적으로 제조업을 제한하기보다는, 서비스업 비중의 확대가 가져올 수 있는 부정적인 영향을 인식하고, 서비스업 비중이 높다고 꼭 좋은 것이 아니라는 사실도 인식해야 한다. 제조업의 발전 특히 유효 수요가 있는 제조업에 대해서는 반드시 일방적인 규제만을 거론해서는 안 된다. 우리는 그저 제조업이 환경에 미치는 영향이 더욱 적어지길 바랄 뿐이다.

독일과 중국이 경제위기를 잘 극복할 수 있었던 원인은 제조업에 있다. 이번 경제위기 또한 미국의 산업 공동화 문제를 드러냈다. 미국의 셰일가스 기술 혁명은 미국의 석유와 천연가스 가격의 대대적 인하를 가져왔고, 미국 정부도 자국의 산업구조를 연구하며 첨단 제조업의 회귀를 장려하고 있다. 2014년 보스턴 컨설팅 회사가 발표한 「글로벌 제조업 원가 변천 보고서」에 따르면, 미국 제조업의 원가를 100이라 가정하면 중국의 원가는 96이라고 한다. 이것은 미국의 첨단 제조업 회귀에 근거가 되었다.

원가 절감-제도적인 거래 원가 절감 노력

중국은 WTO에 가입한 지 15년이 흘렀고, 이미 세계경제 성장을 견인하는 엔진이 되었다. 하지만 중국은 당시 「중국의 WTO 가입의정서」에 규정된 권익을 아직도 완전히 얻지 못했다. 유럽연합과 미국 그리고 일본 등의 경제체는 여전히 중국의 '시장경제 국가' 지위를 인정하지 않고 있으며, 중국에 대한 반덤핑 조사에서 계속 '대체국' 조치를 사용하고 있다.

중국의 시장경제 지위를 인정한다 하더라도 미국과 유럽이 무역 불공정 행위에 대해 아무런 조치도 취하지 않는 상황은 없을 것이다. '대체국' 가격의 사용에 대한 불허는 반덤핑 조사가 힘들어지게 하지만, WTO의 반덤핑 규정은 자체적으로 매우 큰 재량권을 허용하고 있다. WTO 규정에는 또한 효과적인 반보조금 규정도 포함되어 있다. 중국은 이미 반덤핑·반보조금 조사의 첫 번째 타깃 국가가 되었다. 중국 상무부의 통계에 따르면, 중국은 이미 21년 연속 전 세계에서 반덤핑 조사를 가장 많이 받은 국가가 되었으며, 10년 연속 반보조금 조사를 가장 많이 받은 국가로 꼽힌다. 반덤핑 조사가 어려워지면서 유럽연합과 미국 등의 국가가 중국의 수출 제품에 더 많은 반보조금 조사를 제기할 것을 알 수 있다. 중국의 보조금 정책은 갈수록 주목을 받게 되었고, 특히 간접적인 보조금이 더욱 그랬다. 어떤 형식의 간접적인 보조금이든 존재하기만 하면, 꼬리를 붙잡히지 않을 수 없었다. 중국에서 에너지 절약을 위해 빈번하게 추진되는 정책은 보조금으로 해석되었고, 이처럼 눈에 보이는 보조금은 금세 발각되었지만, 겉으로 드러나지 않은 대량의 제도적인 비용의 부담으로 기업은 숨쉬기조차 힘겨울 정도였다.

위에서 말한 중국과 미국의 제조업 원가의 미세한 차이는 바로 중국이 비교적 높은 제도적인 거래 원가를 유지하고, 미국의 낮은 에너지 가격과 낮은 제도적 원가가 미국의 높은 임금 원가를 메워준 결과이다. 중앙경제공작회의에서 왜 '원가 절감'을 5대 어젠다에 포함시키고 제도적 거래 원가를 낮추기 위해 노력해야 한다고 지적했는지 알 수 있는 대목이다. 이렇게 하지 않으면 중국 제품은 원가 우위를 잃고 자체적인 독특한 우세도 잃을 것이며, 결과적으로 중국 기업은 경쟁력을 잃고, 경제성장률은 상승할 수 없다.

기업의 전력 원가 절감은 실물경제의 발전을 촉진하는 데 매우 중요하다. 대기업의 오염 처리 시설은 일일 운영비용이 10만 위안 이상이고, 1년이면 3천여 만 위안이 된다. 이 중에 굉장히 많은 부분이 전력의 사용 비용이다. 큰 오염원을 생산하는 기업의 입장에서 오염 처리 시설을 하루 놀리면 몇 만, 심지어 십 몇 만 위안의 비용을 절감할 수 있다. 그러니 많은 기업들은 차라리 벌금을 지불할망정, 오염 처리 시설을 정상적으로 작동시키려 하지 않는다. 환경법 위반에 따른 비용은 저렴한 반면, 법을 지키기 위한 비용은 높아 환경법의 집행 과정에서 이런 아이러니한 모습은 곳곳에서 찾아볼 수 있다. 2016년 8월, 국무원에서 발표한 실물경제 기업의 원가 절감 방안에서는 특별히 전력 휴식제 개혁에 박차를 가해, 기업용 전력 비용을 적절히 인하하기로 제안했다. 이것은 오염 처리 비용을 줄이고, 환경 기준치 부합 비율을 제고시키며, 실물경제 발전을 촉진하는 데 큰 도움이 될 것이다.

'인터넷+'가 아닌 '+인터넷'

최근 몇 년간에 중국 정부가 열심히 추진하고 있는 '인터넷+'는 인터넷을 기반으로 다른 업종을 접목하여 새로운 콘텐츠와 가치를 창조하는 데 목적을 두고 있다. 타오바오(淘寶)처럼 전형적으로 인터넷 플랫폼을 기반으로 한 '인터넷+'가 그것이다. 타오바오는 자체적으로는 제품을 가지고 있지 않지만, 전체 소매업을 통합하여 거대한 비즈니스 이윤을 창출했다. 대다수 전통적인 실물경제 영역의 기업은 사실 어떻게 인터넷을 통해 원가를 낮추고 신제품을 개발하여 새로운 서비스를 제공하느냐의 문제에 직면하고 있다.

2016년 이래 베이징과 톈진 그리고 상하이 등 도시의 온 거리를 휩쓸고, 친환경 차량 공유 시장을 이끌며, '라스트 마일Last mile'(고객과의 마지막 접점 – 옮긴이) 문제를 해결하는 데 모토를 두고 있는 Mobike는 바로 전형적인 '+인터넷' 모델이다. Mobike는 자신이 연구개발한 자전거를 사업 기반으로 삼고 있다. 하지만 전통적인 자전거와 비교하면, Mobike는 자신이 생산한 자전거에 대대적인 변화를 주었다. 자전거 차체 전체를 알루미늄으로 만들었고, 폭발 예방 실심 타이어와 체인 없는 디자인, 칩과 GPS, SM카드 모듈의 잠금 장치까지 더했다. 게다가 식별이 용이한 독특한 색을 외관에 배합하는 등 핵심 부품과 디자인에서 기술적인 혁신을 이루었다. 전통적인 자전거 생산 공장과 달리, Mobike는 자전거를 만든 후, 직접 자전거를 팔지 않고 인터넷을 통해 시간대별로 임대하는 임대 자전거 서비스를 제공했고, 이 또한 이른바 '제품을 판매하는 것이 아닌 서비스를 파는' 행위였다. Mobike는 기술과 제품 그리고 조직의 혁신을 기반으로 사회효율과 경제효율의 불균형을 바로잡았고, 공유 자전거의 지속가능한 발전을 저해하는 문제를 해결할 수 있는 처방을 찾은 것이다. 시장 포지셔닝과 제품 설계·서비스 공급·운영 절차 등 단계에서 혁신을 제대로 이행했기에 Mobike는 2016년 상하이에 진출한 후 매우 짧은 시간 안에 시내 전역으로 퍼지게 되었다. Mobike의 '+인터넷' 사례를 예로 들며, 필자는 중국이 '인터넷+'가 아닌 실물경제를 기반으로 한 '+인터넷'을 대폭 지원하고 장려해야 한다고 제안하고자 한다. 이런 모델을 통해 전통적인 실물경제에 속한 기업의 경영을 더 효율적이고, 활력 있게 바꿀 수 있다.

동쪽에서 서쪽으로의 산업 이전

동부 해안 지역의 노동력 원가 상승으로 인해 산업이 '동'에서 '서'로 이전하면서 이러한 산업의 대규모 이전이 적절한지에 대해 사실 많은 문제를 종합적으로 분석해야 하며, 그 중에는 환경 문제도 포함되어 있다. 서부 지역 대부분은 생태환경이 취약한데 대규모의 산업 이전이 적절한가? 게다가 여전히 동부에 소비가 집중되어 있는 상황에서 산업을 이전하면, 대규모의 에너지를 소모하여 동부로 제품을 운송해야 하지 않는가? 중국은 이미 환경과 지역 발전의 조화라는 문제를 인식하고, 각 지역의 자원 환경 적재 능력, 기존 개발 밀도와 개발 잠재력을 근거로 국토를 우선개발, 중점개발, 제한개발, 개발금지 4종류의 핵심기능구(主體功能區)로 분류했다. 하지만 연관된 부분이 지나치게 복잡하다 보니 핵심기능구 전략의 시행 세부규정 및 경계와 관리에 관한 운영 문제가 줄곧 해결되지 않았다. 산업 이전과 이와 관련된 의제는 오히려 핵심기능구 제도의 개선을 강제로 촉진했고, '제한개발'과 '개발금지'의 핵심기능구에서 '개발하지 않는 발전'을 이룩하게 만들었다. 아울러 과학적이고 합리적인 생태 보상 메커니즘을 구축하여 이 두 종류의 개발구 생태 가치를 구현했고, 이로써 핵심기능구가 친환경 발전과 조화로운 발전을 촉진하는 데 역할을 하도록 했다.

시진핑 총서기는 "잘 보존된 환경이 바로 경제를 먹여 살린다."(綠水靑山就是金山銀山: 녹수청산이 바로 금산은산이다 – 옮긴이)라는 말을 제기했는데, 여기서 핵심어는 '바로'라는 두 글자이다. 자연자원을 '금산과 은산'으로 만든다는 말은 구체적으로 생태 가치를 구현한 자원의 유료 사용 제도와 생태 보상 제도를 수립하는 것과 연관되고, 또한 세대 간 보상·공공제품 정가 등 문제도 포함된다. 이는 정부와 경제학자 입장에서 하나의 새로운 도전이고, 성省 급 정부 간에 생태환경지역 보상 시스템의 구축은 지역오염 연합 예방 전략의 핵심이다. 현재 지역 생태 보상 관리에는 참고할 만한 국지적인 모델이 존재한다. 성省 내의 생태 보상에는 저장성 생태보상전문자금이 포함되어 있다. 허난(河南)·장쑤(江蘇)·허베이(河北)의 스자좡(石家庄)·한단(邯鄲)·형타이(邢台) 등 지역은 공기질 생태 보상 조치를 시행했다. 공기질 순위에서 꼴찌를 차지한 현은 벌금을 지불해야 하고, 대기오염 개선에 앞선 지역에 대한 보상도 이런 종류에 속한다. 성省 간의 생태 보상에 안후이(安徽)·저장(浙江) 두 개의 성을 아우르는 신안강新安江 유역 수질 환경 생태보상 시범단지가 있다. 하지만 베이징, 톈진, 허베이와 장강삼각주, 주강삼각주 등의 성省을 아우르는 행정구역 범위 내에서 지역 보상 관리 방법이 수립되지 않거나 운용성이 구비되지 않은 상태이고, 행정적 명령 수단을 통해 지역적 연합 예방 활동을 추진할 수밖에 없다. 따라서 성省 급 정부 간의 생태환경지역 보상 시스템은 보상 원칙과 보상 주체, 보상 대상, 보상 방식, 보상 수단에 대해 명확히 하고, 합리적이고 타당한 지역 생태보상 기준을 확립하고 보상 절차를 규범화하여, 엄중한 경제적 상벌제도·정치적 책임 추궁 메커니즘을 수립하고, 지역오염 관리 자원의 배치를 최적화함으로써 효과적으로 지역오염 연합 예방 업무를 이행해야 한다.

**산업발전 계획과 정책 조율,
정책의 일원화 부재와 관리감독 문제**

중앙정부 차원의 일부 산업정책은 그 자체로는 고찰할 가치가 있지만, 각기 다른 계획 간에 잘 조율되어 있지 못해 결국 무질서한 경쟁과 자원의 낭비 그리고 생산과잉과 무역 마찰 같은 문제를 일으켰다. 예를 들어, 국가가 대대적으로 추진한 부하負荷 중심을 멀리한 신재생에너지 기지 정책은 고찰할 가치가 있지만, 석탄 생산과잉과 신재생에너지 소비 문제가 이와 무관하다고 말할 수는 없다. 풍력 전기 발전發電과 전력 네트워크는 계획 과정에서 제대로 조율되지 못했고, 동시에 청정에너지 발전發電을 촉진하고, 청정에너지에 대한 성省 간 소비 난제를 극복하는 것에도 실질적인 구속 또는 장려 조치가 부족하여, 풍력과 전기를 버려야 할 심각한 단계에 이르렀고, 심지어 오늘날까지 해결되지 않고 있다. 청정에너지 발전 원가와 석탄 전력 원가의 격차가 더욱 좁혀질 수 있고, 청정 전력에 대한 사용자의 소비 의식도 점차 개선되고 있다는 점을 고려하면, 청정에너지 보조금 정책을 생산 단계에서 소비 단계로 이동시키고, 보조금 대상을 청정 전력 생산자에서 소비자로 이동시켜 청정에너지 전력 소비자, 또는 이를 소비하는 성省이 경제적 실익을 얻을 수 있게 한다. 이로써 심리적으로 청정에너지를 사용하고 싶게 만들 수 있으면, 청정에너지 소비라는 난관을 극복하고, 나아가 청정에너지 소비 비율을 더욱 끌어올릴 수 있을 것이다.

태양광 발전 산업의 발전 계획과 정책 사이에도 많은 불협화음이 존재했다. 태양광 발전 산업을 육성시키는 것 자체에는 이의가 없었지만, 거의 전부 수출에 의존했고, 국내 시장을 육성하지 않았다. 과거의 전략적 신흥 산업 열풍 속에서 생산과잉 문제가 나타났기 때문에, 미국과 유럽연합이 잇따라 중국의 태양광 발전 기업에 '반덤핑'·'반보조금' 조사를 진행한 후 태양광 발전 산업은 심각한 어려움을 겪게 되었고, 아직도 완전히 회복하지 못하고 있다. 이를 감안하면 친환경 경제의 청사진을 설계할 때, 중국은 더욱 세세한 산업 육성 계획과 부대 정책을 제정해야 하는 것을 알 수 있다.

중앙정부 차원의 일부 산업정책에는 일원화 시스템이 마련되어 있지 않은 상태이다. 정부와 사회 자본의 협력 프로젝트(PPP: Public-Private Partnership)를 예로 들어 보자. 2016년 10월 20일 재정부가 『정부와 사회 자본 협력 프로젝트 재정 관리 임시 방법』을 발표했고, 2016년 10월 27

일에 국가발전개혁위원회가 『전통 인프라 영역에서 정부와 사회자본 협력 프로젝트 시행 업무지침』을 발표하여, 재정부와 국가발전개발위원회의 구체적인 업무 분장을 명시했다. 즉 재정부는 PPP의 공공 서비스 분야를 전면적으로 계획하고, 국가발전개발위원회는 PPP의 전통적 인프라 분야를 맡기로 한 것이다. 하지만 공공 서비스와 인프라를 칼로 자르듯 완전히 나눌 수 없고, 많은 공공 서비스는 인프라를 기반으로 제공되기 때문에, 재정부의 업무인지 발전개혁위원회의 관할 범위인지 명확히 구분할 수 없었다. 재정부와 발전개혁위원회의 두 가지 PPP 프로젝트 운영 세부조항은 시장의 우려를 낳았다. 2017년 7월 21일 국무원법제판공실을 필두로 한 『인프라와 공공 서비스 분야 정부와 사회 자본 협력 조례(의견 수렴안)』 초안이 공개적으로 사회 의견을 수렴했다. 부와 위원회의 조율 관리 측면에서 인프라와 공공 서비스를 구분하지 않았고, 프로젝트 생명 주기 내에 각 부와 위원회의 분업 협조를 통해 '정책 제정 관리의 일원화 시스템 부재로 인한 문제점'을 피할 수 있다. 이로써 '업무 분장은 하지만 관리는 나누지 않는다'라는 정책이 앞으로 큰 발을 내딛었지만 업무 분장을 명확히 하지 않아 향후 부와 위원회가 실질적으로 운영하는 과정에서 모순과 갈등이 생길 여지를 남겨 두었다.

신재생에너지 자동차에 대해 공신부工信部는 연비 소모 관리에 주력을 가했고, 재정부는 포인트 적립 제도를 내놓았으며, 국가발전위원회는 탄소 배출 쿼터제를 주장했다. 이처럼 여러 부처가 내놓은 신재생에너지 자동차 관련 산업정책의 조정은 기업의 관리 비용을 대폭 증가시켰다. 그 밖에, 신재생에너지 자동차의 보조금 사취 문제도 심각했다. 2016년 9월 재정부가 발표한 신재생에너지 자동차 특별 보조금의 보급 사용에 대한 검사 결과에 따르면, 2009~2015년 신재생에너지 자동차 보급 응용에 중앙 재정에서 제공한 누적 보조금이 334억 3천5백만 위안이었다. 72개 자동차 기업 76,374대 차량의 보조금 사취 금액이 92억 7

천만 위안에 달했고, 이는 신재생에너지 자동차 보조금의 19%와, 중앙정부 보조금의 27.7%에 달하는 금액이었다.

예를 들어 보조금 사취의 주요 피해 분야인 '6~8미터 순수 전기버스'에서, 2013~2015년의 보조금 기준에 따라 차량 한 대당 중앙정부에서 30만 위안의 보조금을 지불했고, 지방정부도 비율에 따라 0.5:1에서 1:1의 차등 비율로 보조금을 상응하게 준비했다. 기업이 6~8미터 순수 전기버스 한 대를 판매하면, 최대 60만 위안의 보조금을 취득할 수 있게 된 것이다. 위에서 말한 재정부의 통보에 따르면, 쑤저우(蘇州) 진룽(金龍)을 포함한 5곳의 문제기업이 총 10억 1천만 위안의 보조금을 편법으로 탈취한 것으로 드러났다. 이렇게 보조금 사취 금액이 많은 것은 신재생에너지 자동차의 보조금 기준이 지나치게 높다는 사실을 보여 주며, 또 보조금 설정 당시, 단위 품질 에너지 소모량·순수 전기버스 연속 주행거리 등 다른 핵심적 기술 기준은 고려하지 않은 채, 전기버스의 차체 길이에만 규정을 두었기 때문이었다. 따라서 '품질은 떨어지면서 보조금만 사취하는' 사례를 막기 위해, 정부는 순수 전기버스의 보조금 정책에서 차체 길이 외에도 단위 품질 에너지 소모량·순수 전기버스 연속 주행거리 등 핵심 기술 기준을 보조금 지급 기준으로 고려하고, 보조금 지급 상황에 대한 관리감독을 실시해야 한다.

생산과잉 해소와 생산량 통제로 인해 석탄업계의 모든 기업은 276일 업무일이라는 규정을 지키고 있다. 2016년 1~3분기 동안, 철강·석탄산업의 생산과잉 해소는 당해 목표의 80% 이상 도달했지만 여기에는 대규모의 장기적인 생산 중지 또는 유휴 생산능력이 포함되어 있어, 생산과잉 해소의 실질적인 효과가 수치보다는 미미하게 나타났다. 중국의 연합 철강 네트워크의 연구 조사에 따르면, 바오강(寶鋼)이나 우강(武鋼)을 제외하면, 24개 성省과 시市가 발표한 제철과 제강 생산과잉 해소 목표는 각각 4,035만 톤과 8,180만 톤이었으며, 이중 장기적인 생산 중지 또는 생산 유휴 시설의 비율이 절반을 초과한 각각 62%와 71%였다. 그리고 24개 성과 시 중 14개 성의 압축제강 생산능력은 모두 장기간 생산 중지되었거나 유휴 설비에 해당했다.

신재생에너지 자동차의 보조금 편법 탈취 문제는 산업정책이 '필요한가 필요하지 않은가'의 논쟁에서 어느 한쪽을 지지하는 논거가 아니다. 신재생에너지 자동차와 석탄 산업의 생산과잉 문제를 해소하도록 격려하는 좋은 취지와 목적을 가진 산업정책이라 하더라도 관리감독이 필요하며, 어떤 방식으로 보조하고 생산과잉 문제를 해소하는가에 대한 정책적 설계가 필요하다는 사실을 드러냈다.

'해외 진출' 정책

중국 정부가 시행하는 '해외 진출(走出去)' 정책은 국유 석유회사를 포함한 국유기업이 국제 업무를 개척할 수 있도록 도와준다. 정부는 국가개발은행이라는 정부 정책 은행을 통해 중국의 국유기업이 해외에서 석유와 가스 회사를 합병하고 인수할 수 있도록 아낌없이 지원하고 있다. 이렇게 외환 보유는 수익이 낮은 금융 수단에서 수익률이 높은 자산으로 탈바꿈할 수 있게 되었다.

국가 안전을 좌우하는 에너지 기업은 국가의 '해외 진출' 전략에 발맞추어 나아가야만 한다. 에너지 기업의 '해외 진출'은 기업 자체의 이익뿐 아니라 국가의 전략적 선택에 따른 것이다. 중국 에너지 기업의 '해외 진출'은 외부 환경의 복잡성과 불확실성 및 그 방식에 대한 회의적인 생각 등 많은 도전에 직면할 것이다. 먼저, 중국 에너지 기업은 석유 기업의 해외 합병과 투자에서의 전략적 리스크를 확실히 파악해야 한다. 석유 기업의 합병 실행에는 리스크와 수익의 정적 상관관계가 존재하지 않으며, 반대로 높은 리스크와 낮은 수익이라는 '리스크 – 수익' 패러독스가 나타나며, 이것이 공교롭게 중국 석유 기업이 '해외 진출'의 발전 현황과 잘 맞는다. 두 번째, 중국 국유 에너지 기업의 성질 및 관리 모델은 어느 정도 해외 투자의 발전에 영향을 미치고, 그 기업들이 '일대일로' 프로젝트에 참여하고 실시하는 데에 여러 세부적인 어려움과 리스크도 가져올 것이다. 중국 국유 에너지 기업, 특히 해외 투자를 하는 중앙 기업은 정부와 기업의 경계가 명확하지 않아서 해외 투자 과정에서 종종 걸림돌에 부딪히게 된다. 해당 초청국이 국가 안전 심의를 진행할 때 기업 투자 행위를 국가 행위로 판별할 수도 있기 때문에, 중앙 기업은 해외 투자 과정에서 여러 장애물에 부딪히게 된다. 2016년 8월, 호주 재정부는 국가 안전을 이유로 뉴사우스웨일스주 전력회사 오스그리드 Ausgrid의 50.4% 지분을 99년간 보유하겠다는 중국국가전망공사(SGCC)와 홍콩 청쿵인프라그룹(CKI)의 임대 입찰 신청을 거부했다.

동시에, 국유기업의 발전 구상 특히 경영 모델에도 문제가 발생했다. 장기적으로 대외 투자 과정에서 해당 초청국 정부와 관계를 잘 유지한다면, 모든 문제를 해결할 수 있다고 인식해 온 중국 기업은 '정부의 허가'에만 주의를 기울였을 뿐, 민간 부분인 '사회적 허가'에는 신경을 쓰지 않았다. 그리하여 해외 투자 과정에서 기업이 현지 주민과의 관계를 제대로 정립하지 못해서 결국 투자 프로젝트의 좌초 또는 운영상의 난항을 겪으며 큰 손해를 보았다. 예를 들어 중국석유천연가스공사(CNPC)는 중국과 미얀마 석유 및 가스관 프로젝트에서 사회적 책임의 이행을 위해 확실히 거액의 '금전'을 지불했지만, 미얀마에서 예상한 성과를 거두지 못했다. 그 원인을 따져보면 가스관이 지나가는 지역에 지원이 필요했지만, 중국석유천연가스공사는 공익 프로젝트에서 자금 출자만 하고 구체적인 시행은 미얀마 측에 진행하게 놔두었고, 결국 프로젝트 지역에서 멀리 떨어져 있는 다른 지역에 학교와 병원이 설립되어,

프로젝트의 영향을 많이 받은 지역은 누려야 할 혜택을 누리지 못하는 상황이 벌어졌다. 이런 문제를 제대로 처리하지 못한다면, 중국 기업이 '일대일로' 프로젝트에 참여하고 시행하는 과정에서 많은 세부적인 어려움과 리스크에 직면하게 될 것이다.

따라서 중국 기업은 '해외 진출, 더 멀리' 전략을 진행함에 있어 구체적인 운영 과정에 더 공을 들이고, 장기적인 발전을 모색해야 한다.

첫째, 계획을 세우거나 프로젝트의 타당성을 연구하는 단계에서 세심하고 진지한 태도로 임해야 한다. 프로젝트의 타당성 연구와 실사 조사에서 꼼꼼하게 살펴보지 못한 부분은 일부 중앙 기업의 아킬레스건이 되었다. 중국과 미얀마 석유가스관 프로젝트에서도 예외는 아니었다. 다국적 비즈니스 프로젝트에서 전략적 의미를 강조하는 것을 상업적 논리를 무시하는 것으로 동일시해서는 안 된다. 그렇지 않으면 해당 프로젝트는 분명 지속가능한 발전의 기반을 잃게 될 것이다.

둘째, 중앙 기업의 직접 투자로 야기된 정치적 걸림돌 등의 문제를 피하기 위해, 해외 에너지 투자 회사를 설립하여 해외 프로젝트의 운영을 맡기는 방법도 고려할 수 있다. 예를 들어, 국제 석유가스 지분투자 등을 진행하는 것이다. 그 외에도, 해외 에너지 기금을 활용하여 발전 잠재력이 있고 대출 상환 능력이 있는 자원 보유국에 차관을 제공하여 중국 기업의 해외 에너지 투자를 지원하는 방법도 고려할 수 있다.

그 밖에, 노동법과 환경 법안을 중시하지 않고, 과도하게 정부 관료 '윗선'에만 의존하는 방식에서 벗어나, '일선 담당자'와 실무적인 접촉을 대폭적으로 강화하여 해외 문화와 시장 경험을 습득하고 현지의 우수 인재를 고용하여 진정한 문화 융합을 통해 이론에서 실천까지 국제 법규에 부합하는 변화된 모습을 보여야 한다. 거래가 성사되면, 기업은 통합과 관리에서 또한 많은 복잡한 문제에 직면하게 된다. 현재 전 세계 70%의 기업은 인수합병 이후에 예상했던 상업적 가치를 실현하지 못하고 있으며, 70%의 합병이 실패하는 것은 직·간접적으로 합병 후 통합 과정에서 기인된 것이다. 중국 기업은 국제 경쟁력을 갖춘 서양의 다국적기업에 비하면, 종합 실력에서는 여전히 적지 않은 차이가 존재하기에 국제적으로 최상급의 합병에 단독으로 참여해 싸울 능력은 아직 부족하다. 프로젝트 인수에 성공한 이후에도 중국 기업은 홀로 자산을 관리할 경험과 능력을 여전히 갖추지 못하고 있다. 따라서 해외 발전에 주력하고 있는 중국 기업은 서양 대기업과의 경쟁에서 공통점을 찾아, 협력을 통해 장점을 발휘하고 단점을 보완하여 상호 원원(win-win) 또는 다자간의 원원 전략을 추구해야 한다. 이렇게 하면 중국 기업과 국제 다국적기업 간의 격차를 빠른 시일 내에 줄일 수 있고, 국제적 경쟁력을 갖춘 대기업 그룹으로 성장할 수 있는 지름길을 찾을 수 있을 것이다.

상무부의 통계에 따르면, 2014년 중국 대외 직접 투자는 처음으로 천억 달러를 돌파하여 1,029억 달러가 되었다. 2015년 중국 대외 직접투자는 다시 1,456억 7천만 달러에 달해, 역사상 최고치를 기록하면서, 전 세계 2대 투자국이 되었다. 전 세계적으로 중국의 투자비율 또한 2002년 0.4%에서 2015년 9.9%까지 상승되었다. 2015년 중국은 실질 사용한 외국 자본이 1,356억 달러를 기록하며 순자본 수출국이 되었다. 현재 중국은 '제조' 국가에서 '투자' 국가로 전환되고 있다. 특히 에너지 자원 분야에서 중국 기업은 리스크가 높은 국가에서 대규모의 투자와 자산을 갖고 있다.

이런 상황은 중국이 장기간 이행하고 있는 상호불간섭 외교정책에 도전을 가하고 있다. 필자는 이 정책은 분명 재고할 필요가 있고 아무래도 정부가 시대에 맞게 재검토를 할 시기가 되었다고 생각한다. 사람들은 항상 미국을 '세계의 경찰'이라고 부른다. 이는 전혀 이상하지 않다. 미국은 자국이 행한 대량의 해외 투자를 보호하고 유지해야 하기 때문이다. 미국 투자자의 이익을 대표하는 미국 정부가 자국인의 이익을 보호하지 않을 행동을 왜 하겠는가? 하지만 중국 정부가 현행의 상호불간섭의 외교정책을 고수하는 경우, 중국 기업이 정치적으로 불안전한 국가나 지역에서 실행한 거액의 투자는 아주 큰 위험에 직면하여 결국 물거품이 될 수밖에 없다. 이는 국가 또는 중국 투자자에게 돌이킬 수 없는 손실을 가져다줄 것이다.

중국 사물인터넷 산업정책의 연구 총론

샤오룽(肖龍)
중국인민대학교 경제대학 박사 연구생

허우징신(侯景新)
중국인민대학교 경제대학 교수

샤오예톈(肖葉甜)
시짱(西藏)대학교 경제경영대학 학부생

들어가기

글로벌 경제위기 발발 이후 경제가 점차 회복세로 돌아서면서, 각국은 미래 경제의 발전, 특히 과학기술 혁신 분야의 발전에 대해 고민하기 시작했다. 정보과학기술 산업과 밀접한 관련이 있는 사물인터넷(Iot) 산업이 각국의 주요한 이슈가 되었고, 사물인터넷은 이미 미래 과학기술 혁신에서 무한한 잠재력을 가진 핵심 분야가 되었다는 사실은 의심할 여지가 없다.

사물인터넷의 개념은 먼저 빌 게이츠가 1995년 집필한 『미래로 가는 길(The Road Ahead)』에서 제시되었지만, 당시에는 환경이 조성되지 않은 탓에 사회에서 바로 주목을 받지 못했다. 초창기 사물인터넷의 정의는 '사물과 사물이 서로 연결되어 있는 인터넷(the internet of thing)'이었다. 그 후, 많은 조직과 기구들이 사물인터넷의 초창기 정의를 확장시켰다. 1999년, MIT 공대는 사물인터넷에 더 확장된 정의를 부여했다. 즉, 사물인터넷이란 무선 주파수 인식(RFID) 등 정보 센서 기술을 통해 사물과 인터넷을 연결하는 것이며, 스마트 인식과 관리를 실현하는 가상과 현실이 결합된 네트워크라고 정의했다. 국제전기통신연합(ITU)은 2005년 정보 사회 세계 포럼에서 『ITU 인터넷 보고서 2005: 사물인터넷』을 발표하면서 정식으로 사물인터넷을 무선 주파수 인식, 적외선 센서, GPS, 레이저 스캐너 등의 센서 설비를 통해, 고정된 프로토콜에 따라 사물과 인터넷을 연결하고, 정보 교환과 통신을 통해 스마트 인식·위치 측정 (GPS)·추적·감독과 관리를 이행하는 네트워크라고 정의했다.

중국에서도 관련 부처가 사물인터넷의 개념에 대해 정의한 적이 있다. 공신부工信部의 전자통신연구원은 사물인터넷을 인터넷과 통신 네트워크를 확대 확장한 것으로, 물리적 세계에 대한 실시간 통제, 정확한 관리와 과학적인 판단을 내리는 목적에서 출발하여, 센서 기술과 스마트 장치를 활용하여 물리적 세계에서 센서로 식별하고, 네트워크의 전송 및 상호 연결 기능을 통해, 계산과 처리 및 지식 발굴을 진행함으로써 인간과 사물·사물과 사물의 정보 교환과 상호 연결을 실현한 것이라고 정의했다. 현재까지 사물인터넷의 정의에 대해 통일된 결론은 없으며, 각 주체마다 모두 자신만의 이해를 갖고 있다. 하지만, 여러 정의를 통해 사물인터넷에 두 가지 기본적인 특징이 있다는 것을 알 수 있다. 첫째, 인터넷이 여전히 사물인터넷의 기반이자 핵심이다. 둘째, 사물인터넷은 인터넷의 확장이다. 즉, 센서 기술을 기반으로 사용자의 영역을 사물까지 확대하여 사람과 사물, 사물과 사물 간의 정보 교환과 통신을 실현해 주는 사물 인터넷이다.

중국 입장에서 사물인터넷 산업 발전은 중요한 전략적 의미를 가진다. 또한 현재 조방형粗放型(적은 자본과 노동력으로 대규모의 농장 혹은 공장을 운영하는 것−옮긴이) 발전 이념이 변화하는 상황에서도 매우 필요한 조치이다. 사물인터넷 산업은 다음의 조 단위 레벨의 산업이라고 불리고 현재 정보 산업을 계승하고 발전시켜 컴퓨터와 인터넷 이후의 제3차 정보 산업 물결의 주역으로, 선진국이 앞다투어 진행하는 전략적 최고봉이 되었기 때문이다. 사물인터넷은 분명 중국이 세계 기술 핵심의 선두에 설 수 있게 할 첫 번째 전략적 기회임에 틀림없다. 원자바오 전前 국무원 총리는 2009년 「과학으로 중국의 지속가능한 발전을 이끌자」라는 보고서에서 사물인터넷 등 핵심 기술이 중국 산업 전환의 '엔진' 역할을 할 것이라고 명확히 강조했다. 이는 사물인터넷 산업이 이미 국가의 미래 발전의 전략적 위치로 격상되었다는 것을 설명한다.

현재 전 세계에서 사물인터넷 산업은 아직 걸음마 수준이고, 선진국이나 발전 지역 역시 차세대 산업 재배치 경쟁에서 우위를 차지하기 위해 힘을 기울이고 있다. 세계적인 상황을 보면, 미국은 일찍이 사물인터넷 기술의 연구와 응용을 시작했고, 사물인터넷 발전 분야에서 선두적인 지위를 차지하고 있다. 독일과 프랑스, 호주, 일본, 한국, 싱가포르 등 국가도 사물인터넷 경제를 위하여 앞다투어 발전 전략을 만들고 있는 상황이다. 이상의 선진국과 비교하면, 중국의 사물인터넷 산업은 그 시작은 다소 늦었지만 사물인터넷의 연구와 응용을 매우 중시하면서 큰 발전을 거두었고, 특히 센서 분야에서는 세계 선두 수준을 달리고 있다. 관련 데이터에 따르면, 최근 몇 년간 중국의 사물인터넷 산업은 연평균 30%의 종합성장률을 보이며 고속 발전을 거듭하고 있다. 2015년에는 5,800억 위안의 시장 규모에 달했고, 전년 동기 대비 18.46% 성장했다. 사물인터넷 산업의 발전 속도는 이미 중국 전역 GDP의 전체 성장 수준을 넘어섰다.

중국 전역에서 사물인터넷 산업과 기술의 발전은 중국에게 매우 큰 의미를 안겨 준다. 중국은 해당 분야에서 강력한 정책과 환경 및 산업 여건과 우위를 가지고 있고, 이런 여건과 우위를 통해 이미 많은 중요한 성과와 성취를 얻었다. 또한 전 세계 사물인터넷 산업 경쟁에서 선두를 차지하고 있으며, 전 세계 사물인터넷 산업 발전을 이끄는 몇몇 주요국 중 하나로 우뚝 섰다. 하지만, 중국의 사물인터넷 산업 발전에는 여전히 간과해서는 안 될 많은 문제가 존재한다. 예를 들어 맞춤형 산업정책이 없고, 산업 계획 단계의 치밀함이 부족하며, 산업 응용이 결여되어 있는 문제가 있다. 따라서 중국 사물인터넷 산업 발전에 장애와 어려움을 야기하는 이런 문제를 해결하거나 완화시키기 위해, 또한 중국 사물인터넷 산업의 미래 발전에 방향을 제시하기 위해 본 논문을 작성했다.

본문은 사물인터넷 산업정책에 있어 중국 학계가 진행한 연구와 시행 성과를 정리하며, 해당 영역의 연구에서 선진적인 부분과 부족한 부분을 평가하고, 향후 사물인터넷 산업정책 이론과 시행 분야에서 중국 학계의 연구 방향을 모색하여 중국 사물인터넷 산업 발전에 길잡이가 되고자 한다. 본문에는 3가지 부분이 포함되어 있다. 첫째, 중국 사물인터넷 산업정책의 이론 연구 문헌을 통해 그 함의와 구체적인 정책의 이론 연구 성과를 정리했다. 둘째, 중국 사물인터넷 산업정책의 구체적인 실천 상황과 효과에 대한 연구를 정리했다. 셋째, 후속 연구 전망에서 기존 연구의 장단점을 평가하고 중국 사물인터넷 산업정책 분야의 미래 연구 과제와 활동 방향을 제시했다.

사물인터넷 산업정책의 이론 연구

사물인터넷 산업정책의 정의

- 정의

산업의 진보와 발전을 추진하겠다는 목적에서 정부는 일반적으로 설정된 목표와 계획에 기반하여 일정한 정책적 조치를 취해, 기업의 행위를 지도하고 규범화함으로써 설정된 발전 목표를 달성하고자 한다. 공공관리학에서 정책이란 일반적으로 일련의 정책적 도구가 합쳐진 조합체로 인식되고, 구체적인 목표를 이행하고 사회 문제를 해결하기 위한 방법과 수단이라고 정의한다. 이러한 정의에 따르면 정부 정책은 좁은 의미의 정책이며, 넓은 의미의 정책은 목표를 달성하고 문제를 해결하기 위한 모든 방법과 수단을 가리킨다. 현재 중국의 학계와 실제 시행 분야에는 사물인터넷 산업정책에 대한 명확한 정의가 존재하지 않으며, 관련 연구와 탐구도 매우 적다. 따라서 본문에서는 일반 정책에 대한 공공경제학의 정의에 따라, 사물인터넷 산업정책을 사물인터넷 산업에 존재하는 문제를 해결하고 구체적인 목적을 이행하는 방법과 수단으로 정의한다. 좁은 의미의 사물인터넷 산업정책은 정부의 정책을 뜻하며, 넓은 의미의 사물인터넷 산업정책은 각 계층에서 제시한 문제의 해결과 목표의 이행을 위한 수단과 방법으로 인식된다.

- **분류**

정부가 이미 추진하고 실시한 산업정책에 대해 학계에서 유형별로 실시된 연구 성과에 따르면 신흥 산업(사물인터넷 포함)에서 정부가 내놓은 정책은 각기 다른 기준에 따라 다른 유형으로 분류될 수 있다. 제정 주체에 따라 중앙정부 정책과 지방정부 정책으로 나뉘고, 정책 목표에 따라 지원 정책과 세수 혜택 정책 및 재정 정책 등으로 나뉜다. 정책의 형식에 따라 확산 지향형 정책과 임무 위주형 정책으로 나뉘며, 관점에 따라 직접적 또는 간접적으로 연구기관 또는 회사의 정보통신 발전을 지원하는 미시적 정책과 산업 발전 잠재력을 갖춘 중요한 분야에서 실시하는 국가 계획의 거시적인 정책으로 나눌 수 있다. 주요 내용에 따라 기술 연구와 개발을 지원하는 과학기술 정책과 기술의 산업화를 지원하는 산업정책으로 나눌 수 있다. 정부 정책은 구체적인 정책적 수단의 측면에서 보면 다시 세분화할 수 있다. 예를 들어, 기술 혁신 정책적 도구는 환경적 측면, 공급적 측면과 수요적 측면에 따라 3분류로 나눌 수 있다. 환경적 측면에서의 정책적 도구에는 세수 제도·재산권 보호와 공정 무역법 등 법률 제도와 관련된 정책이 포함된다. 공급적 측면에서의 정책적 수단은 정부가 기술·재무·인력 등 분야에 기술을 공급하는 정책이 포함된다. 수요 차원의 정책적 도구는 정부의 수요에서 나타났는데, 예를 들면 시장을 대상으로 실시한 정부의 구매 정책이 포함된다.

많은 학자와 실행자들이 규범 연구의 관점에서 정부가 추진해야 하는 산업정책에 대해 분류 연구를 진행한 적이 있었다. 예를 들어 정책 도구 측면에서는 목표에 따라 학습, 상징과 권고, 능력 향상, 장려 4가지 정책적 도구로 나눌 수 있다. 자오샤오위엔(趙筱媛) 등은 과학기술 정책 도구는 기본형, 종합형과 전략형 3가지로 나눌 수 있다고 주장했다. 사물인터넷 산업정책의 구체적인 분류를 언급하면 사물인터넷 산업정책에는 산업구조 정책, 산업조직 정책과 산업기술 혁신 정책 등이 있다고 야오젠쥔(姚建軍) 박사가 제시하기도 했다.

이를 통해 현재 정책 분류에는 통용되는 기준이 존재하지 않으며, 학자와 실행자들은 주로 자신의 수요, 연구 목적과 연구가 포함한 내용에 따라 정책, 산업정책 또는 사물인터넷 산업정책에 대해 구체적이고 목적성이 있는 구분을 진행한다는 사실을 알 수 있다.

사물인터넷 산업정책의 기능

사물인터넷 산업정책의 기능이란 사물인터넷 산업 발전에 대해 제시된 여러 유형의 정책이 목적 이행과 문제 해결에 있어 갖는 주요 역할과 효과를 말한다. 현재, 중국의 사물인터넷 산업정책 기능에 대해 진행된 연구 활동과 성과는 매우 부족하다. 기존의 연구 문헌과 실행 성과를 정리함으로써 판펑페이(範鵬飛), 장슈에리(張學禮)와 장민(張敏)(2013)이 공동 집필한 「정책이 어떻게 사물인터넷 산업발전에 도움을 주는가」라는 글에서 사물인터넷 산업정책의 주요 기능에 대해 체계적으로 서술한 적이 있으며, 사물인터넷 산업정책의 기능에는 방향 설정 기능, 견인 기능, 자극 기능, 지렛대 기능과 육성 기능 5가지가 있다고 언급한 걸 발견했다. 이로써 본 소절에서는 주로 판펑페이 등 학자의 논리와 연구 성과에 따라 사물인터넷 산업정책의 기능을 정리하고 총괄하고자 한다.

- 방향 설정 기능

사물인터넷 산업정책의 방향 설정 기능은 기업과 연구기관, 대중을 이끄는 역할을 강조한다. 사물인터넷 산업정책이 방향 설정 기능을 발휘하는 방법은 구체적으로 다음 3가지 측면에서 접근한다. 첫째, 정부는 상응하는 사물인터넷 산업 발전 전략과 계획을 제정 및 공표하여 산업 사슬에 있는 각 주체가 초기의 연구 활동과 업무를 진행하도록 이끈다. 둘째, 입법과 정책적인 보장을 제공하고 업계에 통용된 국가 기준을 만들어 전략과 계획이 순조롭게 시행될 수 있도록 보장한다. 셋째, 정책 장려를 강화하여 관련 주체들에게 차별화된 재정 또는 세수 혜택 정책을 제공함으로써 사물인터넷 산업 발전에 올바르게 참여할 수 있도록 방향을 잡아 준다.

- 견인 기능

산업정책에는 반드시 사물인터넷 산업 발전과 전체적인 경제 발전을 견인하는 기능이 있어야 한다. 사물인터넷 산업 발전 초기에는 대규모의 기술과 자금이 반드시 필요하다. 그래서 사물인터넷에 대한 산업정책은 재정자금의 투입, 세수 감면 추진, 효과적인 투융자 등 수단으로 치우쳐야 하며, 이런 분야에서 효과적인 정책을 내놓아 투자자와 소비자 등 사업 주체의 근심을 해소하고 사물인터넷 산업이 순조롭게 발전하도록 지원해야 한다.

• 자극 기능

자극 기능이란 산업정책이 사물인터넷 산업의 발전과 기술 혁신에 대해 본래 강력하지 않았던 열망이 불타오르게 자극하는 효과를 강조한다. 사물인터넷 산업정책의 자극 기능이 발휘되려면, 국가 또는 정부가 사물인터넷 산업과 밀접한 연관을 가진 기초적 배치 계획, 운영 모델, 기술 표준과 재정 세수 보조금 등 측면에서의 기본 정책을 빨리 제정하고 내놓아야 하며, 또한 효과적인 시행을 통해 이런 정책이 제대로 역할을 발휘하게 해야 한다.

• 지렛대 기능

사물인터넷 산업정책의 지렛대 기능은 바로 구체적인 투융자 수단으로 구현된다. 지렛대 기능은 대량의 사회 자본을 흡수하여 국가 사물인터넷 산업을 발전시켜야 한다고 강조한다. 예를 들면, 정부가 자금 투입 방식을 개선하여 투자 주체를 다원화하고 사물인터넷 기업의 상장 융자를 장려하여 사회 전체의 자금을 통해 사물인터넷 산업을 발전시키는 목표를 이룩하는 것이다.

• 육성 기능

사물인터넷 산업정책에는 육성 기능도 있다. 사물인터넷 혁신과 기술이 순조롭게 실질적 응용으로 이어지도록 돕는 역할이다. 기술 업그레이드를 목적으로 하는 정부 정책은 신기술의 혁신을 이끌고 새로운 설비와 기술의 시범 운영과 보급을 확산시키는 데에 중요한 의미를 지닌다.

사물인터넷 산업정책의 제정

전략적 신흥 산업(사물인터넷 산업 포함)은 준准공공성, 외부 효과와 높은 리스크라는 특징을 가지고 있으며, 이런 특징의 존재는 전략적 신흥 산업이 발전 과정에서 시장의 기능 상실이라는 피할 수 없는 상황을 맞이하게 만들었다. 따라서 전략적 신흥 산업에 대한 특별한 정부의 정책은 필수 불가결한 것으로, 전략적 신흥 산업의 발전 과정에서 나타나는 시장의 기능 상실 현상을 적절히 조절하고 규범화하고 제약하는 데 있어 매우 중요한 역할을 한다. 사물인터넷 산업정책의 제정은 반복적으로 여러 절차를 거쳐야만 적절하고 타당한 산업정책을 제정할 수 있는 복잡한 과정이다. 사물인터넷 산업정책의 제정에 관련된 연구 분야에서 현재의 연구는 주로 정책 제정의 특징, 제정 환경에 대한 요구, 제정 절차 등을 주제로 진행되고 있다.

사물인터넷 산업정책 제정의 특징에 대해 스쥔(史俊, 2015) 등은 사물인터넷 산업을 일례로 들어 전략적 신흥 산업정책의 제정 특징에 대해 정리하며 3가지 측면이 포함되어 있다고 지적했다. 첫째, 정부가 산업정책을 제정하는 데 난이도가 높다. 그 이유는 사물인터넷은 새로운 문물로 비록 구미 선진국이 이미 많은 경험을 쌓았지만, 일반적으로 핵심 기술과 경험을 외국에 공개하지 않기 때문에, 중국은 학습할 기회가 없고, 스스로 모색할 수밖에 없기 때문이다. 둘째, 중국의 사물인터넷 산업정책은 각 산업 발전 단계와 긴밀한 연계성을 지닌다. 사물인터넷 산업 발전은 일반적으로 기술 연구개발, 산업화 인프라 건설과 시장화 보급이라는 세 단계를 거치는데, 이 세 단계는 중국에서 서로 잘 연계되어 있지 않기 때문에 효과적인 산업정책을 즉시 제정하는 데 불리한 상황이다. 셋째, 사물인터넷 산업정책의 제정에는 정보 제공자가 많다. 제정 과정에는 기업과 대학, 정부가 지원하는 연구기관 등이 포함되어 있어,

산업정책 제정 과정에서 어느 한 주체의 역할을 간과하기가 쉽다.

사물인터넷 산업정책 제정의 환경적 측면에서 루타오(盧濤)와 저우치중(周寄中)(2011)은 외부 환경이 중국 사물인터넷 산업정책 제정에 중요한 영향을 미친다고 강조하며, 정부가 산업정책을 제정할 때 우수한 외부 환경의 조성에 주목해야 한다고 지적했다. 쉬허위안(續合元, 2013)은 전반적인 배치와 중점 지역 배치에 있어서 중국이 내놓은 일련의 정부 계획·공지·강령 문건을 분석하며, 중국이 사물인터넷 산업을 발전시키고 사물인터넷 산업정책을 제정하는 데 이미 우수한 거시적인 환경이 조성되었다고 여겼다. 류원창(劉文昌, 2013) 등은 2012년 중국의 주요 거시경제 지표를 분석하여 GDP·CPI·도시 고정자산 투자 측면에서 국부적인 하락세가 존재하며 인플레이션이 소폭 상승했다고 지적했다. 아울러 이를 기반으로 중국이 상응하는 사물인터넷 산업정책을 즉시에 내놓아 이러한 현상과 문제를 해결해야 한다고 건의했다.

사물인터넷 산업정책의 제정 절차에서 기존의 연구는 주로 주의해야 할 사항과 제정에 영향을 주는 요인 등을 탐색했다. 이들 연구에 따르면 정책 제정 시 구체적인 기술 노선과 현실 응용의 타당성을 미리 이해하고 파악해야 하며, 사물인터넷 산업에서 실제 행동자의 능력과 의향에 주목해야 한다. 티엔즈롱(田志龍)과 스쥔(史俊)(2015)은 신흥 산업정책의 제정 과정을 탐구하면서 상호 작용이 정부의 거시 정책 제정의 초석이며, 신흥 산업정책 제정 과정에서 정부는 각 주체의 참여와 상호 작용에 대해 관심을 가져야 한다고 지적했다. 기존의 사물인터넷 산업정책의 제정 절차에 대한 연구는 대부분 공공관리학과 경영학의 관점에서 진행된 것이다. 예를 들면, 궈웨이칭(郭巍靑)과 투펑(涂峰)은 사물인터넷 산업정책의 제정 절차를 문제 판별, 정보 수집, 1차 방안 제정, 정책 결정과 시행 등의 순서로 나누었다. 경영학 대부분은 정부와 기업의 관계를 살펴봄으로써 정부 정책의 제정 절차를 연구하고, 그 목적은 대부분 기업

책략을 통해 정부 정책의 결정에 영향을 주고자 하는 데에 있다.

사물인터넷 산업의 구체적인 정책 연구

규범화 연구와 실증적 연구의 차이에 근거하여, 학계가 제시한 '어떻게 해야 할 것인지'라는 정책 건의 또는 대책 조치는 규범화 연구에 속한다. 하지만 정부가 이미 내놓은 정책에 대해 학계가 진행한 연구는 실증 연구에 속한다. 본문에서는 일괄적으로 사물인터넷 산업에 대한 구체적인 정책 연구의 성과와 문헌을 정리하고자 하며, 규범이나 실증이라는 범주적 차이를 구분하지는 않기로 했다. 이 외에도 학계와 실천 분야에서 공인하는 통일된 사물인터넷 산업정책 분류 기준이 없으므로 본문은 중국에서 이미 존재하는 사물인터넷 산업정책의 구체적인 내용에 대해 그 목적과 기능에 따라 종합하여 분류한다. 기존의 연구 문헌과 실천적 성과를 정리함으로써, 중국의 현재 사물인터넷 산업정책은 재정화폐 정책, 장려 지원 정책, 환경 보장 정책, 구조 조직 정책 및 해외 정책 벤치마킹의 다섯 가지로 분류된 것을 알 수 있다.

재정 화폐 정책

재정 화폐 정책은 재정정책과 화폐정책 두 가지를 포함하고 있으며, 정부가 재정과 화폐 수단을 통해 사물인터넷 산업발전을 지원하는 정책적 방법을 강조한다. 기존의 재정정책은 주로 정부의 재정적 보조금, 정부 조달, 세수정책 및 기타 정부 재정지원 정책을 포함하고 있으며, 화폐정책에서는 주로 금융정책을 연구한다. 재정정책에서 두샤오링(杜小玲)과 예한쿤(葉晗堃)은 재정 보조금 정책이 사물인터넷의 핵심기술 연구와 개발에 대한 자금 지원의 중요한 역할을 연구했다. 황웨이둥(黃衛東)과 위에중강(岳中剛)(2011)은 사물인터넷 기술의 산업화 응용 추진에서 정부의 재정정책을 빼놓을 수 없다면서 특히 정부조달 정책이 중요하므로 정부의 조달 메커니즘을 혁신하여 수요 측에서 사물인터넷 산업의 발전을 뒷받침해야 한다고 지적했다. 가오칭(高靑, 2014)은 세수 혜택, 전력 사용 우대 등 관련 부대적인 정부 정책이 사물인터넷의 인프라 구축과 완비에 미치는 역할을 강조했다. 화폐정책 중 금융정책 부분에서 기존의 실천적 성과와 연구 문헌은 주로 융자 채널의 확대, 리스크 투자 메커니즘의 혁신, 자금 투입 증대, 산업기금 건설, 사회자본 유치, 원가인하 등 분야에서의 효과적인 정부 금융정책의 역할에 대해 연구하면서 정부가 이런 부분에서 정책 제정에 힘써야 한다고 지적했다. 그 외에도 사물인터넷 산업 분야에서 강한 국가 정책적 성질을 띠는 금융정책 역시 학자와 시행자들이 주목하는 연구 분야이다. 예를 들면 개발금융정책과 농촌 사물인터넷 산업 금융정책 등이 있다.

장려 지원 정책

장려 지원 정책은 주로 기술 혁신 장려와 전략·계획·제도 지원의 두 부류로 나뉘며, 중국의 연구 활동 또한 이 두 부류를 위주로 진행됐다. 기술 혁신 장려 정책은 혁신 유치와 자주 혁신의 차이에 따라 세분화된다. 장려 정책에서 첸우용(錢吳永, 2014) 등은 사물인터넷 산업기술 혁신 플랫폼의 동력 메커니즘·협력 메커니즘과 혁신 메커니즘에 대해 연구하고, 정부의 기술 혁신 장려 정책 시스템은 반드시 사물인터넷 산업기술 혁신 플랫폼의 구축과 발전에 도움이 되는 방향으로 만들어져야 한다고 지적했다. 쑨가이핑(孫改平, 2014)은 기술 유치와 혁신 그리고 독자적 혁신 두 측면의 중요성을 강조하며 사물인터넷 기술의 유치에 의한 혁신과 독자적인 혁신을 동시에 진행할 수 있도록 효과적인 정책을 내놓아야 한다고 지적했다. 그 밖에도, 장려 정책을 통해 중국 사물인터넷 산업의 인재 유입과 인재 양성을 진행해야 하는 것 또한 중국 학술 연구의 중요한 분야이다. 지원 정책에 관해 마페이(馬飛, 2012) 등은 전국적으로 통일된 계획의 중국 사물인터넷 산업에 대한 규범적 역할을 탐색하며, 전국적인 계획 등 상부설계(頂層設計: 원래 시스템 공학의 개념으로 윗부분부터 공정 프로젝트의 각 단계와 요소를 총괄 계획함으로써 신속하고 효율적으로 목표를 달성한다는 의미다. 이후 정치·경제·군사 등의 영역으로 확대 사용됐다. 정치적으로는 정부의 '전략 관리'를 의미하며 총괄성, 전면성, 비전, 주요 목표의 설정이 핵심이다 – 옮긴이)의 출시가 각 성과 시가 산업 클러스터 방면에서 무질서한 경쟁을 일삼는 것을 방지하는 데 도움이 된다고 지적했다. 치아오하이슈(乔海曙)와 셰루팡(謝璐芳)(2011)은 중국의 현재 각 성의 개별 통치 현황을 분석하며, 정책과 자금·인재·혁신을 모으는 국가의 일원화된 계획의 중요성을 지적하면서 일원화된 계획의 중요한 전략적 위치를 다시 한번 강조했다. 류진(劉錦)과 구자창(顧加強)(2013)은 중국의 사물인터넷의 발전 현황을 분석하여 산업 전략에 기반하여 사물인터넷의 발전 방향·중점 연구 분야·핵심적 기술에 확실한 규범을 만들어야 할 필요성을 지적했다.

환경 보장 정책

환경 보장 정책은 정부가 사물인터넷 산업 발전에 환경을 보장하는 목적으로 출시한 여러 정책을 지칭한다. 현재 중국 학계는 주로 정책 제정 기준, 선형적 – 구역별 분리 문제 극복, 지역별 또는 기업 간의 협업과 상생 실현, 법률 환경 조성, 실질 응용 유도, 인재 개발 추진 등 사물인터넷 산업정책 제정에 있어서 정부가 해야 할 역할을 강조한다. 예를 들면, 천원(陣雲, 2010) 등은 중국의 일원화된 기술 표준과 협의가 사물인터넷 산업 발전의 선행 조건이라면서, 국가와 정부는 반드시 관련 정책을 내놓아 선형적-구역별 분할 현황을 해소하고, 지역별 또는 기업 간의 협업과 자원 공유를 실현해야 한다고 지적했다. 한차오성(韓朝勝, 2015)은 사물인터넷 산업 발전을 위한 거시 환경 조성의 중요성을 강조하며, 정부가 법률과 법규, 응용 안내와 인재 개발에서 시작하여 중국의 사물인터넷 산업 발전을 위한 탄탄한 환경적 기반을 마련해야 한다고 건의했다. 마페이(馬飛) 등은 관련 정책을 출시하여 혁신적 산업 집권(centralization)을 추진하고, 국제적 협력을 통한 인재와 기술을 유치하며 산학 연계를 촉진하는 것이 중국 사물인터넷 산업 발전에 미치는 환경적 보장 기능을 지적했다.

구조 조직 정책

사물인터넷 산업구조 조직 정책은 구조 정책과 조직 정책으로 세분화할 수 있다. 구조 정책이란 정부가 시장 수요에 따라 각 지역의 기술, 자금과 자원 등 조건에 부합하는 주요 사물인터넷 산업 단계를 선택하여 산업 사슬을 형성시키고, 산업 사슬의 각 단계의 균형적인 발전을 적절히 조화시켜야 한다는 것이다. 많은 학자들이 산업구조 정책에 대해 세분화되고 깊이 있는 연구를 진행했다. 예를 들어, 사물인터넷 산업구조 정책을 통해 산업 연맹의 구축, 혁신 발전의 협력, 선두기업의 설립, 산업 시스템의 구축과 산업 사슬의 완비 등을 촉진시켰다는 것으로 나타났다. 사물인터넷 산업조직 정책은 정부의 힘을 바탕으로 연구개발과 응용 확대를 촉진하는 조직 기구를 만들어서 중국 사물인터넷 산업의 빠르고 조화로우며 지속가능한 발전을 이끌었다. 예를 들어 정부는 관련 정책을 제정하여 사물인터넷 관련 기술 연구팀, 산업 발전 촉진팀, 발전 계획팀을 설립하도록 유도했고, 전문가·기업·과학 연구기관과 논의하여 사물인터넷 산업 발전 추세를 예측하고, 이로써 시장 요소를 합리적으로 배분하고 산업의 건전한 발전을 이끄는 목적을 성취할 수 있다.

해외 정책 벤치마킹

해외의 사물인터넷 산업정책을 분석하고, 중국이 참고할 만한 교훈을 제공하는 연구 역시 사물인터넷 산업정책 분야의 하나의 탐구 방향이다. 해외 사물인터넷 산업정책을 연구 대상으로 삼을 수 있는 국가는 제한적이고, 여기에는 유럽연합, 미국과 일본, 한국 등 선진국의 정책적 경험이 주로 탐색된다. 위양(俞陽, 2013)은 유럽연합의 사물인터넷 산업정책을 연구하고, 사물인터넷 분야에서 광범위한 응용 정책의 출시, 발전 전략의 제정, 법률 시스템 프레임의 구축, 대중 자문의 전개 등 측면에서 중국이 배울 만한 부분이라고 지적했다. 지위산(紀玉山)과 쑤메이원(蘇美文)(2014)은 각 선진 국가의 산업발전 정책을 비교 분석하며 사물인터넷 산업정책 제정에서 중국이 핵심기술의 R&D와 인프라 건설에 주목점과 시작점을 두어야 한다고 지적하며 정부 지원 정책의 중요성을 강조했다. 저우슈엔롱(周拴龍, 2014)은 미국의 사물인터넷 산업정책에 대한 연구를 통해 자금 투자, 사물인터넷 응용, 대형 기업 육성, 핵심 인재 육성과 유치 및 산업발전 환경 조성 등 정책의 중요성을 지적했다. 주쑨위안(朱蓀遠, 2015)은 한국의 사물인터넷 산업 추진 정책을 정리함으로써 사물인터넷 산업정책의 구축과 시행에서 중국이 산업 주체의 역할을 강화해야 하며, 관과 민의 협력을 통해 응집된 에너지를 내놓아 신형 또는 융합형 기술과 서비스의 발전을 추진해야 한다고 지적했다.

사물인터넷 산업정책의 실천 연구

18차 중국공산당대회에서 중국 특색을 지닌 신형 공업화·정보화·도시화와 농업의 현대화의 길을 걸어가야 한다고 제시했다. 그러나 여기서 제시된 이 4가지 변화 목표는 분리되어 개별적으로 이룰 수 없으며, 상호간에 효과적인 융합을 이루어야 경제 사회 전반의 발전을 추진할 수 있다. 공업화와 정보화의 융합을 이루기 위해서 사물인터넷이 필수적인 발전 방향이라는 것은 의심할 여지가 없다. 2009년 원자바오 전 국무원 총리는 우시(無錫) 지역을 시찰할 때 '센서 차이나'라는 개념을 제시했다. 중국 전역에서 사물인터넷 산업 발전을 중시하자는 의미였다. 그 후 국가와 정부에서 중국 전역에 사물인터넷의 전반적인 발전을 위한 배치를 추진하겠다고 제안하기 시작했고, 일련의 상응하는 산업정책을 내놓아 사물인터넷 산업 발전에 밑거름을 제공해 주었다.

본 절에서는 중국 정부가 이미 제정하고 발표한 사물인터넷 산업정책의 현황과 현존하는 문제, 문제의 원인 및 학자들이 제시한 대책 건의 등에 대한 문헌을 정리함으로써 중국 사물인터넷 산업정책의 실천 연구 상황을 통찰하고 평가하고자 한다.

정책 실천 상황

1990년대 사물인터넷의 이념이 막 대두되었을 당시, 중국은 사물인터넷을 발전시키겠다는 전략을 확실히 제시하지는 않았지만, 그때부터 IOT(Internet of Things)의 이념과 유사한 연구와 응용 시범 사업을 시작했다. 예를 들면, 1993년 중국이 시작한 골든 카드 프로젝트는 2004년에 사물인터넷 RFID 응용을 중요 업무에 우선 편입시켰다. 1999년 중국과학원은 센서 네트워크 연구를 시작했다. 관련 국가 정책 문서를 살펴보면, 2006년 발표된 「국가 중장기 과학과 기술 발전 계획 요강 (2006~2020)」은 중국 센서 산업의 빠른 발전을 인도하고 촉진했다. 2008년 발표한 「정보산업 과학기술 발전 11차 5개년 계획과 2020년 중장기 계획(요강)」에서는 완벽한 사물인터넷 산업 사슬 구축의 중요성과 주요 목표를 강조했다. 2010년에 들어선 이후 중국의 사물인터넷 산업은 완전히 새로운 발전 단계로 접어들었고, 이와 관련된 산업정책도 쏟아져 나와 사물인터넷 산업 발전에 튼튼한 정책적 기반을 다지게 되었다. 2010년, 사물인터넷 발전 문제는 「국민경제와 사회 발전에 관한 중공중앙의 12차 5개년 계획과 건의」와 「전략적 신흥 산업의 빠른 육성과 발전에 관한 국무원의 결정」에서 명확하게 거론되었고, 중국 사물인터넷의 발전 문제는 당과 중앙정부의 정책적 차원까지 격상되었다. 그 후, 중국의 사물인터넷 산업이 누리게 된 정책적 지원은 계속 늘어났고, 여러 지원 정책과 방안이 이행되었다. 2011년 4월, 재정부와 공신부는 공동으로 사물인터넷 전문기금을 설립하여 중국의 사물인터넷 산업 발전에 금전적으로 뒷받침했다. 2012년 2월, 공신부는 「사물인터넷 제12차 5개년 발전 계획」을 정식으로 내놓으면서 중국 사물인터넷 산업의 향후 발전 방향을 명확히 했다. 2012년 6월, 중국 국가발전개혁위원회는 「2012년 사물인터넷 기술 연구개발과 산업화 특별 프로젝트 조직과 시행에 관한 통지」를 발표했고, 응용시범 프로젝트의 시행과 핵심 기술의 개발을 통해 사물인터넷 산업 발전을 효과적으로 지원해야 한다고 꼬집었다. 2013년 2월, 국무원은 「사물인터넷의 체계적이고 건전한 발전을 위한 지도 의견」을 발표하며 중국 사물인터넷 산업 발전의 지도 사상, 기본 원칙, 발전 목표, 중점 임무와 보장 조치를 명확히 짚었고, 또한 사물인터넷 기업을 강하게 만드는 데 중요한 의미를 갖는 일련의 재정 세수 지원 정책을 제시했다. 그 밖에도, 2013년 「사물인터넷 발전 특별 행동 계획」과 「정보소비의 촉진과 내수 확대에 관한 국무원의 약간의 의견」, 「2014~2016년 중국 사물인터넷 중대 응용시범 프로젝트 지역 시범 업무 진행에 관한 국가개발개혁위원회의 통지」를 발표하기도 했다. 2013년에 연이어 발표된 이 4가지 문서는 중국 사물인터넷 산업의 발전과 건설에 혁혁한 공을 세웠다. 2014년 국가발전개혁위원회가 사물인터넷 등 전략적 신흥 산업을 위해 내놓은 장려 정책은 산업의 거시적인 발전 환경 개선을 주요 수단으로 하여 사물인터넷 등 전략적 신흥 산업에 대한 규제 완화 속도에 박차를 가했다.

이상은 최근 몇 년간 중국의 중앙정부 차원에서 펼쳐진 사물인터넷 산업정책의 실천 상황이다. 중앙정부 정책의 대대적인 지원에 힘입어, 중국 사물인터넷 산업은 놀랄 만한 성과를 거두었다. 2010~2012년 사물인터넷 산업의 규모는 2,018억 4천만 위안에서 3,651억 1천만 위안으로 급성장했으며, 2015년에는 5,800억 달러로 대폭 성장했다. 그 외에도 중국 각 성과 시의 지방정부도 많은 정책 실천 활동을 진행했다. 예를 들어, 2010년 항저우시는 「항저우시 사물인터넷 산업 발전 계획(2010~2015)」을 제정 발표하여 기업을 위한 연구개발 플랫폼 구축에 착수하여 기업 간의 전략적 협업을 추진했다. 이 밖에도, 항저우시는 재정에서 1천만 위안을 사물인터넷 산업의 발전 자금으로 운용했고, 일련의 산업정책 지도를 통해 항저우시 사물인터넷 산업은 우수한 발전을 거듭했다.

정책적 어려움과 그 원인

정책적 효과는 측정하기 어렵기 때문에 중국의 사물인터넷 산업정책의 실천 효과에 대한 연구 범위는 매우 제한적이었다. 현재, 기존의 사물인터넷 산업정책 실천 효과에 대한 연구는 주로 재정적 보조금, 세수혜택과 금융지원 등 3가지 재정화폐 정책 측면에 집중되어 있다. 그 이유는 이 3가지 정책에는 통계 가능한 데이터가 존재하기 때문이다. 재정 보조금 정책에서 허쟈펑(何家鳳, 2013)은 중국의 사물인터넷 상장회사 연간보고서의 패널 데이터를 분석하여, 사물인터넷 상장회사에 대한 정부의 재정 보조금이 기업의 융자 능력, 연구개발의 투자와 산출에 대한 기여도에서 확실히 정책이 주도하는 역할을 했지만, 업무 효율의 극대화를 일으키는 지렛대 효과는 아직 보이지 못했다고 밝혔다. 그 외에도 재정 보조금 정책이 비효율적으로 운영되고 있다는 상황이 드러났다. 이에 대해 허쟈펑은 실증 연구를 기반으로 다음의 몇 가지 이유를 지적했다. 첫째, 비주류 기업이 '무임승차'를 하여 정부 재정 보조금을 잠식하는 현상이 존재했다. 둘째, 관리감독 메커니즘의 부재로 보조금이 정확한 지원대상에 지급되지 못했다. 셋째, 과학 연구 성과가 생산수익으로 바뀌는 데 시간이 지체되었다. 넷째, 재정 보조금이 투자자에게 효과적인 시그널을 주지 못했다. 세수 혜택 정책에서 현행의 세수 정책은 사물인터넷 제품 소비 단계와 혁신 시범 구역에 대한 정책적 지원이 부족하여 산업 발전과 산업 크러스트를 이끌지 못하고 있다. 주옌(朱延, 2010) 등은 사물인터넷과 연관된 업계 범위가 넓어 세수 혜택 대상을 확정하기 어렵다고 지적했다. 또한 우대 정책이 많고 복잡하며, 사물인터넷 기업이 여러 우대 정책의 혜택을 중복 수령하는 현상도 존재한다고 했다.

이상 두 가지 원인으로 중국의 사물인터넷 산업의 세수 혜택 정책은 역할을 발휘해야 할 때 병목현상에 직면하게 되었다. 쟌정화(詹正華, 2011)는 세수 혜택 정책 시스템이 혁신 산업을 판별해 내지 못해, 사물인터넷 산업 중 핵심 부분에서 제 역할을 하지 못했고, 자동적인 조절 기능도 발휘하지 못했으며, 그 선결조건이 심지어 정책의 시행을 제약하는 상황까지 일어날 수 있다고 지적했다. 그 밖에도 중국에는 사물인터넷 산업 과학 연구 활동과 프로젝트, 종사 인원에 대한 세수 혜택 정책이 부족하고, 또한 현행 사물인터넷 산업 세수 부담이 크고, 재정 세수 정책의 내용이 부실하여 중국 사물인터넷 산업의 지속가능한 발전을 더욱 저해하고 있다고 지적했다. 금융정책 관련하여 수양(宿楊, 2015)은 중국의 농촌 사물인터넷 산업의 금융정책을 연구하면서, 국가 금융정책에 비非연속성이 존재하여 농업 사물인터넷 산업의 융자 실패라는 결과를 가져왔다고 밝혔다.

정책 개선의 대책

중국 사물인터넷 산업정책의 실천 상황과 효과 그리고 현존하는 문제와 원인을 분석하여 학자와 실천자들은 정책적 문제와 어려움에 대한 일련의 맞춤형 대응책을 내놓았으나 이는 대부분 거시적인 관점을 바탕으로 한 것이었다. 예를 들어, (1) 재정 보조금 정책은 사물인터넷 산업 전략에 따라 보조금 정책의 시너지 효과와 유도 기능을 충분히 발휘해야 한다. 관리감독을 강화하고 보조금의 규모와 기한을 적절히 설정해야 한다. (2) 세수 정책 측면에서는 효과적인 맞춤형 세수 혜택 정책을 제정하여 세수 조절 기능을 강화하고, 세수 정책에 대한 홍보와 서비스를 잘 이행해야 한다. 정책 적용 범위를 확대하여 산업에 대한 보호와 장려가 똑같이 중요시되는 재무 세수 시스템을 만들어야 한다. 또한 사물인터넷 인재의 유입과 양성에 도움이 되고, 산업단지 건설을 지원하는 세수 정책을 제정하며, 법률 법규의 수립을 강화하여, 세수 편향의 목적과 내용, 세수 우대 방법을 확실히 파악하고 단계별로 세수 우대 지원책을 실행해야 한다. (3) 금융정책의 경우, 기술 혁신 융자 루트를 확대하여 사물인터넷 산업의 지속가능한 발전을 촉진하고, 리스크 투자, 주식 발행을 통한 융자, 민간 융자, 해외 자본 및 새로운 은행과 기업 관계가 역할을 하는 금융정책 시스템을 완비해야 한다.

연구 전망

　본문에서는 중국의 사물인터넷 산업정책과 관련된 연구와 실천에 관한 문헌을 수집하고 정리하여, 국내 해당 영역의 연구 성과가 대부분 2010~2015년 기간에 집중되어 있음을 발견했다. 이것은 국내 학술 연구의 추세가 기본적으로 사물인터넷 산업에 대해 국가가 중시하기 시작한 시기와 서로 맞물려 있다는 특징을 반영한다. 2010년 이후, 중앙정부와 지방정부는 일련의 사물인터넷 산업 발전을 지원하는 중요한 정책을 출시했다. 이는 중국이 사물인터넷의 발전을 도모하는 새로운 단계로 진입했음을 의미하며, 이로써 사물인터넷 산업정책에 대한 연구 붐을 일으켰다.

　3차 정보 기술 혁명인 사물인터넷 기술 및 그 산업 발전은 세계 각국의 주목을 받고 있으며, 주요 선진국과 선진 지역에서는 이미 이를 국가 전략으로 격상시켰다. 중국 또한 예외는 아니다. 21세기에 진입한 이후, 중국은 사물인터넷 산업을 전략적 신흥 산업의 반열에 올려놨으며 대대적으로 발전시키기 시작했다. 하지만 현재 중국의 사물인터넷 산업의 전반적인 발전 상황은 아직 초보 단계에 머물러 있으며, 핵심 기술에서 지속적인 돌파가 필요하고 상업 발전 모델이 아직 명확하지 않고 산업 응용이 현재 시범화 단계에 있다는 특징이 드러났다. 이런 현실적 상황으로 인해 사물인터넷 산업 발전을 지원하는 정부의 정책 제정 업무에서도 '더듬으며 나아가는' 특징이 나타나게 되었다. 이런 배경과 상황을 기반으로 본문은 중국 사물인터넷 산업정책의 관련 이론과 실천 연구를 정리 평가했으며, 국가와 정부가 향후 정책의 제정과 개선 과정에서 참고할 수 있는 근거를 제시하고 방향을 명확히 했다.

　현재까지, 사물인터넷 산업정책 이론과 실천 과정에 대한 중국 학계의 연구는 어느 정도 성과를 거두었다. 이론적으로 사물인터넷 산업정책의 정의와 분류, 기능적 특징 및 사물인터넷 산업정책 제정의 특징, 환경과 절차, 그리고 사물인터넷 산업의 구체적인 정책에 대해 모두 연구가 진행되었다. 실천적으로 이미 출시된 일련의 사물인터넷 산업정책의 효과, 문제점 및 원인에 대해 많은 연구가 진행되었으며, 타당한 대책과 정책적 건의가 제시되었다. 사물인터넷 산업정책의 이론과 실천 두 가지 측면에서 학자들이 모두 연구를 진행했지만, 두 분야의 내부 연구 활동은 각기 편중된 부분이 존재했다.

문헌 정리를 통한 중국 학계에서의 사물인터넷 산업정책 분야에 대한 연구는 주로 두 가지 영역에 집중되어 있음을 알 수 있었다. 첫째, 이론 연구의 경우 사물인터넷 산업정책 또는 정책 도구의 분류 연구에 치중되어 있다. 둘째, 실천 응용 연구에서는 일정한 방법(예를 들면, 내용 분석법·정량 분석법 등)을 통해 이미 내놓은 정책의 텍스트 내용을 총정리하는 데 치우쳐 있고, 재정 화폐 정책에서의 보조금 정책·세수 정책·금융 정책 등이 주요 연구 대상이었다. 사물인터넷 산업정책에 대한 중국 학계의 연구 범위와 폭은 일정한 수준에 도달했으며 산업 발전, 정부 관리와 미래 연구에 대한 중요한 교훈적인 의미를 가진 결과가 많이 도출되었다. 그러나 전반적인 연구에서 여전히 부족하고 미흡한 부분이 존재한 것은 부정할 수 없는 사실이다.

중국 사물인터넷 산업의 발전을 위해서는 학자들의 지속적인 연구를 통해 더 새롭고 선진적인 성과와 이념을 찾아내고 이 분야의 학술 연구의 미흡한 부분을 보충해야 한다. 이에 다음에서는 문헌 정리의 상황에 따라 현재 중국 사물인터넷 산업정책 연구에 존재하는 명확한 단점을 설명하고, 향후 연구 방향을 제시하여 후속 연구자들이 참고할 수 있게 하고자 한다. 이 내용은 중국의 정책 제정자와 시행자들에게도 도움이 되길 바란다.

첫째, 이론적인 내용은 대부분 해외 연구를 인용한 것으로 현지 특색이 확연히 드러나는 이론이 없다. 사물인터넷 산업정책에 대한 국내 이론 연구는 대부분 해외의 기존 연구를 바탕으로 발전한 것이다. 예를 들면 사물인터넷 산업정책의 정의·제정 특징·제정 과정에 대한 탐구는 대부분 해외의 기존 연구에서 시작하여 중국 국내의 특수 상황을 결합한 분석과 연구를 진행했다. 중국 자체적으로 만들어진 이론은 매우 부족하고, 중국 특색을 가진 사물인터넷 산업정책 이론 시스템은 아직 구축되지 않았다. 그 밖에도 이론 연구에서의 검토는 전면적이지 않고, 대부분 사물인터넷 산업정책의 분류 연구에 치중해 있었다. 따라서 사물인터넷 산업정책 연구자들은 국내 본토 이론의 탐구와 전반적인 이론 시스템 구축에 대해 지속적으로 연구 활동을 진행해야 한다.

둘째, 기존의 정책 연구는 분류 기준이 부재하여 일관성 있는 연구 활동의 진행에 도움이 되지 않는다. 앞의 문헌 정리 과정에서 사물인터넷 산업정책 분류에 대해 진행한 연구는 모두 연구자 자신의 주관적인 소망을 담고 있었으며, 대부분 자신의 연구 수요와 편리성에 따라 진행되었고, 이로써 모든 산업정책 유형에 대한 전반적인 연구는 이루어지지 못한 결과를 낳았다. 물론 해당 분야가 가진 객관적 요인으로 인해 발생한 결과라고도 할 수 있다. 결론적으로 당장은 통합된 분류 기준이 형성되지 않았지만 사물인터넷 산업정책 분류 기준에서 어느 정도의 공감대가 형성된다면, 예를 들어 정책 목표, 내용, 형식, 제정 주체 등을 잣대로 구체적인 분류 기준을 확립하면 향후 연구에 큰 도움이 될 것이다.

셋째, 정책 제정 연구가 통용되는 공공정책 제정 방법을 사용하기 때문에 전문성이 부족하다. 사물인터넷 산업정책 제정에 대한 중국의 연구는 주로 공공관리학 분야의 정책 제정의 기본 사상과 방법을 빌려와서 일반적인 정책 제정의 특징, 방법과 과정을 사물인터넷 산업정책 제정에 그대로 대입시킨 것이다. 구체적이고 사물인터넷 산업의 특징을 핵심으로 진행된 정책 제정 연구는 결여되었기에, 이는 제정자들이 적절하고 효과적인 사물인터넷 산업정책을 제정하도록 도움이 안 되고, 정책 제정 후의 시행 과정에도 영향을 미쳐 중국 사물인터넷 산업의 장기적이고 지속가능한 발전을 저해하는 결과를 초래했다. 그렇기 때문에 사물인터넷 산업의 구체적인 상황에서 출발하여 정책 제정 연구 활동을 진행하는 것이 가장 시급한 문제이다.

넷째, 정책 실천의 연구가 재정 화폐 정책을 위주로 진행되어 전체적인 정책 효과를 반영하지 못했다. 현재, 중국 학계는 주로 사물인터넷 산업의 재정 화폐 정책의 실천 상황에 대해 연구하고 있다. 기타 정책 실천 연구도 언급되긴 하지만, 기본적으로 재정 화폐 정책의 관점에서 연구가 이루어진다. 예를 들어, 세수 혜택을 기반으로 한 장려 정책 또는 지원 정책에 대한 탐구 등이 있다. 물론 학계에서 이런 현상이 생겨난 데에는 특수한 이유가 있지만, 재정 화폐 정책 외의 다른 사물인터넷 산업정책의 실천 효과에 대해서도 동등하게 연구가 진행된다면 중국 사물인터넷 산업의 건강한 성장과 발전에 큰 도움이 될 것이다. 따라서 앞으로 해당 분야의 연구 활동은 이 방향을 위주로 접근할 수 있다.

다섯째, 정책 개선 대책은 거시적인 측면만 강조하고 미시적 부분의 개선점에 대한 건의가 부족하다. 중국 학자와 정책 시행자들은 정부가 내놓은 기존 정책의 시행 상황에 대해 많은 연구를 수행했고, 특히 정량적 방법으로 실증 연구를 진행할 수 있는 재정 화폐 정책에 대해서는 광범위하고 깊이 있는 분석을 진행했다. 아울러 정책의 시행 효과와 문제 그리고 원인을 근거로 일련의 정책을 개선할 수 있는 건의사항을 내놓았다. 이러한 개선 방안은 대부분 거시적인 전략 관점에서 제기된 것으로, 국가와 정부에게 기존 정책을 개선하는 데 편리를 제공해 주지만 미시적인 기초(기업 주체의 수요와 특징을 충분히 고려하지 않는 등)를 고려하지 않았기 때문에, 개선 후의 정책이 정말 효과가 보일지 연구해 볼 문제이다. 이러한 점을 고려하면 향후 정책 개선 대책 연구에서 미시적인 요인을 심도 있게 고려하는 것 역시 매우 중요하다.

여섯째, 기존 연구는 대부분 경영학과 공공관리학 영역에 치우쳐 있어, 학문적인 관점이 단조롭다. 사물인터넷은 본래 기술성이 강한 이공 과학 연구 분야로 산업정책에 관한 연구 역시 이공 과학의 연구법과 이론 사상을 많이 참고해야 한다. 하지만 현재 사물인터넷 산업정책에 대한 중국의 연구 활동은 주로 경영학과 공공관리학 분야에 집중되어 있고, 기본적으로 이 두 학문의 관점에서 진행되고 있기 때문에, 제정된 정책과 사물인터넷 산업의 실제 수요가 불일치하는 문제가 나타나기 쉽다. 따라서 여러 학문적 시각에서 사물인터넷 산업정책에 대한 연구를 강화하는 것이 매우 절실하며, 특히 이공학과 등 사물인터넷 산업과 긴밀히 연관되어 있는 학문의 관점 또는 여러 학문의 종합적인 관점에서 연구를 강화해야 할 필요가 있다.

참고문헌

Cantner U. and A. Pyka, "Classifying Technology Policy from an Evolutionary", *Research Policy*, 30(5), 2001, pp.759~775.

Rothwell R. and W. Zegveld, *Industrial Innovation and Public Policy: Preparing for the 1980s and 1990s*, London: Frances Printer, 1981.

Schneider, A. and H. Ingram, "Behavioral Assumptions of Policy Tools", *Journal of Politics*, 52(2), 1990, pp.513~522.

천윈(陳云)·장화(張華)·장이핑(張益平),「중국 사물인터넷 산업 발전에 관한 고찰과 건의」,『과학기술관리연구』, 2010, 20기, pp.103~106.

두샤오링(杜小玲)·예한쿤(葉晗堃),「중국 사물인터넷 산업화 장점 및 그것의 지속발전의 정책적 탐구」,『당대경제』, 2012, 11기, p.71.

판펑페이(範鵬飛)·장슈에리(張學禮)와 장민(張敏),「정책이 사물인터넷 산업 발전에 어떻게 서비스하는가」,『중국 전신업』, 2013, 2기, pp.46~49.

가오칭(高靑),「샨시성 사물인터넷 산업 발전 정책과 대책 연구」,『사물인터넷 기술』, 2014, 12기, pp.84~85.

궈웨이칭(郭巍靑)·투펑(涂峰),「정책 과정의 재구상: 정책 네트워크의 관점에서」,『중산대학학보(사회과학판)』, 2009, 3기, pp.161~168.

한차오성(韓朝勝),「중국 사물인터넷 발전에 존재하는 문제점과 대책」,『당대경제』, 2015, 23기, pp.4~5.

허쟈핑(何家鳳),「중국 사물인터넷 산업 재정 보조금 정책 효용 연구 - 상장회사의 경험 데이터를 바탕으로」,『중앙재경대학학보』, 2012, 9기, pp.12~16.

황웨이둥(黃衛東)·위에중강(岳中剛),「사물인터넷 핵심 기술 사슬의 진화 및 산업 정책 연구」,『중국 인민대학학보』, 2011, 4기, pp.47~53.

지위산(紀玉山)·쑤메이원(蘇美文),「사물인터넷 전략의 국제 경험과 중국 산업 발전 정책에 주는 시사점」,『이론 탐구』, 2014, 3기, pp.73~76.

류진(劉錦)·구자창(顧加强),「중국 사물인터넷 현황과 발전 책략」,『기업 경제』,

2013, 4기, pp.114~117.

류원창(劉文昌)·뤼훙샤(呂紅霞)·리샤오난(李曉楠), 「중국 사물인터넷 산업 환경 분석」, 『요녕 공업 대학학보(사회과학판)』, 2013, 6기, pp.13~15.

루타오(盧濤)·저우치중(周寄中), 「중국 사물인터넷 산업의 혁신 시스템 다多요소 연동 연구」, 『중국소프트과학』, 2011, 3기, pp.33~45.

마페이(馬飛)·왕샤오젠(王小建)·왕롄(王練), 「저탄소 환경에서 사물인터넷 산업 발전의 영향 요인과 대책 연구」, 『정보과학』, 2012, 9기, pp.1366~1370.

첸우융(錢吳永)·리샤오중(李曉鐘)·왕위훙(王育紅), 「사물인터넷 산업 기술 혁신 플랫폼 구축과 운영 메커니즘 연구」, 『과학진보와 대책』, 2014, 9기, pp.66~70.

치아오하이슈(乔海曙)·셰루팡(謝璐芳), 「사물인터넷 산업이 극복해야 할 발전 연구」, 『경제문제 탐색』, 2011, 9기, pp.95~98.

스쥔(史俊)·티옌즈룽(田志龍)·셰칭(謝靑), 「정부가 어떻게 전략적 신흥 산업 정책을 제정하는가 – 사물인터넷 산업을 실례로」, 『중국 과학기술 포럼』, 2015, 1기, pp.11~16.

수양(宿楊), 「농촌 사물인터넷 산업 발전의 융자 대책」, 『거시경제 관리』, 2015, 12기, pp.62~65.

쑨가이핑(孫改平), 「중국 사물인터넷 산업 발전 현황과 대책 연구」, 『물류기술』, 2014, 8기, pp.19~21.

티옌즈룽(田志龍)·스쥔(史俊), 「상호 작용으로 리더하는 신흥 산업정책 결정 과정 연구」, 『과학관리』, 2015, 5기, pp.139~148.

티옌즈룽(田志龍)·스쥔(史俊)·티옌보원(田博文)·천샤오훙(陳小洪)·마쥔(馬駿), 「신흥 산업정책 결정 과정에서의 불확실성 관리 연구 – 인터넷 산업의 거시적 정책 결정 과정의 사례」, 『관리학보』, 2015, 2기, pp.187~197.

중국 사물인터넷 업계 시장 규모 및 국제경쟁력 분석, http://www.eepw.com.cn/article/201605/291178.htm.

쉬허위안(續合元), 「사물인터넷의 최신 발전 동태」, 『전신망기술』, 2013, 8기,

pp.40~42.

야오젠쥔(姚建軍), 『중국 사물인터넷 산업 정책 연구』, 중국과학원대학논문, 2014.

위양(兪陽), 「유럽 연합 사물인터넷 정책 조치 및 발전 현황」, 『글로벌 과학기술 경제 전망』, 2013, 7기, pp.25~31.

쟌멍쟈오(詹夢晈)·쟌정화(詹正華), 「중국 사물인터넷 산업 발전에서의 세수 정책의 위치와 선택 연구」, 『특구 경제』, 2011, 12기, pp.143~145.

쟌정화(詹正華), 「사물인터넷 지원 구축 발전의 세수 정책 연구」, 『세무와 경제』, 2011, 1기, pp.70~75.

자오샤오위엔(趙筱媛)·쑤쥔(蘇竣), 「정책 도구에 기반한 공공 과학기술 정책 분석틀 연구」, 『과학학연구』, 2007, 1기, pp.52~56.

저우슈엔롱(周拴龍), 「미국의 사물인터넷 정책 및 시사점」, 『현대 상업 무역 산업』, 2014, 16기, pp.61~63.

주쑨위안(朱蓀遠), 「한국 최신 사물인터넷 산업 추진 정책 조치」, 『글로벌 과학기술 경제 전망』, 2015, 1기, pp.11~17.

주옌(朱延)·션이린(沈義林)·왕쟈롱(王加龍), 「사물인터넷 산업 발전을 지원하는 세수 우대 정책에 대한 연구」, 『쟝쑤 과학기술 정보』, 2010, 10기, pp.12~14.

산업정책과 장강삼각주 지역의 조화로운 발전 연구— 장강삼각주 도시 연담화의 형성과 부흥의 관점에서

슝스웨이(熊世偉)
상하이시 경제와 정보화위원회 종합계획처 부연구원

양정(楊政)
상하이시 경제와 정보화위원회 종합계획처 보조연구원

지역 산업정책과 도시 연담화 발전에 대한 총론

산업정책은 지역 산업경제 활동에 개입하고 이를 조절하는 중요한 수단으로, 선진의 시장경제 국가나 신흥 시장 국가나 할 것 없이 산업정책을 통해 도시 연담화(광역 도시권)의 발전과 지역의 조화를 촉진하는데 모두 구체적인 조치를 취하고 있다. 장강삼각주 도시 연담화의 개념은 1980년대 장강삼각주 경제 지역의 구축 실천에서 생겨났으며, 계획 경제로 인한 획일화된 발전 단계를 거쳤지만 개혁개방 이후 장강삼각주 도시 기능의 재편과 조정을 통해서, 장강삼각주 도시 연담화의 도시 네트워크는 발전에서 침체 그리고 부흥의 과정을 거쳤다. 그 중 산업정책이 장강삼각주 도시 연담화의 형성과 발전에 미친 역할은 무시할 수 없을 만큼 중요한 촉진 작용을 했다.

도시 연담화 성장을 촉진하는 산업정책 이론 총정리

1930년대, 구미 학자들은 여러 도시가 일정 경제 발달 지역에 밀집되어 있는 상황에 대해 도시 연담화(conurbation), 연합도시 지역, 도시

군 등의 개념을 제시했다. 학계에서는 일반적으로 이런 연구가 프랑스 지리학자인 고트망Gottman에 의해 시작되었고, 그가 특히 구미 도시 연담화 문제에서 창시자적인 연구를 진행했다고 여긴다. 쿤즈만과 베게너Kunzmann and Wegener(1991)는 경제 글로벌화와 역내 경제 단일화라는 배경에서 다국적 네트워크 시스템 연구를 연계하여, 메트로폴리스 Metropolis가 실질적으로 산업 공간의 통합에 따른 산물이었고, 그것이 새로운 지역 공간의 조직 형식으로서 글로벌 경제의 핵심 위치에 놓여 있다고 여겼다.

중국 학계는 1980년대부터 도시 연담화 문제에 대한 연구를 시작했는데 주로 지리학계, 경제학계 및 도시계획 부문이 포함되어 있었다. 저우링창(周玲强, 2000)은 같은 도시 권역 내의 각 지역은 '기능적 성질이 상호 보완되고, 경제적으로 상호 의존하고, 사회 발전이 획일화되어야' 한다고 지적했다. 우촨칭(吳傳淸)과 리하오(李浩)(2003)는 서유럽의 도시 연담화, 미국의 도시 연담화, 일본의 도시 연담화 발전 상황을 자세히 분석했고, 각 도시 연담화의 공간 구조, 발전 법칙과 발전 추세에 대해 정리했다. 천슈산(陳秀山, 2005)은 『중국 지역경제 문제 연구』에서 경제학적 의미에서의 '도시 권역'을 소개했으며, 지역 일체화의 공통적인 장애물은 행정 시스템의 분할이라며, 도시 권역의 경제 사회의 일체화를 효과적으로 추진하기 위해서는 획일화된 발전 계획을 제정하고 일체화된 공동 시장을 건설하며, 구속력을 가진 통일된 공약과 법규를 제정하고, 반半정부 형태의 조율 중재위원회를 조직해야 한다고 밝혔다. 타오시둥(陶希東, 2005)은 행정구역 경제는 성省을 아우르는 도시 권역 경제의 제도적인 장애물이라며, 성을 아우르는 도시 연대 경제 통합의 새로운 구상, 즉 성을 아우르는 역내 관리를 제시했다. 장자오안(張兆安, 2006)은 『대도시 권역과 역내 경제 단일화』에서 경제 글로벌화의 큰 배경에서 대도시 권역이 역내 경제 단일화의 기본적 모델이 되고 있다고 강조했다.

탕마오화(唐茂華, 2006)는 도시 간에는 일종의 '적극적 긴장'과 '상호 적응'이라는 대등한 연관 관계가 있다고 강조했다. 이를 통해 도시 권역을 특징으로 하는 글로벌 도시 시스템의 새 구도가 점차 형성되고 있고, 글로벌 경제 연계의 중요한 접점이 되고 있음을 알 수 있다.

산업정책은 하나의 공공재에 속하기 때문에, 계획경제 시스템에서 중앙정부는 일률적인 산업정책을 제정해야 했고, 지방정부는 구체적인 이행 과정에서 현지 상황에 맞게 이를 적절히 조절을 가할 뿐이었다. 하지만 시장경제 환경에서 중앙정부는 전반적인 거시적 조절에 편중하고 지방정부는 중립적이고 미시적인 지역 산업정책의 제정과 이행에서 더 큰 자치권을 보유하게 되었다. 지방정부는 지역 산업정책에 대한 파악을 통해 역내 산업 발전의 중점을 부각시키고 지방 경제와 사회 발전을 촉진하여 지방의 사회 경제 수요를 쉽게 충족시키며, 또한 간접적으로 예산을 확충하여 더욱 많은 경제적 자원을 확보할 수 있다. 따라서 도시 연담화의 부흥은 경제 권역의 형성과 발전을 가져온다. 즉, 도시 연담화는 역내 도시화(regional urbanization)와 도시 구역화(urban regionalization)의 중요한 실증적 사례이며, 국가가 글로벌 경쟁과 국제 업무 분담에 참여하는 완전히 새로운 기본적인 지역 단위이며, 범지역적 지방 관계 통합의 의탁 형식이자 과도기적인 단계이다. 아울러 지역 산업정책은 지방 사이에 관계를 조율하는 데 있어 촉진제 역할을 한다.

산업정책과 세계 유명 대도시 권역의 발전에 관한 실증 분석

2차 세계대전 이후, 공업화와 도시화의 빠른 발전에 따라, 대도시 지역의 공간적 조직 형식에 큰 변화가 일어났고, 대도시를 중심으로 한 대도시 권역이 연이어 나타났다. 세계 각지에서 도쿄, 오사카, 뉴욕, 런던과 파리 등 세계적 규모의 5대 대도시 권역이 생겼다. 대도시를 중심으로 한 도시 권역 경제가 도시 발전의 주요 모델이며, 국가 경제 발전의 주체가 되었다는 사실을 해외 도시 발전 역사를 통해 알 수 있다. 본문에서는 뉴욕과 도쿄 도시 권역을 연구 대상으로 삼고자 한다.

- 뉴욕 도시 권역의 형성과 산업정책

뉴욕 도시 권역의 범지역적 관리는 비非정부 조직 형식의 관리 시스템이었으며, 지역 정부가 협의를 통해 함께 구축된 기능 단일형의 특별구 또는 특별 조율 기구로서 그 취지가 지역 간의 자원 공유와 지방정부의 행정 관리 부족을 보완하려는 데 있었다.

(1) 뉴욕-뉴저지주가 공동으로 항무국을 설립했다. 1921년, 뉴욕과 뉴저지주가 공동으로 설립한 항무국은 두 주의 주지사와 12명의 위원으로 구성되었으며, 주로 지역 내의 대부분 교통 운수 설비를 관리하고 조율했다. 뉴욕-뉴저지 항은 미국 동부 해안의 최대 항구로서, 독특한 지역적 이점은 도로·철도 등 교통망의 형성에 박차를 가했을 뿐 아니라 뉴욕 도시 권역 경제의 발전에도 크게 기여했다. 항무국은 인프라 건설에 투자함과 동시에 시설 건설의 개혁에서도 핵심적인 역할을 했으며, 이 지역의 장기적인 발전에 자금적 뒷받침이 되었다. 항무국은 주와 주를 잇는 다리와 공항 등 인프라 건설에서도 대체불가능한 역할을 했으며 지상의 네트워크 센터와 항구 모두 일정한 발전을 거두게 했다. 또한 철도 교통망의 건설을 앞당겨 허드슨 강-맨해튼 철도를 확충하여 철도 교통 시스템을 구축하기도 했다.

(2) 범지역적 도시계획을 제정했다. 1929년에, 뉴욕 도시 권역 발전을 위해 설립된 뉴욕지역계획협회(RPA)는 지역 건설에 지도적인 역할을 했다. 협회는 설립 이래 3차례의 대규모 지역 계획을 진행했고, 계획이 완벽하게 이행되면서, 뉴욕 도시 권역은 점차 세계 5대 도시 권역 중 하나로 발전하게 되었다. 첫 번째 계획은 10가지 정책 항목과 도시의 '재중

심화' 방안을 제시했고, 이는 대도시 권역의 전반적인 계획에서 중요한 의미를 가졌다. 하지만 역사적인 환경과 제도적 제한으로 인해 뉴욕 도시 권역의 '재중심화' 이념의 시행 효과는 만족스럽지 못했고, 예상한 목표와는 거리가 있었다. 2차 세계대전 이후, 자동차가 보급되면서 도시가 점차 저밀도의 방식으로 외곽으로 뻗어 나가자, 뉴욕 도시 권역에는 '방사형 도시'가 형성되어 당시 미국적 특색을 지닌 도시 권역의 발전 방식이 되었다. 이런 특색 있는 발전 방식에는 치명적인 단점이 존재했는데, 예를 들어 통근자의 통근 시간과 거리가 증가했고 도시 간의 연계성이 떨어지면서 서로 고립되는 상황이 발생한 것이다.

이러한 문제를 고려하여 뉴욕지역계획협회는 다시 한번 도시 권역 계획을 제정했다. 1968년 두 번째 계획을 내놓으며 '방사형 도시'의 개념을 명확히 하며, 도시 권역의 '재집중'을 강조했고 옛 도시의 부흥과 대중교통망 구축을 계획의 핵심으로 꼽았다. 동시에 지역 계획과 관련된 5가지 항목의 기본 원칙을 제시했다. 1970년대 후반에, 뉴욕 도시 권역에는 '탈도시화' 현상이 발생하면서 많은 인구가 도시 중앙에서 교외지역으로 이동하여 뉴욕 등 중심 도시의 핵심 지위가 하락하고 도시의 토지가 제대로 이용되지 않는 등의 현상이 나타났다. 1996년, 뉴욕지역계획협회는 도시 권역에 세 번째 계획을 제시하면서 인프라·사회·환경과 노동력에 대해 새로운 투자를 진행하여 '경제 - 에너지 - 환경 (Economy-Energy-Environment, 3E)' 기준을 통해 도시 권역의 삶의 질을 평가했다. 아울러 뉴욕지역계획협회는 삶의 질을 향상시키기 위해 5개의 '목표'를 발표하여 '3E' 기준이 더욱 효과적으로 적용되도록 했다.

• 도쿄 도시 권역의 발전과 산업정책

도쿄 도시 권역은 설립 초기부터 '분산·균형·조화'를 목적으로 한 '다多핵심 이론'을 확립하고 지역 조율 관리 메커니즘과 그에 상응하는 정부 기구를 설립하여 도시 권역에 나타난 관련 문제를 처리했다. 여기에는 주로 아래의 측면이 포함되어 있다.

(1) 완벽한 법률 보장 시스템. 대도시 권역의 계획과 건설 발전이 포함된 모든 활동은 법에 의거한다. 도쿄 도시 권역의 건설은 법률의 보장 시스템 덕택으로 이루어졌다. 도쿄 도시 권역의 형성을 추진하고 범지역 정부의 권위성을 보장하기 위해, 일본 정부는 특별히 도쿄 도시 권역 정부가 권력을 행사할 수 있도록 보호하는 법률을 제정했다. 특히 발표된 여러 개의 법률 법규와 5차 수도권 계획은 도쿄 도시 권역 발전에 중요한 역할을 했고, 여기에는 1956년 발표된 「수도권 정비법」, 1966년 출시한 「수도권 근교 녹지보호법」 및 1986년 제정된 「다극분산형 국토형성 촉진법」 등이 포함된다. 이러한 법률 법규는 대도시 권역 구축 계획의 순조로운 이행과 도시 권역의 조율과 관리의 일원화를 보장해 주었다. 도쿄 도시 권역의 발전 과정에서 정부는 발전 단계에 따라 상응하는 법률 시스템과 수도권 계획을 적시에 조정하고 개선하여 대도시 권역의 경제 발전에 적응시켰다. 5차 수도권 계획이 진행되면서, 「수도권 정비법」은 제정된 후 여러 차례의 수정과 조정이 진행되었다. 일련의 법률 법규의 완비는 정부 측면에서 도쿄 도시 권역 내 도시의 조화로운 발전을 촉진했을 뿐만 아니라, 도쿄 도시 권역의 합리적인 배치도 가속화했으며, 더욱 중요한 것은 도쿄 도시 권역의 발전을 법적 궤도에 편입시켜 대도시 권역 건설을 법에 따라 체계적으로 실시하고 관리했다는 점이다.

(2) 정부의 직접적인 추진과 조율. 도쿄 도시 권역은 몇몇 행정지역으로 구성된 대도시 권역으로, 완벽한 법률 시스템의 보장 덕택에 일본 정부는 권위성을 갖는 조율 기구를 설립했고, 범지역적 조율 메커니즘을 형성했다. 우선 도쿄 도시 권역은 도시 권역 정비국을 설립했고, 이는 국토종합개발청에 소속되어, 도시 권역의 계획과 건설을 담당했다. 정비

국은 또한 정부의 조율 조직으로서 주로 도쿄 도시 권역과 조정국과 토지국 등 기타 정부 기관 사이의 관계를 조율했다. 그 외에도 도쿄 도시 권역에는 특별히 지방정부 지도자·기업가·대학 교수 등 사회적 영향력을 갖춘 인물로 구성된 도시 권역 정비위원회를 설립했다. 정비위원회는 계획부를 설립하여 대학 교수와 기업이 이를 책임지게 했고, 도시 권역의 건설에 있어 지방정부와 기업, 학자들 간의 분업과 협업을 촉진했다. '정부와 산학연 일체화'라는 전략적 구상이 도쿄 도시 권역의 빠른 발전을 촉진시켰고, 도시 권역 정비국과 정비위원회의 설립 또한 일본 정부가 도쿄 도시 권역의 건설을 얼마나 중요시하는지를 보여 준다.

(3) 과학적이고 합리적인 계획과 지도. 도시 권역 건설은 과학적이고 합리적이며 장기적인 도시계획의 기반에서 이루어져야 국제성을 가질 수 있다. 앞에서 말했듯이, 도시 권역은 모두 다섯 차례의 계획과 조정을 거쳤고, 매번 계획은 정치·경제·사회·문화·역사 등 여러 요인을 포함한 각기 다른 역사적 배경에서 진행되었다. 일본 정부는 1950년대 도시 권역 계획을 제정할 때부터, 1990년 말까지 다섯 차례의 계획을 완성시켰고, 구체적으로 3단계로 나눌 수 있다. 첫 번째는 기본적으로 도시 권역 구획 모델을 확립했고, 두 번째와 세 번째 단계에서는 일본 전역의 도시 권역 구획과 관리 모델을 명확히 했으며, 네 번째와 다섯 번째에서는 도시 권역 간의 합리적인 분업을 추진하는 데 힘을 써 도쿄의 '1급 집중화'된 지역 공간 구조를 변화시켰다.

장강삼각주 도시 연담화의 조화로운 발전과 병목 현상 분석

장강삼각주 도시 연담화의 발전은 3단계를 거쳤고, 현재는 상하이, 장쑤, 저장과 안후이의 일부 지급시地級市를 포함하고 있다. 면적은 21

만 1,700km²로, 2014년 지역 GDP가 12조 6천7백억 위안에 달하며, 총인구 수는 1억 5천만 명에 달하고, 각각 중국 전역의 2.2%, 18.5%, 11.0%를 차지하고 있다. 장강삼각주 도시 연담화는 중국이 국제 경쟁에 참여하는 중요한 플랫폼이자, 경제 사회 발전에 중요한 엔진이다. 이곳은 장강경제벨트(長江經濟帶, 장강과 인접한 11개 성省과 시市의 연계 발전 – 옮긴이)의 선구적인 발전 지역으로, 중국 도시화 기반이 가장 우수한 지역 중 하나이다. 하지만 과거의 도시화 발전 단계에는 여러 가지 문제와 어려움이 존재했다.

장강삼각주 도시 연담화의 발전 과정

첫 번째 단계: 상하이 경제 구역의 건설 단계. 장강삼각주 도시 연담화의 개념은 1980년대에 처음 등장했다. 1982년 말, 국무원은 상하이 경제 구역을 건설하기로 결정했다는 통지를 발표했고, 이것은 '장강삼각주' 경제 권역의 가장 초기 형태였다. 당시 장강삼각주의 범위는 상하이, 닝보, 난징, 쑤저우와 항저우였다. 개혁개방과 경제 발전에 따라 장강삼각주 경제 권역의 개념도 5성 1시, 즉 상하이시·장쑤·저장·안후이·푸젠·장시성으로 점차 확대되었고, 나중에는 또 점차 상하이시를 위주로 한 메트로폴리스의 형태가 되었다. 여기에는 상하이시, 장쑤성과 저장성의 총 15개 핵심 도시가 포함되어 있었다. 상하이 경제 구역의 구분은 횡적 연합을 통한 지역 경제 협력을 이루고, '선형 또는 구역별 분할'로 인한 폐단을 없애려는 목적이 있었으나, 효과적인 자원 배분이라는 상부설계(頂層設計) 메커니즘의 부재로 인해 5성 1시의 협력은 예상 외로 난항을 겪었고, 점차 사라져 갔다.

두 번째 단계: 푸동 개발 개방 단계. 1980년대 상하이는 매우 뚜렷한 경제 쇠퇴를 겪었고, 동시에 중국 경제에서 장강삼각주 전역의 위상을 꺾

어 버렸다. 1980년대 말~90년대 초, 상하이는 과거 10년간 개혁개방과 연관된 경험과 교훈을 정리했고, 이를 바탕으로 푸동 개발 개방을 하나의 돌파구로 삼아, 푸동과 푸서 지역의 연합개발, 상하이 개혁개방 가속화 전략을 제시했다. 이 전략이 중앙정부 심의를 통과한 후, 푸동 개발 개방을 계기로 장강삼각주 지역의 경제 일체화에 대한 두 번째 물결이 일게 했다. 푸동 개발 개방은 상하이의 재부흥이 일어나도록 도와주었고, 다시 장강삼각주, 장강 유역 중심도시의 위상을 확실히 세우게 했다. 상하이 경제 발전은 오랫동안 중국 전역의 평균 수준에 못 미친 상태에서 성장을 주도하는 지역으로 탈바꿈하여, 1992년 이후 줄곧 두 자릿수의 경제성장률을 보여 왔다. 중국 경제에서 장강삼각주가 차지하고 있는 핵심적 위상 또한 이로써 더욱 확실해졌다.

세 번째 단계: 국제화에 깊이 융합하는 단계. 2001년 중국이 WTO에 가입한 후, 장강삼각주 지역 경제 발전의 외부 환경에도 큰 변화가 일어났다. 다국적기업의 대거 중국 진입과 글로벌 경제 일체화 물결 역시 역내 경제 단일화와 연합 발전을 추진했다. 장강삼각주는 중국에서 인구밀집도가 높고, 문화가 발전했으며, 상업 기반이 튼튼하며 경제가 발전한 지역으로, 다국적기업이 중국에 투자할 때 가장 먼저 고려하는 대상이 되었다. 세계 500개 대기업 중 400개 기업이 장강삼각주에 자리를 잡았다. 다국적기업은 선진적인 관리 모델을 가져왔을 뿐 아니라, 장강삼각주에 있던 기존의 제멋대로 일하던 기업과 시장에 커다란 도전과 충격을 안겨 주었다.

2003년 8월 15일, '장강삼각주 도시경제협의회 제4차 회의'에서 장쑤성과 저장성의 일부 도시가 협의회 구성원으로 받아들여지며, 도시 연담화의 범위와 기반이 확립되었다. 2008년 「장강삼각주 지역의 개혁개방과 경제 사회 발전을 추진하기 위한 국무원의 지도 의견」에서 장강삼각주 지역에는 상하이시, 장쑤성과 저장성이 포함되어 있으며 구역 면적은 21만 1,700km²였다. 2010년 국가에서 제정한 「장강삼각주 지역 구역 계획」에서는 상하이시와 장쑤성의 난징·쑤저우·우시·창저우·진장·양저우·타이저우·난퉁, 저장성의 항저우·닝보·후저우·쟈싱·샤오싱·저우산·타이저우 등 16개 도시를 중심으로 장쑤성과 저장성, 상하이시의 발전을 도모했으며, 그 영향이 범삼각주 지역에까지 이르렀다. 장강삼각주 지역의 경제 일체화는 점차 뚜렷해졌다. 2016년 국가에서 발표한 「장강삼각주 도시 연담화 발전 계획」은 장강삼각주 지역을 3성 1시로 확대했다. 즉, 상하이시, 장쑤성의 난징·우시·창저우·쑤저우·난퉁·옌청·양저우·진장·타이저우와 저장성의 항저우·닝보·쟈싱·후저우·샤오싱·진화·저우산·타이저우, 그리고 안후이성의 허페이·우후·마안산·퉁링·안칭·추저우·츠저우·쉔청 총 26개 도시가 포함되어 있다.

장강삼각주 도시 연담화 발전 과정에서 생긴 문제점

2016년 발표한 「장강삼각주 도시 연담화 발전 계획」에서 장강삼각주 도시 연담화를 세계적이고 아시아 태평양까지 아우르며 전 중국을 이끄는 세계급 수준의 도시 연담화로 만들고, 경제 활력이 넘치는 자원 분배 센터와 글로벌 영향력을 지닌 과학기술 혁신 기지, 세계적으로 중요한 현대 서비스업과 선진 제조업의 중심, 아태 지역에서 중요한 국제적 창구도시, 전 중국의 차세대 개혁개방의 첨병, 아름다운 중국의 건설 시범 도시로 성장시키겠다는 희망찬 목표를 내세웠다. 하지만 실제 발전 과정에서 나타난 문제점을 묵과해서는 안 된다.

- 조율 메커니즘의 미비
(1) **정책 조율 메커니즘의 미비.** 첫째, 일부 중대한 사항에 대해 3성과 1

시는 자체적인 조율만으로는 좋은 해결책을 내지 못했고, 국가 차원에서 일괄적인 조율과 리드가 없었다. 둘째, 현재의 조율 메커니즘과 플랫폼은 다소 방만한 형태로 대부분 1년에 한두 차례의 회의만을 열 뿐 일상적인 운영을 제대로 진행할 수 있도록 정책 조율을 책임지는 전문 기구가 부족했다. 셋째, 전문 협력 프로젝트에 명확한 관리감독 평가 메커니즘이 없어 실질적인 문제를 해결하기 힘들었다.

(2) **입법 내용의 비규범화**. 첫째, 각 지역의 입법 내용은 일관성이 없고 충돌이 빈번하게 일어났다. 각자 지역의 이익만을 중시했고, 대승적인 사고가 부족했다. 둘째, 행정허가·행정처분 등의 기준이 통일되지 않아 대승적인 협력에서 난항이 속출했다. 셋째, 법률 효력 등급의 차이로 인해 같은 입법 내용이 한 곳에서는 지방법이 되고, 다른 곳에는 정부법이 되고, 또 다른 지방에서는 정부의 규범화된 문서로만 간주되었다.

(3) **지역 자원의 지원 미비**. 인재·환경·재정·교통·여행·사회보장 등 경제와 사회의 여러 측면은 장강삼각주 지역의 조화로운 발전 과정에서 필수적이었고, 이와 관련된 문제는 범위가 넓고, 해결이 까다롭기 때문에 각 지역은 더 많은 자원을 내놓아 장강삼각주의 조화로운 발전에 뒷받침이 되도록 해야 한다.

- **시장 작용의 미비**

장강삼각주 지역 발전의 역사 과정을 살펴보면 이곳은 언제나 중국의 시장화·도시화가 심도 깊게 발전한 지역이었다. 자본과 기술 그리고 노동력이 유입되면서 행정 구획의 지리적인 한계를 뛰어넘어 해당 지역 내에서 기술, 자본, 상품과 노동력 등 생산요소의 유동을 촉진했다. 분업 협력은 점차 산업과 제품의 분업으로 발전했고, 최종적으로 산업 사슬의 분업으로 발전했으며, 이는 장강삼각주 지역 경제 일체화의 주된 원동력이 되었다. 외자·국유·민간 등 여러 형태의 기업들이 빠른 발전을 이루었고, 모두 대표적인 모델을 가지고 있었다. 이로써 국제 시장을 향해 나아가는 수출주도형 경제가 형성되었다. 하지만 장강삼각주 지역 정부는 경제 환경을 조성하고, 시장 메커니즘의 협동 거버넌스를 유도하는 데에 구속성과 효율성이 높지 못했고, 단순히 시장의 수단 또는 행정적 조치에만 기대서는 자원 분배의 최적화를 이루기는 힘들었다. 이것은 사회 자원의 배분 과정에서 시장의 기능 상실을 야기했고, 행정 개입의 실패도 존재했기 때문이다.

- 사회 참여의 미비

지역 조율 거버넌스는 주로 정부의 협력과 시장 메커니즘 그리고 사회 메커니즘 3가지 수단이 있다. 정부 협력은 주로 범지역적인 공동 문제에 대해 프로젝트의 협력 방식을 취한다. 범지역적인 공동의 관심 문제에 대해 정부가 직접 개입을 하기는 어렵기 때문에, 시장의 힘을 유도하고 자극하고 계약 체결 등의 형식으로 제3기구에 서비스를 구매하는 방식을 통해, 시장 협력이라는 수단으로 문제를 해결한다. '정부의 기능 상실'과 '시장의 기능 상실'이 함께 나타난 범지역적 공공 제품에 대해 비정부 기구와의 협력이라는 방식을 채택하고, 내부 조직 구성원들이 서로 일치하게 요구한다. 이는 비정부적 성질이라서 범지역적 업계 협회를 이용하여 업계 자원을 최적화하고 장강삼각주 지역 내의 경쟁을 조율할 수 있다. 동시에 업계 협회는 관련 표준, 품질 검사와 자격 인증 등 분야에 전문성을 가지고 있기에 정부의 각 부처 간 협력에 비해 효율이 더 높고 조율 원가가 더 낮다는 특징을 가진다. 하지만 여기에도 등록 주소지의 균형, 범지역업계 협회의 제한, 제도 혁신 능력 부족 등의 문제가 어느 정도 존재한다.

- 산업정책 동질화

지역 산업정책은 지방정부 간 경쟁의 중요한 구성 부분으로 주목받고 있고, 산업정책 동질화 역시 이미 보편적인 현상이 되었다. 하지만 주의해야 할 점은, 산업정책 동질화가 세부적인 부분까지 완전히 일치하는 것은 아니며, 실제 운영 과정에서의 복제도 아니라는 점이다. 실제 운영 과정에서 일부 산업정책은 효과적으로 이행되지 못하거나 운영되면서 정책 초기에 설정한 방향에서 멀어지는 경우가 있다. 이는 주로 기존의 직권 구분이 불명확하거나 강제적인 제약이 부재했기 때문이다. 중앙정부와 지방정부가 권한 분배 개혁을 명확히 진행하고 적절한 시장 환경을 조성하며, 자원의 최적화된 분배를 촉진하여 모범적인 시범 시행 대상을 만들어, 지역 경제와 국가 거시경제의 발전과 안정에 영향을 주어야 한다.

장강삼각주 지역의 조화로운 발전을 위한 산업정책 건의사항

장강삼각주 도시 연담화 계획과 기존의 발전 문제점을 고려하여 상하이 중심 도시로의 역할을 발휘하여, 장강삼각주 도시 연담화가 개방을 확대하는 데 산업정책의 도움을 받도록 추진한다. 이로써 외자를 대거 유치하고 서비스업의 대외 개방을 확대하여 장강삼각주 지역의 조화로운 발전을 촉진해야 한다.

- 거시적인 조율 강화

대승적인 사고의 수립과 전반적인 계획을 강화하고, 발전 구도를 전면적으로 계획하여, 지역과 각 지방 도시의 거시적 계획 배치를 만들며 이를 위한 연계 업무와 실제 이행 업무를 잘 추진해야 한다. 구체적으로 말하면 첫째, 인기 산업과 업종의 미래 발전 동향을 치밀하게 분석·판단하고, 발전 규모를 적시에 예측하고, 사전 계획을 통해 기본적인 진입 조건을 설정해 놓아야 한다. 둘째, 합리적 배치를 촉진하고 지역과 지방의 주도산업을 선택할 때, 반드시 충분한 논증을 거쳐야 한다. 이를 통해 중복 배치와 맹목적인 배치의 시작을 방지할 수도 있다. 셋째, 국가가 거시적으로 지도한 관련 산업정책에 따라 지역 발전 계획을 적시에 조정 및 수정하여 가감한다.

• 시장의 기능 발휘

다양한 형태의 협력을 통해 지역 경제 일체화를 추진한다. '남에게 책임을 전가하는' 식의 지역 경제의 지리적 경계와 행정적 장벽을 허물고, 산업 사슬, 혁신 사슬 등 시장화 시각에서 출발하여 산업구조 조정을 최적화하고, 지역 협력을 강화하여 인류·물류·정보류 등의 적절한 이동을 저해하는 요소를 없애야 한다. 이로써 통일된 큰 시장을 만들고, 각 지역의 자원부존을 잘 활용하여 단점을 서로 보완하고, 또 기존의 자산을 활성화시켜 금융시장이 역할을 충분히 발휘할 수 있도록 한다. 이로써 지역 경제가 더욱 발전하고 최적화되게 하여 산업 동질화 근원을 해소할 수 있는 자동 조율 시스템을 구축해야 한다.

• 정부 관리 혁신

'간정방권簡政放权, 방관결합放管结合, 서비스 최적화'(권력을 이양하되, 관리를 소홀히 하지 않고, 서비스의 최적화를 위해 노력한다 – 옮긴이)라는 개혁을 심화하면서, 네거티브 리스트 관리를 시행하고, 심의를 규범화하고 심의 절차를 간소화시키는 것을 통해 산업 혁신에 부합하는 정부 서비스 시스템을 탐색해야 한다. 또 정부와 사회 각계의 서비스 자원을 통합 계획하여, 기업의 전 생애 주기를 아우르는 서비스 기능을 제공하고 전방위적이고 잘 연계된 서비스 플랫폼을 마련해야 한다. 이로써 기업 서비스 방식과 내용의 혁신을 이루고, 뉴 미디어 등의 수단을 충분히 활용하여 동태적이고 쾌속한 서비스를 기업에 제공해야 한다. 보이는 손이라는 합리적인 조율을 통해 지역 경제가 더욱 합리적이고 체계적으로 운영되게 하여 지역 산업정책의 동질화에 따른 악재를 최대한 줄여야 한다.

- 산업정책의 개선

지역 산업정책에는 발전해야 할 주도 산업정책 외에 부대적인 산업정책 조건도 포함되고, 과학 성과의 전환과 산업화 등 지원 정책의 연계와 매칭을 강화하며, 재정·산업·투자·과학 기술 등 혁신 정책, 계획 지도 그리고 개혁조치의 종합적인 이행을 강화해야 한다. 공급 측 구조개혁을 심화하여 노동력·자본·토지·기술 등 생산요소 분배를 최적화하고, 효과적인 공급을 확대하여 공급 구조의 유연성과 적응성을 높여야 한다.

결론

지역의 조화로운 발전에서 산업정책의 역할은 여전히 사회 각계에서 논쟁의 여지가 남아 있으며 아직까지 통일된 공감대를 이루지 못하고 있다. 선진국의 도시 연담화 형성과 발전 경험을 보면 시장경제 조건에서 뉴욕과 도쿄의 대도시 권역은 시장 메커니즘의 작용으로 세계적으로 미국과 일본의 경제 발전과 함께 공업화와 도시화의 역사적인 흐름과 특정한 지리적 조건에 순응하면서 형성되고 발전된 것임을 알 수 있다. 21세기에 들어선 이후, 중국이 세계 경제 시스템에 깊숙이 진입하고, 경제 글로벌화·지역 일체화라는 큰 시대적 흐름 속에서 장강삼각주 도시 연담화의 발전과 성장은 필연적인 추세이다.

중요한 것은 해외의 경험을 거울 삼아 산업정책 등의 수단을 이용하여 장강삼각주 지역의 발전에 존재하는 문제와 어려움에 대해 국가 계획 배치와 미래 도시 연담화 발전 추세에 따라 장강삼각주 지역의 조화로운 발전을 촉진하기 위한 대책과 조치를 내놓아야 한다.

참고문헌

Kunzmann, K. R. and M. Wegener, *The Attern of Urbanization in Western Europe*, Ekistics, 1991.

천슈산(陳秀山)·쉬잉(徐瑛),「중국 지역 차이 영향 요인에 대한 실증적 연구」, 『중국사회과학』, 2004, 5기, pp.117~129.

천슈산(陳秀山) 편집 주관,『중국 지역경제 문제 연구』, 상무인서관商務印書館, 2005.

구차오린(顧朝林)·위타오팡(於濤方)·장민(張敏)·장청(張成)·장샤오밍(張曉明)·천루(陳璐)·왕춘(王淳),「장강삼각주 도시 연담화 공간 계획」,『도시와 지역 계획 연구』, 2009, 3기, pp.39~66.

황빈(黃彬),「행정지역 고나리 시스템 개혁을 통한 도시 클러스터 구조 최적화 - 장강삼각주 도시 연담화의 실례를 통해」,『경제사회 시스템 비교』, 2015, 4기, pp.100~107.

징슈에칭(靖學靑),「서양 국가 메트로폴리스 조직 관리 모델 - 장강삼각주 도시 연담화 발전 조율 관리 기구의 창립과 함께」,『사회과학』, 2002, 12기, pp.22~25.

리우훼이민(劉惠敏),「장강삼각주 도시 연담화 종합 포용력의 시공 차이 연구」, 『중국 소프트 과학』, 2011, 10기, pp.114~122.

펑진웨이(彭震偉)·탕웨이청(唐偉成)·장리(張立)·장푸위(張璞玉),「장강삼각주 도시 연담화 발전 과정 및 총제적인 발전 사유」,『상하이 도시계획』, 2014, 1기, pp.7~12.

션징홍(沈驚宏),『개혁개방 이래 범 장강삼각주 지역 구조 변화 연구』, 난징사범대학논문, 2013.

송젠보(宋建波)·우춘요(武春友),「도시화와 생태 환경의 조화로운 발전 평가 연구 - 장강삼각주 도시 연담화를 실례로」,『중국 소프트 과학』, 2010, 2기, pp.78~87.

쑨펑(孫峰),『경제 글로벌화에서 중국 도시 연담화 서브 핵심 도시 발전 연구』, 중앙중공당학 논문, 2010.

탕마오화(唐茂華),「도시 연담화 발전의 신동향과 시사점」,『진양학간晉陽學刊』, 2006, 1기, pp.43~47.

천시둥(陳希東),「범지역 거버넌스: 중국 범지역경제 통합의 새로운 사유」,『지리과학』, 2005, 5기, pp.529~535.

우촨칭(吳傳淸)·리하오(李浩),「중국 도시 연담화 발전 문제에 관한 연구」,『경제전연』, 2003, 2기, pp.29~31.

샹윈보(向云波)·쉬창러(徐長樂)·펑슈펀(彭秀芬),「장강삼각주 도시 연담화 순환 경제 발전 수준의 공간 구도 분석」,『장강 유역 자원과 환경』, 2008, 5기, pp.661~666.

쉬멍제(徐夢潔)·천리(陳黎)·린수민(林庶民)·왕후이(王慧),「행정구역 구분 조정과 도시 연담화 공간 형성 특징의 변화 연구 – 장강삼각주 사례를 통해」,『경제지리』, 2011, 6기, pp.940~946.

장판(張攀),『장강삼각주 도시 연담화 통합 발전 연구』, 화둥사범대학 논문, 2008.

장샹젠(張祥建)·탕옌화(唐炎華)·쉬진(徐晉),「장강삼각주 도시 연담화 공간 구조 변화의 산업 기제」,『경제 이론과 경제 관리』, 2003, 10기, pp.65~69.

장샤오란(張曉蘭),『도쿄와 뉴욕 도시 연담화 변화 메커니즘과 발전 모델 분석』, 길림대학 논문, 2010.

장자오안(張兆安),『대도시권과 지역 경제 단일화: 장강삼각주 지역 경제 단일화』, 상하이재정대학출판사, 2006.

쟈오융(趙勇),『지역 단일화 관점에서의 도시 연담화 형성 메커니즘 연구』, 서북대학 논문, 2009.

저우링창(周玲強),「장강삼각주 국제 도시 연담화 발전 전략 연구」,『절강대학학보(이학판)』, 2000, 2기, pp.201~204.

주위안슈(朱元秀),『현대화 관점에서 장강삼각주 전환 발전 연구』, 화둥사범대학 논문, 2013.

관점 토론

쑨밍춘(孫明春) 보하이자본유한회사 수석경제학자 : 필자는 현재 투자업에 종사하고 있으며 산업정책에 대해 학술적인 이론이나 정책적인 측면에서 행한 연구는 많지 않다. 시장에서 우리는 산업정책의 영향을 받는 자이다. 우리는 산업정책이 제정된 이후에 어떤 업종의 어떤 기업에 어떤 영향을 줄 것인지, 특히 기업의 가치평가에 어떤 영향을 줄 것인지에 주목한다.

장강삼각주 지역의 산업 발전 상황을 살펴보면, 산업정책에 있어 시장으로 하여금 자원분배에서 결정적인 역할을 하도록 해야 함을 알 수 있다. 장강삼각주 지역의 산업 발전은 매우 훌륭한 선구적이고 모범적인 역할을 했다. 왜 이런 평가를 내리는 것일까? 현재 시장 투자자들이 주목하고 있는 문제는 어떻게 생산과잉을 해결할 것인가라는 사실임을 우리는 잘 알고 있다. 많은 업계에 존재하는 생산과잉 문제가 이미 다년간 산적해 있으나 왜 줄일 수 없는지 잘 모른다. 그 결과 정부는 행정적 조치를 취해 2016년 이후 철강과 석탄 업계에서 강제적으로 과잉생산 문제를 해결해야만 했다. 강제적인 생산 감축 이후, 철강과 석탄의 가격이 상승한 것을 보았다. 예를 들어, 최근에 정부는 석탄 회사에 생산량 감축을 요구하며, 일 년에 276일(과거의 정상적인 상황에서는 매년 330일 가동)만 가동하라고 명령했다. 생산이 제한된 이후에 점결탄 가격이 상승하기 시작했다. 중국 국내의 점결탄 가격이 상승하자, 해외에서 점결탄을 수입하기 시작했다(해외 가격이 더욱 저렴했기에). 이 정책은 분명 행정적인 처리 방식이고 단기간에 생산량 감축이란 효과를 거둘 수는 있었지만, 많은 부작용을 일으켜서 본래 취지와는 다른 결과를 가져왔다.

상하이의 성공적인 산업구조 전환이 구체적으로 어떻게 실현됐는지 필자는 잘 알지 못한다. 하지만 그렇게 많은 강제적인 행정 조치는 없었던 것 같다. 아마도 학술 연구를 하는 사람은 장강삼각주 지역, 특히 상하이 산업구조의 성공적인 전환의 관점에서 산업정책이 어떻게 퇴출되는지에 관한 문제를 연구할 수 있을 것이다. 예를 들어 필자가 개인적으로 생각한 가설은 장강삼각주에서는 시장의 메커니즘이 산업구조 조정에서 충분하게 역할을 발휘하고, 사양 산업의 퇴출이 적절한 시기에 확실히 이루어졌다는 것이다.

필자는 그저 하나의 관점을 내세워 더 많은 훌륭한 고견을 끌어내고자 한다. 나는 여기에 오기 전에 이번 회의 주제와 관련된 논문들을 찾아 읽어 봤다. 그 중 대다수가 어떻게 산업정책을 이용하여 한 업종의 발전을 지원하고 장려했는가, 또는 유사한 지원정책의 효과를 검증하는 것에 초점이 맞춰져 있었다. 하지만, 어떤 업계가 일정한 수준으로 발전한 후에는 어떻게 산업정책을 퇴출시켜야 하는가의 문제에 대해서는 많은 연구가 이루어지지 않은 듯 보인다. 이것은 아마도 연구할 필요가 있는 하나의 이론적 과제일 것이다. 가장 극단적인 예로 생산과잉이 나타난 업계를 들 수 있다. 우리는 모두 생산과잉을 알고 있지만, 왜 이것을 다년간 감소시키지 못하고 있을까? 산업정책을 제정하여 신흥 산업을 지원하는 것 이외에, 과거에 지원했던 신흥 산업의 퇴출 문제를 고려한 적이 있는가? 예를 들어, 현재 생산과잉 산업은 10년·15년 전으로 돌아가면 지원받고 격려되었던 전략적 신흥 산업이었다. 태양열 패널, 풍력 설비, LED 등이 그에 해당한다. 이런 업계는 현재 모두 생산과잉 현상이 일어났지만, 이들 업계를 위해 우수하고 효과적인 장려 메커니즘이 있는 만큼 시장에 기반한 퇴출 장려 정책을 내놓은 적이 있을까? 중앙정부와 지방정부가 시장이 역할을 하지 못하도록 하지는 않았는가? 아니면 산업정책에서 어떤 부분이 미흡했을까? 이론적으로 볼 때, 기업 퇴출을 장려하는 산업정책을 제정하려면, 정책 및 관련 제도 내용을 어떻게 만들어야 하는지를 고려해야 할 것이다.

많은 질문을 던졌지만, 아직 해답을 찾지 못했다. 일단 질문은 여기에서 마치고 여러분의 고견을 듣고자 한다.

장춘(張春) 상하이교통대학교 고급금융대학(Shanghai Advanced Institute of Finance, SAIF) 교수: 국가발전개혁위원회는 최근 4개의 도시 연담화 계획을 비준했다. 당연히 징진지(베이징·톈진·허베이성 – 옮긴이)와 주강삼각주 지역 등도 준비 중이다. 먼저 왜 도시 연담화를 계획하는지에 대해 고찰해 볼 필요가 있다. 필자는 이에 대한 심층적인 연구가 진행되어야 하고, 이를 기반으로 어떻게 운영할 것인지를 논의할 수 있다고 생각한다. 기존의 국가 행정 구조의 어느 부분에 문제가 있는가? 왜 새로운 구조를 만들려 하는가? 필자에게는 성숙하지 않은 견해가 있는데 이를 여러분과 함께 공유하려 한다. 가장 중요한 문제는 중국 30여 년의 국가 행정 구조 및 간부의 업무 성과 평가와 장려 모델과 관련이 있으며, 현행 구조와 모델은 경제가 한 발 더 도약하고자 하는 수요와 맞지 않기 때문에 대대적인 개혁이 필요하다고 생각한다.

과거 30여 년의 개혁개방에서 정부는 일부의 권력을 성과 자치구, 그리고 직할시에 이양했고, 서로 경쟁을 하게 하며 GDP 성장률을 기준으로 성과에 대해 평가를 진행했다. 그렇기 때문에 간부들은 GDP를 높이기 위해 열과 성을 다했다. 여러 루트를 통해 외자와 기업을 유치했으며, 지방의 재정과 금융 자원을 이용하고, 국유기업을 활용하는 등은 모두 해당 지역의 GDP를 높이기 위한 것이었다. 이는 일정 정도 왜 생산 과잉을 해결할 수 없는가에 대한 해답을 준다. 즉, 모두가 하나의 목표만을 향해 달려가고, 분업이 제대로 이루어지지 않아 중복된 건설이 야기될 수밖에 없는 것이다. 예를 들어, 지역에서 발전을 도모하는 데 자체의 철강제련 공장이 없으면 발전을 진행하기가 녹록하지 않고, 그렇기 때문에 모든 지역에 철강제련 공장을 세운다. 마찬가지로 대부분 지역은 금융 자원이 있어야 GDP 수치를 올릴 수 있다는 점에서 너도나도 금융허브 만들기에 급급했던 것이다.

이런 문제는 국가의 조직 구조와 성과 평가 시스템으로 야기된 것이며, 갈수록 더욱 심각해지고 있다. 초기 GDP가 비교적 낮았던 시절, 적어도 20여 년 전에는 GDP를 기준으로 하는 평가 시스템이 효과적이지만 최근 십 몇 년간 여기서 비롯된 각종 문제는 더욱 심각해졌고, 필자는 이것이 조정을 진행해야 하는 이유라고 생각한다. 장강삼각주 지역을 예로 들면, 상하이와 안후이가 모두 같은 방법으로 GDP를 추구하는 것은 적절하지 않다. 상하이는 현재 높은 수준의 산업을 추구하고 있고, 토지도 점점 줄어들고 있으며, 건물 가격도 올라가고 있다. 만약 국가가 여전히 안후이와 같은 정책을 적용시킨다면, 예를 들어 농경지가 반드시 몇 퍼센트 이상을 초과해야 한다는 식의 기준을 요구한다면, 이는 적절하지 않을 것이다. 상하이에는 농경지가 아닌 산업 발전에 더 많은 토지가 필요하기 때문이다. 이로써 각각의 성省과 시市 간에 통일된 계획과 분업, 심지어는 상호 거래가 필요한 것으로 보인다.

필자는 최소한 두 가지 해결 방법이 있다고 생각해 보았다. 하나는 단순한 방법이다. 1성 3시를 하나의 큰 구역으로 편제하여 통일시키는 것이다. 다시 말해 원래의 작은 30여 개 성과 시를 7개의 큰 구역 또는 10개의 큰 구역으로 통합하는 것이다. 이는 어느 정도로 일부의 문제를 해결해 줄 것이다. 방금 말했던 문제는 큰 구역의 범위 내에서 쉽게 조율을 통해 해결할 수 있는 것이다. 하지만 구조가 커지면서 내부에는 아마도 여러 개의 부처로 나뉘어 권력을 이양받게 될 것이고, 원래처럼 다시 조율 문제가 대두될 것이다. 그러므로 이 방법은 문제를 완전 해결할 수 있는 묘약은 아니며 단기적으로 시행해 볼 수 있다.

미국에는 50개의 주가 있고 중국은 현재 30여 개의 성, 직할시와 자치구가 있다. 중국은 미국보다는 적은 편이다. 미국은 어떻게 일정한 수준에서 통합 문제를 적절히 해결했을까? 사실 미국의 모든 주는 스스로 권력을 가지고 있다. 일부 기본 헌법 같은 법률을 위반하지 않는 선에서 다른 많은 사항은 자체적으로 결정권을 지닌다. 그래서 필자는 두 번째 방법 또는 근본적인 해결 방법이 권력 이양이라고 생각한다. 하지만 권력 이양만으로는 부족하며, 모든 성이 스스로 이양한 권력을 거래할 수 있게 허가해야 한다. 예를 들어, 국가는 농경지 보호 제도를 계속 유지할 수 있다. 국가가 농경지의 총수량을 확보해야 하는 것에 대해 우리는 이해할 수 있다. 중국이 해외 식량에 의존해서 살면 안 되고 자체의 식량 주권이 있어야 하기 때문이다. 예를 들어, 국가가 보호해야 하는 농경지가 85%인 전제하에, 상하이와 안후이가 각자 자신에게 분배된 15%를 거래할 수 있게 하면, 상하이는 더 많은 농경지를 산업발전에 사용할 수 있을 것이다. 이를 위한 거래 메커니즘을 만들어야 할 것이다. 당연히 매우 복잡한 문제가 되겠지만, 앞으로는 반드시 만들어야 할 것이라고 생각한다.

앞서 많은 분들이 언급한 조율은 사실 같은 원리이다. 각 성과 시의 흥정은 상호 이익을 기반으로 이루어지는 거래이다. 권력을 점차 이양해야 하고, 중앙 20여 개의 부와 위원회의 각 권력에 대해서 어떤 부분을 이양해야 할지, 어떤 부분은 국가에서 계속 통제할지 고려해 봐야 한다. 또한 어떤 권력을 먼저 이양하고 어느 것을 나중에 할지, 그리고 권력 이양을 하지 않은 부분이 거래 가능한지 여부에 대해서도 함께 고려해야 한다. 권력을 이양하면서, 간부를 어떻게 평가할 것인지, 업무 성과를 어떻게 평가할 것인지도 고려해야 하는데, 이것이 더 큰 문제이다. 완전히 중앙정부에 의해 평가될 것인지, 아니면 국민들이 평가할 것인지, GDP 성장률로 평가할 것인지, 아니면 다른 평가 지표를 만들 것인지의 문제도 고려해야 한다. 필자는 이런 문제가 반드시 해결되어야 한다고 생각한다. 방금 여러 학자들이 많은 창의적인 견해를 내놓았다. 혁신은 사실 시장에 의해서 작동된다. 필자의 생각에는 상급 정부가 나서서 평가를 내린다면 혁신을 이루기는 더 힘들 것이라고 생각한다.

두 번째 방법을 어떻게 운영할 것인가? 필자는 아직 생각을 완전히 정리하지 못했고, 아마 이에 대해 명확하게 생각을 정리한 사람은 없을 것이다. 이렇게 큰 국가가 어떻게 기존의 많은 권력을 하나씩 이양할 것인가? 심지어 일부 권력은 성과 시가 자체적으로 거래하게 한다. 이렇게 한다면 궁극적으로 미국과 비교적 유사한, 상대적으로 완전한 시장 메커니즘으로 나아갈 수 있을 것이다. 당연히 미국도 모든 것이 완벽한 것은 아니며, 일부 권력은 완전히 이양하지 않아도 된다. 따라서 균형을 잘 잡아야 할 문제다. 중국의 경제학자, 특히 젊은 경제학자들이 이런 문제를 연구하고 해결에 나서서 중국 정부에 도움을 주길 희망한다. 필자는 정부가 대학교에서 이런 분야의 연구에 종사하는 학자들의 건의를 포함한 민간 싱크탱크의 의견을 많이 수렴하길 바란다.

쥐쉐진(左學金) 상하이사회과학원 연구원: 중국 경제는 현재 공업화에서 포스트 공업화로 전환되고 있다. 기존의 전통적인 요소에 의한 드라이브에서 기술 진보와 혁신 드라이브로 바뀌고 있다. 여기에서 '산업정책도 바뀌어야 하는가?'라는 중요한 문제에 직면하게 된다. 과거 중국의 산업정책은 이미 현재의 혁신적인 요구에 적응하지 못하고 있으며, 산업의 선택이 산업정책의 중점이 되어서는 안 된다. 과거의 산업정책은 사실 주로 기업과 외자 유치를 목적으로 하며, 요소를 집중시켜 공업 프로젝트를 이행했다. 중국은 저렴한 노동력·토지·환경 덕택에 빠른 성장을 이룰 수 있었다. 하지만 현재의 혁신 단계에서, 정부의 가장 중요한 역할은 혁신 메커니즘의 기반을 잘 닦는 것이다.

역사적으로 두 가지 유형의 산업정책이 존재했다. 하나는 일본의 초기 산업정책으로 우선적으로 발전할 산업을 선정하는 것이다. 일본은 중화학 공업을 선택했고, 금융과 재정적인 차원에서 전폭적인 지원을 제공했다. 미국의 관련 정책은 산업정책이라고 부를 수도 있고, 또한 경쟁 정책이라고도 불린다. 이것의 중점은 연구개발과 혁신을 장려하고 공평 경쟁을 장려하는 것이다. 미국의 대기업은 초기의 마이크로소프트처럼 쉽게 사람들의 공격과 반독점 조사의 목표가 될 수 있기에 순탄한 나날을 보내지 못했다. 하지만 미국은 기초교육이 잘 정비되어 있고, 12년 공립 교육은 모두 무상이고, 중학생이 실험을 하고 싶어한다면, 대학의 실험실을 사용할 수 있다. 이런 환경은 혁신에 큰 도움이 된다.

이 두 종류의 산업정책에 관해 과거에는 미국의 방식이 좋은가 아니면 일본의 방식이 좋은가에 대한 논쟁의 여지가 있었다. 처음에는 결론을 내리기 힘들었지만 1990년대 이후 비교적 명확해졌다. 미국의 산업 혁신이 일본보다는 훨씬 앞서갔기 때문이다. 한 국가의 경제가 점점 더 복잡해질 때, 정부는 더 이상 충분한 정보를 기반으로 미래 산업의 발전 방향을 파악할 수 없게 된다. 정부는 정보가 부족하지만 기업가는 정보를 가지고 있으며, 심지어 기업가들 사이에도 각기 다른 판단을 내리는 것이 현실이다. 진정한 혁신은 누구도 알 수 없고, 모두가 알고 있다면 그것은 혁신이 아니다. 아시아의 혁신에는 규범화된 틀을 깨는 혁신이 거의 없다는 결함이 존재한다. 애플이 만든 핸드폰을 화웨이나 샤오미도 따라 만들었다. 중국의 가전 생산량은 어마어마하지만 최초로 개발해 낸 가전은 없었다. 인터넷, 스마트 폰, 많은 사물은 규범의 틀을 깨고 탄생했다. 이런 사물은 아시아에서 만들어진 것이 아니다. 일본도 한국도 그저 남의 뒤를 따라갈 뿐이다. 하지만 미래의 진정한 혁신은 패러다임 내부의 혁신이 아니고 패러다임을 돌파하는 혁신이다. 진정으로 세계를 이끄는 것은 규범의 틀을 깬 혁신이며, 이런 혁신은 우리가 현재의 산업정책으로 만들 수 있는 것이 아니다.

중국은 과거에 산업에 너무 많이 매진했다. 만약 정책적 조정을 한다면, 핵심은 기초적인 부분에 주목해야 할 것이다. 기초교육이나 기초연구와 인프라가 바로 그것이다. 인프라에는 하드 인프라와 소프트 인프라가 포함되어 있는데, 전자에는 교통·통신·에너지, 후자에는 법치·제도·기업 경영 환경 등이 포함된다. 진정으로 이런 영역을 제대로 시행할 때에야, 중국의 혁신은 큰 잠재력을 가질 수 있을 것이다.

장강삼각주 지역의 조화로운 발전에서 중요한 문제는 각 지역 정부가 자체 산업에만 매진한 것이고, 그 결과 장강삼각주 전체에서 조율과 협력이 어려워졌다. 핵심은 행정적인 경계를 없애고, 적어도 장강삼각주 범위 내에서는 시장 진입, 요소 이동 등 시장 제도의 일체화를 이룩하도록 확보해야 한다. 모든 지역에는 각자의 장점이 있다. 만약 요소가 비교적 자유롭게 이동되면 요소는 자연히 어느 한 공간으로 모일 것이다. 이제는 우리의 산업정책에 대해 반성해야 하고 산업정책 전환을 통해 관련 정책이 경제 전환과 혁신의 수요에 충족할 수 있게 해야 한다.

제6장

향후 산업정책의 발전

산업정책에 관한 이론적 문제

핑신차오(平新喬)
베이징대학교 경제대학 교수

필자는 산업정책에 관해 두 가지 질문을 제시하고자 한다. 첫째, 많은 연구자들은 현대의 산업정책에서 경쟁 정책이 강조되어야 한다고 말한다. 하지만 경쟁에도 정책적 수단이 필요할까? 이것 자체가 모순적이다. 왜 지금 정책을 통해 경쟁을 만들려고 하는가? 경쟁을 자율화하면 경쟁은 자연스럽게 이루어진다. 둘째, 경쟁 정책이 정말 존재한다고 가정한다면 경쟁 정책을 본래 의미의 산업정책으로 볼 수 있는가? 이것은 산업정책의 개념과 관련된 문제이다. 본 논문에서 필자는 산업정책을 정의하고 분석하며, 산업정책의 선택과 비교우위 간의 관계에 대해 논의하고자 한다.

산업과 산업구조

현재 많은 연구자들의 산업정책에 대한 논의는 대부분 구체적인 산업정책과 연관되어 있다. 어떤 산업정책이 필요하고 어떤 산업정책이 불필요한지, 어떤 것이 성공이고 실패인지에 대해 논의하고 있다. 물론 산업정책에 대한 이런 구체적인 연구는 매우 중요하지만 필자는 산업정책에 있어 많은 기초적 이론이 아직 정립되어 있지 않고, 산업정책에 관련된 많은 문제에 대하여 경제학계와 정부 정책 결정권자들의 명확한 결론이 아직 내려지지 않았다고 생각한다. 현재 산업정책에 대한 중국 이론계의 논쟁은 사실상 커다란 방향성의 문제와 연관되어 있고, 경제 정책의 향후 행보와 연계되어 있다.

미국에는 산업경제학이란 학과가 없는 대신 산업조직학이 있다. 그리고 유럽과 일본에는 산업경제학이 있다. 필자는 미국에서 수학할 때 산업조직을 전공했고, 특히 산업 내부의 독점과 경쟁, 규제와 반독점 등에 대해 주로 연구했다.

산업정책을 연구하기 위해서는 무엇보다 산업정책에 대한 정의가 필요하다. 산업정책을 연구하기에 앞서, 기업과 산업을 확실히 구분하고, 산업과 산업구조에 대해 명확한 정의를 내려야 한다. 산업이란 무엇인가? 산업과 기업은 어떠한 관계가 있는가? 산업은 기업의 집합이지만 개별 기업의 단순한 총합으로 볼 수는 없다. 기업은 하나의 가정과 같고, 산업은 하나의 종족, 하나의 마을과 같다. 산업은 반드시 이렇게 사회적 조직으로 정의되어야 한다. 이런 조직은 기업의 총합일 뿐 아니라 공공재에도 포함된다. 같은 제품을 생산하는 기업은 한곳에 모여서, 하나의 문화 또는 공감대를 형성하거나, 하나의 명문화된 또는 명문화되지 않은 규율을 이룰 수 있다. 같은 제품을 생산하는 기업 간에는 암묵적인 규칙이 있고, 이런 규칙은 해당 부문의 공통적인 문화이자 공유되는 공공재이고, 공통된 사회적 자산이다. 이에 대해 확실히 구분해야 한다.

산업은 기업이 모여 이루어진 하나의 조직이고, 하나의 의사결정 주체가 될 수 있다. 계획경제에서의 각 산업 부처, 예를 들어 경공업부部, 석유부 등의 산업조직은 직접적인 자원 배분 권한을 가진다. 현재, 중국 교육부도 이러한 산업 의사결정 주체이며, '985'(중국 일류대학을 세계 명문 대학으로 만들자는 취지의 프로젝트-옮긴이) 프로젝트나, '쌍일류雙一流'(세계 명문대 건설 및 명문학과 건설 프로젝트-옮긴이) 프로젝트는 모두 중국 대학교 학과 발전에 직접적으로 영향을 미쳤고, 중국 산업구조의 형성과 변화에도 영향을 주었다. 산업은 업계 협회와 같은 조직으로 될 수도 있고, 산업 협회라는 형태에서 산업은 하나의 의사결정 주체가 된다. 현재 세계에는 OPEC 같은 석유 생산 수출 기구가 있고, 중국에는 전력협회와 같은 산업조직이 있다. 이는 가정·기업·정부의 의사결정 주체처럼 자원 배분에 직접적인 지배권을 가지지는 않지만, 여전히 자원 배분에 영향을 미친다.

해당 부처나 협회 같은 조직 형태가 없어도 산업은 기업의 집합으로서 공감대와 규범을 형성할 수 있다. 이런 공감대와 규범은 기업의 행위를 구속하고 이로써 산업 규모와 구조에 영향을 주지만, 산업정책이 있고 없음에 따라 해당 산업에 속한 기업의 대응은 달라진다. 산업정책이 없으면 기업은 시장가격에 직접적으로 반응하게 된다. 산업정책이 있을 경우에는 산업이라는 벽이 존재하기에, 기업은 시장가격에 간접적으로 반응할 수 있다. 기업에게 산업은 성벽과 같은 역할을 하며, 자연히 기업을 보호한다. 물론 대부분 상황에서 기업은 시장의 가격 변화와 기타 변화에 직접적으로 반응해야 하지만, 때때로 산업으로 형성된 장벽은 기업의 리스크를 낮추는 데 도움을 준다. 산업정책이 해당 산업에 속한 기업을 보호하는 것은 부인할 수 없으며, 이는 기본적인 이론 문제이다.

산업정책과 산업구조 조정의 관계를 연구하기 전에, 먼저 산업구조에 대해 정의해야 한다. 산업구조란 무엇인가? 산업구조는 산업 간의 구조와 산업 내 하위부문 간의 구조를 지칭한다. 산업구조에는 각기 다른 평가 잣대가 존재하는데, 대체로 두 분류로 나눌 수 있다.

첫째, 제품 간의 구조로, 각기 다른 제품이 수적으로 나타나는 비율을 말한다. 이것은 수평적인 측면에서의 제품 구조로, 궁극적으로 소비구조에 따라 결정된다. 시장경제 환경에서 이러한 산업구조는 반드시 시장 메커니즘에 의해 결정된다. 어느 부문 혹은 산업에 생산과잉 현상이 발생했고, 어느 부문에는 생산 부족 현상이 나타났다고 말할 때, 이런 현상을 직접적으로 표출한 형태는 바로 제품 수량에서 나타나는 구조의 비합리성이다. 이는 산업구조가 표출되는 하나의 형식이다.

   산업구조의 두 번째 표출 형식은 각기 다른 제품을 생산하는 생산능력 간의 구조이다. 산업구조는 제품 구조와 달리 어떤 제품 구조를 끊임없이 재생산해 내야 하는 능력 구조를 강조한다는 점에 더 깊이가 있다. 다시 말해, 산업구조는 일종의 동태적인 안정 상태를 강조하며 여기에는 반드시 상대적으로 고정적이고 변하지 않는 의미가 내포되어 있다. 산업구조는 수직적이며, 발전 과정에서의 강인함을 더욱 강조하는 것이다. 마치 사람이 성장하면서 성숙해야 하는 것처럼 어느 정도의 성숙한 상태에 도달하면 지속적으로 서비스를 제공할 수 있게 된다. 두 번째 의미의 표출 형태로 보면 산업구조는 하나의 용광로와 같다. 일단 만들어지면, 끊임없이 생산요소를 투입하여, 각기 다른 비율로 제품을 생산해 낼 수 있다. 산업의 능력 구조는 또한 인력 구조와 자본설비 구조로 나눌 수 있고, 능력은 육성되는 과정이 필요하다. 시장은 당연히 가장 기초적인 산업 육성의 기제이지만, 정부가 능력의 육성 과정에서 아무런 역할도 하지 않는 건 아니다. 산업 능력을 육성하는 정부의 수단이 바로 산업정책이기 때문이다.

넓은 의미의 산업정책

   산업정책은 넓은 의미와 좁은 의미로 나눌 수 있으며, 먼저 넓은 의미의 산업정책에 대해 이야기하고자 한다.

   넓은 의미의 산업정책은 무엇인가? 대체로 산업과 연관된 국가 정책은 모두 산업정책이다. 산업발전, 산업계획, 산업구조 변화와 연관되고 영향을 주는 정책을 모두 산업정책이라 부른다. 이 정의는 시장경제 국가와 개발도상국에 모두 적용된다. 산업과 연관된 정책은 매우 많으며,

크게 7종류로 나뉜다.

첫 번째는 과학기술 혁신 분야의 국가 정책으로, 주로 4개 기관과 연관되어 있다. 인재를 양성하는 학교, 국가 기초과학의 혁신 임무를 짊어지고 있는 과학원, 국민의 건강과 인류 미래 발전의 능력과 직접적으로 연계된 의학 기관, 국가 방위능력 및 미래 발전능력과 관계가 깊은 항공우주 기구이다. 이 4개 분야는 산업 발전과 분명한 연관성이 있다.

두 번째는 학습능력의 향상과 관련된 지원을 가리킨다. 여기서 학습은 기업, 개인, 정부와 여러 기관의 학습을 의미한다. 학습능력은 교육과는 구분된다. 학습능력에는 기업의 직원 교육정책 및 현장교육, 학교에서 진행되지 않은 학습이 포함되며, 이런 학습 과정에 영향을 주는 정책 또한 산업정책의 중요한 측면이다.

세 번째는 목적을 가진 산업 지원 정책이다. 정부는 산업정책(예를 들면, 합병 및 재편 정책)을 통해 회사의 거버넌스 구조에 영향을 주고, 기업의 발전 전략에도 영향을 줄 수 있다. 『중국 제조 2025』에는 일련의 산업 리스트와 제품 리스트가 제시되었고, 무수한 구체적인 프로젝트, 부수적인 자금 지원과 정책적 우대 등도 포함되어 있다.

네 번째, 성과 평가와 경쟁과 관련된, 즉 인력 및 기업 능력의 세대교체와 연관된 산업정책이다. 대학의 교수에 대한 평가처럼 기업 성과에 대한 평가 또한 산업정책으로 볼 수 있다. 예를 들어, 어떤 철강 회사를 문 닫게 할지, 어떤 석탄 회사를 문 닫게 할지를 결정하기에 앞서 산업 내부적으로 기업 성과에 대한 평가를 진행한다. 정부는 종종 자동차 배기가스 배출 기준과 같은 다양한 산업 기준을 제시할 수 있다. 기준을 제정하고 개정하는 것 역시 중요한 산업정책이다.

다섯 번째, 장려 기제와 관련된 산업정책이다. 장려 기제에는 장려와 임금 지급뿐만 아니라 더 중요한 것은 가격과 세수정책도 포함된다. 국가가 어느 지역에서 가격을 인상시키고 어느 지역에서는 감세를 진행할 것인지에 대한 결정은 산업 배치와 구조에 영향을 준다.

여섯 번째, 선택적인 기제, 즉 반독점·반트러스트를 말한다. 예를 들어, '빈곤 지역에 있는 기업을 상장시켜야 하는가? 빈곤 지역에 있는 기업의 상장에 우선권을 줘야 하는가?' 이와 같은 문제는 모두 선택적인 기제이다.

일곱 번째, 정보의 이동과 소통에 관한 것이다. 예를 들어 인터넷 기업의 금융업계 진입을 개방해야 하는가? 개방한다면 어느 정도까지 개방할 것인가? 정보는 어느 정도로 제한할 것인가? 어느 단계에서 정보의 공유를 허가할 것인가? 이 모든 것은 인간의 경제 활동에 심각한 영향을 미치고 기업의 투자와 창업 선택에 근본적인 영향을 준다.

대체적으로, 산업과 연관된 정책은 모두 넓은 의미의 산업정책 범주에 포함된다. 여기에 아직 무역정책은 포함되지 않았다. 사실 무역정책, 관세정책 역시 산업과 연관성이 있으므로 산업정책이라 할 수 있다. 산업 발전과 연관성이 있는 정책 모두 넓은 의미에서 산업정책의 범주에 속한다고 할 수 있다. 현재 지구상의 모든 국가가 넓은 의미의 산업정책을 시행하고 있으나, 시행 정도와 방식에서 조금씩 다를 뿐이라고 필자는 생각한다.

미국도 예외는 아니었다. 2016년 국가 인터넷 제조에 관한 창업 계획은 구체적인 핵심기술의 창조 플랫폼을 확정했고, 이는 산업정책의 범주에 포함되어야 한다. 하지만 여기서 필자는 지식이 어떻게 창출되었는지를 짚고 넘어가고 싶다. 이 과정은 시장도 정부도 조율하게 해서는 안 된다. 지식이 창출되기 이전에, 정부는 투자를 확대할 수 있다. 예를 들어, 정부가 베이징대학에 매년 20억 위안을 투자하여 지식을 창출하라고 할 수 있다. 항공우주, 미사일, 항공모함이 필요할 경우, 정부는 방향을 제시하고 규제가 완화된 환경을 제공할 수 있다. 이 또한 산업정책에 속한다. 과학기술 진보에 대한 장려 역시 산업정책의 일환이며,

이런 산업정책은 세계적으로 가장 선진적인 시장에도 필요하다. 필자는 연구개발에 대한 정부의 일반적인 지원과 자금적 지원 역시 넓은 의미의 산업정책이라고 생각한다. 넓은 의미의 산업정책은 모든 국가에서 시행되고 있다.

필자는 지식 창출에는 불확실성이 많다고 강조하고 싶다. 시장은 확실한 권리 거래만 할 수 있으며, 불확실한 것이 만약 시장에서 거래된다면 실패할 가능성이 높다. 독자적 혁신처럼 많은 부분은 시장에만 맡겨서는 안 된다. 하지만 기술이 만들어진 후에 성과가 나타나고 경계가 분명해질 경우, 일례로 특허나 기술 성과는 시장에서 거래할 수 있게 된다. 시장은 그저 경계를 짓는 역할을 한다. 불확실한 것에 대해 시장은 예측할 수 있고, 그 예측으로도 거래할 수 있으며, 이런 시장 거래의 주 원동력은 불확실한 연구개발에 융자를 제공해 주는 것이다. 하지만 시장 기제는 현재로서는 아직 지식 창출 과정에 개입할 수 없다. 지식 창출의 측면에서 정부가 시행하는 넓은 범주의 산업정책은 매우 중요하고, 때로는 결정적인 역할을 한다.

좁은 의미의 산업정책

지금부터는 좁은 의미의 산업정책에 관해 이야기하고자 한다. 필자는 장웨이잉(張維迎)·린이푸(林毅夫) 교수가 토론했던 산업정책, 일본과 동아시아 일부 국가와 지역에서 강조하는 산업정책이 모두 좁은 의미의 산업정책이라고 생각한다.

좁은 의미의 산업정책이란 무엇인가? 세계 1등이 아닌 모든 국가, 특히 개발도상국 정부가 시행하고 국가와 개별 기업의 지식 축적과 능력 축적에 영향을 주는 산업정책이야말로 좁은 의미의 산업정책이라 할 수 있다. 이런 산업정책의 특징은 국가와 기업 및 산업 성장에 도움을 준다는 것이다. 기업 간의 수평적인 관계보다는 기업과 산업의 수직적이고 동태적인 발전 간의 관계에 영향을 준다. 이런 산업정책의 영향력은 정적이라기보다는 동적인 것이며, 단기 목표에 중점을 두지 않고, 기업·산업·민족·국가의 장기적 전망을 중시한다. 올해가 작년보다 낫고, 내년이 올해보다 더 낫게 하고, 안정적으로 선진국을 추월하게 하며, 추월하는 과정에서 국민의 복지에 나쁜 영향을 미치지 않게 할 뿐만 아니라, 사회구성원 전체가 발전의 성과를 누릴 수 있도록 해야 한다.

중국이 지난 30여 년 동안 시행한 산업정책을 포함하여 동아시아와 라틴 아메리카의 산업정책까지 모두 좁은 의미의 산업정책이라고 필자는 생각한다. 해당 산업정책은 모두 지식·능력·자본을 축적하게 하고, 기업과 산업 능력과 국가 경쟁력이 향상하게 만들었다는 특징이 있다. 일부 OECD 국가 중 특히 유럽 국가들이 시행한 산업정책 또한 좁은 의미의 산업정책이다.

세계 최고 수준의 선두적 지위를 가진 국가를 제외하고 나머지 모든 국가들은 선진국의 지위를 갖기 전에 추월 과정에서 산업정책을 시행해야만 한다. 이런 좁은 의미의 산업정책은 발전 과정에서 생략될 수 없는 요소이며, 이는 린이푸 교수가 주장하는 바이자, 우리가 산업정책을 연구해야 하는 이유이다. 이런 좁은 의미의 산업정책에는 보호무역, 정부 투자, 국가 보조금, 정부 협찬, 금융 지원 등이 포함되어 있으며 현재 열띤 논쟁의 대상이다.

좁은 의미의 산업정책은 크게 4부류로 나눌 수 있다. 첫 번째, 추월 과정에서 핵심기술 프로젝트의 연구개발에 대한 지원이다. 두 번째, 보호무역이다. 세 번째, 구체적인 산업발전 프로젝트 및 목표에 대한 국가의 지원이다. 네 번째, 국가 전체가 협동하여 외부 위험을 막는 것이다. 물론 미국 정부라 해도 산업이 외부 리스크에 저항하는 데 도움을 제공할 필요가 있다. 따라서 이와 같은 산업정책은 실제로 개발도상국과 선진국에 모두 필요하고, 넓은 의미의 산업정책에 속한다. 하지만 발전 과정에서 보건과 금융 발전, 기초 인터넷 분야에서 정부의 투자는 추월 전략에 복종할 경우에는 좁은 의미의 산업정책으로 분류해야 하는 것이다. 그래서 첫 번째와 네 번째 이 두 가지는 필자가 말한 좁은 의미의 산업정책 범주에서 벗어날 수 있다. 하지만 '추월 전략에 복종할 경우'라는 전제를 덧붙인다면, 필자가 내린 정의는 제대로 범주를 포괄한 것이다.

지금까지 미국에는 산업경제학이라는 학문이 없다. 대신 산업조직 이론이 있다. 산업 연구개발(R&D) 이론은 산업조직 이론의 한 부분에 속하지만, 산업정책이란 용어를 사용하지 않는다. 미국 정부도 물론 어떤 계획이 있고, 여러 가지의 펀드로 산업정책을 추진하고 있지만 추월 단계에 있는 국가만큼 강도 높은 수준이 아니다.

좁은 의미의 산업정책의 시행은 실제로 비非시장 방식 또는 반反시장 방식으로 산업의 성장과 육성에 영향을 주고, 산업구조의 형성과 변화 및 조정에 영향을 줄 수 있다. 좁은 의미의 산업정책 자체가 지닌 정의에 따르면 일반적으로 반反시장의 성격을 가지며, 한 발 양보한다고 해도 비非시장적인 성격을 가지고 있다고 필자는 간주한다. 산업의 구조 변화에 영향을 주는 여러 정책을 포함하여 산업정책은 사실 하나의 메커니즘이다. 이런 정의는 반反고전경제학적이다. 애덤 스미스는 시장의 분배 메커니즘을 강조하는 학파를 만들었고, 그는 18세기 당시 영국이 시행했던 산업정책을 비난했다. 널리 알려진 애덤 스미스의 '보이지 않는 손'은 『국부론』의 1·2편에서 나온 것이 아니며, 1·2편에서 그는 가치이론과 자본이론을 설명했다. 스미스는 『국부론』의 하권에서 당시 영국의 산업정책에 대해 비판할 때 '보이지 않는 손'이라는 경제학의 가장 유명한 논지를 명확히 내세웠다.

오늘날까지 러시아, 일본 또한 산업정책의 길을 걷고 있다. 1980년대 『일본과 러시아의 현대화』라는 유명한 책이 나왔는데, 좁은 의미의 산업정책이 후발 주자인 자본주의 국가가 추월 전략을 시행하는 과정에서 발휘하는 역할에 대해 서술했다. 이는 산업정책의 기원이다. 따라서 산업정책과 시장 메커니즘은 대립의 양상을 보이지만, 이는 국가의 성장·경제 발전·시장의 성장과 육성 과정에서는 합쳐질 수 있다. 17~18세기 영국, 17세기 중엽에서 18세기 중엽까지의 프랑스는 모두 산업정책으로 글로벌 시장에서의 확장을 지원한 적 있었고, 일본과 독일 그리고 일부 후발 시장경제 국가 또한 산업정책으로 시장 시스템을 육성하고 확장했다. 시장이 비교적 성숙한 수준에 도달하자 고전경제학이 대두되었고, 고전경제학은 산업정책을 비판했다.

현재『중국 제조 2025』 계획이 포함된 중국 산업정책의 목록 및 발전을 독려해야 할 산업 리스트, 제품 리스트 배후에 있는 세부적인 금융·재정·토지·세수·수출입 무역 등 부대 정책은 과거 프로이센의 리스트(Friedrich List)의 주장과 일치한다. 산업정책은 특히 추월 국가에서 그 의미를 가지고 있지만 분명 부작용도 존재한다. 장웨이잉 교수가 이를 비판한 이유는 시행 과정에서 나타나는 짙은 계획경제의 색채 때문이었다. 필자는 이러한 방향성이 지양되어야 하며 국가의 성숙과 발전에 따라 이러한 종류의 산업정책 또한 점차 사라져야 한다고 생각한다. 일부 좁은 의미의 산업정책을 시행해야 하는 이유는 개발도상국이 추월 목표를 달성하는 과정에 나타나는 시장 메커니즘의 기능 상실에서 비롯되었다. 하지만 우리는 분명 다른 측면도 살펴봐야 한다. 즉, 협의의 산업정책을 시행할 경우 시장경쟁 메커니즘의 성장을 억압할 수 있고 산업 보호 자체의 악순환을 만들 수도 있는 것이다. 예를 들면, 정부가 어떤 특정 산업을 보호한다고 하자. 그 결과 낙후된 산업을 보호하고, 더 강력한 보호정책을 시행하여 '보호의 함정'에 빠지게 되는 상황이 발생한다. 산업정책은 분명 '산업정책의 함정'을 가져올 수 있다.

필자는 얼마 전 무역에 대해 연구하면서 그 안에 많은 '꼼수'가 존재하는 것을 발견했다. 예를 들면 관세·무역 쿼터에서의 지표 분배 측면에도 숨은 거래가 있다. 큰 국유기업에는 많은 지표가 있고, 다 사용하지 못하면 민간기업에 양도할 수 있다. 동일한 지표가 국유기업에서는 항상 남아돌고 민간기업에 항상 부족하다는 사실을 발견했다. 발전경제학에는 하나의 기본적인 법칙이 있는데, 산업을 보호하면 반드시 지대 추구가 발생한다는 점이다. 누군가는 이를 이용하여 이익을 얻으려 할 것이고, 이는 부패 문제를 야기한다. 중국 18차 당黨대회 이후 부패 척결 조치는 산업정책의 공정성에 하나의 동력이 되었다. 산업이 공정해지면 기존의 좁은 의미의 산업정책 또한 없어진다. 그래서 시장화라는 방향과 좁은 의미의 산업정책은 대립하는 개념이다. 우리의 시장경쟁정책은 사실상 산업정책의 퇴출을 의미한다.

좁은 의미의 산업정책은 필요한가?

이 문제는 실제로 정부, 시장 그리고 산업정책의 관계와 연관되어 있다. 추월 과정에서 좁은 의미의 산업정책을 시행했으니 산업정책에서 정부의 역할을 부인할 수 없다고 필자는 생각한다. 필자 개인적으로 발전 과정에서, 그리고 추월 과정에서는 좁은 의미의 산업정책을 시행할 필요가 있다고 생각한다. 산업정책에 대한 장웨이잉 교수의 비판은 좀 극단적인 경향이 있지만, 장웨이잉 교수 외에 많은 학계 동료들도 린이푸 교수의 관점에 동의하지 않는다. 그들은 시장이 역할을 하게 해야 하고, 중국의 경제 문제가 주로 장려 메커니즘에 있고, 이 문제를 해결할 가장 이상적인 방식이 바로 시장이라고 주장한다.

좁은 의미의 산업정책과 정부가 이를 시행해야 할 필요성에 대해 3가지 측면에서 이야기하고자 한다.

첫째, 중국의 산업경쟁력을 향상시키는 과정에서 장려만으로는 부족하다. 산업의 성장 과정에서 기업 투자와 기업에 대한 장려에만 의존해서는 국가 성장을 촉진하기에 부족하기 때문이다. 국가의 성장에는 정부의 투자와 공공자본 그리고 사회자본이 모두 필요하고 기업 자체의 힘으로는 이 목표를 달성하기 어려울 수 있다. 정부, 목표와 방향성이 명확한 산업정책, 그리고 정부 프로젝트가 있어야 추월 목적을 달성할 수 있다.

둘째, 시장에만 의존해서 경제를 발전시키자는 관점은 시장자원 배치의 효율성을 바탕으로 한 것이다. 하지만 실제로 효율성에는 3가지 기준이 있다. 첫째, 자원배분 기준, 둘째 혁신 효율, 셋째 성장 효율이다. 산업정책에 따라 지원받은 과학 연구 프로젝트가 일단 시장에 나오게 되면 파산할 가능성이 크다. 기초과학 연구 프로젝트는 시작할 때 시장에서 가격을 책정하기 힘들다. 시장의 배분이란 기준만 가지고는 부족하다는 말이다. 하지만 이런 과학 연구 프로젝트는 성장 효율과 혁신 효율을 가져올 수 있다. 이것이 바로 정부의 역할을 부정할 수 없는 두 번째 이유이다.

셋째, 만약 발전 과정에서 산업 보호조치나 정부의 산업정책 없이 국제 시장의 리스크를 혼자 감당하게 한다면, 기업은 순식간에 무너질 것이다. 그렇기 때문에 산업정책의 보호가 필요하다.

하지만, 비교우위를 기반으로 우위 산업을 선택하자는 주장에 대해서 필자는 회의적이다. 상대적인 우위의 경우 이야기는 또 달라진다. 타인과 비교하는 절대적 우위와 달리 자신과 비교하는 상대적 우위에 대해 필자는 찬성하는 것이다. 필자가 진행한 연구에 따르면, 2004년 중국이 수출권을 기업에 이양한 후, 어느 기업이 비교우위를 갖추었는지, 어느 영역에 비교우위가 있는지, 어떤 제품이 비교우위를 갖추었는지에 대해 기업이 정부보다 더 명확히 알고 있었다. 즉, 기업이 자체의 비교우위를 스스로 파악할 수 있는 것이다. 기업은 무역 자주권을 수여받은 이후 자아 인지능력을 충분히 활용하여 자체적인 장점을 표현할 수 있을 것이다. 중국의 비교우위는 2004년 이후 수출무역의 관점에서 보면 과거보다 큰 폭으로 성장했다. 따라서 비교우위는 국가가 정해서 될 문제가 아니다. 물론 정부 또한 비교우위를 거론할 수 있지만, 일반적인 상황에서 기업만큼 명확히 파악할 수 없어, 사후약방문식의 역할만을 할 뿐이다. 이런 상황에서 만약 한 나라의 산업구조 선택이 비교우위를 기반으로, 정부에 의해 선택된다면, 필자는 이런 방식에 대해서는 회의적인 태도를 견지한다.

발전주의의 갈림길
― 산업정책 관리의 정치경제학

구신(顧昕)
저장대학교 공공관리대학 교수

　산업정책을 둘러싼 린이푸 교수와 장웨이잉 교수의 설전은 중국 경제학계와 공공정책학계에 큰 반향을 불러일으켰다. 장웨이잉 교수는 모든 형식의 산업정책을 철폐해야 한다고 주장했고, 린이푸 교수는 산업정책은 필수불가결하다고 주장했다. 산업정책을 둘러싼 논쟁은 미디어를 통해 '중국의 미래와 관련된 토론'[양쥔(楊軍), 2016]이라고 소개될 만큼 주목을 받았으며, 새로운 세기의 '문제와 관념에 관한 논쟁'이라고 불리기도 했다.

　이번 논쟁에서 언급된 문제는 매우 많지만 정부와 시장의 관계 및 정부 역할의 포지션은 경제학에서 영원히 논의될 주제 중 하나이자, 발전정치학과 발전사회학에서도 주목하는 핵심 논제이다. 이 문제를 둘러싼 논쟁의 주요 대립각은 두 이데올로기, 즉 자유주의와 발전주의이다.

　자유주의 또는 시장자유주의는 줄곧 주류 경제학이 신봉하는 이데올로기이다. 발전주의는 발전정치학과 발전사회학 연구 영역의 매우 중요한 부분이며, 관련된 이론 구축과 경험 연구가 다양하다. 아울러 발전주의의 핵심은 정부주도형 발전 모델에 이론적인 근거를 제공해 주는 것이다. 하지만 발전주의가 발전 과정에서 많은 풍파를 겪었고, 오늘날 역시 전환의 갈림길에 서있다. 이에 본문에서는 9가지 방면에서 발전주의의 이론적 근거를 정리하고 산업정책 관리와 관련된 정치적·경제적 요인에 대해 이야기하고자 한다.

산업정책이 닿지 않는 곳이 없다 해도 과언이 아니다. 그렇다면 산업정책은 과연 효과가 있는가?

산업정책 폐기론을 폐기해야 하는가?

무無정부주의를 인정하지 않는다면, 산업정책 폐기론은 현실 세계와 동떨어진 주장일 뿐이다. 이러한 사실은 개발도상국에 속한 추월형 국가뿐만 아니라, 선진형 국가에도 적용된다. 상대적으로 선진국의 산업정책은 규모가 크지는 않지만, 더 효율적이고 합리적이다(Buigues and Sekkat, 2009). 산업정책이 그다지 주목을 많이 받지 못한 미국에서도 연방정부나 지방정부나 막론하고(Eisinger, 1990) 산업정책을 시행한 흔적을 곳곳에서 찾아볼 수 있다(Mazzucato, 2014).

산업정책이 없는 곳이 없고, 폐기하기 어렵다는 사실을 인정하는 것은 그저 현실을 기반으로 한 생각일 뿐이지 산업정책이 항상 합리적이고, 유용하며, 유익하다는 말은 아니다. 많은 사람은 산업정책이 다른 나라에서는 잘 이행되는데 왜 중국에서는 잘 이행되지 않는지 의심을 품고 있다. 하지만 사실적 존재는 산업정책 '폐기론'이 성립하지 않는다고 증명할 수 없고 그저 현실과는 부합하지 않는다는 것만 설명할 뿐이다. 독일의 철학자 헤겔은 "존재 그 자체가 합리적이다."라는 말을 한 바 있다. 그 말을 뒤집은 구절도 매우 설득력이 있다. 즉 "존재한다고 다 합리적인 것은 아니다." 그렇지 않으면 세상의 모든 개혁은 다 '폐기' 대상이지 않은가.

산업정책의 필요성을 증명하려면 '어디에든 존재한다'는 보편성, 또는 '다른 국가는 모두 시행하고 있다'라는 논리보다 더 설득력 있는 이론적 근거가 필요하다. 제임스 로빈슨James Robinson은 "우리는 충분한 이유로 경제학 이론에서 산업정책이 사회의 필요에 의한 것이고 경제 성장과 발전을 촉진할 수 있다는 결론을 내렸다(로빈슨, 2016)."라고 했다. '필요론'의 근거는 장황한 말보다는 시장의 '기능 상실'이란 4글자면 충분하다. 신고전종합파가 인정하는 2가지 기능 상실, 즉 외부 효과와 공공재가 산업정책의 필요성과 밀접히 연관되어 있다는 점은 모두가 잘 알고 있다.

특히 눈여겨봐야 할 점은 적극적인 정부개입주의의 제창자인 조지프 스티글리츠Joseph Stiglitz가 직접적으로 경제학 이론에서 산업정책의 근거를 논술했고, 지식의 혁신·확산·발전에 있어 시장의 기능 상실이 가장 핵심적인 근거라고 지적했다는 것이다. 한편으로 신흥 산업의 발전 및 기존 산업의 고도화는 모두 혁신과 관련이 있고, 새로운 지식의 생성과 전파 모두 공공재의 특징을 가지고 있으며, 혁신 과정 자체에 시장의 기능 상실이 충만하고 있다. 이 모든 것은 산업정책의 필요성에 이론적인 토대를 제공한다. 다른 한편으로 산업정책 시행 방식에서도 정부의 혁신이 필요하다. 특히 중요한 것은 산업 발전 과정에서 새로운 시장의 기능 상실을 어떻게 판별해 내며, 어떻게 적절한 방법으로 이 문제를 보완하고 시정하느냐에 있다(Stiglitz, 2002).

많은 학자는 산업정책이 필요하더라도 모방형 산업과 경쟁형 산업에만 국한되며 혁신형 산업에서는 절대로 역할을 발휘할 수 없다고 생각한다. 혁신형 산업의 빠른 성장은 시장 메커니즘의 장려 작용 속에서 기업가의 발명과 혁신에 의존할 수밖에 없고, '창조적 파괴'의 과정을 통해 경제를 발전시킨다. 정부는 결코 옥석을 가릴 수 있는 혜안을 가지고 있지 않다. 즉, 새로운 사물이 아직 창조되어 나오지 않은 상태에서 수많은 사람 중에 혁신가를 찾아낼 수 없다는 말이다. 그리고 진정한 의미의 혁신형 산업이라 하더라도 정부는 혁신가를 판별해 내기가 힘들다. 그렇다고 정부가 혁신을 장려하기 위해 일정한 산업 범위를 기반으로 특정한 정책을 제정해서는 안 됨을 의미하는 것은 아니다. 산업정책과 혁신 정책의 융합은 확실히 국제 학계에서도 가장 전방에 놓인 연구 분야이다(Bianchi and Labory, 2006).[1]

신자유주의의 제한적인 정부 기능론, 중국에서는 여전히 보기 드문 견해이다

린이푸 교수는 '유능한 정부론'을, 장웨이잉 교수는 '제한적 정부론'을 주장한다. 필자는 '제한적 정부론'이라는 고견이야말로 '유능한 정부론'의 기반이라고 생각한다. 유능한 정부에서 가장 중요한 것은 바로 권리를 보장하고(특히 재산권), 계약을 지키며, 안정을 유지하고(거시경제 안정 포함), 공공재를 제공하며 사회적 평등을 촉진하는 것이다. 이런 몇몇 분야에서 정부가 적극적인 역할을 하는 것이 바로 유능한 정부의 핵심이다. 이런 정부의 기능은 바로 신자유주의가 정의한 것이다.

발전정치학과 발전사회학 분야에서 많은 학자가 신고전주의에 대한 반대를 표명하면서, 시장의 힘과 시장 메커니즘의 적극적인 역할에 대해서도 많은 의문을 품게 되었다(Weiss and Hobson, 1995). 하지만 린이푸 교수의 생각은 달랐고 '유능한 시장론'에 동의했다. 중국 경제가 지난 30여 년 동안 급성장할 수 있었던 진정한 비결은 시장의 힘이 정부의 억압에서 점차 벗어났기 때문이라고 생각한다. 이 점에 있어 '시장화'를 비판하는 견해에 대해 필자는 반대를 표한다. 시장 메커니즘은 중국에서 아직 제대로 자리잡지 못한 상황이다. 원관중(文貫中)의 주장처럼, 중국의 시장화는

---

[1] 이 책엔 여러 편의 논문이 수록되어 있어 산업 정책에 관한 과학 정책, 기술 정책과 혁신 정책이 토론됐다.

이미 지나간 것이 아니라, 아주 미흡한 상황이었다(文貫中, 2016).

시장 메커니즘의 발전과 성장의 핵심은 제도의 구축에 있다. 그리고 제도 구축은 비非정부적 힘에 의해 추진되지만, 궁극적으로 정부에 공을 돌릴 수밖에 없다. 시장제도 수립의 핵심은 탈脫행정화에 있지만, 탈행정화는 행정 역량으로만 실현될 수 있다. 필자는 이를 '탈행정화의 모순' 또는 '탈행정화의 패러독스'로 표현하고자 한다. 행정의 힘이 못 미치는 곳이 없고, 안정성 유지가 정책 시행의 중점이라는 것은 이상할 것이 없다. 하지만 정책 시행자가 충분한 동력을 가지고 권리 보장, 계약 준수, 공공재 제공과 사회적 공정 촉진에 있어 적극적인 역할을 했는가에 대해서는 생각할 부분이 많다.

제한적 정부론의 정수는 모든 정부는 인지능력이나 재정능력이나 할 것 없이 모두 제한적이기 때문에 아무 역할도 하지 않아야 비로소 제대로 된 역할을 할 수 있다는 데 있다. 중국은 현재 권리 보장, 계약 준수, 공공재 제공, 사회 공정 촉진(특히 사회보장) 이 네 가지 분야에서 정부가 적극적인 역할도 유능한 역할도 하지 못하는 상황이 여전히 비일비재하다. 이런 배경 속에서, 정부가 산업정책에서 적극적인 역할을 하도록 힘껏 촉진한다면, 공공자원의 최적화 분배라는 관점에서 보았을 때, 가장 이상적인 결과는 결코 얻지 못할 것이다.

산업정책이 유용한가는 거짓 명제가 아니다

산업정책이 유용한가는 산업정책에 관한 논쟁에서 기본적인 이슈이다. 당연히 이 문제는 단순히 실패와 성공의 비율을 '30% 대 70%' 또는 '20% 대 80%'처럼 분류하는 방식으로 평가할 수 없다. 산업정책의 실패 사례는 여기저기에서 찾아볼 수 있지만 성공 사례는 새벽별처럼 드물다. 논리적으로 산업정책 사례에서 성공은 소수이고, 실패는 다수라고 할 수 있지만, 그렇다고 산업정책이 필요 없다고 단정할 수는 없다.

유용한지 여부는 성공처럼 보이는 모든 사례를 분석해야 알 수 있다. 정성적인 방식과 정량적인 분석법 가운데 어떤 방식을 사용하든 산업정책과 산업 발전 간의 상관관계와 인과 관계에 대해 확실히 구분해야 한다. 하지만, 이것은 머리로는 알아도 행동으로 실천하긴 여간 어려운 일이 아니다. 1997년, 스티글리츠와 유서프는『동아시아 기적에 대한 재고』라는 책을 편저했는데 대부분 챕터에서 기술적인 연구 성과를 인용했고, 산업정책의 유용성에 대해 강력한 의구심을 제기했다. 하지만 스티글리츠는 결론 부분에서 다시 인용한 기술적인 연구 성과에 대해 의구심을 표명했다(Stiglitz and Yusuf, 2001). 이를 통해 산업정책 유용론에 대한 학술계의 실증 연구 노력이 여전히 수행되어야 할 부분임을 알 수 있다.

여전히 중요한 산업정책의 경계 규명

산업정책 찬성파가 생각하는 '산업정책'과 회의론자들이 의구심을 품는 '산업정책'은 항상 서로 다른 차원의 문제이다. 전자는 종종 지적재산권의 보호, 기초과학 연구에 대한 정부의 지원조차 산업정책으로 본다. 이러한 정부 지원은 혁신과 과학 연구가 사회적 효과, 즉 경제학자들이 이야기하는 '긍정적인 외부 효과'를 가져올 수 있기 때문이다. 이것은 사실상 신자유주의자도 인정하는 정부의 기능에 속한다. 티옌궈창(田國强) 등 학자들은 이에 따라 린이푸 교수가 설정한 산업정책의 범위가 너무 넓다는 의심을 제기했다.[2]

---

2 텐센트 원자(atom) 싱크탱크 보도 참고, http://finanace.qq.com/original/yzxs, LTPK, html

물론 모든 정의의 경제에는 일정한 범위가 존재하며 이로 인해 '다른 사물'과 중복되는 부분이 생기기도 한다. 하지만 '유능한 정부'를 거론하기에 앞서, 정부의 유능한 역할의 경계를 명확히 하고, 분석의 관점에서 과학기술 정책, 혁신 정책, 산업정책을 구분할 필요가 있다.

승자 선정부터 서비스 제공까지 산업정책을 시행하는 선택에도 변화가 필요하다.

폐기할 수 있는 '승자 선정론'

린이푸 교수 변론의 기초는 신구조경제학이고, 이는 비교우위 이론에 근거하여 성장 잠재력을 가진 산업을 선별하고 국제적으로 통용되는 '승자 선정'을 '1등 선정'으로 바꾸는 방법에 연구의 중점을 두고 있다(린이푸, 2012). 하지만 이 중점 연구 내용에서 선정 문제에 대해서는 논의할 여지가 있다.

이런 토론은 중국 학술계에서도, 세계 발전학술계에서도 전개되고 있다. 2009년, 영국 『발전정책 리뷰』라는 학회지의 주최로, 산업정책이 비교우위 이론에 따라야 하는지에 관해 케임브리지대학의 한국계 학자인 장하준 교수와 린이푸 교수가 논쟁을 진행했다. 장하준 교수는 신자유주의를 비판하는 급선봉이자 발전형 정부와 산업정책의 열성 지지자이지만, '승자 선정'의 요점이 비교우위 이론을 잘 알고 있는 데에 있다고는 생각하지 않았다. 일례로 비교우위 이론에 따른다면, 박정희 전 대통령은 절대로 전폭적으로 전자·자동차·조선·철강 산업이 아닌 김치 산업의 발전에 주력해야 했기 때문이라고 덧붙였다(Lin and Chang, 2009). 린이푸 교수 또한 정태적인 비교우위 이론을 근거로 '승자 선정'을 할 수 없다는 관점에는 동의했지만, 기존의 비교우위를 근거로 진행하면서도 기존의 요소부존 법칙을 뛰어넘어야 한다는 변증법적 주장으로 마무리를 지었다(린이푸, 2012).

발전경제학의 대가인 로드릭은 린이푸 교수가 주장한 필수불가결론에 대해 동의하면서 산업정책의 적극적인 역할을 매우 중시하는 신구조 경제학의 성향에 대해 칭찬을 아끼지 않았다. 하지만 비교우위를 선별하는 부분에서 린이푸 교수가 기울인 노력에 대해서는 이해할 수 없다는 의견을 내놓았다. 로드릭 교수는 어느 버전의 비교우위론을 채택해도, 산업정책의 시행에 어떠한 방향도 제시할 수 없다고 말했다.

사실, '승자 선정'의 더 큰 위험성은 산업정책 제정자와 집행자를 현대판 제갈공명이라고 가정을 짓는 행위이다. 이는 발전정치학과 발전사회학에서의 '발전형 정부' 학파에서 더욱 확연히 드러난다. 해당 학파 이론에 따르면 '발전형 정부'는 강한 '국가 자주성'을 가지고 있으며, 즉 사회 이익 집단과 일정한 거리를 유지하고 현명한 사람을 선발하고 재능과 품행을 겸비한 전문 인사를 임용하여 경제 관료 기구를 구성, 독립적이고 자주적으로 미래지향적인 발전 전략을 제정해 낸다는 것이다(Woo-Cumings, 1999). 나아가 '발전형 정부'는 일부러 '가격 실수'를 통해 제한적인 자원이 경제 전반의 장기적 발전을 촉진시킬 수 있는 전략적 산업 안으로 이동할 수 있게끔 유도했다고 주장한다(Amsden, 1989).

하지만 이후 발전주의 학자는 스스로조차 자신들이 만든 전지전능하고 불굴의 혁신 의지를 가진 선구자를 신뢰하지 못했다. 이에 그들은 말을 바꿔 발전형 정부의 제도적 특징은 국가의 자주성뿐만 아니라 정부가 발전 전략과 정책을 사회와 기업에서 반영하고 이행할 수 있는 제도화 경로가 존재하는지에 달려 있다고 강조했다. 소위 말하는 '배태된 자율성(embedded autonomy, Evans, 1995)'이다. 제갈공명은 고귀하고 기품 있으면서도, 상황 파악에 정통하고 사회 저변에 깊이 들어갈 수 있으며 전략적 사고를 현실에서 이행할 줄 아는 사람이어야 한다. 하지만 실제로 이 모든 기준에 부합한 사람이 존재한다면 그는 제갈공명이 아니라 하늘에서 내려온 부처일 것이다.

유효한 산업정책에 대한 발전주의자들의 지지는 지나칠 정도로 눈부시다. 이 점에 있어 자유주위자인 장웨이잉 교수의 주장은 핵심을 간파했다. 장 교수는 산업정책은 기본적으로 정부의 도박 행위이며, 성공적인 산업정책은 그저 한때의 운이 좋았을 뿐이라고 말했다. 발전주의자 린이푸 교수는 정부 정책의 시행은 어떤 이유에서든 기존에 존재하거나 잠재적인 비교우위에 기반을 두어야 한다고 강조했다. 이 논점은 단점을 보완하고 장점을 발휘해야 한다는 일상적인 지혜와 별반 차이가 없는 것이다. 잘못된 발언은 아니지만, '승자 선정'과는 필연적인 연관이 없다. '승자 선정'은 그저 발전주의가 내놓은 '뒷북치는 격'의 분석일 뿐이고 이를 산업정책 시행의 비결로 볼 수는 없다.

정부는 '승자 선정'을 '서비스 제공'으로 바꾸어야 한다

제한적이고 유능한 정부론을 바탕으로, 정부는 산업정책에서의 정책 시행과 선정을 업그레이드할 필요가 있다. 즉, '승자 선정'에서 '서비스 제공' 형식으로 바꾸어서, 시장의 주체가 능력을 키우도록 도와 주어야 한다. '배태된 자율성(embedded autonomy)'을 제기하여 발전정치학과 사회학계에서 이름을 널리 알린 에반스를 포함한 많은 발전형 정부의 찬성론자들은 '승자 선정' 대신 '능력 구축'이란 용어를 사용했고, 이는 발전주의의 새 키워드가 되었다(Evans, 2014).

유명한 경제학자 스티글리츠와 공동연구자들이 함께 만든 지식사회론은 산업정책 분야의 가장 새로운 경제학 이론으로서, 발전주의 각 학파가 연구해 볼 만한 가치가 있다. 스티글리츠 등은 산업 발전이나 혁신

업그레이드나 할 것 없이 가장 핵심적인 공통점은 지식의 개발과 누적 그리고 전파이며, 이 3가지 분야에서 단순히 시장 메커니즘의 작용에만 의존해서는 사회적 최적화를 이룰 수 없고, 비시장 메커니즘의 협조가 필요하다고 밝혔다. 그러므로 산업정책의 핵심은 '승자 선정'이 아니라, 지식사회 성장을 촉진하는 데 적극적인 역할을 발휘해야 하는 것에 있다(Stiglitz and Green-wald, 2014).

여기에서 확실히 짚고 넘어가야 할 부분이 두 가지 존재한다. 첫째, 비시장 메커니즘은 행정적 메커니즘과 사회공동체 메커니즘을 모두 포함한다. 적극적인 정부개입주의를 열렬히 지지하는 스티글리츠를 필두로 한 신케인스주의자들은 사회공동체 메커니즘의 중요성을 전혀 고려하지 않았으며, 사회공동체 메커니즘은 린이푸 교수와 장웨이잉 교수의 주장에서 거의 어떠한 비중도 차지하지 못했다.

둘째, 행정적 메커니즘이 적극적인 역할을 발휘하도록 하더라도, 정부의 정책 도구 선택 혹은 산업정책의 최적화된 시행 모델의 선정은 매우 중요하다. 당연히 산업정책을 효과적으로 집행하는 데 유일한 최적화 모델은 존재하지 않을 수도 있고, 유효한지 여부는 완전히 정책 도구와 제약 조건의 조합을 살펴봐야 한다. 정책 도구에 관한 연구는 최근 몇 년간 이미 공공관리학계의 공공 거버넌스 영역에서 큰 이슈로 떠올랐다(Salamon, 2002). 이는 산업정책의 효과적인 집행에 대한 연구는 경제학자의 전유물이 아니라 정치학자, 사회학자와 공공관리학자 모두가 각자의 역할을 발휘할 수 있는 공간과 필요성이 존재한다는 것을 보여 준다.

따라서 산업정책이 필요한 것인가는 거짓 명제이고, 산업정책을 어떤 조건에서 어떤 방식으로 시행해야 효과적으로 될 수 있을지가 진정한 문제이다. 산업정책을 둘러싼 린이푸 교수와 장웨이잉 교수의 논쟁이 그저 이데올로기의 설전에 그치지 않고, 중국 학계가 진정한 문제로 이끌 수 있을지는 계속 주목해야 할 부분이다.

산업정책 공공 거버넌스의 중요성

공공정책의 집행이 효과적인지 여부를 판단하는 데 있어 정책적 도구의 선택 이외에 양호한 거버넌스(good governance) 체제가 갖춰졌는지 여부 역시 굉장히 중요한 부분이다. 정책 결정과 시행 단계에서든 평가 단계에서든 양호한 거버넌스의 체제 요소에는 참여, 공개, 공정과 투명이 없어서는 안 된다. 정책 결정이 얼마나 미래지향적이든, 정책 도구가 얼마나 우수하든, 정책 시행이 얼마나 깔끔하게 잘 되어 있든, 양호한 통치와 괴리되고 독립된 제3자의 전문적 평가와 사회 언론의 예리한 감독이 결여되어 있다면, 권력의 유혹으로 절대로 밀실 운영을 피할 수 없고, 그 결과 또한 지대추구와 부패에서 벗어날 수 없다. 산업정책 분야에서 '돈의 논리에 따라 움직이는' 식의 정책 시행은 반드시 실패하기 마련이다.

산업정책이 필요하다는 이론적 근거는 시장의 기능 상실이 존재하고, 여기서 말하는 시장 기능 상실의 근본적 원인은 산업 발전의 긍정적 외부 효과에 있다. 하지만, 시장 기능 상실의 종류는 매우 다양하기 때문에, 산업정책의 결정은 미시적 차원(기업)과 중범위적 차원(업계)에서 시장의 기능 상실을 정확히 파악하고, 산업정책 시행은 시장의 기능 상실의 시정是正 도구를 정확히 선정할 필요가 있으며, 산업정책의 평가는 시장의 기능 상실 시정 효과를 정확히 진행해야 한다. 물론 백퍼센트의 정확이라는 것은 불가능하지만 그것에 가까워야 하고, 이를 위한 양호한 거버넌스 체제가 있어야 한다. 사회공동체 메커니즘의 개선을 통해 업계 대내·외적인 경제 활동가의 참여를 제도화시키고 정책 성과 평가의 투명성을 높여야 한다.

사회공동체 메커니즘 외에 행정 메커니즘의 개선, 특히 공공예산 제도의 개혁은 효과적인 산업정책 결정을 내리고 적절한 시기에 산업정책을 퇴출시키는 데 모두 중요하다.

　린이푸 교수와 장웨이잉 교수는 모두 산업정책에 수반되는 지대추구의 위험성을 인식하고 있지만 리스크 관리 방법에 있어 견해차가 존재한다. 린 교수는 '산에 호랑이가 있음을 알고도 산으로 가는 정공법'을 택해야 한다는 패기를 가지고 있으며, 한편 장 교수는 지대추구를 발본색원하기 위해 문제를 근본부터 해결해야 한다는 용기를 가지고 있다. 여기에서, 패기와 용기는 모두 중요하지 않다. 중요한 것은 산업정책을 어쩔 수 없이 시행해야 한다면 공공 거버넌스를 어떻게 개선하여 산업정책 시행에서 지대추구의 리스크를 최소화해야 하는가가 가장 타당성 있는 방법이라는 점이다.

산업정책, 경쟁 정책과 혁신 정책의 상호 융합

　경제성장 이론의 최고 전문가인 필립 아기온 교수는 산업정책과 경쟁 정책을 분리하거나 상호 대체의 관계로 보는 것이 시대착오적인 견해라고 주장했다. 한편으로, 산업정책은 경쟁적인 환경에서만 마땅히 해야 할 효력을 발휘할 수 있기 때문에, 산업정책을 일부 관계자들의 현금인출기로 악용하는 행위는 자연스레 사라질 것이다. 다른 한편으로, 산업정책과 경쟁 정책이 연계해야 하거나 혹은 산업정책이 경쟁 정책의 효과를 발휘할 수 있게 해야 하는 것은 산업정책 본연의 혁신이다(Aghion, 2014). 아기온과 그 연구팀은 중국 기업의 데이터를 바탕으로 계량적 분석을 통해 산업정책이 경쟁성을 가진 산업에서만, 또는 경쟁을 유지하거나 촉진하는 상황에서만 기업 생산율을 향상시킬 수 있었다는 사실을 밝혀냈다. 경쟁을 촉진하는 산업정책은 어떤 산업에 속하는 모든 기업을 대상으로 하는 분산형 지원 정책, 또는 새로운 기업 및 효율성이 보다 높은 기업을 장려하는 정책적 조치였다(Aghion et al, 2015).

다시 한번 강조해야 할 부분은 산업정책이 경쟁적인 환경에서 시행되어야 하며, 여기서 장웨이잉 교수가 제시한 여러 시장화의 관점은 주목할 만하다. 효과적인 시장의 제도적 기반을 튼튼히 다져야 경쟁적인 산업 발전 환경을 형성할 수 있다. 하지만 여기서 경쟁의 강화는 산업정책 밖의 시장경쟁 환경 문제에만 국한된 것이 아니라 산업정책 결정과 시행 자체에 있는 거버넌스 문제까지 포함해야 한다.

경쟁 정책 외에, 산업정책과 혁신 정책의 융합 또한 매우 중요하다. 주류 발전주의자 중에서도 이 점을 간과하는 사람이 있다.

유능한 정부, 시장 통제나 대체가 아닌 시장 강화

발전형 정부의 전통적인 이론은 정부가 항해사의 역할을 하여 시장을 통제해야 한다고 강조한다(Wade, 2000). 하지만 린이푸 교수는 산업정책의 성공적 처방은 '상황에 따른 길잡이형 정부'라고 볼 수 있으며, 시장을 대체하여 한 경제체가 어떤 산업을 발전시켜야 할지 결정하는 정부가 아니고, 시장을 통제하는 정부 또한 아니며, 기업과 함께 산업의 발전 방향을 결정하는 정부가 되어야 한다고 강조했다. 이것이 신구조경제학의 기본적인 입장이다.

하지만 입장은 입장일 뿐이다. 신구조경제학의 일부 연구는 오히려 '승자 선정'과 '서비스 제공' 사이에서 흔들리고 있다. 정부는 어떤 정책을 시행하든 반드시 선택을 내려야 한다. 이것이 당연한 일이다. 하지만 문제의 핵심은 선택할 것인가에 있지 않고, 정부 정책 시행의 선택 방향에 있다. 즉, 정부가 항해사가 될 것인지 아니면 서비스 제공자가 될 것인지의 문제다[구신(顧昕), 2014].

주목해야 할 점은 산업정책에 대한 새로운 라운드의 논쟁에서 린이푸 교수는 시대적 분위기에 맞춰 논점의 포커스를 '1등 선정'에서 '서비스 제공'으로 이동시켰다. 필자와 주고받은 메일에서 린 교수는 자신이 제시한 상황에 따른 길잡이형 정부는 결코 계획경제 체제의 복제가 아니고, 그저 신자유주의 정부보다 더 유능하고, 발전주의 정부보다 역할이 더 제한적인 정부라고 설명했다. 아울러 린 교수는 이에 관한 학술적 이론에 대해 아래와 같이 덧붙였다.

'발전형 정부' 관점을 가지고 있는 학자들은 일반적으로 구조주의를 그 논거의 기본으로 삼는다. '제한형 정부' 관점을 가지고 있는 학자들은 일반적으로 구조 변화를 고려하지 않는 신자유주의를 그 논거의 기본으로 삼는다. 내가 주장하는 '상황에 따른 길잡이형 정부'는 신구조경제학을 논거의 기본으로 삼는다. '발전형 정부'와 '상황에 따른 길잡이형 정부'는 모두 산업의 고도화 과정에서 정부의 유능한 행위를 주장하지만, 구조주의는 산업이 외부적 요소에 의한 선택이 가능하다고 여긴다. 하지만 신구조경제학은 산업구조가 요소부존 구조에서 존재한다고 주장하고 이것이 나와 장하준 및 로버트 웨이더 관점의 핵심적인 차이이자 논쟁이 일어난 이유이다. 제한적 정부론이 주장하는 재산권의 보호 등은 '상황에 따른 길잡이형 정부' 역시 주장하는 것이고, 차이점은 '제한형 정부론'을 주장하는 사람들은 산업의 고도화와 기술 혁신이 기업가에 의해서만 이행될 수 있고, 이 부분에서 정부의 참여는 역효과만 불러일으킬 뿐이라고 주장한다는 것이다. 신구조경제학 또한 기업가의 역할을 인정하지만, 정부가 반드시 상황에 따라 산업고도화와 기술 혁신의 과정에서 기업가가 필연적으로 직면할 수밖에 없는 외부 효과와 조율 문제 해결을 도와줘야 하며, 이것 또한 나와 장웨이잉 교수가 논쟁을 벌였던 핵심 문제이다. 신구조경제학에서 외부 요인과 조율 문제의 성질은 발전 단계와 산업의 차이에 따라 다르기 때문에 신구조경제학은 산업 및 기술의 내생적 관점에서 실천 과정 중 준수할 수 있는 원칙과 역할 발휘 방식에 대해 연구하려 했다. 정리하자면 '발전형 정부'의 역할 범위는 '상황에 따른 길잡이형 정부'보다 넓으며, '상황에 따른 길잡이형 정부'의 역할은 '제한형 정부'보다 더 넓다.[3]

학술적 이론에서 보면, 신고전주의를 기반으로 신구조주의를 개척하고, 이로써 기존의 신자유주의 기본 원칙을 고수하는 전제하에, 이를 뛰어넘는 것은 확실히 이행 가능한 학술 혁신의 길이다. 이러한 학술의 길에서 린이푸 교수와 연구팀이 산업정책의 최적화 결정과 시행에 대해 추진하는 창의적 연구는 기대할 만하다. 이에 대해 필자는 관찰자로서 행위경제학의 권위자 리처드 탈러Richard Thaler와 신행위주의 법학자인 캐스 선스타인Cass Sunstein이 제기한 정부의 추진 방법은 '상황에 따른 길잡이형 정부' 이념의 다른 사상적 원천이라는 사실을 발견했다(탈러와 선스테인, 2015).

정부 추진 방법의 기본 이념은 시장의 기능 상실과 사회공동체의 기능 상실(또는 사회의 기능 상실이라 한다. 두 명의 신행위주의 전문가 역시 이런 상실에 대해서는 거의 분석하지 않았다.)이 존재하지 않는 곳은 없기 때문에, 행정적 역량을 적극적으로 발휘해야 하는 것이 필수적이긴 하지만 여전히 제한적이고 간소화된 방식으로 역할하도록 해야 한다고 규정한다. 하지만 전통적인 적극적 정부개입주의는 제한적 정부라는 건의를 지키지 않고 비효율적인 행정 역량을 대폭 강화하여, 시장 메커니즘과 사회공동체 메커니즘의 능력을 발휘할 공간을 억압하거나 심지어 파괴했다. 필자는 이에 제한적이고 유능한 정부만이 정부의 공공정책과 조정 및

---

[3] 린이푸 교수와 필자가 주고 받은 E-mail 내용이고, 린 교수의 허락을 받은 후 게재한다.

관리감독 체제가 사회 경제 발전에 도움이 되게 할 수 있다고 주장한다.

간단히 말하자면, 정부의 모든 유능한 행위는 반드시 두 가지 원칙을 충족해야 한다. 시장을 강화하고 사회를 강화해야 하는 것이다. 시장 증강형 정부(market-augmenting government)는 유명한 정치경제학자인 맨슈어 올슨의 유작 『지배 권력과 경제 번영』에서 제시된 중요한 개념으로, 국가 흥망의 비결은 정부의 성질에 달려 있다고 주장했다. 즉 정부가 시장 메커니즘의 운영을 강화하려고 노력해야 비로소 국가의 번영이 보장될 수 있다는 것이다(Olson, 2000). 그 후 아오키 마사히코 등 학자는 일본과 동아시아 경제 발전 모델을 분석하여 정부 주도가 경제 발전에 미치는 긍정적인 역할을 모호하게 강조하는 것은 학술적인 가치가 별로 없고, 더 중요한 것은 궁극적으로 긍정적인 역할을 발휘한 정부가 모두 시장 강화형 정부(market-enhancing government)였다는 사실을 명확히 판별하며, 산업정책이 시장 강화를 통해 역할을 하는 것이야말로 가장 중요한 일이라고 주장했다(아오키 마사히코 등, 1998).

지금 보면, 산업정책에 관한 논쟁으로 시작된 '학술적 물어뜯기'가 학술 연구의 새로운 씨앗을 키우고 있었다. 린이푸 교수가 주장하는 유능한 정부는 유효한 시장과 서로 융합하고 있다. 필자가 꿈꾸는 세상은 유능한 정부의 이념이 유한한 정부의 사상과 서로 융합하는 곳이다. 현실 세계에서 시장을 지배하고, 사회에 개입하고자 하는 충동을 통제하기 어려운 정부가 눈앞의 성공과 이익으로부터 자유로워질 수 있는 조건이 무엇인지, 사도에 빠진 상황에서 벗어날 수 있는 조건이 무엇인지는 정치경제학에서 보다 심층적인 연구를 해야 한다.

정리하자면, 유명한 경제학자 올슨이 임종 전에 제시한 '시장 증강형 정부', 아오키 마사히코가 말한 '시장 강화형 정부' 그리고 필자가 강조하고 싶은 '사회 확대형 정부' 모두 경제학·정치학·사회학에서 새로운 이론적 기초를 찾아야 한다. 정부 개입이 필요한가의 문제는 사실 진정한 문제가 아니고, 진정한 문제는 정부가 어떻게 개입해야 하는지에 있다. 즉, 정부 개입이 시장 메커니즘과 사회공동체 메커니즘을 파괴하고 왜곡하고 심지어 대체하는 방식이 아니라, 순응하거나 강화하는 방식으로 진행될 수 있는지의 문제이다. 스티글리츠, 로드릭, 린이푸, 장하준 등 국내·외 학자들이 주장하는 적극적 정부개입주의는 유능한 정부의 제한적인 방식을 깊이 깨달을 때가 되어서야 비로소 사회 경제 발전에서 긍정적인 역할을 발휘할 수 있을 것이다.

참고문헌

Alice Amsden, *Asia's Next Giant: South Korea and Late Industrialization*, New York: Oxford University Press, 1989.

Joseph E. Stiglitz and Bruce C. Greenwald, *Creating a Learning Society: A new Approach to Growth, Development, and Social Progress*, New York: Columbia University Press, 2014.

Joseph E. Stiglitz and Shahid Yusuf (eds.), *Rethinking the East Asian Miracle*, New York: Oxford University Press, 2001.

Joseph Stiglitz, "Development Policies in a World of Globalization", presented at the seminar "New International Trends for Economic Development" on the occasion of the fiftieth anniversary of the Brazilian Economic and Social Development Bank(BNDES), Rio Janeiro, September 12-13, 2002.

Justin Lin and Ha-Joon Chang, "Should Industrial Policy in Developing Countries Conform to Comparative Advantage or Defy It? A Debate between Justin Lin and Ha-Joon Chang", *Development Policy Review*, Vol. 27, No. 5(2009), pp.483~502.

Lester M. Salamon(ed.), *The Tools of Government*, New York: Oxford University Press, 2002.

Linda Weiss and John M. Hobson, *States and Economic Development: A Comparative Historical Analysis*, Cambridge: Policy Press, 1995.

Mancur Olson, *Power and Prosperity: Outgrowing Communist and Capitalist Dictatorships*, New York: Oxford University Press, 2000.

Mariana Mazzucato, *The Entrepreneurial State: Debunking Public vs. Private Myths in Risk and Innovation*, revised edition, London and New York: Anthem Press, 2014.

Meredith Woo-Cumings(ed.), *The Developmental State*, Ithaca: Cornell University

Press, 1999.

Patrizio Bianchi and Sandrine Labory, *International Handbook and Industrial Policy*, Northampton, MA.：Edward Elgar Publishing, Inc., 2006.

Peter B. Evans, *Embedded Autonomy: States and Industrial Transformation*, Prinnceton：Princeton University Press, 1995.

Peter Eisinger, "Do the American States Do Industrial Policy?", *British Journal of Political Science*, Vol. 20, No. 4(1990), pp.509~535.

Peter Evans, "The Korean Experience and the Twenty-first-Century Transition to a Capability-Enhancing Developmental State", in Ilcheong Yi, Thandika Mkandawire (eds.), *Learning from the South Korean Developmental Success: Effective Developmental Cooperation and Synergistic Institutions and Policies*, Basingstoke：Palgrave Macmillan, 2014, pp.31~53.

Philippe Aghion, "Commentary：The Case for Industrial Policy", in Stiglitz and Greenwald(2014).

Philippe Aghion, Jing Cai, Mathias Dewatripont, Luosha Du, Ann Harrison, Patrick Legros, "Industrial Policy and Competition", *American Economic Journal: Macro-economics*, Vol. 7, No. 4(2015), pp.1~32.

Pierre-André Buigues and Khalid Sekkat, *Industrial Policy in Europe, Japan and the USA: Amounts, Mechanisms and Effectiveness*, Basingstoke：Palgrave Macmillan, 2009.

Robert Wade, *Governing the Market: Economic Theory and the Role of Government in East Asian Industrialization*, revised edition, Princeton：Princeton University Press, 2000(중역본: 로버트 웨이더, 『시장 조정: 경제 이론과 동아시아 산업화 중 정부의 역할』, 뤼싱젠·션이펀 역, 기업관리출판사, 1994).

구신(顧昕), 「길잡이에서 서비스 제공자까지: 정부주도형 발전 모델에서 정부의 역할 전환」, 『학습과 연구』, 2014, 9기, pp.58~62.

구신(顧昕), 「발전주의의 발전: 정부주도형 발전 모델의 이론적 연구」, 『하북학

간』, 2014, 3기, pp.93~98.

구신(顧昕), 「정부주도형 발전 모델의 순응과 전환」, 『동악논총』, 2014, 10기, pp.5~11.

리처드 탈러Richard Thaler·캐스 선스타인Cass Sunstein, 『추진: 어떻게 건강하고 재력을 갖춘 행복한 최선의 결정을 할 것인가』, 류닝 역, 중신출판사, 2015.

린이푸, 『신구조경제학: 경제 발전과 정책 반성의 이론적 틀』, 베이징대학출판사, 2012.

아오키 마사히코·진잉지(金瀅基)·오쿠노 마사히로 집필, 『동아시아 경제 발전에서 정부의 역할 – 비교제도 분석』, 중국경제출판사, 1998.

원관중(文貫中), 「중국 시장화는 늦은 것이 아니라 매우 미흡하다」, 『제일 재경일보』, 2016. 10. 25.

양쥔(楊軍), 「린이푸·장웨이잉 두 교수의 논쟁으로 점화된 고찰」, 『남풍창』, 2016, 21기.

제임스 로빈슨James Robinson, 「산업정책과 발전: 정치경제학의 관점으로」, 『비교』, 2016, 1기, p.75.

관점 토론

화민(華民) 푸단대학교 경제대학 교수: 정부는 거시적인 경제정책을 펼칠 수 있고, 거시적인 경제정책은 경제 성장을 안정시키는 데 사용된다. 마찬가지로 정부는 산업정책을 추진할 수 있고, 산업정책은 자원 배분과 시장효율성에 영향을 준다. 하지만 최근 10년 동안 정부는 거시적인 경제 정책 대신 산업정책만 선호해 왔다는 것을 모두 잘 알고 있다. 산업정책은 지대추구가 가능하기 때문이다. 이런 연유로 10년이 지난 오늘날도 산업정책은 자주 등장하고 있다.

모든 정책은 실질적인 경제 성장으로 이어져야 하며, 경제를 성장시키지 못하는 정책은 좋은 정책이라 할 수 없다. 2004년 이후, 산업정책을 빈번하게 실행한 중국은 성장 쇠퇴라는 결과를 마주하게 되었다. 구체적으로 말하면 수출의 긴축과 탈공업화로 인해 자원의 미스매칭, 임금 인하와 소득분배 격차 심화가 발생한 것이다. 탈공업화는 투자 구조의 변화를 가져왔고, 생산성 시장 투자는 줄곧 하락세를 이어갔다. GDP를 확보하기 위해, 정부가 개입하기 시작했다. 중앙정부는 인프라를 구축했고, 지방정부는 부동산에 투자하여 대대적으로 서비스업을 발전시켰으나, 이와 동시에 일어난 제조업의 몰락은 수입 격차를 심화시켰다. 수입 격차의 확대는 경제구조 변화로 야기된 것이며, 소득 격차를 줄이려면 재분배와 재균형에 항상 의존해서는 안 되며 경제 성장을 촉진할 수 있는 구조를 찾아야 한다.

산업이 없으면, 무엇을 통해 경제를 성장시킬 수 있을까? 바로 부동산이다. 부동산은 중국 경제 성장의 주요 원동력이 되면서부터 유동성이 사라지면서 통화 공급량은 계속 증가했다. 취업 구조 또한 변화가 발생했으며 동부·중부·서부의 제조업 종사 인구가 모두 줄어든 반면, 공장 노동자들이 건축 현장과 서비스업으로 몰려들었다. 서비스업은 두 가지로 분류되었는데, 은행은 고급 서비스업으로, 물류는 저급 서비스업으로 여겨졌다. 유형과 관계없이 서비스업은 실질적인 부를 창출하지 않는다. 노동자들은 건축 현장에서 벽돌을 나르고, 길거리에서 택배를 운반하며, 은행에서 화폐를 운반할 뿐 제품을 제조하는 사람은 없다. 참으로 무서운 현실이다. 이와 동시에 인력 자원의 전반적인 수준이 계속 떨어진다. 제조업에 종사하지 않으면 학습 효과라는 것은 사라진다. 지금의 농민공 2세대와 1세대를 비교해서는 안 된다. 농민공 1세대는 공장에서 근무한 경험으로 고향에 돌아가서 개인 사업을 시작할 수 있었지만 농민공 2세대는 택배 배달 외에는 할 수 있는 게 없다. 인력 자원의 동적인 균형이 사라진 것이다. 구조적으로 잘못된 분배는 급여의 인하를 야기했고, 3개의 산업 부문 가운데, 서비스업의 전요소생산성이 가장 낮았다. 최근 중국의 경제 성장은 기본적으로 취업 기회를 거의 창출하지 못하고 있다. 도시와 농촌의 지니 계수(Gini Coefficient)가 증가했다. 그러므로 제조업이 없으면 공평한 소득 분배도 없는 것이다. 국민들이 경제 성장의 혜택을 누릴 수 있는 가장 좋은 방법은 바로 지출을 이전시키는 것이 아니라 제조에 참가하는 것이다.

지난 십여 년간, 중국의 경제 정책은 기본적으로 산업정책, 구조 조정, 산업고도화로 이루어졌다. 하지만 어째서 산업고도화를 이루지 못했는가? 필자는 3가지 제약이 있었다고 생각한다. 첫째, 지식의 축적량이 부족했다. 인류 역사상 존재한 혁신의 분포를 살펴보면 미국의 혁신율이 가장 높다. 과학적 성취에서는 영국이 1위, 미국이 2위이다. 하지만 중국의 지식 축적량은 미흡하다. 둘째, 부존과 제도적 제약이 시장의 미스매칭을 야기했고, 산업구조 조정을 제약했다. 현재 중국은 제품 구조와 산업구조를 조정하는 데 많은 공을 들이고 있지만 노동력 시장과 금융 시장은 조정하지 않고 있다. 노동력 시장의 부존이 변하지 않고 직업교육이 없으면 장인정신 또한 사라지게 되어 있다. 혁신이 필요하고,

첨단과학기술을 발전시켜야 한다고 외치지만 이공계의 현실은 어떤가? 이공계가 주목받지 못하는 이유는 투자가 없기 때문이다. MIT 공대의 실험실 하나에 매년 평균 1억 달러의 연구개발비가 투자된다. 푸단대 1년치 예산과 맞먹는 규모이다. 직업교육이 없고 이공계의 미래가 없는 상황에서 대학에서 모집 정원을 확대하더라도, 모두 문과생이다. 그들이 졸업한 후에는 전부 금융업 쪽에서 일하고, 이렇게 해서는 경제 성장을 이룰 수 없다. 노동력 시장, 제품 시장과 금융 시장은 하나의 시스템이다. 산업정책은 단순히 제품 하나의 구조를 조정하고, 산업 하나의 구조를 조정해서 성공할 수 있는 것이 아니다.

미시적인 관점에서, 산업고도화와 혁신을 왜 이루지 못하는 것인가? 기업의 투자 산출 함수는 제품이 아직 나오지 않은 상태에서 먼저 사람을 고용하고, 세계에서 가장 훌륭한 인재를 고용하고, 가장 높은 연봉을 지불해야 하는 사실을 알려 준다. 미국은 엔젤 투자와 벤처 투자를 통해 이를 이행한다. 하지만 중국의 경우 인재 모집을 위한 비용 마련에는 신용담보대출 시스템밖에 존재하지 않는다. 만약 자본 시장에서 상장을 하려면, 정부 정책, 심의 제도를 모두 통과해야 한다. 그렇기 때문에 미시적인 기업 차원에서는 혁신에 선불로 투자해야 할 현금은 넘을 수 없는 산과 같다. 산출의 각도에서 보면 지적재산권이 보호받지 못할 경우 기업가의 수익은 급격히 줄어든다. 그러므로 거시적 측면에서 미시적 측면에 이르기까지, 비축량부터 유통량까지 중국이 조정해야 하는 것은 산업구조나 산업고도화가 아닌 부존요소와 지식재산권의 보호이다.

마지막으로, 미래를 위한 산업정책에 대해 이야기해 보자. 첫째, 자원 배분의 방법과 방향은 정부와 시장 가운데 누가 정해야 하는가. 둘째, 인터넷인가 아니면 실물경제인가? 인터넷은 정보화 시대의 도구 시스템이고 기계화 시대의 조립라인과 같은 개념으로 산업 발전에서 주도자가 될 수 없다. 포드의 자동차 조립라인이 가정에서 사용될 수 있을까? 그렇지 않다. 가정에서 사용될 수 있는 것은 자동차뿐이다. 인터넷은 최종 제품이 아닌 도구 시스템에 불과하므로 중국 경제를 번영으로 이끌 수 없다. 반드시 산업에 접목한 인터넷이 되어야 한다. 인터넷은 우리가 정보 요소를 뛰어넘을 수 있게 도와준다.

스레이(石磊) 푸단대학교 경제대학 교수 : 우리는 아주 재미있는 문제 하나를 발견했다. 시장에 불만족스러운 현상이 많이 나타나고, 특히 정부가 불만이 있을 때 시장의 유효성을 의심하고 산업정책을 떠올리게 된다는 사실이다. 마이너스적인 외부 효과가 생성될 때 원가를 감당할 사람을 찾지 못한 경우에도 산업정책 그리고 규율과 규제를 떠올리게 된다. 어떤 산업에 발전이 부족하다는 사실을 발견하고 동시에 해당 산업이 충분히 발전할 수 있게 되기를 바랄 때 역시 산업정책을 고려하게 된다. 아울러 더 빠른 발전을 해야 하지만 실제 발전 속도가 느린 지역이 있다는 사실을 파악했을 때도 산업정책을 생각하게 된다. 이 문제의 의미는 무엇인가?

우리는 산업정책의 유효성과 필요성을 고려할 때 어떤 산업이 정부의 기대수준에 못 미쳤다고 해서 무작정 정부의 지원과 보조 정책을 동원해야 하는 것이 아니라, 현실적으로 하나의 기준을 세워야 한다. 이 논리에 따르면, 산업정책을 크게 세 분류로 나눌 수 있다. 특히 시장경제에서 논의되는 산업정책은 개혁 이전에 논의된 산업정책의 표준·임무·목표와는 모두 다르며 효과를 판단하는 방법 역시 다르다. 이 세 분류는 다음과 같다. 첫째 산업조직 정책, 둘째 산업구조 정책, 셋째 산업공간 정책. 중국처럼 매우 특별한 시장경제를 운영하는 상황에서 이 세 가지 정책은 고유의 특수한 의미를 지니고 있다. 첫 번째 부류의 산업정책 도구를 최적화하기 위해 고려해 볼 만한 몇 가지 측면을 아래에서 제시하고자 한다.

첫째, 진입 조건의 완화와 개선을 통한 자본 비축량을 활성화하는 것이다. 비축량의 활성화라는 개념은 2015년 말에 제기된 것으로 몇 달간 시행한 후 결과는 긍정적이었다. 하지만 안정적인 이론적 기반이 없다면 이 정책은 단발성으로 그칠 가능성이 높다. 생각나면 시행해 보고, 생각하지 못하면 잊혀질 것이며, 누구는 시행했다가 담당자가 바뀌면 다시 추진하지 않게 될 확률이 높다. 이런 상황은 대중의 기대치를 낮출 수 있다는 것이 우려된다. 기대치가 낮아지면 눈앞의 일에만 관심을 기울이게 되어 잘못된 판단을 내리기 쉽다.

둘째, 정책적 도구의 경우, 정부의 규제가 신용과 품질 관리에 더 많이 집중하게 하여, 규제 조치의 빈번한 사용을 방지하도록 개선해야 한다. 하나의 규제를 제정하더라도 결과적으로 시장경쟁 메커니즘은 유효하여 규제가 제대로 작동하지 못한다는 사실을 발견하게 되기 때문이다. 이것은 필자가 1984년 일본의 국유철도 사유화 이후 나타난 변화 상황을 통해 발견한 사실이다. 당초 사람들은 규제가 없는 상황에서는 사유화가 독점으로 이어질 것이라고 걱정했다. 철도 교통은 비탄력적 수요에 속하기 때문에, 대중의 이익을 침해할 수도 있다고 생각한 것이다. 하지만 몇 년이 지나도 제정된 규제 가격에는 전혀 도달하지 못했고, 이로 인해 철도에 대한 규제를 포기했다. 이 사례는 과도한 규제가 오히려 시장 효율을 저하시킬 수 있다는 점을 시사해 준다. 하지만 일부 규제 수단이 개선되자, 많은 기업이 국가에서 정한 기준대로 하지 않고, 국민에게 싸구려 제품을 판매하는 상황이 발생했다. 이는 넓은 의미의 신용 기반을 위배한 것이다. 그렇기 때문에 규제가 실제로 필요한 부분은 두 가지, 즉 품질과 신용이라고 생각한다.

셋째, 반불공정 경쟁법과 반독점법을 완벽하게 하고 엄격하게 집행해야 한다. 중국에는 반트러스트 법이 없다. 반트러스트 법의 조항 및 그 유효성에 대한 평가 기준은 중국 국내에서 이야기하는 것과 차이가 존재한다. 중국이 WTO에 가입했기에, 반트러스트 법을 하나의 상위법으로 볼 수 있다. 중국에서 시장의 공정한 경쟁을 유지하는 법은 반드시 만국 공통의 법을 준수해야 한다. 여기에는 어떤 산업정책을 통해서 시장의 공정한 경쟁을 보장하느냐의 문제가 포함되어 있다.

넷째, ① 특수 브랜드 제품의 원산지 보호를 전면적으로 시행해야 한다. 이것은 독점을 위해서가 아닌 제품 품질을 확보하기 위해서이다. 일부 제품은 해당 지역에서 생산되지 않으면 높은 품질을 기대할 수 없다. 가장 전형적인 예가 항주 서호의 '롱징차(龍井茶)'이다. '롱징차'는 짝퉁 차의 대명사라는 이미지가 생겨나면서 명성이 곤두박질치게 되어 가격이 오르지 못하게 되었다. 이에 대해서는 항저우시 정부의 책임이 있다. 업계 협회 또한 책임이 있다. 기업과 국민은 모두 손해를 보았다. 결국 이득을 본 사람은 아무도 없었다. 파레토 최악으로 볼 수 있는 이런 상황에 대해 우리는 주의 깊게 살펴볼 필요가 있다. 따라서 이런 상황에 대해 산업조직 정책을 개선해야 한다. ② 산업구조 정책에 있어서 대종 제품 재배업의 가격 보조금을 낮추고 개선하며 가격 왜곡을 시정해야 한다. 농산물의 국제 가격은 중국 국내 시장가격보다 더 낮고, 그 가장 중요한 원인은 바로 보조금이 야기한 효율성 저하 때문이다. 보조금으로 분산된 개별 농가가 모두 곡식을 재배하게 만든 것은 잘못된 조치이다. 이에 대해 일부 사람들은 농민이 농작물을 재배하지 않으면 소득이 없어진다고 반박한다. 그렇다면 농사를 지으면 소득을 보장할 수 있는가? 보조금 말고 다른 방식을 사용할 수는 없는가? 지난 몇 년 동안 보조금 정책을 실시했지만, 농민은 부를 창출하지 못했고, 어느 국가도 보조금으로 산업을 발전시킨 적은 없다. 그러므로 우리는 다시 한번 제대로 생각을 정리할 필요가 있다. 보조금의 실효성에 대한 연구가 필요하고 업종별로 자세한 연구가 이루어지면 매우 가치가 있을 것이다. ③ 중앙정부와 성, 지방, 현 4곳의 재정으로 일정한 정도의 농업 안전, 농업 생태계 보호와 인프라 투자의 책임을 각각 부담해야 한다. 3중전회는 각각의 투자 책임 이행을 세분화했지만, 현재까지 아직 구체적인 부대 조치가 없는 상황이다. 이런 부분에서 산업정책도 어느 정도로 반영되었다. ④ 선진 농업기술을 빨리 보급하여 가격 보조금을 신농촌 건설의 서민 특별 교육자금으로 전환하여 농민이 더 전문화된 농업 지식을 함양하고 더 나은 물류와 시장 판매 지식을 배우게 해야 한다. 이는 단순한 농산물 가격 보조금보다 효과가 훨씬 높을 것으로 예상된다. ⑤ 국가 차원에서 빈곤구제 개발은행을 설립하여 빈곤구제 자금의 배분과 사용 효율을 높여야 한다. 빈곤구제 자금은 앞으로 몇 년간 규모가 점차 확대될 것이다. 전 국민의 샤오캉사회(小康社會 : 보통 사람도 부유하게 사는 사회 – 옮긴이) 건설이라는 목표를 이룩하기 위한 핵심은 빈곤구제이기 때문이다. 만약 빈곤구제 자금이 단순히 계획에 따라 지급된다면 최종적으로 어디에 자금이 흘러들어 갈지는 장담하기 힘들다. 빈곤구제 자금의 신용을 측정 가능하도록 할 수 없을까? 신용도 측정은 특별 항목이고, 상업 은행이 아닌 정책 은행에 의하여 행해야 하며, 이는 신용 관리와 신용 안전의 문제가 있겠지만, 어쨌든 직접적으로 재정기금을 뿌린 후 그 돈의 흐름을 알 수 없는 것보다는 이점이 많다. ⑥ 과감한 감세 정책이다. 필자는 구조적 감세, 세금 총량에 대한 감세를 해야 한다고 생각한다. 47.7%의 기업 종합세는 부담이 너무 크고, 많은 국내 투자 기업을 밀어냈다. 이런 방법은 현명하지 못하다. 감세를 하지 않으면 공급 측 개혁(세제개혁은 공급 측 개혁의 주요 구성 내용 중의 하나임–옮긴이)을 이야기할 때, 최소한 세제적인 면에서도 사람들을 설득시키기가 어려울 것이다. ⑦ 특허 보호의 기간을 축소해야 한다. 그 폭과 깊이 문제에 대해서는 필자가 충분히 연구해 보지 않았고 더 연구해 볼 문제이다. 하지만 특허 보호 기간이 너무 긴 것은 큰 문제이다. 대학교 시스템에서 60% 이상의 특허가 죽은 특허, 잠든 특허라는 잠정적 조사가 있다. 이상은 산업구조 정책에 대한 필자의 견해이다.

장지에(張杰) 중국인민대학교 경제대학 교수: 이 주제는 필자가 매우 관심을 가지고 있는 분야이며 계속 연구해 오던 문제이다. 학술적인 관점과 실천적인 관점에서 필자는 하고 싶은 말이 매우 많다. 지난 몇 년간, 베이징에서 지내면서 업무 시간 외에 글을 쓰거나 여러 부部 또는 시의 산업정책 정부 프로젝트에 관한 전문가 그룹 심사에 참여한 것이 대략 몇백 차례나 되기에 산업정책에 대해 4가지 소감을 설파하고자 한다.

첫째, 정부와 시장의 경계는 매우 혼란스러운 상태이며, 논리적인 관점이나 정책 지원적인 관점에서 봤을 때, 대부분 프로젝트의 평가와 심사에는 모두 많은 문제점이 존재한다. 필자가 이전에 평가한 몇십억 위안에 해당하는 베이징시 안정적 성장 프로젝트의 경우 기업을 성장률에 따라 서열화했다. 많은 정부기관의 이런 단순한 계획경제적 사고방식은 본질적으로 바뀌지 않았다. 어떻게 경제에 개입해야 하는가는 각 정부가 연구하고 싶지 않은 문제인 셈이다.

둘째, 기존의 산업정책과 경제 발전의 전반적인 목표에는 매우 큰 괴리가 존재한다. 예를 들면, 징진지(京津冀)의 개혁에서 정부의 지원 프로젝트와 베이징시의 포지션 간에는 괴리가 존재한다.

셋째, 전체 프로젝트의 평가와 심의 과정에서 경로 의존적 모델로 변화하게 된 하나의 중요한 이유는 정부의 능력이 산업정책의 목표 변화와 맞지 않으며, 단기간에 변할 수 없기 때문이다. 예를 들면 경제정보화위원회 아래에는 다문화산업처 등 여러 부처가 있다. 한 부처에 3~5명이 수백 개의 프로젝트를 관리해야 하므로, 종종 가장 단순한 방법을 통해 판별하는 경우가 대부분이다. 마찬가지로 제대로 선별할 힘도 판단할 능력도 없는 것이다.

넷째, 정부의 경로 의존과 권리 고착화 과정에서 형성된 산업정책은 두 가지 혁신과 변화에 직면하고 있다. 하나는 정책 시행의 사전·사중·사후의 예산과 평가 시스템이다. 프로젝트의 심의 과정에서, 예를 들어 회계사 사무소와 전문가 집단 같은 제3자 평가 심의 기구를 도입하여, 사전에 프로젝트 입안에 타당한 근거가 존재하는지, 사후에는 목표를 달성했는지 평가하도록 한다. 예산법 시행의 핵심은 이런 결함을 보완하고자 하는 것이다. 다른 하나는 정부와 시장 주도 펀드의 추진이다. 정부 주도 펀드의 목적은 정부와 시장을 연계하는 것이고, 부처의 이익이 너무 커서, 해당 개혁을 3년 진행했지만 아무 성과가 없었다. 최근 이 두 가지 프로젝트는 매우 큰 어려움과 장애물에 봉착해 있지만, 동시에 정부가 혁신과 변혁을 일으킬 여지가 많은 부분이다.

주텐(朱天) 중국유럽국제경영대학원(CEIBS) 교수: 필자는 산업정책 연구에 대해 몇 가지 문제를 제기하고 싶다. 첫 번째는 산업을 어떻게 정의할 것인가의 문제다. 산업은 세분화할 수 있고, 또 매우 폭넓게 정의할 수 있기 때문이다. 이론 모형을 만들 때 산업정책은 결국 제품 측면에서 구현되었다. 예를 들어, 독자적으로 제조되는 첨단 반도체 제품에 대한 지원은 분명 산업정책에 속한다. 그렇다면 산업정책은 어떠한 특정 산업을 지원하거나 억제해야 하는가? 아니면 특정한 하나의, 또는 여러 개의 제품과 기술을 지원하거나 억제해야 하는 것일까?

두 번째 문제는 산업정책은 무엇인가이다. 방금 몇몇 발표자가 소위 기능적 및 선별적 산업정책의 구분에 대해 이야기했다. 이 또한 하나의 관점이다. 선택적 정책일 경우, 어떻게 특정 산업 또는 제품을 지원하거나 억제해야 하는가? 일반적으로 직접적인 보조금/세수 정책을 생각할 수 있다. 하지만 무역정책도 중국 산업의 발전에 영향을 줄 수 있다. 예를 들어 외국 기업이 반드시 합자의 방식으로만 중국 시장에 진입하고, 그들의 기술로 시장을 교환하도록 요구하고 일정 비율의 부품을 국산화하도록 요구할 수도 있다. 각각의 정책적 효과와 효율은 모두 상이하다. 그러므로 무엇을 산업정책이라고 정의해야 하는지는 결코 명확하지 않다.

세 번째 문제는 산업정책의 목표가 무엇인가이다. 우리는 자연스레 어떻게 산업고도화 목표를 이룩하는지를 생각할 것이다. 하지만 한 국가의 산업정책은 대부분 이익 분배를 고려하고, 어떻게 기득권을 보호할 것인가를 고려한다. 예를 들어, 농업·농제품에 대한 일본과 일부 유럽 국가들의 보호조치가 여기에 속한다. 지방정부가 낙후된 과잉생산 능력을 보호하는 것 또한 이에 해당한다. 현실에서의 산업정책은 사회복지 증진만 목적으로 하는 것은 아니다.

네 번째 문제는 누구의 산업정책인가? 또는 어느 급의 정부가 실행하는 산업정책인가이다. 산업정책을 연구할 때 국가 측면과 지방 측면의 산업정책으로 구분하는 것은 매우 중요하다. 중국처럼 큰 국가는 싱가포르나 자메이카 같은 작은 나라와는 상황이 다르다. 이들 나라는 어떤 산업을 장려하든지 세계 시장의 가격에 영향을 줄 가능성이 적으며, 전 세계 산업에 과잉생산을 야기할 가능성도 적다. 하지만 중국이 전체적으로 특정 산업, 예를 들면 태양광 패널 산업을 지원할 경우 매우 위험할 수 있다. 중국의 현縣급 정부가 대략 어떤 산업을 지원한다고 해도 큰 문제가 일어나지 않는다. 하지만 각 지방정부가 모두 국가 차원의 산업정책을 복제하면 매우 위험한 상황이 펼쳐지지 않겠는가? 따라서 중국에서 산업정책을 논할 때는 반드시 국가적 차원인지 성省급 측면인지, 현이나 시급 측면의 산업정책인지를 구분해야 한다. 필자는 만약 국가적 측면에서 어떤 제품과 기술 개발을 지원하려 하면 문제가 크지 않겠지만 여기에 업계 차원의 정책은 포함되어서는 안 된다고 생각한다. 지방정부로 넘어가면 좀 더 운신의 폭이 넓어져 현지의 상황에 따라 어떤 산업을 지원하거나 억제할 수 있도록 할 수 있다고 본다. 국가는 이에 대해서는 별도의 정책적 지원을 해줄 필요가 없다.

다섯 번째 문제는 산업정책이 학계에서 여전히 열렬히 논쟁이 되는 상황에서 왜 대다수의 정부, 특히 지방정부가 이런 또는 저런 산업정책을 알게 모르게 실시하는 것인가? 현재 경제학자들 사이에서는 산업정책의 좋고 나쁨에 대해 논쟁하고 있으며, 어떤 산업정책이 좋고 나쁜지에 대해서는 아직 결론이 나지 않은 상태이다. 하지만 흥미로운 점은 경제학자들이 어떻게 바라보든지 대다수의 정부는 산업정책을 적극적으로 찬성한다는 것이다. 그래서 우리는 산업정책이 필요한가 또는 어떤 산업정책이 필요한가를 연구할 뿐만 아니라 대다수의 정부가 왜 이런 또는 저런 산업정책을 시행하려 하는가를 함께 연구해야 한다.

여섯 번째 문제는 경제 발전에서 산업정책의 역할이 얼마만큼인가에 관한 것이다. 전체적으로 보면, 다수의 경제학자는 산업정책의 역할에 대해 긍정적인 시선으로 바라보지 않는 듯하다. 하지만 많은 사람이 동아시아 경제 발전의 이유를 강력한 정부가 적극적으로 시장에 개입하고 올바른 산업정책을 효과적으로 시행했기 때문이라고 생각한다. 문제는 세계적으로 백여 곳의 개발도상국 중에 왜 동아시아 몇 개 국가와 지역만이 산업정책을 정확히 시행했는가에 있다. 이러한 상황이 발생할 가능성은 얼마일까? 충분한 산업정책 이론과 경험적 연구의 기반이 없는 상황에서 동아시아 몇몇 경제체가 몇십 년간 스스로 독학해 가며 산업정책을 정확히 시행했다고 가정해 보자. 그렇다면 왜 다른 국가들은 이토록 우매하단 말인가? 다른 개발도상국은 모두 우리가 경험을 정리하여 그들의 경제 발전을 이끌어 주길 간절히 바라고 있는가? 그렇게 잘난 체할 필요는 없다. 필자는 세계적인 사례를 비교하여 국가별 산업발전 정책을 깊이 있게 연구하고, 왜 동일하게 산업정책을 시행했는데 성공하는 나라가 있는가 하면 대다수 국가가 실패를 맛보았는지 연구를 진행해야 한다고 생각한다. 이것이 여러분과 함께 고찰해 보고 싶은 문제들이고, 이에 대한 많은 고견을 공유하길 바란다.

왕용(王勇) 베이징대학교 신구조경제학연구원 부교수: 산업 지식은 매우 복잡한 과제이다. 많은 분야를 망라하기 때문이다. 필자 개인적으로 미래의 산업정책은 아래의 3가지 점에 대해 시간을 많이 쏟고 깊이 있는 연구를 진행해야 한다고 생각한다.

첫째, 과거의 산업정책은 대부분 산업조직 이론의 관점에서 개별 산업에 대해 진행된 분석이라고 할 수 있다. 하지만 현재 아주 중요한 것은 동태적인 일반 균형의 관점을 경제 성장과 구조 전환의 틀 안에 가져와야 한다는 것이다. 제조업은 내부적으로 노동집약형 산업에서 자본집약형 산업으로 고도화할 뿐만 아니라, 제조업에서 서비스업으로의 구조 전환도 이루어져야 한다. 아울러 각각의 산업은 독립된 개체가 아니라 산업 연관표로 연계되어 있으며, 일부는 무역이 가능하고, 일부는 무역이 불가능하다. 최근 필자가 린 교수와 함께했던 과제는 구조 전환과 산업고도화의 관점에서 중진국의 함정을 살펴보는 것이었다. 구조 전환의 시각으로 살펴보면, 중국은 중등소득 단계에 주로 제조업에서 서비스업으로의 전환이 이행된다. 서비스업은 차별성이 매우 큰 업종으로 업스트림의 생산형 서비스업·소비형 서비스업과 사회형 서비스업 3가지로 분류할 수 있다. 일단 사회형 서비스업은 거론하지 않고, 업스트림의 생산형 서비스업을 이야기하면 금융, 통신 그리고 기타 핵심적인 서비스업을 포함하여 독점성이 많이 존재하고 있다. 이와 같은 업스트림 분야의 핵심적 서비스업의 진입 장벽은 중등소득 국가에 걸림돌이 될 것이다. 저소득에서 중등소득으로 발전하는 과정에서 기본적으로 생산 활동을 펼친 것은 기초적인 제조업이었다. 이 시기에는 업스트림 생산형 서비스업에 대한 요구가 높지 않았기 때문에 생산형 서비스업이 발전하지 않더라도 큰 장애요인이 되지 않았을 것이다. 하지만 중등소득 단계가 되면 장애물이 될 가능성이 높아진다. 필자는 지금의 산업고도화는 반드시 동태적 성장의 구조 전환 틀에서 이루어져야 한다고 생각한다. 중국 서비스업의 중요성은 다들 잘 알고 있다. 2012년 서비스업은 취업 비중이 다른 업계를 넘어섰고, 최대 일자리를 창출한 업계가 되었다. 하지만 서비스업에 대한 우리의 이해는 너무 취약하기에 서비스업의 산업정책에 대한 이해가 필요하다.

둘째, 앞의 발언자의 토론에서 시사점을 얻었는데, 정치경제학에서의 메커니즘 문제처럼, 우리는 현재 무수히 많은 중국의 생산과잉 문제와 혁신 등 일련의 문제에 대해 중국의 특수성을 이해해야 한다는 것이다. 자오창원(趙昌文) 부장이 말한 것처럼 정부 부처는 권력에 대해선 명확한 반면 책임에 대해선 모호한 입장이다. 필자는 이것이 매우 훌륭한 지적이라고 생각한다. 이러한 모호성은 생산과잉의 문제와 최후의 정책 평가 문제를 직접적으로 야기했다. 이런 내용을 연구에 어떻게 반영하여 결과를 내고 이론 모형을 만들지에 대해서 우리가 생각해 볼 문제이다. 이 밖에도, 이 과정에서 어떻게 각국의 상황을 비교할지 고민해 봐야 한다. 예를 들어 인도, 구소련, 베트남 및 선진국의 생산능력 이용률의 차이에 대한 비교의 문제도 있다. '좀비기업' 등의 문제를 고려할 때도 이미 많은 견해가 존재했지만, 해당 작용 메커니즘을 정확히 입증하고 정량적 영향에 대한 명료한 결론을 내릴 수 있는 보다 훌륭하고 공식적인 모형과 명확한 실증 방법이 나타나기를 희망한다.

셋째, 며칠간의 회의에서 비교적 많이 거론되었던 것은 혁신과 인력자원이었지만 신구조경제학에서 이 두 가지 문제는 많이 강조되지 않고 있다. 아마도 저소득 단계일 때는 이 문제가 그렇게 중요하지 않았을 것이다. 하지만 중등소득에서 고소득으로 전환되는 과도기에는 혁신과 인력자원의 역할에 대한 고민이 필요하다. 이 과정에서 일부 산업은 이미 세계 첨단 수준에 근접했고, 일부 산업은 기술을 구매하고 싶지만 다른 나라가 기술을 넘겨주지 않는 상황에 직면해 있다. 신기술을 확보하길 바랄수록 시장은 경쟁적이지 않을 수 있다. 이런 과정에서 고려해야 할 것은 기존의 투자 드라이브 성장 모형에서 혁신 드라이브 성장 모형으로 중국이 어떻게 전환해야 하는지의 문제이다. 경제구조는 제조업에서 서비스업으로 바뀌고 있는데, 많은 서비스업에는 혁신적 사고가 필요하다. 이때 과거처럼 매우 명료한 노선으로 목표에 직접 투자하는 방식이 아닌 정책 체제와 연계될 필요가 있어 더 자유로운 사고가 필요하다. 그러므로 필자는 중등소득에서 고소득 국가로 가는 과정에서 혁신과 인력자원 이 두 요소의 역할에 대해 더 연구해야 한다고 생각한다.

엮은이 소개

린이푸(林毅夫)
베이징대학교 신구조경제학연구원 원장, 남남협력(개발도상국 간의 경제기술 협력을 일컬음)과 발전학대학 원장, 국가발전연구소 명예 소장. 영국과학원 외국 원사院士, 개발도상국과학원 원사.

장쥔(張軍)
'당대 중국경제' 장강학자(중국 인재 육성 프로그램) 특별 초빙교수, 푸단대학교 경제대학원장, 중국경제연구센터 주임. 7차 중국경제이론 혁신상 수상자.

왕용(王勇)
베이징대학교 신구조경제학연구원 부원장, 시카고대학교 박사. 주 연구 분야는 경제 성장, 거시 발전, 산업고도화와 구조 조정 등.

커우쭝라이(寇宗來)
푸단대학교 중국사회주의 시장경제연구센터 교수, 부주임이자 산업발전연구센터 주임. 주 연구 분야는 산업조직, 혁신과 지식재산권 등.

산업정책: 총정리와 재고찰 및 전망

2022년 4월 30일 초판 1쇄 인쇄
2022년 5월 10일 초판 1쇄 발행

엮은이 린이푸 · 장쥔 · 왕용 · 커우쭝라이
옮긴이 채리
펴낸이 윤성이
펴낸곳 동국대학교출판부

주소 04620 서울시 중구 필동로 1길 30
전화 02-2260-3483~4
팩스 02-2268-7851
Homepage http://dgpress.dongguk.edu
E-mail book@dongguk.edu
출판등록 제2-163(1973. 6. 28)
편집디자인 나라연
인쇄처 네오프린텍(주)

ISBN 978-89-7801-021-4 93220

값 30,000원

이 책의 무단 전재나 복제 행위는 저작권법 제98조에 따라 처벌받게 됩니다.